2022

경찰 형사소송법

이양수 편저

마이스터연구소

머리말

검·경수사권의 조정과 고위공직자범죄수사처 설치 등 우리는 또 한 번의 시험대 위에서 개정법률과 마주하게 되었습니다.

법 개정이 우리 모두를 만족하게 할 수는 없지만 그래도 검·경의 수사권이 조정되었다는 건 의미가 있습니다. 이를 계기로 앞으로 더욱더 발전해 나갈 것을 기대해 봅니다.

이 책은 경찰직 시험을 준비하는 수험생을 위하여 기본서를 수사와 증거편으로 정리하고 마지막편에 최근 5개년의 기출문제를 정리하여, 경찰직 형사소송법을 빠르게 이해하고 짧은 시간에 시험에 대비할 수 있게 편집하였습니다.

이 책이 나오기까지 편집과 기획을 하면서 조언과 격려를 해 주신 ㈜마이스터연구소 김연욱 대표와 이형우 님에게 감사드리며, 오늘도 목표를 위해 정진하는 수험생 여러분들에게 영광의 결과가 있기를 기원합니다.

2021년 5월 10일

이 양 수

Crminal Procedure Law

PART 01

수 사

제1절 수사의 의의와 수사기관

01 수사의 의의

1. 수사의 개념

① 수사란 범죄혐의의 유무를 명백히 하여 공소를 제기·유지할 것인가의 여부를 결정하기 위하여 범인을 발견·확보하고 증거를 수집·보전하는 수사기관의 활동을 수사라 한다.

② 수사는 수사기관의 활동이다. 따라서 검사가 소송당사자로서 공판절차에서 행하는 각종의 소송활동(예 피고인신문, 증인신문)은 수사가 아니다. 또한 법원이 행하는 압수, 수색, 검증 등은 수사가 아니다.

③ 수사는 수사기관이 범죄의 혐의가 있다고 사료된 때에 개시된다(제195조). 따라서 수사기관의 활동이라 할지라도 수사개시 이전의 활동, 예컨대 내사, 경찰관의 직무질문, 변사체의 검시 등은 수사가 아니다.

④ 수사는 주로 공소제기 전에 행하여지나 공소제기 후에 행하여지는 경우도 있다(예 공소제기 후의 참고인조사, 임의제출물의 압수 등).

02 수사기관

1. 수사기관

법률상 범죄수사의 권한이 인정되어 있는 국가기관으로서 검사와 사법경찰관이 있다. 검사와 사법경찰관은 수사, 공소제기 및 공소유지에 관하여 서로 협력하여야 한다. 수사를 위하여 준수하여야 하는 일반적 수사준칙에 관한 사항을 대통령령으로 정한다(제195조).

수사기관	사법경찰관 (경무관, 총경, 경정, 경감, 경위)	검사
양자의 관계 (협력. 대등관계)	① 검사와 사법경찰관은 수사, 공소제기 및 공소유지에 관하여 서로 협력하여야 한다. ② 제항에 따른 수사를 위하여 준수하여야 하는 일반적 수사준칙에 관한 사항을 대통령령으로 정한다.	
수사의 보조기관	경사, 경장, 순경	검찰청직원
		특별사법경찰관리
		① 삼림, 해사, 전매, 세무, 군수사기관 기타 특별한 사항(지역적, 사항적으로 제한을 받음) ② 특별사법경찰관은 모든 수사에 관하여 검사의 지휘를 받는다. ③ 검사의 지휘에 관한 구체적 사항은 법무부령으로 정한다.

2. 수사개시 기관

수사개시권	경찰		검찰		
	모든사건		검사의 수사개시 기준		
		가	1. 부패범죄	뇌물, 수수(3000만원이상)	
				알선수재 · 국고손실, 정치자금. 변호사법위반, 의료 리베이트 범죄(5000만원이상)	
			2. 경제범죄	특정경제범죄법상(5억이상) 사기 · 횡령 · 배임, 특정범죄가중법상 조세 · 관세, 공정거래, 금융증권범죄, 산업기술유출, 마약수출입 범죄 등	
			3. 공직자범죄	주요공직자의 직권남용, 직무유기, 공무상비밀누설 등 직무상 범죄 *주요공직자(국회의원,지자체장. 법관. 검사. 4급이상 공무원. 공기업임원)	
			4. 선거범죄	공무원의 정치관여, 공직선거 · 위탁선거 · 국민투표 등 관련 범죄	
			5. 방위사업범죄	방위사업의 수행과 관련한 범죄	
			6. 대형참사	대형 화재 · 붕괴 · 폭발사고 등 국가적 차원의 대처가 필요한 참사 사건과 관련한 범죄, 국가 주요통신기반시설에 대한 사이버테러 범죄	
		나	경찰공무원이 범한 범죄		
		다	가목·나목의 범죄 및 사법경찰관이 송치한 범죄와 관련하여 인지한 각 해당 범죄와 직접 관련성이 있는 범죄		
		기타	경제범죄와 선거범죄중 사회적 이목을 끌만한 사건으로 관할 지방검찰청 검사장이 검사의 수사개시가 필요하다고 판단한 중요사건.		
			경찰과 동시 수사시 송치요구권		
수사종결권	1차 종결	송치	송치사건수사, 송치 후 보완수사요구		
		불송치	재수사 요구		
영장	신청				
	기각☞이의제기		고등검찰청 영장심의위원회		

3. 수사

(1) 검사의 수사

① 검사는 범죄의 혐의가 있다고 사료하는 때에는 범인, 범죄사실과 증거를 수사한다.

② 고위공직자범죄수사처의 검사는 대통령, 국회의장 및 국회의원, 헌법재판소장 및 헌법재판관, 대법원장 및 대법관, 국무총리, 검찰총장, 판사 및 검사, 경무관 이상 경찰공무원 등 고위공직자범죄 등에 관한 수사의 직무를 독립하여 수행 한다(공수처법 제3조).

③ 검찰청 직원으로서 사법경찰관의 직무를 행하는 검찰청 직원은 검사의 지휘를 받아 수사하여야 한다. 사법경찰리의 직무를 행하는 검찰청 직원은 검사 또는 사법경찰관의 직무를 행하는 검찰청 직원의 수사를 보조하여야 한다.

(2) 사법경찰관리의 수사

① 경무관, 총경, 경정, 경감, 경위는 사법경찰관으로서 범죄의 혐의가 있다고 사료하는 때에는 범인, 범죄사실과 증거를 수사한다.

② 경사, 경장, 순경은 사법경찰리로서 수사의 보조를 하여야 한다(제197조).

(3) 특별사법경찰관리

삼림, 해사, 전매, 세무, 군수사기관, 그 밖에 특별한 사항에 관하여 사법경찰관리의 직무를 행할 특별사법경찰관리와 그 직무의 범위는 법률로 정한다. 특별사법경찰관은 모든 수사에 관하여 검사의 지휘를 받는다. 검사의 지휘에 관한 구체적 사항은 법무부령으로 정한다(제245조의10)

4. 검사와 사법경찰관리의 관계

(1) 상호협력의 원칙

① 검사와 사법경찰관은 상호 존중해야 하며, 수사, 공소제기 및 공소유지와 관련하여 협력해야 한다.

② 검사와 사법경찰관은 수사와 공소제기 및 공소유지를 위해 필요한 경우 **수사 · 기소 · 재판 관련자료**를 서로 요청할 수 있다(수사준칙 제6조).

③ 검사와 사법경찰관은 공소시효가 임박한 사건이나 내란, 외환, 선거, 테러, 대형참사, 연쇄살인 관련 사건, 주한 미합중국 군대의 구성원 · 외국인 군무원 및 그 가족이나 초청계약자의 범죄 관련 사건 등 많은 피해자가 발생하거나 국가적 · 사회적 피해가 큰 중요한 사건(이하 "중요사건"이라 한다)의 경우에는 송치 전에 수사할 사항, 증거수집의 대상, 법령의 적용 등에 관하여 상호 의견을 제시 · 교환할 것을 요청할 수 있다(수사준칙 제7조).

(2) 수사기관 협의회

① 대검찰청, 경찰청 및 해양경찰청 간에 수사에 관한 제도 개선 방안 등을 논의하고, 수사기관 간 협조가 필요한 사항에 대해 서로 의견을 협의 · 조정하기 위해 수사기관협의회를 둔다.

② 수사기관 협의회는 다음 각 호의 사항에 대해 협의 · 조정한다.

  1. 국민의 인권보호, 수사의 신속성 · 효율성 등을 위한 제도 개선 및 정책 제안

  2. 국가적 재난 상황 등 관련 기관 간 긴밀한 협조가 필요한 업무를 공동으로 수행하기 위해 필요한 사항

3. 그 밖에 제1항의 어느 한 기관이 수사기관협의회의 협의 또는 조정이 필요하다고 요구한 사항

③ 수사기관 협의회는 반기마다 정기적으로 개최하되, 제1항의 어느 한 기관이 요청하면 수시로 개최할 수 있다.

④ 제1항의 각 기관은 수사기관 협의회에서 협의·조정된 사항의 세부 추진계획을 수립·시행해야 한다.

⑤ 제1항부터 제4항까지의 규정에서 정한 사항 외에 수사기관 협의회의 운영 등에 필요한 사항은 수사기관 협의회에서 정한다(수사준칙 제9조).

03 고위공직자 범죄수사처

1. 수사처 조직과 권한

(1) 조직

수사처는 처장과 차장 및 검사 와 수사관으로 구성되며, 수사처 처장과 차장의 임기는 3년으로 하고 중임할 수 없다. 수사처검사의 임기는 3년으로 하며 3회에 한정하여 연임할 수 있으며, 수사관의 임기는 6년으로 하고 연임할 수 있다.

(2) 대상

고위공직자범죄수사처는 대통령, 국회의장 및 국회의원, 헌법재판소장 및 헌법재판관, 대법원장 및 대법관, 국무총리, 검찰총장, 판사 및 검사, 경무관 이상 경찰공무원 등 고위공직자범죄 등에 관한 수사의 직무를 독립하여 수행한다(제3조).

(3) 공소제기및 유지

고위공직자로 재직 중에 본인 또는 본인의 가족이 범한 고위공직자범죄 및 관련범죄의 공소제기와 그 유지의 직무를 독립하여 수행한다.

2. 수사처 대상범죄

형법 (제122조~133조)	직무유기, 직권남용, 불법체포, 불법감금, 폭행, 가혹행위, 피의사실공표, 공무상 비밀의 누설, 선거방해, 수뢰, 사전수뢰, 제3자 뇌물제공, 수뢰후부정처사, 사후수뢰, 알선수뢰, 뇌물공여.		
직무와 관련죄	공용서류 등의 무료, 공용물의 파괴, 공문서등의 위조, 변조, 허위공문서작성등, 공전자기록위작, 변작, 위조등 공문서의 행사, 횡령, 배임, 업무상의 횡령과 배임.		
특정범죄 가중처벌	알선수재	변호사법 제111조	청탁 알선, 제3자공여
국가정보원법	정치관여죄, 직권남용죄	국회에서의 증언관한 법	위증 등의 죄
범죄수익 관련죄	범죄수익등의 은닉 및 가장, 범죄수익등의 수수		
고위공직자(관계)	공동정범, 교사범, 종범	고위공직자(상대로)	뇌물공여등, 배임수증재
고위공직자와 관련된 죄	범인은닉과 친족간의 특례, 위증, 모해위증, 허위의 감정 통역 번역, 증거인멸 등과 친족간의 특례, 무고죄, 위증 등의 죄		

3. 수사처와 다른 수사기관과의 관계

① 고위공직자범죄수사처의 범죄수사와 중복되는 다른 수사기관의 범죄수사에 대하여 처장이 수사의 진행 정도 및 공정성 논란 등에 비추어 수사처에서 수사하는 것이 적절하다고 판단하여 이첩을 요청하는 경우 해당 수사기관은 이에 응하여야 한다(제24조제1항).

② 다른 수사기관이 범죄를 수사하는 과정에서 고위공직자범죄 등을 인지한 경우 그 사실을 즉시 수사처에 통보하여야 하며, 이에 따라 고위공직자범죄 등 사실의 통보를 받은 처장은 통보를 한 다른수사기관의 장에게 수사처 규칙으로 정한 기간과 방법으로 수사개시 여부를 회신하여야 한다(제24조제2항 및 제4항).

③ 처장은 피의자, 피해자, 사건의 내용과 규모 등에 비추어 다른 수사기관이 고위공직자범죄 등을 수사하는 것이 적절하다고 판단될 때에는 해당 수사기관에 사건을 이첩할 수 있다(법률 제24조 제3항).

4. 고위공직자범죄수사처 사건처리

(1) 고위공직자범죄의 공소제기

수사처의 검사는 대법원장 및 대법관, 검찰총장, 판사 및 검사, 경무관 이상 경찰공무원에 해당하는 고위공직자로 재직 중에 본인 또는 본인의 가족이 범한 고위공직자범죄 및 관련범죄의 수사의 결과 객관적 범죄혐의가 충분하여 유죄판결을 받을 수 있다고 인정되면 공소를 제기하고 그 유지에 필요한 행위를 한다(법률 제3조 및 제20조).

(2) 서울중앙지방검찰청으로 송치

① 수사처의 검사는 대법원장 및 대법관, 검찰총장, 판사 및 검사, 경무관 이상 경찰공무원을 제외한 고위공직자의 범죄 등에 관한 수사를 한 때에는 관계서류와 증거물을 지체없이 서울중앙지방검찰청 소속 검사에게 송부하여야 한다(제26조 제1항).

② 관계서류와 증거물을 송부받아 사건을 처리하는 검사는 공수처장에게 해당 사건의 공소제기여부를 신속하게 통보하여야 한다(제26조 제2항).

(3) 대검찰청에 사건의 이첩

공수처장은 고위공직자범죄에 대하여 불기소 결정을 하는 때에는 해당 범죄의 수사과정에서 알게 된 관련범죄 사건을 대검찰청에 이첩하여야 한다. (제27조).

(4) 수사처검사 및 검사 범죄에 대한 수사

① 수사처의 처장은 수사처검사의 범죄혐의를 발견한 경우에 관련 자료와 함께 이를 대검찰청에 통보하여야 한다(제25조 제1항).

② 수사처 외의 다른 수사기관이 검사의 고위공직자범죄 혐의를 발견한 경우 그 수사기

관의 장은 사건을 수사처에 이첩하여야 한다(제25조 제2항).

5. 재정신청의 특례

(1) 재정신청의 방식

① 고소·고발인은 수사처검사로부터 공소를 제기하지 아니한다는 통지를 받은 때에는 서울고등법원에 그 당부에 관한 재정을 신청할 수 있다. 재정신청을 하려는 사람은 공소를 제기하지 아니한다는 통지를 받은 날부터 30일 이내에 처장에게 재정신청서를 제출하여야 한다.

② 재정신청서를 제출받은 처장은 재정신청서를 제출받은 날부터 7일 이내에 재정신청서, 의견서, 수사 관계 서류 및 증거물을 서울고등법원에 송부하여야 한다. 다만, 신청이 이유 있는 것으로 인정하는 때에는 즉시 공소를 제기하고 그 취지를 서울고등법원과 재정신청인에게 통지한다.

(2) 관할법원

고위공직자범죄에 대한 재정신청사건의 관할법원은 서울고등법원이다(제29조 제1항).

6. 수사처의 제1심 재판관할

수사처검사가 공소를 제기하는 고위공직자범죄등 사건의 제1심 재판은 서울중앙지방법원의 관할로 한다. 다만, 범죄지, 증거의 소재지, 피고인의 특별한 사정 등을 고려하여 수사처검사는 「형사소송법」에 따른 관할 법원에 공소를 제기할 수 있다(법률 제31조).

7. 고위공직자범죄사건의 형집행

① 수사처검사가 공소를 제기하는 고위공직자범죄등 사건에 관한 재판이 확정된 경우 제1심 관할지방법원에 대응하는 검찰청 소속 검사가 그 형을 집행한다.

② 제1항의 경우 처장은 원활한 형의 집행을 위하여 해당 사건 및 기록 일체를 관할 검찰청의 장에게 인계한다.(제28조).

02 수사의 기본원칙

1. 임의수사의 원칙

(1) 피의자에 대한 수사는 불구속상태에서 함을 원칙으로 한다.

(2) 검사·사법경찰관리와 그 밖에 직무상 수사에 관계있는 자는 피의자 또는 다른 사람의 인권을 존중하고 수사과정에서 취득한 비밀을 엄수하며 수사에 방해되는 일이 없도록 하여야 한다.

(3) 검사·사법경찰관리와 그 밖에 직무상 수사에 관계있는 자는 수사과정에서 수사와 관련하여

작성하거나 취득한 서류 또는 물건에 대한 목록을 빠짐없이 작성하여야 한다(제198조).

① 임의수사 우선의 원칙: 검사와 사법경찰관은 수사를 할 때 수사 대상자의 자유로운 의사에 따른 임의수사를 원칙으로 해야 하고, 강제수사는 법률에서 정한 바에 따라 필요한 경우에만 최소한의 범위에서 하되, 수사 대상자의 권익 침해의 정도가 더 적은 절차와 방법을 선택해야 한다(수사준칙 제10조).

② 형사사건의 공개금지: 검사와 사법경찰관은 공소제기 전의 형사사건에 관한 내용을 공개해서는 안 된다. 법무부장관, 경찰청장 또는 해양경찰청장은 무죄추정의 원칙과 국민의 알권리 등을 종합적으로 고려하여 형사사건 공개에 관한 준칙을 정할 수 있다(수사준칙 제5조).

③ 수사 진행상황의 통지: 검사 또는 사법경찰관은 수사에 대한 진행상황을 사건관계인에게 적절히 통지하도록 노력해야 하고, 통지의 구체적인 방법·절차 등은 법무부장관, 경찰청장 또는 해양경찰청장이 정한다(수사준칙 제12조).

④ 피해자 보호: 1)검사 또는 사법경찰관은 피해자의 명예와 사생활의 평온을 보호하기 위해 「범죄피해자 보호법」 등 피해자 보호 관련 법령의 규정을 준수해야 한다.

2) 검사 또는 사법경찰관은 피의자의 범죄수법, 범행 동기, 피해자와의 관계, 언동 및 그 밖의 상황으로 보아 피해자가 피의자 또는 그 밖의 사람으로부터 생명·신체에 위해를 입거나 입을 염려가 있다고 인정되는 경우에는 직권 또는 피해자의 신청에 따라 신변보호에 필요한 조치를 강구해야 한다(수사준칙 제15조).

⑤ 회피: 검사 또는 사법경찰관리는 피의자나 사건관계인과 친족관계 또는 이에 준하는 관계가 있거나 그 밖에 수사의 공정성을 의심받을 염려가 있는 사건에 대해서는 소속 기관의 장의 허가를 받아 그 수사를 회피해야 한다(수사준칙 제11조).

2. 심야조사 제한

(1) 원칙: 검사 또는 사법경찰관은 조사, 신문, 면담 등 명칭을 불문하고 피의자나 사건관계인에 대해 오후 9시부터 오전 6시까지 사이에 조사(이하 "심야조사"라 한다)를 해서는 안 된다. 다만, 이미 작성된 조서의 열람을 위한 절차에 한하여 자정이전까지 진행할 수 있다(수사준칙 제21조).

(2) 예외(수사준칙 제21조 제2항): 제1항에도 불구하고 다음 각 호의 어느 하나에 해당하는 경우에는 심야조사를 할 수 있다. 이 경우 심야조사의 사유를 조서에 명확하게 적어야 한다.

1. 피의자를 체포한 후 48시간 이내에 구속영장의 청구 또는 신청 여부를 판단하기 위해 불가피한 경우

2. 공소시효가 임박한 경우

3. 피의자나 사건관계인이 출국, 입원, 원거리 거주, 직업상 사유 등 재출석이 곤란한 구체적인 사유를 들어 심야조사를 요청한 경우(변호인이 심야조사에 동의하지 않는다는 의사를 명시한 경우는 제외한다)로서 해당 요청에 상당한 이유가 있다고 인정되는 경우

4. 그 밖에 사건의 성질 등을 고려할 때 심야조사가 불가피하다고 판단되는 경우 등 법무부장관, 경찰청장 또는 해양경찰청장이 정하는 경우로서 검사 또는 사법경찰관 의 소속 기관의 장이 지정하는 인권보호 책임자의 허가 등을 받은 경우

3. 장기간조사 제한

(1) 검사 또는 사법경찰관은 조사, 신문, 면담 등 그 명칭을 불문하고 피의자나 사건관계인을 조사하는 경우에는 대기시간, 휴식시간, 식사시간 등 모든 시간을 합산한 조사시간(이하 "총조사시간"이라 한다)이 12시간을 초과하지 않도록 해야 한다. 다만, 다음 각 호의 어느 하나에 해당하는 경우에는 예외로 한다.

  1. 피의자나 사건관계인의 서면 요청에 따라 조서를 열람하는 경우

  2. 제21조 제2항 각호의 어느 하나에 해당하는 경우

(2) 검사 또는 사법경찰관은 특별한 사정이 없으면 총조사시간 중 식사시간, 휴식시간 및 조서의 열람시간 등을 제외한 실제 조사시간이 8시간을 초과하지 않도록 해야 한다.

(3) 검사 또는 사법경찰관은 피의자나 사건관계인에 대한 조사를 마친 때부터 8시간이 지나기 전에는 다시 조사할 수 없다. 다만, 제1항 제2호에 해당하는 경우에는 예외로 한다(수사준칙 제22조).

4. 휴식시간부여

(1) 검사 또는 사법경찰관은 조사에 상당한 시간이 소요되는 경우에는 특별한 사정이 없으면 피의자 또는 사건관계인에게 조사 도중에 최소한 2시간마다 10분 이상의 휴식시간을 주어야 한다.

(2) 검사 또는 사법경찰관은 조사 도중 피의자, 사건관계인 또는 그 변호인으로부터 휴식시간의 부여를 요청받았을 때에는 그때까지 조사에 소요된 시간, 피의자 또는 사건관계인의 건강상 태 등을 고려해 적정하다고 판단될 경우 휴식시간을 주어야 한다.

(3) 검사 또는 사법경찰관은 조사 중인 피의자 또는 사건관계인의 건강상태에 이상 징후가 발견되면 의사의 진료를 받게 하거나 휴식하게 하는 등 필요한 조치를 해야 한다(수사준칙 제23조).

04 수사의 개시

1. 수사의 착수

(1) 수사의 개시

① 검사 또는 사법경찰관이 다음 각 호의 어느 하나에 해당하는 행위에 착수한 때에는 수사를 개시한 것으로 본다. 이 경우 검사 또는 사법경찰관은 해당 사건을 즉시 입건해야 한다.

1. 피혐의자의 수사기관 출석조사
2. 피의자신문조서의 작성
3. 긴급체포
4. 체포 · 구속영장의 청구 또는 신청
5. 사람의 신체, 주거, 관리하는 건조물, 자동차, 선박, 항공기 또는 전유하는 방실에 대한 압수 · 수색 또는 검증영장(부검을 위한 검증영장은 제외한다)의 청구 또는 신청

② 검사 또는 사법경찰관은 수사 중인 사건의 범죄 혐의를 밝히기 위한 목적으로 관련 없는 사건의 수사를 개시하거나 수사기간을 부당하게 연장해서는 안 된다.

③ 검사 또는 사법경찰관은 입건 전에 범죄를 의심할 만한 정황이 있어 수사 개시 여부를 결정하기 위한 사실관계의 확인 등 필요한 조사를 할 때에는 적법절차를 준수하고 사건관계인의 인권을 존중하며, 조사가 부당하게 장기화되지 않도록 신속하게 진행해야 한다.

④ 검사 또는 사법경찰관은 제3항에 따른 조사 결과 입건하지 않는 결정을 한 때에는 피해자에 대한 **보복범죄나 2차 피해가 우려되는 경우 등을 제외하고는 피혐의자 및 사건관계인에게 통지**해야 한다.

⑤ 제4항에 따른 통지의 구체적인 방법 및 절차 등은 법무부장관, 경찰청장 또는 해양경찰청장이 정한다.

⑥ 제3항에 따른 조사와 관련한 서류 등의 열람 및 복사에 관하여는 제69조제1항, 제3항, 제5항(같은 조 제1항 및 제3항을 준용하는 부분으로 한정한다. 이하 이 항에서 같다) 및 제6항(같은 조 제1항, 제3항 및 제5항에 따른 신청을 받은 경우로 한정한다)을 준용한다(수사준칙 제16조).

(2) 검사의 사건 이송

① **필요적이송**: 검사는 「검찰청법」 제4조제1항제1호 각 목에 해당되지 않는 범죄에 관한 고소 · 고발 · 진정 등이 접수되거나 사건 수사 중 범죄 혐의가 「검찰청법」 제4조제1항제1호 각 목에 **해당되지 않는다고 판단되는 때에는 사건을 검찰청 이외의 수사기관에 이송**해야 한다. 다만 구속영장이나 사람의 신체, 주거, 관리하는 건조물, 자동차, 선박, 항공기 또는 점유하는 방실에 대하여 **압수 · 수색 · 검증 영장이 발부된 경우는 제외**한다.

② **임의적이송**: 검사는 검사가 영장을 청구하기 전에 동일한 범죄사실에 관하여 **사법경찰관이 영장을 신청한 경우** 영장에 기재된 범죄사실을 사법경찰관이 범죄사실을 계속 수사할 수 있게 되거나 그 밖에 다른 수사기관에서 수사하는 것이 적절하다고 판단되는 때에는 사건을 검찰청 이외의 수사기관에 이송할 수 있다.

③ 검사가 사건을 이송하는 경우에는 그 관계 서류와 증거물을 해당 수사기관에 송부해야 한다(수사준칙 제18조).

2. 수사의 경합

(1) 의 의

검사와 사법경찰관이 동일한 범죄사실을 수사하게 된 때에는 검사는 사법경찰관에게 사건을 송치할 것을 요구할 수 있다. 검사의 요구를 받은 사법경찰관은 지체없이 검사에게 사건을 송치하여야 한다. 다만, 검사가 영장을 청구하기 전에 동일한 범죄사실에 관하여 사법경찰관이 영장을 신청한 경우에는 해당 영장에 기재된 범죄사실을 계속 수사할 수 있다(제197조의4).

(2) 동일한 범죄사실 여부의 판단

① 검사와 사법경찰관은 수사의 경합과 관련하여 동일한 범죄사실 여부나 영장(「통신비밀보호법」에 따른 통신제한조치 허가서, 통신사실확인자료 제공 요청 허가서를 포함한다) 청구·신청의 선후 여부 등을 판단하기 위해 필요한 경우에는 필요한 범위에서 사건기록의 상호열람을 요청할 수 있다.

② 동일한 범죄사실에 관하여 영장 청구·신청의 선후는 검사의 영장청구서와 사법경찰관의 영장신청서가 각각 법원과 검찰청에 접수된 시점을 기준으로 판단한다.

(3) 사건송치

① 검사가 수사경합에 따른 사법경찰관에게 사건송치를 요구할 때에는 그 내용과 이유를 구체적으로 기재한 서면으로 해야 한다.

② 사법경찰관은 검사의 요구를 받은 날부터 7일 이내에 사건을 검사에게 송치하고, 관계 서류와 증거물을 검사에게 송부해야 한다.

③ 사법경찰관이 범죄사실을 계속 수사할 수 있게 된 경우 검사는 그와 동일한 범죄사실에 대해 특별한 사정이 없는 한 사건 이송 등 중복수사를 피하기 위해 노력해야 한다.

3. 사법경찰관의 영장청구

(1) 사법경찰관의 영장청구 여부에 대한 심의

① 검사가 사법경찰관이 신청한 영장을 정당한 이유 없이 판사에게 청구하지 아니한 경우 사법경찰관은 그 검사 소속의 지방검찰청 소재지를 관할하는 고등검찰청에 영장청구 여부에 대한 심의를 신청할 수 있다.

② 심의하기 위하여 각 고등검찰청에 영장심의위원회(이하 이 조에서 "심의위원회"라 한다)를 둔다.

③ 심의위원회는 위원장 1명을 포함한 10명 이내의 외부 위원으로 구성하고, 위원은 각 고등검찰청 검사장이 위촉한다.

④ 사법경찰관은 심의위원회에 출석하여 의견을 개진할 수 있다.

⑤ 심의위원회의 구성 및 운영 등 그 밖에 필요한 사항은 법무부령으로 정한다(제221조
의5).

04 사건의 처리

1. 사법경찰관의 사건송치

(1) 송치 또는 불송치

① 송치 : 사법경찰관은 고소·고발 사건을 포함하여 범죄를 수사한 때에는 범죄의 혐
의가 있다고 인정되는 경우에는 지체 없이 검사에게 사건을 송치하고, 관계 서류와
증거물을 검사에게 송부하여야 한다.

☞ 재정신청 접수에 따른 절차(수사준칙 제66조): ① 사법경찰관이 수사 중인 사건이
법 제260조제2항 제3호에 해당하여 같은 조 제3항에 따라 지방검찰청 검사장 또는
지청장에게 재정신청서가 제출된 경우 해당 지방검찰청 또는 지청 소속 검사는 즉시
사법경찰관에게 그 사실을 통보해야 한다.

② 사법경찰관은 제1항의 통보를 받으면 즉시 검사에게 해당 사건을 송치하고 관계
서류와 증거물을 송부해야 한다.

③ 검사는 제1항에 따른 재정신청에 대해 법원이 법 제262조 제2항 제1호에 따라 기
각하는 결정을 한 경우에는 해당 결정서를 사법경찰관에게 송부해야 한다. 이 경우
제2항에 따라 송치받은 사건을 사법경찰관에게 이송해야 한다.

② 불송치 : 그 밖의 경우에는 그 이유를 명시한 서면과 함께 관계 서류와 증거물을 지체
없이 검사에게 송부하여야 한다. 이 경우 검사는 송부받은 날부터 90일 이내에 사법
경찰관에게 반환하여야 한다(제245조의5).

(2) 고소인등에 대한 불송치 통지

사법경찰관은 제245조의5제2호의 경우에는 그 송부한 날부터 7일 이내에 서면으로 고소
인·고발인·피해자 또는 그 법정대리인(피해자가 사망한 경우에는 그 배우자·직계친
족·형제자매를 포함한다)에게 사건을 검사에게 송치하지 아니하는 취지와 그 이유를 통지
하여야 한다(제245조의6).

(3) 고소인등의 이의신청

① 제245조의6의 통지를 받은 사람은 해당 사법경찰관의 소속 관서의 장에게 이의를
신청할 수 있다.

② 사법경찰관은 제1항의 신청이 있는 때에는 지체없이 검사에게 사건을 송치하고

관계 서류와 증거물을 송부하여야 하며, 처리결과와 그 이유를 제1항의 신청인에게 통지하여야 한다(245조의7).

> **참고** 형사소송법을 비롯한 관계법령은 이의신청의 기간에 대하여 아무런 제한을 두고 있지 않기 때문에, 공소시효가 완성되지 않는 한 언제든 이의신청을 할 수 있다.

2. 송치사건 보완수사요구

(1) 보완수사요구

검사는 송치사건의 공소제기 여부 결정 또는 공소의 유지에 관하여 필요한 경우나 사법경찰관이 신청한 영장의 청구 여부 결정에 관하여 필요한 경우에 사법경찰관에게 보완수사를 요구할 수 있다. 사법경찰관은 보완수사 요구가 있는 때에는 정당한 이유가 없는 한 지체 없이 이를 이행하고, 그 결과를 검사에게 통보하여야 한다(제197조의2).

① 보완수사요구의 방법과 절차(수사준칙 제60조): ① 검사는 법 제197조의2제1항에 따라 보완수사를 요구할 때에는 그 이유와 내용 등을 구체적으로 적은 서면과 관계 서류 및 증거물을 사법경찰관에게 함께 송부해야 한다. 다만, 보완수사 대상의 성질, 사안의 긴급성 등을 고려하여 관계 서류와 증거물을 송부할 필요가 없거나 송부하는 것이 적절하지 않다고 판단하는 경우에는 해당 관계 서류와 증거물을 송부하지 않을 수 있다.

② 보완수사를 요구받은 사법경찰관은 제1항 단서에 따라 송부받지 못한 관계 서류와 증거물이 보완수사를 위해 필요하다고 판단하면 해당 서류와 증거물을 대출하거나 그 전부 또는 일부를 등사할 수 있다.

③ 사법경찰관은 법 제197조의2제2항에 따라 보완수사를 이행한 경우에는 그 이행 결과를 검사에게 서면으로 통보해야 하며, 제1항 본문에 따라 관계 서류와 증거물을 송부받은 경우에는 그 서류와 증거물을 함께 반환해야 한다. 다만, 관계 서류와 증거물을 반환할 필요가 없는 경우에는 보완수사의 이행 결과만을 검사에게 통보할 수 있다.

④ 사법경찰관은 법 제197조의2제1항제1호에 따라 보완수사를 이행한 결과 법 제245조의5제1호에 해당하지 않는다고 판단한 경우에는 제51조제1항제3호에 따라 사건을 불송치하거나 같은 항 제4호에 따라 수사중지할 수 있다.

② 보완수사요구의 대상과 범위(수사준칙 제59조): ① 검사는 법 제245조의5제1호에 따라 사법경찰관으로부터 송치받은 사건에 대해 보완수사가 필요하다고 인정하는 경우에는 특별히 직접 보완수사를 할 필요가 있다고 인정되는 경우를 제외하고는 사법경찰관에게 보완수사를 요구하는 것을 원칙으로 한다.

② 검사는 법 제197조의2제1항제1호에 따라 사법경찰관에게 송치사건 및 관련사건(법 제11조에 따른 관련사건 및 법 제208조제2항에 따라 간주되는 동일한 범죄사실에 관한 사건을 말한다. 다만, 법 제11조제1호의 경우에는 수사기록에 명백히 현출(現出)되어 있는 사건으로 한정한다)에 대해 다음 각 호의 사항에 관한 보완수사를 요구할 수 있다.

  1. 범인에 관한 사항

  2. 증거 또는 범죄사실 증명에 관한 사항

3. 소송조건 또는 처벌조건에 관한 사항

4. 양형 자료에 관한 사항

5. 죄명 및 범죄사실의 구성에 관한 사항

6. 그 밖에 송치받은 사건의 공소제기 여부를 결정하는 데 필요하거나 공소유지와 관련해 필요한 사항

③ 사법경찰관의 사건송치(수사준칙 제58조): ① 사법경찰관은 관계 법령에 따라 검사에게 사건을 송치할 때에는 송치의 이유와 범위를 적은 송치결정서와 압수물 총목록, 기록목록, 범죄경력 조회 회보서, 수사경력 조회 회보서 등 관계 서류와 증거물을 함께 송부해야 한다.

② 사법경찰관은 피의자 또는 참고인에 대한 조사과정을 영상녹화한 경우에는 해당 영상녹화물을 봉인한 후 검사에게 사건을 송치할 때 봉인된 영상녹화물의 종류와 개수를 표시하여 사건기록과 함께 송부해야 한다.

③ 사법경찰관은 사건을 송치한 후에 새로운 증거물, 서류 및 그 밖의 자료를 추가로 송부할 때에는 이전에 송치한 사건명, 송치 연월일, 피의자의 성명과 추가로 송부하는 서류 및 증거물 등을 적은 추가송부서를 첨부해야 한다.

3. 불송치와 재수사요청

검사는 사법경찰관이 사건을 送致하지 아니한 것이 위법 또는 부당한 때에는 그 이유를 문서로 명시하여 사법경찰관에게 재수사를 요청할 수 있다. 사법경찰관은 검사의 요청이 있는 때에는 재수사하여야 한다(제245조의8)

① 사법경찰관의 사건불송치(수사준칙제62조): ① 사법경찰관은 법 제245조의5제2호 및 이 영 제51조제1항제3호에 따라 불송치 결정을 하는 경우 불송치의 이유를 적은 불송치 결정서와 함께 압수물 총목록, 기록목록 등 관계 서류와 증거물을 검사에게 송부해야 한다.

② 제1항의 경우 영상녹화물의 송부 및 새로운 증거물 등의 추가 송부에 관하여는 제58조제2항 및 제3항을 준용한다.

② 재수사요청의 절차 (수사준칙제63조):① 검사는 법 제245조의8에 따라 사법경찰관에게 재수사를 요청하려는 경우에는 법 제245조의5 제2호에 따라 관계 서류와 증거물을 송부받은 날부터 90일 이내에 해야 한다. 다만, 다음 각 호의 어느 하나에 해당하는 경우에는 관계 서류와 증거물을 송부받은 날부터 90일이 지난 후에도 재수사를 요청할 수 있다.

1. 불송치 결정에 영향을 줄 수 있는 명백히 새로운 증거 또는 사실이 발견된 경우

2. 증거 등의 허위, 위조 또는 변조를 인정할 만한 상당한 정황이 있는 경우

② 검사는 제1항에 따라 재수사를 요청할 때에는 그 내용과 이유를 구체적으로 적은 서면으로 해야 한다. 이 경우 법 제245조의5 제2호에 따라 송부받은 관계 서류와 증거물을 사법경찰관에게 반환해야 한다.

③ 검사는 법 제245조의8에 따라 재수사를 요청한 경우 그 사실을 고소인등에게 통지해야 한다.

③ 재수사결과의 처리 (수사준칙제64조): ① 사법경찰관은 법 제245조의8 제2항에 따라 재수사를 한 경우 다음 각 호의 구분에 따라 처리한다.

　1. 범죄의 혐의가 있다고 인정되는 경우: 법 제245조의5 제1호에 따라 검사에게 사건을 송치하고 관계 서류와 증거물을 송부

　2. 기존의 불송치 결정을 유지하는 경우: 재수사 결과서에 그 내용과 이유를 구체적으로 적어 검사에게 통보

② 검사는 사법경찰관이 제1항 제2호에 따라 재수사 결과를 통보한 사건에 대해서 다시 재수사를 요청을 하거나 송치요구를 할 수 없다. 다만, 사법경찰관의 재수사에도 불구하고 관련 법리에 위반되거나 송부받은 관계 서류 및 증거물과 재수사결과만으로도 공소제기를 할 수 있을 정도로 명백히 채증법칙에 위반되거나 공소시효 또는 형사소추의 요건을 판단하는 데 오류가 있어 사건을 송치하지 않은 위법 또는 부당이 시정되지 않은 경우에는 재수사 결과를 통보받은 날부터 30일 이내에 법 제197조의3에 따라 사건송치를 요구할 수 있다.

④ 재수사 중의 이의신청(수사준칙제65조): 사법경찰관은 법 제245조의8제2항에 따라 재수사 중인 사건에 대해 법 제245조의7제1항에 따른 <u>이의신청이 있는 경우에는 재수사를 중단</u>해야 하며, 같은 조 제2항에 따라 해당 사건을 지체 없이 검사에게 송치하고 관계 서류와 증거물을 송부해야 한다.

4. 시정조치

(1) 검사의 시정조치요구

① 검사는 사법경찰관리의 수사과정에서 법령위반, 인권침해 또는 현저한 수사권 남용이 의심되는 사실의 신고가 있거나 그러한 사실을 인식하게 된 경우에는 사법경찰관에게 사건기록 등본의 송부를 요구할 수 있다.

　ⓐ 검사가 사법경찰관에게 사건기록 등본의 송부를 요구하려는 경우에는 그 내용과 이유를 구체적으로 기재한 서면으로 해야 한다. 사법경찰관은 요구를 받은 날부터 7일 이내에 사건기록 등본을 검사에게 송부해야 한다(수사준칙 제45조 ②).

　ⓑ 검사는 사건기록 등본을 송부받은 날부터 30일(다만, 사안의 경중 등을 고려하여 10일의 범위에서 한 차례 연장할 수 있다) 이내에 시정조치 요구 여부를 결정하여 사법경찰관에게 통보해야 한다. 이 경우 시정조치 요구의 통보는 그 내용과 이유를 구체적으로 기재한 서면으로 해야 한다(수사준칙 제45조 ③).

② 송부를 받은 검사는 필요하다고 인정되는 경우에는 사법경찰관에게 시정조치를 요구할 수 있다.

③ 검사는 시정조치 요구가 정당한 이유 없이 이행되지 않았다고 인정되는 경우에는 사

법경찰관에게 사건을 송치할 것을 요구할 수 있다. 송치요구를 받은 사법경찰관은 검사에게 사건을 송치하여야 한다.

(2) 사법경찰관의 조치

① 사법경찰관은 시정조치 요구를 통보받은 경우에는 정당한 이유가 없으면 지체 없이 시정조치를 이행하고 그 이행 결과를 서면에 구체적으로 기재하여 검사에게 통보해야 한다.

② 사법경찰관은 시정요구를 받은 날부터 7일 이내에 사건을 검사에게 송치하고, 관계 서류와 증거물을 송부해야 한다.

③ 공소시효 만료일 임박 등 특별한 사정이 있는 때에는 검사는 서면에 그 사정을 명시하고 별도의 송치기한을 정하여 사법경찰관에게 통지할 수 있다. 이 경우 사법경찰관은 정당한 사유가 없으면 해당 송치기한까지 사건을 검사에게 송치해야 한다.

④ 사법경찰관은 시정조치 요구가 있는 때에는 정당한 이유가 없으면 지체없이 이를 이행하고, 그 결과를 검사에게 통보하여야 한다.

⑤ 검찰총장 또는 각급 검찰청 검사장은 사법경찰관리의 수사과정에서 법령위반, 인권침해 또는 현저한 수사권 남용이 있었던 때에는 권한 있는 사람에게 해당 사법경찰관리의 징계를 요구할 수 있고, 그 징계 절차는 「공무원 징계령」 또는 「경찰공무원 징계령」에 따른다.

> **참고** 검사의 시정조치요구권은 수사과정에서 경찰의 위법한 수사를 견제하기 위한 장치이므로, 수사의 결과에 불복할 경우에 검사에게 시정조치를 요구하도록 할 수는 없다.

(3) 구제신청 사전고지

① 사법경찰관은 피의자를 신문하기 전에 수사과정에서 법령위반, 인권침해 또는 현저한 수사권 남용이 있는 경우 검사에게 구제를 신청할 수 있음을 피의자에게 알려주어야 한다(제197조의3).

② 사법경찰관은 피의자에게 검사에 대해 구제를 신청할 수 있음을 알려준 후 피의자로부터 고지 확인서를 받아 사건기록에 편철해야 한다. 다만, 피의자가 확인서에 기명날인 또는 서명하는 것을 거부하는 경우에는 사법경찰관이 확인서 말미에 그 사유를 기재하고 기명날인 또는 서명해야 한다(수사준칙 제47조).

05 서류 열람 · 복사

1. 수사서류 열람 · 복사

(1) 수사서류 열람 · 복사신청

① 피의자, 사건관계인 또는 그 변호인은 검사 또는 사법경찰관이 <u>수사 중인 사건</u>의 경

우 본인의 진술이 기재된 부분 및 본인이 제출한 서류의 전부 또는 일부에 대해 열람·복사를 신청할 수 있다.

② 피의자, 사건관계인 또는 그 변호인은 검사가 불기소처분을 하거나 사법경찰관이 불송치결정을 한 사건의 경우 기록의 전부 또는 일부에 대해 열람·복사를 신청할 수 있다.

③ 피의자 또는 그 변호인은 필요한 사유를 소명하고 고소장, 고발장, 이의신청서, 항고장, 재항고장의 열람·복사를 신청할 수 있다. 이 경우 열람·복사의 대상은 피의자에 대한 혐의사실 부분으로 한정하고, 그 밖에 사건관계인에 관한 사실이나 개인정보, 증거방법 또는 고소장등에 첨부된 서류 등은 제외한다.

④ 체포·구속된 피의자 또는 그 변호인은 현행범인체포서, 긴급체포서, 체포영장, 구속영장의 열람·복사를 신청할 수 있다.

⑤ 피의자 또는 사건관계인의 법정대리인, 배우자, 직계친족, 형제자매로서 피의자 또는 사건관계인의 위임장 및 신분관계를 증명하는 문서를 제출한 자도 열람·복사를 신청할 수 있다.

(2) 수사기관의 처분

열람·복사신청을 받은 검사 또는 사법경찰관은 해당 서류의 공개로 인해 사건관계인의 개인정보나 영업비밀이 침해될 우려가 있거나 범인의 증거인멸·도주를 용이하게 할 우려가 있는 경우 등 정당한 사유가 없는 한 열람·복사를 허용해야 한다.

제 2절 수사의 구조 · 조건

01 수사의 구조

1. 수사구조론의 의의

수사과정을 전체로서의 형사절차에 어떻게 위치시키고 수사절차에서 등장하는 활동주체의 관계를 어떻게 정립시킬 것인가에 대한 이론으로 이를 수사구조론이라 한다.

2. 수사관의 종류

(1) 규문적 수사관

① 수사의 구조를 수사기관 중심으로 이해하여 수사절차는 법관의 사법적 개입없이 수사기관의 독자적인 판단 하에 범인 · 범죄사실 · 증거를 조사하는 합목적적 절차로 본다.

② 강제 처분권은 수사의 주재자인 검사의 고유권한으로 영장의 성격은 허가장의 성격을 가지고 있으며, 수사기관과 피의자를 불평등수직관계로 보며 피의자를 신문하기 위해 구인도 허용된다.

(2) 탄핵적 수사관

① 수사의 구조를 법원의 재판준비를 위한 활동으로 이해하여 법원에 공소를 제기하기 위한 준비단계인 수사절차에 법관의 개입을 인정한다.

② 영장은 명령장의 성격을 가지고 있고, 수사기관과 피의자를 대등한 관계로 보며 피의자를 신문하기 위해 구인은 허용되지 않는다.

(3) 소송적 수사관

① 수사는 기소 · 불기소를 결정하는 독자적 목적을 가진, 공판과는 별개의 절차로 파악하여 수사절차의 소송구조화를 도모하여 수사절차의 독자성을 강조하는 수사관이다.

② 판단자인 검사를 정점으로 하여 사법경찰관과 피의자를 대립당사자로 하는 소송적 구조로 피의자의 지위는 사법경찰관과 대등한 수사의 주체로 본다.

02 수사의 조건

1. 의 의

수사의 조건이라 함은 수사개시의 조건과 수사실행의 조건을 의미한다. 즉, 수사권의 발동 · 행사의 조건을 수사의 조건이라고 한다. 수사의 조건은 합목적성과 재량이 인정되는 수사기관의 수사에 대하여 그 자의를 방지하기 위해 소송조건에 갈음하는 수사의 개시와 진행유지에 필요한 적법조건을 설정한 것이다. 즉, 수사는 필요한 경우에 상당한 방법으로 하여야 한다.

2. 수사의 필요성

수사는 수사의 목적을 달성함에 필요한 경우에 한해서 허용된다. 따라서 피의자의 구속(제201조), 압수, 수색, 검증(제215조)과 같은 강제수사의 경우는 물론이고 피의자신문(제200조), 참고인조사(제221조) 등과 같은 임의수사의 경우에도 수사의 필요성이 수사의 조건이 된다.

> 참고 1. 수사의 조건인 필요성과 상당성은 임의수사와 강제수사 모두 적용된다.
> 2. 체포·구속시 범죄의 혐의는 증거가 뒷받침되는 객관적 혐의가 요구된다.

(1) 범죄혐의의 존재

수사는 구체적 사실에 근거를 둔 수사기관의 주관적 혐의에 의하여 개시된다. 따라서 혐의가 없음이 명백한 사건에 대한 수사는 허용되지 않는다.

(2) 소송조건의 존재

공소제기의 가능성이 없는 사건에 대하여는 수사가 허용되지 않는다고 하여야 한다. 친고죄에 있어서 고소는 소송조건이므로 고소가 없으면 공소를 제기할 수 없다. 그렇다면 친고죄에 있어서 고소가 없는 경우에 수사를 개시할 수 있겠는가 이에 관하여는 견해의 대립이 있다.

① 전면허용설 : 친고죄의 고소는 소송조건이지 수사의 조건은 아니므로 당연히 수사가 허용되어야 한다.

② 전면부정설 : 친고죄에 관하여 고소가 없으면 공소를 제기할 수 없고, 따라서 그 준비를 위한 수사도 허용될 수 없다.

③ 제한적허용설 : 고소가 없는 경우에도 수사는 허용되지만 고소의 가능성이 없는 때(고소기간이 경과한 경우, 고소권을 포기한 경우, 고소를 취소한 경우)에는 수사가 허용되지 않거나 제한되어야 한다.

> 판례 1. 법률에 의하여 고소나 고발이 있어야 논할 수 있는 죄에 있어서 고소 또는 고발은 이른바 소추조건에 불과하고 당해 범죄의 성립요건이나 수사의 조건은 아니므로, 위와 같은 범죄에 관하여 고소나 고발이 있기 전에 수사를 하였더라도, 그 수사가 장차 고소나 고발의 가능성이 없는 상태하에서 행해졌다는 등의 특단의 사정이 없는 한, 고소나 고발이 있기 전에 수사를 하였다는 이유만으로 그 수사가 위법하게 되는 것은 아니다(대판 2011. 3. 10. 선고 2008도7724)
> 2. 조세범처벌법 제6조의 세무종사 공무원의 고발은 공소제기의 요건이고 수사개시의 요건은 아니므로 수사기관이 고발에 앞서 수사를 하고 피고인에 대한 구속영장을 발부받은 후 검찰의 요청에 따라 세무서장이 고발조치를 하였다고 하더라도 공소제기 전에 고발이 있은 이상 조세범처벌법 위반사건 피고인에 대한 공소제기의 절차가 법률의 규정에 위반하여 무효라고 할 수 없다(대판 1995. 3. 10. 94도3373).

3. 수사의 상당성

(1) 수사의 신의칙

수사기관이 수사하는 데에 있어서 사술에 의하여 국민을 기망하여서는 아니 된다(사술 금지의 원칙). 이와 관련하여 함정수사가 문제된다.

(2) 함정수사의 의의

수사기관이나 그 정보원이 국민에게 범죄기회를 제공하고 그에 따라 범죄를 실행할 때 체포하는 수사방법을 의미한다. 특히 마약, 조직범죄 등의 수사에서 활용되고 있다.

① 함정수사의 유형

ㄱ) 기회제공형 : 이미 범죄의사를 갖고 있는 자에게 범죄의 기회를 제공한 경우로 수사의 상당성이 인정되어 적법하다.

ㄴ) 범의유발형 : 범죄의사 없는 자에게 범죄를 유발한 경우로 수사의 신의칙에 반하여 위법수사로 보고 있다.

② 함정수사의 적법성과 수집된 증거의 증거능력

함정수사에 대해서는 수사를 개시할 수 없고 공소를 제기할 수 없으므로, 함정수사에 의하여 수집된 증거의 증거능력은 부정된다.

> **판례** 1. 범의를 가진 자에 대하여 단순히 범행의 기회를 제공하거나 범행을 용이하게 하는 것에 불과한 수사방법이 경우에 따라 허용될 수 있음은 별론으로 하고, 본래 범의를 가지지 아니한 자에 대하여 수사기관이 사술이나 계략 등을 써서 범의를 유발케 하여 범죄인을 검거하는 함정수사는 위법함을 면할 수 없고, 이러한 함정수사에 기한 공소제기는 그 절차가 법률의 규정에 위반하여 무효인 때에 해당한다(대판 2005.10.28. 선고 2005도1247).
>
> 2. 본래 범의를 가지지 아니한 자에 대하여 수사기관이 사술이나 계략 등을 써서 범의를 유발케 하여 범죄인을 검거하는 함정수사는 위법하다 할 것인바, 구체적인 사건에 있어서 위법한 함정수사에 해당하는지 여부는 해당 범죄의 종류와 성질, 유인자의 지위와 역할, 유인의 경위와 방법, 유인에 따른 피유인자의 반응, 피유인자의 처벌 전력 및 유인행위 자체의 위법성 등을 종합하여 판단하여야 한다(대판 2007.7.12. 선고 2006도2339).
>
> 3. 경찰관이 노래방의 도우미 알선영업단속 실적을 올리기 위하여 그에 대한 제보나 첩보가 없는데도 손님을 가장하고 들어가 도우미를 불러낸 사안에서, 위법한 함정수사로서 공소제기가 무효이다(대판 2008.10.23. 선고 2008도7362).
>
> 4. 함정수사라 함은 본래 범의를 가지지 아니한 자에 대하여 수사기관이 사술이나 계략 등을 써서 범죄를 유발케 하여 범죄인을 검거하는 수사방법을 말하는 것이므로, 범의를 가진 자에 대하여 범행의 기회를 주거나 범행을 용이하게 한 것에 불과한 경우에는 함정수사라고 할 수 없다(대판 2004.5.14. 선고 2004도1066).
>
> 5. 피해자의 상태나 저항 유무에 따라서는 잠재적 범죄자가 단순한 절도 범행이 아닌 강도의 범행으로 급작스럽게 나아갈 개연성도 배제할 수 없고, 더구나 정신을 잃고 노상에 쓰러져 있는 시민을 발견하고도 적절한 조치를 강구하지 아니하고 오히려 그러한 상태를 이용하여 잠재적 범죄행위에 대한 단속 및 수사에 나아가는 것은, 경찰의 직분을 도외시하여 범죄수사의 한계를 넘어선 것이라 하지 아니할 수 없다. 그러나 위와 같은 사유들은 어디까지나 피해자에 대한 관계에서 문제될 뿐 으로서 경찰관들의 행위는 단지 피해자 근처에 숨어서 지켜보고 있었던 것에 불과하고, 피고인은 피해자를 발견하고 스스로 범의를 일으켜 범행에 나아간 것이어서, 잘못된 수사방법에 관여한 경찰관에 대한 책임은 별론으로 하고 스스로 범행을 결심하고 실행행위에 나아간 피고인에 대한 기소자체가 위법하다고 볼 것은 아니다(대판 2007.5.31. 2007도1903).
>
> 6. 수사기관이 피고인의 범죄사실을 인지하고도 피고인을 바로 체포하지 않고 추가 범행을 지켜보고 있다가

범죄사실이 많이 늘어난 뒤에야 피고인을 체포하였다는 사정만으로 피고인에 대한 수사와 공소제기가 위법하다 거나 함정수사에 해당하지 않는다(대판 2007.6.29. 선고 2007도3164).

7. 수사기관과 직접 관련이 있는 유인자가 피유인자와의 개인적인 친밀관계를 이용하여 피유인자의 동정심이나 감정에 호소하거나, 금전적·심리적 압박이나 위협 등을 가하거나, 거절하기 힘든 유혹을 하거나, 또는 범행방법을 구체적으로 제시하고 범행에 사용할 금전까지 제공하는 등으로 과도하게 개입함으로써 피유인자로 하여금 범의를 일으키게 하는 것은 위법한 함정수사에 해당하여 허용되지 아니하지만, 유인자가 수사기관과 직접적인 관련을 맺지 아니한 상태에서 피유인자를 상대로 단순히 수차례 반복적으로 범행을 부탁하였을 뿐 수사기관이 사술이나 계략 등을 사용하였다고 볼 수 없는 경우는, 설령 그로 인하여 피유인자의 범의가 유발되었다 하더라도 위법한 함정수사에 해당하지 아니한다(대판 2007.7.12. 선고 2006도2339).

8. 갑이 수사기관에 체포된 동거남의 석방을 위한 공적을 쌓기 위하여 을에게 필로폰 밀수입에 관한 정보제공을 부탁하면서 대가의 지급을 약속하고, 이에 을이 병에게, 병은 정에게 순차 필로폰 밀수입을 권유하여, 이를 승낙하고 필로폰을 받으러 나온 정을 체포한 사안에서, 을, 병 등이 각자의 사적인 동기에 기하여 수사기관과 직접적인 관련이 없이 독자적으로 정을 유인한 것으로서 위법한 함정수사에 해당하지 않는다(대판 2007.11.29.).

> **참고** 함정수사에 기한 공소제기는 그 절차가 법률의 규정에 위반하여 무효이므로 공소기각판결 사유가 된다.

(3) 수사비례의 원칙

수사처분은 그 목적을 달성하기 위한 최소한도에 그쳐야 한다. 따라서 경미사건의 피의자에 대한 구속은 수사의 상당성이라는 관점에서 그 허용성을 부정하여야 한다(제201조 제1항).

제3절 수사의 개시

01 수사의 단서

1. 의 의

검사는 범죄의 혐의가 있다고 사료하는 때에는 범인, 범죄사실과 증거를 수사하여야 하며 사법경찰관은 검사의 지휘를 받아 수사하여야 한다(제195조). 이와 같이 수사는 수사기관 의 주관적 혐의에 의하여 개시되는데, 이러한 수사개시의 원인을 수사의 단서라고 한다. 고 소·고발·신고와 같이 수사기관에 범죄를 알리는 경우 이 외에도 풍문, 언론보도, 다른 사건 수사 중 범죄발견 등 수사의 단서에는 제한이 없습니다.

2. 종 류

수사기관 자신의 체험에 의한 단서	타인의 체험의 청취에 의한 단서
① 현행범인의 체포 ② 변사자의 검시 ③ 불심검문 ④ 타 사건 수사 중의 범죄발견 ⑤ 기사, 풍설, 세평	① 고소, 고발 ② 자수 ③ 진정 ④ 범죄신고, 밀고, 투서, 탄원

> **판례** 검찰사건사무규칙 제2조 내지 제4조에 의하면, 검사가 범죄를 인지하는 경우에는 범죄인지서를 작성하 사건을 수리하는 절차를 거치도록 되어 있으므로, 특별한 사정이 없는 한 수사기관이 그와 같은 절차를 거친 때에 범죄인지가 된 것으로 볼 것이나, 이러한 인지절차를 밟기 전에 수사를 하였다고 하더라도, 그 수사가 장차 인지의 가능성이 전혀 없는 상태 하에서 행해졌다는 등의 특별한 사정이 없는 한, 인지절차가 이루어지기 전에 수사를 하였다는 이유만으로 그 수사가 위법하다고 볼 수는 없고, 따라서 그 수사과정에서 작성된 피의자신문조서나 진술조서 등의 증거능력도 이를 부인할 수 없다(대판 2001. 10. 26. 2000도2968).

> **참고** 1. 고소, 고발, 자수 등의 경우에는 즉시 수사가 개시되는 반면, 기타의 경우에는 단서를 바탕으로 구체적 범죄혐의의 인지에 의하여 수사가 개시된다(입건). 인지 전의 단계를 내사라고 한다.
> 2. 형사소송법은 내사나 피내사자를 구별하지 않고 또 피의자의 권리를 피내사자에게 준용하는 규정도 없다.

02 변사자 검시

1. 개 념

변사자의 검시란 사람의 사망이 범죄로 인한 것인가를 판단하기 위하여 수사기관이 변사자의 상황을 조사하는 것을 말한다. 범죄에 기인한 사망이라고 의심되는 사체를 의미하므로, 자연사 또는 통상의 병사가 명백한 사체는 검시의 대상이 아니다.

> 제222조 【변사자의 검시】 ① 변사자 또는 변사의 의심있는 사체가 있는 때에는 그 소재지를 관할하는 지방검찰청검사가 검시하여야 한다.
> ② 전항의 검시로 범죄의 혐의를 인정하고 긴급을 요할 때에는 영장없이 검증을 할 수 있다.
> ③ 검사는 사법경찰관에게 전2항의 처분을 명할 수 있다.

2. 검시의 성질

(1) 변사자의 검시는 수사전 의 처분인 수사의 단서에 불과하므로 법관의 영장을 요하지 않는다.

(2) 그러나 검시의 결과 범죄의 혐의가 인정될 때에는 수사가 개시되며, 사체해부는 검증이므로 법관의 영장에 의하는 것이 원칙이지만 긴급을 요할 때에는 영장없이 검증할 수 있다(제222조 제2항).

3. 검시의 주체

변사자 또는 변사의 의심있는 사체가 있는 때에는 그 소재지를 관할하는 지방검찰청검사가 검시하여야 한다. 검사는 사법경찰관에게 검시를 명할 수 있다(제222조 제2항).

> **판례** 형법 제163조의 변사자라 함은 부자연한 사망으로서 그 사인이 분명하지 않은 자를 의미하고 그 사인이 명백한 경우는 변사자라 할 수 없으므로, 범죄로 인하여 사망한 것이 명백한 자의 사체는 같은 법조 소정의 변사체검시방해죄의 객체가 될 수 없다(대판 2003. 6. 27. 선고 2003도1331).

> **참고** 1. 검시 : 수사의 단서에 불과하므로 법관의 영장을 요하지 않는다.
> 2. 수사기관의 검증 : 수사가 개시된 경우에 하는 수사기관의 강제처분. 원칙적으로 영장이 필요하다.
> 3. 법원의 검증 : 증거조사의 일종으로 영장을 요하지 않는다.

▶수사준칙 제17조: ① 사법경찰관은 변사자 또는 변사한 것으로 의심되는 사체가 있으면 변사사건 발생사실을 검사에게 통보해야 한다.

② 검사는 법 제222조 제1항에 따라 검시를 했을 경우에는 검시조서를, 검증영장이나 같은 조 제2항에 따라 검증을 했을 경우에는 검증조서를 각각 작성하여 사법경찰관에게 송부해야 한다.

③ 사법경찰관은 법 제222조 제1항 및 제3항에 따라 검시를 했을 경우에는 검시조서를, 검증영장이나 같은 조 제2항 및 제3항에 따라 검증을 했을 경우에는 검증조서를 각각 작성하여 검사에게 송부해야 한다.

④ 검사와 사법경찰관은 법 제222조에 따라 변사자의 검시를 한 사건에 대해 사건 종결 전에 수사할 사항 등에 관하여 상호 의견을 제시·교환해야 한다.

03 불심검문

1. 의 의

불심검문 또는 직무질문이란 경찰관이 거동이 수상한 자를 발견한 때에 이를 정지시켜 질문하는 것을 말한다(경찰관직무집행법 제3조 제1항). 그러나 이것은 어디까지나 **범죄예방**을 위한 **경찰행정활동**이라는 점에서 범죄수사와는 구별된다.

> **참고** 불심검문은 구체적 범죄혐의가 없는 경우에도 행하여 질 수 있다.

2. 불심검문의 대상

불심검문의 대상은 수상한 거동 또는 기타 주위의 사정을 합리적으로 판단하여 죄를 범하였거나 범하려 하고 있다고 의심할 만한 상당한 이유가 있는 자 또는 이미 행하여진 범죄나 행하여지려고 하는 범죄행위에 관하여 그 사실을 안다고 인정되는 자(동법 제3조 제1항)이다(이를 거동불심자라고 한다).

3. 불심검문의 방법

(1) 정지와 질문·동행요구

① 정 지 : 질문을 위한 수단이므로 강제수단에 의해 정지시키는 것은 허용되지 않는다.

그러나 정지요구에 응하지 않고 지나가거나 질문 도중에 떠나는 경우에는 사태의 긴급성, 혐의의 정도, 질문의 필요성과 수단의 상당성을 고려하여 강제에 이르지 않는 정도 유형력의 행사는 허용된다(다수설).

② 질문 : 거동불심자에게 행선지나 용건 또는 성명, 주소, 연령 등을 묻고 필요한 때에는 소지품의 내용을 질문하여 수상한 점을 밝히는 방법에 의한다. 질문은 어디까지나 임의수단이다. 따라서 질문에 대하여 상대방은 답변을 강요당하지 아니한다(동법 제3조 제7항).

③ 동행요구 : 경찰관은 질문을 위하여 당해인을 부근의 경찰서, 지서, 파출소 또는 출장소에 동행할 것을 요구할 수 있다. 동행의 요구는 그 장소에서 질문하는 것이 당해인에게 불리하거나 교통의 방해가 된다고 인정되는 때에 한하여 할 수 있으며, 당해인은 경찰관의 동행요구를 거절할 수 있다(동법 제3조 제2항).

(2) 절차

① 질문하거나 동행을 요구할 경우 : 경찰관은 당해인에게 자신의 신분을 표시하는 증표를 제시하면서 소속과 성명을 밝히고 그 목적과 이유를 설명하여야 하며, 동행의 경우에는 동행장소를 밝혀야 한다.

② 동행을 한 경우 : 경찰관은 당해인의 가족 또는 친지 등에게 동행한 경찰관의 신분, 동행장소, 동행목적과 이유를 고지하거나 본인으로 하여금 즉시 연락할 수 있는 기회를 부여하여야 하며, 변호인의 조력을 받을 권리가 있음을 고지하여야 한다. **판례**

> **참고** 검문하는 사람이 경찰관이고 검문하는 이유가 범죄행위에 관한 것임을 피고인이 충분히 알고 있었다고 보이는 경우에는 신분증을 제시하지 않았다고 하여 그 불심검문이 위법한 공무집행이라고 할 수 없다

(3) 한계

동행을 한 경우에도 6시간을 초과하여 당해인을 경찰관서에 머무르게 할 수는 없고(동법 제3조 제6항), 당해인은 그 의사에 반하여 답변을 강요당하지 아니한다(동법 제3조 제7항).

> **판례** 1. 임의동행은 상대방의 동의 또는 승낙을 그 요건으로 하는 것이므로 경찰관으로부터 임의동행 요구를 받은 경우 상대방은 이를 거절할 수 있을 뿐만 아니라 임의동행 후 언제든지 경찰관서에서 퇴거할 자유가 있다 할 것이고, 경찰관직무집행법 제3조 제6항이 임의동행한 경우 당해인을 6시간을 초과하여 경찰관서에 머물게 할 수 없다고 규정하고 있다고 하여 그 규정이 임의동행한 자를 6시간 동안 경찰관서에 구금하는 것을 허용하는 것은 아니다(대판 1997.8.22. 97도1240).
>
> 2. 경찰관이 불심검문을 하고자 할 때에는 자신의 신분을 표시하는 증표를 제시하여야 한다고 규정하고, 법시행령 제5조는 소정의 신분을 표시하는 증표는 경찰관의 공무원증이라고 규정 하고 있는 바, 불심검문을 하게 된 경위, 불심검문 당시의 현장상황과 검문을 하는 경찰관들의 복장, 피고인이 공무원증 제시나 신분확인을 요구하였는지 여부 등을 종합적으로 고려하여, 검문하는 사람이 경찰관이고 검문하는 이유가 범죄행위에 관한 것임을 피고인이 충분히 알고 있었다고 보이는 경우에는 신분증을 제시하지 않았다고 하여 그 불심검문이 위법한 공무집행이라고 할 수 없다(대판 2014.12.11.2014도7976).

3. 경찰관직무집행법의 목적, 규정 내용 및 체계 등을 종합하면, 경찰관은 법 제3조 제1항에 규정된 대상자에게 질문을 하기 위하여 범행의 경중, 범행과의 관련성, 상황의 긴박성, 혐의의 정도, 질문의 필요성 등에 비추어 목적 달성에 필요한 최소한의 범위 내에서 사회통념상 용인될 수 있는 상당한 방법으로 대상자를 정지시킬 수 있고 질문에 수반하여 흉기의 소지 여부도 조사할 수 있다(대판 2012.9.13., 2010도6203).

4. 경찰관이 법 제3조 제1항에 규정된 대상자(이하 '불심검문 대상자'라 한다) 해당 여부를 판단함에 있어서는 불심검문 당시의 구체적 상황은 물론 사전에 얻은 정보나 전문적 지식 등에 기초하여 불심검문 대상자인지 여부를 객관적·합리적인 기준에 따라 판단하여야 할 것이나, 반드시 불심검문대상자에게 형사소송법상 체포나 구속에 이를 정도의 혐의가 있을 것을 요한다고 할 수는 없다(대판 2014.2.27. 2011도13999).

5. 피고인의 마약류 투약 혐의가 상당하다고 판단하여 경찰서로 임의동행을 요구하였고, 동행장소인 경찰서에서 피고인에게 마약류 투약 혐의를 밝힐 수 있는 소변과 모발의 임의제출을 요구하였으므로 피고인에 대한 임의동행은 마약류 투약 혐의에 대한 수사를 위한 것이어서 형사소송법 제199조 제1항에 따른 임의동행에 해당한다는 이유로, 피고인에 대한 임의동행은 경찰관 직무집행법 제3조 제2항에 의한 것인데 같은 조 제6항을 위반하여 불법구금 상태에서 제출된 피고인의 소변과 모발은 위법하게 수집된 증거라고 본 원심판단에 임의동행에 관한 법리를 오해한 잘못이 있다(대판 2020. 5. 14. 선고 2020도398).

6. 검문 중이던 경찰관들이, 자전거를 이용한 날치기 사건 범인과 흡사한 인상착의의 피고인이 자전거를 타고 다가오는 것을 발견하고 정지를 요구하였으나 멈추지 않아, 앞을 가로막고 검문에 협조해 달라고 하였음에도 불응하고 그대로 전진하자, 따라가서 재차 앞을 막고 검문에 응하라고 요구하였는데, 이에 피고인이 경찰관들의 멱살을 잡아 밀치는 등 항의하여 공무집행방해 등으로 기소된 사안에서, 경찰관들의 행위는 적법한 불심검문에 해당한다(대판 2012.9.13. 2010도6203)

7. 보호조치 요건이 갖추어지지 않았음에도, 경찰관이 실제로는 범죄수사를 목적으로 피의자에 해당하는 사람을 이 사건 조항의 피구호자로 삼아 그의 의사에 반하여 경찰관서에 데려간 행위는, 달리 현행범체포나 임의동행 등의 적법 요건을 갖추었다고 볼 사정이 없다면, 위법한 체포에 해당한다고 보아야 한다(대판2012. 12. 13. 선고 2012도11162).

04 소지품검사

(1) 의 의
소지품검사란 불심검문에 수반하여 흉기 기타 물건의 소지 여부를 밝히기 위하여 거동 불심자의 착의 또는 휴대품을 조사하는 것을 말한다.

(2) 허용근거
경찰관은 거동불심자에 대하여 질문을 할 때에 흉기의 소지 여부를 조사할 수 있다. 그러나 흉기소지 이외의 소지품검사도 불심검문의 안전을 확보하거나 질문의 실효성을 유지하기 위한 불심검문에 수반된 행위이므로 명문에 규정은 없으나 허용된다.

(3) 한 계
소지품의 내용을 개시할 것을 요구하거나, 휴대품이나 의복의 외부를 손으로 만져서 확인 하는 것은 허용되나(stop and frisk), 실력을 행사하여 소지품의 내부를 뒤지거나 소지품의 내용을 조사하는 것은 허용되지 않는다.

05 자동차검문

(1) 의 의

자동차검문이란 범죄의 예방과 검거를 목적으로 통행 중인 자동차를 정지케 하여 운전자 또는 동승자에게 질문하는 것을 말한다.

(2) 허용근거

자동차검문에는 교통검문(무면허, 음주단속) 경계검문(범죄의 예방과 검거), 긴급수배검문이 있으며 교통검문의 법적 근거는 도로교통법 제47조의 일시정지권과 경계검문은 경찰관직무집행법 제3조 제1항, 긴급수배검문은 경찰관직무집행법과 형사소송법의 임의수사에 관한 규정이 있다.

(3) 한 계

그러나 자동차 문명의 발달과 자동차를 이용한 범죄의 증가라는 현실에 비추어 자동차검문은 임의수단으로 자동차를 이용한 중대범죄이어야 하고, 범죄의 예방과 검거를 위한 필요하고 적절한 방법으로 이용자에 대한 불편을 최소한으로 하여야 한다.

제 4 절 　 고 소

01 　 고소

1. 고소의 의의

(1) 수사기관에 대한 신고

① 고소란 범죄의 피해자 또는 그와 일정한 관계가 있는 고소권자가 수사기관에 대하여 범죄사실을 신고하여 범인의 처벌을 구하는 의사표시이다.

② 법원에 대하여 진정서제출이나 피고인의 처벌을 바란다고 증언하는 것은 고소가 아니다.

> **판례** 고소는 범죄의 피해자 등이 수사기관에 대하여 범죄사실을 신고하여 범인의 소추처벌을 구하는 의사표시이므로 그 범죄사실 등이 구체적으로 특정되어야 할 것이나, 그 특정의 정도는 고소인의 의사가 수사기관에 대하여 일정한 범죄사실을 지정 신고하여 범인의 소추처벌을 구하는 의사표시가 있었다고 볼 수 있을 정도면 그것으로 충분하고, 범인의 성명이 불명이거나 또는 오기가 있었다거나 범행의 일시 · 장소 · 방법 등이 명확하지 않거나 틀리는 것이 있다고 하더라도 그 효력에는 아무 영향이 없다(대판 1984.10.23. 선고 84도1704).

> **참고** 1.고소권은 형사절차상의 법적인 권리에 불과하므로 원칙적으로 입법자가 그 나라의 고유한 사법문화와 윤리관, 문화전통을 고려하여 합목적적으로 결정할 수 있는 넓은 입법형성권을 갖는다.
> 2. 비 친고죄의 고소는 수사의 개시 또는 단서이나, 친고죄의 경우에는 수사의 개시 또는 단서이면서 소송조건이기도 한다.

(2) 범죄사실의 특정

① 고소의 대상인 범죄사실은 고소인의 의사가 구체적으로 어떤 범죄사실을 지정하여 범인의 처벌을 구하고 있는가를 확정할 수 있을 정도로 특정되어야 한다.

② 범인의 성명 · 일시 · 장소, 방법 등이 특정되지 않아도 고소는 유효하며, 친고죄의 경우 양벌규정에 의하여 처벌받는 자에 대하여 별도의 고소를 요하지는 않는다.

③ 그러나 단순한 범죄사실의 신고(예 도난사고)는 고소가 아니다.

> **판례** 1. 친고죄의 경우 양벌규정에 의하여 처벌받는 자에 대하여 고소가 있으면 족하고, 양벌규정에 의하여 처벌받는 자에 대하여 별도의 고소를 요한다고 할 수는 없다(대판 1996. 3. 12. 선고 94도2423).
> 2. 고소는 수사기관에 단순히 피해사실을 신고하거나 수사 및 조사를 촉구하는 것에 그치지 않고 범죄사실을 신고하여 범인의 소추 · 처벌을 요구하는 의사표시이므로, 피해자가 경찰청 인터넷 홈페이지에 '피고인을 철저히 조사해 달라'는 취지의 민원을 접수하는 형태로 피고인에 대한 조사를 촉구하는 의사표시를 한 것은 형사소송법에 따른 적법한 고소로 보기 어렵다(대판 2012.2.23. 2010도 9524).
> 3. 청구인의 고소장을 피청구인이 진정사건으로 수리하였으나, 피청구인이 고소사건으로 수리하여 처리하였다

고 하더라도 공소를 제기할 사건으로 보이지 아니하므로 피청구인의 위 진정종결처분으로 인하여 청구인의 재판절차 진술권과 평등권이 침해되었다고 볼 수는 없다(헌재2004. 5. 27. 2003헌마149).

4. 고소는 범죄의 피해자 또는 그와 일정한 관계가 있는 고소권자가 수사기관에 대하여 범죄사실을 신고하여 범인의 처벌을 구하는 의사표시이므로, 고소인은 범죄사실을 특정하여 신고하면 족하고 범인이 누구인지 나아가 범인 중 처벌을 구하는 자가 누구인지를 적시할 필요도 없다(대판 1996. 3.12. 94도2423).

5. 피해자가 고소장을 제출하여 처벌을 희망하는 의사를 분명히 표시한 후 고소를 취소한 바 없다면 비록 고소 전에 피해자가 처벌을 원치 않았다 하더라도 그 후에 한 피해자의 고소는 유효하다(대판 2008.11.27. 선고 2007도4977).

(3) 고소능력

① 고소가 유효하기 위해서는 고소능력이 있어야 한다. 고소능력은 고소의 의미를 이해할 수 있는 사실상의 의사능력으로 족하며 민법상의 행위무능력자라도 고소능력이 인정되는 경우가 있다.

② 고소능력이 없었다가 고소 당시에 비로소 고소능력이 생겼다면, 그 고소기간은 고소능력이 생긴 때로부터 기산되어야 한다.

> 판례 고소는 고소능력이 있어야 하나, 고소능력은 피해를 입은 사실을 이해하고 고소에 따른 사회생활상의 이해관계를 알아차릴 수 있는 사실상의 의사능력으로 충분하므로, 민법상 행위능력이 없는 사람이라도 위와 같은 능력을 갖추었다면 고소능력이 인정된다(대판 2011.6.24. 선고 2011도4451).

2. 고소의 절차

(1) 고소권자

제223조 【고소권자】 범죄로 인한 피해자는 고소할 수 있다.
제224조 【고소의 제한】 자기 또는 배우자의 직계존속을 고소하지 못한다.
제225조 【비피해자인 고소권자】 ① 피해자의 법정대리인은 독립하여 고소할 수 있다.
② 피해자가 사망한 때에는 그 배우자, 직계친족 또는 형제자매는 고소할 수 있다. 단, 피해자의 명시한 의사에 반하지 못한다.
제226조 【동전】 피해자의 법정대리인이 피의자이거나 법정대리인의 친족이 피의자인 때에는 피해자의 친족은 독립하여 고소할 수 있다.
제227조 【동전】 사자의 명예를 훼손한 범죄에 대하여는 그 친족 또는 자손은 고소할 수 있다.
제228조 【고소권자의 지정】 친고죄에 대하여 고소할 자가 없는 경우에 이해관계인의 신청이 있으면 검사는 10일 이내에 고소할 수 있는 자를 지정하여야 한다.

고소는 고소권자에 의해 행해져야 한다. 고소권 없는 자가 한 고소는 고소로서의 효력이 없다.

① 피해자

㉠ 범죄로 인한 피해자는 고소할 수 있다(제223조). 그러나 자기 또는 배우자의 직계존속을 고소하지 못한다(제224조). 피해자란 범죄로 인하여 침해된 법익의 귀속주체를 말한다.

ⓛ 자연인·법인은 물론 법인격 없는 사단·재단도 포함한다. 여기의 피해자는 범죄로 인한 직접적 피해자에 제한되며 간접피해자는 제외된다.

ⓒ 고소권은 일신전속적인 권리이므로 상속, 양도의 대상이 될 수 없다.

> **판례** 프로그램저작권자 또는 프로그램 배타적 발행권자 등의 고소가 있어야 공소를 제기할 수 있다고 규정하고 있는데, 프로그램저작권이 명의신탁된 경우 대외적인 관계에서는 명의수탁자만이 프로그램저작권자이므로 제3자의 침해행위에 대한 구 컴퓨터프로그램 보호법 제48조 소정의 고소 역시 명의수탁자만이 할 수 있다(대법원 2013. 3. 28. 선고 2010도8467)

② 피해자의 법정대리인

ⓐ 피해자의 법정대리인은 독립하여 고소할 수 있다(제225조 제1항). 여기서 법정대리인이란 친권자, 후견인 등과 같이 무능력자의 행위를 일반적으로 대리할 수 있는 자를 말하며 재산관리인, 파산관재인 또는 법인대표자는 포함되지 않는다.

ⓑ 피해자의 고소권이 소멸하더라도 법정대리인은 고소권을 행사할 수 있으며, 고소기간은 법정대리인이 범인을 알게 된 날로부터 진행한다(**고유권**).

ⓒ 법정대리인의 지위는 고소시를 기준으로 하며 후에 지위를 상실하여도 고소의 효력에 영향이 없다.

> **판례** 1. 형사소송법 제225조 제1항이 규정한 법정대리인의 고소권은 무능력자의 보호를 위하여 법정대리인에게 주어진 고유권이므로, 법정대리인은 피해자의 고소권 소멸 여부에 관계없이 고소할 수 있고, 이러한
> 2. 고소권은 피해자의 명시한 의사에 반하여도 행사할 수 있다(대판 1999. 12. 24. 선고 99도3784).
> 모자관계는 호적에 입적되어 있는 여부와는 관계없이 자의 출생으로 법률상 당연히 생기는 것이므로 고소 당시 이혼한 생모라도 피해자인 그의 자의 친권자로서 독립하여 고소할 수 있다(대법원 1987. 9. 22. 선고 87도1707)

③ 피해자의 배우자, 친족

ⓐ 피해자의 법정대리인이 피의자이거나 법정대리인의 친족이 피의자인 때에는 피해자의 친족은 독립하여 고소할 수 있다(제226조).

ⓑ 피해자가 사망한 때에는 그 배우자, 직계친족 또는 형제자매는 고소할 수 있다. 다만, 피해자의 명시한 의사에 반하지 못한다(제225조 제2항). 신분관계의 존부는 사망시를 기준으로 한다.

ⓒ 사자의 명예를 훼손한 범죄에 대하여는 그 친족 또는 자손은 고소할 수 있다(제227조).

④ 지정고소권자

친고죄에 대하여 고소할 자가 없는 경우에 이해관계인의 신청이 있으면 검사는 10일 이내에 고소할 수 있는 자를 지정해야 한다(제228조).

> **참고** 이해관계인이란 법률상 또는 사실상 이해관계를 가진 자를 말하며 단순한 감정상의 관계로는 족하지 않다.

(2) 고소의 방법

① 고소의 방식

㉠ 서면 또는 구술 : 고소는 서면 또는 구술로 검사 또는 사법경찰관에게 하여야 한다. 법원에 대하여 피고인의 처벌 희망의 의사표시를 하더라도 고소로서의 효력이 없다.

㉡ 조서의 작성 : 검사 또는 사법경찰관이 구술에 의한 고소를 받은 때에는 조서를 작성하여야 한다(제237조). 그러나 고소조서는 처벌을 희망하는 의사가 표시되면 충분하고 독립된 조서일 것을 요하지 않는다.

㉢ 사법경찰관이 고소 또는 고발을 받은 때에는 신속히 조사하여 관계서류와 증거물을 검사에게 송부하여야 한다(제238조).

> **참고** 참고인진술조서에 처벌을 요구하는 의사표시가 기재된 경우 유효한 고소가 되며, 전보 · 전화에 의한 고소는 조서를 작성해야 유효하다.

② 고소의 대리

고소는 대리인으로 하여금 하게 할 수 있다(제236조). 고소 대리의 범위에 관하여 단순히 결정을 표시하는 대리인가 아니면 의사결정을 대리하는가에 학설이 대립한다.

> **판례** 형사소송법 제236조의 대리인에 의한 고소의 경우 대리권이 정당한 고소권자에 의하여 수여되었음이 실질적으로 증명되면 충분하고 그 방식에 특별한 제한은 없다고 할 것이며 한편 친고죄에 있어서의 고소는 고소권 있는 자가 수사기관에 대하여 범죄사실을 신고하고 범인의 처벌을 구하는 의사표시로서 서면뿐만 아니라 구술로도 할 수 있는 것이므로, 피해자로부터 고소를 위임받은 대리인은 수사기관에 구술에 의한 방식으로 고소를 제기할 수도 있다(대판 2002. 6.14. 2000도4595).

(3) 고소의 기간

> 제229조【배우자의 고소】① 「형법」 제241조의 경우에는 혼인이 해소되거나 이혼소송을 제기한 후가 아니면 고소할 수 없다.
> ② 전항의 경우에 다시 혼인을 하거나 이혼소송을 취하한 때에는 고소는 취소된 것으로 간주한다.
> 제230조【고소기간】① 친고죄에 대하여는 범인을 알게 된 날로부터 6월을 경과하면 고소하지 못한다. 단, 고소할 수 없는 불가항력의 사유가 있는 때에는 그 사유가 없어진 날로부터 기산한다.
> 제231조【수인의 고소권자】고소할 수 있는 자가 수인인 경우에는 1인의 기간의 해태는 타인의 고소에 영향이 없다.

비친고죄에 대한 고소는 수사의 단서에 불과하므로 고소기간에 제한이 없으나, 친고죄에 대하여는 범인을 알게 된 날로부터 6월을 경과하면 고소하지 못한다(제230조 제1항).

① 범인을 알게 된 날 : 고소기간의 시기는 범인(정범뿐만 아니라 교사범, 종범 포함)을 알게 된 날이다. 단순히 범죄사실을 아는 것만으로는 고소기간이 진행되지 않는다. 범인의 동일성을 식별할 수 있을 정도의 인식하면 족하고 범인의 주소 · 성명까지 알 필요는 없다.

② 고소할 수 없는 불가항력의 사유 : 고소할 수 없는 불가항력의 사유가 있는 때에는 그 사유가 없어진 날로부터 기산한다(제230조 제1항 단서). 불가항력의 사유란 객관적 사유를 말하므로 배우자의 주소를 알지 못하여 이혼소송을 제기할 수 없어 고소를

할 수 없었던 경우, 단순히 해고가 두려워 고소를 하지 않는 경우 등은 이에 해당하지 않는다.

③ 고소할 수 있는 자가 수인 : 고소할 수 있는 자가 수인인 경우에는 1인의 기간의 해태는 타인의 고소에 영향이 없다(제231조).

> **판례** 1. 형사소송법 제230조 제1항 본문은 "친고죄에 대하여는 범인을 알게 된 날로부터 6월을 경과하면 고소하지 못한다."고 규정하고 있는바, 여기서 범인을 알게 된다 함은 통상인의 입장에서 보아 고소권자가 고소를 할 수 있을 정도로 범죄사실과 범인을 아는 것을 의미하고, 범죄사실을 안다는 것은 고소권자가 친고죄에 해당하는 범죄의 피해가 있었다는 사실관계에 관하여 확정적인 인식이 있음을 말한다(대판 2001. 10. 9. 선고 2001도3106).
>
> 2. 형사소송법 제230조 제1항에서 말하는 범인을 알게 된 날이란 범죄행위가 종료된 후에 범인을 알게 된 날을 가리키는 것으로서, 고소권자가 범죄행위가 계속되는 도중에 범인을 알았다 하여도, 그 날부터 곧바로 위 조항에서 정한 친고죄의 고소기간이 진행된다고는 볼 수 없고, 이러한 경우 고소기간은 범죄행위가 종료된 때부터 계산하여야 하며, 동종행위의 반복이 당연히 예상되는 영업범 등 포괄일죄의 경우에는 최후의 범죄행위가 종료한 때에 전체 범죄행위가 종료된 것으로 보아야 한다(대판 2004. 10. 28. 선고 2004도5014).
>
> 3. 반의사불벌죄라고 하더라도 피해자인 청소년에게 의사능력이 있는 이상, 단독으로 피고인 또는 피의자의 처벌을 희망하지 않는다는 의사표시 또는 처벌희망 의사표시의 철회를 할 수 있고, 거기에 법정대리인의 동의가 있어야 하는 것으로 볼 것은 아니다.(대판 2009.11.19. 2009도6058)
>
> 4. 고소는 수사기관에 단순히 피해사실을 신고하거나 수사 및 조사를 촉구하는 것에 그치지 않고 범죄사실을 신고하여 범인의 소추·처벌을 요구하는 의사표시이므로, 피해자가 경찰청 인터넷 홈페이지에 피고인을 철저히 조사해 달라'는 취지의 민원을 접수하는 형태로 피고인에 대한 조사를 촉구하는 의사표시를 한 것은 형사소송법에 따른 적법한 고소로 보기 어렵다(대판 2012.2.23. 2010도 9524).
>
> 5. 친고죄에서 고소는, 고소권 있는 자가 수사기관에 대하여 범죄사실을 신고하고 범인의 처벌을 구하는 의사표시로서 서면뿐만 아니라 구술로도 할 수 있고, 다만 구술에 의한 고소를 받은 검사 또는 사법경찰관은 조서를 작성하여야 하지만 그 조서가 독립된 조서일 필요는 없으며, 수사기관이 고소권자를 증인 또는 피해자로서 신문한 경우에 그 진술에 범인의 처벌을 요구하는 의사표시가 포함되어 있고 그 의사표시가 조서에 기재되면 고소는 적법하다.(대판 2011. 6. 24. 선고 2011도4451)

절대적 친고죄	상대적 친고죄	반의사불벌죄
사자(死者)명예훼손죄(제308조), 모욕죄(제311조), 비밀침해죄(제316조), 업무상 비밀누설죄(제317조)	권리행사방해죄, 절도죄, 야간주거침입절도죄, 특수절도죄, 횡령죄, 배임죄, 업무상횡령죄, 업무상배임죄, 배임수증죄, 점유이탈물횡령죄, 장물죄,	외국 원수에 대한 폭행·협박 등, 폭행·존속폭행죄, 과실치상죄, 협박·존속협박죄,명예훼손죄 및 출판물 등에 의한 명예훼손죄.

3. 고소불가분의 원칙

(1) 의 의

고소불가분의 원칙은 친고죄에서 고소의 효력과 범위를 나누는 것이 불가능하다는 원칙이다. 친고죄에 있어서 일단 고소가 있는 때에 고소권자가 지정한 범죄사실의 일부분에 처벌을 제한하여 국가의 형사사법작용을 무의미하게 하거나 고소권자가 지정한 범인만을 처벌하는 불공평한 결과를 초래하는 것은 인정할 수 없다는 의미에서 이 원칙은 친고죄에 대하여만 적용된다.

> **참고** 1. 객관적 불가분의 원칙 : 이론상 인정
> 2. 주관적 불가분의 원칙 : 형사소송법상 명문의 규정(제233조)

(2) 객관적 불가분의 원칙

① 의 의 : 친고죄의 경우 한 개의 <u>범죄사실의 일부분</u>에 대한 고소 또는 그 취소는 그 범죄사실 전부에 대하여 효력이 발생한다는 원칙을 말한다.

② 적용범위

㉠ 단순일죄 : 단순일죄에 대하여는 이 원칙이 **예외 없이 적용**된다.

㉡ 과형상의 일죄

ⓐ 과형상의 일죄의 각 부분이 모두 친고죄이고 피해자가 같을 때에는 이 원칙이 적용된다.

ⓑ 각 부분이 모두 친고죄라 하더라도 피해자가 다를 때에는 이 원칙이 적용되지 않는다. 하나의 문서로 갑·을·병을 모욕한 경우에 갑의 고소는 을·병에 대한 모욕에 효력을 미치지 않는다.

ⓒ 일죄의 일부분만이 친고죄인 때에는 비 친고죄에 대한 고소의 효력은 친고죄에 대하여 미치지 아니한다.

③ 수죄(경합범) : 객관적 불가분의 원칙은 1개의 범죄사실을 전제로 한 원칙이므로 경합범에 대하여는 적용되지 않는다.

(3) 주관적 불가분의 원칙

> 제233조【고소의 불가분】친고죄의 공범 중 그 1인 또는 수인에 대한 고소 또는 그 취소는 다른 공범자에 대하여도 효력이 있다.

① 의 의 : 친고죄의 공범 중 1인 또는 수인에 대한 고소와 그 취소는 다른 공범자에 대하여도 효력이 있다(제233조)는 원칙을 말한다. 공범은 형법 총칙상의 임의적 공범에 한하지 않고 필요적 공범을 포함한다.

② 적용범위

㉠ 절대적 친고죄 : 절대적 친고죄에 있어서는 언제나 이 원칙이 적용된다.

㉡ 상대적 친고죄 : 친족상도례의 경우와 같이 범인과 피해자 사이에 일정한 신분관계가 있는 경우에만 친고죄가 된다.

ⓐ 공범자 전원이 피해자와 일정한 신분관계가 있는 경우에는 이 원칙이 적용된다.

ⓑ 공범자 중 비신분자에 대한 고소의 효력은 신분관계 있는 공범에게는 미치지 아니하며 신분관계 있는 자에 대한 피해자의 고소취소는 비신분자에게 <u>효력이 없다.</u>

판례 1. 고소와 고소취소의 불가분에 관한 규정을 함에 있어서는 반의사불벌죄에 이를 준용하는 규정을 두지 아니한 것은 처벌을 희망하지 아니하는 의사표시나 처벌을 희망하는 의사표시의 철회에 관하여 친고죄와는 달리 공범자 간에 불가분의 원칙을 적용하지 아니하고자 함에 있다고 볼 것이지, 입법의 불비로 볼 것은 아니다(대판 1994.4.26. 93도1689).

2. 조세범처벌법 제6조는 조세에 관한 범칙행위에 대하여는 원칙적으로 국세청장 등의 고발을 기다려 논하도록 규정하고 있는바, 같은 법에 의하여 하는 고발에 있어서는 이른바 고소ㆍ고발 불가분의 원칙이 적용되지 아니하므로, 고발의 구비 여부는 양벌규정에 의하여 처벌받는 자연인인 행위자와 법인에 대하여 개별적으로 논하여야 한다(대판 2004.9.24. 선고 2004도4066).

3. 친고죄에 관한 고소의 주관적 불가분 원칙을 규정하고 있는 형사소송법 제233조가 공정거래위원회의 고발에도 유추적용된다고 해석한다면 이는 공정거래위원회의 고발이 없는 행위자에 대해서까지 형사처벌의 범위를 확장하는 것으로서, 결국 피고인에게 불리하게 유추해석 한 경우에 해당하므로 죄형법정주의에 반하여 허용될 수 없다(2008도4762).

(4) 고소의 제한

자기 또는 배우자의 직계존속을 고소하지 못한다(제224조). 그러나 성폭력범죄나 가정폭력범죄의 경우 직계존속이라도 고소할 수 있다.

4. 고소의 취소와 포기

> 제232조 【고소의 취소】 ① 고소는 제1심 판결선고 전까지 취소할 수 있다.
> ② 고소를 취소한 자는 다시 고소하지 못한다.
> ③ 피해자의 명시한 의사에 반하여 공소를 제기할 수 없는 사건에서 처벌을 희망하는 의사표시의 철회에 관하여도 전2항의 규정을 준용한다.

(1) 고소의 취소

① 의 의 : 고소인이 제기한 고소를 수사기관 또는 법원에 대하여 범인의 처벌을 희망하는 의사표시를 철회하는 법률적 소송행위를 고소의 취소라 한다.

② 고소취소의 시기

㉠ 국가사법권의 발동이 고소인의 자의에 의해 좌우되는 것을 방지하기 위하여 고소는 제1심 판결 선고 전까지 취소할 수 있도록 하고 있다(제232조 제1항). 그러나 이러한 제한은 친고죄의 고소의 경우에만 해당하며, 비친고죄의 고소는 수사의 단서에 불과하므로 언제나 취소할 수 있다.

㉡ 반의사불벌죄에 있어서 처벌을 희망하는 의사표시의 철회도 제1심 판결 선고 전까지만 할 수 있다(제232조 제3항).

> **참고** 항소심에서 비 친고죄가 친고죄로 공소장이 변경된 경우에도 고소는 취소할 수 없다.

③ 고소의 취소권자 : 고소를 취소할 수 있는 자는 고유의 고소권자(피해자)이거나 고소의 대리행사권자이거나 불문한다. 다만, 고유의 고소권자는 대리행사권자가 제기한 고소를 취소할 수 있지만 고소의 대리권자는 고유의 고소권자가 제기한 고소를 취소

할 수 없다.

④ 고소취소의 방법 : 고소의 취소는 서면 또는 구술로써 할 수 있으며 공소제기 전에는 수사기관에, 공소제기 후에는 수소법원에 하여야 한다(제239 · 237조). 고소취소에 대하여도 대리가 허용된다(제236조).

⑤ 공범자에 대한 제1심 판결선고 후의 고소취소
공범 중 일부에 대하여 제1심 판결이 선고된 후에 제1심 판결 전의 다른 공범자에 대한 고소취소가 허용되는가의 문제로서 이에 대해서는 견해의 대립이 있으나 이를 허용하면 고소의 주관적 불가분의 원칙에 반하고, 고소권자의 선택에 의하여 불공평한 결과를 초래하는 것이므로 고소를 취소할 수 없고 고소의 취소가 있어도 효력이 없다.

> **판례** 1. 검사가 작성한 피해자에 대한 진술조서기재 중 피의자들의 처벌을 원하는가요? 라는 물음에 대하여 '법대로 처벌하여 주기 바랍니다' 로 되어 있고 이어서 더 할 말이 있는가요? 라는 물음에 대하여 '젊은 사람들이니 한번 기회를 주시면 감사 하겠습니다' 로 기재되어 있다면 피해자의 진술취지는 법대로 처벌하되 관대한 처분을 바란다는 취지로 보아야 하고 처벌의사를 철회한 것으로 볼 것이 아니다(대판 1981.1.13. 선고, 80도2210).
>
> 2. 피해자가 경찰에 강간치상의 범죄사실을 신고한 후 경찰관에게 가해자의 처벌을 원한다는 취지의 진술을 하였다가, 피해자는 가해자를 상대로 이 사건과 관련한 어떠한 민 · 형사상의 책임도 묻지 아니한다는 취지의 가해자와 피해자 사이의 합의서가 경찰에 제출되었다면, 위와 같은 합의서의 제출로써 피해자는 가해자에 대하여 처벌을 희망하던 종전의 의사를 철회한 것으로서 공소제기 전에 고소를 취소한 것으로 봄이 상당하다(대판 2002.7.12. 선고 2001도6777).
>
> 3. 피고인이 피해자로부터 작성 · 교부받은 교통사고 합의서를 수사기관에 제출한 경우, 피해자의 처벌불원의 의사가 적법하게 표시되었고, 피고인이 피해자에게 약속한 합의금 전액을 지급하지 않은 경우에도 처벌불원의사를 철회할 수 없다(대판 2001. 12. 14. 2001도4283)
>
> 4. 폭행죄에 있어 피해자가 사망한 후 그 상속인이 피해자를 대신하여 처벌불원의 의사표시를 할 수는 없다. 따라서 피해자의 상속인들이 제1심판결 선고 전에 피고인에 대한 처벌불원의 의사표시를 하였다고 하더라도, 원심이 피고인에 대한 폭행죄를 유죄로 판단한 것은 옳다(대판 2010.5.27. 2010도2680)
>
> 5. 부도수표가 제권판결에 의하여 무효로 됨으로써 수표소지인이 더 이상 발행인 등에게 수표금의 지급을 구할 수 없게 되었다고 하더라도, 이러한 사정만으로는 수표가 회수되거나 수표소지인이 처벌을 희망하지 아니하는 의사를 명시한 경우에 해당한다고 볼 수는 없다(대판 1996.1.26.선고95도1971).

(2) 고소취소의 효과

① 고소권의 소멸 : 고소의 취소에 의해 고소권이 소멸한다. 고유의 고소권자인 피해자가 고소를 취소하면 고소 대리권자의 고소권도 소멸하지만 고소 대리권자가 고소를 취소하더라도 피해자의 고소권은 소멸하지 않는다.

② 재고소의 금지 : 고소취소에 의하여 고소권이 소멸하므로 고소를 취소한 자는 다시 고소하지 못한다(제232조 제2항). 고소의 취소에 대하여도 고소불가분의 원칙이 적용된다.

③ 친고죄의 고소취소의 효과 : 친고죄에서 공소제기 전에 고소가 취소된 경우에는 검사

는 공소권 없음을 이유로 불기소처분을 하여야 하며, 공소제기 후에 취소한 경우 법원
은 공소기각의 판결을 하여야 한다(제327조 제5호). 그러나 비친고죄의 경우에는 양
형의 자료가 됨에 불과하다.

> **판례** 1. 피해자들과의 전화통화 내용을 기재한 검사 작성의 각 수사보고서는 그 증거능력이 없으나, 원심이
> 위 각 수사보고서를 피해자들의 처벌희망 의사표시 철회의 효력 여부를 판단하는 증거로 사용한 것 자체는
> 정당하다(대판 2010.10.14. 선고 2010도5610).
>
> 2. 반의사불벌죄의 경우에도 피해자인 청소년에게 의사능력이 있는 이상 단독으로 피고인 또는 피의자의
> 처벌을 희망하지 않는다는 의사표시 또는 처벌희망 의사표시의 철회를 할 수 있고, 법정대리인의 동의가
> 있어야 하는 것은 아니다(대판 2009.11.19. 선고 2009도6058 전원합의체).
>
> 3. 항소심에서 공소장의 변경에 의하여 또는 공소장변경절차를 거치지 아니하고 법원 직권에 의하여 친고죄가
> 아닌 범죄를 친고죄로 인정하였더라도 항소심을 제1심이라 할 수는 없는 것이므로, 항소심에 이르러 비로소
> 고소인이 고소를 취소하였다면 이는 친고죄에 대한 고소취소로서의 효력은 없다(대판 96도1922).
>
> 4. 상소심에서 제1심의 공소기각판결이 법률에 위반됨을 이유로 이를 파기하고 사건을 제1심법원에 환송함에 따라
> 다시 제1심 절차가 진행된 경우, 종전의 제1심판결은 이미 파기되어 그 효력을 상실하였으므로 환송 후의 제1심판결
> 선고 전에는 고소취소의 제한사유가 되는 제1심판결 선고가 없는 경우에 해당한다. 따라서 환송 후 제1심판결
> 선고 전에 고소가 취소되면 형사소송법 제327조 제5호에 의하여 판결로써 공소를 기각하여야 한다(대판 2011.8.25.
> 2009도9112).
>
> 5. 성폭력 피해자의 변호사는 형사절차에서 피해자 등의 대리가 허용될 수 있는 모든 소송행위에 대한 포괄적인
> 대리권을 가진다. 따라서 피해자의 변호사는 피해자를 대리하여 피고인에 대한 처벌을 희망하는 의사표시를
> 철회하거나 처벌을 희망하지 않는 의사표시를 할 수 있다(대판 2019도10678).
>
> 6. 폭행죄에 있어 피해자가 사망한 후 그 상속인이 피해자를 대신하여 처벌불원의 의사표시를 할 수는 없다.
> 따라서 피해자의 상속인들이 제1심판결 선고 전에 피고인에 대한 처벌불원의 의사표시를 하였다고 하더라도, 원심이
> 피고인에 대한 폭행죄를 유죄로 판단한 것은 옳다(대판 2010.5.27. 2010도2680).

(3) 고소의 포기

고소권의 포기란 친고죄의 고소기간 내에 장차 고소권을 행사하지 아니한다는 의사표시
를 하는 것을 말한다(비친고죄의 경우에는 고소권의 포기가 문제되지 아니한다).

> ➤ 고소의 포기인정 여부
> 1. 적극설 : 수사의 신속종결, 고소취소가 인정되는 취지상 인정되어야 한다.
> 2. 소극설 : 공법적 권리의 사적 처분금지, 명문의 규정이 없고, 고소포기의 강요의 폐단에 대한
>   우려가 있어 부정한다.

> **판례** 1. 친고죄에 있어서의 피해자의 고소권은 공법상의 권리라고 할 것이므로 법이 특히 명문으로 인정하는
> 경우를 제외하고는 자유처분을 할 수 없고, 따라서 일단 한 고소는 취소할 수 있으나 고소 전에 고소권을
> 포기할 수 없다고 함이 상당할 것이다(대판 1967. 5.23. 67도471).
>
> 2. 피해자가 고소장을 제출하여 처벌을 희망하는 의사를 분명히 표시한 후 고소를 취소한 바 없다면 비록
> 고소 전에 피해자가 처벌을 원치 않았다 하더라도 그 후에 한 피해자의 고소는 유효하다(대판 2008.
> 11. 27.)

02 고발

1. 고발의 의의

고발이란 고소권자와 범인 이외의 사람이 수사기관에 대하여 범죄사실을 신고하여 그 소추를 구하는 의사표시를 말한다. 고발은 일반적으로 수사의 단서에 불과하나, 특정한 범죄 (관세법, 조세범처벌법 위반의 경우)에 대하여는 소송조건이 될 수도 있다.

> 제234조 【고발】 ① 누구든지 범죄가 있다고 사료되는 때에는 고발할 수 있다.
> ② 공무원은 그 직무를 행함에 있어 범죄가 있다고 사료하는 때에는 고발하여야 한다.

2. 고발권자

누구든지 범죄가 있다고 사료하는 때에는 고발할 수 있다. 공무원은 그 직무를 행함에 있어서 범죄가 있다고 사료하는 때에는 고발하여야 한다(제234조).

3. 고소와 고발의 이동

① 자기 또는 배우자의 직계존속은 고발하지 못한다(제235조). 고발과 그 취소의 절차와 방식은 고소의 경우와 같다.

② 대리인에 의한 고발이 인정되지 않고 고발기간에 제한이 없으며 고발을 취소한 후에도 다시 고발할 수 있다는 점에서 고소와 구별된다.

> **판례** 1. 위증죄는 국가의 사법기능을 보호법익으로 하는 죄로서 개인적 법익을 보호법익으로 하는 것이 아니므로 위증사실의 신고는 고소의 형식을 취하였더라도 고발이고, 고발은 피해자 본인 및 고소권자를 제외하고는 누구나 할 수 있는 것이어서 고발의 대리는 허용되지 않고 고발의 의사를 결정하고 고발행위를 주재한 자가 고발인이라고 할 것이므로, 타인명의의 고소장 제출에 의해 위증사실의 신고가 행하여졌더라도 피고인이 고소장을 작성하여 수사기관에 제출하고 수사기관에 대하여 고발인진술을 하는 등 피고인의 의사로 고발행위를 주도하였다면 그 고발인은 피고인이다(대판 1989.9.26. 88도1533).
>
> 2. 고발이란 범죄사실을 수사기관에 고하여 그 소추를 촉구하는 것으로서 범인을 지적할 필요가 없는 것이고, 또한 고발에서 지정한 범인이 진범인이 아니더라도 고발의 효력에는 영향이 없는 것이므로, 고발인이 농지전용행위를 한 사람을 갑으로 잘못 알고 갑을 피고발인으로 하여 고발하였다고 하더라도 을이 농지전용행위를 한 이상 을에 대하여도 고발의 효력이 미친다(대판 1994.5.13. 94도458).
>
> 3. 조세범처벌법에 의한 고발은 고발장에 범칙사실의 기재가 없거나 특정이 되지 아니할 때에는 부적법하나, 반드시 공소장 기재요건과 동일한 범죄의 일시·장소를 표시하여 사건의 동일성을 특정할 수 있을 정도로 표시하여야 하는 것은 아니고, 조세범처벌법이 정하는 어떠한 태양의 범죄인지를 판명할 수 있을 정도의 사실을 일응 확정할 수 있을 정도로 표시하면 족하다. 또한, 고발사실의 특정은 고발장에 기재된 범칙사실과 세무공무원의 보충진술 기타 고발장과 같이 제출된 서류 등을 종합하여 판단하여야 한다(대판 2009도3282).
>
> 4. 수 개의 범칙사실 중 일부만을 범칙사건으로 하는 고발이 있는 경우 고발장에 기재된 범칙사실과 동일성이 인정되지 않는 다른 범칙사실에 대해서까지 고발의 효력이 미칠 수는 없다(대판 2013도5650).

	고 소	고 발
주체	고소권자	범인 및 고소권자 이외의 제3자
기간	친고죄의 경우 범인을 안 날로부터 6월 (비친고죄는 기간의 제한이 없다)	제한이 없다
대리	허용	허용하지 않음
취소시기	제1심판결 선고 전	제한이 없다
재 고소 · 고발	허용하지 않음	허용
공통점	1. 수사의 단서가 된다. 2. 구두나 서면으로 가능하다. 3. 자기 또는 배우자의 직계존속을 고소, 고발할 수 없다.	

03 자 수

1. 의 의

범인이 수사기관에 대하여 자신의 범죄사실을 신고하고 자신에 대한 처벌을 희망하는 의사 표시를 자수라 한다.

2. 성 격

형법상으로는 형의 임의적 감경 또는 감면사유이나 소송법상으로는 수사의 단서이다.

3. 절차와 방식

> 제240조【자수와 준용규정】제237조(고소 · 고발의 방식)와 제238조(사법경찰관의 조치)의 규정은 자수에 대하여 준용한다.

① 자수는 서면 또는 구술로 검사 또는 사법경찰관에게 하여야 한다.

② 자수의 시기는 제한이 없으며 그 성질상 대리인에 의하여 할 수 없으나, 범인의 질병 등에 사정으로 인하여 타인에 부탁하여 신고하는 것도 자수로 본다. 그러나 제3자에게 자수의 의사를 전달한 것만으로는 자수라 할 수 없다.

> 참고 자백 : 범인이 수사기관의 조사에 응하여 자기의 범죄사실을 진술하는 것
> 자복 : 반의사불벌죄에서 피해자에게 자발적으로 자기의 범죄사실을 고하고 용서를 비는 것

> 판례 1. 자수라 함은 범인이 스스로 수사책임이 있는 관서에 자기의 범행을 자발적으로 신고하고 그 처분을 구하는 의사표시를 말하고, 가령 수사기관의 직무상의 질문 또는 조사에 응하여 범죄사실을 진술하는 것은 자백일 뿐 자수로는 되지 않는다(대판 2006.9.22. 선고 2006도4883).
> 2. 자수의 신고방법에는 법률상 특별한 제한이 없으므로 제3자를 통하여서도 이를 할 수 있다(대판 1964. 8.31. 64도252).

3. 피고인이 검찰의 소환에 따라 자진 출석하여 검사에게 범죄사실에 관하여 자백함으로써 형법상 자수의 효력이 발생하였다면, 그 후에 검찰이나 법정에서 범죄사실을 일부 부인하였다고 하더라도 일단 발생한 자수의 효력이 소멸하는 것은 아니다(대판 2002.8.23. 2002도46).

4. 세관 검색시 금속 탐지기에 의해 대마 휴대 사실이 발각될 상황에서 세관 검색원의 추궁에 의하여 대마 수입 범행을 시인한 경우, 자발성이 결여되어 자수에 해당하지 않는다(대판 1999.4.13. 98도4560).

5. 수사기관에 뇌물수수의 범죄사실을 자발적으로 신고하였으나 그 수뢰액을 실제보다 적게 신고함으로써 적용법조와 법정형이 달라지게 된 경우에는 자수가 성립하였다고 할 수 없다(대판 2004.6.24., 2004도2003).

6. 신문지상에 혐의사실이 보도되기 시작하였는데도 수사기관으로부터 공식소환이 없으므로 자진출석하여 혐의사실을 모두 인정하는 내용의 진술서를 작성하고 검찰 수사과정에서 혐의사실을 모두 자백한 경우 피고인은 수사책임 있는 관서에 자기의 범죄사실을 자수한 것으로 보아야 하고 법정에서 수수한 금원의 직무관련성에 대하여만 수사기관에서의 자백과 차이가 나는 진술을 하였다 하더라도 자수의 효력에는 영향이 없다(대판 1994.9.9. 선고 94도619).

7. 자수란 범인이 스스로 수사책임이 있는 관서에 자기의 범행을 자발적으로 신고하고 그 처분을 구하는 의사표시이므로, 수사기관의 직무상의 질문 또는 조사에 응하여 범죄사실을 진술하는 것은 자백일 뿐 자수로는 되지 아니하고, 나아가 자수는 범인이 수사기관에 의사표시를 함으로써 성립하는 것이므로 내심적 의사만으로는 부족하고 외부로 표시되어야 이를 인정할 수 있는 것이다. 또한 피고인이 자수하였다 하더라도 자수한 이에 대하여는 법원이 임의로 형을 감경할 수 있음에 불과한 것으로서 원심이 자수감경을 하지 아니하였다거나 자수감경 주장에 대하여 판단을 하지 아니하였다 하여 위법하다고 할 수 없다(대판 2011.12.22. 선고 2011도 12041).

8. 피고인이 금융기관 직원인 자신의 업무와 관련하여 금품을 수수하였다고 하여 특정경제범죄 가중처벌 등에 관한 법률 위반(수재)죄로 기소된 사안에서, 피고인이 수사기관에 자진 출석하여 처음 조사를 받으면서는 돈을 차용하였을 뿐이라며 범죄사실을 부인하다가 제2회 조사를 받으면서 비로소 업무와 관련하여 돈을 수수하였다고 자백한 행위를 자수라고 할 수 없다(대판 2011.12.22. 선고 2011도12041).

9. 수사기관에의 신고가 자발적이라고 하더라도 그 신고의 내용이 자기의 범행을 명백히 부인하는 등의 내용으로 자기의 범행으로서 범죄성립요건을 갖추지 아니한 사실일 경우에는 자수는 성립하지 않고, 수사과정이 아닌 그 후의 재판과정에서 범행을 시인하였다고 하더라도 새롭게 자수가 성립할 여지는 없다고 할 것이다(대판 1999.9.21. 99도2443).

10. 피고인이 자수하였다 하더라도 자수한 자에 대하여는 법원이 임의로 형을 감경할 수 있음에 불과한 것으로서 원심이 자수감경을 하지 아니하였다거나 자수감경 주장에 대하여 판단을 하지 아니하였다 하여 위법하다고 할 수 없다(대판2001.4.24., 2001도872)

제 5절　임의수사

01 임의수사와 강제수사

1. 의 의

　수사방법에는 임의수사와 강제수사가 있는데, 임의수사는 임의적인 수사방법, 즉 강제력을 수반함이 없고 상대방의 동의, 승낙을 전제로 한 수사를 말한다. 이에 반하여 강제처분, 즉 상대방의사에 구속됨이 없이 강제적으로 하는 수사를 강제수사라고 한다. 수사는 형사소송법상 임의수사 불구속수사가 원칙이고 강제수사는 법률규정이 존재하는 경우에 예외적으로 허용된다.

> **참고** 임의 수사가 임의수사 자유를 의미한 것이 아니고 적법절차의 법적 규제와 수사의 필요성과 상당성(비례의 원칙)이 필요하다.

2. 임의수사의 원칙과 강제수사의 규제

(1) 임의수사의 원칙

　수사에 관하여는 그 목적을 달성하기 위하여 필요한 조사를 할 수 있다. 다만, 강제처분은 법률에 특별한 규정이 없으면 하지 못한다(제119조). 이와 같이 수사는 원칙적으로 임의수사에 의하고, 강제수사는 법률에 규정된 경우에 한하여 허용된다는 원칙을 임의수사의 원칙이라고 한다.

(2) 강제수사의 규제

① 강제처분 법정주의 : 강제처분은 법률에 특별한 규정이 없으면 하지 못한다(제199조 단서)는 원칙을 강제처분 법정주의라고 한다. 이 원칙에 의하여 강제처분의 종류와 요건 및 절차는 법률에 규정되어 있을 것을 요한다.

② 영장주의 : 영장주의란 법원 또는 법관이 발부한 적법한 영장에 의하지 않으면 형사절차상의 강제처분을 할 수 없다는 원칙을 말한다. 영장주의는 강제처분을 할 당시에 영장이 발부되어 있을 것을 요하며, 따라서 여기서 영장은 사전영장을 의미한다(강제처분을 한 후에 사후영장을 발부받는 경우는 영장주의의 예외이다).

③ 비례성의 원칙 : 형사절차에 의한 개인의 기본권의 침해는 사건의 의미와 기대되는 형벌에 비추어 상당성이 유지될 때에만 허용된다는 것을 비례성의 원칙이라고 한다. 이에 의하여 구속은 기대되는 형벌의 범위를 넘을 수 없고, 강제처분은 임의수사에 의하여는 형사소송의 목적을 달성할 수 없는 경우에 최후의 수단으로만 인정되어야 한다는 제한을 받는다.

3. 임의수사의 적법성의 한계

(1) 임의수사의 한계

임의수사의 원칙이 임의수사 자유의 원칙을 의미하는 것이 아닌 이상 적정절차의 원리에 의한 법적 규제를 받는다. 따라서 임의수사에 있어서도 수사의 필요성과 상당성이 인정되어야 하며 상대방의 자유로운 의사에 의한 승낙을 받아 행할 것을 요한다.

(2) 임의수사의 적법성

① 임의동행 : 임의동행이란 수사기관이 피의자의 동의를 받고 수사관서까지 피의자와 동행하는 것을 말한다. 임의동행의 형식을 취한 경우에도 강제의 실질을 갖춘 때에는 임의수사로서 적법화 될 수 없는 강제수사, 즉 체포 또는 구속에 해당한다.

② 보호실 유치 : 강제유치든 피의자의 승낙을 받아 유치하는 승낙유치든 본인의 사전 동의를 받은 경우에도 그것이 법률에 규정된 강제처분과 같은 효과를 가져 오는 경우에는 실질적으로 구속과 다를 바 없고, 이를 허용하는 것은 영장주의를 유린할 우려가 있다.

> **참고** 예외적으로 보호실 유치가허용되는 경우 : 정신착란자, 주취자, 자살기도자 등 응급의 구호를 요하는 자, 긴급체포, 현행범체포.

> **판례** 1. 임의동행은 수사관이 동행에 앞서 피의자에게 동행을 거부할 수 있음을 알려 주었거나 동행한 피의자가 언제든지 자유로이 동행과정에서 이탈 또는 동행장소에서 퇴거할 수 있었음이 인정되는 등 오로지 피의자의 자발적인 의사에 의하여 수사관서 등에 동행이 이루어졌다는 것이 객관적인 사정에 의하여 명백하게 입증된 경우에 한하여, 동행의 적법성이 인정된다고 보는 것이 타당하다(대판 2012.9.13. 선고 2012도8890).
>
> 2. 경찰서 조사대기실이 경찰관직무집행법상 정신착란자, 주취자, 자살기도자 등 응급의 구호를 요하는 자를 24시간 초과하지 않는 범위 내에서 경찰관서에 보호조치할 수 있는 시설로 제한적으로 운영되는 경우를 제외하고는 구속영장을 발부 받음이 없이 조사대기실에 유치하는 것은 영장주의에 위배된다(대판 1995.5.26. 94다3726).
>
> 3. 보호조치를 필요로 하는 피구호자에 해당하는지는 구체적인 상황을 고려하여 경찰관 평균인을 기준으로 판단하되, 그 판단은 보호조치의 취지와 목적에 비추어 현저하게 불합리하여서는 아니 되며, 피구호자의 가족 등에게 피구호자를 인계할 수 있다면 특별한 사정이 없는 한 경찰관서에서 피구호자를 보호하는 것은 허용되지 않는다(대판 2012.12.13. 선고 2012도11162).
>
> 4. 영장주의는 법관이 발부한 영장에 의하지 아니하고는 수사에 필요한 강제처분을 하지 못한다는 원칙으로 소변을 받아 제출하도록 한 것은 교도소의 안전과 질서유지를 위한 것으로 수사에 필요한 처분이 아닐 뿐만 아니라 검사대상자들의 협력이 필수적이어서 강제처분이라고 할 수도 없어 영장주의의 원칙이 적용되지 않는다(헌재 2006.7.27. 2005 헌마277)

③ 승낙수색과 승낙검증 : 승낙의 임의성이 인정되는 경우에는 임의제출물의 압수에 영장이 필요 없는 것에 비추어(제218조) 임의수사로서 허용된다. 따라서 법관의 영장은 요구되지 않는다.

④ 거짓말탐지기에 의한 검사

　　㉠ 의 의 : 피의자 등의 피검사자에 대하여 피의사실에 관계있는 질문을 하여 답변시에 피검사자의 호흡, 맥박, 혈압, 피부전기반사 등의 생리적 변화를 폴리그라프(polygraph) 검사지에 기록하고 이를 관찰·분석하여 답변의 옳고 그름이나 피의사실에 대한 인식의 유무를 판단하는 검사를 말한다.

　　㉡ 전제조건

　　　　ⓐ 거짓말을 하면 반드시 일정한 심리상태의 변동이 일어나야 한다.

　　　　ⓑ 심리상태의 변동은 반드시 일정한 생리적 반응을 일으켜야 한다.

　　　　ⓒ 그 생리적 반응에 의하여 거짓말이라는 것이 명확히 판정될 수 있는 인적·물적 장치가 구비되어야 한다.

　　㉢ 적법성 여부 : 전제조건을 갖추고, 또한 피검사자의 동의가 있으면 임의수사로 허용 된다. 다만, 이러한 경우에도 검사결과는 검사를 받는 사람의 신빙성을 가늠하는 정황증거로서의 기능을 다하는 데 그친다.

> **판례** 거짓말탐지기의 검사결과에 대하여 증거능력을 인정할 수 있으려면 첫째로 거짓말을 하면 반드시 일정한 심리상태의 변동이 일어나고, 둘째로 그 심리상태의 변동은 반드시 일정한 생리적 반응을 일으키며, 셋째로 그 생리적 반응에 의하여 피검사자의 말이 거짓인지 여부가 정확히 판정될 수 있다는 전제요건이 충족되어야 하며 특히 생리적 반응에 대한 거짓여부의 판정은 거짓말탐지기가 위 생리적 반응을 정확히 측정할 수 있는 장치이어야 하고 검사자가 탐지기의 측정내용을 객관성 있고 정확하게 판독할 능력을 갖춘 경우라야 그 정확성을 확보할 수 있어 증거능력을 부여할 것이다(대판 1983.9.13. 선고 83도712).

⑤ 마취분석 : 약품의 작용에 의하여 진실을 진술하게 하는 것을 말한다. 마취분석은 인간의 정신을 해체시키고 인격의 분열을 초래하는 것이므로 피의자의 승낙이 있는 경우에도 위법한 것으로서 허용되지 않는다.

> **판례** 우편물 통관검사절차에서 이루어지는 우편물의 개봉, 시료채취, 성분분석 등의 검사는 수출입물품에 대한 적정한 통관 등을 목적으로 한 행정조사의 성격을 가지는 것으로서 수사기관의 강제처분이라고 할 수 없으므로, 압수·수색영장 없이 우편물의 개봉, 시료채취, 성분분석 등 검사가 진행되었다 하더라도 특별한 사정이 없는 한 위법하다고 볼 수 없다(2013.9.26. 선고 2013도7718).

02 임의수사의 방법

1. 피의자신문

(1) 피의자신문의 의의

검사 또는 사법경찰관은 수사에 필요한 때에는 피의자의 출석을 요구하여 진술을 들을 수 있다(제200조). 이와 같이 수사기관이 피의자를 신문하여 피의자로부터 진술을 듣는 절차를 피의자신문이라 한다. 피의자신문은 피의자의 **진술의무**와 **출석의무**가 부정되는 점에 비추어 임의수사라고 본다.

(2) 피의자신문의 주체와 출석요구

① 주 체 : 피의자신문의 주체는 검사 또는 사법경찰관이다(제200조).

② 출석요구 : 수사기관은 피의자에 대하여 출석을 요구할 수 있다(제200조). 출석요구에 대하여 피의자의 출석의무가 없으며, 따라서 출석을 거부할 수 있고 출석한 때에도 언제든지 퇴거할 수 있으며, 출석요구의 방법에는 서면, 전화, 구두, 인편 모두 가능하다.

▶(수사준칙 제19조): ① 검사 또는 사법경찰관은 피의자에게 출석요구를 할 때에는 다음 각 호의 사항을 유의해야 한다.

1. 출석요구를 하기 전에 우편 · 전자우편 · 전화를 통한 진술 등 출석을 대체할 수 있는 방법의 선택 가능성을 고려할 것

2. 출석요구의 방법, 출석의 일시 · 장소 등을 정할 때에는 피의자의 명예 또는 사생활의 비밀이 침해되지 않도록 주의할 것

3. 출석요구를 할 때에는 피의자의 생업에 지장을 주지 않도록 충분한 시간적 여유를 두도록 하고, 피의자가 출석 일시의 연기를 요청하는 경우 특별한 사정이 없으면 출석 일시를 조정할 것

4. 불필요하게 여러 차례 출석요구를 하지 않을 것

② 검사 또는 사법경찰관은 피의자에게 출석요구를 하려는 경우 피의자와 조사의 일시 · 장소에 관하여 협의해야 한다. 이 경우 변호인이 있는 경우에는 변호인과도 협의해야 한다.

③ 검사 또는 사법경찰관은 피의자에게 출석요구를 하려는 경우 피의사실의 요지 등 출석요구의 취지를 구체적으로 적은 출석요구서를 발송해야 한다. 다만, 신속한 출석요구가 필요한 경우 등 부득이한 사정이 있는 경우에는 전화, 문자메시지, 그 밖의 상당한 방법으로 출석요구를 할 수 있다(수사준칙 제19조).

④ 검사 또는 사법경찰관은 제3항 본문에 따른 방법으로 출석요구를 했을 때에는 출석요구서의 사본을, 같은 항 단서에 따른 방법으로 출석요구를 했을 때에는 그 취지를 적은 수사보고서를 각각 사건기록에 편철한다.

⑤ 검사 또는 사법경찰관은 피의자가 치료 등 수사관서에 출석하여 조사를 받는 것이 현저히 곤란한 사정이 있는 경우에는 수사관서 외의 장소에서 조사할 수 있다.

⑥ 제1항부터 제5항까지의 규정은 피의자 외의 사람에 대한 출석요구의 경우에도 적용한다.

(3) 피의자신문과 참여자

① 피의자신문과 참여자
검사가 피의자를 신문함에는 검찰청수사관 또는 서기관이나 서기를 참여하게 하여야 하고 사법경찰관이 피의자를 신문함에는 사법경찰관리를 참여하게 하여야 한다(제243조).

② 변호인의 참여권

수사기관의 피의자신문 과정에 변호인의 참여를 원칙적으로 허용한다. 구금된 피의자신문에 한하지 아니하고, 불구속 피의자에 대한 신문에도 전면 허용되며, 피의자뿐 아니라 변호인, 법정대리인, 배우자, 직계친족 또는 형제자매도 변호인의 참여를 신청할 수 있다.

⊙ 변호인의 참여 고지 : 검사 또는 사법경찰관은 피의자를 신문하기 전에 신문을 받을 때에는 변호인을 참여하게 하는 등 변호인의 조력을 받을 수 있다는 것을 알려주어야 한다.

ⓒ 변호인의 참여신청 : 피의자뿐 아니라 변호인, 법정대리인, 배우자, 직계친족 또는 형제자매도 변호인의 참여를 신청할 수 있다.

ⓒ 참여할 변호인의 지정 : 신문에 참여하고자 하는 변호인이 2인 이상인 때에는 피의자가 신문에 참여할 변호인 1인을 지정한다. 지정이 없는 경우에는 검사 또는 사법경찰관이 이를 지정할 수 있다.

ⓔ 변호인의 이의제기 및 의견진술 : 부당한 신문방법에 대하여는 신문 중이라도 이의를 제기할 수 있으며, 피의자신문에 참여한 변호인은 신문 후에 의견을 진술할 수 있고, 다만 검사·사법경찰관의 승인을 얻는 경우 신문 중이라도 의견을 진술할 수 있다.

ⓜ 변호인의 신문참여 제한 : 수사기관은 정당한 사유가 있는 경우 변호인의 신문참여를 제한할 수 있다. 신문을 방해할 염려가 있다거나, 수사기밀을 누설하여 증거를 인멸하거나, 관련 사건의 수사를 방해할 염려가 있음이 객관적으로 명백한 경우에 참여를 제한할 수 있다.

> **참고** 변호인의 신청이 있는 경우 변호인의 참여를 허용한다는 취지일 뿐이고 국선 변호인을 선정해 주어야 한다는 의미는 아니다.
> **참고** 변호인의 참여신청이 있는 경우라도 변호인이 상당시간내에 출석하지 않거나 출석할 수 없는 때는 변호인의 참여없이 피의자를 신문할 수 있다.

③ 변호인 참여권 침해에 대한 구제

⊙ 수사기관의 자의적인 변호인 참여제한을 방지하기 위하여 변호인의 신문 참여 및 그 제한에 관한 사항은 피의자신문조서에 기재하도록 하였다.

ⓒ 검사나 사법경찰관이 변호인의 참여를 제한하거나 퇴거시킨 처분에 대해서 법원에 그 처분의 취소 또는 변경을 청구할 수 있다(제417조 준항고).

④ 신뢰관계인의 동석

⊙ 검사 또는 사법경찰관은 피의자를 신문하는 경우 피의자가 신체적 또는 정신적 장애로 사물을 변별하거나 의사를 결정·전달할 능력이 미약하거나 피의자의 연령·성별·국적 등의 사정을 고려하여 그 심리적 안정의 도모와 원활한 의사소통을 위하여 필요한 경우

ⓒ **직권 또는 피의자·법정대리인의 신청**에 따라 피의자와 신뢰관계에 있는 자를 동석하게

할 수 있다.

▶ 수사준칙 제24조(신뢰관계인의 동석) ① 법 제244조의5에 따라 피의자와 동석할 수 있는 신뢰관계에 있는 사람과 법 제221조제3항에서 준용하는 법 제163조의2에 따라 피해자와 동석할 수 있는 신뢰관계에 있는 사람은 피의자 또는 피해자의 직계친족, 형제자매, 배우자, 가족, 동거인, 보호·교육시설의 보호·교육담당자 등 피의자 또는 피해자의 심리적 안정과 원활한 의사소통에 도움을 줄 수 있는 사람으로 한다.

② 피의자, 피해자 또는 그 법정대리인이 제1항에 따른 신뢰관계에 있는 사람의 동석을 신청한 경우 검사 또는 사법경찰관은 그 관계를 적은 동석신청서를 제출받거나 조서 또는 수사보고서에 그 관계를 적어야 한다.

> **판례** 피의자와 신뢰관계에 있는 자의 동석을 허락할 것인지는 원칙적으로 검사 또는 사법경찰관이 피의자의 건강 상태 등 여러 사정을 고려하여 재량에 따라 판단하여야 할 것이나, 이를 허락하는 경우에도 동석한 사람으로 하여금 피의자를 대신하여 진술하도록 하여서는 안 된다. 만약 동석한 사람이 피의자를 대신하여 진술한 부분이 조서에 기재되어 있다면 그 부분은 피의자의 진술을 기재한 것이 아니라 동석한 사람의 진술을 기재한 조서에 해당하므로, 그 사람에 대한 진술조서로서의 증거능력을 취득하기 위한 요건을 충족하지 못하는 한 이를 유죄 인정의 증거로 사용할 수 없다(대판 2009.6.23. 선고).

> **참고** 신뢰관계인의 동석 : 신체적 또는 정신적 장애로 사물을 변별하거나 의사를 결정·전달할 능력이 미약한 경우에는 임의적으로 신청에 따라 피의자와 신뢰관계에 있는 자를 동석하게 할 수 있다.(임의적) 그러나 아동·청소년대상 성범죄의 피해자를 증인으로 신문하는 경우에는 피해자와 신뢰관계에 있는 사람을 동석하게 하여야 한다(필요적)

(4) 피의자신문의 방법

> 제244조의3【진술거부권 등의 고지】 ① 검사 또는 사법경찰관은 피의자를 신문하기 전에 다음 각 호의 사항을 알려주어야 한다.
> 1. 일체의 진술을 하지 아니하거나 개개의 질문에 대하여 진술을 하지 아니할 수 있다는 것
> 2. 진술을 하지 아니하더라도 불이익을 받지 아니한다는 것
> 3. 진술을 거부할 권리를 포기하고 행한 진술은 법정에서 유죄의 증거로 사용될 수 있다는 것
> 4. 신문을 받을 때에는 변호인을 참여하게 하는 등 변호인의 조력을 받을 수 있다는 것
> ② 검사 또는 사법경찰관은 제1항에 따라 알려 준 때에는 피의자가 진술을 거부할 권리와 변호인의 조력을 받을 권리를 행사할 것인지의 여부를 질문하고, 이에 대한 피의자의 답변을 조서에 기재하여야 한다. 이 경우 피의자의 답변은 피의자로 하여금 자필로 기재하게 하거나 검사 또는 사법경찰관이 피의자의 답변을 기재한 부분에 기명날인 또는 서명하게 하여야 한다.

① 진술거부권의 고지

㉠ 시기와 방법

ⓐ 검사 또는 사법경찰관은 피의자에 대한 신문에 들어가기 전에 피의자가 일체의 진술을 하지 않거나 개개의 질문에 대하여 진술을 하지 않을 수 있으며, 진술을 하지 않더라도 불이익을 받지 않는다는 것, 피의자가 한 일체의 진술

은 법정에서 유죄의 증거로 사용될 수 있다는 것을 구체적으로 설명하도록 하였다.

   ⓑ 진술을 하지 않더라도 불이익을 받지 않는다는 것은 당해 신문과정에서 불이익을 받지 않는다는 취지이고 양형 단계에서 아무런 영향을 미치지 않는다는 취지는 아니다.

  ⓛ 조서의 기재 : 변호인의 조력을 받을 권리를 행사할 것인지의 여부를 질문하고, 이에 대한 피의자의 답변을 피의자로 하여금 조서에 자필로 기재하게 하거나 검사 또는 사법경찰관이 피의자의 답변을 기재한 부분에 기명날인 또는 서명하게 하여야 한다.

② 수사권남용시 검사에게 구제신청 고지

  ㉠ 사법경찰관은 피의자를 신문하기 전에 수사과정에서 법령위반, 인권침해 또는 현저한 수사권 남용이 있는 경우 검사에게 구제를 신청할 수 있음을 피의자에게 알려주어야 한다.(제197조의3⑧)

  ㉡ 사법경찰관은 피의자에게 검사에 대해 구제를 신청할 수 있음을 알려준 후 피의자로부터 고지 확인서를 받아 사건기록에 편철해야 한다. 다만, 피의자가 확인서에 기명날인 또는 서명하는 것을 거부하는 경우에는 사법경찰관이 확인서 말미에 그 사유를 기재하고 기명날인 또는 서명해야 한다(수사준칙 제47조)

③ 인정신문

검사 또는 사법경찰관이 피의자를 신문함에는 먼저 그 성명, 연령, 등록기준지, 주거와 직업을 물어 피의자임에 틀림없음을 확인하여야 한다.

④ 신문사항

검사 또는 사법경찰관은 피의자에 대하여 범죄사실과 정상에 관한 필요사항을 신문하여야 하며 그 이익되는 사실을 진술할 기회를 주어야 한다.

⑤ 피의자신문조서의 작성

  ㉠ 피의자의 진술은 조서에 기재하여야 한다.

  ㉡ 조서는 피의자에게 열람하게 하거나 읽어 들려주어야 하며, 진술한 대로 기재되지 아니하였거나 사실과 다른 부분의 유무를 물어 피의자가 증감 또는 변경의 청구 등 **이의를 제기하거나 의견을 진술한 때에는 이를 조서에 추가로 기재하여야 한다.** 이 경우 피의자가 이의를 제기하였던 부분은 읽을 수 있도록 남겨 두어야 한다.

  ㉢ 피의자가 조서에 대하여 이의나 의견이 없음을 진술한 때에는 피의자로 하여금 그 취지를 자필로 기재하게 하고 조서에 간인한 후 기명날인 또는 서명하게 한다.

⑥ 수사과정의 기록

> 제244조의4【수사과정의 기록】① 검사 또는 사법경찰관은 피의자가 조사장소에 도착한 시각, 조사를 시작하고 마친 시각, 그 밖에 조사과정의 진행경과를 확인하기 위하여 필요한 사항을 피의자신문조서에 기록하거나 별도의 서면에 기록한 후 수사기록에 편철하여야 한다.
> ② 제244조 제2항 및 제3항은 제1항의 조서 또는 서면에 관하여 준용한다.
> ③ 제1항 및 제2항은 피의자가 아닌 자를 조사하는 경우에 준용한다.

수사과정의 투명화, 적법화를 위하여 검사 또는 사법경찰관은 피의자가 조사장소에 도착한 시각, 조사를 시작하고 마친 시각 기타 피의자의 행적을 확인하기 위해 필요한 사항을 기록하여 수사 기록에 편철하도록 하였다. 수사과정에 관한 기록은 피의자 등의 진술의 임의성, 특신성에 대한 판단자료로 사용될 수 있다.

(5) 피의자진술의 영상녹화

> 제244조의2【피의자진술의 영상녹화】① 피의자의 진술은 영상녹화 할 수 있다. 이 경우 미리 영상녹화사실을 알려주어야 하며, 조사의 개시부터 종료까지의 전 과정 및 객관적 정황을 영상녹화 하여야 한다.
> ② 제1항에 따른 영상녹화가 완료된 때에는 피의자 또는 변호인 앞에서 지체 없이 그 원본을 봉인하고 피의자로 하여금 기명날인 또는 서명하게 하여야 한다.
> ③ 제2항의 경우에 피의자 또는 변호인의 요구가 있는 때에는 영상녹화물을 재생하여 시청하게 하여야 한다. 이 경우 그 내용에 대하여 이의를 진술하는 때에는 그 취지를 기재한 서면을 첨부하여야 한다.

① 의 의
수사과정의 영상녹화제도는 수사절차의 적법성과 투명성을 보장하여 인권침해를 방지할 필요가 있고, 영상녹화물이 수사기관의 피의자신문조서와 참고인 진술조서의 진정성립 등의 증명방법으로 기억이 불명확한 경우 기억 환기용 수단으로 사용할 수 있도록 하였다.

② 내 용
ⓐ 피의자신문 과정을 영상녹화하기 위해서는 피의자 또는 변호인의 동의를 받을 필요는 없으나 미리 영상녹화를 한다는 사실을 알려 주어야 한다.
ⓑ 조사의 개시부터 종료까지의 조사의 전 과정과 객관적 정황을 영상녹화해야 한다. 따라서 당해 조사에서 의도적으로 조사 과정의 일부만을 선별하여 영상녹화 하는 방법은 허용되지 않는다.
ⓒ 영상녹화가 완료된 때에는 피의자 또는 변호인 앞에서 지체 없이 그 원본을 봉인하고 피의자로 하여금 서명 또는 기명날인하게 함으로써 조작 가능성을 봉쇄하였다.
ⓓ 피의자 또는 변호인의 요구가 있는 때에는 영상녹화물을 재생하여 시청하게 하여야 한다. 이 경우 그 내용에 대하여 이의를 진술하는 때에는 그 취지를 기재한 서면을 첨부하여야 한다.

> **규칙** 제134조의3 【제3자의 진술과 영상녹화물】①검사는 피의자가 아닌 자가 공판준비 또는 공판기일에서 조서가 자신이 검사 또는 사법경찰관 앞에서 진술한 내용과 동일하게 기재되어 있음을 인정하지 아니하는 경우 그 부분의 성립의 진정을 증명하기 위하여 영상녹화물의 조사를 신청할 수 있다.
>
> 제134조의4 【영상녹화물의 조사】①법원은 검사가 영상녹화물의 조사를 신청한 경우 이에 관한 결정을 함에 있어 원진술자와 함께 피고인 또는 변호인으로 하여금 그 영상녹화물이 적법한 절차와 방식에 따라 작성되어 봉인된 것인지 여부에 관한 의견을 진술하게 하여야 한다
>
> ③ 법원은 공판준비 또는 공판기일에서 봉인을 해체하고 영상녹화물의 전부 또는 일부를 재생하는 방법으로 조사하여야 한다. 이 때 영상녹화물은 그 재생과 조사에 필요한 전자적 설비를 갖춘 법정 외의 장소에서 이를 재생할 수 있다.
>
> ④ 재판장은 조사를 마친 후 지체 없이 법원사무관 등으로 하여금 다시 원본을 봉인하도록 하고, 원진술자와 함께 피고인 또는 변호인에게 기명날인 또는 서명하도록 하여 검사에게 반환한다. 다만, 피고인의 출석 없이 개정하는 사건에서 변호인이 없는 때에는 피고인 또는 변호인의 기명날인 또는 서명을 요하지 아니한다.

③ 성범죄 참고인 진술의 영상녹화

㉠ 대 상

성폭력범죄의 피해자가 19세 미만이거나 신체적인 또는 정신적인 장애로 사물을 변별하거나 의사를 결정할 능력이 미약한 경우에는 피해자의 진술내용과 조사과정을 비디오녹화기 등 영상물 녹화장치로 촬영·보존 하여야 하며, 또한 아동·청소년대상 성범죄 피해자의 진술내용과 조사과정도 비디오녹화기 등 영상물 녹화장치로 촬영·보존하여야 한다. 이에 따른 영상물 녹화는 피해자 또는 법정대리인이 이를 원하지 아니하는 의사를 표시한 경우에는 촬영을 하여서는 아니된다.

㉡ 신뢰관계에 있는 사람의 동석

수사기관은 아동·청소년대상 성범죄의 피해자를 증인으로 신문하는 경우에 검사, 피해자 또는 법정대리인이 신청하는 경우에는 재판에 지장을 줄 우려가 있는 등 부득이한 경우가 아니면 피해자와 신뢰관계에 있는 사람을 동석하게 하여야 한다(아동·청소년의 성보호에 관한 법률 제28조 제1항).

㉢ 증거능력

촬영한 영상물에 수록된 피해자의 진술은 공판준비기일 또는 공판기일에 피해자나 조사과정에 동석하였던 신뢰관계에 있는 사람 또는 진술조력인의 진술에 의하여 그 성립의 진정함이 인정된 경우에 증거로 할 수 있다.

(6) 피의자신문의 법적 규제

사전적 규제로 진술거부권의 고지를 규정하고 있으며 사후적으로 고문·폭행·협박 기타 임의성에 의심있는 자백의 증거능력을 부정하고 있다(제309조).

(7) 피의자신문조서의 증거능력

검사나 그 외 수사기관이 작성한 피의자신문조서는 적법한 절차와 방식에 따라 작성된 것으로서 공판준비 또는 공판기일에 그 피의자였던 피고인 또는 변호인이 그 내용을 인정할 때에 한하여 증거능력이 있다.

> **판례** 1. 사법경찰관이 피의자에게 진술거부권을 행사할 수 있음을 알려 주고 그 행사 여부를 질문하였다 하더라도, 진술거부권 행사 여부에 대한 피의자의 답변이 자필로 기재되어 있지 아니하거나 그 답변 부분에 피의자의 기명날인 또는 서명이 되어 있지 아니한 사법경찰관 작성의 피의자신문조서는 특별한 사정이 없는 한 '적법한 절차와 방식'에 따라 작성된 조서라 할 수 없으므로 그 증거능력을 인정할 수 없다(대판 2014.4.10. 선고 2014도1779).
>
> 2. 구체적인 사안에서 (신뢰관계자의) 동석을 허락할 것인지는 원칙적으로 검사 또는 사법경찰관이 피의자의 건강상태 등 여러 사정을 고려하여 재량에 따라 판단하여야 할 것이나, 이를 허락하는 경우에도 동석한 사람으로 하여금 피의자를 대신하여 진술하도록 하여서는 아니 되는 것이고 만약 동석한 사람이 피의자를 대신하여 진술한 부분이 조서에 기재되어 있다면 그 부분은 피의자의 진술을 기재한 것이 아니라 동석한 사람의 진술을 기재한 조서에 해당하므로 그 사람에 대한 진술조서로서의 증거능력을 취득하기 위한 요건을 충족하지 못하는 한 이를 유죄 인정의 증거로 사용할 수 없다(2009도1322).
>
> 3. 구금된 피의자가 피의자신문시 변호인의 참여를 요구할 수 있는 권리가 형사소송법 제209조, 제89조 등의 유추적용에 의하여 보호되는 권리라 하더라도 헌법상 보장된 다른 기본권과 사이에 조화를 이루어야 하며, 구금된 피의자에 대한 신문시 무제한적으로 변호인의 참여를 허용하는 것 또한 헌법이 선언한 적법절차의 정신에 맞지 아니하므로 신문을 방해하거나 수사기밀을 누설하는 등의 염려가 있다고 의심할 만한 상당한 이유가 있는 특별한 사정이 있음이 객관적으로 명백하여 변호인의 참여를 제한하여야 할 필요가 있다고 인정되는 경우에는 변호인의 참여를 제한할 수 있음은 당연하다(대판 2003.1.11. 자 2003모402).
>
> 4. 수사기관이 참고인을 조사하는 과정에서 형사소송법 제221조 제1항에 따라 작성한 영상녹화물은, 다른 법률에서 달리 규정하고 있는 등의 특별한 사정이 없는 한 공소사실을 직접 증명할 수 있는 독립적인 증거로 사용될 수는 없다(대판 2012도 5041).
>
> 5. 변호인의 피의자신문 참여권을 규정한 형사소송법 제243조의2 제1항에서 정당한 사유란 변호인이 피의자신문을 방해하거나 수사기밀을 누설할 염려가 있음이 객관적으로 명백한 경우 등을 말하는 것이므로, 수사기관이 피의자신문을 하면서 위와 같은 정당한 사유가 없는데도 변호인에 대하여 피의자로부터 떨어진 곳으로 옮겨 앉으라고 지시를 한 다음 이러한 지시에 따르지 않았음을 이유로 변호인의 피의자신문 참여권을 제한하는 것은 허용될 수 없다(대판 2008.9.12. 자2008모793).
>
> 6. 범죄 발생 직후 목격자의 기억이 생생하게 살아있는 상황에서 현장이나 그 부근에서 범인식별절차를 실시하는 경우에는, 목격자에 의한 생생하고 정확한 식별의 가능성이 열려 있고 범죄의 신속한 해결을 위한 즉각적인 대면의 필요성도 인정할 수 있으므로, 용의자와 목격자의 일대일 대면도 허용된다(대판 2009.06.11. 선고 2008도12111).
>
> 7. 피의자가 변호인의 참여를 원한다는 의사를 명백하게 표시하였음에도 수사기관이 정당한 사유 없이 변호인을 참여하게 하지 아니한 채 피의자를 신문하여 작성한 피의자신문조서는 형사소송법 제312조에 정한 '적법한 절차와 방식'에 위반된 증거일 뿐만 아니라, 형사소송법 제308조의2에서 정한 '적법한 절차에 따르지 아니하고 수집한 증거'에 해당하므로 이를 증거로 할 수 없다(대법원 2013. 3. 28. 선고 2010도3359)

2. 참고인조사

> 제221조【제3자의 출석요구 등】① 검사 또는 사법경찰관은 수사에 필요한 때에는 피의자가 아닌 자의 출석을 요구하여 진술을 들을 수 있다. 이 경우 그의 동의를 받아 영상녹화 할 수 있다.
> ② 검사 또는 사법경찰관은 수사에 필요한 때에는 감정 · 통역 또는 번역을 위촉할 수 있다.
> ③ 제163조의2 제1항부터 제3항까지는 검사 또는 사법경찰관이 범죄로 인한 피해자를 조사하는 경우에 준용한다.

(1) 참고인

① 검사 또는 사법경찰관은 수사에 필요한 때에는 피의자 아닌 자의 출석을 요구하여 진술을 들을 수 있으며, 그의 동의를 받아 영상녹화 할 수 있다. 이때 피의자 아닌 제3자를 참고인이라 한다.

② 수사과정에서 피해자의 심리적 안정을 유지하고 부수적 정신적인 피해 발생을 막기 위하여, 제3항을 신설하여 증인신문시 신뢰관계 있는 자의 동석에 관한 규정을 수사기관의 피해자 조사에 준용하였다(제3항).

(2) 증인과의 구별

구분	증 인	참고인
진술의 상대방	법원 또는 법관	수사기관
출석진술의무	인정(과태료, 구인)	부정

① 참고인이 진술을 하는가의 여부는 참고인의 임의에 속한다.

② 출석한 참고인에 대해 진술거부권을 고지할 필요는 없으나 진술거부권은 보장되며, 참고인에 대한 조사와 조서작성방법은 피의자신문조서에 준한다.

③ 참고인의 진술도 영상녹화가 가능하나 이 경우 참고인의 동의가 있어야 한다.

④ 참고인이 출석 또는 진술을 거부하는 경우에 검사는 제1회 공판기일 전에 한하여 증인신문을 청구할 수 있다(제221조의2). 참고인의 진술을 기재한 진술조서는 일정한 조건하에서 증거능력이 인정된다(제312 · 313조).

3. 감정 · 통역 · 번역의 위촉

① 검사 또는 사법경찰관은 수사에 필요한 때에는 감정, 통역, 번역을 위촉할 수 있다(제221조).

② 감정인, 통역인, 번역인은 대체적이므로 위촉을 받은 자가 수락하는가의 여부는 자유이다. 또 출석을 거부하거나 출석 후 퇴거하는 것은 위촉받은 자의 자유이다.

4. 사실조회(공무소 등에의 조회)

① 수사에 관하여는 공무소 기타 공사단체에 조회하여 필요한 사항의 보고를 요구할 수 있다(제

199조 제2항).

② 조회를 받은 상대방에게는 보고의무가 있으나 의무의 이행을 강제할 방법이 없고, 또한 영장에 의할 것을 요하는 것도 아니므로 임의수사에 속한다.

> **판례** 1. 범죄 발생 직후 목격자의 기억이 생생하게 살아있는 상황에서 현장이나 그 부근에서 범인식별절차를 실시하는 경우에는, 목격자에 의한 생생하고 정확한 식별의 가능성이 열려 있고 범죄의 신속한 해결을 위한 즉각적인 대면의 필요성도 인정할 수 있으므로, 용의자와 목격자의 일대일 대면도 허용된다(대판 2009.06.11. 선고 2008도12111).
>
> 2. 범인식별절차에서 목격자의 진술의 신빙성을 높게 평가할 수 있게 하려면, 범인의 인상착의 등에 관한 목격자의 진술 내지 묘사를 사전에 상세히 기록화한 다음, 용의자를 포함하여 그와 인상착의가 비슷한 여러 사람을 동시에 목격자와 대면시켜 범인을 지목하도록 하여야 하고, 용의자와 목격자 및 비교대상자들이 상호 사전에 접촉하지 못하도록 하여야 하며, 사후에 증거가치를 평가할 수 있도록 대질 과정과 결과를 문자와 사진 등으로 서면화하는 등의 조치를 취하여야 한다.
>
> 3. 강간 피해자가 수사기관이 제시한 47명의 사진 속에서 피고인을 범인으로 지목하자 이어진 범인식별절차에서 수사기관이 피해자에게 피고인 한 사람만을 촬영한 동영상을 보여주거나 피고인 한 사람만을 직접 보여주어 피해자로부터 범인이 맞다는 진술을 받고, 다시 피고인을 포함한 3명을 동시에 피해자에게 대면시켜 피고인이 범인이라는 확인을 받은 사안에서, 위 피해자의 진술은 범인식별절차에서 목격자 진술의 신빙성을 높이기 위하여 준수하여야 할 절차를 지키지 않은 상태에서 얻어진 것으로서 범인의 인상착의에 관한 피해자의 최초 진술과 피고인의 그것이 불일치하는 점이 많아 신빙성이 낮다(2008.01.17. 선고 2007도5201).

04 전문수사자문위원

1. 전문수사자문위원

전문수사자문위원제도는 첨단산업이나 지적재산권, 국제금융 등 전문지식이 필요한 사건의 수사과정에 해당 분야 민간 전문가를 참여시켜 검찰수사의 정확성과 전문성을 확보하기 위한 제도이다.

(1) 전문수사자문위원

① 수사절차 참여 : 검사는 공소제기 여부와 관련된 사실관계를 분명하게 하기 위하여 필요한 경우에는 직권이나 피의자 또는 변호인의 신청에 의하여 전문수사자문위원을 지정하여 수사절차에 참여하게 하고 자문을 들을 수 있다.

② 설명이나 의견을 진술 : 전문수사자문위원은 전문적인 지식에 의한 설명 또는 의견을 기재한 서면을 제출하거나 전문적인 지식에 의하여 설명이나 의견을 진술할 수 있다.

③ 피의자 또는 변호인의 의견진술 : 검사는 전문수사자문위원이 제출한 서면이나 전문수사자문위원의 설명 또는 의견의 진술에 관하여 피의자 또는 변호인에게 구술 또는 서면에 의한 의견진술의 기회를 주어야 한다.

(2) 전문수사자문위원 지정

① 검사의 지정 : 전문수사자문위원을 수사절차에 참여시키는 경우 검사는 각 사건마다 1인 이상의 전문수사자문위원을 지정한다.

② 지정의 취소 : 검사는 상당하다고 인정하는 때에는 전문수사자문위원의 지정을 취소할 수 있다.

③ 이의제기 : 피의자 또는 변호인은 검사의 전문수사자문위원 지정에 대하여 관할 고등검찰청검사장에게 이의를 제기할 수 있다.

④ 기 타

  ㉠ 전문수사자문위원에게는 수당을 지급하고, 필요한 경우에는 그 밖의 여비, 일당 및 숙박료를 지급할 수 있다.

  ㉡ 전문수사자문위원의 지정 및 지정취소, 이의제기 절차 및 방법, 수당지급 그밖에 필요한 사항은 법무부령으로 정한다.

제1절 총 설

01 강제처분의 의의

1. 강제처분의 의의

강제처분이란 소송의 진행과 형벌의 집행을 확보하기 위하여 강제력을 사용하는 것을 말한다. 강제력의 행사에는 직접적으로 물리적인 힘을 행사하여 상대방의 의사를 제압하는 경우(예 구속, 압수, 수색, 검증)와 상대방에게 일정한 법적 의무를 부과하는 데 불과한 경우(예 소환, 제출명령)도 있다. 수사기관의 도청이나 피 촬영자의 의사에 반한 수사기관의 사진촬영도 강제처분이다.

(1) 개 념

① 광 의 : 형사절차상 강제의 요소를 포함하는 일체의 처분을 말한다.

② 협 의 : 광의의 강제처분 중에서 증거조사에 관한 처분(증인신문, 감정, 통역, 번역, 법원의 검증)을 제외한 것으로 통상의 강제처분은 협의의 강제처분을 의미한다.

(2) 대 상

① 대인적 강제처분 : 신병확보에 의해서 도주·증거인멸의 방지, 공판정출석·형의 집행을 확보하기 위해 사람을 대상으로 하는 강제처분을 말한다(예 체포, 구속, 소환, 신체검증).

② 대물적 강제처분 : 증거의 수집·보전을 위해 물건을 대상으로 하는 강제처분을 말한다(예 압수, 수색, 검증).

(3) 제 한

① 제한의 필요성 : 강제처분은 형사소송의 목적을 달성하기 위하여 필요한 처분이나 인권에 대한 제한을 수반하므로, 인권 보장적 차원에서 제한이 요구된다.

② 제한의 지도원리

㉠ 필요최소한의 법리 : 강제처분은 필요한 최소한도의 범위 내에서만 허용되어야 한다.

㉡ 적정절차의 법리 : 강제처분은 법이 정한 적정절차에 따라 상당한 방법으로 행해져야 한다.

㉢ 무죄추정의 법리 : 인신구속의 제한원리로 작용하며 일단 구속된 피의자, 피고인을 가급적 석방시킬 것을 요구하고 있다.

2. 인권보장을 위한제도

(1) 사전적 구제

영장주의, 강제처분법정주의, 구속 전 피의자신문, 진술거부권제도, 재체포·재구속의 제한, 자백의 보강법칙 등이 있다.

(2) 사후적구제

체포·구속적부심사, 구속의 취소, 구속의 집행정지, 보석, 준 항고, 국가배상, 형사보상제도 등이 있다.

제 2절   체 포

---

01 체포영장에 의한 체포

1. 체포의 의의

체포란 상당한 범죄혐의가 있고 일정한 체포사유가 존재할 경우 **사전영장**에 의하여 단 시간 동안 구속에 선행하여 피의자에게 인신의 자유를 빼앗는 수사처분을 말한다.

2. 체포의 요건

> 제200조의2【영장에 의한 체포】① 피의자가 죄를 범하였다고 의심할 만한 상당한 이유가 있고, 정당한 이유없이 제200조의 규정에 의한 출석요구에 응하지 아니하거나 응하지 아니할 우려가 있는 때에는 검사는 관할 지방법원판사에게 청구하여 체포영장을 발부받아 피의자를 체포할 수 있고, 사법경찰관은 검사에게 신청하여 검사의 청구로 관할지방법원판사의 체포영장을 발부받아 피의자를 체포할 수 있다. 다만, 다액 50만 원 이하의 벌금, 구류 또는 과료에 해당하는 사건에 관하여는 피의자가 일정한 주거가 없는 경우 또는 정당한 이유없이 제200조의 규정에 의한 출석요구에 응하지 아니한 경우에 한한다.
> ② 제1항의 청구를 받은 지방법원판사는 상당하다고 인정할 때에는 체포영장을 발부한다. 다만, 명백히 체포의 필요가 인정되지 아니하는 경우에는 그러하지 아니하다.
> ③ 제1항의 청구를 받은 지방법원판사가 체포영장을 발부하지 아니할 때에는 청구서에 그 취지 및 이유를 기재하고 서명날인하여 청구한 검사에게 교부한다.
> ④ 검사가 제1항의 청구를 함에 있어서 동일한 범죄사실에 관하여 그 피의자에 대하여 전에 체포영장을 청구하였거나 발부받은 사실이 있는 때에는 다시 체포영장을 청구하는 취지 및 이유를 기재하여야 한다.
> ⑤ 체포한 피의자를 구속하고자 할 때에는 체포한 때부터 48시간 이내에 제201조의 규정에 의하여 구속영장을 청구하여야 하고, 그 기간 내에 구속영장을 청구하지 아니하는 때에는 피의자를 즉시 석방하여야 한다.

(1) 범죄혐의의 상당성

피의자를 체포하기 위하여 피의자가 죄를 범하였다고 의심할 만한 상당한 이유가 있어야 한다(제200조의2 제1항). 상당한 이유란 피의자가 구체적 범죄를 저질렀을 고도의 개연성 즉 범죄의 객관적 혐의를 말한다.

(2) 체포사유

① 일반사건 : 피의자를 체포하기 위해서는 피의자가 수사기관의 출석요구에 응하지 아니하거나 응하지 않을 우려가 있어야 한다(제200조의2 제1항).

② 경미사건 : 다액 50만 원 이하의 벌금·구류 또는 과료에 해당하는 경미사건의 경우 피의자의 주거부정 또는 수사기관의 출석요구에 불응한 경우에 한하여 체포할 수 있다.

> 참고 출석요구에 불응하거나 그러한 우려가 있으면 족하고, 구속사유인 도망이나 증거인멸의 우려가 있어야 하는 것은 아니다.

3. 체포의 절차

(1) 체포영장의 신청 및 청구

① 체포영장의 청구

㉠ 체포영장의 청구권은 검사에게 있고 사법경찰관은 검사에게 신청하여 검사의 청구로 체포영장을 발부받아야 한다.

㉡ 검사가 청구하며 동일한 범죄사실에 관하여 전에 체포영장을 발부하였거나 발부받은 사실이 있을 때는 다시 체포영장을 청구하는 취지 및 이유를 기재하여야 된다.

② 체포영장의 발부

㉠ 지방법원판사는 상당하다고 인정될 때 체포영장을 발부한다.

㉡ 체포영장의 유효기간은 7일로 한다. 다만 법원 또는 법관이 상당하다고 인정하는 때에는 7일을 넘는 기간을 정할 수 있다.

㉢ 체포영장은 여러 통을 작성하여 사법경찰관리에게 교부할 수 있고 이 경우에는 그 사유를 체포영장에 기재하여야 한다.

㉣ 지방법원판사가 체포영장을 발부하지 아니할 경우 청구서에 그 취지 및 이유를 기재하고 서명·날인하여 청구한 검사에게 교부한다.

(2) 체포영장의 집행

① 검사의 지휘 : 체포영장은 검사의 지휘에 의하여 사법경찰관리가 집행한다. 교도소 또는 구치소에 있는 피의자는 검사의 지휘에 의해 교도관이 집행한다.

② 영장의 제시 : 체포영장을 집행할 때에는 상대방에게 체포영장을 제시하여야 한다.

③ 범죄사실 등의 고지 : ⓐ 범죄사실의 요지 ⓑ 체포 이유 ⓒ 변호인선임권의 고지 ⓓ 변명할 기회를 준 후가 아니면 체포할 수 없다(제200조의5).

④ 압수수색

체포현장에서는 영장 없이 압수, 수색, 할 수 있으나 타인의 주거나 타인이 간수하는 가옥, 건조물, 항공기, 선차 내에서의 피의자 수색은 미리 수색영장을 발부받기 어려운 긴급한 사정이 있는 때에 한정한다.

⑤ 인치 및 구금 : 체포된 피의자는 경찰서 유치장, 구치소 또는 교도소 내의 미결 수용
   실에 수용된다.

> **참고** 긴급집행 : 체포영장은 집행 전에 반드시 체포영장을 제시하여야 한다. 그러나 긴급을 요할 때는
> 범죄사실의 요지와 체포영장이 발부되었음을 고지하고 집행하며 집행완료 후 신속히 체포영장원본을 제시하
> 여야 한다.

(3) 체포영장집행 후의 조치

① 체포의 통지

   지체 없이 사건명, 체포일시·장소, 피의사실의 요지, 체포의 이유와 변호인을 선임
   할 수 있다는 취지를 서면으로 통지하여야 한다.

   ㉠ 변호인이 있는 경우 : 변호인이 있는 경우에는 변호인

   ㉡ 변호인이 없는 경우 : 법정대리인, 배우자, 직계친족, 형제자매 중 피의자가 지정하
      는 자

   ㉢ 통지대상이 없는 경우 : 그 취지를 기재한 서면을 수사기록에 편철하여야 한다.

② 영장청구

   ㉠ 체포한 때부터 48시간 이내 구속영장을 청구하여야 한다. 48시간 이내에 구속영장
      을 청구하면 족하고 구속영장이 발부될 것을 요하지 않는다.

   ㉡ 48시간내에 구속영장을 청구하지 아니하거나, 구속영장을 발부받지 못할 때에는 즉시
      석방하여야 한다.

③ 피의자의 체포적부심사청구 : 체포영장에 의해 체포된 피의자에게 체포적부심사청구
   권이 인정된다.

> **참고** 영장 발부 후 피의자를 체포하지 않거나 피의자를 체포한 피의자를 석방한 경우 지체 없이 검사는
> 영장을 발부한 법원에 그 사유를 서면으로 통지하여야 한다.

(4) 영장의 반환

① 검사 또는 사법경찰관은 체포·구속영장의 유효기간 내에 영장의 집행에 착수하지
   못했거나, 그 밖의 사유로 영장의 집행이 불가능하거나 불필요하게 되었을 때에는
   즉시 해당 영장을 법원에 반환해야 한다. 이 경우 체포·구속영장이 여러 통 발부된
   경우에는 모두 반환해야 한다.

② 검사 또는 사법경찰관은 제1항에 따라 체포·구속영장을 반환하는 경우에는 반환사
   유 등을 적은 영장반환서에 해당 영장을 첨부하여 반환하고, 그 사본을 사건기록에
   편철한다.

③ 사법경찰관이 체포·구속영장을 반환하는 경우에는 그 영장을 청구한 검사에게 반
   환하고, 검사는 사법경찰관이 반환한 영장을 법원에 반환한다(준칙제35조).

03 긴급체포

1. 긴급체포의 의의

긴급체포란 중대한 죄를 범하였다고 의심할 만한 상당한 이유가 있는 피의자를 수사기관이 법관의 체포영장을 발부받지 않고 체포하는 것을 말하며, 범행과 체포 사이에 시간적 접속성이 인정되지 않는 점에서 현행범인의 체포와 다르다.

2. 긴급체포의 요건

> 제200조의3【긴급체포】① 검사 또는 사법경찰관은 피의자가 사형·무기 또는 장기 3년 이상의 징역이나 금고에 해당하는 죄를 범하였다고 의심할 만한 상당한 이유가 있고, 다음 각 호의 어느 하나에 해당하는 사유가 있는 경우에 긴급을 요하여 지방법원판사의 체포영장을 받을 수 없는 때에는 그 사유를 알리고 영장없이 피의자를 체포할 수 있다. 이 경우 긴급을 요한다 함은 피의자를 우연히 발견한 경우 등과 같이 체포영장을 받을 시간적 여유가 없는 때를 말한다.
> 　1. 피의자가 증거를 인멸할 염려가 있는 때
> 　2. 피의자가 도망하거나 도망할 우려가 있는 때
> ② 사법경찰관이 제1항의 규정에 의하여 피의자를 체포한 경우에는 즉시 검사의 승인을 얻어야 한다.
> ③ 검사 또는 사법경찰관은 제1항의 규정에 의하여 피의자를 체포한 경우에는 즉시 긴급체포서를 작성하여야 한다.
> ④ 제3항의 규정에 의한 긴급체포서에는 범죄사실의 요지, 긴급체포의 사유 등을 기재하여야 한다.

(1) 범죄의 중대성

피의자가 혐의 받고 있는 범죄는 사형·무기 또는 장기 3년 이상의 징역이나 금고에 해당하는 죄를 범하였다고 의심할 만한 상당한 이유가 있어야 한다.

(2) 긴급체포의 필요성

증거를 인멸할 염려가 있거나 도망하거나 도망할 우려가 있어야 한다. 긴급체포의 필요성은 증거인멸의 염려나 도망 또는 도망할 우려가 있으면 족하고, 주거부정은 포함되지 않는다.

(3) 체포의 긴급성

체포영장이나 구속영장을 받기 위해 시간을 지체하면 체포·구속이 불가능하거나 현저히 곤란해지는 긴박한 상황이어야 한다.

> 판례 1. 긴급체포의 요건을 갖추었는지 여부는 사후에 밝혀진 사정을 기초로 판단하는 것이 아니라 체포 당시의 상황을 기초로 판단하여야 하고, 이에 관한 검사나 사법경찰관 등 수사주체의 판단에는 상당한 재량의 여지가 있다고 할 것이나, 긴급체포 당시의 상황으로 보아서도 그 요건의 충족 여부에 관한 검사나 사법경찰관의 판단이 경험칙에 비추어 현저히 합리성을 잃은 경우에는 그 체포는 위법한 체포라 할 것이고, 이러한 위법은 영장주의에 위배되는 중대한 것이니 그 체포에 의한 유치 중에 작성된 피의자신문조서는 위법하게 수집된 증거로서 특별한 사정이 없는 한 이를 유죄의 증거로 할 수 없다(대판

2000도5701).

2. 검사나 사법경찰관이 수사기관에 자진 출석한 사람을 긴급체포의 요건을 갖추지 못하였음에도 실력으로 체포하려고 하였다면 적법한 공무집행이라고 할 수 없고, 자진 출석한 사람이 검사나 사법경찰관에 대하여 이를 거부하는 방법으로써 폭행을 하였다고 하여 공무집행방해죄가 성립하는 것은 아니다(대판 2006.9.8. 선고 2006도148).

3. 검사의 구속영장청구 전 피의자 대면조사는 긴급체포의 적법성을 의심할 만한 사유가 기록 기타 객관적 자료에 나타나고 피의자의 대면조사를 통해 그 여부의 판단이 가능할 것으로 보이는 예외적인 경우에 한하여 허용될 뿐, 긴급체포의 합당성이나 구속영장청구에 필요한 사유를 보강하기 위한 목적으로 실시되어서는 아니 된다. 나아가 검사의 구속영장청구 전 피의자 대면조사는 강제수사가 아니므로 피의자는 검사의 출석 요구에 응할 의무가 없고, 피의자가 검사의 출석 요구에 동의한 때에 한하여 사법경찰관리는 피의자를 검찰청으로 호송하여야 한다(대판 2010.10.28. 선고 2008도11999).

4. 긴급체포는 긴급을 요하여 체포영장을 받을 수 없는 때에 할 수 있는 것이고, 이 경우 긴급을 요한다 함은 '피의자를 우연히 발견한 경우 등과 같이 체포영장을 받을 시간적 여유가 없는 때'를 말한다(대판 2016.10.13. 2016도5814).

5. 긴급체포되어 조사를 받고 구속영장이 청구되지 아니하여 석방된 후 검사가 그 석방일로부터 30일 이내에 석방통지를 법원에 하지 아니하더라도, 긴급체포 당시의 상황과 경위, 긴급체포 후 조사 과정등에 특별한 위법이 없는 이상, 그 긴급체포에 의한 유치 중에 작성된 피의자신문조서가 위법하게 작성되었다고 볼 수는 없다.(대판 2014. 8. 26. 선고 2011도6035 판결)

참고 폭행. 도박. 명예훼손, 과실치사상. 점유물이탈횡령. 실화. 무면허운전. 음주운전(0.2%미만)은 긴급체포 할 수 없다. 그러나 상습도박, 상해, 장물취득, 주거침입, 허위사실 유포 명예훼손, 음주측정거부는 긴급체포대 상임에 주의

3. 긴급체포의 절차

(1) 긴급체포의 방법

① 긴급체포 : 검사 또는 사법경찰관은 긴급체포의 요건을 갖춘 때에는 그 사유를 고지 하고 영장없이 피의자를 체포할 수 있다.

② 범죄사실 등의 고지

ⓐ 범죄사실의 요지 ⓑ 긴급체포이유 ⓒ 변호인선임권의 고지 ⓓ 변명할 기회를 준 후가 아니면 체포할 수 없다(제200조의5)

③ 압수수색검증

㉠ 체포현장에서는 영장 없이 압수, 수색, 할 수 있으나 타인의 주거나 타인이 간수하 는 가옥, 건조물, 항공기, 선차 내에서의 피의자 수색은 미리 수색영장을 발부받기 어려운 긴급한 사정이 있는 때에 한정한다.

㉡ 검사 또는 사법경찰관은 긴급체포된 자가 소유·소지 또는 보관하는 물건에 대하여 긴급히 압수 할 필요가 있는 경우에는 체포한 때부터 24시간 이내에 한하여 영장 없 이 압수·수색 또는 검증을 할 수 있다.

④ 긴급체포서 작성 : 검사 또는 사법경찰관이 긴급체포한 경우에는 즉시 긴급체포서를 작성한다.

⑤ 사후승인 : 사법경찰관이 긴급체포를 한 경우에는 사후에 즉시 검사의 승인을 얻어야한다.

> ▶ 수사준칙 제27조 ① 사법경찰관은 법 제200조의3제2항에 따라 긴급체포 후 12시간 내에 검사에게 긴급체포의_승인을 요청해야 한다. 다만, 제51조 제1항제4호가목 또는 제52조제1항 제3호에 따라 수사중지 결정 또는 기소중지 결정이 된 피의자를 소속 경찰관서가 위치하는 특별시·광역시·특별자치시·도 또는 특별자치도 외의 지역이나 「연안관리법」 제2조 제2호나목의 바다에서 긴급체포한 경우에는 긴급체포 후 24시간 이내에 긴급체포의 승인을 요청해야 한다.
> ② 제1항에 따라 긴급체포의 승인을 요청할 때에는 범죄사실의 요지, 긴급체포의 일시·장소, 긴급체포의 사유, 체포를 계속해야 하는 사유 등을 적은 긴급체포 승인요청서로 요청해야 한다. 다만, 긴급한 경우에는 「형사사법절차 전자화 촉진법」 제2조제4호에 따른 형사사법정보시스템(이하 "형사사법정보시스템"이라 한다) 또는 팩스를 이용하여 긴급체포의 승인을 요청할 수 있다.
> ③ 검사는 사법경찰관의 긴급체포 승인 요청이 이유 있다고 인정하는 경우에는 지체 없이 긴급체포 승인서를 사법경찰관에게 송부해야 한다.
> ④ 검사는 사법경찰관의 긴급체포 승인 요청이 이유 없다고 인정하는 경우에는 지체 없이 사법경찰관에게 불승인 통보를 해야 한다. 이 경우 사법경찰관은 긴급체포된 피의자를 즉시 석방하고 그 석방 일시와 사유 등을 검사에게 통보해야 한다.

(2) 긴급체포 후의 조치

① 긴급체포의 통지

지체 없이 사건명, 체포일시·장소, 피의사실의 요지, 체포의 이유와 변호인을 선임할 수 있다는 취지를 서면으로 통지하여야 한다.

㉠ 변호인이 있는 경우 : 지체 없이 서면으로 통지하여야 하며 변호인이 있는 경우에는 변호인

㉡ 변호인이 없는 경우 : 법정대리인, 배우자, 직계친족, 형제자매 중 피의자가 지정하는 자

㉢ 통지대상이 없는 경우 : 그 취지를 기재한 서면을 수사기록에 편철하여야 한다.

제200조의4【긴급체포와 영장청구기간】① 검사 또는 사법경찰관이 제200조의3의 규정에 의하여 피의자를 체포한 경우 피의자를 구속하고자 할 때에는 지체 없이 검사는 관할지방법원판사에게 구속영장을 청구하여야 하고, 사법경찰관은 검사에게 신청하여 검사의 청구로 관할지방법원판사에게 구속영장을 청구하여야 한다. 이 경우 구속영장은 피의자를 체포한 때부터 48시간 이내에 청구하여야 하며, 제200조의3 제3항에 따른 긴급체포서를 첨부하여야 한다.
② 제1항의 규정에 의하여 구속영장을 청구하지 아니하거나 발부받지 못한 때에는 피의자를 즉시 석방하여야 한다.
③ 제2항의 규정에 의하여 석방된 자는 영장없이는 동일한 범죄사실에 관하여 체포하지 못한다.

④ 검사는 제1항에 따른 구속영장을 청구하지 아니하고 피의자를 석방한 경우에는 석방한 날부터 30일 이내에 서면으로 다음 각 호의 사항을 법원에 통지하여야 한다. 이 경우 긴급체포서의 사본을 첨부하여야 한다.
  1. 긴급체포 후 석방된 자의 인적사항
  2. 긴급체포의 일시·장소와 긴급체포하게 된 구체적 이유
  3. 석방의 일시·장소 및 사유
  4. 긴급체포 및 석방한 검사 또는 사법경찰관의 성명
⑤ 긴급체포 후 석방된 자 또는 그 변호인·법정대리인·배우자·직계친족·형제자매는 통지서 및 관련 서류를 열람하거나 등사할 수 있다.
⑥ 사법경찰관은 긴급체포한 피의자에 대하여 구속영장을 신청하지 아니하고 석방한 경우에는 즉시 검사에게 보고하여야 한다.

② 영장청구

　㉠ 긴급체포한 피의자를 구속하고자 할 때에는 체포한 때로부터 지체 없이 검사는 관할지방법원 판사에게 구속영장을 청구하여야 한다.

　㉡ 영장청구시간은 피의자를 체포 후 48시간을 초과할 수 없으며 사법경찰관은 검사에게 신청하여 검사의 청구로 판사에게 구속영장을 신청해야 한다.

　㉢ 검사의 구속영장청구나 사법경찰관의 신청에는 긴급체포서를 첨부하여야 한다.

③ 피의자의 석방 : 긴급체포한 후 48시간 이내에 구속영장을 청구하지 아니하거나 영장을 발부받지 못한 때에는 피의자를 즉시 석방하여야 한다.

(3) 구속영장을 청구하지 아니한 피의자의 석방

① 검사에게 보고 : 사법경찰관은 긴급체포한 피의자에 대하여 구속영장을 신청하지 아니하고 석방한 경우에는 즉시 검사에게 보고하여야 한다.

② 법원에 통지

　㉠ 수사기관이 구속영장을 청구하지 아니하고 긴급체포한 피의자를 석방한 경우에는 30일 이내에 검사가 법원에 서면으로 일정한 사항을 통지하도록 하였다(제4항).

　㉡ 통지서에 기재될 사항은 석방된 사람의 인적사항, 체포의 일시·장소·사유, 석방의 일시·장소·사유 긴급체포 및 석방한 검사 또는 사법경찰관의 성명 등인데 특히 체포사유는 체포영장을 청구하지 못하고 긴급체포를 하게 된 구체적 이유를 기재하도록 하였다.

③ 통지서 및 관련 서류 열람·등사 : 긴급체포 후 석방된 자 또는 그 변호인·법정대리인·배우자·직계친족·형제자매는 통지서 및 관련 서류를 열람하거나 등사할 수 있다.

(4) 재체포의 제한

긴급체포 후 구속영장을 청구하지 아니하거나 영장을 발부받지 못하여 석방된 자는 영장없이 동일한 범죄사실에 관하여 체포하지 못한다(제200조의4 제3항). 그러나 영장에 의한 체포는 가능하다.

(5) 긴급체포된 자의 체포적부심사 청구

영장없이 긴급체포된 피의자에게도 체포적부심사청구권이 인정된다.

> **판례** 1. 피고인이 수사 당시 긴급체포되었다가 수사기관의 조치로 석방된 후 법원이 발부한 구속영장에
> 의하여 구속이 이루어진 경우 앞서 본 법조에 위배되는 위법한 구속이라고 볼 수 없다(대판 2001. 9.
> 28. 선고 2001도4291).
> 2. 검사 또는 사법경찰관이 형사소송법 제200조의3의 규정에 의하여 피의자를 긴급체포하는 경우에는
> 반드시 피의사실의 요지, 체포의 이유와 변호인을 선임할 수 있음을 말하고, 변명할 기회를 주어야 한다.
> 이와 같은 고지는 긴급체포를 위한 실력행사에 들어가기 이전에 미리 하여야 하는 것이 원칙이나, 달아나는
> 피의자를 쫓아가 붙들거나 폭력으로 대항하는 피의자를 실력으로 제압하는 경우에는 붙들거나 제압하는
> 과정에서 하거나, 그것이 여의치 않은 경우에는 일단 붙들거나 제압한 후에 지체 없이 하여야 한다(대판
> 2008.7.24. 선고 2008도2794).
> 3. 압수 · 수색 또는 검증은 체포현장에서의 압수 · 수색 또는 검증을 규정하고 있는 형사소송법 제216조
> 제1항 제2호와 달리, 체포현장이 아닌 장소에서도 긴급체포된 자가 소유 · 소지 또는 보관하는 물건을
> 대상으로 할 수 있다(대판 2017.9.12. 2017도10309).
> 4. 사법경찰관이 피고인을 수사관서까지 동행한 것이 적법요건이 갖추어지지 아니한 채 사법경찰관의 동행
> 요구를 거절할 수 없는 심리적 압박 아래 행하여진 사실상의 강제연행, 즉 불법 체포에 해당하는 경우, 사법경찰관이
> 그로부터 6시간 상당이 경과한 이후에 비로소 피고인에 대하여 긴급체포의 절차를 밟았다고 하더라도 이는
> 동행의 형식 아래 행해진 불법체포에 기하여 사후적으로 취해진 것에 불과하므로, 그와 같은 긴급체포 또한
> 위법하다고 아니할 수 없다(대판 2006.7.6. 선고 2005도6810).
> 5. 긴급체포되어 조사를 받고 구속영장이 청구되지 아니하여 석방된 후 검사가 그 석방일로부터 30일
> 이내에 석방통지를 법원에 하지 아니하더라도, 긴급체포 당시의 상황과 경위, 긴급체포 후 조사 과정등에
> 특별한 위법이 없는 이상, 그 긴급체포에 의한 유치 중에 작성된 피의자신문조서가 위법하게 작성되었다고
> 볼 수는 없다.(대판 2014. 8. 26. 선고 2011도6035 판결)

05 현행범인의 체포

1. 현행범인의 의의

현행범인은 누구든지 영장없이 체포할 수 있는데, 이는 범죄증거가 명백하고 권한남용의
우려가 적으며 초동수사 및 신체구속의 필요성이 높다는 점에서 영장주의의 예외가 인정된
다.

> 제211조 【현행범인과 준현행범인】 ① 범죄의 실행 중이거나 실행의 즉후인 자를 현행범인이라 한다.
> ② 다음 각호의 어느하나에 해당하는 자는 현행범인으로 간주한다.
> 1. 범인으로 불리며 추적되고 있을 때
> 2. 장물이나 범죄에 사용되었다고 인정하기에 충분한 흉기나 그 밖의 물건을 소지하고 있을 때
> 3. 신체나 의복류에 증거가 될 만한 뚜렷한 흔적이 있을 때
> 4. 누구냐고 묻자 도망하려고 할 때

(1) 현행범인

① 범죄의 실행 중이거나 실행의 직후에 있는 자(제211조 제1항) 범죄의 실행 중은 범죄의 실행에 착수하여 종료하지 못한 상태를 말하며, 예비·음모가 처벌되는 범죄의 경우에는 예비·음모가 실행행위가 되며, 범죄의 실행의 직후는 범죄의 실행행위를 종료한 직후로 범죄행위를 끝마치는 순간 또는 아주 접착한 시간적 단계를 의미한다.

② 결과발생이나 실행행위의 종료 여부는 불문하나, 시간적·장소적 근접성은 인정되어야 한다.

(2) 준현행범인

현행범인은 아니지만 다음 어느 하나에 해당하는 자는 현행범인으로 간주한다.(제211조 제2항)

① 범인으로 불리며 추적되고 있는 때

② 장물이나 범죄에 사용되었다고 인정함에 충분한 흉기 기타의 물건을 소지하고 있는 때

③ 신체 또는 의복류에 증거가 될 만한 뚜렷한 흔적이 있을 때

④ 누구냐고 묻자 도망하려고 할 때

판례 1. 현행범인을 체포한 때에는 즉시란 반드시 체포시점과 시간적으로 밀착된 시점이어야 하는 것은 아니고 정당한 이유없이 인도를 지연하거나 체포를 계속하는등 불필요한 지체함이 없이라는 뜻이다(대판 2011도 12927).

2. 순찰 중이던 경찰관이 교통사고를 낸 차량이 도주하였다는 무전연락을 받고 주변을 수색하다가 범퍼 등의 파손상태로 보아 사고차량으로 인정되는 차량에서 내리는 사람을 발견한 경우, 형사소송법 제211조 제2항 제2호 소정의 장물이나 범죄에 사용되었다고 인정함에 충분한 흉기 기타의 물건을 소지하고 있는 때에 해당하므로 준현행범으로서 영장없이 체포할 수 있다(대판 2000.7.4. 99도4341).

3. 피고인이 음주운전을 종료한 후 40분 이상이 경과한 시점에서 길가에 앉아 있던 피고인에게서 술 냄새가 난다는 점만을 근거로 피고인을 음주운전의 현행범으로 체포한 것은 피고인이 방금 음주운전을 실행한 범인이라는 점에 관한 죄증이 명백하다고 할 수 없는 상태에서 이루어진 것으로서 적법한 공무집행이라고 볼 수 없다(대판 2007도1249).

4. 현행범인은 누구든지 영장 없이 체포할 수 있는데(형사소송법 제212조), 현행범인으로 체포하기 위하여는 행위의 가벌성, 범죄의 현행성·시간적 접착성, 범인·범죄의 명백성 이외에 체포의 필요성 즉, 도망 또는 증거인멸의 염려가 있어야 한다(대판 2011도3682).

5. 피고인은 경찰관의 불심검문에 응하여 이미 운전면허증을 교부한 상태이고, 경찰관뿐 아니라 인근 주민도 욕설을 직접 들었으므로, 피고인이 도망하거나 증거를 인멸할 염려가 있다고 보기는 어렵고, 피고인의 모욕 범행은 불심검문에 항의하는 과정에서 저지른 일시적, 우발적인 행위로서 사안 자체가 경미할 뿐 아니라, 피해자인 경찰관이 범행현장에서 즉시 범인을 체포할 급박한 사정이 있다고 보기도 어려우므로, 경찰관이 피고인을 체포한 행위는 적법한 공무집행이라고 볼 수 없고, 피고인이 체포를 면하려고 반항하는 과정에서 상해를 가한 것은 불법체포로 인한 신체에 대한 현재의 부당한 침해에서 벗어나기 위한 행위로서 정당방위에 해당한다(대판 2011.5.26. 선고 2011도3682).

6. 현행범을 체포한 경찰관의 진술이라 하더라도 범행을 목격한 부분에 관하여는 여느 목격자의 진술과 다름없이 증거능력이 있다(대법원 1995. 5. 9. 선고 95도535)

2. 현행범체포의 요건

(1) 범인 · 범죄의 명백성

① 체포시에 현장의 상황에 의하여 특정범죄의 범인임이 명백할 것이 요구된다. 범죄성립 여부가 의심스러운 경우, 즉 구성요건 해당성이 없는 경우, 위법성 · 책임조각사유의 존재가 명백한 경우에는 체포할 수 없다.

② 소송조건의 존재

소송조건은 체포의 요건이 아니다. 따라서 고소의 가능성이 처음부터 없는 경우를 제외하고는 친고죄에서 고소가 없는 경우에도 체포할 수 있다.

(2) 체포의 필요성

① 구속사유의 존재 요부

㉠ 긍정설 : 현행범체포는 영장주의의 예외를 인정한 것일 뿐이고 긴급체포처럼 구속 사유가 있는 경우에 한해 체포할 수 있다는 견해이다.

㉡ 부정설 : 체포의 권한이 일반인에게도 인정된다는 것을 이유로 현행범체포에는 구 속사유가 필요없다는 견해이다.

> **판례** 1. 현행범인은 누구든지 영장 없이 체포할 수 있는데(형사소송법 제212조), 현행범인으로 체포하기 위하여는 행위의 가벌성, 범죄의 현행성 · 시간적 접착성, 범인 · 범죄의 명백성 이외에 체포의 필요성 즉, 도망 또는 증거인멸의 염려가 있어야 하고, 이러한 요건을 갖추지 못한 현행범인 체포는 법적 근거에 의하지 아니한 영장 없는 체포로서 위법한 체포에 해당한다. 여기서 현행범인 체포의 요건을 갖추었는지는 체포 당시 상황을 기초로 판단하여야 하고, 이에 관한 검사나 사법경찰관 등 수사주체의 판단에는 상당한 재량 여지가 있으나, 체포 당시 상황으로 보아도 요건 충족 여부에 관한 검사나 사법경찰관 등의 판단이 경험칙에 비추어 현저히 합리성을 잃은 경우에는 그 체포는 위법하다고 보아야 한다(대판 2011.5.26. 선고 2011도3682).

② 비례성 : 경미사건, 즉 50만 원 이하의 벌금 · 구류 · 과료에 해당하는 죄의 현행범인 에 대하여는 그 범인의 주거가 분명하지 아니한 때에 한하여 체포가 허용된다(제214조).

3. 체포의 절차

(1) 체포의 주체

체포는 누구든지, 즉 수사기관뿐만 아니라 사인도 할 수 있다. 사인은 체포할 권한을 가질 뿐이며 체포의 의무가 있는 것은 아니다.

(2) 영장주의의 예외

현행범인의 경우에는 체포의 긴급성이 요청되며 범인임이 명백하고 죄증이 뚜렷하여 부당한 인신구속의 염려가 없기 때문에 누구든지 영장없이 체포할 수 있으며, 국회의원도 현행범인인 경우에는 불체포특권이 배제된다(헌법 제44조).

(3) 현행범인의 체포와 압수 · 수색 · 검증

① 검사 또는 사법경찰관이 현행범인을 체포하는 경우에 필요한 때에는 영장없이 타인의 주거에 들어가 피의자의 발견 · 체포를 위한 수색을 할 수 있고 체포현장에서 영장없이 압수 · 수색 · 검증을 할 수 있다. 타인의 주거나 타인이 간수하는 가옥, 건조물, 항공기, 선차 내에서의 피의자 수색은 미리 수색영장을 발부받기 어려운 긴급한 사정이 있는 때에 한정한다(제216조 제1항).

② 그러나 일반 사인은 현행범인을 체포하기 위하여 타인의 주거에 들어가는 것이 허용되지 아니한다.

4. 체포 후의 절차

(1) 현행범인의 인도

① 검사 또는 사법경찰관리가 아닌 자가 현행범인을 체포한 때에는 즉시 검사 또는 사법경찰관리에게 인도하여야 한다(제213조 1항).

② 사인이 체포한 현행범인을 인도하지 않고 석방하는 것은 허용되지 않는다.

③ 사법경찰관리가 현행범인의 인도를 받은 때에는 체포자의 성명, 주소, 체포의 사유를 물어야 하고 필요한 때에는 체포자에 대하여 경찰관서에 동행함을 요구할 수 있다(제213조).

> **참고** 검사 또는 사법경찰관리는 현행범을 체포하는 경우나 일반 사인에게 현행범을 인도받은 경우에 피의사실의 요지 및 체포의 이유와 변호인을 선임할 수 있음을 고지하고 변명할 기회를 준 후가 아니면 체포할 수 없다.

▶수사준칙 제28조 ① 검사 또는 사법경찰관은 법 제212조 또는 제213조에 따라 현행범인을 체포하거나 체포된 현행범인을 인수했을 때에는 조사가 현저히 곤란하다고 인정되는 경우가 아니면 지체없이 조사해야 하며, 조사 결과 계속 구금할 필요가 없다고 인정할 때에는 현행범인을 즉시 석방해야 한다.

② 검사 또는 사법경찰관은 제1항에 따라 현행범인을 석방했을 때에는 석방 일시와 사유 등을 적은 피의자 석방서를 작성해 사건기록에 편철한다. 이 경우 사법경찰관은 석방 후 지체 없이 검사에게 석방 사실을 통보해야 한다.

(2) 현행범체포의 통지

지체 없이 사건명, 체포일시 · 장소, 피의사실의 요지, 체포의 이유와 변호인을 선임할 수 있다는 취지를 서면으로 통지하여야 한다.

① 변호인이 있는 경우 : 변호인이 있는 경우에는 변호인

② 변호인이 없는 경우 : 법정대리인, 배우자, 직계친족, 형제자매 중 피의자가 지정하
는 자

③ 통지대상이 없는 경우 : 그 취지를 기재한 서면을 수사기록에 편철하여야 한다.

(3) 사후영장의 청구

검사 또는 사법경찰관리가 현행범인을 체포한 경우 또는 현행범인을 인도받은 때에는
인도받는 때부터 48시간 내에 구속영장을 청구하여야 하며, 그 시간 내에 사후구속영장을
청구하지 아니한 때에는 즉시 석방하여야 한다.

> 판례 1. 경찰관의 현행범인 체포경위 및 그에 관한 현행범인체포서와 범죄사실의 기재에 다소 차이가
> 있더라도, 그것이 논리와 경험칙상 장소적·시간적 동일성이 인정되는 범위 내라면 그 체포행위가 공무집행방
> 해죄의 요건인 적법한 공무집행에 해당한다(대판 2008도3640).
> 2. 사법경찰리가 현행범인으로 체포하는 경우에는 반드시 범죄사실의 요지, 구속의 이유와 변호인을 선임할
> 수 있음을 말하고 변명할 기회를 주어야 할 것임은 명백하며, 이러한 법리는 비단 현행범인을 체포하는
> 경우뿐만 아니라 긴급체포의 경우에도 마찬가지로 적용되는 것이고, 이와 같은 고지는 체포를 위한 실력행사
> 에 들어가기 이전에 미리 하여야 하는 것이 원칙이나, 달아나는 피의자를 쫓아가 붙들거나 폭력으로
> 대항하는 피의자를 실력으로 제압하는 경우에는 붙들거나 제압하는 과정에서 하거나, 그것이 여의치
> 않은 경우에는 일단 붙들거나 제압한 후에 지체 없이 행하여야 한다(대판 2007.11.29. 선고 2007도7961).
> 3. 검사 등이 아닌 이에 의하여 현행범인이 체포된 후 지체 없이 검사 등에게 인도된 경우 위 48시간의
> 기산점은 체포시가 아니라 검사 등이 현행범인을 인도받은 때라고 할 것이다 (대판 2011.12.22. 2011도
> 12927).

(4) 현행범 체포된 자의 체포적부심사의 청구

영장없이 현행범으로 수사기관에 체포된 피의자에게도 체포적부심사청구권이 인정된다.

제 3 절 구 속

01 총 설

1. 구속의 의의

① 구속이란 피고인 또는 피의자의 신체의 자유를 제한하는 대인적 강제처분이다. 구속에는 구인과 구금이 포함된다.

② 구인은 피고인을 법원 또는 기타의 장소에 데려오는 강제처분이고, 구금은 피고인 또는 피의자를 교도소 또는 구치소에 감금하는 강제처분으로, 구인한 피고인을 법원에 인치한 경우에 구금할 필요가 없다고 인정한 때에는 그 인치한 때로부터 24시간내에 석방하여야 한다.

2. 목 적

구속은 피고인 또는 피의자의 자유를 제한함에 의하여 형사소송에의 출석을 보장하고, 증거를 인멸함에 의한 수사의 심리와 방해를 제거하며, 확정된 형벌의 집행을 확보하기 위한 제도이다.

> **참고** 구속 전에 반드시 체포를 거쳐야하는 체포전치주의를 채택하지 않고 있다.

02 구속의 요건

> 제70조 【구속의 사유】① 법원은 피고인이 죄를 범하였다고 의심할 만한 상당한 이유가 있고 다음 각호의 1에 해당하는 사유가 있는 경우에는 피고인을 구속할 수 있다.
>   1. 피고인이 일정한 주거가 없는 때
>   2. 피고인이 증거를 인멸할 염려가 있는 때
>   3. 피고인이 도망하거나 도망할 염려가 있는 때
> ② 법원은 제1항의 구속사유를 심사함에 있어서 범죄의 중대성, 재범의 위험성, 피해자 및 중요 참고인 등에 대한 위해 우려 등을 고려하여야 한다.
> ③ 다액 50만 원 이하의 벌금, 구류 또는 과료에 해당하는 사건에 관하여는 제1항 제1호의 경우를 제한 외에는 구속할 수 없다.

1. 범죄혐의

범죄혐의는 객관적 혐의를 의미하며, 수사기관의 주관적 혐의만으로는 구속할 수 없다. 위법성조각사유, 책임조각사유가 존재하는 경우, 소송조건이 불비된 것이 명백한 경우 범죄혐의를 인정할 수 없다.

2. 구속사유

(1) 주거부정

피의자·피고인이 일정한 주거가 없는 때란 도망의 염려를 판단하기 위한 기준으로 독

자적 의미는 없다.

(2) 증거인멸의 위험

피의자 · 피고인에게 증거를 인멸할 염려가 있는 때란 인적 · 물적 증거방법에 부정한 영향을 미쳐 사실인정이 침해되는 것을 방지하는 기능을 가진 구속사유를 말한다(⑩ 증거물, 증거서류의 위조, 변조, 은닉, 손괴, 멸실, 공범, 증인, 감정인에 대한 허위진술을 시키거나 살해, 상해하는 경우).

(3) 도망하거나 도망할 염려

피의자 · 피고인이 도망하거나 도망할 염려가 있는 때란 형사절차에의 출석을 확보하기 위한 구속 사유이다.

① 도 망 : 형사소송이나 형의 집행을 피하여 영구히 또는 장기간에 걸쳐 숨는 것
② 도망할 염려 : 구체적 사정을 평가한 결과 피의자 · 피고인이 형사절차를 피할 고도의 개연성이 있는 것, 약물복용 등에 의하여 심신상실의 상태에 빠지는 것도 포함된다.

3. 구속사유 심사시 고려사항

법원이 구속사유를 심사함에 있어서 ⓐ 범죄의 중대성, ⓑ 재범의 위험성, ⓒ 피해자 및 중요 참고인 등에 대한 위해 우려 등도 고려하여야 한다.

4. 비례성의 원칙

(1) 의 의

구속은 사건의 의미와 기대되는 형벌에 비추어 상당한 경우에만 허용된다.

(2) 비례성의 판단기준

기대되는 형벌과 사건의 의미를 종합하여 판단한다. 구속이 선고될 형보다 장기간인 경우 비례성의 원칙에 반한다.

다액 50만 원 이하의 벌금 · 구류 · 과료에 해당하는 죄를 범한 때 주거부정의 경우에 한하여 구속이 가능하다.

(3) 보충성의 원칙

구속은 다른 방법에 의하여는 형사소송의 목적을 달성할 수 없는 때에만 허용되며, 제70조 제1항의 3가지 사유가 전부 있어야 하는 것이 아니고, 그 중 하나의 사유가 있으면 구속의 필요성이 있는 경우에 해당한다.

> **참고** 국회의원은 현행범인 경우를 제외하고 회기 중 국회의 동의없이 체포 · 구속할 수 없으며, 회기 전에 체포 · 구속된 경우 현행범이 아닌 한 국회의 요구가 있으면 회기 중 석방된다.

03 구속의 절차

1. 구속영장의 성격

구속은 피의자의 구속뿐만 아니라 피고인을 구속하는 때에도 영장에 의하여야 한다. 피고인을 구속하는 구속영장은 명령장의 성질을 가지며, 수사기관이 피의자를 구속하는 구속영장의 성질은 허가장의 성질을 가진다(통설).

2. 구속영장의 청구

① 피의자를 구속함에는 원칙적으로 검사의 청구에 의하여 법관이 발부한 구속영장에 의하여 구속할 수 있다(제201조 제1항).

② 구속의 청구는 서면(구속영장청구서)으로 하여야 하며, 구속의 사유에 관한 소명자료를 제출하여야 한다(제201조 제2항).

> **판례** 1. 헌법상 영장제도의 취지에 비추어 볼 때, 헌법 제12조 제3항은 헌법 제12조 제1항과 함께 이른바 적법절차의 원칙을 규정한 것으로서 범죄수사를 위하여 구속 등의 강제처분을 함에 있어서는 법관이 발부한 영장이 필요하다는 것과 수사기관 중 검사만 법관에게 영장을 신청할 수 있다는 데에 그 의의가 있고, 형사재판을 주재하는 법원이 피고인에 대하여 구속영장을 발부하는 경우에도 검사의 신청이 있어야 한다는 것이 그 규정의 취지라고 볼 수는 없다(대결 1996. 8. 12, 96모46).
>
> 2. 검사의 구속영장청구 전 피의자 대면조사는 긴급체포의 적법성을 의심할 만한 사유가 기록 기타 객관적 자료에 나타나고 피의자의 대면조사를 통해 그 여부의 판단이 가능할 것으로 보이는 예외적인 경우에 한하여 허용될 뿐, 긴급체포의 합당성이나 구속영장청구에 필요한 사유를 보강하기 위한 목적으로 실시되어서는 아니된다. 나아가 검사의 구속영장청구 전 피의자 대면조사는 강제수사가 아니므로 피의자는 검사의 출석 요구에 응할 의무가 없고, 피의자가 검사의 출석 요구에 동의한 때에 한하여 사법경찰관리는 피의자를 검찰청으로 호송하여야 한다(대판 2010.10.28. 선고 2008도11999).

> ▶수사준칙 제29조 ① 검사 또는 사법경찰관은 구속영장을 청구하거나 신청하는 경우 법 제209조에서 준용하는 법 제70조제2항의 필요적 고려사항이 있을 때에는 구속영장 청구서 또는 신청서에 그 내용을 적어야 한다.
> ② 검사 또는 사법경찰관은 체포한 피의자에 대해 구속영장을 청구하거나 신청할 때에는 구속영장 청구서 또는 신청서에 체포영장, 긴급체포서, 현행범인 체포서 또는 현행범인 인수서를 첨부해야 한다.

3. 구속 전 피의자심문제도(영장실질심사제도)

(1) 제도의 취지

구속영장이 청구된 피의자를 심문하도록 하는 것은 국민의 인권 보장과 부당한 인신구속을 방지하기 위해 판사로 하여금 구속 전 피의자심문을 필수적으로 거치도록 하였다.

> **참고** 피고인을 구속하는 경우에는 영장실질심사를 거치지 않는다.

(2) 필요적 피의자신문(영장실질심사)

① 피의자가 체포된 경우

체포, 긴급체포, 현행범으로 체포된 피의자에 대하여 구속영장을 청구받은 지방법원 판사는 지체 없이 피의자를 심문하여야 한다. 이 경우 특별한 사정이 없는 한 구속영 장이 청구된 날의 다음 날까지 심문하여야 한다.

② 피의자가 체포되지 않은 경우

㉠ 체포, 긴급체포, 현행범체포 이외의 피의자에 대해 구속영장을 청구받은 판사는 피 의자가 죄를 범하였다고 의심할 만한 이유가 있는 경우에 구인을 위한 구속영장을 발부하여 피의자를 구인한 후 심문하여야 한다. 다만, 피의자가 도망하는 등의 사유 로 심문할 수 없는 경우에는 그러하지 아니하다.

㉡ 법원은 인치받은 피고인을 유치할 필요가 있는 때에는 교도소·구치소 또는 경찰서 유치장에 유치할 수 있다. 이 경우 유치기간은 인치한 때부터 24시간을 초과할 수 없다.

(3) 심문기일·장소의 통지와 피의자의 출석

① 체포된 피의자의 경우에는 즉시, 그 외의 피의자에 대하여 구속영장을 청구받은 경 우에는 피의자를 인치한 후 즉시 심문기일과 장소를 검사·피의자 및 변호인에게 통지 하여야 하고, 검사는 피의자가 체포되어 있는 때에는 그 기일에 피의자를 출석시켜 야 한다(제210조의2 제3항).

② 검사와 변호인은 심문기일에 출석하여 의견을 진술할 수 있다.

▶수사준칙 제30조: 사법경찰관은 법 제201조의2제3항 및 같은 조 제10항에서 준용하 는 법 제81조제1항에 따라 판사가 통지한 피의자 심문기일과 장소에 체포된 피의자를 출석시켜야 한다.

(4) 국선변호인의 선정

① 심문할 피의자에게 변호인이 없는 때에는 지방법원판사는 직권으로 변호인을 선정하 여야 한다. 이 경우 변호인의 선정은 피의자에 대한 구속영장청구가 기각되어 효력 이 소멸한 경우를 제외하고는 제1심까지 효력이 있다(제201조의2 제8항).

② 법원은 변호인의 사정이나 그 밖의 사유로 변호인선정 결정이 취소되어 변호인이 없 게 된 때에는 직권으로 변호인을 다시 선정할 수 있다(제201조의2 제9항).

(5) 심문 절차

① 심문 장소 : 피의자의 심문은 법원청사 내에서 하여야 한다. 다만, 피의자가 출석을 거부하거나 질병 기타 부득이한 사유로 법원에 출석할 수 없는 때에는 경찰서, 구치 소 기타 적당한 장소에서 심문할 수 있다.

② 공범의 분리심문과 심문의 비공개

ⓐ 판사는 심문하는 때에는 공범의 분리심문이나 그밖에 수사상의 비밀보호를 위하여 필요한 조치를 하여야 한다.

ⓑ 피의자심문은 원칙적으로 비공개로 한다. 다만 판사는 상당하다고 인정하는 경우에는 피의자의 친족, 피해자 등 이해관계인의 방청을 허가할 수 있다.

③ 피의자의 출석거부와 심문절차

ⓐ 판사는 피의자가 심문기일에의 출석을 거부하거나 질병 기타 사유로 출석이 현저하게 곤란한 때에는 <u>피의자의 출석없이 심문절차를 진행할 수 있다.</u>

ⓑ 검사는 피의자가 심문기일에의 출석을 거부하는 때에는 판사에게 그 취지 및 사유를 기재한 서면을 작성 제출하여야 한다.

ⓒ 피의자의 출석없이 심문절차를 진행할 경우에는 출석한 검사 및 변호인의 의견을 듣고, 수사기록 기타 적당하다고 인정하는 방법으로 구속사유의 유무를 조사할 수 있다.

> **규칙** 제96조의14【심문의 비공개】 피의자에 대한 심문절차는 공개하지 아니한다. 다만, 판사는 상당하다고 인정하는 경우에는 피의자의 친족, 피해자 등 이해관계인의 방청을 허가할 수 있다.
> 제96조의20【변호인의 접견 등】 ① 변호인은 구속영장이 청구된 피의자에 대한 심문 시작 전에 피의자와 접견할 수 있다.
> ② 지방법원 판사는 심문할 피의자의 수, 사건의 성격 등을 고려하여 변호인과 피의자의 접견 시간을 정할 수 있다.
> ③ 지방법원 판사는 검사 또는 사법경찰관에게 제1항의 접견에 필요한 조치를 요구할 수 있다.
> 제96조의16【심문기일의 절차】 ① 판사는 피의자에게 구속영장청구서에 기재된 범죄사실의 요지를 고지하고, 피의자에게 일체의 진술을 하지 아니하거나 개개의 질문에 대하여 진술을 거부할 수 있으며, 이익 되는 사실을 진술할 수 있음을 알려주어야 한다.
> ② 판사는 구속 여부를 판단하기 위하여 필요한 사항에 관하여 신속하고 간결하게 심문하여야 한다. 증거인멸 또는 도망의 염려를 판단하기 위하여 필요한 때에는 피의자의 경력, 가족관계나 교우관계 등 개인적인 사항에 관하여 심문할 수 있다.
> ③ 검사와 변호인은 판사의 심문이 끝난 후에 의견을 진술할 수 있다. 다만, 필요한 경우에는 심문 도중에도 판사의 허가를 얻어 의견을 진술할 수 있다.
> ④ 피의자는 판사의 심문 도중에도 변호인에게 조력을 구할 수 있다.
> ⑤ 판사는 구속 여부의 판단을 위하여 필요하다고 인정하는 때에는 심문장소에 출석한 피해자 그 밖의 제3자를 심문할 수 있다.
> ⑥ 구속영장이 청구된 피의자의 법정대리인, 배우자, 직계친족, 형제자매나 가족, 동거인 또는 고용주는 판사의 허가를 얻어 사건에 관한 의견을 진술할 수 있다.
> ⑦ 판사는 심문을 위하여 필요하다고 인정하는 경우에는 호송경찰관 기타의 자를 퇴실하게 하고 심문을 진행할 수 있다.

④ 심문기일의 절차

ⓐ 판사는 피의자에게 구속영장청구서에 기재된 범죄사실의 요지를 고지하고, 진술을 거부하거나 이익되는 사실을 진술할 수 있음을 알려주어야 한다.

ⓑ 판사는 구속 여부를 판단하기 위하여 필요한 사항에 관하여 신속하고 간결하게 심문하여야 한다. 증거인멸 또는 도망의 염려를 판단하기 위하여 필요한 때에는 <u>피의자의 경력, 가족관계나 교우관계 등 개인적인 사항에 관하여 심문할 수 있다.</u>

ⓒ 검사와 변호인은 판사의 심문이 끝난 후에 판사의 허가를 얻어 피의자를 심문할 수 있고 필요한 경우에는 심문 도중에도 판사의 허가를 얻어 의견을 진술할 수 있다.

ⓔ 피의자는 판사의 심문 도중에도 변호인에게 조력을 구할 수 있다.

ⓜ 판사는 구속 여부의 판단을 위하여 필요하다고 인정하는 때에는 심문 장소에 출석한 피해자 기타 제3자를 심문할 수 있다.

ⓗ 구속영장이 청구된 피의자의 법정대리인, 배우자, 직계친족, 형제자매나 가족, 동거인 또는 고용주는 판사의 허가를 얻어 사건에 관한 의견을 진술할 수 있다.

⑤ 의견진술

ⓐ 검사와 변호인은 판사의 심문이 끝난 후에 의견을 진술할 수 있다. 다만, 필요한 경우에는 심문 도중에도 판사의 허가를 얻어 의견을 진술할 수 있다.

ⓑ 구속영장이 청구된 피의자의 법정대리인, 배우자, 직계친족, 형제자매나 가족, 동거인 또는 고용주는 판사의 허가를 얻어 사건에 관한 의견을 진술할 수 있다.

⑥ 조서의 작성

ⓐ 피의자를 심문하는 경우 법원사무관 등은 심문의 요지 등을 조서로 작성하여야 한다. 조서에는 진술자로 하여금 간인한 후 서명날인하게 하여야 하며, 단, 진술자가 서명날인을 거부한 때에는 그 사유를 기재하여야 한다.

ⓑ 검사, 피의자, 변호인은 심문과정의 속기 · 녹음 · 영상녹화를 신청할 수 있으며 사후 속기록 · 녹음물 · 영상녹화물 사본을 신청할 수도 있다.

> **규칙** 제96조의21【구속영장청구서 및 소명자료의 열람】① 피의자 심문에 참여할 변호인은 지방법원 판사에게 제출된 구속영장청구서 및 그에 첨부된 고소 · 고발장, 피의자의 진술을 기재한 서류와 피의자가 제출한 서류를 열람할 수 있다.
> ② 검사는 증거인멸 또는 피의자나 공범 관계에 있는 자가 도망할 염려가 있는 등 수사에 방해가 될 염려가 있는 때에는 지방법원 판사에게 제1항에 규정된 서류(구속영장청구서는 제외한다)의 열람 제한에 관한 의견을 제출할 수 있고, 지방법원 판사는 검사의 의견이 상당하다고 인정하는 때에는 그 전부 또는 일부의 열람을 제한할 수 있다.
> ③ 지방법원 판사는 제1항의 열람에 관하여 그 일시, 장소를 지정할 수 있다.

⑦ 구속기간 불산입 : 피의자심문을 하는 경우 법원이 구속영장청구서 · 수사 관계 서류 및 증거물을 접수한 날부터 구속영장을 발부하여 검찰청에 반환한 날까지의 기간은 제202조 및 제203조의 적용에 있어서 그 구속기간에 산입하지 아니한다.

4. 구속영장의 발부

(1) 구속영장 발부

① 검사로부터 구속영장청구를 받은 지방법원판사는 상당하다고 인정할 때에는 구속영장을 발부한다. 구속영장의 발부 여부는 법관의 재량에 속하며 구속영장을 발부하지 아니할 때에는 청구서에 그 취지 및 이유를 기재하고 서명 · 날인하여 청구한 검사에

게 교부하여야 한다(제201조 제3항).

② 검사의 청구에 의하여 발부하는 영장에는 그 영장을 청구한 검사의 성명과 그 검사의 청구에 의하여 발부한다는 취지를 기재하여야 한다(규칙 제94조).

③ 구속영장의 청구를 기각한 재판에 대해서는 불복(항고나 재항고)이 허용되지 아니한다.

(2) 영장 발부 방식

① 구속영장에는 피의자나 피고인의 성명·주소·죄명, 공소사실의 요지, 인치, 구금할 장소, 발부연월일, 그 유효기간과 그 기간을 경과하면 집행에 착수하지 못하며 영장을 반환하여야 할 취지를 기재하고 재판장 또는 수명법관이 서명·날인하여야 한다(제75조 제1항).

② 피의자·피고인의 성명이 분명하지 아니한 때에는 인상, 체격 기타 피고인을 특정할 수 있는 사항으로 피고인을 표시할 수 있으며, 피고인의 주거가 분명하지 아니한 때에는 그 주거의 기재를 생략할 수 있다(제75조 제2,3항).

③ 구속영장의 유효기간은 7일로 한다. 다만, 법원 또는 법관이 상당하다고 인정하는 때에는 7일을 넘는 기간을 정할 수 있다(규칙 제178조).

④ 구속영장은 수통을 작성하여 사법경찰관리 수인에게 교부할 수 있고 이때에는 그 사유를 구속영장에 기재하여야 한다(제82조).

> **판례** 검사의 체포영장 또는 구속영장 청구에 대한 지방법원판사의 재판은 형사소송법 제402조의 규정에 의하여 항고의 대상이 되는 법원의 결정에 해당하지 아니하고, 제416조 제1항의 규정에 의하여 준항고의 대상이 되는 재판장 또는 수명법관의 구금 등에 관한 재판에도 해당하지 아니한다(대판 2006모646).

5. 구속영장의 집행

(1) 영장집행시의 절차

① 검사의 지휘

㉠ 구속영장은 검사의 지휘에 의하여 사법경찰관리가 집행한다. 단, 급속을 요하는 경우에는 재판장, 수명법관 또는 수탁판사가 그 집행을 지휘할 수 있으며, 법원사무관 등에게 그 집행을 명할 수 있다. 이 경우에 법원사무관 등은 그 집행에 관하여 필요한 때에는 사법경찰관리뿐만 아니라 교도관 또는 법원경위에게 보조를 요구할 수 있으며 관할 구역 외에서도 집행할 수 있다.

㉡ 교도소 또는 구치소에 있는 피고인에 대하여 발부된 구속영장은 검사의 지휘에 의하여 교도관이 집행한다.

② 범죄사실의 고지

피의자·피고인에 대하여 피의사실의 요지 또는 범죄사실의 요지, 구속의 이유와 변호인을 선임할 수 있음을 말하고 변명할 기회를 준 후가 아니면 구속할 수 없다. 다만, 피고인이 도망한 경우에는 절차를 거치지 않고도 구속할 수 있다(제72 · 209조).

▶수사준칙 제32조: ① 검사 또는 사법경찰관은 피의자를 체포하거나 구속할 때에는 법 제200조의5(법 제209조에서 준용하는 경우를 포함한다)에 따라 피의자에게 피의사실의 요지, 체포 · 구속의 이유와 변호인을 선임할 수 있음을 말하고, 변명할 기회를 주어야 하며, 진술거부권을 알려주어야 한다.

② 제1항에 따라 피의자에게 알려주어야 하는 진술거부권의 내용은 법 제244조의3제1항제1호부터 제3호까지의 사항으로 한다.

③ 검사와 사법경찰관이 제1항에 따라 피의자에게 그 권리를 알려준 경우에는 피의자로부터 권리 고지 확인서를 받아 사건기록에 편철한다.

③ 영장제시

구속영장을 집행함에는 이를 제시하여야 하며, 다만 구속영장을 소지하지 아니한 경우에 급속을 요할 때에는 공소사실의 요지와 영장이 발부되었음을 고지하고 집행할 수 있으며 이때에는 집행을 완료한 후에 신속히 구속영장을 제시하여야 한다(제85조 제1 · 3 · 4항).

④ 압수 · 수색

구속영장을 집행하는 경우에는 영장없이 타인의 주거 등에 들어가 피의자를 발견하기 위한 수색을 할 수 있으며, 체포현장에서는 영장없이 압수 · 수색 · 검증을 할 수 있으며, 검사 또는 사법경찰관이 피고인에 대한 구속영장의 집행의 경우에 준용한다.

판례 1. 사법경찰관리 집무규칙은 법무부령으로서 사법경찰관리에게 범죄수사에 관한 집무상의 준칙을 명시한 것뿐이므로 합법적으로 발부된 구속영장이 사법경찰관리에 의하여 집행된 경우, 위 집무규칙 제23조 제3항 소정의 검사의 날인 또는 집행지휘서가 없다하여 곧 불법집행이 되는 것은 아니다(대판 1985.7.15. 자84모22).

2. 형사소송법 제72조는 "피고인에 대하여 범죄사실의 요지, 구속의 이유와 변호인을 선임할 수 있음을 말하고 변명할 기회를 준 후가 아니면 구속할 수 없다." 고 규정하고 있는바, 이는 피고인을 구속함에 있어 법관에 의한 사전청문절차를 규정한 것으로서, 구속영장을 집행함에 있어 집행기관이 취하여야 하는 절차가 아니라 구속영장 발부함에 있어 수소법원 등 법관이 취하여야 하는 절차라 할 것이므로, 법원이 피고인에 대하여 구속영장을 발부함에 있어 사전에 위 규정에 따른 절차를 거치지 아니한 채 구속영장을 발부하였다면 그 발부결정은 위법하다고 할 것이나, 위 규정은 피고인의 절차적 권리를 보장하기 위한 규정이므로 이미 변호인을 선정하여 공판절차에서 변명과 증거의 제출을 다하고 그의 변호 아래 판결을 선고받은 경우 등과 같이 위 규정에서 정한 절차적 권리가 실질적으로 보장되었다고 볼 수 있는 경우에는, 이에 해당하는 절차의 전부 또는 일부를 거치지 아니한 채 구속영장을 발부하였다 하더라도 이러한 점만으로 그 발부결정이 위법하다고 볼 것은 아니다(대판 2000.11.10. 자 2000모134 결정).

(2) 영장집행 후의 절차

① 고 지 : 피고인을 구속한 때에는 즉시 공소사실의 요지와 변호인을 선임할 수 있음을 알려야 한다(제88조).

② 통 지 : 피의자나 피고인을 구속하는 경우 지체 없이 서면으로 변호인 또는 변호인선

임권자 가운데 피고인 또는 피의자가 지정한 자에게 구속일시·장소, 범죄사실의 요지, 구속이유, 변호인을 선임할 수 있는 취지 등을 통지하여야 한다(제87·209조, 규칙 제51·100조).

▶수사준칙 제33조(체포·구속 등의 통지): ① 검사 또는 사법경찰관은 피의자를 체포하거나 구속하였을 때에는 법 제200조의6 또는 제209조에서 준용하는 법 제87조에 따라 변호인이 있으면 변호인에게, 변호인이 없으면 법 제30조제2항에 따른 사람 중 피의자가 지정한 사람에게 24시간 이내에 서면으로 사건명, 체포·구속의 일시·장소, 범죄사실의 요지, 체포·구속의 이유와 변호인을 선임할 수 있음을 통지해야 한다.

② 검사 또는 사법경찰관은 제1항에 따른 통지를 하였을 때에는 그 통지서 사본을 사건기록에 편철한다. 다만, 변호인 및 법 제30조제2항에 따른 사람이 없어서 체포·구속의 통지를 할 수 없을 때에는 그 취지를 수사보고서에 적어 사건기록에 편철한다.

③ 제1항 및 제2항은 법 제214조의2 제2항에 따라 검사 또는 사법경찰관이 같은 조 제1항에 따른 자 중에서 피의자가 지정한 자에게 체포 또는 구속의 적부심사를 청구할 수 있음을 통지하는 경우에도 준용한다.

▶수사준칙 제34조(체포·구속영장 등본의 교부): 검사 또는 사법경찰관은 법 제214조의 2제1항에 따른 자가 체포·구속영장 등본의 교부를 청구하면 그 등본을 교부해야 한다.

> **규칙** 제51조【구속의 통지】① 피고인을 구속한 때에 그 변호인이나 법 제30조 제2항에 규정한 자가 없는 경우에는 피고인이 지정하는 자 1인에게 법 제87조 제1항에 규정한 사항을 통지하여야 한다.
> ② 구속의 통지는 구속을 한 때로부터 늦어도 24시간 이내에 서면으로 하여야 한다. 제1항에 규정한 자가 없어 통지를 하지 못한 경우에는 그 취지를 기재한 서면을 기록에 철하여야 한다.
> ③ 급속을 요하는 경우에는 구속되었다는 취지 및 구속의 일시·장소를 전화 또는 모사전송기 기타 상당한 방법에 의하여 통지할 수 있다. 다만, 이 경우에도 구속통지는 다시 서면으로 하여야 한다.

(2) 피의자의 석방

① 검사 또는 사법경찰관은 법 제200조의2 제5항 또는 제200조의4 제2항에 따라 구속영장을 청구하거나 신청하지 않고 체포 또는 긴급체포한 피의자를 석방하려는 때에는 다음 각 호의 구분에 따른 사항을 적은 피의자 석방서를 작성해야 한다.

1. 체포한 피의자를 석방하려는 때: 체포일시·장소, 체포 사유, 석방 일시·장소, 석방 사유 등

2. 긴급체포한 피의자를 석방하려는 때: 법 제200조의4 제4항 각 호의 사항

② 사법경찰관은 제1항에 따라 피의자를 석방한 경우 다음 각 호의 구분에 따라 처리한다.

1. 체포한 피의자를 석방한 때: 지체없이 검사에게 석방사실을 통보하고, 그 통보서 사본을 사건기록에 편철한다.

2. 긴급체포한 피의자를 석방한 때: 법 제200조의4 제6항에 따라 즉시 검사에게 석방 사실을 보고하고, 그 보고서 사본을 사건기록에 편철한다(수사준칙 제36조).

6. 구속기간

(1) 수사기관의 구속기간

① 사법경찰관 : 사법경찰관이 피의자를 구속한 때에는 10일 이내에 피의자를 검사에게 인치하지 아니하면 석방하여야 한다(제202조).

② 검 사 : 검사의 구속기간도 10일간이나, 사법경찰관과 달리 검사는 지방법원판사의 허가를 얻어 10일을 초과하지 아니하는 한도에서 1차에 한하여 구속기간을 연장할 수 있다(제205조).

③ 기 타 : 국가보안법사건에 대하여 사법경찰관에게 1회, 검사에게 2회에 한하여 구속기간의 연장을 허가할 수 있다(국가보안법 제19조).

> **참고** 1. 국가보안법상 제7조(찬양·고무), 제10조(불고지죄)에 관한 구속기간연장은 위헌이 선고되었다.
> 2. 국가보안법 위반으로 공소보류처분을 받은 피의자에게 공소보류처분이 취소된 경우에는 동일한 범죄사실에 관하여 재차 구속할 수 있다.

(2) 법원의 구속기간

① 피고인에 대한 구속기간은 2개월이나 구속을 계속할 필요가 있는 경우에는 심급마다 2개월 단위로 2차에 한하여 결정으로 갱신할 수 있다.

② 상소심은 피고인 또는 변호인이 신청한 증거의 조사, 상소이유를 보충하는 서면의 제출 등으로 추가 심리가 필요한 부득이한 경우에는 3차에 한하여 갱신할 수 있다(제92조 제1·2항).

③ 공판절차가 정지된 기간 및 공소제기 전의 체포·구인·구금 기간은 법원 구속기간에 산입하지 아니한다(제92조 제3항).

> **규칙** 제97조【구속기간연장의 신청】 ① 구속기간연장의 신청은 서면으로 하여야 한다.
> ② 제1항의 서면에는 수사를 계속하여야 할 상당한 이유와 연장을 구하는 기간을 기재하여야 한다.
> 제98조【구속기간연장기간의 계산】 구속기간연장허가결정이 있은 경우에 그 연장기간은 법 제203조의 규정에 의한 구속기간만료 다음날로부터 기산한다.

(3) 구속기간의 계산

① 기간의 계산 : 구속기간의 계산에 있어서는 구속기간의 초일은 시간을 계산함이 없이 1일로 산정하고 구속기간의 말일이 공휴일 또는 토요일이라도 구속기간에 산입한다(제66조 제1항, 제3항).

② 구속기간에 불산입 : 피의자·피고인에 대한 구속영장의 효력이 지속한 경우에도 현실적으로 구속되지 아니한 기간은 구속기간에 산입하지 아니한다.

▶구속기간에 포함되지 않는 경우

> **참고** 병합심리나 관할이전에 의한 소송절차의 정지기간, 호송 중 가유치기간은 구속기간에 포함된다.

피의자	피고인
㉠ 피의자의 도주기간 ㉡ 영장실질심사기간 ㉢ 체포ㆍ구속적부심사의 기간 ㉣ 구속집행정지기간 ㉤ 피의자의 감정유치기간	㉠ 보석기간 ㉡ 기피신청에 의한 소송절차정지 ㉢ 공소제기 전의 체포ㆍ구인ㆍ구금 기간 ㉣ 공소장변경시의 공판절차정지 ㉤ 피고인의 감정유치기간 ㉥ 피고인의 의사무능력 또는 질병에 의한 공판절차정지

7. 구속기간 도과의 효력

구속기간을 도과한 구속의 효력에 관하여 대법원은 구속영장의 효력이 당연히 실효되는 것은 아니라고 판시하고 있으나, 구속기간을 제한하고 있는 취지에 비추어 기간을 도과하면 구속영장의 효력은 당연히 상실되어 불법구속이 된다(통설).

> **판례** 법원이 구속기간의 제한을 넘어 구속기간을 갱신한 경우에 있어서도 불법구속한 자에 대하여 형법상ㆍ민법상의 책임을 물을 수는 있어도 구속명령의 효력이 당연히 실효되는 것은 아니다(대판 1964.11.17. 64도428).

8. 재구속의 제한

> 제208조【재구속의 제한】 ① 검사 또는 사법경찰관에 의하여 구속되었다가 석방된 자는 다른 중요한 증거를 발견한 경우를 제외하고는 동일한 범죄사실에 관하여 재차 구속하지 못한다.
> ② 전항의 경우에는 1개의 목적을 위하여 동시 또는 수단결과의 관계에서 행하여진 행위는 동일한 범죄사실로 간주한다.

(1) 수사기관

① 검사 또는 사법경찰관에 의해 구속되었다가 석방된 자는 다른 중요한 증거를 발견한 경우를 제외하고는 동일한 범죄사실에 관하여 재차 구속하지 못한다.

② 서로 다른 범죄사실이라 할지라도 1개의 목적을 위하여 동시 또는 수단ㆍ결과의 관계에서 행하여진 범죄는 동일한 범죄사실로 간주한다(제208조).

▶수사준칙 제31조: 검사 또는 사법경찰관은 동일한 범죄사실로 다시 체포ㆍ구속영장을 청구하거나 신청하는 경우(체포ㆍ구속영장의 청구 또는 신청이 기각된 후 다시 체포ㆍ구속영장을 청구하거나 신청하는 경우와 이미 발부받은 체포ㆍ구속영장과 동일한 범죄사실로 다시 체포ㆍ구속영장을 청구하거나 신청하는 경우를 말한다)에는 그 취지를 체포ㆍ구속영장 청구서 또는 신청서에 적어야 한다.

(2) 법 원

재구속의 제한은 검사 또는 사법경찰관이 피의자를 구속하는 경우에 적용될 뿐이며 법원이 피고인을 구속하는 경우에는 적용되지 않는다.

04 관련문제

1. 별건구속

(1) 의 의

별건구속이란 수사기관이 본래 수사하고자 하는 사건에 대하여는 구속의 요건이 구비되지 않았기 때문에 본건의 수사에 이용할 목적으로 구속요건이 구비된 별건으로 구속하자는 것을 말한다.

(2) 허용 여부

별건구속은 ① 본건구속의 요건이 없는 이상 영장주의에 반하고, ② 본건구속에 대한 구속기간의 제한을 벗어나는 것이 되며, ③ 구속의 사유가 없는 경우에는 자백강요 내지 수사의 편의를 위하여 구속을 인정하는 것이 되므로 허용되지 않는다. 그러나 구속 중인 피의자에 대한 여죄수사까지 금지하는 것은 아니다.

2. 이중구속

(1) 의 의

이중구속이란 이미 구속영장이 발부되어 구속되어 있는 피고인 또는 피의자에 대하여 다시 구속영장을 집행하는 것을 말한다.

(2) 허용 여부

이중구속에 대해 이미 구속된 자에 대하여는 다른 범죄사실로 구속영장을 발부받을 수 있으나 집행할 수 없다고 보아서 부정하는 견해가 있으나, 구속영장의 효력은 구속영장에 기재된 범죄사실에만 미치며, 또한 구속된 피의자·피고인이 석방되는 경우에 미리 대비할 필요가 있으므로 허용된다고 보는 것이 다수의 견해이다.

> **판례** 1. 구속기간이 만료될 무렵에 종전 구속영장에 기재된 범죄사실과 다른 범죄사실로 피고인을 구속하였다는 사정만으로는 피고인에 대한 구속이 위법하다고 할 수 없다(대결 2000. 11. 10, 2000모134).
> 2. 피고인이 기소중지 처분된 신용카드 사업위반 등 피의사실로 27일간 구속되었고, 연이어 사기 등 범행으로 구속되어 사기 등 범행으로 구속기소 되었지만 결과적으로 위 구속기간이 사기 등 범행사실의 수사에 실질상 이용되었다 하더라도 위 구금일수를 사기죄의 본형에 산입할 수는 없다(대판 1990. 12. 11, 90도2337).

| 제 4 절 | 피의자 · 피고인의 인권보호제도 |

01 접견교통권

1. 의 의

접견교통권이라 함은 피고인 또는 피의자, 특히 구속된 피고인 · 피의자 등이 변호인이나 가족, 친지 등의 타인과 접견하고 서류 또는 물건을 수수하며 의사의 진료를 받는 권리를 말한다. 변호인과의 접견교통권은 구속된 피의자 · 피고인의 인권보장과 방어권보장을 위해 가장 중요한 기본적 권리이다.

2. 변호인과의 접견교통권

(1) 접견교통권의 보장

변호인 또는 변호인이 되려는 자는 신체구속을 당한 피고인 또는 피의자와 접견하고 서류 또는 물건을 수수할 수 있으며 의사로 하여금 진료하게 할 수 있다(제34조).

① 주 체 : 구속영장에 의하여 구속된 자, 체포영장 · 긴급체포 · 현행범체포에 의하여 체포된 자, 감정유치에 의하여 구속된 자, 임의동행의 형식으로 연행된 피내사자도 포함된다.

② 상대방 : 변호인, 변호인이 되려는 자(선임의뢰 받았으나 아직 선임 신고 되지 않은 자)로 국선 · 사선변호인, 특별변호인 모두 포함한다.

> 참고 재심청구절차에는 적용되지 않는다.

③ 제한금지

㉠ 변호인과의 접견교통권을 제한하는 예외규정은 현행법상 없으며 법원의 결정, 수사 기관의 처분에 의한 제한도 허용되지 않는다. 다만 법령에 의한 제한은 가능하다.

㉡ 일반적으로 금지하는 일반지정 및 일정한 일시와 장소에 한하여 허용하는 구체적 지정에 의한 제한도 허용되지 않으나 구속 장소의 질서유지를 위한 최소한의 제한 은 가능하다.

> 판례 1. 신체구속을 당한 피의자 또는 피고인이 범한 것으로 의심받고 있는 범죄행위에 해당 변호인이 관련되어 있다는 등의 사유에 기하여 그 변호인의 변호활동을 광범위하게 규제하는 변호인의 제척과 같은 제도를 두고 있지 아니한 우리 법제 하에서는, 변호인의 접견교통의 상대방인 신체구속을 당한 사람이 그 변호인을 자신의 범죄행위에 공범으로 가담시키려고 하였다는 등의 사정만으로 그 변호인의 신체구속을 당한 사람과의 접견교통을 금지하는 것이 정당화될 수는 없다(대판2007.1.31. 2006모656).
> 2. 형사소송법 제34조는 "변호인 또는 변호인이 되려는 자는 신체구속을 당한 피고인 또는 피의자와 접견하고 서류 또는 물건을 수수할 수 있으며 의사로 하여금 진료하게 할 수 있다." 고 규정하고 있는바, 이 규정은 형이 확정되어 집행 중에 있는 수형자에 대한 재심개시의 여부를 결정하는 재심청구절 차에는 그대로 적용될 수 없다(대판 1998.4.28. 선고 96다48831).

3. 변호인의 구속된 피고인 또는 피의자와의 접견교통권은 피고인 또는 피의자 자신이 가지는 변호인과의 접견교통권과는 성질을 달리하는 것으로서 헌법상 보장된 권리라고는 할 수 없고, 형사소송법 제34조에 의하여 비로소 보장되는 권리이지만, 신체구속을 당한 피고인 또는 피의자의 인권보장과 방어준비를 위하여 필수불가결한 권리이므로, 수사기관의 처분 등에 의하여 이를 제한할 수 없고, 다만 법령에 의하여서만 제한이 가능하다(대판 2000모112).

4. 헌법 제12조 제4항의 "누구든지 체포 또는 구속을 당한 때에는 즉시 변호인의 조력을 받을 권리를 가진다. 다만, 형사피고인이 스스로 변호인을 구할 수 없을 때에는 법률이 정하는 바에 의하여 국가가 변호인을 붙인다." 는 규정은, 일반적으로 형사사건에 있어 변호인의 조력을 받을 권리는 피의자나 피고인을 불문하고 보장되나, 그 중 특히 국선변호인의 조력을 받을 권리는 피고인에게만 인정되는 것으로 해석함이 상당하다(2008.9.25. 2007헌마1126).

5. 변호인의 접견교통권은 피의자 등의 인권보장과 방어준비를 위하여 필수불가결한 권리이므로 수사기관의 처분 등으로 이를 제한할 수 없고, 다만 법령에 의해서만 제한할 수 있다(대판 2018.12.27. 2016다266736).

6. 헌법상 변호인의 조력을 받을 권리의 내용 헌법상 보장되는 '변호인의 조력을 받을 권리'는 변호인의 '충분한 조력'을 받을 권리를 의미하므로, 일정한 경우 피고인에게 국선변호인의 조력을 받을 권리를 보장하여야 할 국가의 의무에는 형사소송절차에서 단순히 국선변호인을 선정하여 주는 데 그치지 않고 한 걸음 더 나아가 피고인이 국선변호인의 실질적인 조력을 받을 수 있도록 필요한 업무 감독과 절차적 조치를 취할 책무까지 포함된다고 할 것이다(대판 2012.2.16., 2009모1044).

7. 변호인 또는 변호인이 되려는 자는 신체구속을 당한 피고인 또는 피의자와 접견하고 서류 또는 물건을 수수할 수 있으며 의사로 하여금 진료하게 할 수 있다." 라고 규정하고 있으므로, 변호인이 되려는 의사를 표시한 자가 객관적으로 변호인이 될 가능성이 있다고 인정되는데도, 형사소송법 제34조에서 정한 '변호인 또는 변호인이 되려는 자'가 아니라고 보아 신체구속을 당한 피고인 또는 피의자와 접견하지 못하도록 제한하여서는 아니된다(대판 2017.3.9. 2013도16162).

(2) 내 용

① 접견의 비밀보장

㉠ 변호인과 신체 구속된 피고인·피의자의 접견교통은 절대적으로 보장되어야 한다. 따라서 접견내용의 비밀이 보장되어야 하며 접견시 입회나 감시는 허용되지 않는다.

㉡ 미결수용자와 변호인과의 접견시 교도관의 참여를 배제하고 청취 또는 녹취를 금지하면서 다만 보이는 거리에서 수용자를 감시할 수는 있다.

② 서류 또는 물건의 수수

㉠ 변호인 또는 변호인이 되려는 자는 구속된 피고인·피의자를 위하여 서류 또는 물건을 수수할 수 있다. 변호인이 수수한 서류의 검열과 물건의 압수는 허용되지 않는다.

㉡ 질서유지를 위한 최소한의 범위 내에서 마약 등 소지금지품이나 무기 등 위험한 물건의 수수를 금지하는 것은 가능하다.

③ 의사의 진료 : 변호인 또는 변호인이 되려는 자는 의사로 하여금 구속된 피고인·피의자를 진료하게 할 수 있으며, 이는 인도적 견지에서 요청되는 것이므로 원칙적으로 제한이 인정되지 않는다.

판례 1.국가정보원 사법경찰관이 경찰서 유치장에 구금되어 있던 피의자에 대하여 의사의 진료를 받게 할 것을 신청한 변호인에게 국가정보원이 추천하는 의사의 참여를 요구한 것은 행형법시행령 제176조의 규정에 근거한 것으로서 적법하고, 이를 가리켜 변호인의 수진권을 침해하는 위법한 처분이라고 할 수는 없다(대판 2002. 5. 6. 자 2000모112).

2. CCTV 관찰행위로 침해되는 법익은 변호인접견 내용의 비밀이 폭로될 수 있다는 막연한 추측과 감시받고 있다는 심리적인 불안내지 위축으로 법익의 침해가 현실적이고 구체화되어 있다고 보기 어려운 반면, 이를 통하여 구치소 내의 수용질서 및 규율을 유지하고 교정사고를 방지하고자 하는 것은 교정시설의 운영에 꼭 필요하고 중요한 공익이므로, 법익의 균형성도 갖추었다. 따라서 이 사건 CCTV 관찰행위가 청구인의 변호인의 조력을 받을 권리를 침해한다고 할 수 없다.(헌재 2016.4.28. 2015헌마243)

3 .교도관이 미결수용자와 변호인 간에 주고받는 서류를 확인하고 소송관계서류 처리부에 그 제목을 기재하여 등재한 행위는 형집행법 제43조 제3항과 제8항에 근거를 두고 이루어진 것으로, 변호인접견이 종료된 뒤 이루어지고 교도관은 변호인과 미결수용자가 지켜보는 가운데 서류를 확인하여 그 제목 등을 소송관계처리부에 기재하여 등재할 뿐 내용에 대한 검열이 이루어지는 것이 아니므로 변호인의 조력을 받을 권리나 개인정보자기결정권을 침해하지 않는다(헌재 2016.4.28. 2015 헌마243)

3. 비변호인과의 접견교통권

(1) 법률에 의한 제한

비변호인과의 접견교통권은 행형법과 행형법시행령에 의하여 수용자의 접견과 서신수발은 교도관의 참여와 검열을 요하며(동법 제18조 제3항), 경찰서유치장에 구속되어 있는 피의자의 접견교통권도 행형법에 의하여 제한받는다(동법 제68조).

(2) 법원 또는 수사기관의 결정

① 법원은 도망하거나 또는 죄증을 인멸할 염려가 있다고 인정할 만한 상당한 이유가 있는 때에는 직권 또는 검사의 청구에 의하여 결정으로 구속된 피고인과 제34조에 규정한 외의 타인과의 접견을 금하거나 수수할 서류 기타 물건의 검열, 수수의 금지 또는 압수를 할 수 있다(제91조).

② 접견의 금지, 서류·물건의 검열·압수, 수수의 금지, 개별적 접견금지도 가능하며, 조건부, 기한부 금지도 가능하다. 단 의류·양식·의료품의 수수금지·압수는 인도적 견지에서 허용되지 않는다.

4. 접견교통권의 침해에 대한 구제

(1) 침해기관

① 법 원 : 법원의 접견교통제한 결정에 대하여 불복이 있는 때에는 보통항고를 할 수 있다(제402조).

② 검사 또는 사법경찰관 : 검사 또는 사법경찰관의 접견교통권의 제한은 구금에 대한 처분이므로 준 항고에 의하여 취소 또는 변경을 청구할 수 있다(제417조).

③ 행형당국 : 교도소 또는 구치소에 의한 접견교통권의 침해에 대하여는 행정소송, 헌법

소원 및 국가배상의 방법에 의하여 구제 받을 수 있다.

> **판례** 1. 변호인접견 전에 작성된 검사의 피고인에 대한 피의자신문조서가 증거능력이 없다고 할 수 없다(대판 1990.9.25. 선고 90도1613).
>
> 2. 구속영장에는 청구인을 구금할 수 있는 장소로 특정 경찰서 유치장으로 기재되어 있었는데, 그 신병이 조사차 국가안전기획부 직원에게 인도된 후 위 경찰서 유치장에 인도된 바 없이 계속하여 국가안전기획부 청사에 사실상 구금되어 있다면, 청구인에 대한 이러한 사실상의 구금 장소의 임의적 변경은 청구인의 방어권이나 접견교통권의 행사에 중대한 장애를 초래하는 것이므로 위법하다(대결 1996.5.15. 자 95모94).
>
> 3. 금치기간 중의 접견허가 여부가 교도소장의 재량행위에 속한다고 하더라도 피징벌자가 금치처분 자체를 다툴 목적으로 소제기 등을 대리할 권한이 있는 변호사와의 접견을 희망한다면 이는 행형법시행령 제145조 제2항에 규정된 예외적인 접견허가사유인 처우상 특히 필요하다고 인정하는 때에 해당하고, 그 외 제반 사정에 비추어 교도소장이 금치기간 중에 있는 피징벌자와 변호사와의 접견을 불허한 조치는 피징벌자의 접견권과 재판청구권을 침해하여 위법하다(대판 2004.12.9. 선고 2003다50184).
>
> 4. 신체구속을 당한 피고인 또는 피의자가 범하였다고 의심받는 범죄행위에 자신의 변호인이 관련되었다는 사정만으로 그 변호인과의 접견교통을 금지할 수 없다(대판 2007.1.31. 자2006모656).
>
> 5. 검사 또는 사법경찰관의 구금에 관한 처분에 대하여 불복이 있는 경우 형사소송법 제417조에 따라 법원에 그 처분의 취소 또는 변경을 청구하는 것은 별론으로 하고 수사기관에서의 구금의 장소, 변호인의 접견 등 구금에 관한 처분이 위법한 것이라는 사실만으로는 그와 같은 위법이 판결에 영향을 미친 것이 아닌 한 독립한 상소이유가 될 수 없다(대판 1990.6.8. 90도646).

(2) 증거능력의 부정

구속된 피의자의 변호인과의 접견교통권을 침해하여 얻은 자백은 그 자백의 임의성이 인정되는 경우에도 위법수집증거의 배제법칙에 의하여 증거능력을 부정하여야 한다.

> **판례** 1. 형사소송법 제417조는 검사 또는 사법경찰관의 구금에 관한 처분에 불복이 있으면 법원에 그 처분의 취소 또는 변경을 청구할 수 있다고 규정하고 있는바, 이는 피의자의 구금 또는 구금 중에 행하여지는 검사 또는 사법경찰관의 처분에 대한 유일한 불복방법인 점에 비추어 볼 때, 영장에 의하지 아니한 구금이나 변호인 또는 변호인이 되려는 자와의 접견교통권을 제한하는 처분뿐만 아니라 구금된 피의자에 대한 신문에 변호인의 참여(입회)를 불허하는 처분 역시 구금에 관한 처분에 해당하는 것으로 보아야 한다(대판 2003.11.11).
>
> 2. 신체구속을 당한 피고인 또는 피의자가 범하였다고 의심받는 범죄행위에 자신의 변호인이 관련되었다는 사정만으로 그 변호인과의 접견교통을 금지할 수 없다(대판 2007.1.31. 자 2006모656).

02 체포 · 구속적부심사제도

1. 의 의

체포 또는 구속적부심사제도는 수사기관에 의해 체포 또는 구속된 피의자에 대하여 법원이 구속의 적법성 여부와 구속계속의 필요성을 심사하여 그 구속이 부적법 · 부당한 경우에 피의자를 석방시키는 제도를 말한다.

2. 제도의 내용

(1) 심사의 청구

① 청구의 대상 : 체포 또는 구속영장에 의해 구속된 피의자뿐만 아니라, 영장에 의한 체포 이외에 긴급체포·현행범인 체포에 대해서도 적부심사를 허용하였다. 그러나 사인에 의해 불법하게 신체를 감금당한 자는 포함되지 않는다.

② 청구권자 : 체포되거나 구속된 피의자 또는 그 변호인, 법정대리인, 배우자, 직계친족, 형제자매나 가족, 동거인 또는 고용주는 관할법원에 체포 또는 구속의 적부심사를 청구할 수 있다(제214조의2 ①).

③ 체포·구속적부심사청구 고지 : 피의자를 체포하거나 구속한 검사 또는 사법경찰관은 체포되거나 구속된 피의자와 제1항에 규정된 사람 중에서 피의자가 지정하는 사람에게 제1항에 따른 적부심사를 청구할 수 있음을 알려야 한다(제214조의2 ②).

④ 청구사유

㉠ 체포 또는 구속이 구속당시부터 불법적인 경우(예 피의자가 적법한 체포·구속영장에 의하지 않고 체포·구속된 경우 발부된 영장이 적법한 요건을 갖추지 않은 경우, 체포·구속기간이 경과하였음에도 계속 체포·구금하는 경우)

㉡ 구속 당시는 적법하였으나 그 이후 사정의 변경으로 구속계속의 필요성이 없는 경우(예 피해변상, 합의, 고소취소) 구속계속의 필요성은 심사 시를 기준으로 하여 판단한다.

⑤ 청구의 방법

㉠ 관할법원에 체포 또는 구속의 적부심사를 청구할 수 있다. 관할법원이란 구속된 피의자를 수사 중인 검사의 소속검찰청에 대응한 법원을 의미하며 구속영장을 발부한 법원임을 요하지 않는다. 체포·구속적부심의 청구는 서면으로 할 수 있다.

㉡ 체포 또는 구속의 적부심사청구서에는 체포 또는 구속된 피의자의 성명, 주민등록번호, 주거, 체포영장 또는 구속영장의 발부일자, 청구의 취지 및 청구의 이유, 청구인의 성명 및 체포 또는 구속된 피의자와의 관계 등을 기재하여야 한다(규칙 제102호).

(2) 법원의 심사

① 심사법원 : 지방법원 합의부 또는 단독판사가 한다. 체포영장 또는 구속영장을 발부한 법관은 심문·조사·결정에 관여하지 못하나, 체포영장 또는 구속영장을 발부한 법관 외에는 심문·조사·결정을 할 판사가 없는 경우에는 그러하지 아니하다(제214조의2 ⑫).

② 심사의 절차·방법

㉠ 심사기한 : 체포·구속 적부심사 기한은 청구서가 접수된 때로부터 48시간 이내로

청구를 받은 법원은 체포 또는 구속된 피의자를 심문하고 수사관계서류와 증거물을 조사하여야 한다.

ⓛ 심문기일의 통지 : 체포·구속 적부심사의 청구를 받은 법원은 즉시 청구인, 변호인, 검사 및 피의자를 구금하고 있는 관서(경찰서, 교도서 또는 구치소 등)의 장에게 심문기일과 장소를 통지하여야 한다.

ⓒ 피의자의 출석 : 사건을 수사 중인 검사 또는 사법경찰관은 심문기일까지 수사관계서류와 증거물을 법원에 제출하여야 하고, 피의자를 구금하고 있는 관서의 장은 위 심문기일에 피의자를 출석시켜야 한다.

ⓔ 의견진술 : 심문 시 공범의 분리심문 기타 수사상의 비밀보호를 위한 적절한 조치를 취하여야 하며, 검사, 변호인, 청구인은 심문기일에 출석하여 의견을 진술할 수 있다.

ⓜ 국선변호인의 선임 : 체포·구속 적부심사의 청구를 한 피의자에게 변호인이 없는 경우 형사소송법 제33조 규정에 의거 국선변호인을 선임하여야 하며, 국선변호인은 반드시 출석하여야 한다.

ⓗ 심문조서의 작성 : 체포·구속 적부심사의 심문기일에 법원사무관 등은 심문의 요지를 조서에 작성하여야한다.

ⓢ 구속기간 불 산입 : 법원이 수사관계서류와 증거물을 접수한 때부터 결정 후 검찰청에 반환된 때까지의 기간은 그 구속기간에 산입하지 아니한다.

> **판례** 구속된 피의자를 심문하고 그에 대한 피의자의 진술 등을 기재한 구속적부심문조서는 형사소송법 제311조가 규정한 문서에는 해당하지 않는다 할 것이나, 특히 신용할 만한 정황에 의하여 작성된 문서라고 할 것이므로 특별한 사정이 없는 한, 피고인이 증거로 함에 부동의하더라도 형사소송법 제315조 제3호에 의하여 당연히 그 증거능력이 인정된다(대판 2004.1.16. 선고 2003도5693).

(3) 법원의 결정

청구를 받은 법원은 청구서가 접수된 때부터 48시간 이내에 체포되거나 구속된 피의자를 심문하고 수사 관계 서류와 증거물을 조사하여 그 청구가 이유 없다고 인정한 경우에는 결정으로 기각하고, 이유 있다고 인정한 경우에는 결정으로 체포되거나 구속된 피의자의 석방을 명하여야 한다. 심사 청구 후 피의자에 대하여 공소제기가 있는 경우에도 또한 같다.

① 기각결정

㉠ 간이기각결정

ⓐ 청구권자 아닌 자가 청구하거나 동일한 체포영장 또는 구속영장의 발부에 대하여 재청구한 때

ⓑ 공범 또는 공동피의자의 순차청구가 수사방해의 목적임이 명백한 때에는 심문 없이 결정으로 청구를 기각할 수 있다(동조 ③).

ⓛ 기각결정

ⓐ 법원이 체포 또는 구속된 피의자를 심문하고 수사관계서류와 증거물을 조사하여 그 청구가 이유없다고 인정한 때에는 결정으로 기각하여야 한다(제214조의2 ③).

ⓑ 기각결정에 대하여는 검사뿐만 아니라 청구권자 쌍방 모두 항고하지 못한다(동조⑧).

② 석방결정

㉠ 법원이 적부심사의 청구를 이유있다고 인정한 때에는 결정으로 체포 또는 구속된 피의자의 석방을 명하여야 한다. 심사청구 후 피의자에 대하여 공소제기가 있는 경우에도 또한 같다(제214조의2 4항). 석방결정에 대해서도 항고할 수 없다(동조 8항).

㉡ 석방결정에 의하여 석방된 피의자는 도망하거나 죄증을 인멸하는 경우를 제외하고는 동일한 범죄사실에 관하여 재차 체포·구속을 할 수 없다(제214조의3 1항).

03 보증금납입 조건부 석방

1. 의 의

(1) 보증금납입조건부 석방결정은 구속된 피의자에 대해 구속적부심사의 청구가 있을 때에 법원의 재량으로 보증금의 납입을 조건으로 구속의 집행을 정지하는 결정을 말한다.

(2) 그러나 피의자가·구속적부심사의 청구가 있을 때에만 허용되며, 체포된 피의자에게는 보석청구권이 인정되지 않는다.

2. 내 용

(1) 피의자 보석의 청구

보증금납입조건부 석방결정에서 피의자의 보석청구는 인정되지 않고, 피의자가 구속적부심사를 청구한 경우 법원의 재량에 의해 보증금의 납입을 조건으로 피의자의 석방을 할 수 있을 뿐이다.

> **판례** 형사소송법은 수사단계에서의 체포와 구속을 명백히 구별하고 있고 이에 따라 체포와 구속의 적부심사를 규정한 같은 법 제214조의2에서 체포와 구속을 서로 구별되는 개념으로 사용하고 있는바, 같은 조 제4항에 기소 전 보증금납입을 조건으로 한 석방의 대상자가 구속된 피의자라고 명시되어 있고, 같은 법 제214조의3 제2항의 취지를 체포된 피의자에 대하여도 보증금납입을 조건으로 한 석방이 허용되어야 한다는 근거로 보기는 어렵다 할 것이어서 현행법상 체포된 피의자에 대하여는 보증금납입을 전제로 한 석방이 허용되지 않는다(대결 1997. 8. 27. 97모21).

(2) 보석결정의 조건

① 석방결정을 하는 경우에 주거의 제한, 법원 또는 검사가 지정하는 일시·장소에 출

<u>석할 의무 기타 적당한 조건</u>을 부과할 수 있다.

② 범죄의 성질 및 죄상, 증거의 증명력, 피고인의 전과·성격·환경 및 자산, 피해자에 대한 배상 등 범행 후의 정황에 관련된 사항을 고려하여 결정하여야 하나, 피고인의 자력 또는 자산 정도로는 이행할 수 없는 조건을 정할 수 없다.

> **참고** 피고인보석의 경우는 검사의 의견을 물어야 하나, 피의자보석의 경우는 검사의 의견을 물을 필요가 없다.

(3) 보석결정의 예외사유

① 죄증을 인멸할 염려가 있다고 믿을만한 충분한 이유가 있는 때

② 피해자, 당해 사건의 재판에 필요한 사실을 알고 있다고 인정되는 자 또는 그 친족의 생명·신체나 재산에 해를 가하거나 가할 염려가 있다고 믿을만한 충분한 이유가 있는 때는 피의자의 석방을 명할 수 없다.

3. 재체포·구속의 제한

1. 도망한 때
2. 도망하거나 죄증을 인멸할 염려가 있다고 믿을만한 충분한 이유가 있는 때
3. 출석요구를 받고 정당한 이유없이 출석하지 아니한 때
4. 주거의 제한 기타 법원이 정한 조건을 위반한 때에

위 어느 하나의 해당하는 사유가 있는 경우를 제외하고는 석방된 피의자에 대하여 동일한 범죄사실에 관하여 재차 체포 또는 구속하지 못한다.

4. 보증금의 몰수

(1) 임의적 몰수

① 재체포·재구속의 제한의 예외 사유로 구속하거나, 공소제기 후 석방된 자를 법원이 동일범죄사실로 재구속 할 때,

② 법원의 직권 또는 검사의 청구에 의하여 결정으로 납입된 보증금의 전부 또는 일부를 몰수할 수 있다.

(2) 필요적 몰수

법원은 석방된 피의자가 동일한 범죄사실에 관하여 <u>형의 선고를 받고 그 판결이 확정된</u> 후, 집행하기 위한 소환을 받고 정당한 이유 없이 출석하지 아니하거나 도망한 때에는 직권 또는 검사의 청구에 의하여 결정으로 보증금의 전부 또는 일부를 몰수하여야 한다.

5. 불복방법

보석결정과 성질 및 내용이 유사한 기소 전 보증금납입조건부 석방결정에 대하여도 항고할

수 있도록 하는 것이 균형에 맞는 측면도 있다 할 것이므로, 같은 법 제214조의2 제4항의 석방결정에 대하여는 피의자나 검사가 그 취소의 실익이 있는 한 같은 법 제402조에 의하여 항고할 수 있다.

> **판례** 형사소송법 제402조의 규정에 의하면, 법원의 결정에 대하여 불복이 있으면 항고를 할 수 있으나 다만 같은 법에 특별한 규정이 있는 경우에는 예외로 하도록 되어 있는바, 기소 후 보석결정에 대하여 항고가 인정되는 점에 비추어 그 보석결정과 성질 및 내용이 유사한 기소 전 보증금 납입 조건부 석방결정에 대하여도 항고할 수 있도록 하는 것이 균형에 맞는 측면도 있다 할 것이므로, 같은 법 제214조의2 제4항의 석방결정에 대하여는 피의자나 검사가 그 취소의 실익이 있는 한 같은 법 제402조에 의하여 항고할 수 있다(대판 1997. 8. 27. 자 97모21).

04 보 석

1. 서 설

(1) 의 의

보석이란 보증금의 납부나 일정한 조건을 부과하여 구속의 집행을 정지하고 구속된 피고인을 석방하는 제도이다.

(2) 제도의 취지

피고인에게 방어준비를 할 수 있는 신체의 자유를 허용하여 인권보장과 당사자주의 실현에 기여하며, 국고의 절감, 장기미결 구금으로 인한 죄수 간의 악영향 방지에 기여한다.

2. 보석의 종류

보석은 보석청구의 유무에 따라, 청구에 의하여 법원이 보석을 허가하는 청구보석과 청구에 의하지 않고 법원이 직권으로 하는 직권보석이 있으며, 법원의 재량의 유무에 따라 필요적 보석과 임의적 보석으로 구분한다. 현행법은 필요적 보석을 원칙으로 하고, 임의적 보석은 보충적으로 인정하고 있다.

(1) 필요적 보석

필요적 보석은 보석의 청구가 있으면 제외사유가 없는 한 허가해야 한다.

> 제95조 【필요적 보석】 보석의 청구가 있는 때에는 다음 이외의 경우에는 보석을 허가하여야 한다.
> 1. 피고인이 사형, 무기 또는 장기 10년이 넘는 징역이나 금고에 해당하는 죄를 범한 때
> 2. 피고인이 누범에 해당하거나 상습범인 죄를 범한 때
> 3. 피고인이 죄증을 인멸하거나 인멸할 염려가 있다고 믿을만한 충분한 이유가 있는 때
> 4. 피고인이 도망하거나 도망할 염려가 있다고 믿을만한 충분한 이유가 있는 때
> 5. 피고인의 주거가 분명하지 아니한 때
> 6. 피고인이 피해자, 당해 사건의 재판에 필요한 사실을 알고 있다고 인정되는 자 또는 그 친족의 생명·신체나 재산에 해를 가하거나 가할 염려가 있다고 믿을만한 충분한 이유가 있는 때

① 제1호는 실형의 개연성이 크기 때문이며, 형의 경중은 **법정형을 기준으로** 하며, 피고인이 범한 죄는 공소장에 기재된 죄를 기준으로 한다.

② 제5호는 주거의 불명은 법원이 피고인의 주거를 알 수 없는 경우를 말한다.

> **참고** 피고인이 주거에 대해 진술거부권을 행사하고 있어도 법원이 알고 있으면 제외된다.

(2) 임의적 보석

> 제96조 【임의적 보석】 법원은 제95조의 규정에 불구하고 상당한 이유가 있는 때에는 직권 또는 제94조에 규정한 자의 청구에 의하여 결정으로 보석을 허가할 수 있다.

> **판례** 1. 피고인이 집행유예의 기간 중에 있어 집행유예의 결격자라고 하여 보석을 허가할 수 없는 것은 아니고 형사소송법 제95조는 그 제1호 내지 5호 이외의 경우에는 필요적으로 보석을 허가하여야 한다는 것이지 여기에 해당하는 경우에는 보석을 허가하지 아니할 것을 규정한 것이 아니므로 집행유예기간 중에 있는 피고인의 보석을 허가한 것이 누범과 상습범에 대하여는 보석을 허가하지 아니할 수 있다는 형사소송법 제95조 제2호의 취지에 위배되어 위법이라고 할 수 없다(대결 1990.4.18, 90모22).
>
> 2. 사회보호법 제13조 제4항은 보호구속된 보호대상자에 대한 형사소송법 제94조, 제96조의 적용을 배제하고 있으므로 사회보호법에 의하여 보호구속된 자는 보석청구를 할 수 없고 또 이들에 대한 직권보석의 결정도 할 수 없다(대판 82모53).

3. 보석의 절차

(1) 보석의 청구권자

① 피고인, 피고인의 변호인 · 법정대리인 · 배우자 · 직계친족 · 형제자매 · 가족 · 동거인 또는 고용주는 법원에 구속된 피고인의 보석을 청구할 수 있다.

② 청구의 방식
보석의 청구는 서면으로 공소제기 후 재판의 확정 전까지 심급을 불문하고 할 수 있으며, 피고인이 구속집행정지 중에도 가능하다.

(2) 검사의 의견

> 제97조 【보석 · 구속의 취소와 검사의 의견】 ① 재판장은 보석에 관한 결정을 하기 전에 검사의 의견을 물어야 한다.
> ② 구속의 취소에 관한 결정을 함에 있어서도 검사의 청구에 의하거나 급속을 요하는 경우 외에는 제1항과 같다.
> ③ 검사는 제1항 및 제2항에 따른 의견요청에 대하여 지체 없이 의견을 표명하여야 한다.

① 검사에게 의견을 구하는 주체를 재판장으로 명확히 규정하였으며(제1항),

② 검사가 지체 없이 의견을 표명할 의무가 있음을 명시하였다(제3항).

> 판례 검사의 의견청취의 절차는 보석에 관한 결정의 본질적 부분이 되는 것은 아니므로, 설사 법원이 검사의 의견을 듣지 아니한 채 보석에 관한 결정을 하였다고 하더라도 그 결정이 적정한 이상, 절차상의 하자만을 들어 그 결정을 취소할 수는 없다(대판 1997. 11. 27. 자 97모88).

(3) 법원의 심리

① 보석의 청구를 받은 법원은 지체 없이 심문기일을 정하여 구속된 피고인을 심문하여야 한다. 다만, 다음 각호의 1에 해당하는 때에는 심문없이 결정할 수 있다(규칙 제54조의2 1항).

1. 법 제94조에 규정된 청구권자 이외의 사람이 보석을 청구한 때
2. 동일한 피고인에 대하여 중복하여 보석을 청구하거나 재청구한 때
3. 공판기일에 피고인에게 그 이익되는 사실을 진술할 기회를 준 때
4. 이미 제출한 자료만으로 보석을 허가하거나 불허가할 것이 명백한 때

② 심문기일을 정한 법원은 즉시 검사, 변호인, 보석청구인 및 피고인을 구금하고 있는 관서의 장에게 심문기일과 장소를 통지하여야 하고, 피고인을 구금하고 있는 관서의 장은 위 심문기일에 피고인을 출석시켜야 한다(규칙 제54조의2 2항).

③ 위 통지는 서면 외에 전화 또는 모사전송기 기타 상당한 방법에 의하여 이를 할 수 있다. 이 경우 통지의 증명은 그 취지를 심문조서에 기재함으로써 할 수 있다(규칙 제54조의2 3항).

(4) 보석의 조건

보석 보증금 이외에 본인 서약서, 제3자의 출석보증서, 피해배상금의 공탁, 담보제공 등 다양한 석방조건을 도입하고 이를 병렬적으로 규정함으로써 금전적 부담이 없는 조건도 독립적인 석방조건이 될 수 있게 하였다.

① 보석조건

제98조 【보석의 조건】 법원은 제98조의 조건을 정할 때 다음 각 호의 사항을 고려하여야 한다
1. 법원이 지정하는 일시·장소에 출석하고 증거를 인멸하지 아니하겠다는 서약서를 제출할 것
2. 법원이 정하는 보증금 상당의 금액을 납입할 것을 약속하는 약정서를 제출할 것
3. 법원이 지정하는 장소로 주거를 제한하고 이를 변경할 필요가 있는 경우에는 법원의 허가를 받는 등 도주를 방지하기 위하여 행하는 조치를 수인할 것
4. 피해자, 당해 사건의 재판에 필요한 사실을 알고 있다고 인정되는 자 또는 그 친족의 생명·신체·재산에 해를 가하는 행위를 하지 아니하고 주거·직장 등 그 주변에 접근하지 아니할 것
5. 피고인 외의 자가 작성한 출석보증서를 제출할 것
6. 법원의 허가없이 외국으로 출국하지 아니할 것을 서약할 것
7. 법원이 지정하는 방법으로 피해자의 권리회복에 필요한 금원을 공탁하거나 그에 상당한 담보를 제공할 것
8. 피고인 또는 법원이 지정하는 자가 보증금을 납입하거나 담보를 제공할 것
9. 그 밖에 피고인의 출석을 보증하기 위하여 법원이 정하는 적당한 조건을 이행할 것

ⓘ 본인 서약서 : 제1호는 피고인 본인이 출석을 약속하면서 작성하는 서약서인데 가장 간편하게 이행할 수 있는 조건이다.

ⓛ 본인의 보증금약정서 : 제2호는 현실적으로 보증금을 납입할 필요는 없으나 피고인이 정당한 이유없이 출석약속 등을 위반한 경우에 보증금을 납부하겠다는 의사를 표시하는 서면을 제출하는 석방조건으로 경제적 약자에게 보석기회를 부여하는 기능을 한다.

ⓒ 주거의 제한 : 제3호는 법원이 지정하는 장소로 주거를 제한하고 그 변경시에 법원의 허가를 받게 하는 석방조건으로서 치료를 위하여 입원하는 경우 등에 활용이 가능하다.

ⓔ 부작위 의무부담 : 제4호는 피해자나 증인 또는 그 가족에게 접근하거나 위해를 가하지 말라는 부작위 의무를 부담시키는 석방조건이다. 이러한 의무를 부과하게 되면 한편으로는 증거인멸의 우려가 감소될 수 있고 다른 한편으로는 피해자의 보호도 함께 달성할 수 있다.

ⓜ 제3자의 출석보증서 : 제5호는 피고인 이외의 자가 작성한 출석보증서를 제출하는 석방조건이다. 이 석방조건의 실효성을 높이기 위하여 출석보증인에게 500만 원 이하 의 과태료 제재를 가할 수 있게 하였다.

ⓗ 출국금지 : 제6호는 피고인이 법원의 허가없이 출국하지 않겠다는 서약을 하거나 피고인에 대한 출국금지 조치를 수인할 의무를 부과하는 석방조건이다.

ⓢ 피해배상금의 공탁 : 제7호는 피해자의 권리회복에 필요한 금원을 공탁하거나 그에 상당한 담보를 제공하는 석방조건이다.

ⓞ 보증금 또는 담보제공 : 제8호는 피고인 또는 법원이 지정하는 자가 보증금을 납부하거나 담보를 제공하는 석방조건을 말한다. 전형적인 출석담보수단으로서 보증금 이외에 담보제공이 추가되었다.

ⓩ 법원의 조건 : 제9호는 법률에 구체적으로 나열된 석방조건 이외에 법원이 적당하다고 판단하는 석방조건을 부과할 수 있게 하는 규정이다.

② 보석조건의 결정시 고려사항

법원은 보석의 조건을 정함에 있어서 다음 각 호의 사항을 고려하여야 하나, 피고인의 <u>자금능력 또는 자산정도</u>로는 이행할 수 없는 조건을 정할 수 없다(제99조②).

　1) 범죄의 성질 및 죄상(罪狀)

　2) 증거의 증명력

　3) 피고인의 전과 · 성격 · 환경 및 자산

　4) 피해자에 대한 배상 등 범행 후의 정황에 관련된 사항

(5) 법원의 보석허가 결정

> **규칙** 제55조 【보석 등의 결정기한】 법원은 특별한 사정이 없는 한 보석 또는 구속취소의 청구를 받은 날부터 7일 이내에 그에 관한 결정을 하여야 한다.
>
> 제55조의2 【불허가 결정의 이유】 보석을 허가하지 아니하는 결정을 하는 때에는 결정이유에 법 제95조 각호 중 어느사유에 해당하는지를 명시하여야 한다.

보석의 청구 또는 검사 아닌 자의 구속취소청구에 대하여는 검사의 의견서 제출일 또는 법 제97조 제1항의 단서의 기간종료일로부터 7일 이내에 보석의 허부 또는 구속취소여부의 결정을 하여야 한다.

① 청구기각 결정 : 보석청구가 부적합하거나 이유가 없을 때에는 결정으로 보석의 청구를 기각하여야 한다.

② 보석 허가 결정 : 피고인의 출석을 보증할 수 있는 보증금을 정해야 하고 적당한 조건을 부과할 수 있다. 이 결정에 대하여 검사는 보통항고는 할 수 있으나 즉시항고는 할 수 없다.

> **판례** 형사소송규칙 제54조의2는 보석청구를 받은 법원이 지체 없이 심문기일을 정하여 구속 피고인을 심문하도록 규정한 것이지 항고심에서도 필요적으로 피고인을 심문하도록 규정한 것이 아니다(대판 1991.8.13. 자 91모53).

(6) 보석집행의 절차

> 제100조 【보석집행의 절차】 ① 제98조제1호 · 제2호 · 제5호 · 제7호 및 제8호의 조건은 이를 이행한 후가 아니면 보석허가결정을 집행하지 못하며, 법원은 필요하다고 인정하는 때에는 다른 조건에 관하여도 그 이행 이후 보석허가결정을 집행하도록 정할 수 있다.
> ② 법원은 보석청구자 이외의 자에게 보증금의 납입을 허가할 수 있다.
> ③ 법원은 유가증권 또는 피고인 이외의 자가 제출한 보증서로써 보증금에 갈음함을 허가할 수 있다.
> ④ 전항의 보증서에는 보증금액을 언제든지 납입할 것을 기재하여야 한다.
> ⑤ 법원은 보석허가결정에 따라 석방된 피고인이 보석조건을 준수하는데 필요한 범위 안에서 관공서나 그 밖의 공사단체에 대하여 적절한 조치를 취할 것을 요구할 수 있다.

① 선 석방 후 이행 : 제1호 본인 서약서, 제2호 본인 보증금 약정서, 제5호 제3자의 출석보증서, 제7호 피해액 공탁 조건, 제8호 보증금 또는 담보 제공에 관하여는 선이행 조건으로 규정하고 나머지는 선 석방 후 이행하도록 규정하였다.

② 선이행 : 법원이 지정하는 다양한 보석조건이 부과될 수 있으므로 선이행이 필요하다고 판단하면 개별적인 조건의 선이행 여부를 법원이 정할 수 있도록 하였다.

③ 보석조건이 피고인의 출석을 담보할 수 있도록 필요한 조치를 강구하여야 하는 경우가 있을 수 있으므로 법원이 보석조건의 준수에 필요한 범위 내에서 공무소 또는 공사단체에 필요한 조치를 취할 것을 요구할 수 있다.

판례 검사가 형사소송법 제403조 제2항에 의한 보통항고의 방법으로 보석허가결정에 대하여 불복하는 것은 허용된다(대결 1997.4.18, 97모26).

(7) 보석조건의 위반

① 피고인에게 과태료·감치 : 피고인이 보석조건을 준수하도록 심리적 강제효과를 높이기 위하여 정당한 이유없이 보석조건을 위반한 경우에는 피고인에게 1,000만원 이하의 과태료나 20일 이하의 감치에 처할 수 있게 하였다(제102조 3항). 이와 같은 제재는 보석을 취소한 경우에도 할 수 있고, 보석의 취소 없이도 부과할 수 있다.

② 출석보증인에게 과태료 : 보증금을 납입할 능력이 없는 피고인에게 제3자의 출석보증서로 석방된 피고인이 정당한 사유없이 불출석하는 경우에는 법원은 출석보증인에게 500만원 이하의 과태료를 부과할 수 있게 하였다(제100조의2).

③ 즉시항고 : 피고인과 출석보증인의 과태료처분에 대하여는 집행정지의 효력이 있는 즉시항고를 할 수 있다.

(8) 보석조건의 변경과 취소

제102조 【보석조건의 변경과 취소 등】 ① 법원은 직권 또는 제94조에 규정된 자의 신청에 따라 결정으로 피고인의 보석조건을 변경하거나 일정기간 동안 당해 조건의 이행을 유예할 수 있다.
② 법원은 피고인이 다음 각 호의 어느 하나에 해당하는 경우에는 직권 또는 검사의 청구에 따라 결정으로 보석 또는 구속의 집행정지를 취소할 수 있다. 다만, 제101조 제4항에 따른 구속영장의 집행정지는 그 회기 중 취소하지 못한다.
  1. 도망한 때
  2. 도망하거나 죄증을 인멸할 염려가 있다고 믿을만한 충분한 이유가 있는 때
  3. 소환을 받고 정당한 사유없이 출석하지 아니한 때
  4. 피해자, 당해 사건의 재판에 필요한 사실을 알고 있다고 인정되는 자 또는 그 친족의 생명·신체·재산에 해를 가하거나 가할 염려가 있다고 믿을 만한 충분한 이유가 있는 때
  5. 법원이 정한 조건을 위반한 때
③ 법원은 피고인이 정당한 사유 없이 보석조건을 위반한 경우에는 결정으로 피고인에 대하여 1천만원 이하의 과태료를 부과하거나 20일 이내의 감치에 처할 수 있다.
④ 제3항의 결정에 대하여는 즉시항고를 할 수 있다.

① 보석조건의 변경 : 보석기간이 경과함에 따라 도주나 증거인멸의 우려가 증감할 수 있고 이에 따라 더 적절한 보석조건이 고려될 수 있으므로, 법원은 직권 또는 보석청구권자의 신청에 따라 보석조건을 변경하거나 일정기간 동안 당해조건의 이행을 유예할 수 있게 하였다(제102조 1항).

② 보석조건의 취소 : 보석취소사유에 해당하는 경우 법원이 의무적으로 보석을 취소하는 것이 아니라 법원의 직권 또는 검사의 청구에 따라 보석 또는 구속의 집행정지를 취소할 수 있도록 하였다. 다만, 제101조 제4항에 따른 구속영장의 집행정지는 그 회기 중 취소하지 못한다(제102조 2항).

1. 도망한 때

2. 도망하거나 죄증을 인멸할 염려가 있다고 믿을만한 충분한 이유가 있는 때

3. 소환을 받고 정당한 사유없이 출석하지 아니한 때

4. 피해자, 당해 사건의 재판에 필요한 사실을 알고 있다고 인정되는 자 또는 그 친족의 생명·신체·재산에 해를 가하거나 가할 염려가 있다고 믿을 만한 충분한 이유가 있는 때

5. 법원이 정한 조건을 위반한 때

③ 보석취소의 결정이 있는 때는 새로운 구속영장없이 검사는 그 취소결정의 등본에 의하여 피고인을 재구금하여야 한다.

> [판례] 1. 보석허가결정의 취소는 그 취소결정을 고지하거나 결정법원에 대응하는 검찰청 검사에게 결정서를 교부 또는 송달함으로써 즉시 집행할 수 있는 것이고 그 결정등본이 피고인에게 송달(또는 고지)되어야 집행할 수 있는 것은 아니다(대판 1983.4.21. 자 83모19).
> 2. 고등법원이 한 보석취소결정에 대하여는 집행정지의 효력을 인정할 수 없다. 그 이유는 제1심 법원이 한 보석취소결정에 대하여 불복이 있으면 보통항고를 할 수 있고 (형사소송법 제102조 제2항, 제402조, 제403조 제2항), 보통항고에는 재판의 집행을 정지하는 효력이 없다(형사소송법 제409조). 이는 결정과 동시에 집행력을 인정함으로써 석방되었던 피고인의 신병을 신속히 확보하려는 것으로, 당해 보석취소결정이 제1심 절차에서 이루어졌는지 항소심 절차에서 이루어졌는지 여부에 따라 그 취지가 달라진다고 볼 수 없다.(대법원 2020. 10. 29. 자 2020모633)

⑼ 보석에 대한 불복

보석취소결정이나 검사의 보석취소청구에 대한 기각결정에 대해 피고인이나 검사 모두 항고할 수 있다(제403조 제2항).

⑽ 보석의 실효

> 제104조의2 【보석조건의 효력상실 등】 ① 구속영장의 효력이 소멸한 때에는 보석조건은 즉시 그 효력을 상실한다.
> ② 보석이 취소된 경우에도 제1항과 같다. 다만, 제98조 제8호의 조건은 예외로 한다.

① 보석의 실효는 보석의 취소와 구속영장의 실효에 의해 발생한다. 무죄나 면소판결이 선고된 경우와 자유형이나 사형이 확정된 경우도 구속영장이 실효되므로 보석도 효력을 잃는다.

② 피고인 또는 법원이 지정한 자가 보증금을 납입하거나 담보를 제공할 것의 조건은 당연히 실효되는 대상에서 예외로 한다.

5. 보증금의 몰수와 환부

⑴ 보증금의 몰수

① 임의적 몰수 : 법원은 보석을 취소하는 때에는 직권 또는 검사의 청구에 따라 결정으로 보증금 또는 담보의 전부 또는 일부를 몰취할 수 있다(제103조 제1항).

② 필요적 몰수 : 법원은 보증금의 납입 또는 담보제공을 조건으로 석방된 피고인이 동일한 범죄사실에 관하여 형의 선고를 받고 그 판결이 확정된 후 <u>집행하기 위한 소환</u>을 받고 정당한 사유없이 출석하지 아니하거나 도망한 때에는 직권 또는 검사의 청구에 따라 결정으로 보증금 또는 담보의 전부 또는 일부를 몰취하여야 한다(제103조 제2항).

(2) 보증금의 환부

구속 또는 보석을 취소하거나 구속영장의 효력이 소멸된 때에는 몰취하지 아니한 보증금 또는 담보를 청구한 날로부터 7일 이내에 환부하여야 한다(제104조).

> **판례** 1. 보석보증금을 몰수하려면 반드시 보석취소와 동시에 하여야만 가능한 것이 아니라 보석취소 후에 별도로 보증금몰수결정을 할 수도 있다. 그리고 형사소송법 제104조가 구속 또는 보석을 취소하거나 구속영장의 효력이 소멸된 때에는 몰수하지 아니한 보증금을 청구한 날로부터 7일 이내에 환부하도록 규정되어 있다고 하여도, 이 규정의 해석상 보석취소 후에 보증금몰수를 하는 것이 불가능하게 되는 것도 아니다(대판 2001.5.29. 자 2000모22).
>
> 2. 보증금몰수사건은 그 성질상 당해 형사본안 사건의 기록이 존재하는 법원 또는 그 기록을 보관하는 검찰청에 대응하는 법원의 토지관할에 속하고, 그 법원이 지방법원인 경우는 지방법원 단독판사에게 속하는 것이지 소송절차 계속 중에 보석허가결정 또는 그 취소결정 등을 본안 관할법원인 제1심 합의부 또는 항소심인 합의부에서 한 바 있었다고 하여 그러한 법원이 사물관할을 갖게 되는 것은 아니다(대결 2002.5.17. 자 2001모53).

05 구속의 집행정지와 실효

1. 구속의 집행정지

(1) 의 의

구속의 집행정지란 법원은 상당한 이유가 있는 때에는 결정으로 <u>구속된 피고인을 친족 · 보호단체 기타 적당한 자에게 부탁</u>하거나 피고인의 <u>주거를 제한</u>하여 구속의 집행을 정지할 수 있고, 구속된 피의자의 경우 검사 또는 사법경찰관이 구속의 집행을 정지할 수 있으나 사법경찰관은 검사의 지휘를 받아야 한다.

> **참고** 법원은 상당한 이유가 있는 때에는 결정으로 구속된 피고인을 친족 · 보호단체 기타 적당한 자에게 부탁하거나 피고인의 주거를 제한하여 구속의 집행을 정지할 수 있다(제101조 제 항). 그러나 **피고인에 대한 구속 집행정지는 법원이 직권으로 행하므로 피고인 또는 변호인은 구속집행정지를 청구할 권리는 없다.**

(2) 절 차

① 검사의 의견 : 법원이 결정을 함에는 검사의 의견을 물어야 한다. 단, 급속을 요하는

경우에는 그러하지 아니하다.

② 항 고 : 법원의 결정에 대하여는 검사는 헌재의 위헌결정으로 즉시 항고할 수 없다.

> **판례** 구속집행정지결정에 대한 검사의 즉시항고를 인정하는 이 사건 법률조항은 검사의 불복을 그 피고인에 대한 구속집행을 정지할 필요가 있다는 법원의 판단보다 우선시킬 뿐만 아니라, 사실상 법원의 구속집행정지 결정을 무의미하게 할 수 있는 권한을 검사에게 부여한 것이라는 점에서 헌법 제12조 제3항의 영장주의, 헌법 제12조 제1항의 적법절차원칙에도 위배된다(2012.6.27. 2011헌가36).

③ 국회의원에 대한 석방요구 : 헌법 제44조에 의하여 구속된 국회의원에 대한 석방요구 가 있으면 당연히 구속영장의 집행이 정지된다. 석방요구의 통고를 받은 검찰총장은 즉시 석방을 지휘하고 그 사유를 수소법원에 통지하여야 한다.

(3) 구속집행정지의 취소

법원은 피고인이 다음 각 호의 어느 하나에 해당하는 경우에는 직권 또는 검사의 청구에 따라 결정으로 구속의 집행정지를 취소할 수 있다. 다만, 국회의원에 대한 구속영장의 집행정지는 그 회기 중 취소하지 못한다.

① 도망한 때

② 도망하거나 죄증을 인멸할 염려가 있다고 믿을 만한 충분한 이유가 있는 때

③ 소환을 받고 정당한 사유없이 출석하지 아니한 때

④ 피해자, 당해 사건의 재판에 필요한 사실을 알고 있다고 인정되는 자 또는 그 친족의 생 명·신체·재산에 해를 가하거나 가할 염려가 있다고 믿을 만한 충분한 이유가 있는 때

⑤ 법원이 정한 조건을 위반한 때

2. 구속의 실효

(1) 구속의 취소

① 사유 및 절차

㉠ 법원은 구속의 사유가 없거나 소멸된 때에는 직권 또는 검사, 피고인, 변호인과 제 30조 제2항에 규정한 자(피고인 또는 피의자의 법정대리인, 배우자, 직계친족과 형제자매)의 청구에 의하여 결정으로 구속을 취소하여야 한다(제93조).

㉡ 구속된 피의자에 대해서는 검사 또는 사법경찰관이 결정으로 취소한다(제209조).

② 검사의 의견 : 재판장은 구속의 취소에 관한 결정을 하기 전에 검사의 청구에 의하거 나 급속을 요하는 경우 외에는 검사의 의견을 물어야 한다. 검사는 의견요청에 대하 여 지체 없이 의견을 표명하여야 한다.

(2) 구속의 당연실효

① 구속기간의 만료 : 피의자·피고인에 대한 구속기간이 만료되면 구속영장의 효력은

당연히 상실한다. 그러나 판례는 구속기간이 만료되더라도 구속영장의 효력이 당연히 상실되는 것은 아니라는 입장을 취하고 있다.

② 체포·구속적부심사에 의한 석방결정 : 체포·구속적부심사절차에서 석방결정을 한 경우에는 구속영장의 효력이 상실한다.

③ 구속영장의 실효 : 무죄, 면소, 형의 면제, 형의 선고유예, 형의 집행유예, 공소기각 또는 벌금이나 과료를 과하는 판결이 선고된 때에는 구속영장은 효력을 잃는다.

④ 사형, 자유형의 확정 : 사형 또는 자유형의 판결이 확정되면 자유형은 형의 집행이 시작되고, 사형은 집행시까지 미결구금되므로 구속영장의 효력이 상실한다.

> **참고** 관할위반 판결의 선고는 구속영장의 실효사유에 해당하지 않는다.

> **판례** 1. 형사소송법 제331조에 의하면 무죄 등 판결 선고와 동시에 바로 구속영장의 효력이 상실되는 것이므로, 무죄 등 판결을 받은 피고인은 법정에서 즉시 석방되어야 하는 것이다. 바꾸어 말하면 교도관이 석방절차를 밟는다는 이유로 법정에 있는 석방대상 피고인을 그의 의사에 반하여 교도소로 다시 연행하는 것은 어떠한 이유를 내세운다고 할지라도 헌법상의 정당성을 갖는다고 볼 수 없는 것이다(헌재 1997.12.24. 95헌마247).
>
> 2. 체포, 구금 당시에 헌법 및 형사소송법에 규정된 사항(체포, 구금의 이유 및 변호인의 조력을 받을 권리) 등을 고지받지 못하였고, 그 후의 구금기간 중 면회거부 등의 처분을 받았다 하더라도 이와 같은 사유는 형사소송법 제93조 소정의 구속취소사유에는 해당하지 아니한다(대결 1991.12.30. 자 91모76).
>
> 3. 피고인에 대한 형이 그대로 확정된다고 하더라도 잔여형기가 8일 이내이고 또한 피고인의 주거가 일정할 뿐 아니라 증거인멸이나 도망의 염려도 없어 보인다면 피고인을 구속할 사유는 소멸하였다 보아야 할 것이니 구속취소 신청은 이유 있다(대결 1983.8.18. 자 83모42).
>
> 4. 형사소송법 제93조에 의한 구속의 취소는 구속영장에 의하여 구속된 피고인에 대하여 구속의 사유가 없거나 소멸된 때에 법원이 직권 또는 피고인 등의 청구에 의하여 결정으로 구속을 취소하는 것으로서, 그 결정에 의하여 구속영장이 실효되므로, 구속영장의 효력이 존속하고 있음을 전제로 하는 것이고, 다른 사유로 이미 구속영장이 실효된 경우에는 피고인이 계속 구금되어 있더라도 위 규정에 의한 구속의 취소 결정을 할 수 없다(대결 1999.9.7. 자 99초355,99도3454).

구 분	체포 · 구속적부심	피의자보석	피고인보석	구속의 집행정지	구속의 취소
주체	법원	법원	법원	법원, 검사, 사법경찰관	법원, 검사, 사법경찰관
대상	피의자	피의자	피고인	피의자, 피고인	피의자, 피고인
사유	불법 · 부당	법원의 재량	필요적 보석 원칙	상당한 이유가 있을 때	구속의 사유가 없거나,소멸될 때
영장의 효력	소멸	유지	유지	유지	소멸
보증금제도	없다	있다	있다	없다	없다
청구권자	피의자, 변호인, 법정대리인배우자, 직계친족, 형제자매, <u>가족, 동거인, 고용주</u>		피고인, 변호인, 법정대리인,배우자, 직계친족, 형제자매 <u>가족, 동거인 고용주</u>		검사, 피고인, 변호인, 법정대리인, 배우자, 직계친족, 형제자매, 피의자
불복방법	항고불가	보통항고	보통항고	보통항고	즉시항고

제5절 | 압수 · 수색 · 검증

01 압수 · 수색

1. 의 의

(1) 압 수

수사상 압수는 증거방법으로 의미가 있는 물건이나 몰수가 예상되는 물건의 점유를 취득하는 강제처분으로 압류, 영치가 있다.

① 압 류 : 물리적 강제력을 사용하여 물건의 점유를 점유자 · 소유자의 의사에 반하여 수사기관 또는 법원에 이전하는 강제처분을 말한다.

② 영 치 : 소유자, 소지자 등이 임의로 제출하거나 유류한 물건에 대하여 계속 점유하는 것이다(제218조).

참고 제출명령은 일정한 물건의 제출을 명하는 법원의 처분으로 수사기관의 강제처분에는 제출명령은 포함되지 않는다.

(2) 수 색

수색이란 압수할 물건 또는 체포할 사람의 발견을 목적으로 주거, 물건, 사람의 신체 또는 기타 장소에 대하여 행하는 강제처분을 말한다.

2. 압수 · 수색의 요건

(1) 범죄정황 및 사건과의 관련성

범죄수사가 필요한 때에는 피의자가 죄를 범하였다고 의심할 만한 정황이 있고 해당 사건과 관계가 있다고 인정할 수 있는 것에 한정하여 검사는 지방법원판사에게 청구하여 발부받은 영장에 의하여 압수, 수색 또는 검증을 할 수 있다.

(2) 압수 · 수색의 필요성

압수 · 수색은 증거수집과 범죄수사를 위하여 필요한 때에만 인정된다. 즉 압수 · 수색은 그 대상물이 피의사실과의 관련이 있어야 한다.

(3) 비례성

압수 · 수색은 증거물 · 몰수물의 수집보전에 불가피한 범위에 그쳐야 하며, 압수 · 수색에 의한 기본권 침해는 범죄의 중대성과 균형을 이루어야 한다.

판례 1. 영장 발부의 사유로 된 범죄 혐의사실과 무관한 별개의 증거를 압수하였을 경우 이는 원칙적으로 유죄 인정의 증거로 사용할 수 없다. 그러나 압수·수색의 목적이 된 범죄나 이와 관련된 범죄의 경우에는 그 압수·수색의 결과를 유죄의 증거로 사용할 수 있다. 이러한 객관적 관련성은 압수·수색영장에 기재된 혐의사실의 내용과 수사의 대상, 수사 경위 등을 종합하여 구체적·개별적 연관관계가 있는 경우에만 인정된다고 보아야 하고, 혐의사실과 단순히 동종 또는 유사 범행이라는 사유만으로 객관적 관련성이 있다고 할 것은 아니다(대판 2020. 2. 13. 선고 2019도14341, 2019전도130).

2. 형사소송법 제215조에 의하면 검사나 사법경찰관이 범죄수사에 필요한 때에는 영장에 의하여 압수를 할 수 있으나, 여기서 범죄수사에 필요한 때라 함은 단지 수사를 위해 필요할 뿐만 아니라 강제처분으로서 압수를 행하지 않으면 수사의 목적을 달성할 수 없는 경우를 말하고, 그 필요성이 인정되는 경우에도 무제한적으로 허용되는 것은 아니며, 압수물이 증거물 내지 몰수하여야 할 물건으로 보이는 것이라 하더라도, 범죄의 형태나 경중, 압수물의 증거가치 및 중요성, 증거인멸의 우려 유무, 압수로 인하여 피 압수자가 받을 불이익의 정도 등 제반사정을 종합적으로 고려하여 판단해야 한다(대판 2004. 3. 23. 자 2003모126).

3. 검사가 이 사건 준 항고인들의 폐수무단방류 혐의가 인정된다는 이유로 준 항고인들의 공장부지, 건물, 기계류 일체 및 폐수운반차량 7대에 대하여 한 압수처분은 수사상의 필요에서 행하는 압수의 본래의 취지를 넘는 것으로 상당성이 없을 뿐만 아니라, 수사상의 필요와 그로 인한 개인의 재산권 침해의 정도를 비교 형량해보면 비례성의 원칙에 위배되어 위법하다(대판 2004. 3. 23. 자 2003모126).

3. 압수의 목적물

(1) 증거물 또는 몰수물(제106조)

① 법원 또는 수사기관은 필요한 때에는 피고사건과 관계가 있다고 인정할 수 있는 것에 한정하여 증거물 또는 몰수할 것으로 사료하는 물건을 압수할 수 있다. 단, 법률에 다른 규정이 있는 때에는 예외로 한다.

② 법원은 압수의 목적물이 컴퓨터용 디스크, 그밖에 이와 비슷한 정보저장매체인 경우에는 기억된 정보의 범위를 정하여 출력하거나 복제하여 제출받아야 한다. 다만, 범위를 정하여 출력 또는 복제하는 방법이 불가능하거나 압수의 목적을 달성하기에 현저히 곤란하다고 인정되는 때에는 정보저장매체 등을 압수할 수 있다.

③ 법원은 제3항에 따라 정보를 제공받은 경우 「개인정보보호법」 제2조 제3호에 따른 정보주체에게 해당 사실을 지체 없이 알려야 한다.

참고 증거물은 절차확보를 목적으로 하고, 몰수물은 필요적 몰수뿐만 아니라 임의적 몰수도 대상이 되며 형 집행을 목적으로 한다.

(2) 압 수

① 정보저장매체 : 법원은 압수의 목적물이 컴퓨터용디스크, 그 밖에 이와 비슷한 정보저장매체(이하 이 항에서 "정보저장매체등"이라 한다)인 경우에는 기억된 정보의 범위를 정하여 출력하거나 복제하여 제출받아야 한다. 다만, 범위를 정하여 출력 또는 복제하는 방법이 불가능하거나 압수의 목적을 달성하기에 현저히 곤란하다고 인정되는 때에는 정보저장매체등을 압수할 수 있다. 법원은 정보를 제공받은 경우 「개인정보

보호법」에 따른 **정보주체에게 해당 사실을 지체 없이 알려야 한다**(제106조 ③).

② 우체물 : 법원은 필요한 때에는 피고사건과 관계가 있다고 인정할 수 있는 것에 한정하여 우체물 또는 「통신비밀보호법」 제2조 제3호에 따른 전기통신에 관한 것으로서 체신관서, 그 밖의 관련 기관 등이 소지 또는 보관하는 물건의 제출을 명하거나 압수를 할 수 있다. 처분을 할 때에는 발신인이나 수신인에게 그 취지를 통지하여야 한다. 단, 심리에 방해될 염려가 있는 경우에는 예외로 한다(제107조).

③ 군사상 비밀 : 군사상 비밀을 요하는 장소는 그 **책임자의 승낙없이는 압수 또는 수색할 수 없으나**, 책임자는 국가의 중대한 이익을 해하는 경우를 제외하고는 승낙을 거부하지 못한다(제110조).

④ 공무상 비밀 : 공무원 또는 공무원이었던 자가 소지 또는 보관하는 물건에 관하여는 본인 또는 그 해당 공무소가 직무상의 비밀에 관한 것임을 신고한 때에는 그 소속공무소 또는 당해 감독관공서의 승낙없이는 압수하지 못하나, 국가의 중대한 이익을 해하는 경우를 제외하고는 승낙을 거부하지 못한다(제111조).

⑤ 업무상 비밀 : 변호사, 변리사, 공증인, 공인회계사, 세무사, 대서업자, 의사, 한의사, 치과의사, 약사, 약종상, 조산사, 간호사, 종교의 직에 있는 자 또는 이러한 직에 있던 자가 그 업무상 위탁을 받아 소지 또는 보관하는 물건으로 타인의 비밀에 관한 것은 압수를 거부할 수 있다. 단, 그 타인의 승낙이 있거나 중대한 공익상 필요가 있는 때에는 예외로 한다(제112조).

4. 수색의 대상

수색의 대상은 사람의 신체, 물건 또는 주거 기타 장소이며, 법원은 필요한 때에는 피고사건과 관계가 있다고 인정할 수 있는 것에 한정하여 피고인의 신체, 물건 또는 주거, 그 밖의 장소를 수색할 수 있다. 그러나 피고인이나 피의자 아닌 자에 관하여는 압수할 물건이 있음을 인정할 수 있는 경우에 한하여 수색할 수 있다(제109조 2항, 제219조).

5. 압수 · 수색의 절차

(1) 압수 · 수색영장

① 법원의 압수 · 수색 : 법원이 공판정 외에서 압수 · 수색을 할 때에는 영장을 발부하여야 한다. 그러나 공판정에서 압수 · 수색을 하는 경우에는 영장을 요하지 않는다(제113조).

② 영장의 방식 : 압수 · 수색영장에는 피고인의 성명, 죄명, 압수할 물건, 수색할 장소, 신체, 물건, 발부연월일, 유효기간과 그 기간을 경과하면 집행에 착수하지 못하며 영장을 반환하여야 한다는 취지 기타 대법원규칙으로 정한 사항을 기재하고 재판장 또는 수명법관이 서명 날인하여야 한다(제114조①).

> **참고** 압수 · 수색할 물건이 전기통신에 관한 것인 경우에는 작성기간을 기재하여야 한다(제114조).

③ 수사기관의 압수 · 수색(제215조)

㉠ 검사는 범죄수사에 필요한 때에는 피의자가 죄를 범하였다고 의심할 만한 정황이 있고 해당 사건과 관계가 있다고 인정할 수 있는 것에 한정하여 지방법원판사에게 청구하여 발부받은 영장에 의하여 압수, 수색 또는 검증을 할 수 있다.

㉡ 사법경찰관이 범죄수사에 필요한 때에는 피의자가 죄를 범하였다고 의심할 만한 정황이 있고 해당 사건과 관계가 있다고 인정할 수 있는 것에 한정하여 검사에게 신청하여 검사의 청구로 지방법원판사가 발부한 영장에 의하여 압수, 수색 또는 검증을 할 수 있다.

▶수사준칙 제37조: 검사 또는 사법경찰관은 압수 · 수색 또는 검증영장을 청구하거나 신청할 때에는 압수 · 수색 또는 검증의 범위를 범죄 혐의의 소명에 필요한 최소한으로 정해야 하고, 수색 또는 검증할 장소 · 신체 · 물건 및 압수할 물건 등을 구체적으로 특정해야 한다.

④ 압수 · 수색과 영장주의 : 별건압수나 별건수색은 허용되지 않으며, 동일한 영장으로 수회 같은 장소에서 압수 · 수색 · 검증을 할 수는 없다. 또한 영장에 기재된 사실과 별개의 사실에 대하여 영장을 유용하거나 압수 · 수색의 대상을 예비적으로 기재하는 것은 허용되지 않는다.

판례 1. 수사기관이 압수 · 수색영장을 제시하고 집행에 착수하여 압수 · 수색을 실시하고 그 집행을 종료하였다면 이미 그 영장은 목적을 달성하여 효력이 상실되는 것이고, 동일한 장소 또는 목적물에 대하여 다시 압수 · 수색할 필요가 있는 경우라면 그 필요성을 소명하여 법원으로부터 새로운 압수 · 수색영장을 발부받아야 하는 것이지, 앞서 발부 받은 압수 · 수색영장의 유효기간이 남아있다고 하여 이를 제시하고 다시 압수 · 수색을 할 수는 없다(대결 1999.12.1. 자 99모161).

2. 헌법과 형사소송법이 구현하고자 하는 적법절차와 영장주의의 정신에 비추어 볼 때, 법관이 압수 · 수색영장을 발부하면서 압수할 물건을 특정하기 위하여 기재한 문언은 엄격하게 해석하여야 하고, 함부로 피압수자 등에게 불리한 내용으로 확장 또는 유추 해석하여서는 안 된다. 따라서 압수 · 수색영장에서 압수할 물건을 압수장소에 보관 중인 물건이라고 기재하고 있는 것을 압수장소에 현존하는 물건으로 해석할 수는 없다(대판 2008도763).

3. 수사기관이 컴퓨터나 USB 등 저장매체 자체를 압수하여 수사기관 사무실로 가지고 온 것이 아니라, 압수 대상자의 USB에서 범죄혐의와 관련된 파일들만 수사기관의 USB에 복제하여 이를 수사기관 사무실로 가져온 경우이므로 압수 · 수색이 종료된 것으로 수사기관에서 그 USB안에 들어있는 파일을 탐색, 복제 등을 하는 때 피의자 등에게 참여권을 보장해 줄 필요가 없다(대판 2018.2.8. 2017도13263).

4. 수사기관이 범죄 증거를 수집할 목적으로 피의자의 동의 없이 피의자의 소변을 채취하는 것은 법원으로부터 감정허가장을 받아 형사소송법 제221조의4 제1항, 제 173조 제1항에서 정한 '감정에 필요한 처분으로 할 수 있지만(피의자를 병원 등에 유치할 필요가 있는 경우에는 형사소송법 제221조의3에 따라 법원으로부터 감정유치장을 받아야 한다), 형사소송법 제 219조, 제106조 제1항, 제109조에 따른 압수 · 수색의 방법으로도 할 수 있고, 이러한 압수 · 수색의 경우에도 수사기관은 원칙적으로 형사소송법 제215조에 따라 판사로부터 압수 · 수색영장을 적법하게 발부받아 집행해야 한다(대판 2018.7.12. 2018도6219).

5. 압수 · 수색영장은 처분을 받는 자에게 반드시 제시하여야 하는바, 현장에서 압수 · 수색을 당하는 사람이 여러 명일 경우에는 그 사람들 모두에게 개별적으로 영장을 제시해야 하는 것이 원칙이다. 수사기관이

압수 · 수색에 착수하면서 그 장소의 관리책임자에게 영장을 제시하였다고 하더라도, 물건을 소지하고 있는 다른 사람으로부터 이를 압수하고자 하는 때에는 그 사람에게 따로 영장을 제시하여야 한다(대판 2008도763).

6. 피의자 또는 변호인은 압수 · 수색영장의 집행에 참여할 수 있고, 압수 · 수색영장 을 집행함에는 원칙적으로 미리 집행의 일시와 장소를 피의자 등에게 통지하여야 하나 '급속을 요하는 때'에는 위와 같은 통지를 생략할 수 있다. 여기서 '급속을 요하는 때'라고 함은 압수 · 수색영장 집행 사실을 미리 알려주면 증거물을 은닉할 염려 등이 있어 압수 · 수색의 실효를 거두기 어려울 경우라고 해석함이 옳고, 그와 같이 합리적인 해석이 가능하므로 형사소송법 제122조 단서가 명확성의 원칙 등에 반하여 위헌이라고 볼 수 없다(대판 2012.10.11. 2012도7455).

7. 형사소송법 제216조 제3항의 요건 중 어느 하나라도 갖추지 못한 경우에 그러한 압수 · 수색 또는 검증은 위법 하며, 이에 대하여 사후에 법원으로부터 영장을 발부받았다고 하여 그 위법성이 치유되지 아니한다(대판 2017.11.29. 2014도16080).

8. 수사기관이 재항고인의 휴대전화 등을 압수할 당시 재항고인에게 압수 · 수색영장을 제시하였는데 재항고인이 영장의 구체적인 확인을 요구하였으나 수사기관이 영장의 범죄사실 기재 부분을 보여주지 않았고, 그 후 재항고인의 변호인이 재항고인에 대한 조사에 참여하면서 영장을 확인한 사안에서, 수사기관이 위 압수처분 당시 재항고인으로부터 영장 내용의 구체적인 확인을 요구받았음에도 압수 · 수색영장의 내용을 보여주지 않았던 것으로 보이므로 형사소송법 제219조, 제118조에 따른 적법한 압수 · 수색영장의 제시라고 인정하기 어렵다(대판 2020. 4. 16. 자 2019모3526).

9. 압수 · 수색의 방법으로 소변을 채취하는 경우 압수대상물인 피의자의 소변을 확보하기 위한 수사기관의 노력에도 불구하고, 피의자가 인근 병원 응급실 등 소변 채취에 적합한 장소로 이동하는 것에 동의하지 않거나 저항하는 등 임의동행을 기대할 수 없는 사정이 있는 때에는 수사기관으로서는 소변 채취에 적합한 장소로 피의자를 데려가기 위해서 필요최소한의 유형력을 행사하는 것이 허용된다(대법원 2018. 7. 12. 선고 2018도6219)

(2) 압수 · 수색영장의 집행

① 영장의 집행기관

㉠ 압수 · 수색영장은 검사의 지휘에 의하여 사법경찰관리가 집행한다. 단, 필요한 경우에는 재판장은 법원사무관 등에게 그 집행을 명할 수 있다. 법원사무관 등은 압수 · 수색영장의 집행에 관하여 필요한 때에는 사법경찰관리에게 보조를 구할 수 있다.

㉡ 검사는 관할구역 외에서도 집행을 지휘할 수 있고, 사법경찰관리도 압수 · 수색영장을 집행할 수 있다(제115조 2항).

② 영장의 집행방법

㉠ 압수 · 수색영장은 처분을 받는 자에게 반드시 집행 전에 제시하여야 하며, 긴급집행은 압수 · 수색의 경우에는 인정되지 않는다.

㉡ 압수 · 수색영장의 집행 중에는 타인의 출입을 금지할 수 있고, 이에 위배한 자에게는 퇴거하게 하거나 집행 종료시까지 간수자를 붙일 수 있다(제119조, 제219조).

㉢ 압수 · 수색영장의 집행에 있어서는 건정을 열거나 개봉 기타 필요한 처분을 할 수 있고, 이는 압수물에 대하여도 할 수 있다. 또한 타인의 비밀을 보지하여야 하며 처분 받은 자의 명예를 해하지 아니하도록 주의하여야 한다(제116조, 제219조).

▶수사준칙 제38조 ① 검사 또는 사법경찰관은 법 제219조에서 준용하는 법 제118조에 따라 영장을 제시할 때에는 피압수자에게 법관이 발부한 영장에 따른 압수·수색 또는 검증이라는 사실과 영장에 기재된 범죄사실 및 수색 또는 검증할 장소·신체·물건, 압수할 물건 등을 명확히 알리고, 피압수자가 해당 영장을 열람할 수 있도록 해야 한다. ② 압수·수색 또는 검증의 처분을 받는 자가 여럿인 경우에는 모두에게 개별적으로 영장을 제시해야 한다.

판례 1. 수출입물품 통관검사절차에서 이루어지는 물품의 개봉, 시료채취, 성분분석 등의 검사는 수출입물품에 대한 적정한 통관 등을 목적으로 조사를 하는 것으로서 이를 수사기관의 강제처분이라고 할 수 없으므로, 세관공무원은 압수·수색영장 없이 이러한 검사를 진행할 수 있다. 세관공무원이 통관검사를 위하여 직무상 소지하거나 보관하는 물품을 수사기관에 임의로 제출한 경우에는 비록 소유자의 동의를 받지 않았더라도 수사기관이 강제로 점유를 취득하지 않은 이상 해당 물품을 압수하였다고 할 수 없다(대판 2017. 7. 18. 선고 2014도8719).

2. 형사소송법 제219조가 준용하는 제118조는 "압수·수색영장은 처분을 받는 자에게 반드시 제시하여야 한다."고 규정하고 있으나, 이는 영장제시가 현실적으로 가능한 상황을 전제로 한 규정으로 보아야 하고, 피처분자가 현장에 없거나 현장에서 그를 발견할 수 없는 경우 등 영장제시가 현실적으로 불가능한 경우에는 영장을 제시하지 아니한 채 압수·수색을 하더라도 위법하다고 볼 수 없다(대판 2015. 1. 22. 선고 2014도10978).

3. 전자정보에 대한 압수·수색이 저장매체 또는 복제본을 수사기관 사무실 등 외부로 반출하는 방식으로 허용되는 예외적인 경우 및 수사기관 사무실 등으로 반출된 저장매체 또는 복제본에서 혐의사실 관련성에 대한 구분 없이 임의로 저장된 전자정보를 문서로 출력하거나 파일로 복제하는 행위는 원칙적으로 영장주의 원칙에 반하는 위법한 압수가 된다(대판 2015. 7. 16. 2011모1839).

4. 전자정보에 대한 압수·수색 과정에서 이루어진 현장에서의 저장매체 압수·이미징·탐색·복제 및 출력행위 등 일련의 행위가 모두 진행되어 압수·수색이 종료된 후 전체 압수·수색 과정을 단계적·개별적으로 구분하여 각 단계의 개별 처분의 취소를 구하는 준항고가 있는 경우, 당해 압수·수색 과정 전체를 하나의 절차로 파악하여 그 과정에서 나타난 위법이 압수·수색 절차 전체를 위법하게 할 정도로 중대한지 여부에 따라 전체적으로 압수·수색 처분을 취소할 것인지를 가려야 한다(대판 2015. 7. 16. 2011모1839).

5. 수사기관이 피의자 등을 참여시킨 상태에서 정보저장매체에 기억된 정보 중에서 키워드 또는 확장자 검색 등을 통해 범죄 혐의사실과 관련 있는 정보를 선별한 다음 정보저장매체와 동일하게 비트열 방식으로 복제하여 생성한 이미지 파일을 제출받아 적법하게 압수하였다면, 이로써 압수의 목적물에 대한 압수·수색 절차는 종료된 것이므로, 수사기관이 <u>수사기관 사무실에서 이와 같이 압수된 이미지 파일을 탐색·복제·출력하는 과정에서는 피의자등에게 참여의 기회를 보장하여야 하는 것은 아니다</u>(대판 2018.2.8., 2017도13263).

6. 전자정보에 대한 압수·수색이 종료되기 전에 혐의사실과 관련된 전자정보를 적법하게 탐색하는 과정에서 별도의 범죄혐의와 관련된 전자정보를 우연히 발견한 경우, 피압수·수색 당사자에게 참여권을 보장하고 압수한 전자정보 목록을 교부하는 등 피압수자의 이익을 보호하기 위한 적절한 조치가 이루어져야 한다(대판 2015. 7. 16. 2011모1839)

7. 변호인의 참여권은 피압수자의 보호를 위하여 변호인에게 주어진 고유권이다. 따라서 설령 피압수자가 수사기관에 압수·수색영장의 집행에 참여하지 않는다는 의사를 명시하였다고 하더라도, 특별한 사정이 없는 한 그 변호인에게는 미리 집행의 일시와 장소를 통지하는 등으로 압수·수색영장의 집행에 참여할

기회를 별도로 보장하여야 한다(대판 2020. 11. 26. 선고 2020도10729).

8. 압수 · 수색영장을 집행하는 수사기관은 피압수자로 하여금 법관이 발부한 영장에 의한 압수 · 수색이라는 사실을 확인함과 동시에 형사소송법이 압수 · 수색영장에 필요적으로 기재하도록 정한 사항이나 그와 일체를 이루는 사항을 충분히 알 수 있도록 압수 · 수색영장을 제시하여야 한다(대판 2017. 9. 21. 선고 2015도12400)

9. 피의자에 대하여 지방법원 판사가 한 압수영장의 발부 여부의 재판에 대하여는 준항고 및 항고의 방법으로 불복할 수 없다(대결1997.9.29., 97모66).

10. 피의자의 이메일 계정에 대한 접근권한에 갈음하여 발부받은 압수수색영장에 따라 원격지 저장매체에 적법하게 접속하여 내려 받거나 현출한 전자정보를 대상으로 하여 영장사실과 관련된 부분에 대하여 압수수색하는 것은 대물적 강제처분 행위로서 허용되며, 영장의 집행에 필요한 처분에 해당한다. 이러한 법리는 원격지 저장매체가 국외에 있는 경우에도 같다(대판 2017.11.29. 2017도9747).

(3) 당사자 등의 참여

① 당사자 참여 : 검사, 피고인 또는 변호인은 압수 · 수색영장의 집행에 참여할 수 있다. 압수 · 수색영장을 집행함에는 미리 집행의 일시와 장소를 참여권자에게 통지하여야 한다. 단, 참여하지 아니한다는 의사를 명시한 때 또는 급속을 요하는 때에는 예외로 한다(제122조, 제219조).

② 책임자에게 통지 : 공무소, 군사용의 항공기 또는 선차 내에서 압수 · 수색영장을 집행함에는 그 책임자에게 참여할 것을 통지하여야 한다.

③ 주거주, 간수자 참여 : 타인의 주거, 간수자 있는 가옥, 건조물, 항공기 또는 선차 내에서 압수 · 수색영장을 집행함에는 주거주, 간수자 또는 이에 준하는 자를 참여하게 하여야 한다(제123조 2항, 제219조). 이상의 자를 참여하게 하지 못할 때에는 인거인 또는 지방공공단체의 직원을 참여하게 하여야 한다(제123조 3항, 제219조).

④ 성년여자의 참여 : 여자의 신체에 대하여 수색할 때에는 성년의 여자를 참여하게 하여야 한다(제124조, 제219조).

(4) 야간집행의 제한

① 원 칙 : 일출 전, 일몰 후에는 압수 · 수색영장에 야간집행을 할 수 있는 기재가 없으면 그 영장을 집행하기 위하여 타인의 주거, 간수자 있는 가옥, 건조물, 항공기 또는 선차 내에 들어가지 못한다(제125조, 제219조).

② 예 외 : 도박 기타 풍속을 해하는 행위에 상용된다고 인정하는 장소나 여관, 음식점 기타 야간에 공중이 출입할 수 있는 장소에 대하여는 이러한 제한을 받지 않으나 단, 공개된 시간 내에 한한다.

6. 집행 후 절차

(1) 압수조서의 작성

증거물 또는 몰수할 것으로 사료하는 물건을 압수한 때에는 조서를 작성하여야 하며, 압수조서에는 품종, 외형상의 특징과 수량을 기재하여야 한다(제49조 1,3항).

> **참고** 임의제출물을 압수하는 경우에도 조서와 압수목록은 작성하여야 한다.

(2) 압수목록의 교부

① 수색한 경우에 증거물 또는 몰수할 물건이 없는 때에는 그 취지의 증명서를 교부하여야 한다(제128조, 제219조).

② 압수한 경우에는 목록을 작성하여 소유자, 소지자, 보관자 기타 이에 준할 자에게 교부하여야 한다(제129조, 제219조).

▶수사준칙 제40조: 검사 또는 사법경찰관은 증거물 또는 몰수할 물건을 압수했을 때에는 압수의 일시 · 장소, 압수 경위 등을 적은 압수조서와 압수물건의 품종 · 수량 등을 적은 압수목록을 작성해야 한다. 다만, 피의자신문조서, 진술조서, 검증조서에 압수의 취지를 적은경우에는 그렇지 않다.

> **판례** 1. 사법경찰리가 작성한 "피고인이 임의로 제출하는 별지 기재의 물건(공소장에 기재된 물건)을 압수하였다"는 내용의 압수조서는, 피고인이 공판정에서 증거로 함에 동의하지 아니하였고 원진술자의 공판기일에서의 증언에 의하여 그 성립의 진정함이 인정된 바도 없다면 증거로 쓸 수 없다(대판 1995.1.24. 선고 94도1476).
>
> 2. 공무원인 수사기관이 작성하여 피압수자 등에게 교부해야 하는 압수물 목록에는 작성연월일을 기재하고, 그 내용은 사실에 부합하여야 한다. 압수물 목록은 피압수자 등이 압수물에 대한 환부 · 가환부신청을 하거나 압수처분에 대한 준항고를 하는 등 권리행사절차를 밟는 가장 기초적인 자료가 되므로, 이러한 권리행사에 지장이 없도록 압수 직후 현장에서 바로 작성하여 교부해야 하는 것이 원칙이다 작성월일을 누락한 채 일부 사실에 부합하지 않는 내용으로 작성하여 압수 · 수색이 종료된 지 5개월이나 지난 뒤에 이 사건 압수물 목록을 교부한 행위는 형사소송법이 정한 바에 따른 압수물 목록 작성 · 교부에 해당하지 않는다(대판 2008도763).

7. 전자정보 압수 · 수색

(1) 압수 · 수색영장

① 전자정보에 대한에 있어서는 원칙적으로 영장 발부의 사유로 된 혐의사실과 관련된 부분만을 문서 출력물로 수집하거나 수사기관이 휴대한 저장매체에 해당 파일을 복사하는 방식으로 이루어져야 한다(제106조②).

② 예 외 : 집행현장의 사정상 위와 같은 방식에 의한 집행이 불가능하거나 현저히 곤란한 부득이한 사정이 있더라도 그와 같은 경우에 그 저장매체 자체를 직접 또는 하드카피나 이미징 등 형태로 수사기관 사무실 등 외부로 반출하여 해당 파일을 압수 · 수색할 수 있도록 영장에 기재되어 있고 실제 그와 같은 사정이 발생한 때에 한하여 예외적으로 허용될 수 있을 뿐이다.

(2) 출력 · 복사

① 원 칙: 저장매체 자체를 수사기관 사무실 등으로 옮긴 후 영장에 기재된 범죄혐의 관련 전자정보를 탐색하여 해당 전자정보를 문서로 출력하거나 파일을 복사하는 과정 역시 전체적으로 압수 · 수색영장 집행에 포함된다고 보아야 한다.

② 관련성 : 수사기관 사무실 등으로 옮긴 저장매체에서 범죄혐의와의 관련성에 관한 구분 없이 저장된 전자정보 중 <u>임의로 문서출력 또는 파일복사를 하는 행위</u>는 특별한 사정이 없는 한 영장주의 등 원칙에 반하는 <u>위법한 집행이 된다.</u>

> ▶수사준칙 제41조(전자정보의 압수 · 수색 또는 검증 방법) ① 검사 또는 사법경찰관은 법 제219조에서 준용하는 법 제106조제3항에 따라 컴퓨터용디스크 및 그 밖에 이와 비슷한 정보저장매체(이하 이 항에서 "정보저장매체등"이라 한다)에 기억된 정보(이하 "전자정보"라 한다)를 압수하는 경우에는 해당 정보저장매체등의 소재지에서 수색 또는 검증한 후 범죄사실과 관련된 전자정보의 범위를 정하여 출력하거나 복제하는 방법으로 한다.
>
> ② 제1항에도 불구하고 제1항에 따른 압수 방법의 실행이 불가능하거나 그 방법으로는 압수의 목적을 달성하는 것이 현저히 곤란한 경우에는 압수 · 수색 또는 검증 현장에서 정보저장매체등에 들어 있는 전자정보 전부를 복제하여 그 복제본을 정보저장매체등의 소재지 외의 장소로 반출할 수 있다.
>
> ③ 제1항 및 제2항에도 불구하고 제1항 및 제2항에 따른 압수 방법의 실행이 불가능하거나 그 방법으로는 압수의 목적을 달성하는 것이 현저히 곤란한 경우에는 피압수자 또는 법 제123조에 따라 압수 · 수색영장을 집행할 때 참여하게 해야 하는 사람(이하 "피압수자등"이라 한다)이 참여한 상태에서 정보저장매체등의 원본을 봉인(封印)하여 정보저장매체등의 소재지 외의 장소로 반출할 수 있다.

(3) 참여권

① 원 칙: 압수의 목적물이 컴퓨터용 디스크 그 밖에 이와 비슷한 정보저장매체인 경우에는 영장 발부의 사유로 된 범죄 혐의사실과 관련 있는 정보의 범위를 정하여 출력하거나 복제하여 이를 제출받아야 하고, 피의자나 변호인에게 참여의 기회를 보장하여야 한다.

② 예 외 : 수사기관이 정보저장매체에 기억된 정보 중에서 키워드 또는 확장자 검색 등을 통해 범죄 혐의사실과 관련 있는 정보를 선별한 다음 <u>정보저장매체와 동일하게 비트열 방식으로 복제하여 생성한 파일</u>(이하 '이미지 파일'이라 한다)을 제출받아 압수하였다면 이로써 <u>압수의 목적물에 대한</u> 압수 · 수색 절차는 종료된 것이므로, 수사기관이 수사기관 사무실에서 위와 같이 압수된 이미지 파일을 <u>탐색 · 복제 · 출력하는</u> 과정에서도 피의자 등에게 참여의 기회를 보장하여야 하는 것은 아니다.

(4) 목록의 교부

① 원 칙: 압수물 목록은 피압수자 등이 압수처분에 대한 준항고를 하는 등 권리행사절차를 밟는 가장 기초적인 자료가 되므로, 수사기관은 이러한 권리행사에 지장이 없도록 압수 직후 현장에서 압수물 목록을 바로 작성하여 교부해야 하는 것이 원칙이다.

② 이러한 압수물 목록 교부 취지에 비추어 볼 때, 압수된 정보의 상세목록에는 정보의 파일 명세가 특정되어 있어야 하고, 수사기관은 이를 출력한 서면을 교부하거나 전자파일 형태로 복사해 주거나 이메일을 전송하는 등의 방식으로도 할 수 있다.

▶수사준칙 제42조 ① 검사 또는 사법경찰관은 전자정보의 탐색·복제·출력을 완료한 경우에는 지체 없이 피압수자등에게 압수한 전자정보의 목록을 교부해야 한다.

② 검사 또는 사법경찰관은 제1항의 목록에 포함되지 않은 전자정보가 있는 경우에는 해당 전자정보를 지체없이 삭제 또는 폐기하거나 반환해야 한다. 이 경우 삭제·폐기 또는 반환확인서를 작성하여 피압수자등에게 교부해야 한다.

③ 검사 또는 사법경찰관은 전자정보의 복제본을 취득하거나 전자정보를 복제할 때에는 해시값(파일의 고유값으로서 일종의 전자지문을 말한다)을 확인하거나 압수·수색 또는 검증의 과정을 촬영하는 등 전자적 증거의 동일성과 무결성(無缺性)을 보장할 수 있는 적절한 방법과 조치를 취해야 한다.

④ 검사 또는 사법경찰관은 압수·수색 또는 검증의 전 과정에 걸쳐 피압수자등이나 변호인의 참여권을 보장해야 하며, 피압수자등과 변호인이 참여를 거부하는 경우에는 신뢰성과 전문성을 담보할 수 있는 상당한 방법으로 압수·수색 또는 검증을 해야 한다.

⑤ 검사 또는 사법경찰관은 제4항에 따라 참여한 피압수자등이나 변호인이 압수 대상 전자정보와 사건의 관련성에 관하여 의견을 제시한 때에는 이를 조서에 적어야 한다.

(5) 증거능력

① 전자문서 수록파일: 전자문서를 수록한 파일 등의 경우에는, 성질상 작성자의 서명 혹은 날인이 없을 뿐만 아니라 작성자·관리자의 의도나 특정한 기술에 의하여 내용이 편집·조작될 위험성이 있음을 고려하여, 원본임이 증명되거나 혹은 원본으로부터 복사한 사본일 경우에는 복사과정에서 편집되는 등 인위적 개작 없이 원본의 내용 그대로 복사된 사본임이 증명되어야만 증거능력을 인정할 수 있다.

② 사본·출력물 : 전자문서 파일의 사본이나 출력물이 복사·출력 과정에서 편집되는 등 인위적 개작 없이 원본 내용을 그대로 복사·출력한 것이라는 사실은 전자문서 파일의 사본이나 출력물의 생성과 전달 및 보관 등의 절차에 관여한 사람의 증언이나 진술, 원본이나 사본 파일 생성 직후의 해시(Hash)값 비교, 전자문서 파일에 대한 검증·감정 결과 등 제반 사정을 종합하여 판단할 수 있다. 이러한 원본 동일성은 검사가 그 존재에 대하여 구체적으로 주장·증명해야 한다.

판례 1. 수사기관이 피의자 등을 참여시킨 상태에서 정보저장매체에 기억된 정보 중에서 키워드 또는 확장자 검색 등을 통해 범죄 혐의사실과 관련 있는 정보를 선별한 다음 정보저장매체와 동일하게 비트열 방식으로 복제하여 생성한 이미지 파일을 제출받아 적법하게 압수하였다면, 이로써 압수의 목적물에 대한 압수·수색 절차는 종료된 것이므로, 수사기관이 수사기관 사무실에서 이와 같이 압수된 이미지 파일을 탐색·복제·출력하는 과정에서는 피의자등에게 참여의 기회를 보장하여야 하는 것은 아니다(대판 2018.2.8., 2017도13263).

2. 사실과 무관한 증거를 압수하였을 경우는 증거능력이 없으며, 영장에 기재되지는 않았지만 압수할 필요가 있다고 판단되는 전자정보를 우연히 발견한 경우 더 이상의 추가 탐색을 중단하고 영장을 발부받아야 하고, 그렇지 않은 경우 증거능력이 없다(2018도2624).

3. ① 전자정보에 대한 압수·수색 과정에서 이루어진 현장에서의 저장매체 압수·이미징·탐색·복제 및 출력행위 등 수사기관의 처분은 하나의 영장에 의한 압수·수색 과정에서 이루어지는 것이고, 그러한 일련의 행위가 모두 진행되어 압수·수색이 종료된 이후에는 특정단계의 처분만을 취소하더라도 그 이후의 압수·수색을 저지한다는 것을 상정할 수 없고 수사기관으로 하여금 압수·수색의 결과물을 보유하도록 할 것인지가 문제될 뿐이다. ② 이 경우에는 준 항고인이 전체 압수·수색 과정을 단계적·개별적으로 구분하여 각 단계의 개별 처분의 취소를 구하더라도 준 항고법원으로서는 특별한 사정이 없는 한 그 구분된 개별 처분의 위법이나 취소 여부를 판단할 것이 아니라 당해 압수·수색 과정 전체를 하나의 절차로 파악하여 그 과정에서 나타난 위법이 압수·수색 절차 전체를 위법하게 할 정도로 중대한지 여부에 따라 전체적으로 그 압수·수색 처분을 취소할 것인지를 가려야 한다 ③ 제1 처분은 위법하다고 볼 수 없으나, 제2·3 처분은 제1 처분 후 피압수·수색 당사자에게 계속적인 참여권을 보장하는 등의 조치가 이루어지지 아니한 채 유관정보는 물론 무관정보까지 재복제·출력한 것으로서 영장이 허용한 범위를 벗어나고 적법절차를 위반한 위법한 처분이며, 제2·3 처분에 해당하는 전자정보의 복제·출력 과정은 증거물을 획득하는 행위로서 압수·수색의 목적에 해당하는 중요한 과정인 점 등 위법의 중대성에 비추어 위 영장에 기한 압수·수색이 전체적으로 취소되어야 한다(대법원 2015. 7. 16. 자 2011모1839)

4. 법관의 서명날인란에 서명만 있고 날인이 없으므로 형사소송법이 정한 요건을 갖추지 못하여 적법하게 발부되었다고 볼 수 없어 영장이 법관의 진정한 의사에 따라 발부되었다는 등의 이유만으로 영장이 유효라고 판단한 것은 잘못이다. 그러나 위와 같은 결함은 피고인의 기본적 인권보장 등 법익침해 방지와 관련성이 적으므로 절차 조항 위반의 내용과 정도가 중대하지 않고 절차 조항이 보호하고자 하는 권리나 법익을 본질적으로 침해하였다고 볼 수 없다(대판 2019.7.11. 2018도20504).

5.. 전자정보에 대한 압수·수색영장의 집행에 있어서는 원칙적으로 영장 발부의 사유로 된 혐의사실과 관련된 부분만을 문서 출력물로 수집하거나 수사기관이 휴대한 저장매체에 해당 파일을 복사하는 방식으로 이루어져야 하고, 집행현장의 사정상 위와 같은 방식에 의한 집행이 불가능하거나 현저히 곤란한 부득이한 사정이 있더라도 그와 같은 경우에 그 저장매체 자체를 직접 또는 하드카피나 이미징 등 형태로 수사기관 사무실 등 외부로 반출하여 해당 파일을 압수·수색할 수 있도록 영장에 기재되어 있고 실제 그와 같은 사정이 발생한 때에 한하여 예외적으로 허용될 수 있을 뿐이다. 나아가 이처럼 저장매체 자체를 수사기관 사무실 등으로 옮긴 후 영장에 기재된 범죄 혐의 관련 전자정보를 탐색하여 해당 전자정보를 문서로 출력하거나 파일을 복사하는 과정 역시 전체적으로 압수·수색영장 집행에 포함된다고 보아야 한다. 따라서 그러한 경우 문서출력 또는 파일복사의 대상 역시 혐의사실과 관련된 부분으로 한정되어야 함은 적법절차 및 영장주의의 원칙상 당연하다. 그러므로 수사기관 사무실 등으로 옮긴 저장매체에서 범죄혐의와의 관련성에 관한 구분 없이 저장된 전자정보 중 임의로 문서출력 또는 파일복사를 하는 행위는 특별한 사정이 없는 한 영장주의 등 원칙에 반하는 위법한 집행이 된다(대판 2011.5.26. 자 2009모1190).

8. 피고인이 아닌 자가 수사과정에서 진술서를 작성하였지만 수사기관이 그에 대한 조사과정을 기록하지 아니하여 형사소송법 제244조의4 제3항, 제1항에서 정한 절차를 위반한 경우에는, 특별한 사정이 없는 한 '적법한 절차와 방식'에 따라 수사과정에서 진술서가 작성되었다 할 수 없으므로 증거능력을 인정할 수 없다(대판 2015. 4. 23. 선고 2013도379)

9. 압수의 대상을 압수수색영장의 범죄사실 자체와 직접적으로 연관된 물건에 한정할 것은 아니고, 압수수색영장의 범죄사실과 기본적 사실관계가 동일한 범행 또는 동종·유사의 범행과 관련된다고 **의심할 만한 상당한 이유**가 있는 범위 내에서는 압수를 실시할 수 있다(대법원 2009. 7. 23. 선고 2009도2649)

8. 압수물의 처리

(1) 압수물의 보관과 폐기

① 자청보관의 원칙 : 압수물은 압수한 법원 또는 수사기관이 직접 보관하는 것이 원칙이다. 압수물에 대하여는 그 상실 또는 파손 등의 방지를 위하여 상당한 조치를 하여야 한다. 자청보관의 경우에는 검사의 지휘를 받을 필요가 없다.

② 위탁보관

㉠ 운반 또는 보관에 불편한 압수물에 관하여는 간수자를 두거나 소유자 또는 적당한 자의 승낙을 얻어 보관하게 할 수 있다.

㉡ 사법경찰관이 위탁보관을 함에는 검사의 지휘를 받아야 한다(제219조).

> 제130조【압수물의 보관과 폐기】① 운반 또는 보관에 불편한 압수물에 관하여는 간수자를 두거나 소유자 또는 적당한 자의 승낙을 얻어 보관하게 할 수 있다.
> ② 위험발생의 염려가 있는 압수물은 폐기할 수 있다.
> ③ 법령상 생산·제조·소지·소유 또는 유통이 금지된 압수물로서 부패의 염려가 있거나 보관하기 어려운 압수물은 소유자 등 권한 있는 자의 동의를 받아 폐기할 수 있다.

③ 폐기처분

㉠ 위험발생의 염려가 있는 압수물은 폐기할 수 있다.

㉡ 법령상 생산·제조·소지·소유 또는 유통이 금지된 압수물로서 부패의 염려가 있거나 보관하기 어려운 압수물은 소유자 등 권한 있는 자의 동의를 받아 폐기할 수 있다(제130조 3항)

㉢ 사법경찰관이 폐기처분을 함에는 검사의 지휘를 받아야 한다(제219조).

④ 대가보관(환가처분)

> 제132조【압수물의 대가보관】① 몰수하여야 할 압수물로서 멸실·파손·부패 또는 현저한 가치 감소의 염려가 있거나 보관하기 어려운 압수물은 매각하여 대가를 보관할 수 있다.
> ② 환부하여야 할 압수물 중 환부를 받을 자가 누구인지 알 수 없거나 그 소재가 불명한 경우로서 그 압수물의 멸실·파손·부패 또는 현저한 가치 감소의 염려가 있거나 보관하기 어려운 압수물은 매각하여 대가를 보관할 수 있다.

참고 몰수에는 필요적 몰수뿐만 아니라 임의적 몰수도 포함되나, 몰수대상물이 아닌 이상 멸실·파손·부패의 염려가 있어도 대가보관은 허용되지 않는다.

㉠ 몰수하여야 할 압수물로서 멸실·파손·부패 또는 현저한 가치감소의 염려가 있거나 보관하기 어려운 압수물은 매각하여 대가를 보관할 수 있다(제132조 1항).

ⓛ 환부하여야 할 압수물 중 환부를 받을 자가 누구인지 알 수 없거나 그 소재가 불명한 경우로서 그 압수물의 멸실·파손·부패 또는 현저한 가치 감소의 염려가 있거나 보관하기 어려운 압수물은 매각하여 대가를 보관할 수 있다(제132조 2항).

ⓒ 환가처분을 함에는 미리 검사·피해자·피고인 또는 변호인에게 통지하여야 한다.

ⓔ 사법경찰관이 제130조 및 제132조부터 제134조까지의 규정에 따른 처분을 함에는 검사의 지휘를 받아야 한다(제219조).

(2) 압수물의 가환부

> 제133조【압수물의 환부, 가환부】① 압수를 계속할 필요가 없다고 인정되는 압수물은 피고사건 종결 전이라도 결정으로 환부하여야 하고 증거에 공할 압수물은 소유자, 소지자, 보관자 또는 제출인의 청구에 의하여 가환부할 수 있다.
> ② 증거에만 공할 목적으로 압수한 물건으로서 그 소유자 또는 소지자가 계속 사용하여야 할 물건은 사진촬영 기타 원형보존의 조치를 취하고 신속히 가환부하여야 한다.
> 제218조의2【압수물의 환부, 가환부】① 검사는 사본을 확보한 경우 등 압수를 계속할 필요가 없다고 인정되는 압수물 및 증거에 사용할 압수물에 대하여 공소제기 전이라도 소유자, 소지자, 보관자 또는 제출인의 청구가 있는 때에는 환부 또는 가환부하여야 한다.
> ② 제1항의 청구에 대하여 검사가 이를 거부하는 경우에는 신청인은 해당 검사의 소속 검찰청에 대응한 법원에 압수물의 환부 또는 가환부 결정을 청구할 수 있다.
> ③ 제2항의 청구에 대하여 법원이 환부 또는 가환부를 결정하면 검사는 신청인에게 압수물을 환부 또는 가환부하여야 한다.
> ④ 사법경찰관의 환부 또는 가환부 처분에 관하여는 제1항부터 제3항까지의 규정을 준용한다. 이경우 사법경찰관은 검사의 지휘를 받아야 한다.

① 가환부의 의의 : 가환부란 압수의 효력을 존속시키면서 압수물을 소유자·소지자 또는 보관자 등에게 잠정적으로 환부하는 제도이다.

② 현행법의 규정

ⓐ 임의적 가환부 : 제133조 1항은 증거에 공할 압수물은 소유자·소지자·보관자 또는 제출인의 청구에 의하여 가환부할 수 있다고 규정하고 있다.

ⓑ 필요적 가환부 : 제133조 2항에서는 증거에 만 공할 목적으로 압수한 물건으로서 그 소유자 또는 소지자가 계속 사용하여야 할 물건은 사진촬영 기타 원형보존의 조치를 취하고 신속히 가환부하여야 한다고 가환부에 관하여 규정하고 있다.

(3) 가환부의 대상

가환부의 대상은 증거에 공할 목적으로 한 압수물에 한한다. 그러므로 몰수의 대상이 되는 압수물은 가환부할 수 없다.

> **판례** 형사소송법 제133조 제1항 후단이, 제2항의 증거에만 공할 목적으로 압수할 물건과는 따로, 증거에 공할 압수물에 대하여 법원의 재량에 의하여 가환부할 수 있도록 규정한 것을 보면, 증거에 공할 압수물에는 증거물로서의 성격과 몰수할 것으로 사료되는 물건으로서의 성격을 가진 압수물이 포함되어 있다고 해석함이 상당하다(대판 1998. 4.16.자 97모25 결정).

(4) 가환부의 절차

① 가환부는 소유자 · 소지자 · 보관자 또는 제출인의 청구에 의한 경우와 법원 또는 수사기관의 직권에 의한 경우가 있다. 그러나 사법경찰관이 압수물을 가환부할 때에는 검사의 지휘를 받아야 한다(제219조).

② 법원 또는 수사기관이 가환부의 결정을 함에는 미리 이해관계인에게 통지하여야 한다(제135조, 제219조).

(5) 가환부의 효력

① 가환부는 압수 자체의 효력을 잃게 하는 것은 아니다. 그러므로 가환부 받은 자는 압수물의 보관의무 및 법원 또는 수사기관 요구시 제출의무가 있다.

② 가환부한 장물에 대하여 종국재판에서 별단의 선고가 없는 때에는 환부의 선고가 있는 것으로 간주한다(제333조 3항).

> **판례** 1. 몰수할 것이라고 사료되어 압수한 물건 중 법률의 특별한 규정에 의하여 필요적으로 몰수할 것에 해당하거나 누구의 소유도 허용되지 아니하여 몰수할 것에 해당하는 물건에 대한 압수는 몰수재판의 집행을 보전하기 위하여 한 것이라는 의미도 포함된 것이므로 그와 같은 압수 물건은 가환부의 대상이 되지 않지만, 그 밖의 임의적 몰수에 해당하는 물건에 대하여는 이를 몰수할 것인지는 법원의 재량에 맡겨진 것이므로 특별한 사정이 없다면 수소법원이 피고본안사건에 관한 종국판결에 앞서 이를 가환부할 수 있다(대판 1998. 4. 16. 자 97모25 결정).
> 2. 피고인에게 의견을 진술할 기회를 주지 아니한 채 한 가환부결정은 형사소송법 제135조에 위배하여 위법하고 이 위법은 재판의 결과에 영향을 미쳤다 할 것이다(대판 1980.2.5. 자 80모3).

9. 압수물의 환부

(1) 환부의 의의

압수물의 환부란 압수물을 종국적으로 소유자 또는 제출인에게 반환하는 법원 또는 수사기관의 처분을 말한다.

(2) 환부의 대상

① 영장의 불비 : 체포시 피의자에 대여 압수한 물건을 계속 압수할 필요가 있는 경우에는 사후 압수수색영장을 발부받아야 하며, 압수수색영장을 발부받지 못한 때에는 압수한 물건을 즉시 반환하여야 한다.

② 압수계속의 불필요성 : 압수물을 환부하기 위해서는 압수를 계속할 필요가 없을 것을 요한다(제113조 1항 전단). 그러나 압수물이 증거가치가 있는 경우나 몰수의 대상이 되는 경우에는 환부가 허용되지 않는다.

(3) 환부의 절차

① 환부는 법원 또는 수사기관의 결정에 의한다. 사법경찰관이 압수물을 환부할 때에는 검사의 지휘를 받아야 한다(제219조).

② 가환부와는 달리 소유자 등의 청구를 요하지는 않지만, 소유자 등이 환부청구를 할 수는 있다. 피압수자가 소유권을 포기한 경우에도 법원 또는 수사기관은 환부결정을 하여야 한다.

③ 압수물에 대하여 환부결정을 함에는 검사 · 피해자 · 피고인 또는 변호인에게 미리 통지하여야 한다(제135조).

④ 압수를 계속할 필요가 없다고 인정되는 압수물은 피고사건 종결 전이라도 결정으로 환부하여야 한다(제133조①, 제219조).

(4) 환부의 효과

환부에 의해서 압수는 효력을 상실한다. 그러나 환부는 압수를 해제하는 효력이 있을 뿐이고 환부를 받는 자에게 소유권 기타 실체법상의 권리를 부여하거나 그러한 권리를 확인하는 효력이 있는 것은 아니다. 따라서 이해관계인은 민사소송절차에 의하여 그 권리를 주장할 수 있다(제333조 ④).

10. 수사기관의 환부 · 가환부

① 검사는 사본을 확보한 경우 등 압수를 계속할 필요가 없다고 인정되는 압수물 및 증거에 사용할 압수물에 대하여 공소제기 전이라도 소유자, 소지자, 보관자 또는 제출인의 청구가 있는 때에는 환부 또는 가환부하여야 한다.

② 청구에 대하여 검사가 이를 거부하는 경우에는 신청인은 해당 검사의 소속 검찰청에 대응한 법원에 압수물의 환부 또는 가환부 결정을 청구할 수 있다.

③ 법원이 환부 또는 가환부를 결정하면 검사는 신청인에게 압수물을 환부 또는 가환부하여야 한다.

④ 사법경찰관의 환부 또는 가환부 처분에 관하여는 검사의 지휘를 받아야 한다.

> 판례 1. 위조된 약속어음은 범죄행위로 인하여 생긴 위조문서로서 아무도 이를 소유하는 것이 허용되지 않는 물건이므로 몰수가 될 뿐 환부나 가환부할 수 없고 다만 검사는 몰수의 선고가 있은 뒤에 형사소송법 제485조에 의하여 위조의 표시를 하여 환부할 수 있다(대판 1984.7.24.자 84모43 결정).
> 2. 피압수자 등 압수물을 환부받을 자가 수사기관에 대하여 형사소송법상의 환부청구권을 포기한다는 의사표시를 한 경우에 있어서도, 그 효력이 없어 그에 의하여 수사기관의 필요적 환부의무가 면제된다고 볼 수는 없으므로,

그 환부의무에 대응하는 압수물의 환부를 청구할 수 있는 절차법상의 권리가 소멸하는 것은 아니다. 한편 외국산 물품을 관세장물의 혐의가 있다고 보아 압수하였다 하더라도 그것이 언제, 누구에 의하여 관세포탈된 물건인지 알 수 없어 기소중지처분을 한 경우에는 그 압수물은 관세장물이라고 단정할 수 없어 이를 국고에 귀속시킬 수 없을 뿐만 아니라 압수를 더 이상 계속할 필요도 없다(94모 51).

3. 수사단계에서 소유권을 포기한 압수물에 대하여 형사재판에서 몰수형이 선고되지 않은 경우, 피압수자는 국가에 대하여 민사소송으로 그 반환을 청구할 수 있다(대판 2000.12.22. 선고 2000다27725).

4. 압수물의 환부는 환부를 받는 자에게 환부된 물건에 대한 소유권 기타 실체법상의 권리를 부여하거나 그러한 권리를 확정하는 것이 아니라 단지 압수를 해제하여 압수 이전의 상태로 환원시키는 것뿐으로서, 이는 실체법상의 권리와 관계없이 압수 당시의 소지인에 대하여 행하는 것이므로, 실체법인 민법(사법)상 권리의 유무나 변동이 압수물의 환부를 받을 자의 절차법인 형사소송법(공법)상 지위에 어떠한 영향을 미친다고는 할 수 없다(대판 1996.8.16. 자 94모51).

5. 검사는 범죄수사에 필요한 때에는 증거물 또는 몰수할 것으로 사료하는 물건을 법원으로부터 영장을 발부받아서 압수할 수 있는 것이고, 합리적인 의심의 여지가 없을 정도로 범죄사실이 인정되는 경우에만 압수할 수 있는 것은 아니라 할 것이며, 한편 범인으로부터 압수한 물품에 대하여 몰수의 선고가 없어 그 압수가 해제된 것으로 간주된다고 하더라도 공범자에 대한 범죄수사를 위하여 여전히 그 물품의 압수가 필요하다거나 공범자에 대한 재판에서 그 물품이 몰수될 가능성이 있다면 검사는 그 압수해제된 물품을 다시 압수할 수도 있다(대결 1997.1.9. 96모34).

6. 검사는 사본을 확보한 경우 등 압수를 계속할 필요가 없다고 인정되는 압수물 및 증거에 사용할 압수물에 대하여 공소제기 전이라도 소유자, 소지자, 보관자 또는 제출인의 청구가 있는 때에는 환부 또는 가환부하여야 한다' 고 규정하고 있다. 따라서 검사는 증거에 사용할 압수물에 대하여 가환부의 청구가 있는 경우 가환부를 거부할 수 있는 특별한 사정이 없는 한 가환부에 응하여야 한다(대결 2017. 9. 29. 자 2017모236).

11. 압수장물의 피해자 환부

(1) 의 의

압수한 장물을 피해자에게 환부할 이유가 명백한 때에 한하여 장물의 피해자환부가 인정된다. 압수장물을 피해자에게 환부할 이유가 명백한 때란 사법상 피해자가 그 압수된 물건의 인도를 청구할 수 있는 권리가 있음이 명백한 경우를 의미한다.

(2) 사건의 종결 전

① 압수한 장물은 피해자에게 환부할 이유가 명백한 때에는 피고사건의 종결 전이라도 결정으로 피해자에게 환부할 수 있다(제134조).

② 압수한 장물은 피해자에게 환부 결정을 함에는 검사, 피해자, 피고인 또는 변호인에게 미리 통지하여야 한다(제135조).

③ 사법경찰관이 피해자에게 환부를 함에는 검사의 지휘를 받아야 한다(제219조).

(3) 사건의 종결시

① 압수한 장물로서 피해자에게 환부할 이유가 명백한 것은 판결로써 피해자에게 환부하는 선고를 하여야 한다(제333조①).

② 장물을 처분하였을 때에는 판결로써 그 대가로 취득한 것을 피해자에게 교부하는 선고를 하여야 한다(제333조 ②).

③ 압수장물의 환부의 상대방은 피해자이다. 피해자는 공소장에 기재된 범죄의 피해자를 말하며, 피해자가 사망한 경우에는 그 상속인에게 환부할 수 있다.

02 수사기관의 검증

1. 의 의

① 검증은 사람, 장소, 물건의 성질·형상을 신체오관의 작용으로 인식하는 강제처분을 말한다.

② 법원의 검증은 증거조사나 증거보전의 방법으로 행하여지므로 영장이 필요치 않으나, 수사기관의 검증은 증거의 수집·보전을 위한 강제처분이므로 원칙적으로 영장이 요구된다.

> **판례** 사법경찰관 사무취급이 작성한 실황조서가 사고발생 직후 사고 장소에서 긴급을 요하여 판사의 영장없이 시행된 것으로서 형사소송법 제216조 제3항에 의한 검증에 따라 작성된 것이라면 사후영장을 받지 않는 한 유죄의 증거로 삼을 수 없다(대판 1989.3.14. 선고 88도1399).

2. 검증의 대상

수사기관의 검증의 대상은 제한이 없다. 장소, 물건, 서류, 사람의 신체의 내부는 물론 사체도 검증의 대상이 된다.

3. 절 차

(1) 영장의 발부

① 검사는 범죄수사에 필요한 때에는 지방법원판사에게 청구하여 발부받은 영장에 의하여 검증할 수 있다.

② 사법경찰관이 범죄수사에 필요한 때에는 검사에게 신청하여 검사의 청구로 지방법원판사가 발부한 영장에 의하여 검증할 수 있다(제215조).

(2) 검증과 필요한 처분

① 필요한 처분과 통지 : 검증을 함에는 신체의 검사, 사체의 해부, 분묘의 발굴, 물건의 파괴 기타 필요한 처분을 할 수 있다(제140조). 사체의 해부 또는 분묘의 발굴을 하는 때에는 예를 잊지 아니하도록 주의하고 미리 유족에게 통지하여야 한다(제141조 4항).

② 주의사항 : 신체검사를 하는 경우에는 검사를 당하는 자의 성별, 연령, 건강상태 기타 사정을 고려하여 그 사람의 건강과 명예를 해하지 아니하도록 주의하여야 한다(제141조 1항).

③ 여자의 신체검증 : 여자의 신체를 검사하는 경우에는 의사나 성년의 여자를 참여하게 하여야 한다(동조 3항).

④ 참여권의 보장 : 검사, 피고인 또는 변호인은 압수·수색영장의 집행에 참여할 수 있다(제121조, 제145조, 제219조). 검증영장을 집행함에는 미리 집행의 일시와 장소를 전조에 규정한 자에게 통지하여야 한다. 단, 검사, 피고인 또는 변호인이 참여하지 아니한다는 의사를 명시한 때 또는 급속을 요하는 때에는 예외로 한다(제122조).

(3) 야간검증의 제한

① 일출 전, 일몰 후에는 압수·수색영장에 야간집행을 할 수 있는 기재가 없으면 그 영장을 집행하기 위하여 타인의 주거, 간수자 있는 가옥, 건조물, 항공기 또는 선거 내에 들어가지 못한다.

② 일몰 전에 검증에 착수한 때에는 일몰 후라도 검증을 계속할 수 있으며(제143조 2항), 도박 기타 풍속을 해하는 행위에 상용된다고 인정하는 장소나 여관·음식점 기타 야간에 공중이 출입할 수 있는 장소는 야간검증의 제한을 받지 않는다(동조 3항).

(4) 검증조서의 작성

① 검증을 한 때에는 조서를 작성하여야 하며 검증조서에는 검증목적물의 현상을 명확하게 하기 위하여 도화나 사진을 첨부할 수 있다(제49조).

② 검증조서에는 조사 또는 처분의 연월일시와 장소를 기재하고 그 조사 또는 처분을 행한 자와 참여한 사법경찰관리가 기명날인 또는 서명하여야 한다(제50조).

▶수사준칙 제43조: 검사 또는 사법경찰관은 검증을 한 경우에는 검증의 일시·장소, 검증 경위 등을 적은 검증조서를 작성해야 한다

4. 신체검사

(1) 의 의

신체검사란 신체 자체를 검사의 대상으로 하는 강제처분으로 신체 외부와 착의에 대한 증거물의 수색인 신체수색과 구별되며 원칙적으로 검증으로서의 성질을 가진다.

(2) 대 상

① 신체검사는 원칙적으로 피의자 또는 피고인만을 대상으로 한다. 그러나 피의자 또는 피고인 아닌 자라도 증적의 존재를 확인할 수 있는 현저한 사유가 있는 경우에 한해서는 신체검사를 할 수 있다(제141조 2항).

② 여자의 신체를 검사하는 경우에는 의사나 성년의 여자를 참여하게 하여야 한다(제141조 3항).

5. 체내검사

(1) 체내수색

① 의 의 : 체내강제수색이란 압수의 목적으로 행해지는 질내·항문내·구강내 등 신체의 내부에 대한 수사기관의 강제수색을 말한다.

② 허용성 : 형사소송법상 수색의 대상에 신체가 포함되고(제109조, 제209조), 신체내부에 대한 수색을 금지하는 규정이 없으므로 압수수색영장과 검증영장을 발부받아야 한다.

(2) 체내검증

① 의 의 : 체내강제검증이란 질내·항문내·구강내 등 신체의 내부에 대한 강제적 검증으로서 그 자체가 목적이란 점에서 압수를 목적으로 하는 체내수색과 구별된다.

② 절 차 : 수사기관이 신체내부에 대한 강제검증을 하려면 검증영장을 발부받아야 하며 (제215조), 검증영장청구서에는 검증할 신체의 부위를 명시하고 신체검사가 필요한 이유와 신체검사를 받을 자의 성별·건강상태를 기재하여야 한다(규칙 제107조②).

(3) 연하물의 강제배출

① 의 의 : 연하물의 강제배출이란 삼킨 물건(연하물)을 구토제나 설사제 등을 사용하여 강제로 배출하게 하는 것으로 압수 또는 감정의 목적으로 행하여진다.

② 허용성 : 수사의 필요성이 현저하고, 의사에 의하여 정당한 방법으로 실행되고, 피검사자의 건강을 침해하지 않는 범위에서 압수·수색영장과 감정처분허가장이 필요하다.

> **판례** 1. 음주운전과 관련한 도로교통법 위반죄의 범죄수사를 위하여 미성년자인 피의자의 혈액채취가 필요한 경우에도 피의자에게 의사능력이 있다면 피의자 본인만이 혈액채취에 관한 유효한 동의를 할 수 있고, 피의자에게 의사능력이 없는 경우에도 명문의 규정이 없는 이상 법정대리인이 피의자를 대리하여 동의할 수는 없다(대판 2014.11.13. 2013도1228).
>
> 2. 체포의 이유와 변호인 선임권의 고지 등 적법한 절차를 무시한 채 이루어진 강제연행은 전형적인 위법한 체포에 해당하고, 위법한 체포 상태에서 이루어진 호흡조사에 의한 음주측정 요구는 주취운전의 범죄행위에 대한 증거 수집을 목적으로 한 일련의 과정에서 이루어진 것이므로 그 측정결과는 물론 혈액채취에 의한 혈중알콜농도 감정서 등도 증거능력을 인정할 수 없다(대판 2013.3.14. 2010도2094).
>
> 3. 도로교통법 제41조 제2항[개정법 제44조 제2항]에 규정된 음주측정은 성질상 강제될 수 있는 것이 아니며 궁극적으로 당사자의 자발적 협조가 필수적인 것이므로 이를 두고 법관의 영장을 필요로 하는 강제처분이라 할 수 없다. 따라서 이 법률조항이 주취운전의 혐의자에게 영장 없는 음주측정에 응할 의무를 지우고 이에 불응한 사람을 처벌한다고 하더라도 영장주의에 위배되지 아니한다(헌재 1997.3.27.96헌가11).
>
> 4. 교통사고를 내고 도주하여 귀가함으로써 운전을 종료한 후 경찰공무원이 음주특정을 요구할 때까지 2시간 가량 경과하였다고 하더라도, 위 음주측정의 요구 당시에 피고인이 술에 취한 상태에서 운전하였다고 인정할 만한 상당한 이유가 있었다 할 것이고, 한편 사후의 음주측정에 의하여 음주운전 여부를 확인할 수 없는 경우라고 보기는 어렵다 할 것이다.(대법원 1997. 6. 13. 선고 96도3069)

5. 경찰관이 간호사로부터 진료목적으로 이미 채혈되어 있던 피고인의 혈액 중 일부를 주취운전 여부에 대한 감정을 목적으로 임의로 제출받아 이를 압수한 경우, 당시 간호사가 위 혈액의 소지자 겸 보관자인 병원 또는 담당 의사를 대리하여 혈액을 경찰관에게 임의로 제출할 수 있는 권한이 없었다고 볼 특별한 사정이 없는 이상, 그 압수절차가 피고인 또는 피고인의 가족의 동의 및 영장 없이 행하여졌다고 하더라도 이에 적법절차를 위반한 위법이 있다고 할 수 없다(대판 1999.9.3., 98도968).

03 압수 · 수색과 영장주의 예외

1. 법원에 의한 압수 · 수색의 경우

(1) 임의제출물 등의 압수 : 소유자, 소지자 또는 보관자가 임의로 제출한 물건 또는 유류한 물건은 영장없이 압수할 수 있다(제108조). 점유취득과정에는 강제력이 행사되지 않았으나 일단 영치된 이상 제출자가 임의로 취거할 수 없다는 점에서 강제처분으로 인정되고 있다. 다만, 점유취득이 임의적이므로 영장없이 압수할 수 있도록 하고 있다.

(2) 제출명령 : 법원이 제출명령(제106조 제2항)을 하는 경우에도 압수영장을 발부할 필요가 없다. 제출명령은 그 재판서인 제출명령서의 송달에 의하여 대외적으로 성립하여 효력이 발생하기 때문이다.

(3) 공판정에서의 압수 · 수색 : 공판정에서 법원이 압수 · 수색을 하는 경우에는 영장을 요하지 않는다. 공판정에서 법원이 직접 압수 · 수색을 한다는 점에서 영장주의의 예외를 인정하고 있다.

(4) 구속영장의 집행을 위한 수색 : 피고인에 대한 구속영장을 집행할 경우에 필요한 때에는 영장없이 타인의 주거, 간수자 있는 가옥, 건조물, 선차 등에 들어가 피고인의 발견을 위한 수색을 할 수 있다(제137조). 영장주의의 예외를 인정한 취지는 구속 · 체포목적의 피의자수사(제216조 제1항 제1호)와 동일하다.

2. 수사기관에 의한 압수 · 수색의 경우

(1) 유류물 · 임의제출물의 압수

검사 또는 사법경찰관은 피의자, 기타인의 유류한 물건이나 소유자, 소지자 또는 보관자가 임의로 제출한 물건을 영장없이 압수할 수 있다(제218조).

> **판례** 형사소송법 제218조에 위반하여 소유자, 소지자 또는 보관자가 아닌 자로부터 제출받은 물건을 영장없이 압수한 경우 그 압수물 및 압수물을 찍은 사진은 이를 유죄인정의 증거로 사용할 수 없는 것이고, 피고인이나 변호인이 이를 증거로 함에 동의하였다고 하더라도 달리 볼 것은 아니다(대판 2010.1.28. 도10092).

(2) 체포 · 구속목적의 피의자 수색

① 검사 또는 사법경찰관은 피의자를 체포하거나(긴급체포하는 경우도 포함), 현행범인을 체포하는 경우에 체포 · 구속을 위하여 필요한 때에는 영장없이 타인의 거주 · 건조물 등에 들어가 피의자를 수색할 수 있으나 다만 타인의 거주 · 건조물 등에 들어

가 피의자를 수색은 미리 수색영장을 발부받기 어려운 긴급한 사정이 있어야 한다 (제216조 제1항 제1호).

② 수색은 피의자 또는 현행범인의 체포를 위한 불가결한 전제이기 때문에 그 수색의 긴급성에 대처하기 위해서 영장주의의 예외를 인정한 것이다. 이 경우에는 사후에도 수색영장을 발부받을 필요가 없다.

③ 피의자의 수색은 피의자를 구속·체포하기 위한 처분이므로 수색은 체포 전임을 요한다. 따라서 피의자 또는 현행범인을 체포한 후에는 영장없이 타인의 주거 등에 들어가서 수색할 수 없다. 일반 사인은 현행범인의 체포를 위하여 타인의 주거를 수색할 수 없다.

(3) 체포·구속현장에서의 압수·수색·검증

① 검사 또는 사법경찰관이 피의자를 체포하거나(긴급체포하는 경우도 포함), 현행범인을 체포 또는 구속하는 경우에 필요한 때에는 영장없이 체포현장에서 압수·수색·검증을 할 수 있다(제216조 제1항 제2호).

② 체포현장에서의 압수·수색·검증은 체포의 부수적 처분이고, 또한 구속하는 자의 안전과 피의자가 증거를 손괴·은닉하는 것을 예방하기 위해 긴급성이 요청되는 경우이기 때문에 영장주의의 예외를 인정하고 있다.

③ 압수를 계속할 필요가 있을 경우 구속영장과는 별도로 지체 없이 압수·수색영장을 청구하도록 하였다. 압수·수색영장의 청구기간을 구속영장 청구의 최장 기한과 동일하게 하되 체포시로 부터 48시간을 넘을 수 없게 하였다(제217조 제2항).

④ 검사 또는 사법경찰관은 청구한 압수수색영장을 발부받지 못한 때에는 압수한 물건을 즉시 반환하여야 한다(제217조 제3항).

(4) 구속영장집행과 압수·수색·검증

① 검사, 사법경찰관리 또는 제81조 제2항의 규정에 의한 법원사무관등이 구속영장을 집행할 경우에 필요한 때에는 미리 수색영장을 발부받기 어려운 긴급한 사정이 있는 경우에 한정하여 타인의 주거, 간수자있는 가옥, 건조물, 항공기, 선차내에 들어가 피고인을 수색할 수 있다.

② 이 경우 검사 또는 사법경찰관은 집행기관으로서 구속영장을 집행하는 데 불과하지만 압수·수색·검증은 수사에 속하는 강제처분이므로 압수물은 법관에게 제출해야 하는 것이 아니라 수사기관에서 보유할 수 있다.

(5) 범죄장소에서의 압수·수색·검증

① 범행 중 또는 범행 직후의 범죄 장소에서 긴급을 요하여 법원판사의 영장을 받을 수 없는 때에는 영장 없이 압수·수색 또는 검증을 할 수 있다.

② 이 경우에는 사후에 지체 없이 영장을 받아야 한다(제216조 제3항). 피의자의 체포, 구속을 전제로 하지 아니한다는 점에서 체포현장에서의 압수·수색·검증과 다르다.

③ 사후에 지체 없이 압수·수색영장을 발부받아야 하며 발부받지 못한 때에는 압수한 물건은 즉시 환부하여야 한다.

(6) 긴급체포시의 압수·수색·검증

① 검사 또는 사법경찰관은 긴급체포의 규정에 의하여 체포된 자가 소유, 소지, 보관하는 물건에 대하여는 긴급시의 사후 24시간 내에 한하여 영장없이 압수·수색·검증을 할 수 있다.

② 압수를 계속할 필요가 있을 경우 구속영장과는 별도로 지체 없이 압수수색영장을 청구하도록 하였다. 압수·수색영장의 청구기간을 구속영장 청구의 최장 기한과 동일하게 하되 체포시로부터 48시간을 넘을 수 없게 하였다(제217조 제2항).

③ 검사 또는 사법경찰관은 청구한 압수수색영장을 발부받지 못한 때에는 압수한 물건을 즉시 반환하여야 한다(제217조 제3항).

> **판례** 경찰관이 이른바 전화사기죄 범행의 혐의자를 긴급체포하면서 그가 보관하고 있던 다른 사람의 주민등록증, 운전면허증 등을 압수한 사안에서, 이는 그 압수 당시 위 범죄사실의 수사에 필요한 범위 내의 것으로서 전화사기범행과 관련된다고 의심할 만한 상당한 이유가 있었다고 보이므로, 적법하게 압수되었다고 할 것이다(대판 2008.7.10. 선고 2008도2245).

(7) 변사체에 대한 검증

① 변사체에 대한 검증이 긴급을 요하는 경우에는 영장없이 검증을 할 수 있다(제222조 제2항).

② 이 경우에는 사후에 지체 없이 영장을 받아야 한다(제216조 제3항).

04 수사상 감정유치

1. 의 의

수사상 감정유치는 수사기관이 전문지식이나 경험의 부족을 보충하기 위해 제3자에게 감정을 위촉 할 수 있는데, 이와 같이 수사기관에 의해 감정을 위촉 받은 자를 감정수탁자라 하며, 이는 선서의 의무가 부여되는 법원의 감정인과 구별된다.

2. 대상·요건

(1) 대 상

수사상의 감정유치는 피의자의 **정신 또는 신체를 감정**하기 위하여 병원 또는 기타장소에 피의자를 유치하는 강제처분으로, **구속 여부는 불문**하나 피의자 아닌 제3자에 대해서는 감정유치를 청구할 수 없다.

(2) 요 건

① 감정의 필요성 및 유치의 필요성이 필요하다. 유치하지 않아도 감정의 목적을 달성할 수 있는 경우에는 감정유치는 허용하지 않는다.

② 구속사유는 필요하지 않으나, 감정유치는 실질이 유치이므로 범죄의 혐의는 필요하다.

3. 감정유치의 절차

(1) 감정유치의 청구

감정유치의 청구권자는 검사에 한한다(제221조의3).

(2) 감정유치장의 발부

판사가 발부하며 판사는 감정유치의 필요성이 있다고 인정한 때에 유치처분을 하여야 한다(제221조의3 제2항).

(3) 감정유치장의 집행

감정유치장의 집행에 관하여는 구속영장의 집행에 관한 규정이 준용되며(제221조의3 제2항, 제172조 제7항), 감정유치에 필요한 유치기간에는 제한이 없다. 감정유치기간의 연장이나 단축 또는 유치할 장소의 변경 등은 재판장 또는 수명법관의 결정으로 한다.

4. 감정유치의 효력

① 감정유치는 실질적으로 인신구속이므로 감정유치된 피의자는 접견교통권이 인정되며, 그 유치기간은 미결구금일수의 산입에 있어서는 구속으로 간주한다(제221조의3 제2항, 제172조 제8항).

② 감정유치는 감정을 목적으로 하는 처분이므로 유치된 피의자에 관해서는 보석에 관한 규정은 준용되지 아니한다.

③ 구속 중인 피의자에 대하여 감정유치장이 집행되었을 때에는 그 유치기간은 구속의 집행이 정지된 것으로 간주한다.

④ 감정유치처분이 취소되거나 유치기간이 만료된 때에는 구속의 집행정지가 취소된 것으로 간주한다(제172조의2 2항).

5. 감정에 필요한 처분

① 수사기관으로부터 감정의 위촉을 받은 자는 판사의 허가를 얻어 타인의 주거, 간수자 있는 가옥·건조물·항공기·선차 내에 들어갈 수 있고 신체의 검사, 사체의 해부, 분묘의 발굴, 물건의 파괴 등 필요한 처분을 할 수 있다.

② 필요한 처분에 대한 허가의 청구는 검사가 하여야 하며, 판사는 검사의 청구가 상당하다고 인정할 때에는 허가장을 발부하여야 한다(동조 3항).

05 통신제한조치

1. 통신비밀보호법

(1) 의 의 : 누구든지 형사소송법 또는 군사법원법의 규정에 반하여 통신내용의 감청, 도청을 할 수 없다. 통신비밀보호법에서는 그 규율의 대상을 통신과 대화로 분류하고 그 중 통신을 다시 우편물과 전기통신으로 나눈 다음 '전기통신'이라 함은 유선·무선·광선 및 기타의 전자적 방식에 의하여 모든 종류의 음향·문언·부호 또는 영상을 송신하거나 수신하는 것을 말한다(제3조).

(2) 성 질 : 도청은 상대방에게 물리적 강제력을 행사하거나 법적 의무를 부과하지 않으므로 임의수사라고 보는 견해가 있으나, 통설은 도청의 중대한 법익 중의 하나인 프라이버시(privacy)를 침해하는 수사처분이므로 강제수사라고 본다.

2. 범죄수사를 위한 통신제한조치

(1) 통신제한조치의 허가요건

범죄를 계획 또는 실행하고 있거나 실행하였다고 의심할 만한 충분한 이유가 있고 다른 방법으로 그 범죄의 실행을 저지하거나 범인의 체포 또는 증거의 수집이 어려운 사정이 있어야 한다(통비법 제5조 ①).

(2) 대상범죄

통신비밀보호법	
형법	내란의 죄, 외환의 죄중 (전시군수계약불이행죄는 제외) 국교에 관한 죄중 공안을 해하는 죄중 제114조, 제115조의 죄, 폭발물에 관한 죄, 집합명령위반죄, 공무상비밀누설죄, 뇌물, 자살방조, 체포와 감금, 협박의 죄중(존속협박은 제외) 약취(略取), 유인(誘引) 및 인신매매 경매입찰방해죄, 인질강요, 인질상해, 인질살해, 절도와 강도, 공갈죄, 강간과 추행의 죄중(미성년자간음, 업무상 위력에 의한 간음죄는 제외).
기타	1. 군형법 2. 국가보안법 3. 군사기밀보호법 4. 「군사기지 및 군사시설 보호법」에 규정된 범죄 5. 마약류관리에관한법률에 규정된 범죄중 제58조 내지 제62조의 죄 6. 폭력행위등처벌에관한법률에 규정된 범죄중 제4조 및 제5조의 죄 7. 「총포·도검·화약류 등의 안전관리에 관한 법률」 8. 「특정범죄 가중처벌 등에 관한 법률」 9. 특정경제범죄가중처벌등에관한법률에 규정된 범죄중 일부

참고 ○ 통신제한조치의 요건에 해당하는 자가 발송·수취하거나 송·수신하는 특정한 우편물이나 전기통신 또는 그 해당자가 일정한 기간에 걸쳐 발송·수취하거나 송·수신하는 우편물이나 전기통신을 대상으로 허가될 수 있다.
사기, 존속협박, 공무집행방해, 장물의 취득, 폭행, 상해, 선거방해의죄는 통신비밀보호법에 대상이 되지 않는다.

(3) 통신제한조치의 청구

검사는 통신제한조치를 받을 당사자의 주소 또는 소재지를 관할하는 법원에 각 피의자별 또는 각 피내사자별로 통신제한조치를 허가하여 줄 것을 청구할 수 있고, 청구서에는 제한조치의 종류·목적·대상·범위·기간 및 이유를 기재하여야 하고 소명자료를 청구하여야 한다.

(4) 통신제한의 허가와 내용

법원은 청구가 이유 있다고 인정하는 경우 통신제한조치를 허가하고, 서류를 청구인에게 발부한다. 통신제한조치기간은 2월을 초과하지 못하고, 그 기간 중 통신제한조치의 목적이 달성되었을 경우에는 즉시 종료하여야 한다.

(5) 통신제한의 집행

① 통신제한조치는 이를 청구 또는 신청한 검사·사법경찰관 또는 정보수사기관의 장이 집행한다. 이 경우 체신관서 기타 관련기관 등에 집행을 위탁하거나 집행에 관한 협조를 요청할 수 있다.

② 통신제한조치의 집행을 위탁하거나 집행에 관한 협조를 요청하는 자는 통신기관 등에 통신제한조치허가서 또는 긴급감청서 등의 표지의 사본을 교부하여야 하며, 이를 위탁받거나 이에 관한 협조요청을 받은 자는 통신제한조치허가서 또는 긴급감청서 등의 표지 사본을 대통령령이 정하는 기간(3년간)동안 보존하여야 한다.

(6) 집행에 관한 통지

① 검사는 통신제한조치를 집행한 사건에 관하여 공소를 제기하거나, 공소의 제기 또는 입건을 하지 아니하는 처분(기소중지 결정을 제외한다)을 한 때에는 그 처분을 한 날부터 30일 이내에 우편물 검열의 경우에는 그 대상자에게, 감청의 경우에는 그 대상이 된 전기통신의 가입자에게 통신제한조치를 집행한 사실과 집행기관 및 그 기간 등을 서면으로 통지하여야 한다. 또한 송·수신이 완료된 전기통신에 대하여 압수·수색·검증을 집행한 경우에도 그 처분을 한 날부터 30일 이내에 수사대상이 된 가입자에게 압수·수색·검증을 집행한 사실을 서면으로 통지하여야 한다.

② 사법경찰관은 통신제한조치를 집행한 사건에 관하여 검사로부터 공소를 제기하거나 제기하지 아니하는 처분(기소중지 또는 참고인중지 결정은 제외)의 통보를 받거나 검찰송치를 하지 아니하는 처분(수사중지 결정은 제외) 또는 내사사건에 관하여 입건하지 아니하는 처분을 한 때에는 그 날부터 30일 이내에 우편물 검열의 경우에는 그 대상자에게, 감청의 경우에는 그 대상이 된 전기통신의 가입자에게 통신제한조치를 집행한 사실과 집행기관 및 그 기간 등을 서면으로 통지하여야 한다. 또한 송·수신이 완료된 전기통신에 대하여 압수·수색·검증을 집행한 경우에도 처분을 한 때에는 그 날부터 30일 이내에 수사대상이 된 가입자에게 압수·수색·검증을 집행한 사실을 서면으로 통지하여야 한다.

(7) 통신제한조치의 통지유예

① 통신제한조치를 통지할 경우 국가의 안전보장·공공의 안녕질서를 위태롭게 할 현저한 우려가 있거나, 사람의 생명·신체에 중대한 위험을 초래할 염려가 현저한 때는 그 사유가 해소될 때까지 통지를 유예할 수 있다.

② 검사 또는 사법경찰관은 통지를 유예하고자 하는 경우에는 소명자료를 첨부하여 미리 관할지방검찰청 검사장의 승인을 얻어야 한다.

③ 검사, 사법경찰관 또는 정보수사기관의 장은 통지유예 사유가 해소된 때에는 그 사유가 해소된 날부터 30일 이내에 통지를 하여야 한다.

(8) 인터넷회선에 대한 취득한 자료의 관리(제12조의2)

① 보관하고자 할 때

㉠ 검사는 인터넷 회선을 통하여 송신·수신하는 전기통신을 대상에 따른 통신제한조치를 집행한 경우 사용하거나 사용을 위하여 보관하고자 하는 때에는 집행종료일부터 14일 이내에 보관등이 필요한 전기통신을 선별하여 통신제한조치를 허가한 법원에 보관등의 승인을 청구하여야 한다.

㉡ 사법경찰관은 인터넷 회선을 통하여 송신·수신하는 전기통신을 대상에 따른 통신제한조치를 집행한 경우 그 전기통신의 보관등을 하고자 하는 때에는 집행종료일부터 14일 이내에 보관등이 필요한 전기통신을 선별하여 검사에게 보관등의 승인을 신청하고, 검사는 신청일부터 7일 이내에 통신제한조치를 허가한 법원에 그 승인을 청구할 수 있다.

② 폐기: 검사 또는 사법경찰관은 청구나 신청을 하지 아니하는 경우에는 집행종료일부터 14일(검사가 사법경찰관의 신청을 기각한 경우에는 그 날부터 7일) 이내에 통신제한조치로 취득한 전기통신을 폐기하여야 하고, 법원으로부터 7일 이내에 승인을 받지 못한 전기통신을 폐기하여야 한다.

③ 폐기 결과보고서: 검사 또는 사법경찰관은 통신제한조치로 취득한 전기통신을 폐기한 때에는 폐기의 이유와 범위 및 일시 등을 기재한 폐기결과보고서를 작성하여 피의자의 수사기록 또는 피내사자의 내사사건기록에 첨부하고, 폐기일부터 7일 이내에 통신제한조치를 허가한 법원에 송부하여야 한다.

3. 국가안보를 위한 통신제한조치

(1) 제한요건 및 절차

정보수사기관의 장은 국가안전보장에 상당한 위험이 예상되는 경우 또는 「국민보호와 공공안전을 위한 테러방지법」의 대테러활동에 필요한 경우에 한하여 그 위해를 방지하기 위하여 이에 관한 정보수집이 특히 필요한 때에는 다음 각호의 구분에 따라 통신제한조치를 할 수 있다.

① 통신의 일방 또는 쌍방당사자가 내국인인 때에는 고등법원 수석부장판사의 허가를 받아야 한다.

② 대한민국에 적대하는 국가, 반국가활동의 혐의가 있는 외국의 기관·단체와 외국인, 대한민국의 통치권이 사실상 미치지 아니하는 한반도내의 집단이나 외국에 소재하는 그 산하단체의 구성원의 통신인 때 및 군용전기통신(작전수행을 위한 전기통신에 한한다)경우에는 서면으로 대통령의 승인을 얻어야 한다.

(2) 기 간

① 통신제한조치의 기간은 4월을 초과하지 못하고, 그 기간 중 통신제한조치의 목적이 달성되었을 경우에는 즉시 종료하여야 하되, 요건이 존속하는 경우에는 소명자료를 첨부하여 고등법원 수석부장판사의 허가 또는 대통령의 승인을 얻어 4월의 범위 이내에서 통신제한조치의 기간을 연장할 수 있다.

② 군용전기통신(작전수행을 위한 전기통신에 한한다)경우 통신제한조치는 전시·사변 또는 이에 준하는 국가비상사태에 있어서 적과 교전상태에 있는 때에는 작전이 종료될 때까지 대통령의 승인을 얻지 아니하고 기간을 연장할 수 있다.

4. 긴급통신제한조치

검사, 사법경찰관 또는 정보수사기관의 장은 국가안보를 위협하는 음모행위, 직접적인 사망이나 심각한 상해의 위험을 야기할 수 있는 범죄 또는 조직범죄 등 중대한 범죄의 계획이나 실행 등 긴급한 사유가 있는 때에는 법원의 허가없이 통신제한조치를 할 수 있다.

(1) 절 차

① 검사, 사법경찰관 또는 정보수사기관의 장은 긴급통신제한조치의 집행착수 후 지체없이 법원에 허가청구를 하여야 하며, 그 긴급통신제한조치를 한 때부터 36시간 이내에 법원의 허가를 받지 못한 때에는 즉시 이를 중지하여야 한다.

② 사법경찰관이 긴급통신제한조치를 할 경우에는 미리 검사의 지휘를 받아야 한다. 다만, 특히 급속을 요하여 미리 지휘를 받을 수 없는 사유가 있는 경우에는 긴급통신제한조치의 집행착수 후 지체 없이 검사의 승인을 얻어야 한다.

③ 검사, 사법경찰관 또는 정보수사기관의 장이 긴급통신제한조치를 하고자 하는 경우에는 반드시 긴급검열서 또는 긴급감청서에 의하여야 하며 소속기관에 긴급통신제한조치대장을 비치하여야 한다.

(2) 통보서의 송부

① 긴급통신제한조치가 단시간 내에 종료되어 법원의 허가를 받을 필요가 없는 경우에는 그 종료 후 7일 이내에 관할 지방검찰청검사장은 이에 대응하는 법원장에게 긴급통신제한조치를 한 검사, 사법경찰관 또는 정보수사기관의 장이 작성한 긴급통신제한조치통보서를 송부하여야 한다.

② 통보서에는 긴급통신제한조치의 목적·대상·범위·기간·집행장소·방법 및 통신제한조치허가청구를 하지 못한 사유 등을 기재하여야 한다.

(3) 국가안보를 위협하는 행위

국가안보를 위협하는 행위에 대해 긴급통신제한조치를 한 때에는 지체없이 대통령의 승인을 얻어야 하며, 36시간 이내에 대통령의 승인을 얻지 못한 때에는 즉시 그 긴급통신제한조치를 중지하여야 한다.

5. 사인에 의한 감청

① 누구든지 공개되지 아니한 타인간의 대화를 비밀녹음하거나 청취할 수 없으므로 원칙적으로 사인에 의한 불법감청은 금지하고 있다. 그러나 피고인이 범행 후 피해자에게 전화를 걸자 피해자가 증거를 수집하기 위하여 그 전화내용을 녹음한 경우, 그 녹음테이프가 피고인 모르게 녹음 된 것이라 하여 이를 위법하게 수집한 증거라고 할 수 없다

② 그러나 제3자가 당사자일방의 동의만 받고 그 상대방의 동의가 없이 통화내용을 녹음한 것은 사생활 및 통신의 불가침을 국민의 기본권의 하나로 선언하고 있는 헌법규정과 통신비밀의 보호와 통신의 자유신장을 목적으로 제정된 통신비밀보호법의 취지에 비추어 이는 통비법 제3조 제1항에 위반되어 증거능력이 없다

> **판례** 1. 인터넷 통신망을 통한 송·수신은 통신비밀보호법 제2조 제3호에서 정한 '전기통신'에 해당하므로 인터넷 통신망을 통하여 흐르는 전기신호 형태의 패킷(packet)을 중간에 확보하여 그 내용을 지득하는 이른바 패킷 감청도 같은 법 제5조 제1항에서 정한 요건을 갖추는 경우 다른 특별한 사정이 없는 한 허용된다고 할 것이고, 이는 패킷 감청의 특성상 수사목적과 무관한 통신내용이나 제3자의 통신내용도 감청될 우려가 있다는 것만으로 달리 볼 것이 아니다(대판 2012.10.11. 2012도7455).
>
> 2. 통신비밀보호법상 '감청'이란 대상이 되는 전기통신의 송·수신과 동시에 이루어지는 경우만을 의미하고, 이미 수신이 완료된 전기통신의 내용을 지득하는 등의 행위는 포함되지 않는다(대판 2012.10.25. 2012도4644).
>
> 3. 통비법이 보호하는 타인 간의 대화는 원칙적으로 현장에 있는 당사자들이 육성으로 말을 주고받는 의사소통행위를 가리킨다. 따라서 사람의 육성이 아닌 사물에서 발생하는 음향, 사람의 목소리라도 의사를 전달하는 말이 아닌 단순한 비명소리나 탄식 등은 타인 간의 대화에 해당하지 않는다(대판 2017.3.15. 2016도19843).
>
> 4. 통신비밀보호법에서는 그 규율의 대상을 통신과 대화로 분류하고 그 중 통신을 다시 우편물과 전기통신으로 나눈 다음, 그 제2조 제3호로 "전기통신"이라 함은 유선·무선·광선 및 기타의 전자적 방식에 의하여 모든 종류의 음향·문언·부호 또는 영상을 송신하거나 수신하는 것을 말한다고 규정하고 있는바, 무전기와 같은 무선전화기를 이용한 통화가 위 법에서 규정하고 있는 전기통신에 해당함은 전화통화의 성질 및 위 규정 내용에 비추어 명백하므로 이를 같은 법 제3조 제1항 소정의 '타인간의 대화'에 포함된다고 할 수 없다(대판 2003.11.13. 선고 2001도6213).
>
> 5. 통신제한조치의 하나인 감청은 전기통신이 이루어지고 있는 상황에서 실시간으로 그 전기통신의 내용을 지득·채록하는 경우와 통신의 송·수신을 직접적으로 방해하는 경우를 의미하는 것이지 이미 수신이 완료된 전기통신에 관하여 남아 있는 기록이나 내용을 열어보는 등의 행위는 포함하지 않는다. 따라서 감청을 허가하는 내용의 통신제한조치허가서를 발부받아 이미 수신이 완료되어 서버에 저장되어 있는 전자정보를 수집하는 것은 위법하다(대판 2016.10.13. 2016도8137).

6. 수사기관이 갑으로부터 피고인의 마약류관리에 관한 법률 위반(향정) 범행에 대한 진술을 듣고 추가적인 증거를 확보할 목적으로, 구속수감 되어 있던 갑에게 그의 압수된 휴대전화를 제공하여 피고인과 통화하고 위 범행에 관한 통화 내용을 녹음하게 한 행위는 불법감청에 해당하므로, 그 녹음 자체는 물론 이를 근거로 작성된 녹취록 첨부 수사보고는 피고인의 증거동의에 상관없이 그 증거능력이 없다(대판 2010.10.14. 선고 2010도9016).

7. 불법 감청·녹음 등에 관여하지 아니한 언론기관이 그 통신 또는 대화 내용을 보도하여 공개하는 행위가 형법 제20조의 정당행위에 해당하기 위한 요건 및 그 공개행위의 주체가 언론기관이나 그 종사자 아닌 사람인 경우에도 마찬가지로 적용 된다(대판 2011.05.13. 선고 2009도14442).

8. 수사기관으로부터 통신제한조치의 집행을 위탁받은 통신기관 등이 그 집행에 필요한 설비가 없을 때에는 수사기관에 그 설비의 제공을 요청하여야 하고, 그러한 요청 없이 통신제한조치허가서에 기재된 사항을 준수하지 아니한 채 통신제한조치를 집행하였다면, 그러한 집행으로 인하여 취득한 전기통신의 내용 등은 적법한 절차를 따르지 아니하고 수집한 증거에 해당하므로 이는 유죄인정의 증거로 할 수 없다(대판 2016.10.13. 2016도 8137).

9. 검사 또는 사법경찰관이 수사를 위하여 필요한 경우 전기통신사업자에게 통신사실 확인 자료의 열람이나 제출을 요청할 수 있도록 한 통신비밀보호법 13조 1항(일부) 및 기소 등 처분을 한 날부터 30일 이내에 통신자료제공을 받은 사실 등을 통지하도록 한 같은 법 13조의3 제1항(일부)은 헌법에 합치되지 아니한다(2018.6.28. 2012헌마191).

10. 압수수색영장 대상자와 피의자 사이에 요구되는 인적 관련성은 압수수색영장에 기재된 대상자의 공동정범, 간접정범, 교사범 등은 물론이며 필요적 공범 등에 대한 피고사건에 대해서도 인정될 수 있다(대판 2017도13458).

11. 3인 간의 대화에서 그중 한 사람이 그 대화를 녹음 또는 청취하는 경우에 다른 두 사람의 발언은 그 녹음자 또는 청취자에 대한 관계에서 통신비밀보호법 제3조 제1항에서 정한 '타인 간의 대화'라고 할 수 없으므로, 이러한 녹음 또는 청취하는 행위 및 그 내용을 공개하거나 누설하는 행위가 통신비밀보호법 제16조 제1항에 해당한다고 볼 수 없다(대판 2014. 5. 16. 선고 2013도16404)

12. 피고인이 범행 후 피해자에게 전화를 걸어오자 피해자가 증거를 수집하려고 그 전화내용을 녹음한 경우, 그 녹음테이프가 피고인 모르게 녹음된 것이라 하여 이를 위법하게 수집된 증거라고 할 수 없다(대판 1997. 3. 28. 선고 97도240).

13. 제3자의 경우는 설령 전화통화 당사자 일방의 동의를 받고 그 통화 내용을 녹음하였다 하더라도 그 상대방의 동의가 없었던 이상, 이는 여기의 감청에 해당하여 법 제3조 제1항 위반이 된다 (대법원 2002. 10. 8. 선고 2002도123).

제6절 판사에 대한 강제처분 청구

01 증거보전

1. 증거보전의 의의

증거보전이란 수소법원이 공판정에서의 정상적인 증거조사가 있을 때까지 기다려서는 증거방법의 사용이 불가능하거나 현저히 곤란하게 될 염려가 있는 경우에 검사, 피고인, 피의자 또는 변호인의 청구에 의하여 판사가 미리 증거조사를 하여 그 결과를 보전하여 두는 제도를 말한다.

> 제184조【증거보전의 청구와 그 절차】① 검사, 피고인, 피의자 또는 변호인은 미리 증거를 보전하지 아니하면 그 증거를 사용하기 곤란한 사정이 있는 때에는 제1회 공판기일 전이라도 판사에게 압수, 수색, 검증, 증인신문 또는 감정을 청구할 수 있다.
> ② 전항의 청구를 받은 판사는 그 처분에 관하여 법원 또는 재판장과 동일한 권한이 있다.
> ③ 제1항의 청구를 함에는 서면으로 그 사유를 소명하여야 한다.
> ④ 제1항의 청구를 기각하는 결정에 대하여는 3일 이내에 항고할 수 있다.

2. 증거보전의 요건

(1) 증거보전의 필요성

증거보전의 필요성이란 정상적인 증거조사가 있을 때까지 기다려서는 증거의 사용이 불가능하거나 현저히 곤란하게 될 염려가 있는 경우여야 한다(예 증거물의 멸실·훼손·변경의 염려, 검증에 있어서 현장 또는 원상보존이 불가능한 경우, 증인의 사망, 장기해외여행의 경우 등).

(2) 제1회 공판기일 전

① 증거보전의 청구는 제1회 공판기일 전에 한하여 허용된다. 제1회 공판기일 전이면 가능하고 공소제기 전후는 불문한다. 제1회 공판기일 이후에는 수소법원에 증거조사의 청구가 가능하므로 증거보전의 청구는 허용되지 아니한다.

② 증거보전의 청구는 수사개시 이후에 비로소 가능하며, 입건 이전의 내사단계에서는 증거보전의 청구를 할 수 없으며, 제1회 공판기일 전에 한하여 허용되므로 항소심에서는 물론, 재심청구사건에서도 증거보전청구를 할 수 없다.

> **판례** 1. 증거보전이란 장차 공판에 있어서 사용하여야 할 증거가 멸실되거나 또는 그 사용하기 곤란한 사정이 있을 경우에 당사자의 청구에 의하여 공판 전에 미리 그 증거를 수집 보전하여 두는 제도로서 제1심 제1회 공판기일 전에 한하여 허용되는 것이므로, 재심청구사건에서는 증거보전청구는 허용되지 아니한다(대판 1984. 3.29.자 84모15 결정).
> 2. 형사소송법 제184조에 의한 증거보전은 피고인 또는 피의자가 형사입건도 되기 전에는 청구할 수

없고, 또 피의자신문에 해당하는 사항을 증거보전의 방법으로 청구할 수 없다(대판 1979.6.12. 선고 79도 792).

3. 증거보전의 절차

(1) 증거보전의 청구

① 청구권자 : 검사, 피고인, 피의자 또는 변호인이다. 변호인의 대리권은 독립대리권이다. 현행법은 사법경찰관에게는 증거보전 청구권을 인정하지 않는다.

② 청구의 방식 : 증거보전의 청구는 판사에게 하여야 하며 서면으로 그 사유를 소명하여야 한다(제184조 제1·3항). 증거보전의 청구는 반드시 판사에게 하여야 하며, 공소제기 후라 할지라도 수소법원에 청구하는 것이 아니다.

③ 청구의 내용

㉠ 증거보전을 청구할 수 있는 처분은 증인신문, 감정, 검증과 압수·수색에 한한다.

㉡ 증거보전절차에서 피의자신문, 피고인신문을 청구할 수는 없으나 공동피고인 또는 공범자를 증인으로 신문할 수 있다.

> **판례** 공동피고인과 피고인이 뇌물을 주고받은 사이로 필요적 공범관계에 있다고 하더라도 검사는 수사단계에서 피고인에 대한 증거를 미리 보전하기 위하여 필요한 경우에는 판사에게 공동피고인을 증인으로 신문할 것을 청구할 수 있다(대판 1988. 11. 8, 86도1646).

④ 성폭력범죄 및 아동·청소년의 성보호에 관한 법률상의 특례

㉠ 피해자나 그 법정대리인 또는 경찰은 피해자가 공판기일에 출석하여 증언하는 것에 현저히 곤란한 사정이 있을 때에는 그 사유를 소명하여 해당 성폭력범죄를 수사하는 검사에게 증거보전의 청구를 할 것을 요청할 수 있으며, 이러한 요청을 받은 검사는 그 요청이 타당하다고 인정할 때에는 증거보전의 청구를 할 수 있다(성폭력범죄의 처벌 등에 관한 특례법 제41조).

㉡ 아동·청소년대상 성범죄의 피해자, 그 법정대리인 또는 경찰은 피해자가 공판기일에 출석하여 증언하는 것에 현저히 곤란한 사정이 있을 때에는 그 사유를 소명하여 해당 성범죄를 수사하는 검사에게 증거보전의 청구를 할 것을 요청할 수 있으며, 이러한 요청을 받은 검사는 그 요청이 상당한 이유가 있다고 인정하는 때에는 증거보전의 청구를 하여야 한다(아동·청소년의 성보호에 관한 법률 제27조).

⑤ 청구에 대한 결정 : 증거보전의 청구를 받은 판사는 허부의 결정을 하여야 한다. 증거보존의 청구를 기각하는 결정에 대하여는 3일 이내에 항고할 수 있다(제184조④).

(2) 증거보전의 처분

① 판사의 권한 : 증거보전의 청구를 받은 판사는 그 청구가 이유있다고 인정한 때에는

증거보전을 하여야 한다. 증거보전을 행한 판사는 그 처분에 관하여 법원 또는 재판 장과 동일한 권한이 있다.

② 당사자의 참여권 : 증거보전 절차에서 당사자의 참여권이 보장되며, 피의자와 변호인 에게 참여권을 주지 않을 때는 증인신문조서의 증거능력이 부정된다.

> **판례** 형사소송법 제184조에 의한 증거보전절차에서 증인신문을 하면서, 위 증인신문의 일시와 장소를 피의자 및 변호인에게 미리 통지하지 아니하여 증인신문에 참여할 수 있는 기회를 주지 아니하였고, 또 변호인이 제1심 공판기일에 위 증인신문조서의 증거조사에 관하여 이의신청을 하였다면, 위 증인신문조서는 증거능력이 없다 할 것이고, 그 증인이 후에 법정에서 그 조서의 진정성립을 인정한다 하여 다시 그 증거능력을 취득한다고 볼 수도 없다(대판 1992. 2. 28, 91도2337).

4. 처분 후의 절차

(1) 증거물의 열람·등사권

① 증거보전에 의하여 작성된 조서 또는 압수된 물건은 증거보전을 한 판사가 소속한 법원에서 보관한다.

② 검사, 피고인, 피의자 또는 변호인은 판사의 허가를 얻어 그 서류와 증거물을 열람 또 는 등사할 수 있으며 열람·등사청구의 시기에는 제한이 없다.

(2) 증거보전절차에서 작성된 조서의 증거능력

① 증거보전절차에 의하여 작성된 증인신문조서, 검증조서 등은 무조건 증거능력이 인 정된다(제311조).

② 검사, 피고인, 변호인 등이 이를 증거로 이용하기 위해서는 수소법원에 그 증거조사를 청구하여야 하며, 수소법원은 증거보전을 한 법원에서 기록을 송부받아 증거조사를 하여야 한다.

> **판례** 증인신문조서가 증거보전절차에서 피고인이 증인으로서 증언한 내용을 기재한 것이 아니라 증인(갑)의 증언내용을 기재한 것이고 다만 피의자였던 피고인이 당사자로 참여하여 자신의 범행사실을 시인하는 전제하에 위 증인에게 반대 신문한 내용이 기재되어 있을 뿐이라면, 위 조서는 공판준비 또는 공판기일에 피고인 등의 진술을 기재한 조서도 아니고, 반대신문과정에서 피의자가 한 진술에 관한 한 형사소송법 제184조에 의한 증인신문조서도 아니므로 위 조서 중 피의자의 진술기재부분에 대하여는 형사소송법 제311조에 의한 증거능력을 인정할 수 없다(대판 1984.05.15. 선고 84도508).

(3) 제척·기피

증거보전을 위하여 증인신문·검증·감정의 처분을 한 판사는 예단배제의 원칙에 의하 여 그 이후 당해 사건에서 제척되어야 하나, 판례는 증거보전을 위한 증인신문을 한 경 우는 제척사유가 되지 않는다는 입장이다.

> **판례** 공소제기 전에 검사의 증거보전 청구에 의하여 증인신문을 한 법관은 형사소송법 제17조 제7호에 이른바 전심재판 또는 기초되는 조사·심리에 관여한 법관이라고 할 수 없다(대판 1971. 7. 6, 71도974).

02 증인신문의 청구

1. 증인신문청구의 의의

증인신문의 청구란 범죄의 수사에 없어서는 아니 될 사실을 안다고 명백히 인정되는 참고인이 출석 또는 진술을 거부한 경우에 검사의 청구로 제1회 공판기일 전에 한하여 판사에 의해서 행해지는 증인신문을 말한다(제221조의2).

> 제221조의2 【증인신문의 청구】 ① 범죄의 수사에 없어서는 아니 될 사실을 안다고 명백히 인정되는 자가 전조의 규정에 의한 출석 또는 진술을 거부한 경우에는 검사는 제1회 공판기일 전에 한하여 판사에게 그에 대한 증인신문을 청구할 수 있다.
> ② 삭제
> ③ 제1항의 청구를 함에는 서면으로 그 사유를 소명하여야 한다.
> ④ 제1항의 청구를 받은 판사는 증인신문에 관하여 법원 또는 재판장과 동일한 권한이 있다.
> ⑤ 판사는 제1항의 청구에 따라 증인신문기일을 정한 때에는 피고인·피의자 또는 변호인에게 이를 통지하여 증인신문에 참여할 수 있도록 하여야 한다.
> ⑥ 판사는 제1항의 청구에 의한 증인신문을 한 때에는 지체 없이 이에 관한 서류를 검사에게 송부하여야 한다.

2. 증인신문청구의 요건

(1) 증인신문의 필요성

범죄의 수사에 없어서는 아니 될 사실을 안다고 명백히 인정되는 자가 수사기관의 출석요구에 대하여 출석 또는 진술을 거부하는 경우이다(제221조의2 제1항).

(2) 제1회 공판기일 전

참고인에 대한 증인신문청구도 제1회 공판기일 전에 한하여 허용된다. 공소제기의 전후를 불문하며, 제1회 공판기일 전이란 증거조사가 개시되기 전을 말한다.

> **판례** 형사소송법 제221조의2 제2항에 의한 검사의 증인신문청구는 수사단계에서의 피의자 이외의 자의 진술이 범죄의 증명에 없어서는 안 될 것으로 인정되는 경우에 공소유지를 위하여 이를 보전하려는데 그 목적이 있으므로, 이 증인신문청구를 하려면 증인의 진술로서 증명할 대상인 피의사실이 존재하여야 하고, 피의사실은 수사기관이 어떤 자에 대하여 내심으로 혐의를 품고 있는 정도의 상태만으로는 존재한다고 할 수 없다(대판 1989. 6.20. 89도648).

> **참고** 증거보전청구에 대한 기각결정은 3일 이내 항고가 가능하나, 증인신문에 대한 기각결정은 불복방법이 없다.

3. 증인신문의 절차

(1) 증인신문의 청구

① 증인신문의 청구권자는 검사에 제한되며(사법경찰관은 청구권자가아님), 검사가 증인신문의 청구를 함에는 그 사유를 서면으로 소명하여야 한다(제221조의2 제3항).

② 공소제기 후라도 참고인에 대한 증인신문의 청구는 **수소법원 이외의 판사**에게 하여야 한다.

(2) 증인신문의 절차

판사가 참고인에 대한 증인신문을 함에 있어서는 법원 또는 재판장과 동일한 권한이 있다(제221조의2 제4항). 따라서 증인신문에 관하여는 법원 또는 재판장이 하는 증인신문에 관한 규정이 준용된다.

(3) 당사자의 참여권

판사는 증인신문의 청구에 따라 증인신문기일을 정한 때에는 피고인·피의자 또는 변호인에게 이를 **통지**하여 증인신문에 **참여**할 수 있도록 하여야 한다(제221조의2 제5항).

4. 증인신문 후의 소송관계

(1) 서류의 송부

판사가 증인신문을 한 때에는 **지체 없이** 이에 관한 서류를 **검사에게 송부**하여야 한다.

(2) 조서의 증거능력

① 참고인에 대한 증인신문조서는 법관의 면전조서로서 당연히 증거능력이 인정된다(제311조). 위의 증인신문조서에 대해서도 증거로 이용하기 위해서는 수소법원의 증거조사는 필요하다.

② 피고인·피의자 또는 변호인에게 참여의 기회를 주지 않는 증인신문절차에서 작성된 증인신문조서는 증거능력이 부인된다.

	증거보전	증인신문
청구권자	검사, 피의자, 피고인, 변호인	검사
청구기간	1회 공판기일 전	1회 공판기일 전
요건	증거물의 멸실·훼손·가치변화	참고인의 출석·진술 거부
내용	증인신문, 감정, 검증, 압수·수색	증인신문
당사자의 참여권	인정	인정
관련서류	법원에서 보관	지체 없이 검사에게 송부
열람·등사권	인정	불인정
불복	3일 이내 항고가능	불인정

제1절 수사의 종결

01 서

(1) 범죄사실이 명백하게 되었거나 또는 수사를 계속할 필요가 없는 경우에 수사는 종결하게 된다. 그러나 수사가 종결되었다고 하여 그 이후의 수사가 전혀 불가능한 것은 아니다.

(2) 사건에 대하여 사법경찰관이 수사를 한 다음 1차 수사의 종결권을 가지고 있고, 공소제기 이후에도 공소유지 여부를 결정하기 위하여 검사는 수사를 할 수 있고, 불기소처분에는 확정력이 배제되기 때문에 불기소처분을 한 때에도 수사를 재개할 수 있다.

02 사법경찰관의 종결

1. 법원송치

경찰서장은 「소년법」 제4조 제2항에 따라 법원에 송치할 때에는 별지 제122호서식의 소년보호사건 송치서를 작성하여 사건기록에 편철하고 관계서류와 증거물을 관할 가정법원 소년부 또는 지방법원 소년부에 송부해야 한다.

2. 검찰송치

사법경찰관은 고소·고발사건을 포함하여 범죄를 수사한 때에는 범죄의 혐의가 있다고 인정되는 경우에는 지체없이 검사에게 사건을 송치하고, 관계 서류와 증거물을 송부하여야 한다.

3. 불송치

그 밖의 경우에는 그 이유를 명시한 서면과 함께 관계 서류와 증거물을 지체 없이 검사에게 송부하여야 한다(제245조의5). 이 경우 검사는 송부받은 날부터 90일 이내에 사법경찰관에게 반환하여야 한다. 범죄의 혐의가 없다고 인정되는 경우에는 가. 혐의없음.(① 범죄인정 안됨. ② 증거불충분) 나. 죄가 안됨. 다. 공소권없음 라. 각하의 결정을 할 수 있다.

4. 수사중지

가. 피의자중지

피의자의 소재불명 또는 국외도피 등의 사유로 수사를 종결할 수 없는 경우에는 그 사유가 해소될 때까지 기소중지의 결정을 할 수 있다.

나. 참고인중지

참고인·고소인·고발인 또는 같은 사건 피의자의 소재불명으로 수사를 종결할 수 없는 경우에는 그 사유가 해소될 때까지 참고인중지의 결정을 할 수 있다.

5. 이 송

① 검사가 수사경합에 따른 사법경찰관에게 사건송치를 요구할 때에는 그 내용과 이유를 구체적으로 기재한 서면으로 해야 한다.

② 사법경찰관은 검사의 요구를 받은 날부터 7일 이내에 사건을 검사에게 송치하고, 관계 서류와 증거물을 검사에게 송부해야 한다.

③ 사법경찰관이 범죄사실을 계속 수사할 수 있게 된 경우 검사는 그와 동일한 범죄사실에 대해 특별한 사정이 없는 한 사건 이송 등 중복수사를 피하기 위해 노력해야 한다.

03 검사의 결정

1. 공소의 제기

① 수사결과 범죄의 객관적 혐의가 충분하고 소송조건을 구비하여 유죄판결을 받을 수 있다고 인정할 때에는 검사는 공소를 제기한다(제246조).

② 약식명령을 할 수 있는 경우에는 공소제기와 동시에 약식명령을 청구할 수 있다(제449조).

2. 불기소 처분

가. 기소유예

피의사건에 대하여 소송조건이 구비되고 **범죄의 객관적 혐의가 충분**한 경우에도 검사는 범인의 연령, 성행, 지능과 환경, 피해자에 대한 관계, 범행의 동기·수단과 결과, 범행 후의 정황 등을 참작하여 공소를 제기하지 아니할 수 있다(제247조 제1항). 이를 기소유예라고 한다. 국가보안법 제20조 제1항의 **공소보류**는 기소유예와 유사한 제도라고 할 수 있다.

> **참고** 기소유예처분에 대해 검사가 다시 재수사하여 공소를 제기할 수 있으며, 법원이 이에 대하여 유죄판결을 선고하여도 일사부재리의 원칙에 반하지 않는다.

나. 혐의없음

① 범죄인정안됨 : 피의사실이 범죄를 구성하지 아니한 경우.

② 증거불충분 : 유죄판결을 받기에는 증거가 불충분한 경우를 포함한다. 피의자의 자백에 대하여 보강증거가 없는 경우 또는 피의사실을 특정할 수 없는 경우에도 이에 해당한다.

다. 죄가 안됨

㉠ 피의사실이 범죄구성요건에 해당하나 법률상 범죄의 성립을 조각하는 사유가 있어 범죄를 구성하지 아니하는 경우에 하는 처분이다.

ⓛ 위법성조각사유나 책임조각사유가 있는 경우가 여기에 해당한다. 친족·동거가족 간의 범인은닉, 증거인멸의 죄를 범한 경우가 이에 해당한다.

라. 공소권없음

피의사건에 대하여 **소송조건이 결여**되었거나 형이 면제되는 경우를 말한다. 친고죄에서 고소가 없거나 취소된 경우, 확정판결이 있는 경우, 통고처분이 이행된 경우, 사면이나 공소시효가 완성된 경우, 피의자가 사망하거나 피의자인 법인이 존속하지 아니하게 된 경우가 이에 해당한다.

마. 각 하

㉠ 고소 또는 고발이 있는 사건에 관하여 고소인 또는 고발인의 진술이나 고소장 또는 고발장에 의하여 혐의 없음, 죄가 안됨, 공소권 없음이 명백한 경우

㉡ 고소·고발이 「형사소송법」 고소 또는 고발의 제한에 위반한 경우

㉢ 동일사건에 관하여 검사의 불기소처분이 있는 경우(다만, 새로이 중요한 증거가 발견된 경우에 고소인 또는 고발인이 그 사유를 소명한 때에는 제외된다).

㉣ 고소권자가 아닌 자가 고소한 경우

㉤ 고소·고발장 제출 후 고소인 또는 고발인이 출석요구에 불응하거나 소재불명 되어 고소·고발사실에 대한 진술을 청취할 수 없는 경우

㉥ 고소·고발 사건에 대하여 사안의 경중 및 경위, 고소·고발인과 피고소·피고발 인의 관계 등에 비추어 피고소·피고발인의 책임이 경미하고 수사와 소추할 공공의 이익이 없거나 극히 적어 수사의 필요성이 인정되지 아니하는 경우

3. 기소중지

피의자의 소재불명 또는 **국외도피** 등의 사유로 수사를 종결할 수 없는 경우에는 그 사유 가 해소될 때까지 기소중지의 결정을 할 수 있다.

4. 참고인 중지

참고인·고소인·고발인 또는 같은 사건 피의자의 소재불명으로 수사를 종결할 수 없는 경우에는 그 사유가 해소될 때까지 참고인 중지의 결정을 할 수 있다.

5. 보완수사요구

검사는 송치사건의 공소제기 여부 결정 또는 공소의 유지에 관하여 필요한 경우나 사법경 찰관이 신청한 영장의 청구 여부 결정에 관하여 필요한 경우에 사법경찰관에게 보완수사 를 요구할 수 있다. 사법경찰관은 보완수사 요구가 있는 때에는 정당한 이유가 없는 한 지체 없이 이를 이행하고, 그 결과를 검사에게 통보하여야 한다(제197조의2).

6. 이송

① 필요적이송

㉠ 검사는 「검찰청법」 제4조제1항제1호 각 목에 해당되지 않는 범죄에 관한 고소·고발·진정 등이 접수되거나 사건 수사 중 범죄 혐의가 「검찰청법」 제4조제1항제1호 각 목에 해당되지 않는다고 판단되는 때에는 사건을 검찰청 이외의 수사기관에 이송해야 한다. 다만 구속영장이나 사람의 신체, 주거, 관리하는 건조물, 자동차, 선박, 항공기 또는 점유하는 방실에 대하여 압수·수색·검증 영장이 발부된 경우는 제외한다.

㉡ 검사는 재정신청에 대해 법원이 법 제262조 제2항 제1호에 따라 기각하는 결정을 한 경우에는 해당 결정서를 사법경찰관에게 송부해야 한다. 이 경우 제2항에 따라 송치받은 사건을 사법경찰관에게 이송해야 한다.

② 임의적이송: 검사는 검사가 영장을 청구하기 전에 동일한 범죄사실에 관하여 **사법경찰관이 영장을 신청한 경우 영장에 기재된 범죄사실을 사법경찰관이 범죄사실을 계속** 수사할 수 있게 되거나 그 밖에 다른 수사기관에서 수사하는 것이 적절하다고 판단되는 때에는 사건을 검찰청 이외의 수사기관에 이송할 수 있다.

7. 타관송치

(1) 타관송치

검사는 사건이 그 소속검찰청에 대응한 법원의 관할에 속하지 아니한 때에는 사건을 서류와 증거물과 함께 관할법원에 대응한 검찰청검사에게 송치하여야 한다(제256조).

(2) 군 검찰관송치

검사는 사건이 군사법원의 재판권에 속하는 때에는 사건을 서류와 증거물과 함께 재판권을 가진 관할군사법원 검찰부검찰관에게 송치하여야 한다. 이 경우에 송치 전에 행한 소송행위는 송치 후에도 그 효력에 영향이 없다(제256조의2).

(3) 소년부 송치

검사는 소년에 대한 피의사건을 수사한 결과 보호처분에 해당하는 사유가 있다고 인정한 때에는 사건을 관할소년부에 송치하여야 한다(소년법 제49조).

(4) 기 타

검사는 사법경찰관에게 보완수사를 요구할 수 있으며, 가정보호사건으로 처리하는 경우나, 소년보호사건, 성매매 보호사건에 처함이 상당하다고 인정하는 때에는 관할소년법원, 가정법원 또는 지방법원에 송치하여야 한다.

04 처분의 통지

1. 사법경찰관의 불송치 통지

(1) 고소 · 고발인에 대한 통지

① 사건의 처리 : 사법경찰관은 불송치결정을 한경우에는 그 송부한 날부터 7일 이내에 서면으로 고소인 · 고발인 · 피해자 또는 그 법정대리인(피해자가 사망한 경우에는 그 배우자 · 직계친족 · 형제자매를 포함한다)에게 사건을 검사에게 송치하지 아니하는 취지와 그 이유를 통지하여야 한다(제245조의6).

② 고소인 등의 이의신청: ① 제245조의6의 통지를 받은 사람은 해당 사법경찰관의 소속 관서의 장에게 이의를 신청할 수 있다.

　② 사법경찰관은 제1항의 신청이 있는 때에는 지체 없이 검사에게 사건을 송치하고 관계 서류와 증거물을 송부하여야 하며, 처리결과와 그 이유를 제1항의 신청인에게 통지하여야 한다(제245조의7).

③ 재수사요청 : ① 검사는 불송치결정의 경우에 사법경찰관이 사건을 송치하지 아니한 것이 위법 또는 부당한 때에는 그 이유를 문서로 명시하여 사법경찰관에게 재수사를 요청할 수 있다.

　② 사법경찰관은 제1항의 요청이 있는 때에는 사건을 재수사하여야 한다(제245조의8).

2. 검사의 수사종결의 통지

(1) 검사의 통지

① 사건의 처리 : 검사가 고소 또는 고발에 의하여 범죄를 수사할 때에는 고소 또는 고발을 수리한 날로부터 3월 이내에 수사를 완료하여 공소제기 여부를 결정하여야 한다(제257조).

② 고소인 · 고발인에 대한 처분고지 : 검사는 고소 또는 고발 있는 사건에 관하여 공소를 제기하거나 제기하지 아니하는 처분, 공소의 취소 또는 타관송치를 한 때에는 그 처분한 날로부터 7일 이내에 서면으로 고소인 또는 고발인에게 그 취지를 통지하여야 한다(제258조 1항).

③ 불기소이유의 고지 : 검사는 고소 · 고발이 있는 사건에 관하여 공소를 제기하지 아니하는 처분을 한 경우에 고소인 · 고발인의 청구가 있는 때에는 7일 이내에 고소인 또는 고발인에게 그 이유를 서면으로 설명하여야 한다(제259조).

　▶수사준칙 제53조(수사 결과의 통지) ① 검사 또는 사법경찰관은 제51조 또는 제52조에 따른 결정을 한 경우에는 그 내용을 고소인 · 고발인 · 피해자 또는 그 법정대리인(피해자가 사망한 경우에는 그 배우자 · 직계친족 · 형제자매를 포함한다. 이하 "고소인등"

이라 한다)과 피의자에게 통지해야 한다. 다만, 제51조제1항제4호가목에 따른 피의자 중지 결정 또는 제52조제1항제3호에 따른 기소중지 결정을 한 경우에는 고소인등에게만 통지한다.

② 고소인등은 법 제245조의6에 따른 통지를 받지 못한 경우 사법경찰관에게 불송치 통지서로 통지해 줄 것을 요구할 수 있다.

③ 제1항에 따른 통지의 구체적인 방법·절차 등은 법무부장관, 경찰청장 또는 해양경찰청장이 정한다.

(2) 피의자·피해자에 대한 통지

① 피의자 : 검사는 불기소·타관송치의 처분을 한 때에는 피의자에게 즉시 그 취지를 통지하여야 한다(제258조 제2항).

② 피해자 : 검사는 범죄로 인한 피해자 또는 그 법정대리인(피해자가 사망한 경우에는 그 배우자·직계친족·형제자매를 포함한다)의 신청이 있는 때에는 당해 사건의 공소제기 여부, 공판의 일시·장소, 재판결과, 피의자·피고인의 구속·석방 등 구금에 관한 사실 등을 신속하게 통지하여야 한다(제259조의2).

2. 불기소처분에 대한 불복

(1) 항고·재항고(검찰항고)

① 항 고 : 검사의 불기소처분에 불복이 있는 고소인·고발인은 그 검사가 속하는 지방검찰청 또는 지청을 거쳐 서면으로 통지를 받은 날로부터 30일 내에 관할고등검찰청의 장에게 항고할 수 있다.

② 재항고 : 항고한 고발인에 대하여 항고를 기각하는 처분에 대해 불복하거나, 항고를 한 날로부터 항고에 대한 처분이 행하여지지 않고 3개월이 경과한 때에는 그 검사가 속하는 고등검찰청을 거쳐 서면으로 통지를 받은 날로부터 30일 내에 검찰총장에게 재항고할 수 있다.

> 참고 1. 항고의 대상은 검사의 불기소처분에 대해서만 제기할 수 있어 공소의 취소, 타관송치, 약식명령청구에 대해서는 할 수 없다.
> 2. 재정신청이 가능한 자는 재항고할 수 없기 때문에 재항고는 항고한 고발인만 가능하다.

(2) 재정신청

고소권자로서 고소를 한 자, 「형법」 제123조부터 제126조까지의 죄에 대하여는 고발을 한 자는 「검찰청법」 제10조에 따른 항고를 거쳐 그 항고기각 통지를 받은 날로부터 10일 이내에 고등법원에 재정신청을 할 수 있다(제260조).

(3) 헌법소원

공권력의 행사 또는 불행사로 인하여 헌법상 보장된 기본권을 침해받은 자는 법원의 재판을 제외하고는 헌법재판소에 헌법소원심판을 청구할 수 있다. 다만, 다른 법률에 구제절차가 있는 경우에는 그 절차를 모두 거친 후에 청구할 수 있다.

① 고소인 : 고소인은 검사의 불기소처분에 대해서 항고 또는 재정신청의 절차를 먼저 거쳐야 하고, 재정신청 기각결정에 대해 헌법소원을 제기 할 수 없으므로 원칙적으로 헌법소원은 인정되지 않는다.

② 고발인 : 고발인은 자기관련성이 없으므로 청구권이 인정되지 않는다.

③ 피의자 : 피의자는 검사의 기소유예 처분에 대한 행복추구권 침해를 이유로 헌법소원을 제기할 수 있다.

④ 고소하지 않은 피해자 : 고소하지 않은 피해자는 헌법 제27조 5항에 근거 재판절차진술권의 침해를 이유로 헌법소원을 제기할 수 있다.

판례 1. 현재 수사 중인 사건이라면 특단의 사정이 없는 한 구체적인 공권력의 행사 또는 불행사가 있다고 볼 수 없으므로 이에 관한 헌법소원심판청구는 부적법하다(헌재1989.9.11. 89헌마169).

2. 진정에 기하여 이루어진 내사사건의 종결처리는 진정사건에 대한 구속력이 없는 수사기관의 내부적 사건처리방식에 지나지 아니하므로 진정인의 고소 또는 고발의 권리행사에 아무런 영향을 미치는 것이 아니어서 헌법소원심판의 대상이 되는 공권력의 행사라고 할 수 없다(헌재1990. 12.26. 89헌마277).

3. 범죄피해자가 아닌 고발인에게는 개인적 주관적인 권리나 재판절차에서의 진술권 따위의 기본권이 허용될 수 없으므로 검사가 자의적으로 불기소처분을 하였다고 하여 달리 특별한 사정이 없으면 헌법소원심판청구의 요건인 자기관련성이 없다(헌재 1989.12.22. 89헌마145).

4. 검사의 불기소처분에 대한 헌법소원에 있어서 그 대상이 된 범죄에 대한 공소시효가 완성되었을 때에는 권리보호의 이익이 없어 헌법소원을 제기할 수 없으며, 또 헌법소원 제기 후에 그 공소시효가 완성된 경우에도 역시 그 헌법소원은 권리보호의 이익이 없어 부적법하다(헌재 1997.7.16. 97헌마40).

5. 검찰청법 제10조에 의한 항고 및 재항고를 거쳐 헌법재판소에 헌법소원심판을 청구하는 경우에는 그 항고 또는 재항고결정 자체에 고유한 위법이 있음을 그 이유로 내세우는 경우가 아니면 원래의 불기소결정이 아닌 그 항고 또는 재항고결정에 대한 헌법소원심판을 청구할 수 없다(헌재 2007. 2. 20. 2007헌마122).

구 분	검찰항고	재정신청	헌법소원
대상범죄	제한 없음	1. 고소인 : 제한 없음 2. 고발인 : (형법 제123조-제126조의 죄)	제한 없음
청구권자	고소인 · 고발인	1. 고소권자 2. 고발인 : (형법 제123조-제126조의 죄)	1. 고소하지 않은 피해자 2. 피의자
공소시효	정지 안 됨	정지됨	정지 안 됨

참고 검사의 불기소처분에 대하여 기소처분을 구하는 취지에서 헌법소원을 제기할 수 있는 자는 원칙적으로 헌법상 재판절차진술권의 주체인 형사피해자에 한하므로, 범죄피해자가 아닌 고발인에게는 개인적 주관적 권리나 재판절차에서의 진술권 등의 기본권이 허용될 수 없으므로 검사가 자의적으로 불기소처분을 하였다고 하여 달리 특별한사정이 없으면 자기관련성이 없다.

제2 절 재정신청

01 재정신청제도

1. 서 론

(1) 의 의

재정신청이란 고소권자로서 고소를 한 자 또는 「형법」 제123조부터 제126조까지의 죄에 대하여는 고발을 한 자가 검사로부터 공소를 제기하지 아니한다는 통지를 받은 때에는 그 검사 소속의 지방검찰청 소재지를 관할하는 고등법원에 재정신청하여 고등법원의 결정 으로 검찰의 공소제기를 강제하는 제도를 말한다.

(2) 제도의 취지

기소독점주의에 대한 규제를 인정하여 사법적 심사에 의하여 검사의 부당한 불기소처분 을 시정하려는 데 목적이 있다.

2. 재정신청 절차

(1) 재정신청

① 재정신청의 대상

㉠ 고소사건 : 고소인이 대상범죄에 제한없이 재정신청을 할 수 있다.

㉡ 고발사건 : 고발인이 재정신청을 할 수 있는 범죄는 공무원의 직권남용죄(형법 제 123~126조)에 대한 검사의 불기소처분이다. 다만, 「형법」 제126조(피의사실공 표)의 죄에 대하여는 피공표자의 명시한 의사에 반하여 재정을 신청할 수 없다.

> **참고** 1. 「형법」 제126조(피의사실공표)의 죄에 대하여는 피공표자의 명시한 의사에 반하여 재정을 신청 할 수 없다.
> 2. 불기소처분의 이유는 불문하므로, 기소유예처분에 대하여도 재정신청을 할 수 있으나, 진정사건에 대한 검사의 내사종결처분과 공소취소는 불기소처분이 아니므로 재정신청을 할 수 없다.

② 재정신청권자

㉠ 고소권자로서 고소를 한 자와 「형법」 제123조부터 제126조까지의 죄에 대하여는 고발을 한 자를 포함한다(제260조제1항).

㉡ 재정신청은 대리인에 의하여 할 수 있으며 공동신청권자 중 1인의 신청은 그 전원 을 위하여 효력을 발생한다.

(2) 검찰항고전치주의

① 원 칙 : 재정신청이 확대됨에 따라 재정신청 남용의 폐해를 줄이고 재정신청 제도의 효율성을 도모하기 위하여 재정신청을 하려면 「검찰청법」 제10조에 따른 항고를 거

처야 한다고 규정하여 검찰항고전치주의를 채택하였다(제260조 제2항).

② 예 외(검찰항고를 거치지 않아도 되는 경우)

㉠ 재정신청인이 불기소처분에 대하여 항고를 제기하였고 그 이후 재기수사가 이루어진 다음 다시 불기소처분이 있는 때

㉡ 항고신청 후 항고에 대한 처분이 행하여지지 아니하고 **3개월이 경과**한 경우

㉢ **공소시효 완성일 30일 전까지 공소가 제기되지 아니하는 경우**가 이에 해당한다.

(3) 재정신청의 방법

① 신청의 기간

㉠ 항고기각통지 : 항고기각 결정을 통지받은 날 또는 항고전치주의의 예외 사유가 발생한 날부터 10일 이내에 지방검찰청검사장 또는 지청장에게 재정신청서를 제출하여야 한다.

㉡ 공소시효 완성의 경우 : 공소시효 완성일 30일 전까지 공소가 제기되지 아니하는 경우에는 공소시효 만료일 전날까지 재정신청서를 제출할 수 있다.

② 취 소

㉠ 재정신청의 취소는 고등법원의 재정결정이 있을 때까지 관할고등법원에 서면으로 하여야 하며 재정신청을 취소한 자는 다시 재정신청을 할 수 없다(제264조2).

㉡ 재정신청의 취소는 다른 공동신청권자에게 효력을 미치지 아니한다(제264조3).

3. 지방검찰청검사장 등의 처리

(1) 검찰항고를 거친 경우

재정신청인은 재정신청 기간 내에 지방검찰청검사장 또는 지청장에게 제출하도록 하고, 지방검찰청검사장이나 지청장은 7일 이내에 사건기록 및 증거물과 함께 관할 고등검찰청을 거쳐 관할고등법원에 송부하게 한다.

(2) 검찰항고를 거치지 않은 경우

① 지방검찰청검사장이나 지청장은 신청이 이유있다고 인정하는 경우에는 즉시 공소를 제기하고 그 취지를 고등법원과 재정신청인에게 통지한다.

② 신청이 이유 없다고 인정되는 때에는 30일 이내에 관할 고등법원에 송부한다.

4. 고등법원의 심리와 결정

(1) 통 지

법원은 재정신청서를 송부받은 때에는 송부받은 날부터 10일 이내에 피의자와 재정신청인에게 그 사유를 통지하여야 한다.

(2) 관할법원

재정신청사건의 관할법원은 불기소처분을 한 검사소속의 지방검찰청 소재지를 관할하는 고등법원이다. 고위공직자범죄에 대한 재정신청사건의 관할법원은 서울고등법원이다(제29조 제1항).

(3) 심리기간

법원은 재정신청서를 송부 받은 날부터 3개월 이내에 항고의 절차에 준하여 결정한다. 이 경우 필요한 때에는 증거를 조사할 수 있다.

(4) 심리방식

재정신청사건의 심리는 특별한 사정이 없는 한 비공개로 한다(제3항).

(5) 기록의 열람 · 등사

① 재정신청사건의 심리 중에는 관련 서류 및 증거물을 열람 또는 등사할 수 없다.

② 법원이 증거를 조사하는 경우 그 과정에서 작성된 서류의 전부나 일부에 대한 열람 · 등사를 직권으로 허가할 수 있도록 규정하여 검사나 재정신청인 등 이해관계 있는 자의 이익을 고려하였다(제262조의2).

(6) 재정결정

① 재정기각결정

㉠ 법원은 재정신청서를 송부 받은 날부터 3개월 이내에 신청이 법률상의 방식에 위배되거나 이유없는 때에는 신청을 기각한다.

㉡ 기각 결정이 확정된 사건에 대하여는 다른 중요한 증거를 발견한 경우를 제외하고는 소추할 수 없다.

② 공소제기 결정

㉠ 법원은 신청이 이유있어 공소제기 결정을 한 때에는 즉시 그 정본을 재정신청인 · 피의자와 관할 지방검찰청검사장 또는 지청장에게 송부하여야 한다.

㉡ 재정결정서를 송부 받은 관할 지방검찰청 검사장 또는 지청장은 지체 없이 담당 검사를 지정하고 지정받은 검사는 공소를 제기하여야 한다.

③ 불 복 : 재정신청사건의 결정에 대하여는 불복할 수 없다. 재정신청의 기각이 확정된 사건에 대하여는 다른 중요한 증거를 발견한 경우를 제외하고는 소추할 수 없다.

5. 재정결정의 효력

(1) 검사의 공소유지 및 공소취소

① 법원이 공소제기 결정을 하면 일반 사건과 마찬가지로 검사가 공소제기 및 공소유지를 하도록 하였다.

② 검사는 통상적인 공판관여 검사와 같은 권한과 의무를 행사하되, 법원의 공소제기 결정 취지에 반하는 행위에 해당하는 공소취소는 하지 못한다(제264조의2).

(2) 공소시효

① 제260조에 따른 재정신청이 있으면 제262조에 따른 재정결정이 있을 때까지 공소시효의 진행이 정지된다.

② 제262조 제2항 제2호의 결정이 있는 때에는 공소시효에 관하여 공소제기결정이 있는 날에 공소가 제기된 것으로 본다(제262조 제2항 제2호).

6. 재정신청인의 비용부담

(1) 기각결정 · 재정신청이 취소된 경우

법원은 재정신청 기각결정을 하거나 재정신청이 취소된 경우 재정신청인에게 결정으로 재정신청인에게 신청절차에 의하여 생긴 비용의 전부 또는 일부를 부담하게 할 수 있다.

(2) 직권 · 피의자의 신청에 의한 비용부담

법원은 직권 또는 피의자의 신청에 따라 재정신청인에게 피의자가 재정신청절차에서 부담하였거나 부담할 변호인 선임료 등 비용의 전부 또는 일부의 지급을 명할 수 있다. 비용부담 결정에 대하여는 즉시항고를 할 수 있다.

> **판례** 1. 재정신청 제기기간이 경과된 후에 재정신청보충서를 제출하면서 원래의 재정신청에 재정신청 대상으로 포함되어 있지 않은 고발사실을 재정신청의 대상으로 추가한 경우, 그 재정신청보충서에서 추가한 부분에 관한 재정신청은 법률상 방식에 어긋난 것으로서 부적법하다(대판 1997.4.22. 자97모30).
>
> 2. 공소를 제기하지 아니하는 검사의 처분의 당부에 관한 재정신청이 있는 경우에 법원은 검사의 무혐의 불기소처분이 위법하다 하더라도 기록에 나타난 여러 가지 사정을 고려하여 기소유예의 불기소처분을 할 만한 사건이라고 인정되는 경우에는 재정신청을 기각할 수 있다(대판 1997.4.22. 자97모30).
>
> 3. 재정신청 기각결정에 대한 재항고나 그 재항고 기각결정에 대한 즉시항고로서의 재항고에 대한 법정기간의 준수 여부는 도달주의 원칙에 따라 재항고장이나 즉시항고장이 법원에 도달한 시점을 기준으로 판단하여야 하고, 거기에 재소자 피고인 특칙은 준용되지 아니한다고 해석함이 타당하다(대판 2015. 7.16. 2013모2347).
>
> 4. 법원이 재정신청서에 재정신청을 이유 있게 하는 사유가 기재되어 있지 않음에도 이를 간과한 채 형사소송법 제262조 제2항 제2호 소정의 공소제기결정을 한 관계로 그에 따른 공소가 제기되어 본안사건의 절차가 개시된 후에는, 다른 특별한 사정이 없는 한 이제 그 본안사건에서 위와 같은 잘못을 다툴 수 없다(대판 2010.11.11. 선고 2009도224).
>
> 5. 재정신청 기각결정이 확정된 사건에 대하여 다른 중요한 증거를 발견한 경우를 제외하고는 소추할 수 없도록 규정하고 있는 것은, 재정신청사건에 대한 법원의 결정에는 일사부재리의 효력이 인정되지 않는 만큼 피의사실을 유죄로 인정할 명백한 증거가 발견된 경우에도 재정신청 기각결정이 확정되었다는

이유만으로 검사의 공소제기를 전적으로 금지하는 것은 사법정의에 반하는 결과가 된다는 점을 고려한 것이다(대판 2015.9.10. 선고 2012도14755).

6. 형사소송법 제262조 제4항 후문에서 말하는 '제2항 제1호의 결정이 확정된 사건'은 재정신청사건을 담당하는 법원에서 공소제기의 가능성과 필요성 등에 관한 심리와 판단이 현실적으로 이루어져 재정신청 기각결정의 대상이 된 사건만을 의미한다(대판 2015.9.10. 선고 2012도14755).

제 3 절 　 공소제기 후의 수사

01 공소제기 후 수사의 필요성

수사는 공소제기 전에 행하여지는 것이 원칙이나, 공소제기 후에 피고인의 추가적인 범죄 사실이 발견되거나, 공판 중 증거보강의 필요성이 인정되거나, 공범자 또는 진범이 검거된 경우에는 공소제기 후에도 수사를 계속할 필요가 있다. 그러나 공소제기 후의 수사를 무한 정으로 확대할 수는 없고 일정한 제한이 필요하다.

02 공소제기 후 강제수사

1. 피고인의 구속

공소제기 후의 피고인 구속은 수소법원의 권한에 속하며, 공소제기 후에 수사기관이 피고 인을 구속할 수 없다.

2. 압수 · 수색 · 검증

(1) 원 칙

공소제기로 사건이 법원에 계속되고 압수수색도 법원의 권한에 속하므로 수사기관의 압 수 · 수색 · 검증은 허용되지 않는다.

(2) 예 외

공소제기 후 검사 또는 사법경찰관이 피고인에 대한 구속영장을 집행하는 때에 그 집행 의 현장에서는 영장없이 압수 · 수색 · 검증을 할 수 있으며, 임의제출물의 압수는 공소 제기 후에도 허용된다.

> **판례** 1. 공소가 제기된 후에는 피고사건에 관하여 검사로서는 형사소송법 제215조에 의하여 압수 · 수색을 할 수 없다고 보아야 하며, 그럼에도 검사가 공소제기 후 형사소송법 제215조에 따라 수소법원 이외의 지방법원 판사에게 청구하여 발부받은 영장에 의하여 압수 · 수색을 하였다면, 그와 같이 수집된 증거는 기본적 인권 보장을 위해 마련된 적법한 절차에 따르지 않은 것으로서 원칙적으로 유죄의 증거로 삼을 수 없다(대판 2011.4.28. 선고 2009도10412 판결).
> 2. 공소제기된 피고인의 구속상태를 계속 유지할 것인지 여부에 관한 판단은 전적으로 당해 수소법원의 전권에 속하는 것이다(대판 1997. 11. 27. 자 97모88)

03 공소제기 후 임의수사

1. 임의수사의 범위

공소제기 후에도 공소를 유지하거나 그 여부를 결정하기 위한 수사가 가능한 이상 공소제기 후에도 임의수사는 원칙적으로 허용된다. 따라서 참고인조사·감정·통역 또는 번역의 위촉(제221조)과 공무소의 조회(제199조 제2항)와 같은 임의수사는 허용된다.

2. 피고인신문

(1) 적극설

공소제기 후에도 제1회 공판기일 전후를 불문하고 수사기관이 피고인을 신문할 수 있다고 하는 견해로서 피고인신문이 임의수사라는 것을 전제로 하고, 따라서 그 결과인 진술조서의 증거능력도 인정하는 견해이다(판례).

(2) 소극설

피고인 또는 피의자신문은 완전한 임의수사로 보기는 힘들고, 설령 임의수사라고 해도 피고인의 당사자의 지위와 모순될 뿐만 아니라 공판중심주의와도 조화되지 않는다.

> **판례** 1. 공판준비 또는 공판기일에서 이미 증언을 마친 증인을 검사가 소환한 후 피고인에게 유리한 그 증언내용을 추궁하여 이를 일방적으로 번복시키는 방식으로 작성한 진술조서를 유죄의 증거로 삼는 것은 당사자주의·공판중심주의·직접주의를 지향하는 현행 형사소송법의 소송구조에 어긋나는 것일 뿐만 아니라, 헌법 제27조가 보장하는 기본권, 즉 법관의 면전에서 모든 증거자료가 조사·진술되고 이에 대하여 피고인이 공격·방어할 수 있는 기회가 실질적으로 부여되는 재판을 받을 권리를 침해하는 것이므로, 이러한 진술조서는 피고인이 증거로 할 수 있음에 동의하지 아니하는 한 그 증거능력이 없다(대판 2000. 6. 15).
>
> 2. 검사작성의 피고인에 대한 진술조서가 공소제기 후에 작성된 것이라는 이유만으로는 곧 그 증거능력이 없다고 할 수 없다(대판 1984.9.25. 84도1646).

3. 참고인조사

참고인조사도 원칙적으로 허용되지만, 피고인에게 유리한 증언을 한 증인을 수사기관이 법정 외에서 다시 참고인으로 조사하여 법정에서의 진술을 번복하게 하는 것은 허용되지 않는다.

4. 감정위촉 등

감정위촉·승낙수색·승낙검증 등은 공소제기 후에도 허용된다.

Crminal Procedure Law

PART 02

증 거

제 1 절 증거의 개념

01 증거의 의의

증거(證據)란 범죄에 대한 사실관계가 확정되어야 하는데, 사실관계를 확실하게 하기 위하여 사용되는 자료를 말한다. 즉 구체적 사실관계를 규명·확정하여 사건의 진상을 명확히 밝히기 위해 사실관계 확정에 사용되는 자료를 증거라 하며, 증거에 의하여 사실관계를 확인하는 과정을 증명이라 한다.

(1) 증거방법

사실인정에 이용될 수 있는 사람 또는 물건으로 증거조사의 대상이 될 수 있는 유형물이 증거방법이다(예 증인, 증거물, 증거서류, 피고인).

(2) 증거자료

증거방법을 조사하여 알게 된 내용, 즉 사실인정의 자료를 말한다(예 증인의 증언, 물건의 존재 및 형상, 서증의 내용, 감정인의 감정결과, 피고인의 진술).

02 증거의 종류

1. 직접증거와 간접증거

(1) 직접증거

직접증거는 다투고 있는 주요사실의 존부를 직접 증명하는 증거를 말한다(예 피고인의 자백, 현장을 목격한 증인의 증언).

(2) 간접증거

주요사실(간접사실이나 보조사실)의 증명에 간접적인 자료가 되는 증거를 말하며, 이를 정황증거라고도 한다(예 범죄현장에서 채취된 피고인의 지문, 상해사건의 진단서).

(3) 구별의 실익

① 직접증거와 간접증거에 있어서 증명력의 차이는 인정되지 않는다.

② 과학수사에 의하여 증거수집의 기술발달 등으로 간접증거가 중요해졌다.

③ 간접증거 만에 의한 유죄의 인정이나, 직접증거를 배제하고 간접증거를 유죄의 증거로 채택하였다고 하여 언제나 자유심증주의에 반하는 것은 아니다.

④ 같은 증거라 할지라도 요증사실에 따라 직접증거가 되기도 하고 간접증거가 되기도 한다.

판례 1. 상해사건 발생 직후 피해자를 진찰한 바 있는 의사의 진술 및 상해진단서를 발행한 의사의 진술이나 진단서는 가해자의 상해 사실 자체에 대한 직접적인 증거가 되는 것은 아니고, 다른 증거에 의하여 상해의 가해행위가 인정되는 경우에 그에 대한 상해의 부위나 정도의 점에 대한 증거가 된다(대판 95도852).

2. 범죄사실의 증명은 반드시 직접증거만으로 이루어져야 하는 것은 아니고 논리와 경험칙에 합치되는 한 간접증거로도 할 수 있으며, 간접증거가 개별적으로는 범죄사실에 대한 완전한 증명력을 가지지 못하더라도 전체 증거를 상호 관련하여 종합적으로 고찰할 경우 그 단독으로는 가지지 못하는 종합적 증명력이 있는 것으로 판단되면 그에 의하여도 범죄사실을 인정할 수가 있다(대판 96도1783).

3. 고의는 내심의 사실이므로, 피고인들이 이를 부정하는 경우에는 사물의 성질상 이와 상당한 관련성이 있는 간접사실을 증명하는 방법에 의하여 입증할 수밖에 없고, 이때 무엇이 상당한 관련성이 있는 간접사실에 해당할 것인가는 정상적인 경험칙에 바탕을 두고 치밀한 관찰력이나 분석력에 의하여 사실의 연결상태를 합리적으로 판단하여 정하여야 한다(대판 2009.2.12. 선고 2007도300).

4. 심증형성은 반드시 직접증거에 의하여 형성되어야만 하는 것은 아니고 간접증거에 의할 수도 있는 것이며, 간접증거는 이를 개별적·고립적으로 평가하여서는 아니 되고 모든 관점에서 빠짐없이 상호 관련시켜 종합적으로 평가하고, 치밀하고 모순 없는 논증을 거쳐야 한다(대판 2004.6. 25. 선고 2004도2221).

5. 살인죄 등과 같이 법정형이 무거운 범죄의 경우에도 직접증거 없이 간접증거만에 의하여 유죄를 인정할 수 있고, 살해의 방법이나 피해자의 사망경위에 관한 중요한 단서인 피해자의 사체가 멸실된 경우라 하더라도 간접증거를 상호 관련 하에서 종합적으로 고찰하여 살인죄의 공소사실을 인정할 수 있다(대판 2012.9.27. 2012도2658).

2. 인적 · 물적 증거

(1) 인적 증거

사람의 진술내용이 증거로 되는 경우를 말하며 증거조사의 방법은 신문이다(**예** 증인의 증언, 피고인의 진술, 감정인의 감정).

(2) 물적 증거

물건의 존재 또는 상태가 증거로 되는 경우로 증거조사의 방법은 검증(제시)이다(**예** 범행에 사용한 흉기, 위조문서, 절도의 장물).

3. 서 증

(1) 증거서류

당해 사건에 있어서 그 소송절차에 관하여 법원 또는 법관의 면전에서 법령에 의하여 작성된 소송서류로서 증거로 되는 것을 증거서류라 하며 증거서류의 증거조사방식은 요지의 고지 또는 낭독이다(**예** 공판조서, 검증조서, 증인신문조서).

(2) 증거물인 서면

서면의 내용이 아닌 서면의 존재가 증거로 되는 경우로서 부동산사기의 경우

그 매매계약서를 말하며 증거물인 서면의 증거조사방식은 제시와 요지의 고지 또는 낭독
이다(예 위조문서, 협박문서).

참고 ▷ 증거서류와 증거물인 서면과의 구별
1. 절차기준설 : 당해 사건에 대한 소송절차에서 작성된 서면은 증거서류이고, 그 이외의 서류가 증거물인 서면이라
는 견해이다.
2. 내용기준설 : 서면의 내용을 증거로 하는 것이 증거서류이고, 서면의 내용과 동시에 그 존재 또는 상태가 증거로
되는 것이 증거물인 서면이라는 견해이다(대법원 예규).
3. 작성자기준설 : 당해 소송절차에서 법원 또는 법관의 면전에서 법령에 의하여 작성된 서면이 증거서류이고,
그 이외의 서류가 증거물인 서면이라고 하는 견해로 다수설의 입장이다.

4. 본증과 반증

(1) 본 증

직접증거, 직접사실을 추단케 하는 증거를 간접증거 또는 정황증거라 한다. 거증책임을
지는 사실을 증명하기 위한 증거를 본증, 그것을 다투는 상대방이 제출하는 증거를 반증
이라 한다. 원칙적으로 거증책임은 검사가 지나, 피고인이 거증책임을 지는 경우는 피고
인이 제출한 증거가 본증이 된다(예 상해죄의 동시범 특례).

(2) 반 증

반대당사자가 본증에 의하여 증명하려는 사실의 존재를 부정하기 위하여 제출하는 증거
가 반증이다.

5. 진술증거와 비진술증거

사람의 진술이 증거로 되는 경우를 진술증거라 하며(예 진술, 진술을 기재한 서면), 비진술
증거는 진술증거 이외의 서증과 물적 증거를 말하며 비진술증거는 전문법칙이 적용되지
않는다(예 물적 증거, 진술을 기재한 서면 이외의 서면).

참고 진술증거에는 사실을 체험한 자가 직접 법원에 진술하는 원본증거(본래증거)와 전문증거가 있다.

6. 실질증거와 보조증거

실질증거는 주요사실의 존부를 직접 · 간접으로 증명하기 위하여 사용되는 증거를 말하며
(예 본증, 반증), 보조증거는 실질증거의 증명력을 다투기 위하여 사용되는 증거로서 탄핵
증거와 보강증거가 있다.

03 증거능력과 증명력

1. 증거능력

(1) 의 의

증거능력(證據能力)은 형사소송법상 증거가 엄격한 증명의 자료로 이용될 수 있는 법률상

의 자격을 의미하며, 이는 법률의 규정에 의하여 형식적으로 결정되어 있다.

(2) 증거법칙

㉠ 자백배제법칙, ㉡ 위법수집증거의 배제법칙, ㉢ 전문법칙

(3) 기본원칙

증거재판주의(제307조)

2. 증명력

(1) 의 의

증명력 (證明力)은 그 증거가 사실의 인정에 쓸모가 있는 실질적인 가치를 말한다. 그 판단은 법관의 자유로운 판단에 맡겨지는데, 이를 자유심증주의라고 하여 이는 증거능력과 엄격히 구별된다.

(2) 증거법칙

㉠ 자유심증주의, ㉡ 자백의 보강법칙, ㉢ 공판조서의 증명력

(3) 기본원칙

자유심증주의(제308조)

> **판례** 증거능력이란 증거가 엄격한 증명의 자료로 사용될 수 있는 자격을 의미할 뿐이고, 당해 증거가 가지는 실질적 가치인 증명력과는 엄격히 구별되는 개념으로서 비록 증거능력이 인정되는 증거라고 하더라도 그것이 과연 믿을 만한 것인가의 문제 즉 증명력의 유무는 오로지 법관의 자유심증에 맡겨진 것이어서 피고인은 자유로운 방법으로 그 증명력을 탄핵할 수 있으므로 어떤 증거의 증거능력의 유무와 그에 의한 요증사실의 증명 내지는 범죄사실의 인정과는 필연적인 연관성이 있는 것도 아니다(헌재 1995.6.29. 93헌바45).

제 2 절 증거법의 기본원칙

01 증거재판주의

1. 서 설

(1) 의 의

증거재판주의란 반드시 증거에 의해서 만 사실인정을 허용한다는 주의로 범죄될 사실을

인정하기 위해서 증거는 증거능력이 있고 적법한 증거조사를 거친 증거에 의하여야 한다는 원칙을 말한다.

> 제307조【증거재판주의】① 사실의 인정은 증거에 의하여야 한다.
> ② 범죄사실의 인정은 합리적인 의심이 없는 정도의 증명에 이르러야 한다.

(2) 증명(사실인정)

① 의 의 : 증명이란 요증 사실에 대해 법관이 합리적 의심의 여지가 없을 정도로 고도의 개연성을 인정할 수 있는 심증 즉, 확신을 가지게 하는 것을 말한다.

② 방 법

㉠ 엄격한 증명 : 법률상 증거능력이 있고 적법한 증거조사를 거친 증거에 의한 증명을 말한다.

㉡ 자유로운 증명 : 증거능력이 없는 증거 또는 적절한 증거조사를 거치지 아니한 증거에 의한 증명을 말한다.

참고 엄격한 증명과 자유로운 증명은 증거능력의 유무와 증거조사의 방법에 차이가 있을 뿐이고, 증명을 요하는 것은 엄격한 증명과 자유로운 증명에 따라 달라지는 것이 아니다.

(3) 증명과 소명의 구별

법관에게 일응 확실하다는 심증을 가지게 하는 것을 말한다. 이러한 경우는 확신에 이르지 않아도 일응 심증형성 내지 추측으로 충분한 경우를 소명이라 한다. 경미한 사실이나 신속을 요하는 경우에는 소명만으로 족하다.

① 소명을 위해서는 엄격한 형식, 방법, 절차가 요구되지 않는다.

② 소명의 책임은 당해 사항을 청구한 당사자가 부담한다.

③ 신속한 결정이 요청되고 중요도가 덜한 사항에 관한 경우에 법규에 소명대상으로 규정되어 있다.

> ➤ 형사소송법상 소명사유
> 1. 기피사유의 소명(제19조 제2항)
> 2. 보조인의 신고시 신분관계의 소명(규칙 제11조)
> 3. 법정대리인의 변호인 선임시 신분관계의 소명(규칙 제12조)
> 4. 상소권회복원인사유의 소명(제346조 제2항)
> 5. 증언거부사유의 소명(제150조)
> 6. 증거보전청구사유의 소명(제184조의3)
> 7. 증인신문청구사유의 소명(제221의2)

> **판례** 무고죄는 타인으로 하여금 형사처분이나 징계처분을 받게 할 목적으로 신고한 사실이 객관적 진실에 반하는 허위사실인 경우에 성립되는 범죄이므로 신고한 사실이 객관적 사실에 반하는 허위사실이라는 요건은 적극적인 증명이 있어야 하며, 신고사실의 진실성을 인정할 수 없다는 소극적 증명만으로 곧 그 신고사실이 객관적 진실에 반하는 허위사실이라고 단정하여 무고죄의 성립을 인정할 수는 없다(대판 2004.1.27. 선고 2003도5114).

2. 엄격한 증명의 대상

(1) 공소범죄사실

① 구성요건해당사실 : 객관적 구성요건요소(행위주체, 객체, 결과발생, 인과관계), 주관적 구성요건요소(고의, 과실, 목적, 공모)를 불문하고 엄격한 증명의 대상이 된다. 판례는 범의의 증명도 엄격한 증명을 요한다는 입장이다.

> **판례** 1. 범죄구성요건 사실의 존부를 알아내기 위해 과학공식 등의 경험칙을 이용하는 경우에 그 법칙 적용의 전제가 되는 개별적이고 구체적인 사실에 대하여는 엄격한 증명을 요하는바, 위드마크 공식의 경우 그 적용을 위한 자료로 섭취한 알코올의 양, 음주 시각, 체중 등이 필요하므로 그런 전제사실에 대한 엄격한 증명이 요구된다(대법원 2008. 8. 21. 2008도5531).
>
> 2. 구성요건에 해당하는 사실은 엄격한 증명에 의하여 이를 인정하여야 하고, 증거능력이 없는 증거는 구성요건 사실을 추인하게 하는 간접사실이나 구성요건 사실을 입증하는 직접증거의 증명력을 보강하는 보조사실의 인정자료로서도 허용되지 아니한다(대법원 2005. 1. 27. 선고 2004도5493)
>
> 3. 구성요건에 해당하는 사실은 엄격한 증명에 의하여 이를 인정하여야 하고, 증거능력이 없는 증거는 구성요건 사실을 추인하게 하는 간접사실이나 구성요건 사실을 입증하는 직접증거의 증명력을 보강하는 보조사실의 인정자료로서도 허용되지 아니한다(대법원 2005. 1. 27. 선고 2004도5493).
>
> 4. 민간인이 군에 입대하여 군인신분을 취득하였는가의 여부를 판단함에는 엄격한 증명을 요한다(대판 1970.10.30. 선고 70도1936).
>
> 5. 명예훼손죄의 구성요건인 전파가능성을 이유로 명예훼손죄의 공연성을 인정하는 경우에는 적어도 범죄구성요건의 주관적 요소로서 미필적 고의가 필요하므로 전파가능성에 대한 인식이 있음은 물론 나아가 그 위험을 용인하는 내심의 의사가 있어야 하고, 그 행위자가 전파가능성을 용인하고 있었는지의 여부는 외부에 나타난 행위의 형태와 행위의 상황 등 구체적인 사정을 기초로 하여 일반인이라면 그 전파가능성을 어떻게 평가할 것인가를 고려하면서 행위자의 입장에서 그 심리상태를 추인하여야 한다 (대판 2004.4.9. 선고 2004도340).

② 위법성·책임에 관한 사실 : 구성요건에 의해 위법성과 책임이 사실상 추정되나 당사자가 위법성조각사유·책임조각사유의 존재를 주장하면 위법성조각사유·책임조각사유의 부존재 대해서는 엄격한 증명의 대상이 된다.

③ 처벌조건 : 처벌조건은 범죄될 사실 자체는 아니나 형벌권발생에 직접 관련되는 사실이므로 엄격한 증명의 대상이 된다(◉ 친족상도례의 경우 친족관계부존재, 파산범의 경우 파산 선고의 확정).

(2) 형벌권의 범위에 관한 사실

① 법률상 형의 가중·감면 사실 : 법률상 형의 가중·감면의 이유되는 사실은 엄격한 증명의 대상이 된다(예 누범전과, 상습성, 심신미약, 중지미수, 자수·자복).

> **판례** 1. 심신장애의 유무는 법원이 형벌제도의 목적 등에 비추어 판단하여야 할 법률문제로서 그 판단에 전문감정인의 정신감정결과가 중요한 참고자료가 되기는 하나, 법원이 반드시 그 의견에 구속되는 것은 아니고, 그러한 감정결과뿐만 아니라 범행의 경위, 수단, 범행 전후의 피고인의 행동 등 기록에 나타난 여러 자료 등을 종합하여 독자적으로 심신장애의 유무를 판단하여야 한다(대법원 2018. 9. 13. 선고 2018도7658)
>
> **참고** 판례는 형의 감면사유인 피고인의 범행 당시의 정신상태가 심신상실인지 또는 심신미약인지 여부는 법원이 판단할 문제이지 범죄 될 사실은 아니므로 엄격한 증명이 필요 없다고 한다.

② 몰수·추징 : 몰수·추징의 사유는 부가형으로 통설은 엄격한 증명의 대상이 된다고 하나, 판례는 자유로운 증명의 대상이 된다고 한다.

> **판례** 1. 몰수, 추징의 대상이 되는지 여부나 추징액의 인정은 엄격한 증명을 필요로 하지 아니한다(대판 2015.4.23. 2015도1233).
>
> 2. 추징의 대상이 되는지 여부는 엄격한 증명을 필요로 하는 것은 아니나, 그 대상이 되는 범죄수익을 특정할 수 없는 경우에는 추징할 수 없고, 또한 범죄수익은닉의 규제 및 처벌 등에 관한 법률 제10조 소정의 추징은 임의적인 것이므로 그 추징의 요건에 해당되는 재산이라도 이를 추징할 것인지의 여부는 법원의 재량에 맡겨져 있다(대판 2007도2451).

(3) 간접사실·경험법칙·법규

① 간접사실 : 주요사실의 존부를 간접적으로 추인하는 사실은 엄격한 증명의 대상이 된다(예 검사의 알리바이 부존재의 증명).

② 특별한 경험법칙

㉠ 사실을 판단하는 전제가 되는 지식을 말하며, 일반인 누구나 알고 있는 일반적 경험법칙은 공지의 사실로 증명을 요하지 않는다(불요증 사실).

㉡ 그러나 특정인만 알고 있거나 내용이 명백하지 않은 특별한 경험법칙은 엄격한 증명의 대상이 된다.

③ 법규 : 법규의 존부와 그 내용은 법원의 직권조사사항으로 엄격한 증명의 대상이 아니나 외국법·관습법·자치법규와 같이 법규내용이 명백하지 않은 경우에는 엄격한 증명의 대상이 된다.

판례 1. 외국법규의 존재는 엄격한 증명을 요하는지 여부에 대해 형법 제6조 단행에 규정한바 "행위지의 법률에 의하여 범죄를 구성"하는가 여부에 관하여는 이른바 엄격한 증명을 필요로 한다(대판 73도289).

2. 행위지의 법률에 의하여 범죄를 구성하는가 여부에 관하여는 이른바 엄격한 증명을 필요로 한다(대판 73도289).

3. 재심의 청구를 받은 법원은 재심청구 이유의 유무를 판단함에 필요한 경우에는 사실을 조사할 수 있으며 공판절차에 적용되는 엄격한 증거조사 방식에 따라야만 하는 것은 아니다(2015모2229).

4. 목적이 있었는지 여부는 피고인들이 이를 자백하지 않는 이상 외부적으로 드러난 피고인들의 행위와 그 행위에 이르게 된 경위 등 사물의 성질상 그와 관련성 있는 간접사실 또는 정황사실을 종합하여 판단하면 되고, 선동자의 표현 자체에 공격대상인 국가기관과 그를 통해 달성하고자 하는 목표, 실현방법과 계획이 구체적으로 나타나 있어야만 인정되는 것은 아니다(대법원 2015. 1. 22. 선고 2014도10978)

3. 자유로운 증명의 대상

(1) 정상관계사실

양형의 기초가 되는 정상관계 사실은 복잡하고 비유형적이므로 엄격한 증명의 대상으로 하기에 적합치 않아 법원의 재량에 속하므로, 피고인의 경력(전과) · 성격 · 환경 · 범죄 후의 정황 등의 사실은 자유로운 증명으로 족하다(**예** 형의 선고유예 · 집행유예 또는 작량감경 및 양형의 조건이 되는 사실).

(2) 소송법적 사실

① 순수한 소송법적 사실 : 친고죄의 고소의 유무, 피고인의 구속기간, 공소제기, 피고인신문이 적법하게 행하여졌는지 등의 순수한 소송법적 사실은 자유로운 증명으로 족하다.

판례 피고인이 피의자신문조서에 기재된 피고인의 진술 및 공판기일에서의 피고인의 진술의 임의성을 다투면서 그것이 허위자백이라고 다투는 경우, 법원은 구체적인 사건에 따라 피고인의 학력, 경력, 직업, 사회적 지위, 지능 정도, 진술의 내용, 피의자신문조서의 경우 그 조서의 형식 등 제반 사정을 참작하여 **자유로운 심증으로** 위 진술이 임의로 된 것인지의 여부를 판단하면 된다(대법원 2003. 5. 30. 선고 2003도705).

② 자백의 임의성의 기초가 되는 사실 : 자백의 임의성의 기초가 되는 사실과 같이 증거의 증거능력을 인정하기 위한 기초사실에 관하여는, 구체적인 사건에 따라 당해 조서의 형식과 내용, 피고인의 학력 · 경력 · 직업 · 사회적 지위 · 지능정도 등 제반사정을 참작하여 자유로운 심증으로 그 진술이 임의로 한 것인지 여부를 판단하면 족하다.

(3) 보조사실

① 증거의 증명력을 탄핵하는 사실은 자유로운 증명의 대상이 된다.

② 주요사실을 인정하는 증거의 증명력을 보강하는 보강증거는 엄격한 증명의 대상이 된다.

> **판례** 1. 탄핵증거는 범죄사실을 인정하는 증거가 아니므로 엄격한 증거조사를 거쳐야 할 필요가 없음은 형사소송법 제318조의2의 규정에 따라 명백하다고 할 것이나, 법정에서 이에 대한 탄핵증거로서의 증거조사는 필요하다(대판 1998.2.27. 선고 97도1770).
>
> 2. 명예를 훼손한 행위가 형법 제310조의 규정에 따라서 위법성이 조각되어 처벌대상이 되지 않기 위하여는 그것이 진실한 사실로서 오로지 공공의 이익에 관한 때에 해당된다는 점을 행위자가 증명하여야 하는 것이나, 그 증명은 유죄의 인정에 있어 요구되는 것과 같이 법관으로 하여금 의심할 여지가 없을 정도의 확신을 가지게 하는 증명력을 가진 엄격한 증거에 의하여야 하는 것은 아니므로, 이 때에는 전문증거에 대한 증거능력의 제한을 규정한 형사소송법 제310조의2는 적용될 여지가 없다(대법원 1996. 10. 25. 95도1473).
>
> 3. 구성요건에 해당하는 사실은 엄격한 증명에 의하여 이를 인정하여야 하고, 증거능력이 없는 증거는 구성요건 사실을 추인하게 하는 간접사실이나 구성요건 사실을 입증하는 직접증거의 증명력을 보강하는 보조사실의 인정자료로서도 허용되지 아니한다(대법원 2005. 1. 27. 선고 2004도5493)

4. 불요증사실

(1) 의 의

증명의 대상인 사실의 성질에 비추어 증명이 필요없는 사실로서, 엄격한 증명·자유로운 증명도 필요하지 않으며 공지의 사실과 추정된 사실이 있다.

(2) 공지의 사실

일반적으로 알려져 있는 사실, 보통의 지식·경험이 있는 사람이면 의심치 않는 사실, 역사상 명백한 사실, 자연계의 현저한 사실로 반드시 모든 사람에게 알려져 있는 사실일 것을 요하지 않고, 일정한 범위의 사람에게 알려져 있으면 충분하다(상대적 개념).

(3) 법원에 현저한 사실

법원에 현저한 사실은 법관이 직무상 경험으로 알고 있는 사실로서 그 사실의 존재에 관하여 명확한 기억을 하고 있거나 또는 기록 등을 조사하여 곧바로 그 내용을 알 수 있는 사실을 말한다. 재판부로서는 명백할지라도 법원에 대한 국민의 신뢰확보, 공정한 재판이 보장되기 위해 증명이 필요하다.

(4) 추정된 사실

① 법률상 추정된 사실 : 전제사실이 증명되면 다른 사실을 인정하도록 법률에 규정되어 있는 것을 말한다. 실체적 진실주의·자유심증주의·무죄추정의 원칙에 어긋나기 때문에 허용되지 않는다.

② 사실상 추정된 사실 : 경험칙에 의하여 전제사실로부터 다른 사실을 논리적으로 추론하는 것이 논리적으로 합리적인 사실을 말하며 구성요건에 해당하면 위법성과 책임

이 사실상 추정되어 증명을 요구하지 아니한다. 그러나 당사자가 다투면 추정은 깨지고 증명이 요구된다.

③ 거증금지사실 : 증명에 인하여 얻을 소송법적 이익보다 큰 초소송법적 이익 때문에 증명이 금지된 사실을 거증금지사실이라 하며 증명을 요하지 않는다(예 공무원의 직무상 비밀에 속하는 사실(제147조).

5. 증거재판주의 위반

증거능력 없는 증거나 적법한 증거조사를 거치지 않은 증거로 판결한 경우 판결이 법률위반이므로 항소 또는 상고이유가 된다.

02 입증책임(거증책임)

1. 실질적 거증책임

입증책임 혹은 거증책임이라고 하며 법원이 판결을 내리는 판단을 하는 데 있어서 어느 한쪽의 당사자에게 불리하게 가정하여 판단하지 않을 수 없는데 이러한 가정으로 인해 당사자의 한쪽이 입게 되는 위험 또는 불이익을 말한다. 즉 법원이 확신을 갖지 못한 경우에 불이익을 받을 당사자의 법적 지위 내지 위험부담을 의미한다. 이를 실질적 거증책임 또는 객관적 거증책임이라고도 하며 소송의 진행과 무관하게 고정되어 있다.

2. 거증책임의 분배

거증책임의 분배라 함은 거증책임을 검사와 피고인 중 누가 부담하는가의 문제이다.

(1) 원 칙

무죄의 추정은 형사소송의 기본원칙(제275의2)이며 의심스러운 때에는 피고인의 이익으로(in dubio pro reo) 판단하여야 하므로 거증책임은 원칙적으로 검사가 부담한다.

① 공소범죄사실의 존재 : 검사가 거증책임을 부담한다. 검사는 구성요건 해당사실과 피고인이 위법성조각사유나 책임조각사유를 주장하는 때에는 검사가 그 부존재에 대하여 거증책임을 진다.

> 판례 1. 공소가 제기된 범죄의 구성요건을 이루는 사실은 그것이 주관적 요건이든 객관적 요건이든 그 입증책임이 검사에게 있으므로 형법 제309조 제2항의 출판물에 의한 명예훼손죄로 기소된 사건에서, 사람의 사회적 평가를 떨어뜨리는 사실이 적시되었다는 점, 그 적시된 사실이 객관적으로 진실에 부합하지 아니하여 허위일 뿐만 아니라 그 적시된 사실이 허위라는 것을 피고인이 인식하고서 이를 적시하였다는 점은 모두 검사가 입증하여야 하고, 이 경우 적시된 사실이 허위의 사실인지 여부를 판단함에 있어서는 적시된 사실의 내용 전체의 취지를 살펴보아 중요한 부분이 객관적 사실과 합치되는 경우에는 그 세부에 있어서 진실과 약간 차이가 나거나 다소 과장된 표현이 있다고 하더라도 이를 허위의 사실이라고 볼 수는 없다(대판 2006.4.14. 선고 2004도207).

2. 공소가 제기된 범죄의 구성요건을 이루는 사실에 대한 증명책임은 검사에게 있으므로, 공직선거법 제232조 제1항 제2호의 죄에서 행위자에게 후보자를 사퇴한 데 대한 대가를 지급하거나 받을 목적이 있었다는 점은 검사가 증명하여야 하고, 이때 행위자에게 위와 같은 목적이 있었는지는 재산상의 이익 등 제공자와 사퇴한 후보자와 관계, 후보자 사퇴가 재산상의 이익 등 제공자에게 미친 영향, 행위자가 재산상의 이익 등을 제공하거나 수수한 동기, 경위 및 과정, 수단과 방법, 재산상의 이익 등 내용과 가치 등 당해 제공·수수행위에 관한 여러 사정을 종합하여 사회통념에 비추어 합리적으로 판단하여야 한다(대판 2012.9.27. 선고 2012도4637).

② 처벌조건인 사실 : 처벌조건은 형벌권발생의 요건이므로 검사가 거증책임을 진다.

③ 형의 가중감면의 사유가 되는 사실 : 형의 가중사유인 사실의 존재, 형의 감면사실의 부존재에 관해서 검사가 거증책임을 진다.

④ 소송법적 사실 : 친고죄의 고소, 공소시효 완성 등 소송조건인 사실의 존재에 관하여 검사가 거증책임을 부담한다.

> **판례** 임의성 없는 자백의 증거능력을 부정함으로써 자백을 얻기 위하여 피의자의 기본적 인권을 침해하는 위법·부당한 압박이 가하여지는 것을 사전에 막기 위한 것이므로, 그 임의성에 다툼이 있을 때에는 피고인이 그 임의성을 의심할 만한 합리적인 이유가 되는 구체적인 사실을 입증할 것이 아니고, 검사가 그 임의성에 대한 의문점을 해소하는 입증을 하여야 한다(대판 2000.1.21. 선고 99도4940).

(2) 예외(거증책임의 전환)

공소사실의 존재에 관해서는 원칙적으로 검사가 거증책임을 지나 예외적으로 피고인이 거증책임을 부담하는 경우가 있다. 이를 거증책임의 전환이라고 한다.

① 상해죄의 동시범(형법 제263조) : 상해죄의 동시범인 경우에는 피고인이 인과관계의 부존재를 증명하지 않으면 피고인은 상해죄의 기수범으로 처벌한다(통설).

② 명예훼손죄의 공익성·진실성(형법 제310조) : 명예훼손행위가 진실한 사실로서 오로지 공공의 이익에 관한 때에는 처벌하지 아니한다고 규정하고 있다. 형법 제310조를 거증책임의 전환으로 보는 견해(판례)와 특수한 위법성조각사유로 보는 견해가 있다.

> **판례** 공연히 사실을 적시하여 사람의 명예를 훼손한 행위가 위법성이 조각되어 처벌대상이 되지 않기 위하여는 그것이 진실한 사실로서 오로지 공공의 이익에 관한 때에 해당된다는 점을 행위자가 증명하여야 하는 것이나, 그 증명은 엄격한 증거에 의하여야 하는 것은 아니므로, 이때에는 전문증거에 대한 증거능력의 제한을 규정한 형사소송법 제310조의2는 적용될 여지가 없다(대판 1996.10.25. 선고 95도1473).

3. 형식적 거증책임(입증의 부담)

(1) 의 의

형사절차의 진행에 따라 어느 사실이 증명되지 아니함으로써 불이익한 판단을 받을 가능성이 있는 당사자가 불이익을 면하기 위하여 그 사실을 증명할 증거를 제출해야 하는 부담을 말하며, 형식적 거증책임 또는 입증부담이라 한다(**예** 검사가 구성요건 해당성을 입증하면 위법성·책임은 사실상 추정, 위법성조각사유·책임조각사유의 존재에 대하여 피고인에게 입증의 부담 존재).

(2) 입증의 정도

검사는 법관이 유죄의 확신을 갖게 할 정도로 입증해야 하나, 피고인은 법관의 확신을 줄 정도를 요하지 않고, 법관의 심증을 방해할 정도의 의심을 갖게 할 정도이면 충분하다.

03 자유심증주의

1. 의 의

자유심증주의라 함은 증거의 증명력을 법률로 규정하지 않고 법관의 자유로운 판단에 맡기는 원칙으로 증거평가자유의 원칙이라고도 한다(제308조). 이에 대해서 증거의 증명력을 적극적 또는 소극적으로 법률로써 정하는 주의를 법정증거주의라고 한다.

> 제308조【자유심증주의】증거의 증명력은 법관의 자유판단에 의한다.

2. 자유심증주의 내용

(1) 자유판단의 주체

개개의 법관이 증명력 판단의 주체이며, 합의부에 있어서는 그 구성원인 각 법관의 자유심증의 결과를 합의의 방식으로 결정한다.

(2) 자유판단의 대상

자유판단의 대상은 증거의 증명력이다. 증거는 엄격한 증명, 자유로운 증명의 대상 여부를 불문하나 증거능력은 자유판단의 대상에서 당연히 제외된다.

(3) 자유판단의 의미

① 자유판단 : 증명력판단에 있어서 법관이 법률의 형식적 구속에 따르지 않고 증거의 취사선택이 법관의 재량에 속하는 것을 의미한다.

> **판례** 형사재판에서 이와 관련된 다른 형사사건 등의 확정판결에서 인정된 사실은 특별한 사정이 없는 한 유력한 증거자료가 되는 것이나, 당해 형사재판에서 제출된 다른 증거내용에 비추어 관련 형사사건의 확정판결에서의 사실판단을 그대로 채용하기 어렵다고 인정될 경우에는 이를 배척할 수 있다(대판 2007도5206).

② 증명력의 법적 평등

ⓐ 증인의 증언 : 법관은 선서증인의 증언이라고 반드시 믿을 필요는 없으며 선서하지 않은 자의 증언을 믿을 수도 있다. 즉 성년·미성년, 책임능력의 유무, 선서의 유무는 증명력에 차이가 없다.

ⓑ 피고인의 진술 : 법관은 다른 증거와 모순되는 피고인의 진술을 믿을 수 있어 자백과 다른 사실인정도 가능하다.

ⓒ 감정인의 의견 : 법관에게는 구속력이 없다.

ⓓ 증거서류 : 검사의 증인신문청구에 의한 증인신문조서, 증거보전절차에서의 신문조서, 공판정에서의 조서 증명력에 차이가 없다.

ⓔ 간접증거 : 정황증거라고 하며, 이에 의해서도 법관은 사실을 인정할 수 있다.

ⓕ 일부·종합증거 : 법관은 하나의 증거 일부에 대해서만 증명력을 인정할 수 있고, 증명력이 없는 여러 증거가 결합하여 증명력을 가지는 경우 종합증거에 의한 사실인정도 가능하다.

(4) 자유판단의 기준

자유판단은 자의를 의미하는 것이 아니고, 사실을 인정함에 합리적 판단일 것을 필요로 하며 논리법칙과 경험법칙에 부합하여야 한다.

> 판례 1. 증거의 증명력은 법관의 자유판단에 맡겨져 있으나 그 판단은 논리와 경험칙에 합치하여야 하고, 형사재판에 있어서 유죄로 인정하기 위한 심증형성의 정도는 합리적인 의심을 할 여지가 없을 정도여야 하나, 여기에서 말하는 합리적 의심이라 함은 논리와 경험칙에 기하여 요증사실과 양립할 수 없는 사실의 개연성에 대한 합리성 있는 의문을 의미하는 것으로서, 피고인에게 유리한 정황을 사실인정과 관련하여 파악한 이성적 추론에 그 근거를 두어야 하는 것이므로 단순히 관념적인 의심이나 추상적인 가능성에 기초한 의심은 합리적 의심에 포함된다고 할 수 없다(대판 2004.6.25. 선고 2004도2221).
>
> 2. 공동피고인 중의 1인이 다른 공동피고인들과 공동하여 범행을 하였다고 자백한 경우, 반드시 그 자백을 전부 믿어 공동피고인들 전부에 대하여 유죄를 인정하거나 그 전부를 배척하여야 하는 것은 아니고, 자유심증주의의 원칙상 법원으로서는 자백한 피고인 자신의 범행에 관한 부분만을 취신하고, 다른 공동피고인들이 범행에 관여하였다는 부분을 배척할 수 있다(대판 1995.12.8. 선고 95도2043).
>
> 3. 형사재판에 있어 심증이 반드시 직접증거에 의하여 형성되어야만 하는 것은 아니고 경험칙과 논리법칙에 위반되지 아니하는 한 간접증거에 의하여 형성되어도 되는 것이며, 간접증거가 개별적으로는 범죄사실에 대한 완전한 증명력을 가지지 못하더라도 전체 증거를 상호 관련하여 종합적으로 고찰할 경우 그 단독으로는 가지지 못하는 종합적 증명력이 있는 것으로 판단되면 그에 의하여도 범죄사실을 인정할 수 있다(대판 2001.11.27. 선고 2001도4392).
>
> 4. 형사재판에서 관련된 민사사건의 판결에서 인정된 사실은 유력한 인정자료가 된다고 할지라도 반드시 그 판결의 확정사실에 구속을 받는 것은 아니어서 형사법원은 증거에 의하여 형사판결에서 확정된 사실과 다른 사실을 인정할 수 있다(대판 1983.6.28. 81도3011).
>
> 5. 과학적 증거방법이 사실인정에 있어서 상당한 정도로 구속력을 갖기 위해서는 감정인이 전문적인 지식·기술·경험을 가지고 공인된 표준 검사기법으로 분석을 거쳐 법원에 제출하였다는 것만으로는 부족하고, 시료의 채취·보관·분석 등 모든 과정에서 시료의 동일성이 인정되고 인위적인 조작·훼손·첨가가 없었음이 담보되어야

하며 각 단계에서 시료에 대한 정확한 인수·인계 절차를 확인할 수 있는 기록이 유지되어야 한다(대판 2010.3.25. 선고 2009도14772).

6. 유전자검사나 혈액형검사 등 과학적 증거방법은 그 전제로 하는 사실이 모두 진실임이 입증되고 그 추론의 방법이 과학적으로 정당하여 오류의 가능성이 전무하거나 무시할 정도로 극소한 것으로 인정되는 경우에는 법관이 사실인정을 함에 있어 상당한 정도로 구속력을 가지므로, 비록 사실의 인정이 사실심의 전권이라 하더라도 아무런 합리적 근거 없이 함부로 이를 배척하는 것은 자유심증주의의 한계를 벗어나는 것으로서 허용될 수 없다(대판 2007.5.10. 선고 2007도1950).

7. 위드마크(Widmark) 공식에 의한 역추산 방식을 이용하여 운전시점의 혈중 알코올농도를 추정함에 있어 운전시점 이후의 혈중 알코올분해량을 가산함은 피고인에게 가장 유리한 수치이므로 특별한 사정이 없는 한 이 수치를 적용하여 산출된 결과는 운전 당시의 혈중 알코올농도를 증명하는 자료로서 증명력이 충분하다(대판 2001.8.21. 선고 2001도2823).

8. 호흡측정기에 의한 측정의 경우 그 측정기의 상태, 측정방법, 상대방의 협조정도 등에 의하여 그 측정결과의 정확성과 신뢰성에 문제가 있을 수 있다는 사정을 고려하면, 혈액의 채취 또는 검사과정에서 인위적인 조작이나 관계자의 잘못이 개입되는 등 혈액채취에 의한 검사결과를 믿지 못할 특별한 사정이 없는 한, 혈액검사에 의한 음주측정치가 호흡측정기에 의한 음주측정치보다 측정 당시의 혈중알콜농도에 더 근접한 음주측정치라고 보는 것이 경험칙에 부합한다(대판 2004.2.13. 선고 2003도6905).

9. 범죄구성요건사실의 존부를 알아내기 위해 과학공식 등의 경험칙을 이용하는 경우에 그 법칙 적용의 전제가 되는 개별적이고 구체적인 사실에 대하여는 엄격한 증명을 요하는바, 위드마크 공식의 경우 그 적용을 위한 자료로 섭취한 알코올의 양, 음주 시각, 체중 등이 필요하므로 그런 전제사실에 대한 엄격한 증명이 요구된다(대판 2008.8.21. 2008도5531).

(5) 증명력 판단의 합리성 보장

① 증거요지의 명시 : 유죄판결의 이유에 증거요지를 명시할 것이 요구된다(제323조 ①).

② 상 소 : 원칙은 법관의 확신에 의한 심증형성은 상소가 허용되지 않으나, 법관의 심증형성이 논리칙과 경험법칙에 반하는 경우나 판결에 영양을 미친 사실오인이 있을 때 상소이유가 된다.

③ 증거능력의 제한 : 증거능력 있는 증거만이 증명력 평가의 대상이 되며, 임의성 없는 자백이나 전문증거는 증명력 평가의 대상에서 제외된다.

④ 탄핵증거제도 : 증명력 판단의 합리성을 보장하기 위해 증거의 증명력을 탄핵하는 탄핵증거 제도를 채택하고 있다(제318조).

3. 자유심증주의 예외

(1) 자백의 증명력 제한

피고인의 자백이 그 피고인에게 불이익한 유일한 증거일 때에는 이를 유죄의 증거로 하지 못하므로, 피고인의 자백에 대한 보강증거가 없을 때에는 자백에 의하여 유죄의 심증을 얻는 경우에도 유죄를 선고할 수 없다(제310조).

(2) 공판조서의 배타적 증명력

공판기일의 소송절차로서 공판조서에 기재된 것은 그 조서만으로써 증명하므로 법관은 공판조서에 기재된 소송절차는 심증 여하를 불문하고 그 기재된 대로 인정해야 한다.

(3) 진술거부권의 행사

피고인, 증인이 진술거부권·증언거부권을 행사하는 경우에 법관이 이를 피고인에게 불리한 간접증거로 삼아 심증을 형성할 수 없으며, 법원이 진술거부의 동기를 심리하는 것도 허용되지 않으므로 자유심증주의의 예외가 된다.

4. 증명의 정도

유죄의 사실인정을 하려면 법관이 증거의 증명력을 자유롭게 판단하여 합리적 의심의 여지가 없는 증명의 정도에 이를 것을 요한다. 법원이 최선을 다하여 심리하였으나 심증형성이 불가능한 경우 법관이 확신을 가질 수 없는 경우에는 피고인에게 무죄선고를 하여야 한다.

제1절 위법수집증거배제의 법칙

01 위법수집증거배제법칙의 의의

1. 의 의

위법수집증거배제법칙은 적법한 절차에 따르지 아니하고 위법하게 수집한 증거는 증거로 할 수 없다는 증거법상 원칙이다.

2. 연 혁

미국 연방대법원의 판례에 의하여 적법절차의 이론적근거로 위법하게 수집된 증거의 증거 능력을 부정하였다[예 Boyd 판결(1886), Weeks 판결(1914), Mapp 판결(1961)].

02 위법수집증거배제법칙의 채부와 근거

(1) 의 의

형사소송법은 위법수집증거의 증거능력에 관한 제308조의2 규정을 신설하여 증거수집의 절차가 적법하지 않은 경우에는 그 증거의 증거능력을 부정한다.

> 제308조의2【위법수집증거의 배제】적법한 절차에 따르지 아니하고 수집한 증거는 증거로 할 수 없다.

(2) 원 칙

위법수집증거배제의 법칙은 경미한 절차의 위법의 경우에는 적용되지 않고, 증거수집절차에 중대한 위법이 있는 경우에 한해 증거능력을 배제한다.

> 참고 절차의 위법이 중대하지 않은 경우 : 증인의 소환절차의 하자, 위증의 벌을 경고하지 않고 선서한 증인의 증언, 증언거부권을 고지하지 않은 경우는 절차의 위법이 중대하지 않으므로 증거능력이 배제되지 않는다.

(3) 판례의 태도

① 영장주의를 위반하여 압수한 증거물의 증거능력을 부정하고 있다.

> 판례 피고인 측에서 검사의 압수수색이 적법절차를 위반하였다고 다투고 있음에도 불구하고 주장된 위법사유가 적법절차의 실질적인 내용을 침해하였는지 여부 등에 관하여 충분히 심리하지 아니한 채, 압수절차가 위법하더라도 압수물의 증거능력은 인정된다는 이유만으로 압수물의 증거능력을 인정한 것은 위법하다(대판 2007.11.15. 선고 2007도3061).

② 진술거부권을 고지하지 않고 작성한 피의자신문조서의 증거능력을 부정한다.

> **판례** 피의자의 진술거부권은 헌법이 보장하는 형사상 자기에 불리한 진술을 강요당하지 않는 자기부죄거부의 권리에 터 잡은 것이므로 수사기관이 피의자를 신문함에 있어서 피의자에게 미리 진술거부권을 고지하지 않은 때에는 그 피의자의 진술은 위법하게 수집된 증거로서 진술의 임의성이 인정되는 경우라도 증거능력이 부인되어야 한다(대판 1992.6.23. 선고 92도682).

③ 변호인의 접견교통권을 침해하여 획득한 피의자진술조서의 증거능력을 부정한다.

> **판례** 1. 수사기관이 범죄를 수사함에 있어 현재 범행이 행하여지고 있거나 행하여진 직후이고, 증거보전의 필요성 및 긴급성이 있으며, 일반적으로 허용되는 상당한 방법에 의하여 비디오 촬영을 한 경우라면 촬영이 영장없이 이루어졌다 하여 이를 위법하다고 단정할 수 없다(대판 1999.9.3. 99도2317).
>
> 2. 무인장비에 의한 제한속도 위반차량 단속은 이러한 수사활동의 일환으로서 도로에서의 위험을 방지하고 교통의 안전과 원활한 소통을 확보하기 위하여 도로교통법령에 따라 정해진 제한속도를 위반하여 차량을 주행하는 범죄가 현재 행하여지고 있고, 그 범죄의 성질·태양으로 보아 긴급하게 증거보전을 할 필요가 있는 상태에서 일반적으로 허용되는 한도를 넘지 않는 상당한 방법에 의한 것이라고 판단되므로, 이를 통하여 운전 차량의 차량번호 등을 촬영한 사진을 두고 위법하게 수집된 증거로서 증거능력이 없다고 말할 수 없다(대판 1999.12.7. 98도3329).
>
> 3. 원심이 증인신문절차의 공개금지사유로 삼은 사정이 국가의 안녕질서를 방해할 우려가 있는 때에 해당하지 아니하고, 달리 헌법 제109조, 법원조직법 제57조 제1항이 정한 공개금지사유를 찾아볼 수도 없어, 원심의 공개금지결정은 피고인의 공개재판을 받을 권리를 침해한 것으로서 그 절차에 의하여 이루어진 증인의 증언은 증거능력이 없다(대판 2005.10.28. 선고 2005도5854).
>
> 4. 음란물 유포의 범죄혐의를 이유로 압수수색영장을 발부받은 사법경찰관이 피고인의 주거지를 수색하는 과정에서 대마를 발견하자, 피고인을 마약류관리에 관한 법률 위반죄의 현행범으로 체포하면서 대마를 압수하였으나 그 다음날 피고인을 석방하고도 사후 압수수색영장을 발부받지 않은 사안에서, 위 압수물과 압수조서는 형사소송법상 영장주의를 위반하여 수집한 증거로서 증거능력이 부정된다(대판 2009.5.14. 선고 2008도10914).
>
> 5. 피고인이 범행 후 피해자에게 전화를 걸어오자 피해자가 증거를 수집하려고 그 전화내용을 녹음한 경우, 그 녹음테이프가 피고인 모르게 녹음된 것이라 하여 이를 위법하게 수집된 증거라고 할 수 없다(대판 1997.3.28. 선고 97도240).
>
> 6. 제3자가 공갈목적을 숨기고 피고인의 동의하에 나체사진을 찍은 경우, 그 사진은 범죄현장의 사진으로서 피고인에 대한 형사소추를 위하여 반드시 필요한 증거로 보이므로, 공익의 실현을 위하여는 그 사진을 범죄의 증거로 제출하는 것이 허용되어야 하고, 이로 말미암아 피고인의 사생활의 비밀을 침해하는 결과를 초래한다 하더라도 이는 피고인이 수인하여야 할 기본권의 제한에 해당하며, 피고인에 대한 간통죄에 있어 위법수집증거로서 증거능력이 배제되지 않는다(대판 1997.9.30. 선고 97도1230).
>
> 7. 검찰관이 피고인을 뇌물수수 혐의로 기소한 후, 형사사법공조절차를 거치지 아니한 채 과테말라공화국에 현지출장하여 그곳 호텔에서 뇌물공여자 갑을 상대로 참고인 진술조서를 작성한 사안에서, 검찰관의 갑에 대한 참고인조사가 증거수집을 위한 수사행위에 해당하고 그 조사 장소가 우리나라가 아닌 과테말라공화국의 영역에 속하기는 하나, 조사의 상대방이 우리나라 국민이고 그가 조사에 스스로 응함으로써 조사의 방식이나 절차에 강제력이나 위력은 물론 어떠한 비자발적 요소도 개입될 여지가 없었음이 기록상 분명한 이상, 그 일방인 과테말라공화국과 국제법상 관할의 원인이 될 만한 아무런 연관성도 갖지 아니하므로, 피고인에 대한 국내 형사소송절차에서 위와 같은 사유로 인하여 위법수집증거배제법칙이 적용된다고 볼 수 없다(대판2011. 7. 14. 선고 2011도3809).

8. 피고인을 형사소추하기 위해서는 이 사건 업무일지가 반드시 필요한 증거로 보이므로, 설령 그것이 제3자에 의하여 절취된 것으로서 위 소송사기 등의 피해자측이 이를 수사기관에 증거자료로 제출하기 위하여 대가를 지급하였다 하더라도, 공익의 실현을 위하여는 이 사건 업무일지를 범죄의 증거로 제출하는 것이 허용되어야 하고, 이로 말미암아 피고인의 사생활 영역을 침해하는 결과가 초래된다 하더라도 이는 피고인이 수인하여야 할 기본권의 제한에 해당된다(대법원 2008. 6. 26. 선고 2008도1584)

03 관련문제

1. 독수의 과실이론

(1) 의 의

위법하게 수집된 1차 증거(독수)에 의하여 발견된 제2차 증거(과실)의 증거능력을 부정하는 이론을 말한다.

(2) 취 지

제2차 증거의 증거능력을 인정할 경우의 위법수집증거배제법칙의 근본취지의 몰각가능성을 배제하기 위해서이다.

(3) 독수의 과실의 예외

다음의 경우는 독수의 과실이론이 적용되지 않고 증거능력이 인정된다.

① 오염순화에 의한 예외(희석이론) : 피고인의 자유의사에 의한 행위에 의하여 제1차적 증거의 오염성이 희석되어 파생적 증거에 영향을 미치지 않게 되는 경우 그 파생증거의 증거능력을 인정하자는 이론이다.

② 불가피한 발견의 예외 : 파생적 증거가 다른 경로를 통하여 불가피하게 발견될 상황에 있었던 경우에는 그 파생적 증거의 증거능력을 인정하자는 이론이다.

③ 독립된 오염원의 예외 : 파생적 증거를 획득한 것이 제1차적 증거의 수집원인이었던 위법수사를 이용한 것이 아닌 경우에는 그 파생적 증거의 증거능력을 인정하자는 이론이다.

> **판례** 1. 형사소송법 제308조의2는 "적법한 절차에 따르지 아니하고 수집한 증거는 증거로 할 수 없다"고 규정하고 있는바, 수사기관이 헌법과 형사소송법이 정한 절차에 따르지 아니하고 수집한 증거는 물론, 이를 기초로 하여 획득한 2차적 증거 역시 유죄 인정의 증거로 삼을 수 없는 것이 원칙이다. 1차적 증거를 기초로 하여 다시 2차적 증거를 수집하는 과정에서 추가로 발생한 모든 사정들까지 구체적인 사안에 따라 주로 인과관계 희석 또는 단절 여부를 중심으로 전체적·종합적으로 고려하여야 한다(대판 2009.3.12. 선고 2008도11437).
> 2. 마약 투약 혐의를 받고 있던 피고인이 임의동행을 거부하겠다는 의사를 표시하였는데도 경찰관들이 피고인을 영장 없이 강제로 연행한 상태에서 마약 투약 여부의 확인을 위한 1차 채뇨절차가 이루어졌는데,

그 후 피고인의 소변 등 채취에 관한 압수영장에 기하여 2차 채뇨절차가 이루어지고 그 결과를 분석한 소변 감정서 등이 증거로 제출된 사안에서, 위와 같은 2차적 증거 수집이 위법한 체포 · 구금절차에 의하여 형성된 상태를 직접 이용하여 행하여진 것으로는 쉽사리 평가할 수 없으므로, 이와 같은 사정은 체포과정에서의 절차적 위법과 2차적 증거 수집 사이의 인과관계를 희석하게 할 만한 정황에 속하고, 메스암페타민 투약 범행의 중대성도 아울러 참작될 필요가 있는 점 등 제반 사정을 고려할 때 2차적 증거인 소변 감정서 등은 증거능력이 인정된다(대판 2013.3.14. 선고 2012도13611 판결)

3. 진술거부권을 고지하지 않은 것이 단지 수사기관의 실수일 뿐 피의자의 자백을 이끌어내기 위한 의도적이고 기술적인 증거확보의 방법으로 이용되지 않았고, 그 이후 이루어진 신문에서는 진술거부권을 고지하여 잘못이 시정되는 등 수사 절차가 적법하게 진행되었다는 사정, 최초 자백 이후 구금되었던 피고인이 석방되었다거나 변호인으로부터 충분한 조력을 받은 가운데 상당한 시간이 경과하였음에도 다시 자발적으로 계속하여 동일한 내용의 자백을 하였다는 사정, 최초 자백 외에도 다른 독립된 제3자의 행위나 자료 등도 물적 증거나 증인의 증언 등 2차적 증거 수집의 기초가 되었다는 사정, 증인이 그의 독립적인 판단에 의해 형사소송법이 정한 절차에 따라 소환을 받고 임의로 출석하여 증언하였다는 사정 등은 통상 2차적 증거의 증거능력을 인정할만한 정황에 속한다(대판 2009.3.12. 선고 2008도11437).

4. 범행 현장에서 지문채취 대상물에 대한 지문채취가 먼저 이루어진 이상, 수사기관이 그 이후에 지문채취 대상물을 적법한 절차에 의하지 아니한 채 압수하였다고 하더라도 채취된 지문은 위법하게 압수한 지문채취 대상물로부터 획득한 2차적 증거에 해당하지 아니함이 분명하여, 이를 가리켜 위법수집증거라고 할 수 없다(대판 2008도7471).

5. 피고인측에서 검사가 제주지사실에 대한 압수수색 결과 수집한 증거물이 적법절차를 위반하여 수집한 것으로 증거능력이 없다고 다투고 있음에도 불구하고, 주장된 위법사유 중 영장에 압수할 물건으로 기재되지 않은 물건의 압수, 영장 제시 절차의 누락, 압수목록 작성 · 교부 절차의 현저한 지연 등으로 적법절차의 실질적인 내용을 침해하였는지 여부 등에 관하여 충분히 심리하지 아니한 채 압수절차가 위법하더라도 압수물의 증거능력은 인정된다는 이유만으로 압수물의 증거능력을 인정한 것은 위법하다(대판 2007. 11. 15. 선고 2007도3061).

6. 헌법과 형사소송법이 정한 절차에 따르지 아니하고 수집된 증거는 기본적 인권 보장을 위해 마련된 적법한 절차에 따르지 않은 것으로 원칙적으로 유죄 인정의 증거로 삼을 수 없다. 다만 수사기관의 절차위반행위가 적법절차의 실질적인 내용을 침해하는 경우에 해당하지 아니하고, 오히려 그 증거의 증거능력을 배제하는 것이 헌법과 형사소송법이 형사소송에 관한 절차조항을 마련하여 적법절차의 원칙과 실체적 진실 규명의 조화를 도모하고 이를 통하여 형사사법의 정의를 실현하려 한 취지에 반하는 결과를 초래하는 것으로 평가되는 예외적인 경우라면, 법원은 그 증거를 유죄 인정의 증거로 사용할 수 있다(대판 2015. 1.22. 2014도10978).

7. 교도관이 재소자가 맡긴 비망록을 수사기관에 임의로 제출하였다면 그 비망록의 증거사용에 대하여도 재소자의 사생활의 비밀 기타 인격적 법익이 침해되는 등의 특별한 사정이 없는 한 반드시 그 재소자의 동의를 받아야 하는 것은 아니다. 따라서 검사가 교도관으로부터 그가 보관하고 있던 피고인의 비망록을 뇌물수수 등의 증거자료로 임의로 제출받아 이를 압수한 경우, 그 압수절차가 피고인의 승낙 및 영장 없이 행하여졌다고 하더라도 이에 적법절차를 위반한 위법이 있다고 할 수 없다(2008도1097)

8. 선거관리위원회 위원 · 직원이 관계인에게 진술이 녹음된다는 사실을 미리 알려 주지 아니한 채 진술을 녹음하였다면 그와 같은 조사절차에 의하여 수집한 녹음파일 내지 그에 터 잡아 작성된 녹취록은 형사소송법 제308조의2 에서 정하는 '적법한 절차에 따르지 아니하고 수집한 증거'에 해당하여 원칙적으로 유죄의 증거로 쓸 수 없다(2011도3509).

2. 위법수집증거와 증거동의

위법하게 수집된 증거가 당사자의 동의에 의하여 증거능력이 인정될 수 있는가에 대하여 학설이 대립하고 있으나 위법 수집된 증거는 당사자의 동의와 상관없이 증거능력이 부정된다.

> **판례** 위법한 강제연행 상태에서 호흡측정 방법에 의한 음주측정을 한 다음 강제연행 상태로부터 시간적·장소적으로 단절되었다고 볼 수도 없고 피의자의 의사결정의 자유가 확실하게 보장되었다고 볼 만한 다른 사정이 개입되지 않은 이상 불법체포와 증거수집 사이의 인과관계가 단절된 것으로 볼 수는 없다. 따라서 그러한 혈액채취에 의한 측정 결과 역시 유죄 인정의 증거로 쓸 수 없다고 보아야 한다. 그리고 이는 수사기관이 위법한 체포 상태를 이용하여 증거를 수집하는 등의 행위를 효과적으로 억지하기 위한 것이므로, 피고인이나 변호인이 이를 증거로 함에 동의하였다고 하여도 달리 볼 것은 아니다(2013.3.14. 선고 2010도2094 판결).

3. 위법수집증거와 탄핵증거

위법수집증거를 탄핵증거로 사용하는 것도 허용되지 않는다. 허용할 경우 사실상 증거배제의 효과를 피하는 것을 허용하는 결과가 되기 때문이다.

제2 절　자백배제의 법칙

01 자백의 의의

1. 자백의 개념

자백이라 함은 피의자 또는 피고인이 자기의 범죄사실의 전부 또는 일부를 인정하는 진술을 말한다.

(1) 자백의 주체

진술을 하는 자의 법률상의 지위는 문제되지 아니한다. 피고인·피의자의 지위에서 한 자백에 한하지 않고 증인·참고인 등의 지위에서 한 자백도 포함된다.

(2) 범죄사실의 인정

범죄사실의 전부 또는 본질적 부분을 긍정함을 요하지 아니하며 범죄사실의 일부를 긍정하는 진술, 즉 일부자백도 자백이다. 범죄사실 이외의 사실, 예컨대 전과를 인정하는 진술은 자백이 아니다.

(3) 자백의 내용

자기의 형사책임을 긍정하는 진술임을 요하지 아니한다. 구성요건적 사실을 인정하면서 위법성조각사유 또는 책임조각사유를 주장하는 것도 자백이다.

(4) 진술의 형식과 상대방

구두에 의한 진술뿐만 아니라 서면에 한 진술도 포함된다. 또한 범인이 일기장 등에 자기의 범죄사실을 기재하는 경우 등 상대방이 없는 경우도 자백에 해당한다. 가족·친지 등에 대한 자백도 자백에 포함된다.

2. 자백의 성질

자백은 유죄의 증거이다. 공소사실을 직접으로 인정할 수 있는 증거이므로 직접증거이며 진술이 증거로 되는 경우이므로 진술증거에 해당한다.

> **판례** 1. 피고인이 제출한 항소이유서에 피고인은 돈이 급해 지어서는 안 될 죄를 지었습니다. 진심으로 뉘우치고 있습니다. 라고 기재되어 있고 피고인은 항소심 제2회 공판기일에 위 항소이유서를 진술하였으나, 곧 이어서 있은 검사와 재판장 및 변호인의 각 심문에 대하여 피고인은 범죄사실을 부인하였고, 수사단계에서도 일관되게 그와 같이 범죄사실을 부인하여 온 점에 비추어 볼 때, 위와 같이 추상적인 항소이유서의 기재만을 가지고 범죄사실을 자백한 것으로 볼 수 없다(대판 1999.11.12. 선고 99도3341).
> 2. 상법장부나 항해일지, 진료일지 또는 이와 유사한 금전출납부 등과 같이 범죄사실의 인정 여부와는 관계없이 자기에게 맡겨진 사무를 처리한 사무 내역을 그때, 그때 계속적, 기계적으로 기재한 문서 등의 경우는 사무처리

내역을 증명하기 위하여 존재하는 문서로서 그 존재 자체 및 기재가 그러한 내용의 사무가 처리되었음의 여부를 판단할 수 있는 별개의 독립된 증거자료이고, 설사 그 문서가 우연히 피고인이 작성하였고 그 문서의 내용 중 피고인의 범죄사실의 존재를 추론해 낼 수 있는, 즉 공소사실에 일부 부합되는 사실의 기재가 있다고 하더라도 이를 일컬어 피고인이 범죄사실을 자백하는 문서라고 볼 수 없다(대판 1996.10 .17. 94도 2865).

02 자백배제법칙의 의의

> 제309조 【강제 등 자백의 증거능력】 피고인의 자백이 고문, 폭행, 협박, 신체구속의 부당한 장기화 또는 기망 기타의 방법으로 임의로 진술한 것이 아니라고 의심할 만한 이유가 있는 때에는 이를 유죄의 증거로 하지 못한다.

자백배제의 법칙이라 함은 임의성이 의심되는 자백의 증거능력을 부정하는 증거법칙을 자백배제법칙이라고 한다. 형사소송법은 제309조에 규정하여 자백배제법칙의 실정법적 근거를 두고 있다.

03 자백배제법칙의 이론적 근거

(1) 허위배제설

① 임의성이 없는 자백은 허위일 위험성이 많으므로 허위배제라는 관점에서 증거능력을 부정하는 견해이다.

② 자백의 임의성이 자백내용의 진실성에 의하여 좌우되는 결과가 되므로 자백의 증거능력과 증명력을 혼동하였다는 비판이 있다.

(2) 인권옹호설

① 자백강요를 위한 고문·협박 등을 억지함으로써 피고인의 묵비권을 중심으로 한 인권보장을 담보하기 위하여 고문 등에 의한 자백의 증거능력을 부정한다는 견해이다.

② 자백배제법칙과 묵비권의 보장을 동일시하는 것은 부당하고 약속이나 기망에 의한 자백은 묵비권으로 해결할 수 없다는 비판이 있다.

(3) 절충설(종합설)

임의성 없는 자백의 증거능력을 부정하는 근거로 허위배제설과 인권옹호설이 모두 타당하다는 견해이다. 이 견해가 우리나라의 다수설이다.

> **판례** 임의성 없는 진술의 증거능력을 부정하는 취지는, 허위진술을 유발 또는 강요할 위험성이 있는 상태 하에서 행하여진 진술은 그 자체가 실체적 진실에 부합하지 아니하여 오판을 일으킬 소지가 있을 뿐만 아니라, 그 진위 여부를 떠나서 진술자의 기본적 인권을 침해하는 위법·부당한 압박이 가하여지는 것을 사전에 막기 위한 것이다(대판 2002.10.8. 2001도3931).

(4) 위법배제설

① 위법배제설은 고문 등에 의한 자백의 증거능력을 자백의 임의성에 관한 문제로 보지 않고, 고문·폭행 등에 의한 자백은 그 자백획득의 과정·방법·수단 등이 위법하므로 위법수집증거의 배제법칙에 의해서 그 자백의 증거능력이 부정된다고 설명하고 있다.

② 309조의 입법취지를 외면하게 되며, 임의성이 없는 경우와 임의성은 있지만 자백취득 절차가 위법한 경우를 설명하기 어렵다는 비판이 있다.

04 자백배제법칙의 적용범위

(1) 고문·폭행·협박으로 인한 자백

① 사람의 정신·신체에 대한 위해·고통을 가하거나 신체에 대한 유형력의 행사 또는 사람에 대해 해악을 고지하여 공포심을 일으키는 행위로 당연히 증거능력이 부정되며, 피고인이 고문을 직접 당하지는 않았다고 할지라도 다른 피고인이 고문을 당하는 것을 보고 자백한 경우도 증거능력이 부정된다.

> **판례** 피고인이 고문을 직접 당하지는 않았다고 할지라도 다른 피고인이 고문을 당하는 것을 보고 자백한 경우도 이에 해당된다(대판 1978.1.31. 77도463).

② 경찰에서 고문을 받아 자백한 후 검사에게 같은 내용의 자백을 한 경우

> **판례** 1. 피고인이 검사 이전의 수사기관에서 고문 등 가혹행위로 인하여 임의성 없는 자백을 하고 그 후 검사의 조사단계에서도 임의성 없는 심리상태가 계속되어 동일한 내용의 자백을 하였다면 검사의 조사단계에서 고문 등 자백의 강요행위가 없었다고 하여도 검사 앞에서의 자백도 임의성 없는 자백이라고 볼 수밖에 없다(대판 1992.11.24. 92도2409).
> 2. 피의자신문조서가 사건의 송치를 받은 당일에 작성된 것이었다 하여 그와 같은 조서의 작성시기만으로 그 조서에 기재된 피고인의 자백진술이 임의성이 없거나 특히 신빙할 수 없는 상태에서 된 것이라 의심하여 증거능력을 부정할 수 없다(대판 1984.5.29. 선고 84도378).

(2) 신체구속의 부당한 장기화로 인한 자백

처음부터 불법한 체포·구속도 당연히 포함되며, 부당한 장기구속으로 인한 경우라면 자백의 임의성과 무관하게 증거능력이 부정된다. 장기간구속으로 인한 자백인가는 구속

의 필요성 과 비례성을 기준으로 판단해야 한다.

> **판례** 구속영장 없이 13여 일간 불법구속되어 있으면서 고문이나 잠을 재우지 않는 등 진술의 자유를 침해하는 위법사유가 있는 증거의 증거능력을 부정하고 있다(대판 1985.2.26. 82도2413).

(3) 기망 기타 방법에 의한 자백

① 기망에 의한 자백의 경우 : 기망은 사실에 관련된 것, 법률사항 모두 포함하나, 단순한 착오를 이용하는 것으로는 부족하고, 적극적인 사술이 있어야 한다(예 다른 공범이 이미 자백하였으니 모두 말하는 것이 너에게 유리할 것이라고 한 경우, 자백이 없어도 물증이 이미 확보되었다고 하는 경우).

② 약속에 의한 자백 : 일정한 이익의 제공을 약속하여 자백을 받은 경우이다. 이익의 내용은 형벌과 관련된 내용에 한정되지 않으나, 구체적이고 특정한 것이어야 한다(예 기소유예처분의 약속, 경한 형의 구형 약속).

> **판례** 1. 피고인의 자백이 심문에 참여한 검찰주사가 피의사실을 자백하면 피의사실부분은 가볍게 처리하고 보호감호의 청구를 하지 않겠다는 각서를 작성하여 주면서 자백을 유도한 것에 기인한 것이라면 위 자백은 기망에 의하여 임의로 진술한 것이 아니라고 의심할 만한 이유가 있는 때에 해당하여 형사소송법 제309조 및 제312조 제1항의 규정에 따라 증거로 할 수 없다(대판 1985.12.10. 선고 85도2182,85감도313).
>
> 2. 일정한 증거가 발견되면 피의자가 자백하겠다고 한 약속이 검사의 강요나 위계에 의하여 이루어졌다던가 또는 불기소나 경한 죄의 소추등 이익과 교환조건으로 된 것으로 인정되지 않는다면 위와 같은 자백의 약속하에 된 자백이라 하여 곧 임의성 없는 자백이라고 단정할 수는 없다(대법원 1983. 9. 13. 선고 83도712).
>
> 3. 피고인이 처음 검찰조사 시에 범행을 부인하다가 뒤에 자백을 하는 과정에서 금 200만원을 뇌물로 받은 것으로 하면 특정범죄가중 처벌 등에 관한법률 위반으로 중형을 받게 되니 금 200만원 중 금 30만원을 술값을 갚은 것으로 조서를 허위 작성한 것이라면 이는 단순 수뢰죄의 가벼운 형으로 처벌되도록 하겠다고 약속하고 자백을 유도한 것으로 위와 같은 상황 하에서 한 자백은 그 임의성에 의심이 가고 따라서 진실성이 없다는 취지에서 이를 배척하였다 하여 자유심증주의의 한계를 벗어난 위법이 있다고는 할 수 없다(대판 1984.5.9. 선고 83도2782).

(4) 기타 임의성에 의심있는 자백

① 잠을 재우지 않고 신문하여 얻은 자백(철야신문)의 증거능력은 부정된다. 그러나 야간에 신문하였다는 이유만으로 위법하다고 할 수는 없다. 원칙적으로 오후 9시부터 오전 6시까지의 수사는 심야수사로 금지된다.

② 거짓말탐지기에 의하여 취득한 자백에 대하여 증거능력을 인정할 것인지에 대해서는 견해가 대립하나, 판례는 거짓말탐지기의 검사결과가 증거능력을 가지기 위한 요건에 충족 하면 증거능력이 있다고 본다.

③ 마취분석은 인간의 의사지배능력을 배제하고 인격권과 진술거부권을 침해하는 수사방법이므로 이에 의한 자백은 상대방의 동의 여부를 불문하고 증거능력을 부정한다.

판례 1. 검찰에서 30시간 동안 잠을 재우지 않는 상태에서 받은 피고인의 자백의 증거능력을 부정한다(대판 1997.6.27. 95도1964).

2. 별건으로 수감 중인 자를 약 1년 3개월의 기간 동안 무려 270회나 검찰청으로 소환하여 밤늦은 시각 또는 그 다음날 새벽까지 조사를 하였거나, 국외로 출국하여야 하는 상황에 놓여있는 자를 심리적으로 압박하여 조사를 하였을 가능성이 충분하다면 그들에 대한 진술조서는 임의성을 의심할 만한 사정이 있는데, 검사가 그 임의성의 의문점을 해소하는 증명을 하지 못하였으므로 그 진술조서는 증거능력이 없다(대판 2006.1.26. 선고 2004도517).

3. 검사의 접견금지 결정으로 피고인들의 접견이 제한된 상황하에서 피의자 신문조서가 작성되었다는 사실만으로 바로 그 조서가 임의성이 없는 것이라고는 볼 수 없다(대판 1984.7.10. 선고 84도846).

05 관련문제

1. 인과관계의 요부

고문, 폭행, 협박 등과 자백 사이에 인과관계의 존재를 요하는가에 관해서는 적극설과 소극설이 대립되고 있으며 대법원판례는 적극설의 태도를 취하고 있다.

판례 피고인의 자백이 임의성이 없다고 의심할 만한 사유가 있는 때에 해당한다 할지라도 그 임의성이 없다고 의심하게 된 사유들과 피고인의 자백과의 사이에 인과관계가 존재하지 않은 것이 명백한 때에는 그 자백은 임의성이 있는 것으로 인정된다(대판 1984.11.27. 84도2252).

2. 임의성의 입증

자백을 증거로 제출한 당사자는 검사이므로 자백의 임의성의 존재에 관해서는 검사가 거증책임을 부담한다. 다만, 자백의 임의성은 소송법적 사실에 불과하므로 자유로운 증명으로 족하다.

판례 1. 알선수재 사건의 공여자 등이 별건으로 구속된 상태에서 10여일 내지 수십 여 일 동안 거의 매일 검사실로 소환되어 밤늦게까지 조사를 받았다면 이들은 과도한 육체적 피로, 수면부족, 심리적 압박감 속에서 진술을 한 것으로 보여 지므로 이들에 대한 진술조서는 그 임의성을 의심할 만한 사정이 있고, 검사가 그 임의성의 의문점을 해소하는 입증을 하지 못하면 위 진술조서는 증거능력이 없다(대판 2002.10.8. 선고 2001도3931).

2. 자백의 임의성이 인정된다고 하더라도 이것은 그 자백이 엄격한 증명의 자료로서 사용될 자격 즉 증거능력이 있다는 것에 지나지 않고 그 자백의 진실성과 신빙성 즉 증명력까지도 당연히 인정되어야 하는 것은 아니다(대법원 1983. 9. 13. 선고 83도712)

3. 기 타

(1) 증거능력 부정

임의성에 의심이 있는 자백인 경우 증거능력의 제한은 절대적이므로 피고인이 유죄의 증거로 함에 동의하더라도 증거능력이 인정되지 아니하면 탄핵증거로도 허용되지 아니한다.

⑵ 상소이유

임의성이 없는 자백 또는 임의성에 의심있는 자백은 증거능력이 부정되므로 이러한 자백에 의하여 공소범죄사실을 유죄로 인정하는 경우에는 증거재판주의(제307조)의 위반으로서 항소이유(제361조의5 제1호) 또는 상고이유(제383조 제1호)에 해당한다.

제2편 증거

CHAPTER 03 전문증거

제 1 절   전문법칙

01   전문증거와 전문법칙

1. 전문증거

(1) 의 의

사실인정의 기초가 되는 경험적 사실을 경험자 자신이 직접 법원에 진술하지 않고 다른 형태(서면이나 타인의 진술)에 의하여 간접적으로 보고하는 경우에 그 간접적인 보고를 말한다. 즉 원진술자가 공판기일 또는 심문기일에 행한 진술 이외의 진술로서 그 주장사실이 진실임을 입증하기 위하여 제출된 것이다

(2) 분 류

① 전문진술 : 원진술자의 진술을 청취한 제3자가 법원에 대하여 원진술의 내용을 보고하는 경우

② 전문서류

㉠ 진술서 : 원진술자가 자신이 체험한 사실을 서면에 기재하여 둔 결과 그 서면이 법원에 제출되는 경우

㉡ 진술녹취서 : 원진술자가 체험한 사실을 진술하고 이를 제3자가 녹취한 결과 그 서면이 법원에 제출되는 경우

> **판례** 정보통신망을 통하여 공포심이나 불안감을 유발하는 글을 반복적으로 상대방에게 도달하게 하는 행위를 하였다는 공소사실에 대하여 휴대전화기에 저장된 문자정보가 그 증거가 되는 경우, 그 문자정보는 범행의 직접적인 수단이고 경험자의 진술에 갈음하는 대체물에 해당하지 않으므로, 형사소송법 제310조의2에서 정한 전문법칙이 적용되지 않는다(대판 2008.11.13. 선고 2006도2556).

> **참고** 문자메시지의 내용을 촬영한 사진은 피해자의 진술서에 준하는 것으로 취급함이 상당하다(대판 2010. 11. 25. 2010도 8735)

2. 전문법칙

> 제310조의2 【전문증거와 증거능력의 제한】 제311조 내지 제316조에 규정한 것 이외에는 공판준비 또는 공판기일에서의 진술에 대신하여 진술을 기재한 서류나 공판준비 또는 공판기일 외에서의 타인의 진술을 내용으로 하는 진술은 이를 증거로 할 수 없다.

(1) 전문법칙의 의의

전문법칙이란 전문증거는 증거가 아니며, 따라서 증거능력이 인정될 수 없다는 원칙을 말한

다. 증거능력이 부정되는 전문증거에 대해서는 요증사실의 입증자료로 사용될 수 없을 뿐만 아니라 증거조사 자체도 금지된다.

(2) 연 혁

17세기 말 영국에서 증인에 대한 반대신문권 보장을 위하여 형성되었다.

(3) 전문법칙의 근거

① 반대신문권의 보장 : 전문증거의 증거능력을 부정하는 이유는 당사자의 원진술자에 대한 반대신문권을 보장하려는 데에 있다.

② 직접심리주의의 요청 : 수사서류 등 전문증거의 증거능력을 무조건 인정하여 유죄의 증거로 채택한다는 것은 법관의 면전에서 직접 조사한 증거에 한하여 재판의 기초로 삼을 수 있다는 직접심리주의의 취지에 위배된다.

③ 신용성의 결여 : 전문증거는 그 가치가 증인 자신이 신용성에서 발생한 것이 아니라 타인의 성실성과 능력에 의존하며, 반대신문에 의하여 음미할 수 없을 뿐 아니라 선서가 없고 와전될 가능성이 있기 때문에 신용성이 희박하여 증거능력이 부정된다.

(4) 전문법칙의 적용범위

① 진술증거 : 비 진술증거에 대해서는 전문법칙이 적용되지 아니 한다(例 범행에 사용된 흉기, 재산죄의 장물 등). 비 진술증거에 대해서는 반대신문이 불가능하며 전문증거의 신용성이 문제될 여지가 없기 때문이다.

② 요증사실 : 원진술의 내용이 된 사실의 존부가 요증사실인 경우에만 전문증거가 되고, 따라서 전문법칙이 적용된다. 예컨대, A가 B를 살해하는 것을 보았다는 말을 을로부터 들은 갑이 그 사실을 증언한 경우에 갑의 증언은 A에 대한 살인사건에 대해서는 전문증거가 되지만, 을에 대한 명예훼손사건에 대해서는 본래증거(원본증거)가 된다. 즉 어떤 증거가 전문증거인지 여부는 요증사실과 관계에서 정하여진다.

③ 적용되지 않는 경우
전문법칙은 전문증거가 아닌 증거에 대해서는 적용되지 않는다. 증거물과 같은 비 진술증거, 탄핵증거, 당사자가 증거로 함에 동의한 경우에는 전문법칙이 적용되지 않는다.

㉠ 비 진술증거 · 정황증거 : 증거물과 같은 비 진술증거나 원진술자의 진술이 언어적 행동 또는 정황증거로 사용되는 경우에는 전문법칙이 적용되지 않는다.

㉡ 탄핵증거로 사용된 진술 : 증인의 신용성을 탄핵하기 위해 공판정 외에서 행한 모순된 진술을 증거로 제출하는 경우에는 원진술의 진실성을 증명하기 위한 경우가 아니므로 전문법칙이 적용되지 않는다(제318조의2).

㉢ 증거동의

당사자가 증거로 하는 데 동의한 경우에는 전문법칙이 적용되지 않는다(제318조). 간이공판절차에서는 증거동의가 있는 것으로 간주된다(제318조의3).

> **참고** 전문법칙이 배제되는 절차로는 약식절차, 즉결심판절차, 간이공판절차가 있다.

02 전문법칙의 예외

1. 예외인정의 필요성

전문법칙의 예외라 함은 전문증거가 예외적으로 증거능력이 인정되는 것을 말한다. 그러나 전문증거라 할지라도 신용성이 보장되어 있는 경우가 있을 수 있다. 따라서 전문증거에 대해서는 엄격한 요건 하에 예외적으로 증거능력을 인정해야 한다.

2. 예외인정의 기준

(1) 신용성의 정황적 보장(특신성)

① 원진술이 법원의 면전에서 행해지지 아니하였더라도 그 원진술의 진실성이 제반정황에 의하여 담보되는 것을 말한다.

② 신용성의 정황적 보장은 전문증거의 진술내용의 진실성을 의미하는 것이 아니라 그 진술의 진실성을 보장할 만한 외부적 정황이 있음을 의미한다.

③ 신용성의 정황적 보장에 의하여 전문증거의 증거능력이 인정되는 경우

1. 사건 직후의 충동적 발언과 같은 자연적·반사적 진술.
2. 임종시 진술.
3. 자신의 이익에 반하는 진술.
4. 공문서 및 업무상통상과정에서 작성한 문서.

(2) 필요성

① 필요성이란 원진술과 동일한 내용의 진술을 구하는 것이 불가능하거나 곤란하기 때문에 전문증거라도 사용하여 실체진실을 규명할 필요가 있는 것을 말한다.

② 원진술자의 사망·질병·행방불명·국외체재 등의 사정으로 원진술자를 공판정에서 신문하는 것이 불가능하거나 곤란한 경우가 이에 해당한다.

(3) 양자의 관계

전문증거에 증거능력을 부여하기 위해서는 신용성의 정황적 보장과 필요성이 동시에 존재하는 것이 이상적이나 양자는 병존하지 않고 **상호보완관계 또는 반비례의 관계**에 있는 경우가 많다.

제 2 절 　형사소송법상 전문법칙의예외

01 법원 또는 법관의 조서

> 제311조【법원 또는 법관의 조서】공판준비 또는 공판기일에 피고인이나 피고인 아닌 자의 진술을 기재한
> 조서와 법원 또는 법관의 검증의 결과를 기재한 조서는 증거로 할 수 있다. 제184조 및 제221조의2의
> 규정에 의하여 작성한 조서도 또한 같다.

　법원 또는 법관의 면전에서의 진술을 기재한 조서이므로 그 성립이 진정하고 신용성의
정황적 보장이 뛰어나기 때문에 무조건 증거능력을 인정한다(예 공판조서, 증인신문조서,
피고인신문조서).

(1) 피고인의 진술을 기재한 조서

① 공판준비절차에서 피고인을 신문한 조서(제273조 제1항), 공판기일 전의 법원의 검증조
서 중 피고인의 진술을 기재한 부분이 있고, 공판기일에 피고인의 진술을 기재한 조
서에는 공판절차갱신 전의 공판조서, 파기환송 · 이송 전의 공판조서 등이 있다.

② 제311조의 적용을 받는 피고인의 진술을 기재한 공판조서는 당해 사건에 제한된다고
한다.

(2) 피고인 아닌 자의 진술을 기재한 조서

① 피고인 아닌 자란 증인 · 감정인 · 통역인 · 번역인과 공동피고인도 포함된다. 공판기일
의 피고인 아닌 자의 진술을 기재한 조서는 공판조서를 의미하며, 공판기일에서의
증인의 증언은 원본증거이므로 본조에 해당하지 않는다.

② 다른 사건의 공판준비조서 · 공판조서의 경우는 제315조 제3호(기타 신용할 만한 정
황)의 문서로서 증거능력이 인정된다.

(3) 공동피고인의 진술을 기재한 조서

① 공범인 공동피고인 : 공동피고인의 진술을 기재한 조서는 피고인의 동의가 없더라도
증거능력이 인정된다.

② 공범 아닌 공동피고인 : 공범 아닌 공동피고인은 피고인에 대한 관계에서는 증인의
지위에 있으므로 선서없이 한 공동피고인의 피고인으로서의 진술은 피고인에 대한
공소사실을 인정하는 증거로 쓸 수 없다.

(4) 검증조서

① 공판준비 또는 공판기일에 법원 또는 법관의 검증의 결과를 기재한 조서(제311조)와
증거보전절차에서 판사가 검증을 행한 조서(제184조)는 법관 또는 법원이 직접 행하

여서 신용성이 있고 검증에 당사자의 참여권이 인정되어 당연히 증거능력이 인정된다.

② 당해사건에 검증조서로 제한되고 다른 사건의 검증조서는 당사자에게 참여권이 보장되지 않으므로 포함되지 않는다.

> **참고** 검증조서에 첨부된 사진과 도화는 검증조서와 일체를 이루는 것으로 보아 검증조서와 같이 취급된다.

(5) 증거보전절차 · 증인신문절차에서 작성한 조서

피고인이 증거보전절차에서 작성한 조서와 증인신문절차에서 작성한 조서도 제311조에 의해 증거능력이 있다.

02 피의자신문조서

(1) 의 의

피의자신문조서란 수사기관(검사, 사법경찰관)이 피의자를 신문하여 그 진술을 기재한 조서를 말한다. 수사기관이 작성한 피의자신문조서에 대한 신용성의 보장은 법관의 면전조서에 비하여 현저히 약하기 때문에 일정한 요건 아래 증거능력을 인정하고 있다.

(2) 검사 또는 사법경찰관의 피의자신문조서(312조①.③)

> ① 검사가 작성한 피의자신문조서는 적법한 절차와 방식에 따라 작성된 것으로서 공판준비, 공판기일에 그 피의자였던 피고인 또는 변호인이 그 내용을 인정할 때에 한정하여 증거로 할 수 있다. [개정 2020.2.4] [[시행일 2022.1.1]]
> ② 삭제 [2020.2.4] [[시행일 2021.1.1]]
> ③ 검사 이외의 수사기관이 작성한 피의자신문조서는 적법한 절차와 방식에 따라 작성된 것으로서 공판준비 또는 공판기일에 그 피의자였던 피고인 또는 변호인이 그 내용을 인정할 때에 한하여 증거로 할 수 있다.

① 작성의 주체 : 피의자신문조서 증거능력이 인정되기 위해서는 검사또는 사법경찰관이 작성된 것이어야 한다.

> **판례** 1. 피의자의 진술을 녹취 내지 기재한 서류 또는 문서가 수사기관에서의 조사과정에서 작성된 것이라면 그것이 진술조서, 진술서, 자술서라는 형식을 취하였다 하더라도 피의자신문조서와 달리 볼 수 없다(대판 1992.4.14. 선고 92도442).

② 성립의 진정과 내용의 인정

㉠ 형식적 성립의 진정은 서명날인이 원진술자의 것임에 틀림없다는 것을 의미한다.

㉡ 실질적 성립의 진정은 조서의 기재내용과 진술자의 진술내용이 일치하는 것을 의미한다. 그러나 형식적 성립의 진정이 인정된다고 하더라도 실질적 성립의 진정은 추정되지 않는다.

ⓒ 내용의 인정이란 조서의 진정성립 뿐만 아니라 조서의 기재내용이 객관적 진실에 부합한다는 조서내용의 진실성을 의미한다.

③ 증거인정의 요건

㉠ 적법한 절차와 방식에 따라 작성될 것 : 적법한 절차와 방식이라 함은 피의자신문조서의 작성방법(제244조), 수사기관의 피의자에 대한 진술거부권의 고지(제244조의3), 수사과정의 기록(제244조의4) 등 법규가 정한 절차와 방식에 따라 조서가 작성되어야 한다는 것을 의미한다.

㉡ 내용의 인정 : 공판준비 또는 공판기일에 그 피의자였던 피고인 또는 변호인이 그 내용을 인정할 때에 한하여 증거로 할 수 있다.

> **판례** 1. 피고인과 공범관계에 있는 다른 피고인이나 피의자에 대한 피의자신문조서를 당해 피고인에 대한 유죄의 증거로 채택할 경우에도 적용되는바, 당해 피고인과 공범관계가 있는 다른 피의자에 대한 검사 이외의 수사기관 작성의 피의자신문조서는 그 피의자의 법정진술에 의하여 그 성립의 진정이 인정되더라도 당해 피고인이 공판기일에서 그 조서의 내용을 부인하면 증거능력이 부정되므로 그 당연한 결과로 그 피의자신문조서에 대하여는 사망 등 사유로 인하여 법정에서 진술할 수 없는 때에 예외적으로 증거능력을 인정하는 규정인 형사소송법 제314조가 적용되지 아니한다(대판 2004.7.15. 선고 2003도7185).
>
> 2. 미국 범죄수사대(CID), 연방수사국(FBI)의 수사관들이 작성한 수사보고서 및 피고인이 위 수사관들에 의한 조사를 받는 과정에서 작성하여 제출한 진술서는 피고인이 그 내용을 부인하는 이상 증거로 쓸 수 없다고 한 원심의 조치는 정당하다(대판 2006.1.13. 선고 2003도6548).
>
> 3. 피의자신문조서는 공판준비 또는 공판기일에 그 피의자였던 피고인이나 변호인이 그 내용을 인정할 때에 한하여 증거로 할 수 있다고 규정하고 있는바, 위 규정에서 그 내용을 인정할 때라 함은 피의자신문조서의 기재 내용이 진술 내용대로 기재되어 있다는 의미가 아니고 그와 같이 진술한 내용이 실제 사실과 부합한다는 것을 의미한다(대판 2010.6.24. 선고 2010도5040).
>
> 4. 피의자신문조서가 그 내용 중 일부를 가린 채 복사를 한 다음 원본과 상위 없다는 인증을 하여 초본의 형식으로 제출된 경우에, 위와 같은 피의자신문조서초본은 피의자신문조서원본 중 가려진 부분의 내용이 가려지지 않은 부분과 분리 가능하고 당해 공소사실과 관련성이 없는 경우에만, 그 피의자신문조서의 원본이 존재하거나 존재하였을 것, 피의자신문조서의 원본 제출이 불능 또는 곤란한 사정이 있을 것, 원본을 정확하게 전사하였을 것 등 3가지 요건을 전제로 피고인에 대한 검사 작성의 피의자신문조서원본과 동일하게 취급할 수 있다(대판 2002. 10. 22. 선고 2000도5461).
>
> 5. 수사기관이 피의자신문조서를 작성함에 있어서는 그것을 열람하게 하거나 읽어 들려야 하는 것이나 그 절차가 비록 행해지지 안했다 하더라도 그것만으로 그 피의자신문조서가 증거능력이 없게 된다고는 할 수 없고 같은 법 제312조 소정의 요건을 갖추게 되면 그것을 증거로 할 수 있다(대판 87도2716).
>
> 6. 조서말미에 피고인의 서명만이 있고, 그 날인이나 간인이 없는 검사 작성의 피고인에 대한 피의자신문조서는 증거능력이 없다고 할 것이고, 그 날인이나 간인이 없는 것이 피고인이 그 날인이나 간인을 거부하였기 때문이어서 그러한 취지가 조서말미에 기재되었다거나, 피고인이 법정에서 그 피의자신문조서의 임의성을 인정하였다고 하여 달리 볼 것은 아니다(대판 1999.4.13. 선고 99도237).
>
> 7. 검사 작성의 피의자신문조서에 대한 실질적 진정성립을 증명할 수 있는 수단으로서 형사소송법 제312조 제2항에 규정된 '영상녹화물이나 그 밖의 객관적인 방법'이라 함은 형사소송법 및 형사소송규칙에

규정된 방식과 절차에 따라 제작된 영상녹화물 또는 그러한 영상녹화물에 준할 정도로 피고인의 진술을 과학적 · 기계적 · 객관적으로 재현해 낼 수 있는 방법만을 의미한다고 봄이 타당하고, 그 외에 조사관 또는 조사 과정에 참여한 통역인 등의 증언은 이에 해당한다고 볼 수 없다(대판 2016.2.18. 2015도16586).

(3) 관련문제

① 증거의 동의 : 피의자신문조서는 전문증거로 증거동의의 대상이 되며 피고인이 증거로 함에 동의하면 증거조사를 할 필요가 없다.

② 탄핵증거 : 피고인이 성립의 진정이나 내용을 부인하는 피의자신문조서도 탄핵증거로는 사용할 수 있다.

> **판례** 피고인이 내용을 부인하여 증거능력이 없는 사법경찰리 작성의 피의자신문조서에 대하여 비록 당초 증거제출 당시 탄핵증거라는 입증취지를 명시하지 아니하였지만 피고인의 법정 진술에 대한 탄핵증거로서의 증거조사절차가 대부분 이루어졌다고 볼 수 있는 점 등의 사정에 비추어 위 피의자신문조서를 피고인의 법정 진술에 대한 탄핵증거로 사용할 수 있다(대판 2005.8.19. 선고 2005도2617).

③ 피고인과 공범의 피의자신문조서

㉠ 공동피고인의 자백은 이에 대한 피고인의 반대신문권이 보장되어 있어 증인으로 신문한 경우와 다를 바 없으므로 독립한 증거능력이 있다.

㉡ 피고인과 공범관계가 있는 다른 피의자에 대한 검사나 수사기관 작성의 피의자신문조서는 그 피의자의 법정진술에 의하여 성립의 진정이 인정되더라도 당해 피고인이 공판기일에서 그 조서의 내용을 부인하면 증거능력이 부정된다.

④ 314조(증거능력에 대한 예외) 적용여부

㉠ 당해 피고인의 피의자신문조서는 원칙적으로 당해 피고인이 법정에 출정하여 있으므로 적용될 여지가 없다.

㉡ 공범의 피의자신문조서는 검사작성 피의자신문조서나 사법경찰관 작성 피의자신문조서는 314조가 적용되지 않는다.

> **판례** 1. 공범인 공동피고인은 당해 소송절차에서는 피고인의 지위에 있어 다른 공동피고인에 대한 공소사실에 관하여 증인이 될 수 없으나, 소송절차가 분리되어 피고인의 지위에서 벗어나게 되면 다른 공동피고인에 대한 공소사실에 관하여 증인이 될 수 있다(대법원 2008. 6. 26. 선고 2008도3300)

03 진술조서(피고인아닌 자의 진술을 기재한 조서)

> ④ 검사 또는 사법경찰관이 피고인이 아닌 자의 진술을 기재한 조서는 적법한 절차와 방식에 따라 작성된 것으로서 그 조서가 검사 또는 사법경찰관 앞에서 진술한 내용과 동일하게 기재되어 있음이 원진술자의 공판준비 또는 공판기일에서의 진술이나 영상녹화물 또는 그 밖의 객관적인 방법에 의하여 증명되고, 피고인 또는 변호인이 공판준비 또는 공판기일에 그 기재 내용에 관하여 원진술자를 신문할 수 있었던 때에는 증거로 할 수 있다. 다만, 그 조서에 기재된 진술이 특히 신빙할 수 있는 상태 하에서 행하여졌음이 증명된 때에 한한다.

(1) 의 의

검사 또는 사법경찰관이 피고인이 아닌 자(참고인)의 진술을 기재한 조서를 기재한 조서를 말한다.

(2) 요 건

① 적법한 절차와 방식에 따라 작성될 것 : 검사, 사법경찰관이 피고인이 아닌 자(참고인)의 진술을 기재한 조서는 적법한 절차와 방식에 따라 작성된 것이어야 한다.

② 실질적 성립의 진정이 인정될 것 : 검사 또는 사법경찰관이 작성한 참고인 진술조서는 일단 참고인이 증인으로 법정에 나와 자기가 알고 있는 바를 증언한 후 조서가 과거 수사기관에서 진술한 대로 작성되어 있음이 원진술자의 진술이나 영상녹화물 기타 객관적인 방법에 의하여 증명된 때에 한하여 증거로 사용할 수 있도록 하였다.

③ 반대신문권의 기회가 보장될 것 : 피고인 또는 변호인이 공판준비 또는 공판기일에 그 기재 내용에 관하여 원진술자를 신문할 수 있었던 때에는 증거로 할 수 있다.

④ 특신상황이 인정될 것 : 진술내용의 신빙성이나 임의성을 담보할 구체적이고 외부적인 정황이 있는 경우를 가리킨다.

> 참고 1. 원진술자가 진정성립을 인정하면, 그 내용을 부인하거나 조서내용과 다른 진술을 하여도 증거능력이 인정된다.
> 2. 반대신문 할 기회를 주면 족하고 반드시 반대신문 하여야 하는 것은 아니다.
> 3. 공동피고인에 대한 검사 작성의 피의자신문조서도 제4항에 따라 참고인진술조서로 취급함으로써 다른 공동피고인의 반대신문권 보장을 강화하였다.

04 진술서

> ⑤ 제1항부터 제4항까지의 규정은 피고인 또는 피고인이 아닌 자가 수사과정에서 작성한 진술서에 관하여 준용한다.

(1) 진술서의 의의

진술서란 피고인 · 피의자 또는 참고인이 작성의 주체로 스스로 자기의 의사 · 사상 · 관념 및 사실관계 등을 기재한 서면으로 진술서 · 자술서 · 시말서 등 명칭은 문제가 되지 않으며, 컴퓨터 디스켓에 들어 있는 것도 진술서에 해당한다.

> **판례** 1. 원진술자가 공판기일에서 검사작성의 진술조서와 피의자신문조서에 대하여 그 조서들 중 자신의 진술과 달리 기재되었다는 부분을 특정하여 실질적 진정성립을 부인한 바가 없고, 오히려 위 각 서류들의 작성시 검사가 읽어 보라고 준 위 조서들을 모두 읽지는 못하고 각 10분 정도 쭉 읽어보니 자신의 진술과 크게 다름이 없어 서명 · 무인을 하였다는 취지로 진술하였다면 위 각 조서들은 증거능력이 있다(대판 2005.1.14, 2004도6646).
>
> 2. 외국에 거주하는 참고인과의 전화 대화내용을 문답형식으로 기재한 검찰주사보 작성의 수사보고서는 제311조, 제312조, 제315조, 제316조의 적용대상이 되지 아니함이 분명하므로, 결국 제313조의 진술을 기재한 서류에 해당하여야만 제314조의 적용 여부가 문제될 것인바, 제313조가 적용되기 위하여는 그 진술을 기재한 서류에 그 진술자의 서명 또는 날인이 있어야 한다(대판 1999.2.26. 선고 98도2742).
>
> 3. 사법경찰리 작성의 피해자에 대한 진술조서가 피해자의 화상으로 인한 서명불능을 이유로 입회하고 있던 피해자의 동생에게 대신 읽어 주고 그 동생으로 하여금 서명날인하게 하는 방법으로 작성된 경우, 이는 형사소송법 제313조 제1항 소정의 형식적 요건을 결여한 서류로서 증거로 사용할 수 없다(대판 1997.4.11. 선고 96도2865).
>
> 4. 검사가 피의자 아닌 자의 진술을 기재한 조서에 대하여 그 원진술자가 공판기일에서 그 성립의 진정을 인정하면 그 조서는 증거능력이 있는 것이고, 원진술자가 공판기일에서 그 조서의 내용과 다른 진술을 하거나 변호인 또는 피고인의 반대신문에 대하여 아무런 답변을 하지 아니하였다 하여 곧 증거능력 자체를 부정할 사유가 되지는 아니한다(대판 2001.9.14. 선고 2001도1550).

(2) 수사과정에서 작성된 진술서

① 피고인이된 피의자

ⓐ 적법한 절차와 방식에 따라 작성 ⓑ 피고인 또는 변호인이 그 내용을 인정하면 증거능력이 인정된다

② 그 외의 자가 작성한 것

ⓐ 적법한 절차와 방식에 따라 작성 ⓑ 내용과 동일하게 기재되어 있고(실질적 성립진정) ⓒ 원진술자를 신문할 수 있고(반대신문보장) ⓓ 특히 신빙할 수 있는 상태일 때 증거능력이 있다.

> **판례** 피고인 또는 피고인 아닌 사람이 컴퓨터용디스크 그 밖에 이와 비슷한 정보저장매체에 입력하여 기억된 문자정보 또는 그 출력물을 증거로 사용하는 경우, 이는 실질에 있어서 피고인 또는 피고인 아닌 사람이 작성한 진술서나 그 진술을 기재한 서류와 크게 다를 바 없고, 압수 후의 보관 및 출력과정에 조작의 가능성이 있으며, 기본적으로 반대신문의 기회가 보장되지 않는 점 등에 비추어 그 내용의 진실성에 관하여는 전문법칙이 적용되고, 따라서 원칙적으로 형사소송법 제313조 제1항에 의하여 작성자 또는 진술자의 진술에 의하여 성립의 진정함이 증명된 때에 한하여 이를 증거로 사용할 수 있다(대법원 2013. 2. 15. 선고 2010도3504)

(3) 수사과정 이외에서 작성한 진술서(제313조)

제313조【진술서 등】① 전2조의 규정 이외에 피고인 또는 피고인이 아닌 자가 작성한 진술서나 그 진술을 기재한 서류로서 그 작성자 또는 진술자의 자필이거나 그 서명 또는 날인이 있는 것은 것(피고인 또는 피고인 아닌 자가 작성하였거나 진술한 내용이 포함된 문자 · 사진 · 영상 등의 정보로서 컴퓨터용 디스크, 그 밖에 이와 비슷한 정보저장매체에 저장된 것을 포함한다. 이하 이 조에서 같다)은 공판준비나 공판기일에서의 그 작성자 또는 진술자의 진술에 의하여 그 성립의 진정함이 증명된 때에는 증거로 할 수 있다. 단, 피고인의 진술을 기재한 서류는 공판준비 또는 공판기일에서의 그 작성자의 진술에 의하여 그 성립의 진정함이 증명되고 그 진술이 특히 신빙할 수 있는 상태 하에서 행하여 진 때에 한하여 피고인의 공판준비 또는 공판기일에서의 진술에 불구하고 증거로 할 수 있다.
② 제1항 본문에도 불구하고 진술서의 작성자가 공판준비나 공판기일에서 그 성립의 진정을 부인하는 경우에는 과학적 분석결과에 기초한 디지털포렌식 자료, 감정 등 객관적 방법으로 성립의 진정함이 증명되는 때에는 증거로 할 수 있다. 다만, 피고인 아닌 자가 작성한 진술서는 피고인 또는 변호인이 공판준비 또는 공판기일에 그 기재 내용에 관하여 작성자를 신문할 수 있었을 것을 요한다.
③ 감정의 경과와 결과를 기재한 서류도 제1항 및 제2항과 같다.

① 피고인 또는 피고인이 아닌 자가 작성한 진술서

그 작성자 또는 진술자의 자필이거나 그 서명 또는 날인이 있는 것은 공판준비나 공판기일에서의 그 작성자 또는 진술자의 진술에 의하여 그 성립의 진정함이 증명된 때에는 증거로 할 수 있다.

㉠ 피고인의 진술을 기재한 서류: ⓐ 공판준비 또는 공판기일에서의 그 작성자의 진술에 의하여 그 성립의 진정함이 증명되고 ⓑ 그 진술이 특히 신빙할 수 있는 상태 하에서 행하여 진 때에 한하여 피고인의 공판준비 또는 공판기일에서의 진술에 불구하고 증거로 할 수 있다.

㉡ 진술서의 작성자가 성립의 진정을 부인하는 경우

ⓐ 피고인이 작성한 진술서

피고인이 작성한 진술서를 공판준비나 공판기일에서 그 성립의 진정을 부인하는 경우: 과학적 분석결과에 기초한 디지털포렌식 자료, 감정 등 객관적 방법으로 성립의 진정함이 증명되는 때에는 증거로 할 수 있다.

ⓑ 피고인 아닌 자가 작성한 진술서

피고인 아닌 자가 작성한 진술서를 그 성립의 진정을 부인하는 경우: 과학적 분석결과에 기초한 디지털포렌식 자료, 감정 등 객관적 방법으로 성립의 진정함이 증명되고, 피고인 또는 변호인이 공판준비 또는 공판기일에 그 기재 내용에 관하여 작성자를 신문할 수 있었을 것을 요한다.

참고 진술서는 작성자가 곧 진술자이므로 형식적 성립의 진정이 인정되면 실질적 성립의 진정은 문제되지 않는다.

05 수사기관의 검증조서

> ⑥ 검사 또는 사법경찰관이 검증의 결과를 기재한 조서는 적법한 절차와 방식에 따라 작성된 것으로서 공판준비 또는 공판기일에서의 작성자의 진술에 따라 그 성립의 진정함이 증명된 때에는 증거로 할 수 있다.

(1) 의 의

검증조서란 수사기관이 검증을 행하고 검증의 결과를 기재한 서면으로, 검증조서에 목적물의 현상을 명확히 하기 위해 사진이나 도화를 첨부할 수 있으며 검증의 주체가 법원 또는 법관이냐 수사기관이냐에 따라 증거능력에 차이가 있다.

(2) 검증조서의 증거능력

① 검사 또는 사법경찰관이 검증의 결과를 기재한 조서는 **적법한 절차와 방식에 따라 작성된 것으로서 공판준비 또는 공판기일에서의 작성자의 진술에 따라 그 성립의 진정함이 증명된 때에는 증거로 할 수 있다.**

② 여기서 **작성자란 검사 또는 사법경찰관을 말하고, 검증에 참여자는 포함하지 않는다.**

(3) 관련문제

① 검증조서에 기재된 진술의 증거능력 : 견해의 대립이 있으나 실질에 있어 피의자신문조서와 같이 취급되어야 한다.

② 실황조사서 : 실황조사란 수사기관이 수사상 필요에 의해 교통사고, 화재사고 등 범죄 장소에서 실황을 조사하고 그 경위와 결과를 기재한 조서로 실질은 검증과 동일한 처분이므로 검증조서와 같이 취급해야 된다(다수설).

③ 314조 적용 : 검증조서 작성자가 사망·질병·외국거주·소재불명, 그 밖에 이에 준하는 사유로 인하여 진술할 수 없는 때에는 그 작성이 특히 신빙할 수 있는 상태하에서 행하여졌음이 증명된 때에 한하여 증거로 할 수 있다.

> **판례** 사법경찰관이 작성한 검증조서에 피고인이 검사 이외의 수사기관 앞에서 '자백한 범행내용을 현장에 따라 진술·재연한 내용이 기재되고 그 재연 과정을 촬영한 사진이 첨부되어 있다면, 그러한 기재나 사진은 피고인이 공판정에서 실황조사서에 기재된 진술내용 및 범행재연의 상황을 모두 부인하는 이상 증거능력이 없다(대판 2006.1.13. 2003도6548).

06 감정서

① 감정서란 감정의 결과를 기재한 서류로 법원의 명령에 의한 감정인의 감정보고서뿐만 아니라 수사기관의 촉탁에 의한 감정수탁자의 감정서도 포함된다.

② 감정서는 진술서에 준하여 **성립의 진정**이 인정되면 증거능력이 인정된다. 사인의사가 작성한 진단서는 감정서가 아니라 진술서로 본다.

판례 1. 수사보고서에 검증의 결과에 해당하는 기재가 있는 경우, 그 기재 부분은 단지 수사의 경위 및 결과를 내부적으로 보고하기 위하여 작성된 서류에 불과하므로 그 안에 검증의 결과에 해당하는 기재가 있다고 하여 이를 형사소송법 제312조 제1항의 검사 또는 사법경찰관이 검증의 결과를 기재한 조서라고 할 수 없을 뿐만 아니라 이를 같은 법 제313조 제1항의 피고인 또는 피고인이 아닌 자가 작성한 진술서나 그 진술을 기재한 서류라고 할 수도 없고, 같은 법 제311조, 제315조, 제316조의 적용대상이 되지 아니함이 분명하므로 그 기재 부분은 증거로 할 수 없다(대판 2000도2933).

2. 사법경찰관 사무취급이 행한 검증이 사건발생 후 범행장소에서 긴급을 요하여 판사의 영장없이 시행된 것이라면 이는 형사소송법 제216조 제3항에 의한 검증이라 할 것임에도 불구하고 기록상 사후영장을 받은 흔적이 없다면 이러한 검증조서는 유죄의 증거로 할 수 없다(대판 1984.3.13. 선고 83도3006).

3. 사법경찰관이 작성한 검증조서에 피의자이던 피고인이 검사 이외의 수사기관 앞에서 자백한 범행내용을 현장에 따라 진술·재연한 내용이 기재되고 그 재연 과정을 촬영한 사진이 첨부되어 있다면, 그러한 기재나 사진은 피고인이 공판정에서 그 진술내용 및 범행재연의 상황을 모두 부인하는 이상 증거능력이 없다(대판 2000도5461).

[전문증거 정리]

(피의자신문조서)	적법한 절차와 방식	피고인 또는 변호인 (내용을 인정)		
(진술조서)	적법한 절차와 방식	성립진정	(반대신문보장)	특신상태
(검증조서)	적법한 절차와 방식	성립진정		
수사과정 (진술서)	피고인이 된 피의자			
	적법한 절차와 방식	피고인 또는 변호인 (내용을 인정)		
	피고인 아닌 피의자나 참고인			
	적법한 절차와 방식	성립진정	(반대신문보장)	특신상태

☞ 조서나 수사과정에서 작성된 진술서는 **적법절차와 방식**이 필요하다.

☞ 내용을 인정해야 하는경우는 **특신상태**가 없다.

☞ 진술서에 작성자가 성립의 진정을 부정하면 **객관적방법**으로 증명해야 한다.

수사과정 이외 (진술서)			성립진정		
	피고인의 진술기재		성립진정		특신상태
	성립부정	피고인이 작성한 진술서	객관적 방법 (성립의 진정)		
		피고인 아닌자가 작성한 진술서	객관적 방법 (성립의 진정)	(반대신문보장)	
(감정서)	수사과정 이외(진술서)와 같다.				

| |
제 2 절   증거능력의 예외

01 증거능력에 대한 예외

1. 제314조

> 제314조【증거능력에 대한 예외】제312조 또는 제313조의 경우에 공판준비 또는 공판기일에 진술을 요하는 자가 사망·질병·외국거주·소재불명, 그밖에 이에 준하는 사유로 인하여 진술할 수 없는 때에는 그 조서 및 그 밖의 서류(피고인 또는 피고인 아닌 자가 작성하였거나 진술한 내용이 포함된 문자·사진·영상 등의 정보로서 컴퓨터용디스크, 그 밖에 이와 비슷한 정보저장매체에 저장된 것을 포함한다)를 증거로 할 수 있다. 다만, 그 진술 또는 작성이 특히 신빙할 수 있는 상태 하에서 행하여졌음이 증명된 때에 한한다.

(1) 의 의

수사기관이 작성한 피의자신문조서나 진술서가 제312조, 제313조의 요건을 충족하지 못한 경우라도 전문법칙의 예외이론에 따라 필요성과 특신성을 구비하면 증거능력이 인정될 수 있도록 하고 있으며, 외국수사기관이 작성한 문서도 적용된다.

(2) 적용범위

① 공동피의자에 대한 피의자신문조서 : 검사 또는 사법경찰관이 작성한 공범관계 있는 피의자 신문조서는 314조가 적용되지 않는다.

② 진술서 등 : 진술조서, 진술서, 검증조서, 감정서 등은 314조가 적용된다.

> **판례** 1. 범행 직후 미합중국 주검찰 수사관이 작성한 피해자 및 공범에 대한 질문서와 우리나라 법원의 형사사법공조요청에 따라 미합중국 법원의 지명을 받은 수명자(미합중국 검사)가 작성한 피해자 및 공범에 대한 증언녹취서는 당연히 증거능력이 인정되는 서류로는 볼 수 없다고 하더라도, 같은 법 제312조 또는 제313조에 해당하는 조서 또는 서류로서 그 원진술자가 공판기일에서 진술을 할 수 없는 때에 해당하고, 그 각 진술 내용이나 조서 또는 서류의 작성에 허위 개입의 여지가 거의 없으며 그 진술 내용의 신빙성이나 임의성을 담보할 구체적이고 외부적인 정황이 있다고 할 것이어서 그 진술 또는 서류의 작성이 특히 신빙할 수 있는 상태 하에서 행하여진 것이라고 보기에 충분하므로, 형사소송법 제314조의 규정에 의하여 그 증거능력을 인정할 수 있다(대판 1997.7.25. 선고 97도1351).
>
> 2. 양벌규정의 종업원과 사업주는 형사증거법상 공범 내지 이에 준하는 관계에 있다고 보아, 망인인 종업원에 대한 경찰 피의자신문조서는 해당 피고인과 공범관계가 있는 다른 피의자에 대하여 검사 이외의 수사기관이 작성한 피의자신문조서는 그 피의자의 법정진술에 의하여 성립의 진정이 인정되는 등 형사소송법 제312조 제4항의 요건을 갖춘 경우라도 해당 피고인이 공판기일에서 그 조서의 내용을 부인한 이상 이를 유죄 인정의 증거로 사용할 수 없고, 그 당연한 결과로 위 피의자신문조서에 대하여는 사망 등 사유로 인하여 법정에서 진술할 수 없는 때에 예외적으로 증거능력을 인정하는 규정인 형사소송법 제314조가 적용되지 아니한다(대판 2020. 6. 11. 선고 2016도9367).

(3) 요 건

① 필요성

㉠ 원진술자가 사망, 질병, 외국거주, 소재불명, 그밖에 이에 준하는 사유로 인하여 진술할 수 없을 것을 요한다. 여기서 질병은 신체적, 정신적 질환을 포함한 것이며, 외국거주는 원진술자가 외국에 있다는 사정만으로 부족하고, 가능하고 상당한 수단을 다하였어도 법정에 출석할 수 없게 된 때를 말한다.

㉡ 소재불명에 해당하려면 소환장 송달이 불가능하거나 소재를 확인할 수 없는 경우 또는 법원의 소환에 불응하고 구인장을 발부하였으나, 구인장이 집행되지 않는 경우를 말한다.

㉢ 그밖에 이에 준하는 사유에 기억상실, 법정에 출석한 원진술자가 증언을 거부한 경우도 해당한다고 본다.

> 판례 1. 수사 과정에서 수사기관이 그 진술을 청취하면서 그 진술자의 외국거주 여부와 장래 출국 가능성을 확인하고 만일 그 진술자의 거주지가 외국이거나 그가 가까운 장래에 출국하여 장기간 외국에 체류하는 등의 사정으로 향후 공판정에 출석하여 진술을 할 수 없는 경우가 발생할 개연성이 있어 그를 공판정에 출석시켜 진술하게 할 모든수단을 강구하는 등 가능하고 상당한 수단을 다하더라도 그 진술을 요할 지를 법정에 출석하게 할 수 없는 사정이 있어야 예외적으로 그 요건이 충족된다(대판 2008.2.28. 선고 2007도10004).
>
> 2. 진술을 요할 자에 대한 소재탐지촉탁결과 그 소재를 알지 못하게 된 경우 및 진술을 요할 자가 법원의 소환에 불응하고 그에 대한 구인장이 집행되지 않은 경우가 형사소송법 제314조 소정의 공판정에 출정하여 진술할 수 없는 때에 해당한다(대판 2000.6.9. 선고 2000도1765).
>
> 3. 피해자는 제1심에서 증인으로 소환당할 당시부터 노인성 치매로 인한 기억력 장애, 분별력 상실 등으로 인하여 진술할 수 없는 상태 하에 있었고 그 각 진술내용의 신용성이나 임의성을 담보할 만한 구체적인 정황이 있는 경우에 해당되어 특히 신빙할 수 있는 상태하에서 행하여진 것이라고 보여 지므로, 각 형사소송법 제314조에 의하여 증거능력이 있는 증거라 할 것이다(대판 1992.3.13. 선고 91도2281).
>
> 4. 공판기일에 진술을 요할 자가 사망, 질병 기타 사유로 인하여 진술할 수 없는 때라고 함은 소환장이 주소불명 등으로 송달불능이 되어 소재탐지촉탁까지 하여 소재수사를 하였는데도 그 소재를 확인할 수 없는 경우는 이에 해당하나, 단지 소환장이 주소불명 등으로 송달불능 되었다거나 소재탐지촉탁을 하였으나 그 회보가 오지 않은 상태인 것만으로는 이에 해당한다고 보기에 부족하다(대판 1996.5.14. 선고 96도575).
>
> 5. 만 5세 무렵에 당한 성추행으로 인하여 외상 후 스트레스 증후군을 앓고 있다는 등의 이유로 공판정에 출석하지 아니한 약 10세 남짓의 성추행 피해자에 대한 진술조서가 형사소송법 제314조에 정한 필요성의 요건과 신용성 정황적 보장의 요건을 모두 갖추지 못하여 증거능력이 없다(대판 2006.5.25. 선고 2004도3619).
>
> 6. 수사기관에서 진술한 피해자인 유아가 공판정에서 진술을 하였더라도 증인신문 당시 일정한 사항에 관하여 기억이 나지 않는다는 취지로 진술하여 그 진술의 일부가 재현 불가능하게 된 경우, 형사소송법 제314조, 제316조 제2항에서 말하는 원진술자가 진술을 할 수 없는 때에 해당한다(대판 2006.4.14. 선고 2005도9561).

7. 법정에 출석한 증인이 형사소송법 제148조, 제149조 등에서 정한 바에 따라 정당하게 증언거부권을 행사하여 증언을 거부한 경우는 형사소송법 제314조의 그 밖에 이에 준하는 사유로 인하여 진술할 수 없는 때에 해당하지 아니한다(대판 2012.5.17. 선고 2009도6788 전원합의체).

8. 공판기일에 증인으로 소환받고도 출산을 앞두고 있다는 이유로 출석하지 아니한 것은 특별한 사정이 없는 한 사망, 질병, 외국거주 기타 사유로 인하여 진술을 할 수 없는 때에 해당한다고 할 수 없어 형사소송법 제314조에 의한 증거능력이 있다고 할 수 없다(대판 1999.4.23. 선고 99도915).

9. 법원이 증인으로 채택, 소환하였으나 계속 불출석하여 3회에 걸쳐 구인영장을 발부하였으나 가출하여 소재불명이라는 이유로 집행되지 아니하였다면 이러한 경우는 형사소송법 제314조의 공판기일에 진술을 요할 자가 기타 사유로 인하여 진술할 수 없는 때에 해당한다(대판 1986.2.5. 선고 85도2788).

10. 참고인의 소재불명 등의 경우에 참고인이 진술하거나 작성한 진술조서나 진술서에 대하여 증거능력을 인정하는 취지 및 이때 참고인의 진술 또는 작성이 '특히 신빙할 수 있는 상태하에서 행하여졌음'에 대한 증명은 단지 그러할 개연성이 있다는 정도로는 부족하고 합리적인 의심의 여지를 배제할 정도에 이르러야 한다(대법원 2014. 2. 21. 선고 2013도12652)

② 특신성 : 신용성의 정황적 보장을 의미하며 진술의 내용의 신빙성이나 임의성이 구체적이고 허위개입의 여지가 없는 외부적 정황이 있는 경우를 말한다.

> **판례** 검사 및 사법경찰관작성의 증인에 대한 진술조서의 진술내용이 상치되어 어느 진술이 진실인지 알 수 없을 뿐 아니라 동인이 제1심법정에서 증인으로 채택되어 소환장을 두 번이나 받고도 소환에 불응하고 주소지를 떠나 행방을 감춘 경우라면 동인의 위 진술이 특히 신빙할 수 있는 상태에서 행하여진 것으로 볼 수 없다(대판 1986.2.5. 선고 85도2788).

2. 당연히 증거능력이 있는 서류(제315조)

> 제315조 【당연히 증거능력이 있는 서류】 다음에 게기한 서류는 증거로 할 수 있다.
> 1. 가족관계기록사항에 관한 증명서, 공정증서등본 기타 공무원 또는 외국공무원의 직무상 증명할 수 있는 사항에 관하여 작성한 문서
> 2. 상업 장부, 항해일지 기타 업무상 필요로 작성한 통상문서
> 3. 기타 특히 신용할 만한 정황에 의하여 작성된 문서

(1) 공무원 등이 직무상 증명할 수 있는 사항에 관하여 작성한 문서

가족관계기록사항에 관한 증명서, 공정증서 등본 기타 공무원 또는 외국공무원의 직무상 증명할 수 있는 사항에 관하여 작성한 문서로 당연히 증거능력이 인정된다.

판례 1. 대한민국 주중국 대사관 영사가 작성한 사실확인서 중 공인 부분을 제외한 나머지 부분이 공적인 증명보다는 상급자 등에 대한 보고를 목적으로 작성된 것인 경우, 형사소송법 제315조 제1호 또는 제3호의 문서에 해당하지 아니하여 증거능력이 없다(대판 2007.12.13. 선고 2007도7257).

2. 외국공무원이 직무상 증명할 수 있는 사항에 관하여 작성한 문서는 이를 증거로 할 수 있으므로(형사소송법 제315조 제1호), 원심이 이 사건 일본하관세관서 통괄심리관작성의 범칙물건 감정서 등본과 분석의뢰서 및 분석회답서 등본 등을 증거로 하였음은 적법하다(대판 1984.2.28. 83도3145).

공무원작성문서	포함되지 않는 것
1. 등기부 등본, 2. 인감증명, 3. 신원증명서, 4. 전과 조회회보, 5. 세관공무원의 시가감정서, 6. 군의관 작성진단서 7. 보건복지부장관의 시가보고서, 8. 가족관계증명서, 9. 수사연구소장의 감정의뢰보고서	1. 검사의 공소장 등 수사기관 작성문서, 2. 미군 수사기관의 수사결과 · 정보회답서, 3. 육군수사연구소 실험분석관작성감정서

(2) 업무상 필요로 작성한 통상문서

상업 장부, 항해일지 기타 업무상 필요로 작성한 통상문서는 당연히 증거능력이 인정되나 의사의 진단서나 피고인작성 상업 장부는 해당되지 않는다(**예** 금전출납부, 전표, 통계표, 전산자료, 의사의 진료부, 성매매업소에서 입력한 메모리카드 등).

(3) 기타 특히 신용할 만한 정황에 의하여 작성된 문서

제315조 제1 · 2호의 문서에 준할 정도로 고도의 신용성이 문서 자체에 의하여 보장되는 서면으로 당연히 증거능력이 인정된다(**예** 달력, 스포츠기록, 정기간행물, 보고서, 공공기록, 군법회의 판결문사본, 구속적부심문조서).

참고 주민들의 진정서 사본은 기타 특히 신용할 만한 정황에 의하여 작성된 문서가 아니다.

판례 1. 구속적부심문조서는 형사소송법 제311조가 규정한 문서에는 해당하지 않는다 할 것이나, 특히 신용할 만한 정황에 의하여 작성된 문서라고 할 것이므로 특별한 사정이 없는 한, 피고인이 증거로 함에 부동의 하더라도 형사소송법 제315조 제3호에 의하여 당연히 그 증거능력이 인정된다(대판 2004. 1.16. 선고 2003도5693).

2. 다른 피고인에 대한 형사사건의 공판조서는 형사소송법 제315조 제3호에 정한 서류로서 당연히 증거능력이 있는바, 공판조서 중 일부인 증인신문조서 역시 형사소송법 제315조 제3호에 정한 서류로서 당연히 증거능력이 있다고 보아야 할 것이다(대판 2005.4.28. 선고 2004도4428).

3. 사법경찰관 작성의 새세대 16호에 대한 수사보고서는 피고인이 검찰에서 소지 탐독사실을 인정하고 있는 새세대 16호라는 유인물의 내용을 분석하고, 이를 기계적으로 복사하여 그 말미에 그대로 첨부한 문서로서 그 신용성이 담보되어 있어 형사소송법 제315조 제3호 소정의 "기타 특히 신용할 만한 정황에 의하여 작성된 문서"에 해당되는 문서로서 당연히 증거능력이 인정된다(대판 1992.8.14. 선고 92도1211).

4. 군법회의판결사본(교도소장이 교도소에 보관 중인 판결등본을 사본한 것)은 특히 신용할 만한 정황에 의하여 작성된 문서라고 볼 여지가 있으므로 피고인이 증거로 함에 부동의 하거나 그 진정성립의 증명이

없다는 이유로 그 증거능력을 부인할 수 없다(대판 1981.11.24. 선고 81도2591).

5. 국립과학수사연구소장 작성의 감정의뢰 회보서와 사법경찰관 사무취급 작성의 실황조사서를 유죄의 증거로 거시하고 있는바 기록에 의하면 피고인이 위 각 서류를 증거로 함에 동의하지 않았음은 소론과 같으나 위 회보서는 공무원인 위 연구소장이 직무상 증명할 수 있는 사항에 관하여 작성한 문서라고 할 것이므로 당연히 증거능력 있는 서류라고 할 것이다(대판 1982.9.14. 선고 82도1504).

6. 성매매업소에서 영업에 참고하기 위하여 성매매 상대방에 관한 정보를 입력하여 작성한 메모리카드의 내용이 영업상 필요로 작성한 통상문서로서 당연히 증거능력이 있는 문서에 해당한다(대판 2007.7.26. 선고 2007도3219 판결).

7. 외국공무원이 직무상 증명할 수 있는 사항에 관하여 작성한 문서는 이를 증거로 할 수 있으므로(형사소송법 제315조 제1호), 원심이 이 사건 일본하관세관서 통괄심리관작성의 범칙물건 감정서 등본과 분석의뢰서 및 분석회답서 등본 등을 증거로 하였음은 적법하다(대판 1984.2.28., 83도3145).

8. 사법경찰관 작성의 수사보고서는 피고인이 검찰에서 소지 탐독사실을 인정하고 있는 새세대 16호라는 유인물의 내용을 분석하고, 이를 기계적으로 복사하여 그 말미에 그대로 첨부한 문서로서 그 신용성이 담보되어 있어 형사소송법 제315조 제3호 소정의 "기타 특히 신용할 만한 정황에 의하여 작성된 문서"에 해당되는 문서로서 당연히 증거능력이 인정된다(대판 1992.8.14. 선고 92도1211).

9. 군법회의판결사본(교도소장이 교도소에 보관 중인 판결등본을 사본한 것)은 특히 신용할 만한 정황에 의하여 작성된 문서라고 볼 여지가 있으므로 피고인이 증거로 함에 부동의 하거나 그 진정성립의 증명이 없다는 이유로 그 증거능력을 부인할 수 없다(대판 1981.11.24. 선고 81도2591).

10. 국립과학수사연구소장 작성의 감정의뢰 회보서와 사법경찰관 사무취급 작성의 실황조사서를 유죄의 증거로 거시하고 있는바 기록에 의하면 피고인이 위 각 서류를 증거로 함에 동의하지 않았음은 소론과 같으나 위 회보서는 공무원인 위 연구소장이 직무상 증명할 수 있는 사항에 관하여 작성한 문서라고 할 것이므로 당연히 증거능력 있는 서류라고 할 것이다(대판 1982.9.14. 선고 82도1504).

11. 대한민국 주중국대사관 영사가 작성한 사실확인서 중 공인 부분을 제외한 나머지 부분이 공적인 증명보다는 상급자 등에 대한 보고를 목적으로 작성된 것인 경우, 형사소송법 제315조 제1호 또는 제3호의 문서에 해당하지 아니하여 증거능력이 없다(대판 2007.12.13. 선고 2007도7257).

14. 사무처리 내역을 계속적, 기계적으로 기재한 문서가 아니라 범죄사실의 인정 여부와 관련 있는 어떠한 의견을 제시하는 내용을 담고 있는 문서는 형사소송법 제 315조 제3호에서 규정하는 당연히 증거능력이 있는 서류에 해당한다고 볼 수 없으므로, 이른바 보험사기 사건에서 건강보험심사평가원이 수사기관의 의뢰에 따라 그 보내온 자료를 토대로 입원진료의 적정성에 대한 의견을 제시하는 내용의 '건강보험심사평가원의 입원진료 적정성 여부 등 검토의뢰에 대한 회신은 형사소송법 제 315조 제3호의 '기타 특히 신용할 만한 정황에 의하여 작성된 문서에 해당하지 않는다(대판 2017.12.5. 2017도12671).

3. 전문진술

(1) 의 의

전문진술이란 타인이 진술한 내용을 들은 자가 법원에 나와 진술하는 것으로 전문진술은 원칙적으로 증거능력이 없으나 예외적으로 제316조에 의해 이를 증거로 할 수 있다.

> 제316조 【전문의 진술】 ① 피고인이 아닌 자(공소제기 전에 피고인을 피의자로 조사하였거나 그 조사에 참여하였던 자를 포함한다. 이하 이 조에서 같다)의 공판준비 또는 공판기일에서의 진술이

피고인의 진술을 그 내용으로 하는 것인 때에는 그 진술이 특히 신빙할 수 있는 상태 하에서 행하여 졌음이 증명된 때에 한하여 이를 증거로 할 수 있다.

② 피고인 아닌 자의 공판준비 또는 공판기일에서의 진술이 피고인 아닌 타인의 진술을 그 내용으로 하는 것인 때에는 원진술자가 사망, 질병, 외국거주, 소재불명, 그 밖에 이에 준하는 사유로 인하여 진술할 수 없고, 그 진술이 특히 신빙할 수 있는 상태 하에서 행하여졌음이 증명된 때에 한하여 이를 증거로 할 수 있다.

(2) 피고인의 진술을 내용으로 하는 제3자의 진술

① 피고인의 진술 : 피고인이 아닌 자의 공판준비 또는 공판기일에서의 진술이 피고인의 진술을 그 내용으로 하는 것인 때에는 그 진술이 특히 신빙할 수 있는 상태 하에서 행하여 졌음이 증명된 때에 한하여 이를 증거로 할 수 있다.

② 조사경찰관이나 수사과정을 지켜본 증인(제3자) : 피의자를 조사하였거나 조사에 참여하 였던 경찰관이 피고인의 수사과정에서의 진술에 관하여 증언할 경우 그 진술이 특히 신빙할 수 있는 상태 하에서 행하여졌음이 증명되면 증거능력을 부여하도록 하였다.

(3) 피고인 아닌 자의 진술을 내용으로 하는 제3자의 진술

① 필요성 : 피고인 아닌 자의 공판준비 또는 공판기일에서의 진술이 피고인 아닌 타인 의 진술을 그 내용으로 하는 것인 때에는 원진술자가 사망, 질병, 외국거주, 소재불 명, 그 밖에 이에 준하는 사유로 인하여 진술할 수 없어야 한다.

② 특신성 : 피고인의 원진술이 특히 신빙할 수 있는 상태하에서 행하여졌음이 증명된 때에 한하여 이를 증거로 할 수 있다. 즉, 필요성과 신용성의 정황적 보장을 요건으 로 한다.

> 참고 피고인 아닌 자의 공판기일에서의 진술이 **피고인의 진술을 그 내용**으로 하는 것인 때에는 형사소송법 제316조 제1항이 적용되므로, 특히 신빙할 수 있는 상태에서 행하여 졌음이 증명되어야 증거로 할 수 있다. 피고인 아닌 자의 공판기일에서의 진술이 **공동피고인의 진술을 그 내용**으로 하는 것인 때에는 **공동피고인은 형사소송법 제316조 제2항이 적용**된다. 공범자와 공동피고인의 진술은 피고인 아닌 자의 진술에 포함된다.

(4) 재 전문

① 재 전문이란 타인의 전문 진술을 들었다는 진술과 같이 이중의 전문이 되는 경우 명 문에 규정이 없어 견해가 대립하나 판례는 재 전문 진술이나 재 전문 진술을 기재한 서류의 증거능력을 부정한다.

② 재 전문 진술이나 재 전문 진술을 기재한 조서에 대하여 피고인이 증거로 하는 데 동의하면 이를 증거로 할 수 있으며, 탄핵증거로 사용할 수 있다.

판례 1. 피고인 아닌 자에는 공소제기 전에 피고인 아닌 타인을 조사하였거나 그 조사에 참여하였던 자(이하 조사자라고 한다)도 포함된다. 따라서 조사자의 증언에 증거능력이 인정되기 위해서는 원진술자가 사망, 질병, 외국거주, 소재불명, 그 밖에 이에 준하는 사유로 인하여 진술할 수 없어야 하는 것이라서, 원진술자가 법정에 출석하여 수사기관에서 한 진술을 부인하는 취지로 증언한 이상 원진술자의 진술을 내용으로 하는 조사자의 증언은 증거능력이 없다(대판 2008.9.25. 선고 2008도6985).

2. 형사소송법은 전문진술에 대하여 제316조에서 실질상 단순한 전문의 형태를 취하는 경우에 한하여 예외적으로 그 증거능력을 인정하는 규정을 두고 있을 뿐, 재전문진술이나 재전문진술을 기재한 조서에 대하여는 달리 그 증거능력을 인정하는 규정을 두고 있지 아니하고 있으므로, 피고인이 증거로 하는 데 동의하지 아니하는 한 형사소송법 제310조의2의 규정에 의하여 이를 증거로 할 수 없다(대판 2004.3.11. 선고 2003도171).

3. 형사소송법 제316조 제2항에서 말하는 '그 진술 또는 작성이 특히 신빙할 수 있는 상태 하에서 행하여졌음'이란 진술 내용이나 조서 또는 서류의 작성에 허위가 개입할 여지가 거의 없고, 진술 내용의 신빙성이나 임의성을 담보할 구체적이고 외부적인 정황이 있는 경우를 가리킨다(대법원 2017. 7. 18. 선고 2015도12981, 2015전도218).

4. 전문진술자가 원진술자로부터 진술을 들을 당시 원진술자가 증언능력에 준하는 능력을 갖춘 상태에 있어야 한다(2005 도9561).

03 전문법칙의 관련문제

1. 사진의 증거능력

(1) 의 의

사진은 기계적 방법으로 대상을 특정하므로 신용성이 매우 높으나 현상과 인화과정에서 인위적 조작가능성이 있어 증거능력을 검토할 필요가 있다.

(2) 사본인 사진

문서의 사본이나 **범행에 사용된 흉기 사진** 등 **자료의 대체물로 사진**이 제출된 경우로 원본 증거가 공판정에 제출하기 곤란하고 사진의 사건관련성이 증명된 경우에 한해 증거능력이 인정된다.

(3) 진술의 일부인 사진

① 의 의 : 사진이 진술증거의 일부로 사용되는 경우로, 즉 참고인이 사진을 사용하여 진술하고 이를 진술조서에 첨부하거나 감정서에 사진이 첨부될 경우를 말한다.

② 증거능력 : 사진은 진술증거의 일부를 이르는 보조수단에 불과하므로 사진의 증거능력도 진술증거인 검증조서·감정서와 일체적으로 판단한다.

(4) 현장사진

① 의 의 : 현장사진이란 범인의 행동에 중점을 두어 범행상황과 그 전후 상황을 촬영한 사진으로 독립증거로 사용되는 경우를 말한다.

② 증거능력 : 현장사진은 사실을 보고하는 기능이 있어 진술증거와 동일하고 작성과정에서 인위적 조작가능성이 있으므로 전문법칙에 의거 촬영자의 진술에 따라 진정하게 성립되었다는 것이 증명 된 때 증거로 할 수 있다.

③ 판 례 : 피고인의 나체사진을 촬영한 제3자가 사진을 이용하여 피고인을 공갈하였다 하더라도 간통죄에 대한 증거로 사진을 제출한 것은 허용된다.

참고 형사소송법 제218조 규정에 위반하여 소유자, 소지자 또는 보관자가 아닌 자로부터 제출받은 물건을 영장없이 압수한 경우 그 압수물 및 압수물을 찍은 사진은 이를 유죄 인정의 증거로 사용할 수 없다.

(5) 증거조사의 방법

증거물의 사본인 현장사진은 **제시**, 서증의 사본인 사진은 **제시와 낭독**, 진술의 일부인 사진은 소송관계인에게 **보여주어야** 한다.

판례 1. 무인장비에 의한 제한속도 위반차량 단속은 이러한 수사 활동의 일환으로서 도로에서의 위험을 방지하고 교통의 안전과 원활한 소통을 확보하기 위하여 도로교통법령에 따라 정해진 제한속도를 위반하여 차량을 주행하는 범죄가 현재 행하여지고 있고, 그 범죄의 성질ㆍ태양으로 보아 긴급하게 증거보전을 할 필요가 있는 상태에서 일반적으로 허용되는 한도를 넘지 않는 상당한 방법에 의한 것이라고 판단되므로, 이를 통하여 운전 차량의 차량번호 등을 촬영한 사진을 두고 위법하게 수집된 증거로서 증거능력이 없다고 말할 수 없다(대판 1999.12.7. 선고 98도3329).

2. 구 정보통신망 이용촉진 및 정보보호 등에 관한 법률 제65조 제1항 제3호 위반죄와 관련하여 휴대전화기에 저장된 문자정보 및 이를 휴대전화기 화면에 띄워 촬영한 사진을 증거로 사용하려면 문자정보가 저장된 휴대전화기를 법정에 제출할 수 없거나 그 제출이 곤란한 사정이 있고, 그 사진의 영상이 휴대전화기의 화면에 표시된 문자정보와 정확하게 같다는 사실이 증명되어야 한다.

3. 구 정보통신망 이용촉진 및 정보보호 등에 관한 법률 제65조 제1항 제3호 위반죄와 관련하여 휴대전화기에 저장된 문자정보가 증거로 제출된 경우, 그 문자정보는 범행의 직접적인 수단이고 경험자의 진술에 갈음하는 대체물에 해당하지 않으므로, 형사소송법 제310조의2에서 정한 전문법칙이 적용되지 않는다.

4. 구 정보통신망 이용촉진 및 정보보호 등에 관한 법률 제65조 제1항 제3호 위반죄와 관련하여 문자메시지로 전송된 문자정보를 휴대전화기 화면에 띄워 촬영한 사진에 대하여, 피고인이 성립 및 내용의 진정을 부인한다는 이유로 증거능력을 부정한 것은 위법하다(대법원 2008.11.13. 선고 2006도2556)

5. 피해자가 피고인으로 부터 당한 공갈 등 피해 내용을 담아 남동생에게 보낸 문자메시지를 촬영한 사진은 형사소송법 제313조에 규정된 '피해자의 진술서'에 준하는 것인데, 제반 사정에 비추어 그 진정성립이 인정되어 증거로 할 수 있다(대법원 2010.11.25. 선고 2010도8735).

2. 녹음테이프의 증거능력

(1) 의 의

녹음테이프는 사람의 음성과 기타 음향을 기계적 장치를 통하여 기록 재생시 정확성ㆍ

신용성은 높으나, 인위적 조작가능성이 있어 사진과 마찬가지로 증거능력을 검토할 필요가 있다.

(2) 증거능력

① 녹음테이프도 진술녹취서에 준하여 증거능력이 인정되고, 비디오테이프는 피의자신문조서와 실질적으로 같아 전체적으로 작성주체와 진술자에 따라 증거능력을 파악해야 한다.

② 녹음테이프도 조작가능성이 있어 서명날인이 필요하다는 견해도 있으나, 서명날인이 적합하지 않고 진술자나 녹음자의 진술에 의해 진술자의 음성임이 인정되고 녹음의 정확성이 증명되면 원진술자의 서명날인이 없어도 증거능력이 인정된다고 본다.

> **판례** 1.피고인이 녹음테이프를 증거로 할 수 있음에 동의하지 않은 이상 녹음테이프에 녹음된 피고인의 진술 내용을 증거로 사용하기 위해서는 공판준비 또는 공판기일에서 작성자인 상대방의 진술에 의하여 녹음테이프에 녹음된 피고인의 진술 내용이 피고인이 진술한 대로 녹음된 것임이 증명되고 나아가 그 진술이 특히 신빙할 수 있는 상태하에서 행하여진 것임이 인정되어야 하며, 또한 대화 내용을 녹음한 원본이거나 원본으로부터 복사한 사본일 경우에는 복사과정에서 편집되는 등의 인위적 개작 없이 원본의 내용 그대로 복사된 사본임이 증명되어야 한다(대판 2012.9.13. 선고 2012도7461).

(3) 현장녹음

① 의 의 : 범행현장에서 범행에 수반하여 말 기타 음향을 녹음한 것을 말한다.

② 증거능력 : 공판정에서 제시와 함께 녹음재생기에 의하여 재현하여야 하고 피고인이 증거능력을 다툴 때는 녹음자의 진술에 의하여 성립의 진정을 인정해야 한다.

(4) 비밀녹음

① 수사기관의 비밀녹음 : 수사기관에 의해 불법감청에 의하여 지득 또는 채록된 내용은 통신비밀보호법에 의해 증거능력이 부정된다.

② 제3자인 사인에 의한 비밀녹음 : 사인이 공개되지 않은 타인이 비밀 녹음한 경우 그 녹음은 일방의 동의가 있는 경우에도 증거능력이 인정되지 않는다.

③ 대화당사자에 의한 비밀녹음 : 대화당사자가 상대방 몰래 녹음한 결과를 증거로 사용할 수 있는가에 대해 학설은 대립하나 판례는 대화당사자에 의한 비밀녹음의 증거능력을 인정하고 있다.

> **판례** 1. 수사기관이 아닌 사인(私人)이 피고인 아닌 사람과의 대화내용을 녹음한 녹음테이프는 형사소송법 제311조, 제312조 규정 이외의 피고인 아닌 자의 진술을 기재한 서류와 다를 바 없으므로, 피고인이 그 녹음테이프를 증거로 할 수 있음에 동의하지 아니하는 이상 그 증거능력을 부여하기 위하여는 첫째, 녹음테이프가 원본이거나 원본으로부터 복사한 사본일 경우(녹음디스크에 복사할 경우에도 동일하다)에는

복사과정에서 편집되는 등의 인위적 개작없이 원본의 내용 그대로 복사된 사본일 것, 둘째 동법 제313조 제1항에 따라 공판준비나 공판기일에서 원진술자의 진술에 의하여 그 녹음테이프에 녹음된 각자의 진술내용이 자신이 진술한 대로 녹음된 것이라는 점이 인정되어야 할 것이고, 사인이 피고인 아닌 사람과의 대화내용을 대화상대방 몰래 녹음하였다고 하더라도 위와 같은 조건이 갖추어진 이상 그것만으로는 그 녹음테이프가 위법하게 수집된 증거로서 증거능력이 없다고 할 수 없으며, 사인이 피고인 아닌 사람과의 대화내용을 상대방 몰래 비디오로 촬영·녹음한 경우에도 그 비디오테이프의 진술부분에 대하여도 위와 마찬가지로 취급하여야 할 것이다(대판 1999.3.9, 98도3169).

2. 전화통화 당사자의 일방이 상대방 몰래 통화내용을 녹음하더라도, 통신비밀보호법위반이 되지 아니한다. 제3자의 경우는 설령 전화통화 당사자 일방의 동의를 받고 그 통화내용을 녹음하였다 하더라도 그 상대방의 동의가 없었던 이상, 사생활 및 통신의 불가침을 국민의 기본권의 하나로 선언하고 있는 헌법규정과 통신비밀보호법의 취지에 비추어 이는 동법 제3조 제1항 위반이 된다고 해석하여야 할 것이다(대판 2002.10.8. 선고 2002도123).

3. 통신비밀보호법 제3조 제1항이 공개되지 아니한 타인간의 대화를 녹음 또는 청취하지 못한다라고 정한 것은, 대화에 원래부터 참여하지 않는 제3자가 그 대화를 하는 타인들 간의 발언을 녹음해서는 아니 된다는 취지이다. 3인간의 대화에 있어서 그 중 한 사람이 그 대화를 녹음하는 경우에 다른 두 사람의 발언은 그 녹음자에 대한 관계에서 타인간의 대화라고 할 수 없으므로, 이와 같은 녹음행위가 통신비밀보호법 제3조 제1항에 위배된다고 볼 수는 없다(대판 2006.10.12. 2006도4981).

4. 음식점 내부에 감시용 카메라와 도청마이크 등을 설치하여 타인간의 대화를 녹음하려 시도하거나 청취한 사안에서, 위 음식점 내에서 이루어진 타인간의 대화는 통신비밀보호법 제3조 제1항의 공개되지 아니한 타인간의 대화에 해당한다(대판 2007.12.27. 선고 2007도9053).

5. 수사기관이 갑으로부터 피고인의 마약류관리에 관한 법률 위반(향정) 범행에 대한 진술을 듣고 추가적인 증거를 확보할 목적으로, 구속수감되어 있던 갑에게 그의 압수된 휴대전화를 제공하여 피고인과 통화하고 위 범행에 관한 통화 내용을 녹음하게 한 행위는 불법감청에 해당하므로, 그 녹음 자체는 물론 이를 근거로 작성된 녹취록 첨부 수사보고는 피고인의 증거동의에 상관없이 그 증거능력이 없다(대법원 2010.10.14. 선고 2010도9016).

(5) 증거조사의 방법

녹음·녹화매체 등을 재생하여 청취 또는 시청하는 방법으로 증거조사 한다.

제1절 당사자의 동의와 증거능력

01 서 설

> 제318조【당사자의 동의와 증거능력】① 검사와 피고인이 증거로 할 수 있음을 동의한 서류 또는 물건은 진정한 것으로 인정한 때에는 증거로 할 수 있다.
> ② 피고인의 출정없이 증거조사를 할 수 있는 경우에 피고인이 출정하지 아니한 때에는 전항의 동의가 있는 것으로 간주한다. 단, 대리인 또는 변호인이 출정한 때에는 예외로 한다.

1. 동의의 의의

검사와 피고인이 증거로 할 수 있음을 동의한 서류 또는 물건은 진정한 것으로 인정한 때에는 증거로 할 수 있다(제318조 제1항). 여기서 동의란 **전문법칙에 의하여 증거능력이 없는 증거에 대해서 증거능력을 부여하기 위한 당사자의 소송행위**를 말한다.

2. 취 지

전문법칙에 의하여 증거능력이 없는 전문증거라도 당사자가 동의한 때에는 증거로 할 수 있도록 하여 재판의 신속·소송경제를 도모하기 위하여 증거능력을 부여한 것이다.

3. 동의의 본질

동의는 실질적으로 반대신문권의 포기를 의미한 것이라고 보고, 모든 증거능력의 제한은 동의에 의해 제거되므로 반대신문권의 보장과 관련된 증거가 아닌 임의성 없는 자백, 위법수집증거는 동의의 대상이 아니라고 본다.

4. 판 례

형사소송법 제318조 제1항은 전문법칙의 원칙에 대한 예외로서 반대신문권을 포기하겠다는 피고인의 의사표시에 의하여 서류 또는 물건의 증거능력을 부여하려는 규정이므로 피고인의 의사표시가 위와 같은 내용을 적극적으로 표시하는 것이라고 인정되는 경우이면 증거동의로서의 효력이 있다(대판 1983.3.8. 선고 82도2873).

02 동의의 방법

1. 동의의 주체와 상대방

(1) 동의의 주체

① 당사자 : 동의의 주체는 당사자인 검사와 피고인이다. 일방당사자가 신청한 증거에 대해서는 타방당사자의 동의가 있으면 족하지만 **법원에서 직권으로 수집한 증거**에 대해서는 **양당사자의 동의**가 있어야 한다.

② 변호인의 동의 : 변호인도 동의할 수 있으나 변호인의 동의권은 종속대리권이므로 적어도 피고인의 묵시의 동의 또는 추인이 있어야 한다.

㉠ 종속대리권설 : 피고인의 묵시적 동의 또는 추인이 필요하고, 변호인의 동의에 대하여 피고인이 즉시 이의제기, 취소하면 동의의 효력이 상실된다.

㉡ 독립대리권설(판례) : 변호인은 피고인의 명시한 의사에 반하지 아니하는 한 변호인은 피고인을 대리하여 동의할 수 있다.

> **판례** 1. 동의의 주체는 소송주체인 당사자라 할 것이지만 변호인은 피고인의 명시한 의사에 반하지 아니하는 한 피고인을 대리하여 증거로 함에 동의할 수 있으므로 피고인이 증거로 함에 동의하지 아니한다고 명시적인 의사표시를 한 경우 이외에는 변호인은 서류나 물건에 대하여 증거로 함에 동의할 수 있고, 이 경우 변호인의 동의에 대하여 피고인이 즉시 이의하지 아니하는 경우에는 변호인의 동의로 증거능력이 인정되어 증거조사 완료 전까지 그 동의가 취소 또는 철회하지 아니한 이상 일단 부여된 증거능력은 그대로 존속한다(대법원 2005. 4. 28. 선고 2004도4428)
> 2. 뇌물공여자 갑이 작성한 고발장에 대하여 피고인의 변호인이 증거 부동의 의견을 밝히고, 같은 고발장을 첨부문서로 포함하고 있는 검찰주사보 작성의 수사보고에 대하여는 증거에 동의하여 증거조사가 행하여졌는데, 원심법원이 수사보고에 대한 증거동의의 효력이 첨부된 고발장에도 당연히 미친다고 보아 이를 유죄의 증거로 삼은 사안에서, 수사기관이 수사과정에서 수집한 자료를 기록에 현출시키는 방법으로 자료의 의미, 성격, 혐의사실과의 관련성 등을 수사보고의 형태로 요약·설명하고 해당 자료를 수사보고에 첨부하는 경우, 수사보고에 기재된 내용은 수사기관이 첨부한 자료를 통하여 얻은 인식·판단·추론이거나 자료의 단순한 요약에 불과하여 원 자료로부터 독립하여 공소사실에 대한 증명력을 가질 수 없고, 피고인이나 변호인도 수사보고의 증명력을 위와 같은 취지로 이해하여 공소사실을 부인하면서도 수사보고의 증거능력을 다투지 않은 것으로 보이는 등 제반 사정에 비추어, 위 고발장은 군사법원법에 따른 적법한 증거신청·증거결정·증거조사 절차를 거쳤다고 볼 수 없거나 공소사실을 뒷받침하는 증명력을 가진 증거가 아니므로 이를 유죄의 증거로 삼을 수 없다(대법원 2011. 7. 14. 선고 2011도3809)

> **참고** 증거동의의 주체는 소송주체인 검사와 피고인이고, 변호인은 피고인을 대리하여 증거동의에 관한 의견을 낼 수 있을 뿐이므로 피고인의 명시한 의사에 반하여 증거로 함에 동의할 수는 없다.

(2) 피고인의 동의와 변호인의 취소문제

피고인의 동의를 변호인이 취소할 수 있는가에 대해 부정하는 견해도 있으나, 증거동의는 피고인의 방어권에 대한 중대한 영향을 미치는 행위이므로 피고인의 보호자인 변호인이 이를 취소할 수 있다고 본다.

> **참고** 피고인이 출석한 공판기일에서 증거로 함에 부동의 한다는 의견이 진술된 경우에는 그 후 피고인이 출석하지 아니한 공판기일에 변호인만이 출석하여 종전 의견을 번복하여 증거로 함에 동의하였다 하더라도 이는 특별한 사정이 없는 한 효력이 없다

(3) 동의의 상대방

동의의 상대방은 법원이어야 한다. 동의의 본질은 반대신문권의 포기이며, 증거능력 없는 증거에 대하여 증거능력을 부여하는 의사표시이기 때문이다.

2. 대 상

(1) 증거능력 없는 증거

동의의 대상은 증거능력이 없는 전문증거에 한한다. 이미 증거능력 있는 증거라면 동의의 대상이 되지 않는다.

(2) 서류 또는 물건

① 서 류 : 제318조는 서류 또는 물건이라고 규정하고 있으나 동의가 반대신문권의 포기를 의미하므로 서류 이외의 전문증거가 되는 진술도 동의의 대상에 포함된다. 따라서 공동피고인에 대한 피의자신문조서, 진술조서, 서류의 사본 등도 동의의 대상이 된다.

② 물 건 : 물건에 대하여 견해가 대립하나 증거물은 반대신문권과 관계없는 증거이고 물적 증거의 증거능력에는 전문법칙의 제한이 없으므로 동의의 대상이 되지 않는다.

> **판례** 1. 유죄의 자료가 되는 것으로 제출된 증거의 반대증거 서류에 대하여는 그것이 유죄사실을 인정하는 증거가 되는 것이 아닌 이상 반드시 그 진정성립이 증명되지 아니하거나 이를 증거로 함에 있어서의 상대방의 동의가 없다고 하더라도 증거판단의 자료로 할 수 있다(대판 1981.12.22. 선고 80도1547).
> 2. 문서의 사본이라도 피고인이 증거로 함에 동의하였고 진정으로 작성되었음이 인정되는 경우에는 증거능력이 있다(대판 1996.1.26. 선고 95도2526).
> 3. 검사가 유죄의 자료로 제출한 증거들이 그 진정성립이 인정되지 아니하고 이를 증거로 함에 상대방의 동의가 없더라도, 이는 유죄사실을 인정하는 증거로 사용하는 것이 아닌 이상 공소사실과 양립할 수 없는 사실을 인정하는 자료로 쓸 수 있다고 보아야 한다(대판 1994.11.11. 선고 94도1159).

3. 동의의 시기 · 방식

(1) 시 기

① 동의는 원칙적으로 증거조사 전에 하여야 한다. 그러나 증거조사 후에 동의가 있는 때에도 그 하자가 치유되어 증거능력이 소급적으로 인정된다.

② 동의는 반드시 공판기일에서 할 것을 요하지 않고 공판기일 이외에 **공판준비절차**에서 하더라도 상관없다.

(2) 동의의 방식

① 다수설 : 동의가 증거능력을 부여하는 중요한 소송행위라는 이유로 동의는 적극적으로 명시되어야 하고, 각 증거에 개별적 동의를 원칙으로 하고 포괄적 동의는 허용하지 않는다.

② 판 례 : 동의임을 명시할 것을 요하지 않고 피고인의 발언태도에 비추어 반대신문권을 포기하였다고 해석할 수 있을 정도이면 족하다고 보고 묵시적 · 포괄적 동의도 인

정하고 있다.

> **판례** 1. 피고인이 신청한 증인의 증언이 피고인 아닌 타인의 진술을 그 내용으로 하는 전문진술이라고
> 하더라도 피고인이 그 증언에 대하여 별 의견이 없다고 진술하였다면 그 증언을 증거로 함에 동의한
> 것으로 볼 수 있으므로 이는 증거능력이 있다(대판 1983.9.27, 83도516).
> 2. 개개의 증거에 대하여 개별적인 증거조사방식을 거치지 아니하고 검사가 제시한 모든 증거에 대하여
> 피고인이 증거로 함에 동의한다는 방식으로 이루어진 것이라 하여도 증거동의로서의 효력이 있다(대판
> 82도2873).
> 3. 검사와 피고인이 증거로 할 수 있음을 동의한 서류 또는 물건은 진정한 것으로 인정한 때에는 증거로
> 할 수 있다.”고 규정하고 있을 뿐 진정한 것으로 인정하는 방법을 제한하고 있지 아니하므로, 증거동의가
> 있는 서류 또는 물건은 법원이 제반 사정을 참작하여 진정한 것으로 인정하면 증거로 할 수 있다(대법원
> 2015. 8. 27. 선고 2015도3467)
> 4. 증거동의는 소송주체인 검사와 피고인이 하는 것이고, 변호인은 피고인을 대리하여 증거동의에 관한
> 의견을 낼 수 있을 뿐이므로 피고인이 변호인과 함께 출석한 공판기일의 공판조서에 검사가 제출한 증거에
> 대하여 동의한다는 기재가 되어 있다면 이는 피고인이 증거동의를 한 것으로 보아야 하고, 그 기재는
> 절대적인 증명력을 가진다(대판 2016.3.10. 2015도19139).

03 동의의 의제

1. 피고인의 불출석

(1) 의 의

피고인의 출정없이 증거조사를 할 수 있는 경우에 피고인이 출정하지 아니한 때에는
피고인의 대리인 또는 변호인이 출정한 때를 제외하고는 피고인이 증거로 함에 동의한 것으
로 간주한다(제318조 제2항).

(2) 동의 의제

① 피고인이 법인인 경우 대리인이 출석하지 아니 한때.

② 다액 500만 원 이하의 벌금 또는 과료에 해당하는 경미사건에서 피고인이 출석하지
아니한 때.

③ 피고사건에 대하여 면소, 공소기각 등의 재판을 할 것이 명백한 경우.

④ 피고인이 항소심의 공판기일에 2회 이상 불출석한 경우.

(3) 퇴정명령

피고인이 재판장의 허가 없이 퇴정하거나, 재판정의 퇴정명령에 의해 출석하지 않은
경우 동의가 의제 될 것인가 문제되나 판례는 제318조 제2항의 동의가 있는 것으로 간
주한다.

> **판례** 필요적 변호사건이라 하여도 피고인이 재판거부의 의사를 표시하고 재판장의 허가없이 퇴정하고 변호인마저 이에 동조하여 퇴정해 버린 것은 모두 피고인 측의 방어권의 남용 내지 변호권의 포기로 볼 수밖에 없는 것이므로 수소법원으로서는 형사소송법 제330조에 의하여 피고인이나 변호인의 재정없이도 심리판결 할 수 있다(대판 1991.6.28, 91도865).

2. 간이공판절차의 특칙

간이공판절차의 결정이 있는 사건의 증거에 관하여 검사 · 피고인 · 변호인의 이의가 없으면 전문증거에 대하여 동의가 있는 것으로 간주된다(제318조의3).

04 동의의 효과

1. 증거능력 인정

(1) 진정성이 인정

당사자가 동의한 서류 또는 물건은 제311조 내지 제316조의 요건을 갖추지 않은 전문증거도 법원이 진정성을 인정하면 증거능력이 인정된다.

(2) 동의한 후에 증거의 증명력

① 동의의 본질은 반대신문권의 포기에 있으므로 동의한 당사자가 원진술자를 증인으로 신청하는 것은 허용되지 않는다.

② 동의한 후에 증거의 증명력을 다툴 수 있는가가 문제되나, 증거능력과 증명력은 구별되는 것이고, 반대신문권은 증명력을 다투는 권리와는 다른 것이므로 반대신문 이외의 방법으로 증명력을 다투는 것은 허용된다고 본다.

2. 동의의 효력이 미치는 범위

(1) 물적 범위

동의의 효력은 동의의 대상으로 특정된 서류 또는 물건의 전체에 미친다. 따라서 일부에 대한 동의는 허용되지 않으나, 서류 또는 물건의 내용이 가분인 경우 일부에 대한 동의도 <u>가능하다.</u>

(2) 인적 범위

피고인이 수인인 경우에 피고인은 각자가 독립하여 반대신문권을 가지므로 동의의 효력은 동의한 피고인에게만 미치고 다른 피고인에게는 미치지 않는다.

(3) 시간적 범위

동의의 효력은 공판절차의 갱신에 있거나 심급을 달리한다고 하여 소멸되지 않는다.

> **판례** 1. 피고인들이 제1심 법정에서 경찰의 검증조서 가운데 범행부분만 부동의하고 현장상황 부분에 대해서는 모두 증거로 함에 동의하였다면, 위 검증조서 중 범행상황 부분만을 증거로 채용한 제1심판결에 잘못이 없다(대판 1990.7.24. 90도1303).
>
> 2. 피고인들이 제1심 법정에서 경찰작성 조서들에 대하여서 증거로 함에 동의하였다면 그 후 항소심에서 범행인정 여부를 다투고 있다 하여도 이미 동의한 효과에 아무런 영향을 가져오지 아니한다(대판 89도2366).
>
> 3. 제1심 공판조서 및 그 조서의 일부를 이루는 증거목록에 피고인 또는 변호인이 증거로 함에 동의한다는 의사표시를 한 것으로 기재되어 있고, 증거조사가 완료되기 전까지 그 의사표시를 철회 또는 취소하였다고 볼 흔적을 찾아 볼 수 없는 사법경찰관 사무취급작성의 참고인 진술조서는 진정한 것으로 인정되는 한 제2심에서 피고인이 증거로 함에 부동의하거나 범행을 부인하였어도 이미 적법하게 부여된 증거능력이 상실되는 것은 아니다(대판 1994.7.29. 93도955)

05 동의의 철회 · 취소

1. 동의의 철회

① 동의는 절차형성행위이므로 절차의 안정성을 해하지 않는 범위 내에서 철회가 허용된다.

② 철회의 확실성과 소송경제상 증거조사 완료 후에는 동의의 철회가 허용될 수 없다고 보아야 하므로 증거조사완료 전까지 동의의 철회가 가능하다고 본다.

> **판례** 1. 증거동의의 의사표시는 증거조사가 완료되기 전까지 취소 또는 철회할 수 있으나, 일단 증거조사가 완료된 뒤에는 취소 또는 철회가 인정되지 아니하므로 제1심에서 한 증거동의를 제2심에서 취소할 수 없고, 일단 증거조사가 종료된 후에 증거동의의 의사표시를 취소 또는 철회하더라도 취소 또는 철회 이전에 이미 취득한 증거능력이 상실되지 않는다(대판 1999.8.20. 99도2029).
>
> 2. 피고인이 사법경찰관작성의 피해자진술조서를 증거로 동의함에 있어서 그 동의가 법률적으로 어떠한 효과가 있는지를 모르고 한 것이었다고 주장하더라도 변호인이 그 동의시 공판정에 재정하고 있으면서 피고인이 하는 동의에 대하여 아무런 이의나 취소를 한 사실이 없다면 그 동의에 무슨 하자가 있다고 할 수 없다(대판 1983.6.28. 선고 83도1019).

2. 동의의 취소

중대한 착오에 의하여 동의한 경우나 수사기관의 강박에 의한 경우와 같이 특별한 사유가 있으면 취소할 수 있으나 형사소송의 형식적 확실성에 비추어 착오나 강박을 이유로 하는 동의의 취소는 원칙적으로 허용될 수 없다고 본다.

제2편 증거

제2절　자백의 보강증거

01 보강증거의 의의

1. 개 념

자백의 보강법칙이란 피고인이 임의로 한 증거능력과 신용성 있는 자백에 의하여 법관이 유죄의 심증을 얻었다 할지라도 보강증거가 없으면 유죄로 인정할 수 없다는 원칙을 말한다. 즉, 자백에 의해서 법관이 유죄의 심증을 얻은 때에도 보강증거가 없으면 유죄판결을 할 수 없다는 의미에서 자백의 보강법칙은 **자유심증주의**에 대한 예외가 된다.

> 제310조【불이익한 자백의 증거능력】피고인의 자백이 그 피고인에게 불이익한 유일의 증거인 때에는 이를 유죄의 증거로 하지 못한다.

2. 제도의 취지

자백에 보강증거를 요구하는 이유는 자백의 진실성을 담보하여 오판의 위험성을 배제하고 자백편중으로 인한 인권침해를 방지하려는 데에 있다.

3. 적용범위

(1) 자백의 보강법칙은 일반 형사소송절차에서 적용된다. 따라서 즉결심판에 관한 절차법의 적용을 받는 **즉결심판**과 소년법의 적용을 받는 **소년보호사건**에는 보강법칙이 적용되지 않으므로 자백만으로 사실을 인정하여도 위법이 아니다.

(2) 그러나 형사사건인 이상 간이공판절차에 있어서는 물론 약식명령절차에 있어서도 자백의 보강법칙이 적용된다.

02 보강이 필요한 자백

1. 피고인의 자백

(1) 보강증거에 의하여 증명력의 보강을 요하는 것은 피고인의 자백이다. 그러나 참고인 또는 증인의 증언에는 보강증거가 필요 없다.

(2) 피고인의 자백이란 반드시 피고인이 피고인의 지위에서 한 자백에 한하지 않는다. 피의자의 지위에서 수사기관에 대하여 한 자백이나 참고인 또는 증인으로서 한 자백도 그 이후에 피고인이 되었을 때는 피고인의 자백이 된다.

(3) 자백의 상대방은 수사기관 이외의 사인에 한 자백도 포함한다. 구두에 의한 자백뿐만 아니라 서면에 기재된 진술서, 일기장, 수첩 등도 포함한다.

(4) 피고인이 공판정에서 자백했더라도 보강증거가 없으면 유죄의 판결을 할 수 없다.

2. 증거능력과 신용성

자백의 보강법칙은 피고인의 자백이 증거능력 있고 신용성이 긍정되어야 할 것을 전제로 한다. 따라서 자백이 증거능력이 없거나 신용성이 없는 경우에는 보강증거의 문제는 발생하지 아니한다.

3. 공범자의 자백

이는 피고인의 공범자의 자백이 피고인의 공소사실에 관하여 유일한 증거인 경우에도 보강법칙이 적용되느냐의 문제이다.

(1) 보강증거 필요설

공범자의 자백을 피고인의 자백에 포함시켜 공범자의 자백에도 보강증거가 있어야 한다는 견해이다.

(2) 보강증거 불요설(판례)

공범자의 자백을 피고인의 자백이라고 할 수 없으므로 공범자의 자백에 대하여는 보강증거를 요하지 않는다는 견해이다.

> **판례** 형사소송법 제310조의 피고인의 자백에는 공범인 공동피고인의 진술은 포함되지 않으며, 이러한 공동피고인의 진술에 대하여는 피고인의 반대신문권이 보장되어 있어 독립한 증거능력이 있다는 것이 당원의 일관된 견해이므로 원심이 피고인의 범죄사실을 인정함에 있어서 공범인 다른 피고인들의 진술을 증거로 삼았다고 하여 이를 위법이라고 탓할 수 없다(대판 92도917).

03 보강증거의 자격

1. 증거능력

(1) 보강증거도 증거능력 있는 증거일 것을 요하므로 증거능력에 대한 제한이 보강증거에도 적용된다.

(2) 따라서 **전문증거**는 전문법칙의 예외가 되는 경우를 제외하고는 **보강증거로 될 수 없다.**

2. 독립한 증거

(1) 자백을 보강하는 증거는 자백과는 독립된 증거가치를 가져야하나, 독립된 증거인 이상 인증, 물증, 증거서류를 불문하며 간접증거(정황증거)라도 무방하다.

(2) 피고인의 자백과는 독립된 증거이어야 하므로 피고인의 다른 자백이 보강증거가 될 수는 없다. 따라서 피고인의 자백을 내용으로 하는 전문진술은 보강증거가 될 수 없다.

(3) 피고인의 자백이 서면화, 소송서류화 된 경우 또는 피고인의 범행재현도 소송서류화 된 경우 보강증거가 아니다.

3. 정황증거

자백에 대한 보강증거는 직접증거뿐만 아니라 간접증거(정황증거)로도 족하다.

판례 1. 실체적 경합범은 실질적으로 수죄이므로 각 범죄사실에 관하여 자백에 대한 보강증거가 있어야 하는바 '피고인 甲 이 조로부터 필로폰을 매수하면서 그 대금을 乙이 지정하는 은행계좌로 송금한 사실에 대한 압수수색검증영장 집행보고는 필로폰 매수행위에 대한 보강증거는 될 수 있어도 그와 실체적 경합범 관계에 있는 필로폰 투약행위에 대한 보강증거는 될 수 없다(대판 2008.2.14. 2007도10937).

2. 메스암페타민을 갑에게 매도하였다는 을의 진술이 메스암페타민 투약사실에 관한 피고인 갑의 자백에 대한 보강증거로서 충분하다(대판 2008.11.27. 선고 2008도7883).

3. 2000.10.19. 채취한 소변에 대한 검사결과 메스암페타민 성분이 검출된 경우, 위 소변검사결과는 2000.10.17. 메스암페타민을 투약하였다는 자백에 대한 보강증거가 될 수 있음은 물론 같은 달 13. 메스암페타민을 투약하였다는 자백에 대한 보강증거도 될 수 있다(대판 2002.1.8. 선고 2001도1897).

4. 뇌물공여의 상대방인 공무원이 뇌물을 수수한 사실을 부인하면서도 그 일시경에 뇌물공여자를 만났던 사실 및 공무에 관한 청탁을 받기도 한 사실자체는 시인하였다면, 이는 뇌물을 공여하였다는 뇌물공여자의 자백에 대한 보강증거가 될 수 있다(대판 1995.6.30. 선고 94도993).

5. 뇌물수수자가 무자격자인 뇌물공여자로 하여금 건축공사를 하도급 받도록 알선하고 그 하도급계약을 승인받을 수 있도록 하였으며 공사와 관련된 각종의 편의를 제공한 사실을 인정할 수 있는 증거들이 뇌물공여자의 자백에 대한 보강증거가 될 수 있다(대판 1998.12.22. 선고 98도2890).

6. 자동차등록증에 차량의 소유자가 피고인으로 등록·기재된 것이 피고인이 그 차량을 운전하였다는 사실의 자백 부분에 대한 보강증거가 될 수 있고 결과적으로 피고인의 무면허운전이라는 전체 범죄사실의 보강증거로 충분하다(대판 2000.9.26. 선고 2000도2365).

7. 피고인이 자신이 거주하던 다세대주택의 여러 세대에서 7건의 절도행위를 한 것으로 기소되었는데 그 중 4건은 범행장소인 구체적 호수가 특정되지 않은 사안에서, 위 4건에 관한 피고인의 범행 관련 진술이 매우 사실적·구체적·합리적이고 진술의 신빙성을 의심할 만한 사유도 없어 자백의 진실성이 인정되므로, 피고인의 집에서 해당 피해품을 압수한 압수조서와 압수물 사진은 위 자백에 대한 보강증거가 된다(대판 2008.5.29. 선고 2008도2343).

8 자신이 운영하는 게임장에서 미등급 게임기를 판매·유통시켰다는 공소사실에 대하여 경찰 및 제1심 법정에서 자백한 후 이를 다시 번복한 사안에서, 미등급 게임기가 설치된 게임장 내부 사진 및 피고인 명의의 게임제공업자등록증 등의 증거가 자백의 진실성을 담보하기에 충분한 보강증거가 된다(대판 2008.9.25. 선고 2008도6045).

9. 피고인을 현행범으로 체포한 피해자의 수사기관에서의 진술과 현장사진이 첨부된 수사보고서는 피고인의 자백의 진실성을 담보하기에 충분한 보강증거가 된다(대법원 2011. 9. 29. 선고 2011도8015)

10. 상업 장부나 항해일지, 진료일지 또는 이와 유사한 금전출납부 등과 같이 범죄사실의 인정 여부와는 관계없이 자기에게 맡겨진 사무를 처리한 사무내역을 그때그때 계속적·기계적으로 기재한 문서 등의 경우는 사무처리내역을 증명하기 위하여 존재하는 문서로서 그 존재 자체 및 기재가 그러한 내용의 사무가 처리되었음의 여부를 판단할 수 있는 별개의 독립된 증거자료이고, 설사 그 문서가 우연히 피고인이 작성하였고 그 문서의 내용 중 피고인의 범죄사실의 존재를 추론해 낼 수 있는, 즉 공소사실에 일부 부합되는 사실의 기재가 있다고 하더라도, 이를 일컬어 피고인이 범죄사실을 자백하는 문서라고 볼 수는 없다(대판 전원합의체 1996.10.17., 94도2865).

11. 피고인이 범행을 자인하는 것을 들었다는 피고인 아닌 자의 진술내용은 제310조의 피고인의 자백에는 포함되지 아니하나 이는 피고인의 자백의 보강증거로 될 수 없다(2007도10937).

4. 공범자의 자백

공범자가 모두 자백한 경우에는 상호 보강증거가 될 수 있다. 공범자의 자백은 피고인의 자백과는 별개의 독립한 증거이므로 피고인의 자백에 대한 보강증거로 사용될 수 있다.

> **판례** 1. 공동피고인의 자백은 이에 대한 피고인의 반대신문권이 보장되어 있어 증인으로 신문한 경우와 다를 바 없으므로 독립한 증거능력이 있고, 이는 피고인들간에 이해관계가 상반된다고 하여도 마찬가지라 할 것이다(대판 2006도1944).
>
> 2. 형사소송법 제312조는 검사 이외의 수사기관이 작성한 당해 피고인에 대한 피의자신문조서를 유죄의 증거로 하는 경우뿐만 아니라 검사 이외의 수사기관이 작성한 당해 피고인과 공범관계가 있는 다른 피고인 또는 피의자에 대한 피의자신문조서를 피고인에 대한 유죄의 증거로 하는 경우에도 적용된다(대판 1996.7.12. 선고 96도667).

04 보강증거의 범위

1. 견해의 대립

(1) 죄체설

죄체의 전부 또는 중요부분에 대하여 보강증거가 필요하며, 죄체란 객관적 범죄구성사실을 의미한다고 해석하고 있다.

(2) 진실성담보설

자백에 대한 보강증거는 자백의 진실성을 담보하는 정도면 족하다는 견해로서 자백에 보강증거를 요구하는 이유가 오판의 방지에 있으며, 따라서 자백의 진실성이 담보되면 오판의 위험은 없다는 것을 논거로 들고 있다. 이에 의하면 절도의 자백에 대한 압수된 장물, 살인의 자백에 대한 피해자의 사체는 보강증거로서 충분하다.

> **판례** 1. 자백에 대한 보강증거는 범죄사실의 전부 또는 중요부분을 인정할 수 있는 정도가 되지 아니하더라도 피고인의 자백이 가공적인 것이 아닌 진실한 것임을 인정할 수 있는 정도만 되면 족할 뿐만 아니라, 직접증거가 아닌 간접증거나 정황증거도 보강증거가 될 수 있다(대판 1993.2.23. 92도2972).
>
> 2. 자백에 대한 보강증거는 범죄사실의 전부 또는 중요부분을 인정할 수 있는 정도가 되지 아니하더라도 피고인의 자백이 가공적인 것이 아닌 진실한 것임을 인정할 수 있는 정도만 되면 족한 것으로서, 자백과 서로 어울려서 전체로서 범죄사실을 인정할 수 있으면 유죄의 증거로 충분하고, 나아가 사람의 기억에는 한계가 있는 만큼 자백과 보강증거 사이에 어느 정도의 차이가 있어도 중요부분이 일치하고 그로써 진실성이 담보되면 보강증거로서의 자격이 있다(대판 2008도2343).

2. 보강증거의 요부

(1) 범죄의 구성요건

객관적 구성요건에는 보강증거가 있어야 하나, 고의 · 목적과 같은 범죄의 주관적 요소는 보강증거가 필요 없이 자백만으로 인정할 수 있다.

(2) 구성요건 이외의 사실

처벌조건인 사실 또는 전과에 관한 사실은 피고인의 자백에 의하여 인정하면 족하며, 보강증거를 요하지 않는다.

(3) 죄 수

① 경합범 : 경합범은 수죄이므로 각각의 범죄에 대하여 보강증거가 필요하다.

② 상상적 경합 : 실체법상 수죄이므로 각 범죄에 대해 보강증거가 필요하다는 견해와 중한 죄에 대한 보강증거가 있으면 족하다는 견해가 있다.

③ 포괄1죄 : 개개의 행위가 독립된 의미가 없는 경우에는 보강증거가 필요 없지만, 상습범이나 연속범과 같이 구성요건상 독립된 의미를 가지는 경우 개별적으로 보강증거가 필요하다.

> **판례** 소변검사 결과와 압수된 약물은 결국 피고인이 투약습성이 있다는 점에 관한 정황증거에 불과하다 할 것인바, 피고인의 습벽을 범죄구성요건으로 하며 포괄1죄인 상습범에 있어서도 이를 구성하는 각 행위에 관하여 개별적으로 보강증거를 요구하고 있는 점에 비추어 보면 투약습성에 관한 정황증거만으로 향정신성의약품관리법위반죄의 객관적 구성요건인 각 투약행위가 있었다는 점에 관한 보강증거로 삼을 수는 없다(대판 1996 2.13. 선고 95도1794).

(4) 보강증거의 증명력

보강증거 그 자체만으로도 범죄사실을 인정할 수 있음을 요하지 않고, 자백과 보강증거를 종합해서 범죄사실을 인정할 수 있으면 족하다.

3. 보강법칙 위반의 효과

(1) 상소이유

자백을 유일한 증거로 하여 유죄판결을 한 경우는 항소이유(제361조의5 제1호), 상고이유(제383조 제1호)가 된다.

(2) 비상상고

자백을 유일한 증거로 한 유죄판결이 확정된 경우에는 비상상고의 이유(제441조)가 되나, 무죄의 증거가 발견된 경우가 아니므로 재심사유는 되지 않는다.

제3절 탄핵증거

01 개 념

전문법칙에 의하여 증거능력이 없는 전문증거가 진술증거의 증명력을 다투기 위한 증거로 사용되는 경우에 그 증거를 탄핵증거라고 한다. 즉, 진술의 증명력을 다투는 증거가 탄핵증거이다.

> 제318조의2 【증명력을 다투기 위한 증거】 ① 제312조부터 제316조까지의 규정에 따라 증거로 할 수 없는 서류나 진술이라도 공판준비 또는 공판기일에서의 피고인 또는 피고인이 아닌 자(공소제기 전에 피고인을 피의자로 조사하였거나 그 조사에 참여하였던 자를 포함한다. 이하 이 조에서 같다)의 진술의 증명력을 다투기 위하여 증거로 할 수 있다.
> ② 제1항에도 불구하고 피고인 또는 피고인이 아닌 자의 진술을 내용으로 하는 영상녹화물은 공판준비 또는 공판기일에 피고인 또는 피고인이 아닌 자가 진술함에 있어서 기억이 명백하지 아니한 사항에 관하여 기억을 환기시켜야 할 필요가 있다고 인정되는 때에 한하여 피고인 또는 피고인이 아닌 자에게 재생하여 시청하게 할 수 있다.

02 구별의 개념

(1) 반 증

구 분	반 증	탄핵증거
기 능	주요사실의 존부 입증	증거의 증명력 탄핵
증거능력	필요	불요
증거조사절차	엄격한 증명	자유로운 증명

(2) 반대신문

구 분	반대신문	탄핵증거
대 상	증인의 증언의 증명력	증인·피고인·피고인 이외의 자의 진술의 증명력
방 법	구 두	구두 및 서면

03 성 질

1. 탄핵증거와 전문법칙

탄핵증거는 범죄사실을 인정하는 증거가 아니므로 소송법상의 엄격한 증거능력을 요하지 아니하며, 전문법칙에 의하여 증거능력이 없는 전문증거라 하더라도 증거로 사용될 수 있는 특색이 있다.

2. 탄핵증거와 자유심증주의

탄핵증거에 의해 탄핵되는 증거의 증명력은 법관의 자유심증에 의하므로 탄핵증거는 자유심증주의의 예외가 아니라 이를 보강하는 의미를 갖는다.

3. 탄핵증거와 반증

진술의 증명력을 다투는 방법에는 탄핵증거 외에 반대신문과 반증이 있다. 그러나 반증은 증거능력이 있는 증거라는 점에서 탄핵증거와 다르다.

04 탄핵의 대상 · 범위

1. 탄핵의 대상

(1) 진술의 증명력

① 탄핵의 대상은 공판준비 또는 공판기일에서의 피고인 또는 피고인 아닌 자의 진술의 증명력이다(제318조의2). 진술의 증명력이라 함은 진술의 신빙성을 의미한다.

② 피고인 아닌 자에는 수사절차에서 피의자를 조사하였거나 그 조사에 참여하였던 자의 법정 증언도 증거능력이 없는 서류나 진술로써 탄핵할 수 있는 대상에 포함된다.

③ 자기 측 증인의 증언도 탄핵의 대상에 포함된다.

(2) 피고인의 진술

피고인의 진술이 탄핵의 대상이 될 수 있는가에 대해서는 견해의 대립이 있으나, 제318조의2가 명문으로 피고인의 진술을 탄핵의 대상으로 허용하고 있는 이상 이를 부정할 수는 없다.

판례 1. 사법경찰리 작성의 피고인에 대한 피의자신문조서와 피고인이 작성한 자술서들은 모두 검사가 유죄의 자료로 제출한 증거들로서 피고인이 각 그 내용을 부인하는 이상 증거능력이 없으나 그러한 증거라 하더라도 그것이 임의로 작성된 것이 아니라고 의심할 만한 사정이 없는 한 피고인의 법정에서의 진술을 탄핵하기 위한 반대증거로 사용할 수 있다(대판 1998.2.27. 선고 97도1770).

2. 탄핵증거는 진술의 증명력을 감쇄하기 위하여 인정되는 것이고 범죄사실 또는 그 간접사실의 인정의 증거로서는 허용되지 않는다(대판 2012.10.25. 2011도5459)

3. 검사가 탄핵증거로 신청한 체포·구속인접견부 사본은 피고인의 부인진술을 탄핵한다는 것이므로 결국 검사에게 입증책임이 있는 공소사실 자체를 입증하기 위한 것에 불과하므로 형사소송법 제318조의2 제1항 소정의 피고인의 진술의 증명력을 다투기 위한 탄핵증거로 볼 수 없다(대법원 2012. 10. 25. 선고 2011도5459)

4. 탄핵증거는 범죄사실을 인정하는 증거가 아니므로 그것이 증거서류이던 진술이던간에 유죄증거에 관한 소송법상의 엄격한 증거능력을 요하지 아니한다(대법원 1985. 5. 14. 선고 85도441)

2. 탄핵의 범위

탄핵의 범위, 즉 증명력을 다툰다는 의미에 관해서는 견해가 대립되고 있으나 증명력을 감쇄하는 경우 외에 공평의 원칙상 감쇄된 증명력을 회복하기 위한 경우도 포함하나, 처음부터 증명력을 지지·보강하는 경우는 포함하지 아니한다(통설).

판례 탄핵증거는 진술의 증명력을 감쇄하기 위하여 인정되는 것이고 범죄사실 또는 그 간접사실의 인정의 증거로서는 허용되지 않는다(대법원 2012. 10. 25. 선고 2011도5459)

05 탄핵증거의 자격

1. 탄핵증거의 제한

임의성 없는 자백과 위법수집증거는 탄핵증거로도 사용할 수 없다고 보아야 한다.

2. 탄핵증거와 성립의 진정

(1) 판례는 탄핵증거에 관하여는 성립의 진정이 인정될 것이 요구되지 않는다고 판시하고 있다.

(2) 다수설은 진술자가 진술내용이 정확히 기재되어 있는가를 확인하지 않는 진술기재서류는 이중의 전문이라 할 것이므로 그 서명날인이 있는 경우에 한하여 탄핵증거로 될 수 있다고 한다.

판례 유죄의 자료가 되는 것으로 제출된 증거의 반대증거인 서류 및 진술에 대하여는 그것이 유죄사실을 인정하는 증거가 아니므로 그 진정성립이 증명되지 아니하거나 전문증거로서 상대방이 증거로 함에 동의를 한 바 없었다고 하여도 증명력을 다투기 위한 자료로 삼을 수는 있다(대판 1981.12.8. 81도370).

3. 영상녹화물

(1) 피고인 또는 피고인이 아닌 자의 진술을 내용으로 하는 영상녹화물은 원칙적으로 탄핵증거로 사용할 수 없다.

(2) 피고인이 기억불명을 이유로 제대로 진술하지 못하거나 수사기관에서의 진술과 달리 진술하는 경우, 또한 증인이 증언할 때 기억이 명백하지 아니한 사항이 있어 기억을 환기시켜야 할 필요가 있다고 인정되는 때에 한하여 피고인 또는 피고인이 아닌 자에게 재생하여 시청하게 할 수 있다.

4. 자기모순 진술

증인의 공판정에서의 증언을 탄핵하기 위하여 증언 이후에 수사기관에서 작성한 진술조서를 제출하는 것이 허용되는가에 관해서도 증인의 재소환이 가능한 이상 공판중심주의의 취지에 비추어 탄핵증거로 허용되지 않는다.

06 탄핵증거의 조사방법

(1) 탄핵증거의 조사방법에 관하여는 견해의 대립이 있으나 증거능력이 없는 전문증거가 탄핵증거로 사용된다는 점을 고려하면 공판정에서의 조사는 필요로 한다.

(2) 그러나 엄격한 증거조사의 절차와 방식을 요하는 것은 아니다.

> **판례** 1. 탄핵증거는 범죄사실을 인정하는 증거가 아니므로 엄격한 증거조사를 거쳐야 할 필요가 없음은 형사소송법 제318조의2의 규정에 따라 명백하나 법정에서 이에 대한 탄핵증거로서의 증거조사는 필요한 것이고, 한편 증거신청의 방식에 관하여 규정한 형사소송규칙 제132조 제1항의 취지에 비추어 보면 탄핵증거의 제출에 있어서도 상대방에게 이에 대한 공격방어의 수단을 강구할 기회를 사전에 부여하여야 한다는 점에서 그 증거와 증명하고자 하는 사실과의 관계 및 입증취지 등을 미리 구체적으로 명시하여야 할 것이므로, 증명력을 다투고자 하는 증거의 어느 부분에 의하여 진술의 어느 부분을 다투려고 한다는 것을 사전에 상대방에게 알려야 한다(대판 2005도2617).
>
> 2. 증거목록에 기재되지 않았고 증거결정이 있지 아니하였다 하더라도 공판과정에서 그 입증취지가 구체적으로 명시되고 제시까지 된 이상 위 각 서증들에 대하여 탄핵증거로서의 증거조사는 이루어졌다고 보아야 할 것이다(대법원 2006. 5. 26. 선고 2005도6271)
>
> 3. 탄핵증거는 범죄사실을 인정하는 증거가 아니므로 엄격한 증거조사를 거쳐야 할 필요가 없으나 법정에서 이에 대한 탄핵증거로서의 증거조사는 필요하다고 할 것이다. 법정에서 증거로 제출된 바가 없어 전혀 증거조사가 이루어지지 아니한 채 수사기록에만 편철되어 있는 증거를 탄핵하는 증거로 사용하였는바, 이러한 원심의 조치에는 탄핵증거의 조사방법에 관한 법리오해의 위법이 있다 할 것이다(대법원 1998. 2. 27. 선고 97도1770)

제4절　공판조서의 증명력

01 서 설

1. 공판조서의 의의

공판조서란 공판기일의 소송절차를 기재한 조서를 말한다. 즉, 공판조서는 공판에 참여한 법원사무관 등이 작성하고 재판장과 공판에 참여한 법원사무관 등이 기명날인 또는 서명한 것을 말한다.

> 제56조【공판조서의 증명력】공판기일의 소송절차로서 공판조서에 기재된 것은 그 조서만으로써 증명한다.

2. 제도의 취지

공판기일의 소송절차가 법령위반이 있는가를 상소심에서 심판하는 경우 원심의 법관이나 법원사무관 등을 증인으로 신문하게 되어 불필요한 소송절차를 반복하게 되므로 사전에 상소심절차의 지연을 방지하기 위해 공판조서에 기재된 공판기일의 소송절차에 배타적증명력을 인정한 것이다.

> **참고** 배타적증명력이라 함은 다른 증거를 참작하거나 반증을 허용하지 않고 공판조서에 기재된 대로 인정한다는 것을 의미한다.

3. 자유심증주의 예외

법관의 심증과 관계없이 공판조서에 기재된 공판기일의 소송절차는 기재된 대로 인정하여야 하므로 자유심증주의에 대한 예외가 된다.

02 증명력이 인정되는 범위

1. 공판기일의 소송절차

(1) 공판기일

공판조서에 의하여 증명할 수 있는 것은 공판기일의 절차에 한한다. 따라서 공판준비절차나 공판기일 외의 증인신문, 검증은 공판조서의 배타적 증명력이 인정되지 않는다.

(2) 당해 사건의 소송절차

① 당해사건 : 당해사건의 공판조서에 한하므로 다른 사건의 공판조서는 배타적 증명력이 인정되지 않는다.

② 소송절차 : 공판절차라 할지라도 소송절차에 대해서만 배타적 증명력이 인정된다. 피고인이나 증인이 진술한 것은 소송절차에 해당하나, 진술내용과 같은 실체면에 관한 사항

에 대해서는 공판조서에 기재되어 있다고 할지라도 다른 증거에 의하여 다툴 수 있다.

2. 공판조서에 기재된 소송절차

(1) 기재된 사항의 증명

배타적 증명력은 공판조서에 기재된 절차에서만 인정된다. 그러나 공판조서가 위조 · 변조 · 허위 작성되었음이 다른 형사절차에 의해 증명되는 경우는 증명력이 부인된다.

(2) 기재되지 않은 사항의 증명

① 공판조서에 기재 안 된 소송절차는 다른 자료로 증명이 가능한 것이며, 이는 소송법적 사실이므로 자유로운 증명으로 족하다.

② 판례는 통상 행하는 소송절차인 경우는 기재되지 않았다고 해도 적법하게 절차가 행하여졌다고 사실상 추정된다고 판시하였다.

(3) 기재가 불분명한 경우의 증명

공판조서에 기재된 사항이라도 기재가 불명확하거나 모순이 있는 경우에는 공판조서의 배타적 증명력이 인정되지 않는다.

3. 배타적 증명력 있는 공판조서

(1) 유효한 조서의 존재

공판조서의 배타적 증명력은 유효한 공판조서가 존재할 것을 전제로 한다. 따라서 공판조서가 작성되지 않았기 때문에 존재하지 않은 경우에는 공판조서의 배타적 증명력이 문제되지 않는다.

(2) 공판조서의 멸실 · 무효

공판조서가 멸실 · 무효인 경우에는 상소심에서 원심판결의 소송절차가 위법함을 다툴 때 항소심은 원심공판절차의 법령위반 여부를, 다른 자료에 의해 사실인정이 가능하다.

> **판례** 1. 형사소송법 제56조는 "공판기일의 소송절차로서 공판조서에 기재된 것은 그 조서만으로써 증명한다."라고 규정하고 있으므로 소송절차에 관한 사실은 공판조서에 기재된 대로 공판절차가 진행된 것으로 증명되고 다른 자료에 의한 반증은 허용되지 아니하나, 공판조서의 기재가 소송기록상 명백한 오기인 경우에는 공판조서는 그 올바른 내용에 따라 증명력을 가진다(대판 1995.4.14. 95도110).
> 2. 동일한 사항에 관하여 두개의 서로 다른 내용이 기재된 공판조서가 병존하는 경우 양자는 동일한 증명력을 가지는 것으로서 그 증명력에 우열이 있을 수 없다고 보아야 할 것이므로 그 중 어느 쪽이 진실한 것으로 볼 것인지는 공판조서의 증명력을 판단하는 문제로서 법관의 자유로운 심증에 따를 수밖에 없다(대법원 1988.11.08. 선고 86도1646).
> 3. 피고인에게 공판조서의 열람 또는 등사청구권을 부여한 이유는 공판조서의 열람 또는 등사를 통하여 피고인으로 하여금 진술자의 진술내용과 그 기재된 조서의 기재내용의 일치 여부를 확인할 수 있도록

기회를 줌으로써 그 조서의 정확성을 담보함과 아울러 피고인의 방어권을 충실하게 보장하려는 데 있으므로 피고인의 공판조서에 대한 열람 또는 등사청구에 법원이 불응하여 피고인의 열람 또는 등사청구권이 침해된 경우에는 그 공판조서를 유죄의 증거로 할 수 없을 뿐만 아니라, 공판조서에 기재된 당해 피고인이나 증인의 진술도 증거로 할 수 없다(대법원 2003. 10. 10. 선고 2003도3282)

4. 검사가 제출한 증거에 관하여 동의 또는 진정성립 여부 등에 관한 피고인의 의견이 증거목록에 기재된 경우에는 그 증거목록의 기재는 공판조서의 일부로서 명백한 오기가 아닌 이상 절대적인 증명력을 가지게 된다(대법원 2015. 8. 27. 선고 2015도3467).

5. 공판조서의 기재가 명백한 오기인 경우를 제외하고는 공판기일의 소송절차로서 공판조서에 기재된 것은 조서만으로써 증명하여야 하고 그 증명력은 공판조서 이외의 자료에 의한 반증이 허용되지 아니하는 절대적인 것이므로, 검사가 제출한 증거에 관하여 동의 또는 진정성립 여부 등에 관한 피고인의 의견이 증거목록에 기재된 경우에는 그 증거목록의 기재는 공판조서의 일부로서 명백한 오기가 아닌 이상 절대적인 증명력을 가지게 된다(대법원 2015. 8. 27. 선고 2015도3467)

PART 03

최근 5개년 기출문제

Crminal Procedure Law

1. 수사에 대한 설명 중 가장 적절하지 않은 것은? (다툼이 있으면 판례에 의함)

① 수사란 범죄혐의의 유무를 명백히하여 공소를 제기·유지할 것인가의 여부를 결정하기 위하여 범인을 발견·확보하고 증거를 수집·보전하는 수사기관의 활동을 말한다.

② 「경찰관직무집행법」 제3조 제6항이 임의동행한 경우 당해인을 6시간을 초과하여 경찰관서에 머물게 할 수 없다고 규정하고 있다고 하여 그 규정이 임의동행한 자를 6시간 동안 경찰관서에 구금하는 것을 허용하는 것은 아니다.

③ 수사기관이 피고인의 범죄사실을 인지하고도 피고인을 바로 체포하지 않고 추가 범행을 지켜보고 있다가 범죄사실이 많이 늘어난 뒤에야 피고인을 체포하였다는 사정만으로도 피고인에 대한 수사와 공소제기는 위법하다거나 함정수사에 해당한다고 할 수 있다.

④ 법률에 의하여 고소나 고발이 있어야 논할 수 있는 죄에 있어서 고소 또는 고발은 이른바 소추조건에 불과하고 당해 범죄의 성립요건이나 수사의 조건은 아니다.

> **해설** [17년 경찰] ① 수사란 범죄의 혐의유무를 명백히하여 공소의 제기와 유지여부를 결정하기 위하여 범인을 발견 확보하고 증거를 수집 보전하는 수사기관의 활동을 말한다.(대판 1999.12. 7. 98도3329)
>
> ② 임의동행한 경우 당해인을 6시간을 초과하여 경찰관서에 머물게 할 수 없다는 규정은 임의동행한 자를 **6시간 동안 경찰관서에 구금하는 것을 허용하는 것은 아니다.**(대판 1997.8.22. 97도1240)
>
> ③ 수사기관이 피고인의 범죄사실을 인지하고도 피고인을 바로 체포하지 않고 추가 범행을 지켜보고 있다가 범죄사실이 많이 늘어난 뒤에야 피고인을 체포하였다는 사정만으로는 피고인에 대한 수사와 공소제기가 위법하다거나 함정수사에 해당한다고 할 수 없다(대판 2007.6.29. 2007도3164).
>
> ④ 법률에 의하여 고소나 고발이 있어야 논할 수 있는 죄에 있어서 고소 또는 고발은 이른바 소추조건에 불과하고 당해 범죄의 성립요건이나 수사의 조건은 아니므로, 위와 같은 범죄에 관하여 고소나 고발이 있기 전에 수사를 하였더라도, 그 수사가 장차 고소나 고발의 가능성이 없는 상태하에서 행해졌다는 등의 특단의 사정이 없는 한, **고소나 고발이 있기 전에 수사를 하였다는 이유만으로 그 수사가 위법하게 되는 것은 아니다**(대법원 2011. 3. 10. 선고 2008도7724)

>>> 정답 ③

2. 「검사와 사법경찰관의 상호협력과 일반적 수사준칙에 관한 규정」에 대한 설명으로 가장 적절하지 않은 것은?

① 검사 또는 사법경찰관은 특별한 사정이 없으면 총조사시간 중 식사시간, 휴식시간 및 조서의 열람시간 등을 제외한 실제 조사시간이 12시간을 초과하지 않도록 해야 한다.

② 검사 또는 사법경찰관은 조사에 상당한 시간이 소요되는 경우에는 특별한 사정이 없으면 피의자 또는 사건관계인에게 조사 도중에 최소한 2시간마다 10분 이상의 휴식시간을 주어야 한다.

③ 검사 또는 사법경찰관은 피의자에게 출석요구를 하려는 경우 피의자와 조사의 일시·장소에 관하여 협의해야 하고, 이 경우 변호인이 있는 경우에는 변호인과도 협의해야 한다.

④ 검사 또는 사법경찰관은 임의동행을 요구하는 경우 상대방에게 동행을 거부할 수 있다는 것과 동행하는 경우에도 언제든지 자유롭게 동행 과정에서 이탈하거나 동행 장소에서 퇴거할 수 있다는 것을 알려야 한다.

> **해설** [21년 경찰1] ① 검사 또는 사법경찰관은 특별한 사정이 없으면 **총조사시간은 12시간**이지만 총조사시간 중 식사시간, 휴식시간 및 조서의 열람시간 등을 제외한 **실제 조사시간이 8시간을 초과하지 않도록** 해야한다.(수사준칙 제22조)
>
> ② 피의자 또는 사건관계인에게 조사 도중에 최소한 **2시간마다 10분 이상**의 휴식시간을 주어야 한다. (수사준칙 제23조 제1항)
>
> ③ 피의자에게 출석요구를 하려는 경우 피의자와 조사의 일시·장소에 관하여 협의해야 하고, 이 경우 변호인이 있는 경우에는 **변호인과도 협의**해야 한다.(수사준칙 제19조 제2항)
>
> ④ 임의동행을 요구하는 경우 상대방에게 동행을 거부할 수 있다는 것과 동행하는 경우에도 언제든지 자유롭게 동행 과정에서 이탈하거나 동행 장소에서 퇴거할 수 있다는 것을 알려야 한다(수사준칙 제20조)

>> 정답 ①

3. 수사절차에 대한 설명으로 가장 적절하지 않은 것은?

① 사법경찰관이 검찰송치결정을 한 경우에는 그 내용을 고소인·고발인·피해자 또는 그 법정대리인(피해자가 사망한 경우에는 그 배우자·직계친족·형제자매를 포함한다)과 피의자에게 통지해야 한다.

② 사법경찰관이 범죄를 수사한 후 범죄의 혐의가 있다고 인정되는 경우에는 지체없이 검사에게 사건을 송치하고, 검사는 송치사건의 공소제기 여부 결정 또는 공소의 유지에 관하여 필요한 경우 사법경찰관에게 보완수사를 요구할 수 있으며, 특별히 직접 보완수사를 할 필요성이 인정되는 경우에는 예외적으로 직접 보완수사를 할 수 있다.

③ 사법경찰관리의 수사과정에서 현저한 수사권 남용이 의심되는 사실에 대하여, 「형사소송법」제197조의3의 절차에 따라 사법경찰관으로부터 사건기록 등본을 송부받은 검사는 필요하다고 인정되는 경우 사법경찰관에게 시정조치를 요구할 수 있고, 그 이행 결과를 통보받은 후 시정조치 요구가 정당한 이유 없이 이행되지 않았다고 인정되는 경우에는 사법경찰관에게 사건을 송치할 것을 요구할 수 있다.

④ 사법경찰관이 범죄를 수사한 후 범죄의 혐의가 인정되지 않아 불송치 결정을 하는 경우, 사법경찰관은 그 이유를 명시한 서면과 함께 관계 서류와 증거물을 지체없이 검사에게 송부해야 하며, 검사는 송부받은 날로부터 60일 이내에 사법경찰

관에게 그 서류등을 반환하여야 한다.

해설 [21년 경찰1] ① 사법경찰관이 검찰송치결정을 한 경우에는 그 내용을 고소인·고발인·피해자 또는 그 법정대리인과 **피의자에게 통지**해야 한다.(수사준칙 제53조 제1항

② 사법경찰관이 범죄를 수사한 후 범죄의 혐의가 있다고 인정되는 경우 검사에게 사건을 송치하고, 검사는 송치사건의 공소제기여부 결정 또는 공소의 유지에 관하여 필요한 경우 사법경찰관에게 보완수사를 요구할 수 있으며 직접 보완수사를 할 필요성이 인정되는 경우에는 **예외적으로 직접 보완수사를 할 수 있다**(수사준칙 제59조)

③ 사법경찰관리의 수사과정에서 현저한 수사권 남용이 의심되는 사실에 대하여,사건기록 등본을 송부받은 검사는 필요하다고 인정되는 경우 사법경찰관에게 시정조치를 요구할 수 있고, 시정조치 요구가 정당한 이유 없이 이행되지 않았다고 인정되는 경우에는 사법경찰관에게 사건을 송치할 것을 요구할 수 있다.(제197조의3 제1항 5항)

④ 제245조의5. 불송치 경우에는 그 이유를 명시한 서면과 함께 관계 서류와 증거물을 지체 없이 검사에게 송부하여야 한다. 이 경우 검사는 송부받은 날부터 **90일 이내에 사법경찰관에게 반환**하여야 한다

▶▶ 정답 ④

4. 수사의 조건에 대한 설명 중 가장 적절하지 않은 것은? (판례에 의함)

① 수사기관은 범죄혐의가 있다고 사료하는 때에 수사를 개시하여야 하며 여기서의 범죄혐의는 수사기관의 주관적 혐의일 뿐만 아니라 구체적 범죄혐의다.

② 필요성과 상당성이라는 수사의 조건은 임의수사에는 적용되지 않고 강제수사에만 적용된다.

③ 친고죄나 세무공무원 등의 고발이 있어야 논할 수 있는 죄에 있어서 고소 또는 고발은 이른바 소추조건에 불과하고 당해 범죄의 성립요건이나 수사의 조건은 아니므로 위와 같은 범죄에 관하여 고소나 고발이 있기 전에 수사를 하였다고 하더라도 그 수사가 장차 고소나 고발이 있을 가능성이 없는 상태 하에서 행해졌다는 등의 특단의 사정이 없는 한 고소나 고발이 있기 전에 수사를 하였다는 이유만으로 그 수사가 위법하다고 볼 수는 없다.

④ 위법한 함정수사에 해당하는지 여부는 해당 범죄의 종류와 성질, 유인자의 지위와 역할, 유인의 경위와 방법, 유인에 따른 피유인자의 반응, 피유인자의 처벌 전력 및 유인행위 자체의 위법성 등을 종합하여 판단하여야 한다.

해설 [20년 경찰1] ① 수사의 개시를 위한 범죄의 혐의는 **수사기관의 주관적 혐의**를 의미하나 이는 수사기관의 자의적 혐의를 허용하는 것이 아니며 주위의 사정을 합리적으로 판단하여 그 유무를 결정하여야 하고, 구체적인 사실에 근거를 두어야 한다(2004다14932).

② 수사의 조건인 필요성과 상당성은 임의수사와 강제수사 모두 적용된다.

③ 친고죄나 고발이 있어야 논할 수 있는 죄에 있어서 고소 또는 고발은 이른바 소추조건에 불과하고 당해 범죄의 성립요건이나 수사의 조건은 아니므로, 범죄에 관하여 고소나 고발이 있기 전에 수사를 하였다고 하더라도, 그 수사가 장차 고소나 고발이 있을 가능성이 없는 상태에서 행해졌다는 등의 특단의 사정이 없는 한, 고소나 고발이 있기 전에 수사를 하였다는 이유만으로 그 수사가 위법

하다고 볼 수는 없다(대판 1995. 2. 24, 94도252).

④ 본래 범의를 가지지 아니한 자에 대하여 수사기관이 사술이나 계략 등을 써서 범의를 유발하게 하여 범죄인을 검거하는 함정수사는 위법한바, 구체적인 사건에 있어서 위법한 함정수사에 해당하는지 여부는 해당 범죄의 종류와 성질, 유인자의 지위와 역할, 유인의 경위와 방법, 유인에 따른 피유인자의 반응, 피유인자의 처벌 전력 및 유인행위 자체의 위법성 등을 종합하여 판단하여야 한다(대법원 2013. 3. 28. 선고 2013도1473)

>> 정답 ①

5. 함정수사에 관한 설명 중 가장 적절하지 않은 것은? (다툼이 있으면 판례에 의함).

① 유인자가 수사기관과 직접적인 관련을 맺지 아니한 상태에서 피유인자를 상대로 단순히 수차례 반복적으로 범행을 부탁하였을 뿐, 수사기관이 사술이나 계략 등을 사용하였다고 볼 수 없는 경우는 설령 그로 인하여 피유인자의 범의가 유발되었다고 하더라도 위법한 함정수사에 해당하지 않는다.

② 수사기관이 피고인의 범죄사실을 인지하고도 피고인을 바로 체포하지 않고 추가 범행을 지켜보고 있다가 범죄사실이 많이 늘어난 뒤에야 피고인을 체포하였다는 사정만으로 피고인에 대한 수사와 공소제기가 위법하다거나 함정수사에 해당한다고 할 수 없다.

③ 경찰관이 취객을 상대로 한 이른바 부축빼기 절도범 단속을 위하여 공원에 쓰러져 있는 취객 근처에서 감시하고 있다가, 마침 피고인이 나타나 취객을 부축하여 10m 정도를 끌고 가 지갑을 뒤지자 현장에서 체포한 경우 위법한 함정수사에 해당한다.

④ 위법한 함정수사에 의한 공소제기는 그 절차가 법률의 규정에 위반하여 무효인 때에 해당한다.

해설 [17년 경찰2] ① 유인자가 수사기관과 직접적인 관련을 맺지 아니한 상태에서 피유인자를 상대로 단순히 수차례 반복적으로 범행을 부탁하였을 뿐 수사기관이 사술이나 계략 등을 사용하였다고 볼 수 없는 경우는, 설령 그로 인하여 피유인자의 범의가 유발되었다 하더라도 위법한 함정수사에 해당하지 아니한다(대판 2013.3.28. 2013도1473)

② 수사기관이 피고인의 범죄사실을 인지하고도 피고인을 바로 체포하지 않고 추가 범행을 지켜보고 있다가 범죄사실이 많이 늘어난 뒤에야 피고인을 체포하였다는 사정만으로 피고인에 대한 수사와 공소제기가 위법하다거나 함정수사에 해당하지 않는다(대판 2007.6.29. 선고 2007도3164).

③ 경찰관이 취객을 상대로 한 이른바 부축빼기 절도범을 단속하기 위하여, 공원 인도에 쓰러져 있는 취객 근처에서 감시하고 있다가, 마침 피고인이 나타나 취객을 부축하여 10m 정도를 끌고 가 지갑을 뒤지자 현장에서 체포하여 기소한 경우 위법한 함정수사에 기한 공소제기라고 할 수 없다(대판 2007.5.31. 2007도1903).

④ 함정수사에 기한 공소제기는 그 절차가 법률의 규정에 위반하여 무효인 때에 해당한다고 볼 것이다(대법원 2008. 10. 23. 선고 2008도7362)

>> 정답 ③

6. 함정수사에 관한 다음 설명 중 가장 옳지 않은 것은? (다툼이 있으면 판례에 의함).

① 수사기관이 범의를 가진 자에 대하여 범행의 기회를 주거나 단순히 사술이나 계략 등을 써서 범죄인을 검거하는 데 불과한 경우에는 이를 함정수사라고 할 수 없다.

② 이미 범행을 저지른 피고인을 검거하기 위하여 수사기관이 정보원을 이용하여 피고인을 검거장소로 유인한 것은 함정수사가 아니다.

③ 수사기관과 직접적인 관련을 맺지 아니한 유인자가 피유인자를 상대로 수차례 반복적으로 범행을 부탁하여 피유인자의 범의가 유발되었더라도 위법한 함정수사가 아니다.

④ 경찰관들이 경찰관직무집행법 제4조에 규정된 구호의무에 위반하여 노상에 정신을 잃고 쓰러져 있는 피해자를 이용하여 부축빼기 절도범에 대한 단속 및 수사에 나아가는 것은 경찰의 직분을 도외시하여 범죄수사의 한계를 넘어선 것으로서 위법한 함정수사에 해당하므로 이에 기초한 공소제기는 무효이다.

해설 [17년 경찰2] ①② 함정수사라 함은 본래 범의를 가지지 아니한 자에 대하여 수사기관이 사술이나 계략 등을 써서 범죄를 유발하게 하여 범인을 검거하는 수사방법을 말하는 것이므로, 범의를 가진 자에 대하여 **범행의 기회를 주거나 단순히 사술이나 계략 등을 써서 범죄인을 검거**하는 데 불과한 경우에는 이를 **함정수사라고 할 수 없다**(대판 2007.7.26. 2007도4532)

③ 유인자가 수사기관과 직접적인 관련을 맺지 아니한 상태에서 피유인자를 상대로 단순히 수차례 반복적으로 범행을 부탁하였을 뿐 수사기관이 사술이나 계략 등을 사용하였다고 볼 수 없는 경우는, 설령 그로 인하여 피유인자의 범의가 유발되었다 하더라도 위법한 함정수사에 해당하지 아니한다(대법원 2013. 3. 28. 선고 2013도1473)

④ 피해자의 상태나 저항 유무에 따라서는 잠재적 범죄자가 단순한 절도 범행이 아닌 강도의 범행으로 급작스럽게 나아갈 개연성도 배제할 수 없고, 더구나 정신을 잃고 노상에 쓰러져 있는 시민을 발견하고도 적절한 조치를 강구하지 아니하고 오히려 그러한 상태를 이용하여 잠재적 범죄행위에 대한 단속 및 수사에 나아가는 것은, 경찰의 직분을 도외시하여 **범죄수사의 한계를 넘어선 것**이라 하지 아니할 수 없다. 그러나 위와 같은 사유들은 어디까지나 피해자에 대한 관계에서 문제될 뿐 으로서 경찰관들의 행위는 단지 피해자 근처에 숨어서 지켜보고 있었던 것에 불과하고, 피고인은 피해자를 발견하고 스스로 범의를 일으켜 범행에 나아간 것이어서, **잘못된 수사방법에 관여한 경찰관에 대한 책임은 별론으로 하고 스스로 범행을 결심하고 실행행위에 나아간 피고인에 대한 기소자체가 위법하다고 볼 것은 아니다**(대판 2007.5.31. 2007도1903).

>>> 정답 ④

7. 함정수사에 대한 설명으로 가장 적절하지 않은 것은? (다툼이 있는 경우 판례에 의함)

① 수사기관이 이미 범행을 저지른 범인을 검거하기 위해 정보원을 이용하여 범인을 검거장소로 유인한 것에 불과한 경우는 함정수사로 볼 수 없다.

② 수사기관이 피고인의 범죄사실을 인지하고도 피고인을 바로 체포하지 않고 추가 범행을 지켜보고 있다가 범죄사실이 많이 늘어난 뒤에야 피고인을 체포하였다는

사정만으로 피고인에 대한 수사와 공소제기가 위법하다거나 함정수사에 해당한다고 할 수 없다.

③ 유인자가 수사기관과 직접적인 관련을 맺지 아니한 상태에서 피유인자를 상대로 단순히 수차례 반복적으로 범행을 부탁하였을 뿐 수사기관이 사술이나 계략 등을 사용하였다고 볼 수 없는 경우는, 설령 그로 인하여 피유인자의 범의가 유발되었다 하더라도 위법한 함정수사에 해당하지 아니한다.

④ 노상에 정신을 잃고 쓰러져 있는 취객을 발견한 경찰관이 보건의료기관 또는 공공구호기관에 긴급구호를 요청하는 등 보호조치를 하지 않고, 취객의 그러한 상태를 이용하여 근처에서 감시하고 있다가 이른바 부축빼기 절도범을 체포한 경우는 경찰의 직분을 도외시한 범죄수사의 한계를 넘어선 위법한 함정수사에 해당한다.

해설 [21년 승진] ①② 범의 유발형인 아닌 단순 기회제공형 함정수사는 위법으로 보고있지 않다.

③ 유인자가 수사기관과 직접적인 관련을 맺지 아니한 상태에서 피유인자를 상대로 단순히 수차례 반복적으로 범행을 부탁하였을 뿐 수사기관이 사술이나 계략 등을 사용하였다고 볼 수 없는 경우는, 설령 그로 인하여 피유인자의 범의가 유발되었다 하더라도 위법한 함정수사에 해당하지 아니한다 (대법원 2007. 7. 12. 선고 2006도2339)

④ 경찰관이 취객을 상대로 한 이른바 부축빼기절도범을 단속하기 위하여, 공원 인도에 쓰러져 있는 취객근처에서 감시하고 있다가, 마침 피고인이 나타나 취객을 부축하여 10m 정도를 끌고 가 지갑을 뒤지자 현장에서 체포하여 기소한 경우, 위법한 함정수사에 기한 공소제기가 아니다(대판 2007도1903).

▶▶ 정답 ④

8. 함정수사에 대한 설명으로 가장 적절한 것은? (다툼이 있는 경우 판례에 의함)

① 수사기관과 직접적인 관련을 맺지 않은 유인자가 수차례 반복적으로 범행을 부탁하였을 뿐 수사기관이 사술이나 계략을 사용한 것으로 볼 수 없는 경우라도, 그로 인하여 피유인자가 범의가 유발되었다는 점이 입증되면 위법한 함정수사에 해당한다.

② 위법한 함정수사에 기한 공소제기는 그 절차가 법률에 규정한 위반하여 무효인때에 해당하므로 그 수사에 기하여 수집된 증거는 증거능력이 없으며, 따라서 법원은 형사소송법 제325조에 의하여 무죄판결을 선고해야 한다.

③ 경찰관이 이른바 부축빼기 절도범을 단속하기 위하여 취객 근처에서 감시하고 있다가, 피고인이 나타나 취객을 부축하여 10m 정도를 끌고 가 지갑을 뒤지자 현장에서 체포하여 기소한 경우 수사기관이 위계를 사용한 것으로 볼 수 있으므로 위법한 함정수사에 해당한다.

④ 수사기관이 피고인의 범죄사실을 인지하고도 피고인을 바로 체포하지 않고 추가 범행을 지켜보고 있다가 범죄사실이 많이 늘어난 뒤에야 피고인을 체포하였다는 사정만으로는 피고인에 대한 수사와 공소제기가 위법하다거나 함정수사에 해당한다고 할 수 없다.

해설 [19년 경찰2] ① 유인자가 수사기관과 직접적인 관련을 맺지 아니한 상태에서 피유인자를 상대로 단순히 수차례 반복적으로 범행을 부탁하였을 뿐 **수사기관이 사술이나 계략 등을 사용하였다고 볼 수 없는 경우**는, 설령 그로 인하여 피 유인자의 범의가 유발되었다 하더라도 위법한 함정수사에 해당하지 아니한다(대판 2007.07.12. 2006도 2339).

② 범의를 가진 자에 대하여 단순히 범행의 기회를 제공하거나 범행을 용이하게 하는 것에 불과한 수사방법이 경우에 따라 허용될 수 있음은 별론으로 하고, 본래 범의를 가지지 아니한 자에 대하여 수사기관이 사술이나 계략 등을 써서 범의를 유발케 하여 범죄인을 검거하는 함정수사는 위법함을 면할 수 없고, 이러한 **함정수사에 기한 공소제기**는 그 절차가 **법률의 규정에 위반하여 무효인 때에 해당한다**(대판 2005.10.28. 2005 도1247). 즉 **공소기각판결**을 해야 한다

③ 경찰관이 취객을 상대로 한 이른바 부축빼기 절도범을 단속하기 위하여, 공원 인도에 쓰러져 있는 취객 근처에서 감시하고 있다가, 마침 피고인이 나타나 취객을 부축하여 10m 정도를 끌고 가 지갑을 뒤지자 현장에서 체포하여 기소한 경우, 위법한 함정수사에 기한 공소제기가 아니다(대판 2007.5.31. 2007도1903).

④ 수사기관이 피고인의 범죄사실을 인지하고도 피고인을 바로 체포하지 않고 추가 범행을 지켜보고 있다가 범죄사실이 많이 늘어난 뒤에야 피고인을 체포하였다는 사정만으로는 피고인에 대한 수사와 공소제기가 위법하다거나 함정수사에 해당한다고 할 수 없다(대법원 2007. 6. 29. 선고 2007도3164)

>>> 정답 ④

9. 피내사자와 피의자에 관한 설명 중 가장 적절한 것은? (다툼이 있으면 판례에 의함)

① 수사 이전의 단계를 내사라 하며, 형사소송법은 피의자의 권리에 관한 규정 중 일부를 피내사자에게 준용하는 규정을 두는 방법으로 피내사자의 권리를 보호한다.

② 변호인과의 접견교통권은 피의자에게 인정되는 권리이므로, 임의동행 형식으로 연행된 피내사자에게는 그 지위가 피의자로 전환된 이후부터 변호인과의 접견교통권이 인정된다.

③ 검사가 검찰사건사무규칙에 따른 범죄인지 절차를 밟지 않은 상태에서 행한 피의자신문은 피내사자에 대한 신문이므로 그 이유만으로도 이미 위법한 수사에 해당하며, 따라서 당해 피의자신문조서는 형사소송법이 정한 절차에 따라 작성되었다 하더라도 증거능력 이 인정될 수 없다.

④ 미체포된 피의자에 대하여 구속영장을 청구받은 판사는 피의자가 죄를 범하였다고 의심할만한 이유가 있는 경우에 구인을 위한 구속영장을 발부하여 피의자를 구인한 후 심문 하여야 한다. 다만, 피의자가 도망하는 등의 사유로 심문할 수 없는 경우에는 그러하지 아니하다.

해설 [20년 승진] ① 형사소송법은 내사나 피내사자를 구별하지 않고 또 피의자의 권리를 피내사자에게 **준용하는 규정도 없다.**

② 임의동행의 형식으로 수사기관에 연행된 피의자에게도 변호인 또는 변호인이 되려는 자와의 접견교통권은 당연히 인정된다고 보아야 하고 임의동행의 형식으로 연행된 **피내사자의 경우에도 이는 마찬가지이다**(대판1996.6.3. 96모18).

③ 인지절차를 밟기 전에 수사를 하였다고 하더라도 그 수사가 장차 인지의 가능성이 전혀 없는 상태

하에서 행해졌다는 등의 특별한 사정이 없는 한 **인지절차가 이루어지기 전에 수사**를 하였다는 이유만으로 그 수사가 위법하다고 볼 수는 없고 따라서 **그 수사과정에서 작성된 피의자신문조서나 진술조서 등의 증거능력도 이를 부인할 수 없다**(대판 2001.10.26. 2000도 2968).

④ 피의자에 대하여 구속영장을 청구받은 판사는 피의자가 죄를 범하였다고 의심할 만한 이유가 있는 경우에 구인을 위한 구속영장을 발부하여 피의자를 구인한 후 심문하여야 한다. 다만, 피의자가 도망하는 등의 사유로 심문할 수 없는 경우에는 그러하지 아니하다(제201조의2 ②)

>>> 정답 ④

---

10. 변사자에 대한 설명으로 가장 적절한 것은? (다툼이 있으면 판례에 의함)

① 변사자란 부자연한 사망으로서 그 사인이 분명하지 않은 자뿐만 아니라 범죄로 사망한 것이 명백한 자도 포함된다.

② 변사자는 수사의 단서로서 발견 즉시 수사가 개시된다.

③ 「검사의 사법경찰관리에 대한 수사지휘 및 사법경찰관리의 수사준칙에 관한 규정」 제51조 제1항에 의하면 사법경찰관리는 변사자 또는 변사의 의심이 있는 사체가 있으면 관할지방검찰청 또는 지청의 검사에게 보고하고 지휘를 받아야 한다. 단, 긴급을 요하는 경우 그러하지 아니하다.

④ 「형사소송법」 제222조 제1항의 검시로 범죄의 혐의를 인정하고 긴급을 요할 때에는 영장없이 검증할 수 있다.

> **해설** [20년 경찰2] ① 변사자라 함은 부자연한 사망으로서 그 사인이 분명하지 않은 자를 의미하고 그 사인이 명백한 경우는 변사자라 할 수 없으므로, 범죄로 인하여 **사망한 것이 명백한 자의 사체는 변사체검시방해죄의 객체가 될 수 없다**(대판 2003도1331).
>
> ② 범죄혐의가 확인되면 수사가 개시될 수도 있으나 변사자 발견 즉시 수사가 개시되지는 않는다.
>
> ③ 사법경찰관리는 변사자(變死者) 또는 변사한 것으로 의심되는 사체가 있으면 변사사건 발생 보고 및 지휘 건의서를 작성하여 즉시 관할 지방검찰청 또는 지청의 검사에게 보고하고 지휘를 받아야 한다. 이 경우 검사는 신속하게 지휘하여야 한다(수사준칙 제51조 제1항).
>
> ④ 검시로 범죄의 혐의를 인정하고 긴급을 요할 때에는 영장없이 검증할 수 있다.(제222조 제2항)

>>> 정답 ④

---

11. 「경찰관직무집행법」상 불심검문에 관한 설명 중 가장 적절하지 않은 것은? (판례)

① 경찰관은 수상한 행동이나 그 밖의 주위 사정을 합리적으로 판단하여 볼 때 어떠한 죄를 범하였거나 범하려 하고 있다고 의심할 만한 상당한 이유가 있는 자를 정지시켜 질문할 수 있다.

② 경찰관이 불심검문시 질문을 하거나 동행을 요구할 경우 자신의 신분을 표시하는 증표를 제시하면서 소속과 성명을 밝히고 질문이나 동행의 목적과 이유를 설명하여야 하며, 동행을 요구하는 경우에는 동행 장소를 밝혀야 한다.

③ 경찰관은 동행한 사람의 가족이나 친지 등에게 동행한 경찰관의 신분, 동행 장소, 동행 목적과 이유를 알리거나 본인으로 하여금 즉시 연락할 수 있는 기회를 주어야 하며, 변호인의 도움을 받을 권리가 있음을 알려야 한다.

④ 검문하는 사람이 경찰관이고 검문하는 이유가 범죄행위에 관한 것임을 피검문자가 충분히 알고 있었다고 보이는 경우라도 검문 시 경찰관이 신분증을 제시하지 않았다면 그 불심검문은 위법한 공무집행에 해당한다.

> **해설** [18년 승진] ① 경찰관은 다음 각 호의 어느 하나에 해당하는 사람을 정지시켜 질문할 수 있다. 수상한 행동이나 그 밖의 주위 사정을 합리적으로 판단하여 볼 때 어떠한 죄를 범하였거나 범하려 하고 있다고 의심할 만한 상당한 이유가 있는 사람(경직법 제3조 제1항 제1호)
>
> ② 경찰관은 제1항이나 제2항에 따라 **질문을 하거나 동행을 요구할 경우** 자신의 신분을 표시하는 증표를 제시하면서 소속과 성명을 밝히고 질문이나 동행의 목적과 이유를 설명하여야 하며, 동행을 요구하는 경우에는 동행 장소를 밝혀야 한다.(경직법 제3조 제4항)
>
> ③ 경찰관은 제2항에 따라 동행한 사람의 가족이나 친지 등에게 동행한 경찰관의 신분, 동행 장소, 동행 목적과 이유를 알리거나 본인으로 하여금 즉시 연락할 수 있는 기회를 주어야 하며, 변호인의 도움을 받을 권리가 있음을 알려야 한다.(경직법 제3조 제5항)
>
> ④ 경찰관이 신분증을 제시하지 않고 불심검문을 하였으나, 검문하는 사람이 경찰관이고 검문하는 이유가 범죄행위에 관한 것임을 **피고인이 알고 있었던 경우**, 그 불심검문이 위법하다고 볼 수 없다.

>> 정답 ④

12. 불심검문에 대한 설명이다. 아래 ㉠부터 ㉣까지의 설명 중 옳고 그름의 표시(O, X)가 바르게 된 것은?(다툼이 있는 경우 판례에 의함)

㉠ 행정경찰목적의 경찰활동으로 행하여지는 「경찰관직무집행법」 제3조 제2항 소정의 질문을 위한 동행요구도 「형사소송법」의 규율을 받는 수사로 이어지는 경우에는 수사관이 동행에 앞서 피의자에게 동행을 거부할 수 있음을 알려 주었거나 동행한 피의자가 언제든지 자유로이 동행과정에서 이탈 또는 동행장소로 부터 퇴거할 수 있었음이 인정되는 등 오로지 피의자의 자발적인 의사에 의하여 수사관서 등에의 동행이 이루어졌음이 객관적인 사정에 의하여 명백하게 입증된 경우에 한하여 적법하다.

㉡ 경찰관이 불심검문 대상자에의 해당 여부를 판단할 때에는 불심검문 당시의 구체적 상황은 물론 사전에 얻은 정보나 전문적 지식 등에 기초하여 불심검문 대상자인지를 객관적·합리적인 기준에 따라 판단하여, 반드시 불심검문 대상자에게 「형사소송법」상 체포나 구속에 이를 정도의 혐의가 있을 것을 요한다.

㉢ 검문 중이던 경찰관들이, 자전거를 이용한 날치기 사건의 범인과 흡사한 인상착의의 피고인이 자전거를 타고 다가오는 것을 발견하고 정지를 요구하였으나 멈추지 않아, 앞을 가로막고 검문에 협조해 달라고 하였음에도 불응하고 그대로 전진하자 따라가서 재차 앞을 막고 검문에 응하라고 요구하였다면, 그러한 경찰관들의 행위는 적법한 불심검문에 해당하지 않는다.

㉣ 불심검문을 하게 된 경위, 불심검문 당시의 현장상황과 검문을 하는 경찰관들의 복

장, 피고인이 공무원증 제시나 신분확인을 요구하였는지 여부 등을 종합적으로 고려하여, 검문하는 사람이 경찰관이고 검문하는 이유가 범죄행위에 관한 것임을 피고인이 충분히 알고 있었다고 보이는 경우에는 신분증을 제시하지 않았다고 하여 그 불심검문이 위법한 공무집행이라고 할 수 없다.

① ㉠ (O) ㉡ (×) ㉢ (O) ㉣ (×) ② ㉠ (O) ㉡ (×) ㉢ (×) ㉣ (O)
③ ㉠ (×) ㉡ (O) ㉢ (×) ㉣ (O) ④ ㉠ (×) ㉡ (O) ㉢ (O) ㉣ (X)

해설 [19년 경찰1] ㉠ 수사관이 동행에 앞서 피의자에게 동행을 거부할 수 있음을 알려 주었거나 동행한 피의자가 언제든지 자유로이 동행과정에서 이탈 또는 동행장소로부터 퇴거할 수 있었음이 인정되는 등 오로지 피의자의 자발적인 의사에 의하여 수사관서 등에의 동행이 이루어졌음이 객관적인 사정에 의하여 명백하게 입증된 경우에 한하여, 그 적법성이 인정되는 것으로 봄이 상당하다(대법원 2006. 7. 6. 선고 2005도6810).

㉡ (×)경찰관직무집행법의 목적, 법 제1조 제1항, 제2항, 제3조 제1항, 제2항, 제3항, 제7항의 내용 및 체계 등을 종합하면, 경찰관이 법 제3조 제1항에 규정된 대상자(이하 '불심검문 대상자'라 한다) 해당 여부를 판단할 때에는 불심검문 당시의 구체적 상황은 물론 사전에 얻은 정보나 전문적 지식 등에 기초하여 불심검문 대상자인지를 객관적·합리적인 기준에 따라 판단하여야 하나, **반드시 불심검문 대상자에게 형사소송법상 체포나 구속에 이를 정도의 혐의가 있을 것을 요한다고 할 수는 없다**(대판 2014.2.27. 2011도13999).

㉢ (×)검문 중이던 경찰관들이, 자전거를 이용한 날치기 사건 범인과 흡사한 인상착의의 피고인이 자전거를 타고 다가오는 것을 발견하고 정지를 요구하였으나 멈추지 않아, 앞을 가로막고 검문에 협조해 달라고 하였음에도 불응하고 그대로 전진하자, 따라가서 재차 앞을 막고 검문에 응하라고 요구하였는데, 이에 피고인이 경찰관들의 멱살을 잡아 밀치는 등 항의하여 공무집행방해 등으로 기소된 사안에서, **경찰관들의 행위는 적법한 불심검문에 해당**한다(대판 2012.9.13. 2010도6203).

㉣ 불심검문을 하게 된 경위, 불심검문 당시의 현장상황과 검문을 하는 경찰관들의 복장, 피고인이 공무원증 제시나 신분 확인을 요구하였는지 여부 등을 종합적으로 고려하여, 검문하는 사람이 경찰관이고 검문하는 이유가 범죄행위에 관한 것임을 피고인이 충분히 알고 있었다고 보이는 경우에는 신분증을 제시하지 않았다고 하여 그 불심검문이 위법한 공무집행이라고 할 수 없다(대법원 2014. 12. 11. 선고 2014도7976).

≫≫ **정답** ②

13. 경찰관 직무집행법상 불심검문에 대한 설명으로 적절하지 않은 것은 모두 몇 개인가? (다툼이 있는 경우 판례에 의함)

㉠ 불심검문 대상자에게 형사소송법상 체포나 구속에 이를 정도의 혐의가 없을지라도, 경찰관은 당시의 구체적 상황과 사전에 얻은 정보나 전문적 지식 등에 기초하여 객관적 합리적인 기준에 따라 불심검문 대상 여부를 판단한다.

㉡ 불심검문에 따른 동행요구는 형사소송법상 임의수사로서 임의동행의 한 종류로 취급하여야 한다.

㉢ 검문하는 사람이 경찰관이고 검문하는 이유가 범죄행위에 관한 것임을 검문받는 사람이 충분히 알고 있었다고 보이는 경우에는 경찰관이 신분증을 제시하지 않았다고 하여 그 불심검문이 위법한 공무집행이라고 할 수 없다.

ⓔ 검문 중이던 경찰관들이, 자전거를 이용한 날치기 사건 범인과 흡사한 인상착의의 사람이 자전거를 타고 다가오는 것을 발견하고 정지를 요구하였으나 멈추지 않아, 앞을 가로막고 소속과 성명을 고지한 후 검문에 협조해 달라고 하였음에도 불응하고 그대로 전진하자, 따라가서 재차 앞을 막고 검문에 응하라고 요구한 경우, 이는 적법한 불심검문에 해당한다.

ⓜ 경찰관은 임의동행에 앞서 당해인에 대해 진술거부권과 변호인의 조력을 받을 권리를 고지해야 한다.

① 2개   ② 3개   ③ 4개   ④ 5개

해설 [21년 승진] ㉠ 불심검문 대상자해당 여부를 판단할 때에는 불심검문 당시의 구체적 상황은 물론 사전에 얻은 정보나 전문적 지식 등에 기초하여 불심검문 대상자인지를 객관적·합리적인 기준에 따라 판단하여야 하나, 반드시 불심검문 대상자에게 형사소송법상 체포나 구속에 이를 정도의 혐의가 있을 것을 요한다고 할 수는 없다(대판 2014.2.27. 2011도13999).

㉡(×)불심검문에 따른 동행요구는 동행의 요구는 그 장소에서 질문하는 것이 당해인에게 불리하거나 교통의 방해가 된다고 인정되는 때에 한하여 할 수 있으며 이는 범죄예방을 위한 경찰행정활동이다.

㉢ 불심검문을 하게 된 경위, 불심검문 당시의 현장상황과 검문을 하는 경찰관들의 복장, 피고인이 공무원증 제시나 신분확인을 요구하였는지 여부 등을 종합적으로 고려하여, 검문하는 사람이 경찰관이고 검문하는 이유가 범죄행위에 관한 것임을 피고인이 충분히 알고 있었다고 보이는 경우에는 신분증을 제시하지 않았다고 하여 그 불심검문이 위법한 공무집행이라고 할 수 없다(대법원 2014. 12. 11. 선고 2014도7976).

㉣ 검문 중이던 경찰관들이, 자전거를 이용한 날치기 사건 범인과 흡사한 인상착의의 피고인이 자전거를 타고 다가오는 것을 발견하고 정지를 요구하였으나 멈추지 않아, 앞을 가로막고 검문에 협조해 달라고 하였음 에도 불응하고 그대로 전진하자, 따라가서 재차 앞을 막고 검문에 응하라고 요구하였는데, 이에 피고인이 경찰관들의 멱살을 잡아 밀치는 등 항의하여 공무집행방해 등으로 기소된 사안에서, 경찰관들의 행위는 적법한 불심검문에 해당한다(대판 2012.9.13. 2010도6203).

㉤(×)경찰관은 동행요구시 당해인에게 자신의 신분을 표시하는 증표를 제시하면서 소속과 성명을 밝히고 그 목적과 이유를 설명하여야 한다. 당해인에 대해 **진술거부권과 변호인의 조력을 받을 권리를 고지는 동행을 한 경우 고지**하여야 한다.

≫≫ 정답 ①

14. 불심검문에 관한 설명 중 가장 적절하지 않은 것은? (다툼이 있으면 판례에 의함).

① 경찰관은 어떠한 죄를 범하였거나 범하려 하고 있다고 의심할 만한 상당한 이유가 있는 자를 정지시켜 질문할 수 있고, 질문하기 위하여 가까운 경찰관서에 동행할 것을 요구할 수 있다.

② 경찰관이 불심검문 대상자 해당 여부를 판단할 때에는 객관적·합리적인 기준에 따라야 하며, 불심검문 대상자에게 형사소송법상 체포나 구속에 이를 정도의 혐의가 있을 것을 요하지 않는다.

③ 검문하려는 사람이 경찰관이고, 검문하는 이유가 범죄행위에 관한 것임을 피검문

자가 충분히 알고 있었던 경우라도 검문 시 경찰관이 신분증을 제시하지 않았다면 위법한 불심검문에 해당한다.

④ 경찰관은 동행요구를 거절하는 대상자를 동행할 수 없고, 동행요구에 응한 대상자라도 6시간을 초과하여 경찰관서에 머물게 할 수 없다.

> **해설** [17년 경찰2] ① 경찰관은 제1항에 따라 같은 항 각 호의 사람을 정지시킨 장소에서 질문을 하는 것이 그 사람에게 불리하거나 교통에 방해가 된다고 인정될 때에는 질문을 하기 위하여 가까운 경찰서·지구대·파출소 또는 출장소(지방해양경찰관서를 포함하며, 이하 "경찰관서"라 한다)로 동행할 것을 요구할 수 있다. 이 경우 동행을 요구받은 사람은 그 요구를 거절할 수 있다(경직법 제3조 제1항, 제2항).
>
> ② 불심검문 대상자인지 여부를 객관적·합리적인 기준에 따라 판단하여야 할 것이나, 반드시 불심검문 대상자에게 형사소송법상 체포나 구속에 이를 정도의 혐의가 있을 것을 요한다고 할 수는 없고, 경찰관은 불심검문 대상자에게 질문하기 위하여 범행의 경중, 범행과의 관련성, 상황의 긴박성, 혐의의 정도, 질문의 필요성 등에 비추어 그 목적 달성에 필요한 최소한의 범위에서 사회통념상 용인될 수 있는 상당한 방법으로 그 대상자를 정지시킬 수 있다고 할 것이다(대법원 2014. 12. 11. 선고 2014도7976)
>
> ③ 경찰관이 불심검문을 하고자 할 때에는 자신의 신분을 표시하는 증표를 제시하여야 한다고 규정하고, 법시행령은 소정의 신분을 표시하는 증표는 경찰관의 공무원증이라고 규정하고 있는 바, 불심검문을 하게 된 경위, 불심검문 당시의 현장상황과 검문을 하는 경찰관들의 복장, 피고인이 공무원증 제시나 신분확인을 요구하였는지 여부 등을 종합적으로 고려하여, 검문하는 사람이 경찰관이고 검문하는 이유가 범죄행위에 관한 것임을 <u>피고인이 **충분히 알고 있었다고 보이는 경우**</u>에는 신분증을 제시하지 않았다고 하여 그 불심검문이 위법한 공무집행이라고 할 수 없다(대판 2014.12.11. 2014도7976).
>
> ④ 경찰관은 제2항에 따라 동행한 사람을 6시간을 초과하여 경찰관서에 머물게 할 수 없다.(경직법 제3조 제2항, 제6항)

>>> 정답 ③

15. 수사관이 수사과정에서 동의를 받는 형식으로 피의자를 수사관서 등에 동행하는 임의동행에 관한 설명 중 가장 옳지 않은 것은? (다툼이 있는 경우 판례에 의함)

① 이전의 임의동행이 불법체포에 해당한다고 하더라도 6시간이 지난 후 정상적인 긴급체포의 절차를 알았다면 그 긴급체포는 적법하다.

② 경찰관직무집행법의 보호조치 요건이 갖추어지지 않았음에도 경찰관이 실제로는 범죄수사를 목적으로 피의자에 해당하는 사람을 피구호자로 삼아 그의 의사에 반하여 경찰서에 데려간 행위는 현행범체포나 임의동행 등의 적법요건을 갖추었다고 볼만한 특별한 사정이 없다면 위법하다.

③ 수사관이 임의동행에 앞서 피의자에게 동행을 거부할 수 있음을 알려주었거나 동행한 피의자가 언제든지 자유로이 동행과정에서 이탈 또는 동행 장소에서 퇴거할 수 있었음이 인정되는 등 오로지 피의자의 자발적인 의사에 의하여 수사관서 등에의 동행이 이루어졌음이 객관적인 사정에 의하여 명백하게 입증된 경우에 한하여,

동행의 적법성이 인정된다.

④ 음주측정을 위하여 피의자를 경찰서로 동행할 당시 피의자에게 동행을 거부할 수 있음을 고지하고 동행을 요구하자 피의자가 고개를 끄덕이며 동의하는 의사표시를 하였고, 피의자는 동행 당시에 경찰관에게 욕을 하거나 특별한 저항을 하지 않고 순순히 응하였으며, 비록 술에 취하였으나 동행요구에 따를 것인지 여부에 관한 판단을 할 정도의 의사능력이 있었던 경우 동행의 자발성을 인정할 수 있다.

해설 [20년 경간] ① 사법경찰관이 피고인을 수사관서까지 동행한 것이 적법요건이 갖추어지지 아니한 채 불법 체포에 해당하는 경우, 사법경찰관이 그로부터 **6시간 상당이 경과한 이후에 비로소 피고인에 대하여 긴급체포의 절차를 밟았다고 하더라도 이는 동행의 형식 아래 행해진 불법체포에 기하여 사후적으로 취해진 것에 불과하므로 그와 같은 긴급체포 또한 위법**하다(대판 2006.7.6. 선고 2005도6810).

② 보호조치 요건이 갖추어지지 않았음에도, 경찰관이 실제로는 범죄수사를 목적으로 피의자에 해당하는 사람을 이 사건 조항의 피구호자로 삼아 그의 의사에 반하여 경찰관서에 데려간 행위는, 달리 현행범체포나 임의동행 등의 적법 요건을 갖추었다고 볼 사정이 없다면, 위법한 체포에 해당한다고 보아야 한다(대법원 2012. 12. 13. 선고 2012도11162)

③ 수사관이 동행에 앞서 피의자에게 동행을 거부할 수 있음을 알려 주었거나 동행한 피의자가 언제든지 자유로이 동행과정에서 이탈 또는 동행장소로부터 퇴거할 수 있었음이 인정되는 등 오로지 피의자의 자발적인 의사에 의하여 수사관서 등에의 동행이 이루어졌음이 **객관적인 사정에 의하여 명백하게 입증된 경우에 한하여**, 그 적법성이 인정되는 것으로 봄이 상당하다(대법원 2006. 7. 6. 선고 2005도6810).

④ 피고인을 경찰서로 동행할 당시 피고인에게 언제든지 동행을 거부할 수 있음을 고지한 다음 동행에 대한 동의를 구하였고, 이에 피고인이 고개를 끄덕이며 동의의 의사표시를 하였던 점, 비록 동행 당시 피고인이 술에 취한 상태이기는 하였으나, 동행 후 경찰서에서 주취운전자 정황진술보고서의 날인을 거부하고 "이번이 3번째 음주운전이다. 난 시청 직원이다. 1번만 봐 달라."고 말하기도 하는 등 동행 전후 피고인의 언행에 비추어 피고인이 당시 경찰관의 임의동행 요구에 대하여 이에 따를 것인지 여부에 관한 판단을 할 정도의 피고인에 대한 임의동행은 피고인의 자발적인 의사에 의하여 이루어진 것으로서 적법하다(대법원 2012. 9. 13. 선고 2012도8890)

>> 정답 ①

16. 임의동행에 대한 설명 중 가장 적절하지 않은 것은? (판례에 의함)

① 「경찰관직무집행법」 상 보호조치 요건이 갖추어지지 않았음에도, 경찰관이 실제로는 범죄수사를 목적으로 피의자에 해당하는 사람을 피구호자로 삼아 그의 의사에 반하여 경찰관서에 데려간 행위는 달리 현행범체포나 임의동행 등의 적법 요건을 갖추었다고 볼 사정이 없다면 위법한 체포에 해당한다.

② 위법한 강제연행 상태에서 호흡측정 방법에 의한 음주측정을 한 다음 강제연행 상태로부터 시간적·장소적으로 단절되었다고 볼 수 없는 상황에서 피의자가 호흡측정 결과를 탄핵하기 위하여 스스로 혈액채취 방법에 의한 측정을 할 것을 요구하여 혈액채취가 이루어진 경우 그사이에 위법한 체포상태에 의한 영향이 완전하게 배제되고 피의자의 의사결정의 자유가 확실하게 보장되었다고 볼 만한 다른 사정이 개입되지

않은 이상 그러한 혈액채취에 의한 측정 결과를 유죄인정의 증거로 쓸 수 없다. 그러나 이 경우에도 피고인이 이를 증거로 함에 동의하였다면, 혈액채취에 의한 측정 결과는 유죄인정의 증거로 사용할 수 있다.

③ 사법경찰관이 피고인을 수사관서까지 동행한 것이 임의성이 결여되어 사실상의 강제연행 즉 불법체포에 해당하는 경우 불법체포로부터 6시간 상당이 경과 한 후에 이루어진 긴급체포 또한 위법하다.

④ 임의동행의 경우 수사관이 동행에 앞서 피의자에게 동행을 거부할 수 있음을 알려주었거나 동행한 피의자가 언제든지 자유로이 동행과정에서 이탈 또는 동행장소로부터 퇴거할 수 있었음이 인정되는 등 오로지 피의자의 자발적인 의사에 의하여 수사관서 등에의 동행이 이루어졌음이 객관적인 사정에 의하여 명백하게 입증된 경우에 한하여 그 적법성이 인정된다.

> **해설** [18년 승진] ① 보호조치요건이 갖추어지지 않았음에도, 경찰관이 실제로는 범죄수사를 목적으로 피의자에 해당하는 사람을 이 사건 조항의 피구호자로 삼아 그의 의사에 반하여 경찰관서에 데려간 행위는, 달리 현행범체포나 임의동행 등의 적법 요건을 갖추었다고 볼 사정이 없다면, 위법한 체포에 해당한다고 보아야 한다(대판2012. 12. 13. 선고 2012도11162).
>
> ② 위법한 강제 연행하여 (혈중알콜농도) 호흡측정 후, 피의자가 원하여 혈액 채취한 경우 호흡측정과 혈액 감정결과 모두 증거능력이 없다 **동의하여도 증거능력이 없다**(2010도2094).
>
> ③ 피고인을 수사관서까지 동행한 것이 사실상의 강제연행, 즉 불법체포에 해당하고, 불법체포로부터 6시간 상당이 경과한 후에 이루어진 긴급체포 또한 위법하므로 피고인이 불법체포된 자로서 형법 제145조 제1항에 정한 '법률에 의하여 체포 또는 구금된 자'가 아니어서 도주죄의 주체가 될 수 없다(대법원 2006. 7. 6. 선고 2005도6810)
>
> ④ 수사관이 동행에 앞서 피의자에게 동행을 거부할 수 있음을 알려 주었거나 동행한 피의자가 언제든지 자유로이 동행과정에서 이탈 또는 동행장소로 부터 퇴거할 수 있었음이 인정되는 등 오로지 피의자의 자발적인 의사에 의하여 수사관서 등에의 동행이 이루어졌음이 객관적인 사정에 의하여 명백하게 입증된 경우에 한하여, 그 적법성이 인정되는 것으로 봄이 상당하다(대법원 2006. 7. 6. 선고 2005도6810).

>>> 정답 ②

17. 고소권자에 관한 다음 설명 중 가장 옳지 않은 것은? (다툼이 있으면 판례에 의함).

① 피해자의 법정대리인이 피의자이거나 법정대리인의 친족이 피의자인 때에는 피해자의 친족은 독립하여 고소 할 수 있다.

② 생모라고 하더라도 고소 당시 배우자 甲과 이혼하였다면 甲의 아들(피해자)을 위하여 독립하여 고소 할 수 없다.

③ 법정대리인은 피해자의 고소권 소멸 여부와 관계없이 고소할 수 있고, 피해자의 명시적 의사에 반하여도 고소할 수 있다.

④ 민법상 행위능력이 없는 자라도 피해를 받은 사실을 이해하고 사회생활상의 이해관계를 알 수 있는 사실상의 의사능력이 있다면 고소할 수 있다.

해설 [17년 경찰2] ① 피해자의 법정대리인이 피의자이거나 법정대리인의 친족이 피의자인 때에는 피해자의 친족은 독립하여 고소할 수 있다(제226조).

② 모자관계는 호적에 입적되어 있는여부와는 관계없이 자(子)의 출생으로 법률상 당연히 생기는 것이므로 고소 당시 이혼한 생모라도 피해자인 그의 자의 친권자로서 독립하여 고소할 수 있다(대판 1987.9.22. 87도1707).

③ 모자관계는 호적에 입적되어 있는 여부와는 관계없이 자의 출생으로 법률상 당연히 생기는 것이므로 고소 당시 이혼한 생모라도 피해자인 그의 자의 친권자로서 독립하여 고소할 수 있다(대법원 1987. 9. 22. 선고 87도1707)

④ 고소는 고소능력이 있어야 하나, 고소능력은 피해를 입은 사실을 이해하고 고소에 따른 사회생활상의 이해관계를 알아차릴 수 있는 사실상의 의사능력으로 충분하므로, 민법상 행위능력이 없는 사람이라도 위와 같은 능력을 갖추었다면 고소능력이 인정된다(대판 2011.6.24. 선고 2011도4451).

>>> 정답 ②

18. 고소에 관한 설명 중 가장 적절하지 않은 것은? (다툼이 있으면 판례에 의함).

① 고소능력은 피해를 입은 사실을 이해하고 고소에 따른 사회생활상의 이해관계를 알아차릴 수 있는 사실상의 의사능력으로 충분하므로, 민법상의 행위능력과 구별된다.

② 반의사불벌죄의 공범 중 1인에 대한 처벌을 희망하지 않는 의사표시는 다른 공범자에 대하여 효력이 없다.

③ 수사기관이 고소권자를 증인 또는 피해자로서 신문한 경우에 그 진술에 범인의 처벌을 요구하는 의사표시가 포함되어 있고 그 의사표시가 조서에 기재된 경우 이는 적법한 고소로 볼 수 있다.

④ 피해자의 법정대리인은 피해자 본인의 고소권이 소멸하면 고소권을 행사할 수 없다.

해설 [17년 경찰2] ① 고소를 할 때는 소송행위능력, 즉 고소능력이 있어야 하나, 고소능력은 피해를 입은 사실을 이해하고 고소에 따른 사회생활상의 이해관계를 알아차릴 수 있는 사실상의 의사능력으로 충분하므로, 민법상 행위능력이 없는 사람이라도 위와 같은 능력을 갖추었다면 고소능력이 인정된다.(대법원 2011. 6. 24. 선고 2011도4451)

② 고소와 고소취소의 불가분에 관한 규정을 함에 있어서는 반의사불벌죄에 이를 준용하는 규정을 두지 아니한 것은 처벌을 희망하지 아니하는 의사표시나 처벌을 희망하는 의사표시의 철회에 관하여는 친고죄와는 달리 그 공범자간에 불가분의 원칙을 적용하지 아니하고자 함에 있다고 볼 것이지, 입법의 불비로 볼 것은 아니다.(대법원 1994. 4. 26. 선고 93도1689)

③ 친고죄에서 고소는, 고소권 있는 자가 수사기관에 대하여 범죄사실을 신고하고 범인의 처벌을 구하는 의사표시로서 서면뿐만 아니라 구술로도 할 수 있고, 다만 구술에 의한 고소를 받은 검사 또는 사법경찰관은 조서를 작성하여야 하지만 그 조서가 **독립된 조서일 필요는 없으며,** 수사기관이 고소권자를 증인 또는 피해자로서 신문한 경우에 그 진술에 범인의 처벌을 요구하는 의사표시가 포함되어 있고 그 의사표시가 조서에 기재되면 고소는 적법하다(대법원 2011. 6. 24. 선고 2011도4451).

④ 법정대리인의 고소권은 무능력자의 보호를 위하여 **법정대리인에게 주어진 고유권**이므로 법정대리인은 피해자의 고소권소멸여부에 관계없이 고소할 수 있고 이러한 고소권은 **피해자의 명시한 의사에 반하여도 행사할 수 있다**(대판 1999.12.24. 99도3784).

>>> 정답 ④

19. 고소 등에 대한 다음의 설명(㉠~㉤) 중 옳고 그름의 표시 (O, X)가 바르게 된 것은? (다툼이 있는 경우 판례에 의함)

㉠ 고소능력은 피해를 입은 사실을 이해하고 고소에 따른 사회생활상의 이해관계를 알아차릴 수 있는 사실상의 의사능력으로 충분하므로, 민법 상행위능력이 없는 사람이라도 위와 같은 능력을 갖추었다면 고소능력이 인정된다.

㉡ 고소권자가 비친고죄로 고소한 사건이더라도 검사가 사건을 친고죄로 구성하여 공소를 제기 하였다면, 공소장 변경절차를 거쳐 공소사실이 비친고죄로 변경되지 아니하는 한, 법원으로서는 친고죄에서 소송조건이 되는 고소가 유효하게 존재하는지를 직권으로 조사 심리하여야 한다.

㉢ 법정대리인의 고소권은 무능력자의 보호를 위하여 법정대리인에게 주어진 고유권이어서 피해자의 고소권 소멸 여부에 관계없이 고소 할 수 있는 것이며, 그 고소기간은 법정대리인 자신이 범인을 알게 된 날로부터 진행한다.

㉣ 형사소송법 제236조의 대리인에 의한 고소의 경우 대리권이 정당한 고소권자에 의하여 수여되었음을 증명하기 위해 반드시 위임장을 제출한다거나 대리라는 표시를 하여야 한다.

㉤ 친고죄에 관한 고소의 주관적 불가분원칙을 규정한 형사소송법 제233조는 공정거래법상 공정거래위원회의 고발에 준용된다.

① ㉠(O)㉡(X)㉢(O)㉣(O)㉤(×) ② ㉠(O)㉡(O)㉢(X)㉣(X)㉤(×)
③ ㉠(X)㉡(X)㉢(X)㉣(O)㉤(O) ④ ㉠(O)㉡(O)㉢(O)㉣(X)㉤(×)

해설 [20년 경찰1] ㉠ 고소를 할 때는 소송행위능력, 즉 고소능력이 있어야 하나, 고소능력은 피해를 입은 사실을 이해하고 고소에 따른 사회생활상의 이해관계를 알아차릴 수 있는 사실상의 의사능력으로 충분하므로, 민법상 행위능력이 없는 사람이라도 위와 같은 능력을 갖추었다면 고소능력이 인정된다.(대법원 2011. 6. 24. 선고 2011도4451)

㉡ 고소권자가 비친고죄로 고소한 사건이더라도 검사가 사건을 친고죄로 구성하여 공소를 제기하였다면 공소장 변경절차를 거쳐 공소사실이 비친고죄로 변경되지 아니하는 한, 법원으로서는 친고죄에서 소송조건이 되는 고소가 유효하게 존재하는지를 **직권으로 조사 · 심리**하여야 한다(대법원 2015. 11. 17. 선고 2013도7987)

㉢ 법정대리인의 고소권은 무능력자의 보호를 위하여 법정대리인에게 주어진 고유권으로서 피해자의 고소권 소멸여부에 관계없이 고소할 수 있는 것이므로 법정대리인의 고소기간은 법정대리인 자신이 범인을 알게 된 날로부터 진행한다(대법원 1987. 6. 9. 선고 87도857)

㉣ (×)대리인에 의한 고소의 경우 대리권이 정당한 고소권자에 의하여 수여되었음이 실질적으로 증명되면 충분하고 그 방식에 **특별한 제한은 없다**고 할 것이며 한편 친고죄에 있어서의 고소는 고소권 있는 자가 수사기관에 대하여 범죄사실을 신고하고 범인의 처벌을 구하는 의사표시로서 서면뿐만 아니라 구술로도 할 수 있는 것이므로, 피해자로부터 고소를 위임받은 대리인은 수사기관에 구술에 의한 방식으로 고소를 제기할 수도 있다(대판 2002. 6.14. 2000도4595).

㉤ (×)친고죄에 관한 **고소의 주관적 불가분 원칙**을 규정하고 있는 형사소송법 제233조가 공정거래위원회의 고발에도 유추적용 된다고 해석한다면 이는 **공정거래위원회의 고발이 없는 행위자에 대해서까지 형사처벌의 범위를 확장하는 것**으로서, 결국 피고인에게 불리하게 유추해석 한 경우에 해당하므로 **죄형법정주의에 반하여 허용될 수 없다**(2008도4762).

≫≫ 정답 ④

20. 고소에 대한 설명으로 가장 적절하지 않은 것은? (다툼이있는 경우 판례에 의함)

① 민법상 행위능력이 없는 사람이라도 피해를 입은 사실을 이해하고 고소에 따른 사회생활상의 이해관계를 알아차릴 수 있는 사실상의 의사능력을 갖추었다면 고소능력이 인정된다.

② 구 성폭력범죄의 처벌 등에 관한 특례법 (2013. 4. 5. 법률 제11729호로 개정) 시행일 이전에 저지른 친고죄인 성폭력범죄의 고소기간은 동법 제19조 제1항 본문(2013. 4. 5. 법률 제11729호로 개정되기 전의 것)에 따라서 '범인을 알게 된 날부터 1년'으로 본다.

③ 법인세는 사업연도를 과세기간으로 하는 것이므로 그 포탈범죄는 각 사업연도마다 1개의 범죄가 성립하는데, 일죄의 관계에 있는 범죄사실의 일부에 대한 공소제기 및 고발의 효력은 그 일죄의 전부에 대하여 미친다.

④ 구 컴퓨터프로그램 보호법 (2009. 4. 22. 법률 제9625호 저작권법부칙 제2조로 폐지) 제48조는 프로그램의 저작권침해에 대해 프로그램저작권자 또는 프로그램 배타적 발행권자의 고소가 있어야 공소를 제기할 수 있다고 규정하고 있는데, 프로그램저작권이 명의신탁된 경우 제3자의 침해행위에 대한 고소권자는 명의신탁자이다

> **해설** [21년 승진] ① 고소를 할 때는 소송행위능력, 즉 고소능력이 있어야 하나, 고소능력은 피해를 입은 사실을 이해하고 고소에 따른 사회생활상의 이해관계를 알아차릴 수 있는 사실상의 의사능력으로 충분하므로, 민법상 행위능력이 없는 사람이라도 위와 같은 능력을 갖추었다면 고소능력이 인정된다(대법원 2011. 6. 24. 선고 2011도4451)
>
> ② (구)성폭력범죄의 처벌 등에 관한 특례법시행일 이전에 저지른 친고죄인 성폭력범죄의 고소기간은 '범인을 알게 된 날부터 1년으로 본다.
>
> ③ 법인세는 사업연도를 과세기간으로 하는 것이므로 각 사업연도마다 1개의 범죄가 성립하는데, 일죄의 관계에 있는 범죄사실의 일부에 대한 공소제기 및 고발의 효력은 그 일죄의 전부에 대하여 미친다.
>
> ④ 프로그램저작권자 또는 프로그램배타적발행권자' 등의 고소가 있어야 공소를 제기할 수 있다고 규정하고 있는데, 프로그램저작권이 명의신탁된 경우 대외적인 관계에서는 명의수탁자만이 프로그램저작권자이므로 제3자의 침해행위에 대한 구 컴퓨터프로그램 보호법 제48조 소정의 고소 역시 **명의수탁자만이 할 수 있다**(대법원 2013. 3. 28. 선고 2010도8467)

>> 정답 ④

21. 고소에 대한 설명으로 옳은 것을 모두 고른 것은? (다툼이 있는 경우 판례에 의함)

> ㄱ 수사기관이 고소권자를 증인 또는 피해자로서 신문한 경우에 그 진술에 범인의 처벌을 요구하는 의사표시가 포함되어 있고 그 의사표시가 조서에 기재되면 이를 적법한 고소로 볼 수 있다.
>
> ㄴ 반의사불벌죄에 있어서 처벌을 희망하는 의사표시의 철회는 제1심판결 선고 전까지

이를 할 수 있으나, 항소심에 이르러 비로소 반의사불벌죄가 아닌 죄에서 반의사불벌죄로 공소장이 변경된 경우에는 예외적으로 항소심에서도 처벌을 희망하는 의사표시를 철회할 수 있다.

ㄷ. 친고죄에 대하여 고소할 자가 없는 경우에 이해관계인의 신청이 있으면 검사는 7일 이내에 고소할 수 있는 자를 지정하여야 한다.

ㄹ. 친고죄에서 적법한 고소가 있었는지는 자유로운 증명의 대상이고, 일죄의 관계에 있는 범죄사실 일부에 대한 고소의 효력은 일죄 전부에 대하여 미친다.

① ㄱ, ㄴ ② ㄱ, ㄷ ③ ㄱ, ㄹ ④ ㄴ, ㄹ

해설 [18년 승진]ㄱ. 수사기관이 고소권자를 증인 또는 피해자로서 신문한 경우에 그 진술에 범인의 처벌을 요구하는 의사표시가 포함되어 있고 그 의사표시가 조서에 기재되면 고소는 적법하다(대법원 2011. 6. 24. 선고 2011도4451,2011)

ㄴ. (×)비록 항소심에 이르러 비로소 반의사불벌죄가 아닌 죄에서 반의사불벌죄로 공소장변경이 있었다 하여 항소심인 제2심을 제1심으로 볼 수는 없다.

ㄷ. (×)친고죄에 대하여 고소할 자가 없는 경우에 이해관계인의 신청이 있으면 검사는 **10일 이내**에 고소할 수 있는 자를 지정하여야 한다(제228조).

ㄹ. 친고죄에서 적법한 고소가 있었는지는 자유로운 증명의 대상이 되고, 일죄의 관계에 있는 범죄사실 일부에 대한 고소의 효력은 일죄 전부에 대하여 미친다(대법원 2011. 6. 24. 선고 2011도445)

▶▶ 정답 ③

---

22. 친고죄의 고소에 대한 설명으로 옳은 것만을 모두 고르면? (다툼이 있는 경우 판례에 의함)

ㄱ. 친고죄가 아닌 범죄로 기소되었으나 항소심에서 공소장의 변경에 의하여 친고죄로 인정된 경우, 고소인이 공소제기 전에 행한 고소를 항소심에서 취소하면 법원은 공소기각의 판결을 선고하여야 한다.

ㄴ. 수사기관이 고소권이 있는 자를 증인 또는 피해자로서 신문한 경우에는 그 진술에 범인의 처벌을 요구하는 의사표시가 포함되어 있고 그 의사표시가 조서에 기재되어 있더라도 이는 고소로서 유효하지 않다.

ㄷ. 수사가 장차 고소나 고발의 가능성이 없는 상태 하에서 행해졌다는 등의 특단의 사정이 없는 한, 고소나 고발이 있기 전에 수사를 하였다는 이유만으로 그 수사가 위법하게 되는 것은 아니다.

ㄹ. 친고죄에 있어서 피해자의 고소권은 공법상의 권리로서 법이 특히 명문으로 인정하는 경우를 제외하고는 고소 전에 고소권을 포기할 수 없다.

① ㄱ, ㄴ ② ㄴ, ㄷ
③ ㄷ, ㄹ ④ ㄱ, ㄷ, ㄹ

해설 [20년 검찰9] ㉠ (×)항소심에서 공소장의 변경에 의하여 또는 공소장변경절차를 거치지 아니하고 법원 직권에 의하여 친고죄가 아닌 범죄를 친고죄로 인정하였더라도 항소심을 제1심이라 할 수는 없는 것이므로, 항소심에 이르러 비로소 고소인이 고소를 취소하였더라도 이는 친고죄에 대한 고소 취소로서의 효력은 없다(대판 1999..4..15. 96도1922).

㉡ (×)수사기관이 고소권자를 증인 또는 피해자로서 신문한 경우에 그 진술에 범인의 처벌을 요구하는 의사표시가 포함되어 있고 그 의사표시가 조서에 기재되면 고소는 적법하다(대판 2011. 6. 24. 2011도4451)

㉢ 수사가 장차 고소나 고발의 가능성이 없는 상태하에서 행해졌다는 등의 특단의 사정이 없는 한, 고소나 고발이 있기 전에 수사를 하였다는 이유만으로 그 수사가 위법하게 되는 것은 아니다(대법원 2011. 3. 10. 선고 2008도7724)

㉣ 친고죄에 있어서의 피해자의 고소권은 공법상의 권리라고 할 것이므로 법이 특히 명문으로 인정하는 경우를 제외하고는 자유처분을 할 수 없고 따라서 일단한 고소는 취소할 수 있으나 고소전에 고소권을 포기할 수 없다(대법원 1967. 5. 23. 선고 67도471)

>> 정답 ①

23. 고소에 관한 설명 중 가장 적절한 것은? (다툼이 있으면 판례에 의함)

① 피해자가 경찰청 인터넷 홈페이지에 '피고인을 철저히 조사해 달라'는 취지의 신고 민원을 접수하는 형태로 피고인에 대한 조사를 촉구하는 의사표시를 한 것은 형사소송법 제237조 제1항에 따른 적법한 고소에 해당한다.

② 고소권자가 비친고죄로 고소한 사건이더라도 검사가 친고죄로 기소하였다면 공소 장변경 절차를 거쳐 공소사실이 비친고죄로 변경되지 않는 한, 법원은 고소가 유 효하게 존재하는지를 직권으로 조사 심리하여야 한다.

③ 절대적 친고죄의 공범 중 그 1인 또는 수인에 대한 고소는 다른 공범자에 대하여도 효력 이 있으나, 취소는 그 취소의 상대방으로 지정된 피고소인에 대해서만 효력이 있다.

④ 친고죄에서 고소는 처벌조건이므로 고소가 있었는지 여부는 엄격한 증명의 대상이 된 다.

해설 [20년 승진] 고소는 수사기관에 단순히 피해사실을 신고하거나 수사 및 조사를 촉구하는 것에 그치지 않고 범죄사실을 신고하여 범인의 소추 · 처벌을 요구하는 의사표시이므로, 피해자가 경찰 청 인터넷 홈페이지에 '피고인을 철저히 조사해 달라'는 취지의 민원을 접수하는 형태로 피고 인에 대한 **조사를 촉구하는 의사표시를 한 것은 형사소송법에 따른 적법한 고소로 보기 어렵다**(대 판 2012.2.23. 2010도 9524).

② 고소가 유효하게 존재하는지는 **법원이 직권으로 조사 심리**하여야 한다.(대판 2015.11.17. 2013도 7987)

③ 친고죄의 공범 중 그 1인 또는 수인에 대한 고소 또는 그 취소는 **다른 공범자에 대하여도 효력이 있다**(제233조).

④ 친고죄에서 고소는 소송조건으로 친고죄에서 적법한 고소가 있었는지는 **자유로운 증명의 대상**이 된다(대판 2011.6.24. 2011도4451).

>> 정답 ②

24. 고소불가분의 원칙에 대한 설명으로 옳지 않은 것은?

① 다른 환자들 앞에서 수술결과에 불만을 품고 거칠게 항의하는 환자 A에 대하여 의사 甲이 욕을 하면서 업무상 지득한 A에 대한 비밀을 누설한 경우, 모욕행위에 대한 A의 고소는 업무상 비밀누설행위에 대하여도 효력이 미친다.

② 甲이 하나의 문서를 통해 A, B, C를 모욕하였으나 A만이 甲을 모욕죄로 고소한 경우, A의 고소는 B, C에 대한 모욕행위에는 효력이 미치지 않는다.

③ 변호사 甲이 A에게 직무상 알게 된 비밀을 누설하는 방법으로 B의 명예를 훼손한 경우, 명예훼손행위에 대한 B의 고소는 업무상 비밀누설행위에 대하여도 효력이 미친다.

④ 수회의 모욕이 경합범의 관계에 있다면 이 중 하나의 모욕행위에 대한 고소는 다른 모욕행위에 대하여 효력이 미치지 않는다.

해설 [18년 7급] ① 모욕죄와 업무상비밀누설죄는 모두 친고죄이고 또한 피해자가 A로 동일하므로 모욕행위에 대한 A의 고소는 업무상비밀누설행위에도 그 효력이 미친다.

② 3개의 모욕죄는 친고죄이지만 피해자가 다르므로 A가 甲을 모욕죄로 고소하더라도 B, C에 대한 모욕행위에는 그 효력이 미치지 않는다.

③ 업무상비밀누설죄는 친고죄이지만, 명예훼손죄는 반의사불벌죄이지 친고죄가 아니므로 명예훼손행위에 대한 B의 고소는 업무상 비밀누설행위에는 그 효력이 미치지 않는다.

④ 고소의 객관적 불가분 원칙은 하나의 범죄사실을 전제로 하므로 설문과 같이 실체적 경합범의 관계에 있는 수개의 모욕죄의 경우에는 이 원칙이 적용되지 아니한다. 따라서 수회의 모욕행위 중 하나의 모욕행위에 대한 고소는 다른 모욕행위에는 그 효력이 미치지 않는다.

➤➤ 정답 ③

25. 고소의 취소에 대한 설명으로 가장 적절한 것은? (판례에 의함)

① 항소심이 제1심의 공소기각 판결이 위법함을 이유로 제1심 판결을 파기하고 사건을 제1심으로 다시 환송한 경우, 이미 제1심 판결이 한번 선고되었던 이상 파기환송 후 다시 진행된 제1심 절차에서 고소취소는 허용되지 않는다.

② 항소심에서 공소장변경 또는 법원 직권에 의하여 비친고죄를 친고죄로 인정한 경우, 항소심에서의 고소취소는 친고죄에 대한 고소취소로서의 효력이 없다.

③ 고소는 대리인을 통해서 할 수 있지만, 고소의 취소는 대리가 허용되지 않는다.

④ 검사가 작성한 피해자에 대한 진술조서에 "법대로 처벌하여 주시기 바랍니다." 라고 기재되어 있고, "더 할 말이 없나요?"라는 물음에 "젊은 사람들이니 한번 기회를 주시면 감사하겠습니다."라고 조서에 기재되었다면 처벌의사를 철회한 것으로 볼 수 있다.

해설 [19년 승진] ① 상소심에서 제1심의 공소기각판결이 법률에 위반됨을 이유로 이를 파기하고 사건을 제1심법원에 환송함에 따라 다시 제1심 절차가 진행된 경우, 종전의 제1심판결은 이미 파기되어 그 효력을 상실하였으므로 **환송 후의 제1심판결 선고 전에는 고소취소의 제한사유가 되는 제1심**

판결 선고가 없는 경우에 해당한다. 따라서 **환송 후 재심 판결 선고 전에 고소가 취소되면 형사소송법 제 327조 제5호에 의하여 판결로써 공소를 기각하여야** 한다(대판 2011.8.25. 2009 도 9112).

② 항소심에서 공소장의 변경에 의하여 또는 공소장변경절차를 거치지 아니하고 법원 직권에 의하여 친고죄가 아닌 범죄를 친고죄로 인정하였더라도 항소심을 제1심이라 할 수는 없는 것이므로, 항소심에 이르러 비로소 고소인이 고소를 취소하였다면 이는 친고죄에 대한 고소취소로서의 효력은 없다(대판 96도1922).

③ 고소 또는 그 취소는 대리인으로 하여금 하게 할 수 있다(제236조).

④ 피해자의 진술취지는 법대로 처벌하되 관대한 처분을 바란다는 취지로 보아야 하고 처벌의사를 철회한 것으로 볼 것이 아니다(대판 1981.1.13. 80도2210).

>> 정답 ②

26. 고소취소에 대한 설명으로 가장 적절하지 않은 것은?(다툼이 있는 경우 판례에 의함)

① 고소의 취소는 수사기관 또는 법원에 대한 고소한 자의 의사표시로서 서면 또는 구술로 할 수 있다.

② 피해자가 제1심 법정에서 피고인에 대한 처벌희망 의사표시를 철회할 당시 나이가 14세 10개월이었더라도 그 철회의 의사표시가 의사능력이 있는 상태에서 행해졌다면 법정대리인의 동의가 없었더라도 유효하다.

③ 피해자가 피고인을 고소한 사건에서, 법원으로부터 증인으로 출석하라는 소환장을 받은 피해자가 자신에 대한 증인소환을 연기해 달라고 하거나 기일변경신청을 하고 출석을 하지 않는경우, 법원은 이를 피해자의 처벌불원의 의사표시로 볼 수 있다.

④ 피고인이 피해자로부터 합의서를 교부받아 피고인이 피해자를 대리하여 처벌불원 의사서를 수사기관에 제출한 이상, 이후 피고인이 피해자에게 약속한 치료비 전액을 지급하지 아니한 경우에도 민사상 치료비에 관한 합의금 지급채무가 남는 것은 별론으로 하고 피해자는 처벌불원의사를 철회할 수 없다.

해설 [21년 승진] ① 고소의 취소는 수사기관 또는 법원에 대한 고소한 자의 의사표시로서 서면 또는 구술로 할 수 있다.

② 피해자인 청소년에게 의사능력이 있는 이상 단독으로 피고인 또는 피의자의 처벌을 희망하지 않는다는 의사표시 또는 처벌희망 의사표시의 철회를 할 수 있고, 법정대리인의 동의가 있어야 하는 것은 아니다.

③ 피해자가 자신에 대한 증인소환의 기일변경신청을 하고 출석을 하지 않는경우, 법원은 이를 피해자의 <u>처벌불원의 의사표시로 볼 수 없다.</u>

④ 피고인이 피해자로부터 작성·교부받은 교통사고 합의서를 수사기관에 제출한 경우, 피해자의 처벌불원의사가 적법하게 표시되었고, 피고인이 피해자에게 **약속한 합의금 전액을 지급하지 않은 경우에도 처벌불원의사를 철회할 수 없다**(대판 2001. 12. 14. 2001도4283)

>> 정답 ③

27. 친고죄에서의 고소취소 및 고소권 포기에 대한 설명으로 가장 적절하지 않은 것은?
(다툼이 있는 경우 판례에 의함)

① 고소를 한 피해자가 가해자에게 합의서를 작성하여 준 것만으로는 적법한 고소취소로 보기 어렵지만, '가해자와 원만히 합의하였으므로 피해자는 가해자를 상대로 이 사건과 관련한 어떠한 민·형사상의 책임도 묻지 아니한다.'는 취지의 합의서를 공소제기 이전 수사기관에 제출하였다면 고소취소의 효력이 있다.

② 고소는 제1심판결 선고 전까지 취소할 수 있지만, 항소심에서 공소장변경절차를 거치지 아니하고 법원이 직권으로 친고죄가 아닌 범죄를 친고죄로 인정한 경우, 항소심에서 고소인이 고소를 취소하였다면 친고죄에 대한 고소취소로서 효력을 갖는다.

③ 일단고소를 취소한자는 고소기간이 남았더라도 다시 고소하지 못한다.

④ 고소권은 고소 전에 포기될 수 없으므로, 비록 고소 전에 피해자가 처벌을 원치 않았다 하더라도 피해자가 고소장을 제출하여 처벌을 희망하는 의사를 분명히 표시한 후 그 고소를 취소한 바 없다면 피해자의 고소는 유효하다.

> **해설** [21년 경찰1차] ① 피고인과 합의한 사실, 그 후 "이 사건 전체에 대하여 피고인과 원만히 합의하였으므로 피해자는 가해자를 상대로 이 사건과 관련한 어떠한 민·형사상의 책임도 묻지 아니한다."는 취지의 피고인과 피해자 사이의 합의서가 경찰에 제출된 사실을 각 인정할 수 있는바, 사실관계가 이와 같다면, 위와 같은 합의서의 제출로써 피해자는 피고인에 대하여 처벌을 희망하던 종전의 의사를 철회한 것으로서 이 사건 공소제기 전에 고소를 취소한 것으로 봄이 상당하다(대법원 2002. 7. 12. 선고 2001도6777)
>
> ② 항소심에서 공소장의 변경에 의하여 또는 공소장변경절차를 거치지 아니하고 법원 직권에 의하여 친고죄가 아닌 범죄를 친고죄로 인정하였더라도 항소심을 제1심이라 할 수는 없으므로 항소심에 이르러 비로소 고소인이 고소를 취소하였더라도 이는 친고죄에 대한 고소취소로서 효력이 없다.(대판 1999. 4. 15. 선고96도1922)
>
> ③ 고소를 취소한 자는 다시 고소할 수 없다(제232조 제2항)
>
> ④ 피해자가 고소장을 제출하여 처벌을 희망하는 의사를 분명히 표시한 후 고소를 취소한 바 없다면 비록 고소 전에 피해자가 처벌을 원치 않았다 하더라도 그 후에 한 피해자의 고소는 유효하다(대판 2008. 11. 27)

>> **정답** ②

28. 반의사불벌죄에 대한 설명으로 가장 적절하지 않은 것은? (판례에 의함)

① 반의사불벌죄에 있어서 피해자의 피고인 또는 피의자에 대한 처벌을 희망하지 않는다는 의사표시 또는 처벌을 희망하는 의사표시의 철회는 형사소송절차에 있어서의 소송능력에 관한 일반 원칙에 따라 의사능력이 있는 미성년자인 피해자가 단독으로 이를 할 수 있고, 거기에 법정대리인의 동의가 있어야 한다거나 법정대리인에 의해 대리되어야만 한다고 볼 것은 아니다.

② 반의사불벌죄에 있어서 처벌불원의 의사표시의 부존재는 법원이 직권으로 조사해야 하는 사항이므로 당사자가 항소이유로 주장하지 않았다고 하더라도 원심은 이를 직권으로 조사 · 판단하여야 한다.

③ 반의사불벌죄의 공범 중 1인에 대한 처벌을 희망하지 않는 의사표시는 다른 공범자에 대하여 효력이 없다.

④ 폭행죄는 피해자의 명시한 의사에 반하여 공소를 제기할 수 없는 반의사불벌죄로서 처벌불원의 의사표시는 의사능력이 있는 피해자가 단독으로 할 수 있는 것이고, 피해자가 사망한 후에는 그 상속인이 피해자를 대신하여 처벌불원의 의사표시를 할 수 있다.

해설 [19년 승진] ① 반의사불벌죄에 있어서 피해자의 피고인 또는 피의자에 대한 처벌을 희망하지 않는다는 의사표시 또는 처벌을 희망하는 의사표시의 철회는, 위와 같은 형사소송절차에 있어서의 소송능력에 관한 일반원칙에 따라, 의사능력이 있는 피해자가 단독으로 이를 할 수 있고, 거기에 법정대리인의 동의가 있어야 한다거나 법정대리인에 의해 대리되어야만 한다고 볼 것은 아니다.(대법원 2009. 11. 19. 선고 2009도6058)

② 반의사불벌죄에 있어서 처벌불원의 의사표시의 부존재는 소위 소극적 소송조건으로서 직권조사사항이라 할 것이므로 당사자가 항소이유로 주장하지 아니하였다고 하더라도 원심은 이를 직권으로 조사 · 판단하여야 한다(대법원 2009. 12. 10. 선고 2009도9939)

③ 고소와 고소취소의 불가분에 관한 규정을 함에 있어서는 반의사불벌죄에 이를 준용하는 규정을 두지 아니한 것은 처벌을 희망하지 아니하는 의사표시나 처벌을 희망하는 의사표시의 철회에 관하여 친고죄와는 달리 공범자간에 불가분의 원칙을 적용하지 아니하고자 함에 있다(대법원 1994. 4. 26. 선고 93도1689)

④ 폭행죄에 있어 **피해자가 사망한 후 그 상속인이 피해자를 대신하여 처벌불원의 의사표시를 할 수는 없다.** 따라서 피해자의 상속인들이 제1심판결 선고 전에 피고인에 대한 처벌불원의 의사표시를 하였다고 하더라도, 원심이 피고인에 대한 폭행죄를 유죄로 판단한 것은 옳다(대판 2010.5.27. 2010 도2680).

>>> 정답 ④

29. 고소와 고발에 대한 다음 설명 중 적절하지 않은 것 만을 고른 것은 모두 몇 개인가? (다툼이 있는 경우 판례에 의함)

> ㉠ 「성폭력범죄의 처벌 등에 관한 특례법」 제27조에 따라 성폭력범죄 피해자의 변호사는 피해자를 대리하여 피고인에 대한 처벌을 희망하는 의사표시를 철회하거나 처벌을 희망하지 않는 의사표시를 할 수 있다.
>
> ㉡ 반의사불벌죄에 있어서 미성년인 피해자에게 의사능력이 있는 이상, 법정대리인의 동의 없이 단독으로 고소취소 또는 처벌불원의 의사를 표시할 수 있다.
>
> ㉢ 제1심 법원이 반의사불벌죄로 기소된 피고인에 대하여 「소송촉진 등에 관한 특례법」 제23조에 따라 피고인의 진술 없이 유죄를 선고하여 판결이 확정된 후 피고인이 제1심 법원에 동법 제23조의2에 따른 재심을 청구하는 대신 항소권 회복 청구를 하여 항소심 재판을 받게 된 경우, 항소심 절차일지라도 처벌을 희망하는 의사표시를 철회

할 수 있다.

② 세무공무원 등의 고발에 따른 「조세범 처벌법」 위반죄 혐의에 대하여 검사가 불기소 처분을 하였다가 나중에 공소를 제기하는 경우에는 세무공무원 등의 새로운 고발이 있어야 한다.

⑩ 수개의 범칙사실 중 일부만을 범칙사건으로 하는 고발이 있는 경우에 고발장에 기재된 범칙사실과 동일성이 인정되지 않는 다른 범칙사실에 대해서는 고발의 효력이 미치지 않는다.

① 1개 　　　　② 2개 　　　　③ 3개 　　　　④ 4개

해설 [20년 경찰2] ㉠ **성폭력 피해자의 변호사는** 형사절차에서 피해자 등의 대리가 허용될 수 있는 모든 소송행위에 대한 **포괄적인 대리권을 가진다.** 따라서 피해자의 변호사는 피해자를 대리하여 피고인에 대한 처벌을 희망하는 의사표시를 철회하거나 처벌을 희망하지 않는 의사표시를 할 수 있다(대판 2019도10678).

㉡ 반의사불벌죄라고 하더라도, 피해자인 청소년에게 의사능력이 있는 이상, 단독으로 피고인 또는 피의자의 처벌을 희망하지 않는다는 의사표시 또는 처벌희망 의사표시의 철회를 할 수 있고, 거기에 법정대리인의 동의가 있어야 하는 것으로 볼 것은 아니다(대판 2009도6058)

㉢ (×)피고인이 책임을 질 수 없는 사유로 공판절차에 출석할 수 없었음을 이유로 소송촉진법 제23조의2에 따라 제1심 법원에 재심을 청구하여 재심개시결정이 내려졌다면 피해자는 재심의 제1심 판결 선고 전까지 처벌을 희망하는 의사표시를 철회할 수 있다. 그러나 피고인이 제1심 법원에 소송촉진법 제23조의2에 따른 재심을 청구하는 대신 **항소권회복청구를** 함으로써 항소심 재판을 받게 되었다면 항소심을 제1심이라고 할 수 없는 이상 항소심 절차에서는 처벌을 희망하는 의사표시를 철회할 수 없다(대판 2016도9470).

㉣(×)세무공무원 등의 고발이 있어야 공소를 제기할 수 있는 조세범처벌법 위반죄에 관하여 일단 불기소처분이 있었더라도 **세무공무원 등이 종전에 한 고발은 여전히 유효하다.** 따라서 나중에 공소를 제기함에 있어 세무공무원 등의 새로운 고발이 있어야 하는 것은 아니다(대판 2009도6614).

㉤ 수 개의 범칙사실 중 일부만을 범칙사건으로 하는 고발이 있는 경우 고발장에 기재된 범칙사실과 동일성이 인정되지 않는 다른 범칙사실에 대해서까지 고발의 효력이 미칠 수는 없다(대판 2013도5650).

　　　　　　　　　　　　　　　　　　　　　　　　　　　　　　　　>> 정답 ②

30. 고소와 고발에 대한 다음 설명으로 적절하지 않은 것은 모두 몇 개인가? (다툼이 있는 경우 판례에 의함)

㉠ 성폭력범죄의 처벌 등에 관한 특례법 제27조에 따라 성폭력범죄 피해자의 변호사는 피해자를 대리하여 피고인에 대한 처벌을 희망하는 의사표시를 철회하거나 처벌을 희망하지 않는 의사표시를 할 수 있다.

㉡ 세무공무원 등의 고발에 따른 조세범 처벌법 위반 사건에 대하여 검사가 불기소처분을 하였다가 나중에 공소를 제기하는 경우에는 세무공무원 등의 새로운 고발이 있어야 한다.

㉢ 조세범처벌법 상 수 개의 범칙사실 중 일부만을 범칙사건으로 하는 고발이 있는 경우

에 고발장에 기재된 범칙사실과 동일성이 인정되지 않는 다른 범칙사실에 대해서는 고발의 효력이 미치지 않는다.

ㄹ 피해자가 반의사불벌죄의 공범 중 1인에 대하여 처벌을 희망하는 의사표시를 철회한 경우, 그 철회의 효력은 다른 공범자에 대해서도 미친다.

① 1개   ② 2개   ③ 3개   ④ 4개

해설 [21년 승진] ㄱ 피해자의 변호사는 형사절차에서 피해자 등의 대리가 허용될 수 있는 모든 소송행위에 대한 포괄적인 대리권을 가진다(제5항). 따라서 피해자의 변호사는 피해자를 대리하여 피고인에 대한 처벌을 희망하는 의사표시를 철회하거나 처벌을 희망하지 않는 의사표시를 할 수 있다(대법원 2019. 12. 13. 선고 2019도10678)

ㄴ (×) 세무공무원 등의 고발이 있어야 공소를 제기할 수 있는 조세범처벌법 위반죄에 관하여 일단 불기소처분이 있었더라도 **세무공무원 등이 종전에 한 고발은 여전히 유효하다.** 따라서 나중에 공소를 제기함에 있어 세무공무원 등의 새로운 고발이 있어야 하는 것은 아니다(대판 2009도6614).

ㄷ 수개의 범칙사실 중 일부만을 범칙사건으로 하는 고발이 있는 경우 고발장에 기재된 범칙사실과 동일성이 인정되지 않는 다른 범칙사실에 대해서까지 고발의 효력이 미칠 수는 없다(대판 2013도5650).

ㄹ (×) 반의사불벌죄의 공범 중 1인에 대하여 처벌을 희망하는 의사표시를 철회한 경우, 그 철회의 효력은 다른 공범자에 대해서는 미치지않는다.(대판 1994.4.26. 93도1689)

>> 정답 ②

31. 전속고발에 대한 설명으로 가장 적절하지 않은 것은?(다툼이 있는 경우 판례에 의함)

① 공정거래위원회의 고발이 있어야 공소를 제기할 수 있는 「독점규제 및 공정거래에 관한 법률」 위반죄를 적용하여 위반행위자들 중 일부에 대하여 공정거래위원회가 고발을 하였다면 나머지 위반행위자에 대하여도 위 고발의 효력이 미친다.

② 전속고발사건에 있어서 수사기관이 고발에 앞서 수사를 하고 甲에 대한 구속영장을 발부받은 후 검찰의 요청에 따라 관계 공무원이 고발조치를 하였다고 하더라도 공소제기 전에 고발이 있은 이상 甲에 대한 공소제기의 절차가 법률의 규정에 위반하여 무효라고 할 수는 없다.

③ 세무공무원 등의 고발이 있어야 공소를 제기할 수 있는 「조세범처벌법」 위반죄에 관하여 일단 불기소처분이 있었더라도 세무공무원 등이 종전에 한 고발은 여전히 유효하고, 따라서 나중에 공소를 제기함에 있어 세무공무원 등의 새로운 고발이 있어야 하는 것은 아니다.

④ 공정거래위원회가 사업자에게 「독점규제 및 공정거래에 관한법률」의 규정을 위반한 혐의가 있다고 인정하여 동법 제71조에 따라 사업자를 고발하였다면, 법원이 본안에 대하여 심판한 결과 위반되는 혐의 사실이 인정되지 아니하더라도 이러한 사정만으로는 그 고발을 기초로 이루어진 공소제기등 형사절차의 효력에 영향

을 미치지 아니한다.

해설 [21년 경찰1차] ① 친고죄에 관한 고소의 주관적 불가분원칙을 규정하고 있는 형사소송법 제233조가 공정거래위원회의 고발에도 유추적용된다고 해석한다면 이는 공정거래위원회의 고발이 없는 행위자에 대해서까지 형사처벌의 범위를 확장하는 것으로서, **피고인에게 불리하게 형벌법규의 문언을 유추해석한 경우에 해당하므로 죄형법정주의에 반하여 허용될 수 없다**(대판 2010. 9. 30. 선고2008도4762)

② 수사기관이 고발에 앞서 수사를 하고 피고인에 대한 구속영장을 발부받은 후 검찰의 요청에 따라 세무서장이 고발조치를 하였다고 하더라도 공소제기 전에 고발이 있은 이상 피고인들에 대한 이 사건 공소제기의 절차가 법률의 규정에 위반하여 무효라고 할 수는 없다(대법원 1995. 3. 10. 선고 94도3373)

③ 세무공무원 등의 고발이 있어야 공소를 제기할 수 있는 조세범처벌법 위반죄에 관하여 일단 불기소처분이 있었더라도 세무공무원 등이 종전에 한 고발은 여전히 유효하다. 따라서 나중에 공소를 제기함에 있어 세무공무원 등의 새로운 고발이 있어야 하는 것은 아니다(대법원 2009. 10. 29. 선고 2009도6614)

④ 공정거래위원회가 사업자에게 독점규제 및 공정거래에 관한 법률의 규정을 위반한 혐의가 있다고 인정하여 공정거래법 제71조에 따라 사업자를 고발하였다면 법원이 본안에 대하여 심판한 결과 공정거래법의 규정에 위반되는 혐의 사실이 인정되지 아니하거나 그 위반 혐의에 관한 공정거래위원회의 처분이 위법하여 행정소송에서 취소된다 하더라도 이러한 사정만으로는 그 고발을 기초로 이루어진 공소제기 등 형사절차의 효력에 영향을 미치지 아니한다(대법원 2015. 9. 10. 선고 2015도3926)

≫≫ 정답 ①

32. 고소 또는 고발에 대한 설명 중 옳고 그름의 표시(O, X)가 가장 바르게 된 것은? (다툼이 있으면 판례에 의함)

> ㉠ 고소할 수 있는 자가 수인인 경우에는 1인의 기간의 해태는 타인의 고소에 영향이 있다.
>
> ㉡ 고소와 고발의 대리는 허용된다.
>
> ㉢ 피해자가 사망한 때에는 그 배우자, 직계친족 또는 형제자매는 피해자의 명시한 의사에 반하여 고소할 수 있다.
>
> ㉣ 피해자의 법정대리인이 피의자이거나 법정대리인의 친족이 피의자인 때에는 피해자의 친족은 독립하여 고소할 수 있다.
>
> ㉤ 출판사 대표인 피고인이 도서의 저작권자인 피해자와 전자도서에 대하여 별도의 출판계약 등을 체결하지 않고 전자도서를 제작하여 인터넷서점 등을 통해 판매하였다고 하여 구 저작권법위반으로 기소된 사안에서, 피해자가 경찰청 인터넷 홈페이지에 '피고인을 철저히 조사해 달라'는 취지의 민원을 접수하는 형태로 피고인에 대한 조사를 촉구하는 의사표시를 한 것은 형사소송법에 따른 적법한 고소로 볼 수 있다.

① ㉠ O ㉡ O ㉢ O ㉣ X ㉤ O   ② ㉠ X ㉡ X ㉢ X ㉣ X ㉤ O

③ ㉠ X ㉡ O ㉢ X ㉣ O ㉤ X   ④ ㉠ X ㉡ X ㉢ X ㉣ O ㉤ X

해설 [17년 경찰] ㉠ (×)고소할 수 있는 자가 수인인 경우에는 1인의 기간의 해태는 **타인의 고소에 영향이 없다**(제231조).

㉡(×)고소는 대리가 허용되지만, **고발은 대리가 허용되지 아니한다**(제236조).

㉢(×)피해자가 사망한 때에는 그 배우자, 직계친족 또는 형제자매는 고소할 수 있다. 단, 피해자의 **명시한 의사에 반하지 못한다**(제225조 제2항).

㉣ 피해자의 법정대리인이 피의자이거나 법정대리인의 친족이 피의자인 때에는 피해자의 친족은 독립하여 고소할 수 있다(제226조).

㉤(×)고소라 함은 수사기관에 단순히 피해사실을 신고하거나 수사 및 조사를 촉구하는 것에 그치지 않고 범죄사실을 신고하여 범인의 소추·처벌을 요구하는 의사표시이므로, 저작권법위반죄의 피해자가 **경찰청 인터넷 홈페이지**에 '피고인을 철저히 조사해 달라'는 취지의 민원을 접수하는 형태로 피고인에 대한 조사를 촉구하는 의사표시를 한 것은 형사소송법에 따른 적법한 **고소로 보기 어렵다**(대판 2012.2.23. 2010도9524).

▶▶ 정답 ④

---

33. 자수에 대한 설명으로 옳은 것은? (다툼이 있는 경우 판례에 의함)

① 피고인이 자수하였음에도 불구하고 법원이 형법 제52조 제1항에 따른 자수감경을 하지 않거나 자수감경 주장에 대하여 판단을 하지 않았더라도 위법하지 않다.

② 수사기관에의 자발적 신고 내용이 범행을 부인하는 등 범죄성립요건을 갖추지 아니한 경우에는 자수는 성립하지 않지만, 그 후 수사과정에서 범행을 시인하였다면 새롭게 자수가 성립 될 여지가 있다.

③ 수사기관의 직무상의 질문 또는 조사에 응하여 범죄사실을 진술하는 경우라도 자수가 인정 될 수 있다.

④ 범인이 수사기관에 뇌물수수의 범죄사실을 자발적으로 신고하였다면 특정범죄 가중처벌 등에 관한 법률의 적용을 피하기 위해 그 수뢰액을 실제보다 적게 신고한 것일지라도 자수는 성립한다.

해설 [19년 검찰] ① 피고인이 자수하였다 하더라도 자수한 자에 대하여는 법원이 임의로 형을 감경할 수 있음에 불과한 것으로서 원심이 자수감경을 하지 아니하였다거나 **자수감경 주장에 대하여 판단을 하지 아니하였다 하여 위법하다고 할 수 없다**(대판2001.4.24., 2001도872)

② 수사기관에의 신고가 자발적이라고 하더라도 그 신고의 내용이 자기의 범행을 명백히 부인하는 등의 내용으로 자기의 범행으로서 범죄성립요건을 갖추지 아니한 사실일 경우에는 자수는 성립하지 않고, 수사과정이 아닌 그 후의 **재판과정에서 범행을 시인하였다고 하더라도 새롭게 자수가 성립할 여지는 없다**고 할 것이다(대판 1999.9.21. 99도2443).

③ 수사기관의 직무상의 질문 또는 조사에 응하여 범죄사실을 진술하는 것은 자백일 뿐 자수로는 되지 않는다(대판 1992.8.14., 92도962).

④ 수사기관에 뇌물수수의 범죄사실을 자발적으로 신고하였으나 그 **수뢰액을 실제보다 적게 신고함으로써 적용법조와 법정형이 달라지게 된 경우에는 자수가 성립하였다고 할 수 없다**(대판2004도2003).

▶▶ 정답 ①

34. 임의수사에 대한 설명으로 가장 적절하지 않은 것은? (판례에 의함)

① 임의수사의 경우에도 법률이 수사활동의 요건 절차를 규정하고 있다면, 그에 위반하여 수집한 증거는 위법수집증거로서 증거능력이 부정된다.

② 형사소송법 상 임의수사가 원칙이고 강제수사는 법률에 특별한 규정이 있는 경우에 한하여 예외적으로 허용된다.

③ 수사기관은 피검사자의 동의를 얻은경우에 거짓말탐지기를 사용할 수 있다. 다만, 그 검사결과를 공소사실의 존부를 인정하는 직접증거로는 사용할 수 없고, 진술의 신빙성 유무를 판단하는 정황증거로만 사용할 수 있다.

④ 상대방의 동의를 얻어 보호실 등 특정한 장소에 유치하는 승낙유치는 임의수사의 한 종류로 영장 없이 할 수 있다.

> **해설** [21년 승진] ① 임의수사의 경우에도 절차를 위반하여 수집한 증거는 위법수집증거로서 증거능력이 부정된다.
>
> ② 형사소송법은 임의수사가 원칙이고 강제수사는 법률에 특별한 규정이 있는 경우에 한하여 예외적으로 허용된다.
>
> ③ 수사기관은 피검사자의 동의를 얻은경우에 거짓말탐지기를 사용할 수 있으나, 검사결과는 공소사실의 존부를 인정하는 직접증거로는 사용할 수 없고, 진술의 신빙성 유무를 판단하는 **정황증거로만 사용할 수 있다.**
>
> ④ 강제유치든 피의자의 승낙을 받아 유치하는 승낙유치든 본인의 사전 동의를 받은 경우에도 그것이 실질적으로 구속과 다를 바 없고, 이를 허용되지 않는다.

>> 정답 ④

35. 수사에 대한 설명으로 가장 적절하지 않은 것은? (다툼이 있으면 판례에 의함)

① 구 「조세범 처벌법」(2010. 1. 1. 법률 제9919호로 개정되기 전의 것) 제6조의 세무종사 공무원의 고발에 앞서 수사를 하고 피고인에 대한 구속영장을 발부받은 후 검찰의 요청에 따라 세무서장이 공소제기전에 고발을 하였다면 「조세범 처벌법」 위반사건 피고인에 대한 공소제기의 절차가 무효라고 할 수는 없다.

② 검사가 사법경찰관리에게 사건에 대한 구체적 지휘를 할 때에는 그 지휘 내용이 명확한 경우뿐만 아니라 보완하는 경우에도 「형사사법절차 전자화 촉진법」에 따른 형사사법정보시스템을 이용하여 지휘하여야 한다.

③ 사법경찰관리는 수사과정에서 수사와 관련하여 작성하거나 취득한 서류 또는 물건에 대한 목록을 빠짐없이 작성하여야 한다.

④ 구속영장발부에 의하여 적법하게 구금된 피의자가 피의자신문을 위한 출석요구에 응하지 아니하면서 수사기관 조사실에 출석을 거부한다면 수사기관은 그 구속영장의 효력에 의하여 피의자를 조사실로 구인할 수 있다고 보아야 한다. 다만 이러

한 경우에도 그 피의자신문 절차는 「형사소송법」 제199조 제1항 본문, 제200조의 규정에 따른 임의수사의 한 방법으로 진행되어야 하므로, 피의자는 일체의 진술을 거부할 수 있다.

[20년 경찰2] ① 세무종사 공무원의 고발은 공소제기의 요건이고 수사개시의 요건은 아니므로 이 사건에 있어서 수사기관이 고발에 앞서 수사를 하고 피고인 1에 대한 구속영장을 발부받은 후 검찰의 요청에 따라 세무서장이 고발조치를 하였다고 하더라도 공소제기 전에 고발이 있은 이상 피고인 들에 대한 이 사건 공소제기의 절차가 법률의 규정에 위반하여 무효라고 할 수는 없다(대법원 1995. 3. 10. 선고 94도3373)

② 검사는 사법경찰관리에게 사건에 대한 구체적 지휘를 할 때에는 서면 또는 「형사사법절차 전자화 촉진법」에 따른 형사사법정보시스템(이하 "형사사법정보시스템"이라 한다)을 이용하여 지휘하여야 한다. 다만, **천재지변, 긴급한 상황, 이미 수사지휘한 내용을 보완하거나 지휘 내용이 명확한 경우**, 수사 현장에서 지휘하는 경우 등 서면 또는 형사사법정보시스템에 의한 지휘가 불가능하거나 필요 없다고 인정되는 경우 등에는 **구두나 전화 등 간편한 방식으로 지휘할 수 있다**(수사준칙 제5조 제1항)

③ 검사·사법경찰관리와 그 밖에 직무상 수사에 관계있는 자는 수사과정에서 수사와 관련하여 작성하거나 취득한 서류 또는 물건에 대한 목록을 빠짐없이 작성하여야 한다(제198조 제3항)

④ 구속영장 발부에 의하여 적법하게 구금된 피의자가 피의자신문을 위한 출석요구에 응하지 아니하면서 수사기관 조사실에 출석을 거부한다면 수사기관은 그 구속영장의 효력에 의하여 피의자를 조사실로 구인할 수 있다고 보아야 한다. 다만 이러한 경우에도 그 피의자신문 절차는 어디까지나 법 제199조 제1항 본문, 제200조의 규정에 따른 임의수사의 한 방법으로 진행되어야 하므로, 피의자는 헌법 제12조 제2항과 법 제244조의3에 따라 일체의 진술을 하지 아니하거나 개개의 질문에 대하여 진술을 거부할 수 있고, 수사기관은 피의자를 신문하기 전에 그와 같은 권리를 알려주어야 한다(대법원 2013. 7. 1. 자 2013모160).

≫ 정답 ②

36. 수사에 대한 판례의 입장으로 가장 적절하지 않은 것은?

① 구속영장 발부에 의하여 적법하게 구금된 피의자가 피의자신문을 위한 출석요구에 응하지 아니하면서 수사기관 조사실에 출석을 거부한다면 수사기관은 그 구속영장의 효력에 의하여 피의자를 조사실로 구인할 수 있다고 보아야 한다. 다만 이러한 경우에도 그 피의자신문 절차는 형사소송법 제199조 제1항 본문, 제200조의 규정에 따른 임의수사의 한 방법으로 진행되어야 하므로, 피의자는 일체의 진술을 거부할 수 있다.

② 수사기관이 구 조세범 처벌법 (2010. 1. 1. 법률 제9919호로 개정되기 전의 것) 제6조의 세무종사 공무원의 고발에 앞서 수사를 하고 피의자에 대한 구속영장을 발부받은 후 검찰의 요청에 따라 세무서장이 공소제기 전에 고발을 하더라도 조세 범 처벌법위반사건 피의자에 대한 공소제기의 절차가 무효라고 할 수는 없다.

③ 교도관이 재소자가 맡긴 비망록을 수사기관에 임의로 제출하였다면, 그 비망록의 증거사용에 대하여는 재소자의 사생활의 비밀 기타 인격적 법익이 침해되는 등의

특별한 사정이 없다 하더라도 그 재소자의 동의를 받아야 한다.

④ 일반사법경찰관이 출입국관리사무소장의 고발을 요하는 출입국사범에 대하여 출입국관리사무소장의 고발이 있기 전에 한 수사는 특단의 사정이 없는 한 그 사유만으로 수사가 위법하다고 할 수 없다.

> **해설** [21년 승진] ① 구속영장 발부에 의하여 적법하게 구금된 피의자를 수사기관은 그 구속영장의 효력에 의하여 피의자를 조사실로 구인할 수 있다고 보아야 한다. 다만 이러한 경우에도 그 피의자신문 절차는 임의수사의 한 방법으로 진행되어야 하므로, 피의자는 일체의 진술을 거부할 수 있다(대결 2013모160).
>
> ② 세무종사 공무원의 고발은 공소제기의 요건이고 수사개시의 요건은 아니므로 수사기관이 고발에 앞서 수사를 하고 피고인에 대한 구속영장을 발부받은 후 검찰의 요청에 따라 세무서장이 고발조치를 하였다고 하더라도 공소제기 전에 고발이 있은 이상 조세범처벌법 위반사건 피고인에 대한 공소제기의 절차가 법률의 규정에 위반하여 무효라고 할 수 없다(대법원 1995. 3. 10. 선고 94도3373)
>
> ③ 검사가 **교도관으로부터 그가 보관하고 있던 피고인의 비망록**을 뇌물수수 등의 증거자료로 **임의로 제출받아 이를 압수한 경우**, 그 압수절차가 피고인의 승낙 및 영장 없이 행하여졌다고 하더라도 이에 적법절차를 위반한 위법이 있다고 할 수 없다(대판 2008. 5. 15. 선고 2008도1097).
>
> ④ 일반사법경찰관리가 출입국사범에 대한 출입국관리사무소장 등의 고발이 있기 전에 수사를 하였더라도, 달리 위에서 본 특단의 사정이 없는 한 그 사유만으로 수사가 소급하여 위법하게 되는 것은 아니다(대법원 2011. 3. 10. 선고 2008도7724)

>>> 정답 ③

37. 피의자신문에 관한 설명 중 가장 적절하지 않은 것은? (다툼이 있으면 판례에 의함).

① 검사 또는 사법경찰관은 피의자 또는 그 변호인 · 법정대리인 · 배우자 · 직계친족 · 형제자매의 신청에 따라 변호인을 피의자와 접견하게 하거나 정당한 사유가 없는 한 피의자에 대한 신문에 참여하게 하여야 한다.

② 신문에 참여한 변호인은 신문 후 의견을 진술할 수 있다. 다만, 신문 중이라도 부당한 신문방법에 대하여 이의를 제기할 수 있고, 검사 또는 사법경찰관의 승인을 얻어 의견을 진술할 수 있다.

③ 수사기관이 피의자신문에 있어서 피의자에게 미리 진술거부권을 고지하지 않은 때에도 진술의 임의성이 인정되는 경우라면 증거능력이 인정된다.

④ 사법경찰관이 작성한 피의자신문조서는 적법한 절차와 방식에 따라 작성된 것으로서 공판준비 또는 공판기일에 그 피의자였던 피고인 또는 변호인이 그 내용을 인정할 때에 한하여 증거로 할 수 있다.

> **해설** [17년 경찰2] ① 검사 또는 사법경찰관은 피의자 또는 그 변호인 · 법정대리인 · 배우자 · 직계친족 · 형제자매의 신청에 따라 변호인을 피의자와 접견하게 하거나 정당한 사유가 없는 한 피의자에 대한 신문에 참여하게 하여야 한다(제243조의2 제1항)
>
> ② 신문에 참여한 변호인은 신문 후 의견을 진술할 수 있다. 다만, **신문 중**이라도 부당한 신문방법에

대하여 이의를 제기할 수 있고, 검사 또는 사법경찰관의 승인을 얻어 의견을 진술할 수 있다(제243조의2 제3항)

③ 피의자에게 미리 진술거부권을 고지하지 않은 때에는 그 피의자의 진술은 위법하게 수집된 증거로서 진술의 임의성이 인정되는 경우라도 증거능력이 부인되어야 한다(대판 2014.4.10. 2014도1779).

④ 검사 이외의 수사기관이 작성한 피의자신문조서는 적법한 절차와 방식에 따라 작성된 것으로서 공판준비 또는 공판기일에 그 피의자였던 피고인 또는 변호인이 그 내용을 인정할 때에 한하여 증거로 할 수 있다(제312조 제3항)

>>> 정답 ③

38. 피의자신문에 관한 설명 중 가장 적절하지 않은 것은? (다툼이 있으면 판례에 의함)

① 피고인이 피의자신문조서에 기재된 피고인 진술의 임의성을 다투면서 그것이 허위자백이라고 다투는 경우, 법원은 구체적인 사건에 따라 피고인의 학력, 경력, 직업, 사회적 지위, 지능 정도, 진술의 내용, 조서의 형식 등 제반 사정을 참작하여 자유로운 심증으로 위 진술이 임의로 된 것인지 여부를 판단할 수 있다.

② 수사기관은 피의자가 신체적 또는 정신적 장애로 사물을 변별하거나 의사를 결정·전달 할 능력이 미약한 때에는 신뢰관계에 있는 자를 동석하게 하여야 하며, 이때 신뢰관계인이 동석하지 않은 상태로 행한 진술은 임의성이 인정되더라도 유죄인정의 증거로 사용할 수 없다.

③ 신문에 참여하고자 하는 변호인이 2인 이상인 때에는 피의자가 신문에 참여할 변호인 1인을 지정한다. 지정이 없는 경우에는 검사 또는 사법경찰관이 이를 지정할 수 있다.

④ 사법경찰관은 피의자가 조사장소에 도착한 시각, 조사를 시작하고 마친 시각, 그 밖에 조사과정의 진행경과를 확인하기 위하여 필요한 사항을 피의자신문조서에 기록하거나 별도의 서면에 기록한 후 수사기록에 편철하여야 한다.

해설 [20년 승진] ① 피고인에 대한 피의자신문조서라도 그 조서에 기재된 피고인의 진술이 임의로 되지 아니한 것이라거나 특히 신빙할 수 없는 상태에서 된 것이라고 의심할 만한 사유가 있으면 증거능력이 없다 할 것이고, 그 임의성 유무가 다투어지는 경우에 법원은 구체적인 사건에 따라 증거조사의 방법이나 증거능력의 제한을 받지 아니하고 당해 조서의 형식과 내용, 진술자의 학력, 경력, 지능 정도 등 모든 사정을 참작하여 자유로운 심증으로 그 임의성 유무를 판정하면 된다 할 것이다(대법원 1987. 9. 22. 선고 87도929)

② 검사 또는 사법경찰관은 피의자가 **신체적 또는 정신적 장애**로 사물을 변별하거나 의사를 결정·전달할 능력이 미약한 때에는 직권 또는 피의자, 법정대리인의 신청에 따라 피의자와 신뢰관계에 있는 자를 **동석하게 할 수 있다.** 그러나 신뢰관계인을 동석하게 하는 것은 검사 또는 사법경찰관의 **필요적 규정이 아니므로** 신뢰관계인이 동석하지 않은 상태로 행한 진술은 위법수집증거라고 할 수 없다.(제 244조의 5 제1호)

③ 신문에 참여한 변호인은 신문 후 의견을 진술할 수 있다. 다만, 신문 중이라도 부당한 신문방법에 대하여 이의를 제기할 수 있고, 검사 또는 사법경찰관의 승인을 얻어 의견을 진술할 수 있다(제243조의2 제2항)

④ 검사 또는 사법경찰관은 피의자가 조사장소에 도착한 시각, 조사를 시작하고 마친 시각, 그 밖에

조사과정의 진행경과를 확인하기 위하여 필요한 사항을 피의자신문조서에 기록하거나 별도의 서면에 기록한 후 수사기록에 편철하여야 한다(제244조의4 제1항)

>> 정답 ②

39. 피의자신문에 대한 설명 중 가장 적절하지 않은 것은? (판례에 의함)

① 신문에 참여하고자 하는 변호인이 2인 이상인 때에는 피의자가 신문에 참여 할 변호인 1인을 지정한다. 지정이 없는 경우에는 검사 또는 사법경찰관이 이를 지정하여야 한다.

② 검사 또는 사법경찰관이 피의자를 신문하면서 피의자와 신뢰관계에 있는 자를 동석하게 한 경우, 동석한 사람으로 하여금 피의자를 대신 하여 진술하도록 하여서는 안 된다. 만약 동석한 사람이 피의자를 대신하여 진술한 부분이 조서에 기재되어 있다면 그 부분은 피의자의 진술을 기재한 것이 아니라 동석한 사람의 진술을 기재한 조서에 해당한다.

③ 피의자의 진술은 영상녹화 할 수 있다. 이 경우 미리 영상녹화사실을 알려 주어야 하며 조사의 개시부터 종료까지의 전 과정 및 객관적 정황을 영상녹화하여야 한다.

④ 검사 또는 사법경찰관의 「형사소송법」 제 243조의 2 에 따른 변호인의 참여 등에 관한 처분에 대하여 불복이 있으면 그 직무집행지의 관할법원 또는 검사의 소속검찰청에 대응한 법원에 그 처분의 취소 또는 변경을 청구할 수 있다.

해설 [18년 승진] ① 지정이 없는 경우에는 검사 또는 사법경찰관이 지정할 수 있다(제243조의2 제2항).

② 피의자와 신뢰관계에 있는 자의 동석을 허락할 것인지는 원칙적으로 검사 또는 사법경찰관이 피의자의 건강 상태 등 여러 사정을 고려하여 재량에 따라 판단하여야 할 것이나, 이를 허락하는 경우에도 동석한 사람으로 하여금 피의자를 대신하여 진술하도록 하여서는 안 된다. 만약 동석한 사람이 피의자를 대신하여 진술한 부분이 조서에 기재되어 있다면 그 부분은 피의자의 진술을 기재한 것이 아니라 동석한 사람의 진술을 기재한 조서에 해당하므로, 그 사람에 대한 진술조서로서의 증거능력을 취득하기 위한 요건을 충족하지 못하는 한 이를 유죄인정의 증거로 사용할 수 없다(대판 2009.6.23. 2009도1322).

③ 검사 또는 사법경찰관은 피의자 또는 그 변호인·법정대리인·배우자·직계친족·형제자매의 신청에 따라 변호인을 피의자와 접견하게 하거나 정당한 사유가 없는 한 피의자에 대한 신문에 참여하게 하여야 한다. 신문에 참여하고자 하는 변호인이 2인 이상인 때에는 피의자가 신문에 참여할 변호인 1인을 지정한다. 지정이 없는 경우에는 검사 또는 사법경찰관이 이를 지정할 수 있다(제243조의2 ①②)

④ 검사 또는 사법경찰관의 구금, 압수 또는 압수물의 환부에 관한 처분과 제243조의2에 따른 변호인의 참여 등에 관한 처분에 대하여 불복이 있으면 그 직무집행지의 관할법원 또는 검사의 소속검찰청에 대응한 법원에 그 처분의 취소 또는 변경을 청구할 수 있다(제417조)

>> 정답 ①

40. 피의자신문에 대한 설명으로 가장 적절하지 않은 것은?(판례에 의함)

① 피의자가 불구속 상태에서 피의자신문을 받을 때에도 변호인의 참여를 요구할 권리를 가진다.

② 피의자가 피의자신문조서를 열람한 후 이의를 제기한 경우 이를 조서에 추가로 기재해야 하며, 이의를 제기하였던 부분은 부당한 심증형성의 기초가 되지 않도록 삭제하여야 한다.

③ 검사 또는 사법경찰관은 변호인의 신문참여 및 그 제한에 관한사항을 피의자신문조서에 기재하여야 한다.

④ 검사 또는 사법경찰관은 피의자가 조사장소에 도착한 시각,조사를 시작하고 마친 시각, 그 밖에 조사과정의 진행경과를 확인하기 위하여 필요한 사항을 피의자신문조서에 기록하거나 별도의 서면에 기록한 후 수사기록에 편철하여야 한다.

해설 [21년 승진] ① 구속·불구속을 불문하고 피의자신문시 변호인의 참여를 요구할 권리를 가진다.

② 이의를 제기하거나 의견을 진술한 때에는 이를 **조서에 추가로 기재**하여야 한다(제244조)

③ 검사 또는 사법경찰관은 변호인의 신문참여 및 그 제한에 관한사항을 피의자신문조서에 기재하여야 한다.

④ 검사 또는 사법경찰관은 피의자가 조사장소에 도착한 시각, 조사를 시작하고 마친 시각, 그 밖에 조사과정의 진행경과를 확인하기 위하여 필요한 사항을 피의자신문조서에 기록하거나 별도의 서면에 기록한 후 수사기록에 편철하여야 한다(제244조의4 제1항)

≫ 정답 ②

41. 형사소송법상 피의자신문에 대한 설명으로 가장 적절하지 않은 것은?(판례에 의함)

① 피의자의 진술을 영상녹화 할 경우에는 미리 영상녹화사실을 알려주어야 하는데, 이 경우 피의자 또는 변호인의 동의를 얻어야 하는 것은 아니다.

② 수사기관이 변호인의 피의자신문 참여를 부당하게 제한하거나 중단시킨 경우에는 준항고를 통해 다툴 수 있다.

③ 검사 또는 사법경찰관은 피의자가 신체적 또는 정신적 장애로 사물을 변별하거나 의사를 결정·전달할 능력이 미약한 때에는 직권 또는 피의자·법정대리인의 신청에 따라 피의자와 신뢰관계에 있는 자를 동석하게 하여야 한다.

④ 장차 인지의 가능성이 전혀 없는 상태하에서 수사가 행해졌다는 등의 특별한 사정이 없는 한, 인지절차가 이루어지기 전에 수사를 하였다는 이유만으로 그 수사가 위법하다고 할 수 없고 그 수사과정에서 작성된 피의자신문조서나 진술조서 등의 증거능력도 이를 부인할 수 없다.

해설 [19년 승진] ① 피의자의 진술은 영상녹화할 수 있다. 이 경우 **미리 영상녹화사실을 알려주어야** 하며, 조사의 개시부터 종료까지의 전 과정 및 객관적 정황을 영상녹화하여야 한다(제244조의2 ①)

② 검사 또는 사법경찰관의 구금, 압수 또는 압수물의 환부에 관한 처분과 제243조의2에 따른 변호인의 참여 등에 관한 처분에 대하여 불복이 있으면 그 직무집행지의 관할법원 또는 검사의 소속검찰청에 대응한 법원에 그 처분의 취소 또는 변경을 청구할 수 있다(제417조)

③ 검사 또는 사법경찰관은 피의자가 신체적 또는 정신적 장애로 사물을 변별하거나 의사를 결정·전달할 능력이 미약한 때에는 직권 또는 피의자·법정대리인의 신청에 따라 피의자와 신뢰관계에 있는 자를 **동석하게 할 수 있다**(제244조의5 제1호).

④ 장차 인지의 가능성이 전혀 없는 상태하에서 행해졌다는 등의 특별한 사정이 없는 한, 인지절차가 이루어지기 전에 수사를 하였다는 이유만으로 그 수사가 위법하다고 볼 수는 없고, 따라서 그 수사과정에서 작성된 피의자신문조서나 진술조서 등의 증거능력도 이를 부인할 수 없다(대법원 2001. 10. 26. 선고 2000도2968)

>>> 정답 ③

42. 피의자신문에 대한 설명 중 가장 적절하지 않은 것은? (판례에 의함)

① 변호인의 수사방해나 수사기밀의 유출에 대한 염려가 없고 조사실의 장소적 제약 등과 같은 특별한 사정이 없는 상황에서 수사관 A가 피의자신문에 참여한 변호인 B에게 피의자 후방에 앉으라고 요구하는 행위는 목적의 정당성과 수단의 적절성뿐만 아니라 침해의 최소성과 법익 균형성도 충족하지 못하므로 B의 변호권을 침해한다.

② 피의자신문에 참여한 변호인은 원칙적으로 신문 후 의견을 진술 할 수 있다. 다만 신문 중이더라도 부당한 신문방법에 대하여 이의를 제기할 수 있고, 검사 또는 사법경찰관의 승인을 얻어 의견을 진술할 수 있다.

③ 검사 또는 사법경찰관은 피의자가 신체적 또는 정신적 장애로 사물을 변별하거나 의사를 결정 전달할 능력이 미약한 때와 피의자의 연령·성별·국적 등의 사정을 고려하여 그 심리적 안정의 도모와 원활한 의사소통을 위하여 필요한 경직권 또는 피의자, 법정대리인의 신청에 따라 피의자와 신뢰관계인을 동석시킬 수 있다. 이 경 동석한 신뢰관계인이 피의자를 대신하여 진술할 수 있으며 진술한 부분이 조서에 기재되어 있다면 이를 유죄 인정의 증거로 사용할 수 있다.

④ 인지절차를 밟기 전에 수사를 하였다고 하더라도 그 수사가 장차 인지의 가능성이 전혀 없는 상태하에서 행해졌다는 등의 특별한 사정이 없는 한 인지절차가 이루어지기 전에 수사를 하였다는 이유만으로 그 수사가 위법하다고 볼 수는 없고, 따라서 그 수사과정에서 작성된 피의자신문조서나 진술조서 등의 증거능력도 이를 부인할 수 없다.

해설 [20년 경찰1] ① 헌법재판소는 검찰수사관이 피의자신문 단계에 참여한 변호인에게 피의자 후방에 앉으라고 요구한 행위는 변호인의 기본권인 변호권을 침해한다(헌재2017. 11. 30.자 2016헌마503)

② 신문에 참여한 변호인은 신문 후 의견을 진술할 수 있다. 다만, 신문 중이라도 부당한 신문방법에

대하여 이의를 제기할 수 있고, 검사 또는 사법경찰관의 승인을 얻어 의견을 진술할 수 있다(제243 조의2 제3항)

③ 구체적인 사안에서 (신뢰관계자의) 동석을 허락할 것인지는 원칙적으로 검사 또는 사법경찰관이 피 의자의 건강상태 등 여러 사정을 고려하여 재량에 따라 판단하여야 할 것이나, 이를 허락하는 경우 에도 동석한 사람으로 하여금 피의자를 대신하여 진술하도록 하여서는 아니 되는 것이고 **만약 동석 한 사람이 피의자를 대신하여 진술한 부분이 조서에 기재되어 있다면 그 부분은 피의자의 진술을 기재한 것이 아니라 동석한 사람의 진술을 기재한 조서에 해당**하므로 그 사람에 대한 진술조서로서 의 증거능력을 취득하기 위한 요건을 충족하지 못하는 한 이를 유죄 인정의 **증거로 사용할 수 없다** (2009도1322).

④ 인지절차가 이루어지기 전에 수사를 하였다는 이유만으로 그 수사가 위법하다고 볼 수는 없고, 따라 서 그 수사과정에서 작성된 피의자신문조서나 진술조서 등의 증거능력도 이를 부인할 수 없다(대법 원 2001. 10. 26. 선고 2000도2968)

>> 정답 ③

43. 피의자신문에 대한 설명으로 가장 적절하지 않은 것은?(판례에 의함)

① 검사 또는 사법경찰관은 변호인의 신문참여 및 그 제한에 관한 사항을 피의자신 문조서에 기재하여야 한다.

② 검사 또는 사법경찰관은 피의자에 대하여 범죄사실과 정상에 관한 필요사항을 신 문하여야 하며 그 이익되는 사실을 진술할 기회를 주어야 한다.

③ 수사기관이 정당한 사유가 없음에도 변호인에게 피의자로 부터 떨어진 곳으로 옮 겨 앉으라는 지시를 하고, 이에 불응하였다는 이유를 들어 변호인의 피의자신문 참여권을 제한하였다면, 변호인은 항고를 제기할 수 있다.

④ 사법경찰관이 피의자에게 진술거부권을 행사할 수 있음을 알려 주고 그 행사 여 부를 질문하였다 하더라도, 진술거부권 행사 여부에 대한 피의자의 답변이 자필 로 기재되어 있지 아니하였다면, 사법경찰관이 작성한 피의자신문조서는 특별한 사정이 없는 한 증거능력을 인정할 수 없다.

해설 [18년 경찰3] ① 검사 또는 사법경찰관은 변호인의 신문참여 및 그 제한에 관한 사항을 피의자신문 조서에 기재하여야 한다(제243조의2 제5항)

② 검사 또는 사법경찰관은 피의자에 대하여 범죄사실과 정상에 관한 필요사항을 신문하여야 하며 그 이익되는 사실을 진술할 기회를 주어야 한다(제242조)

③ 검사 또는 사법경찰관이 변호인의 참여를 제한하거나 퇴거시킨 경우 그 처분에 대하여는 **준항고** 할 수 있다(제417조).

④ 사법경찰관이 피의자에게 진술거부권을 행사할 수 있음을 알려 주고 그 행사 여부를 질문하였다 하더라도, 진술거부권 행사 여부에 대한 피의자의 답변이 자필로 기재되어 있지 아니하거나 그 답 변 부분에 피의자의 기명날인 또는 서명이 되어 있지 아니한 사법경찰관 작성의 피의자신문조서는 특별한 사정이 없는 한 '적법한 절차와 방식'에 따라 작성된 조서라 할 수 없으므로 그 증거능력 을 인정할 수 없다(대판 2014.4.10. 선고 2014도1779).

>> 정답 ③

44. 피의자신문에 대한 설명으로 가장 적절한 것은? (다툼이 있는 경우 판례에 의함)

① 구속영장 발부에 의하여 적법하게 구금된 피의자가 피의자신문을 위한 출석요구에 응하지 아니하면서 수사기관 조사실에 출석을 거부한다면 수사기관은 그 구속영장의 효력에 의하여 피의자를 조사실로 구인할 수 없다.

② 검사가 피의자를 신문함에는 검찰청수사관 또는 서기관이나 서기를 참여하게 하여야 하고, 사법경찰관이 피의자를 신문함에는 사법경찰관리를 참여하게 하여야 한다.

③ 수사기관이 피의자신문을 하면서 정당한 사유가 없더라도 변호인에 대하여 피의자로부터 떨어진 곳으로 옮겨 앉으라고 지시를 한 다음 이러한 지시에 따르지 않았음을 이유로 변호인의 피의자신문 참여권을 제한하는 것은 허용될 수 있다.

④ 피의자의 진술은 피의자 또는 변호인의 동의 없이 영상녹화 할 수 있으므로 미리 영상녹화사실을 알려줄 필요는 없다. 단지 조사의 개시부터 종료까지의 전 과정 및 객관적 정황을 영상녹화하여야 한다.

> **해설** [19년 경찰1] ① 구속영장 발부에 의하여 적법하게 구금된 피의자가 피의자신문을 위한 출석요구에 응하지 아니하면서 수사기관 조사실에의 출석을 거부한다면 수사기관은 그 구속영장의 효력에 의하여 피의자를 조사실로 **구인할 수 있다**(대판 2013.7.1, 2013모160).
>
> ② 검사가 피의자를 신문함에는 검찰청수사관 또는 서기관이나 서기를 참여하게 하여야 하고 사법경찰관이 피의자를 신문함에는 사법경찰관리를 참여하게 하여야 한다(제243조)
>
> ③ 형사소송법 제243조의2 제1항에 의하면, 검사 또는 사법경찰관은 피의자 또는 변호인 등이 신청할 경우 정당한 사유가 없는 한 변호인을 피의자신문에 참여하게 하여야 한다고 규정하고 있는바, 여기에서 '정당한 사유' 라 함은 변호인이 피의자신문을 방해하거나 수사기밀을 누설할 염려가 있음이 객관적으로 명백한 경우 등을 말하는 것이므로, 수사기관이 피의자신문을 하면서 위와 같은 정당한 사유가 없음에도 불구하고, 변호인에 대하여 피의자로부터 떨어진 곳으로 옮겨 앉으라고 지시를 한 다음 이러한 지시에 따르지 않았음을 이유로 **변호인의 피의자신문 참여권을 제한하는 것은 허용될 수 없다**(대판 2008.9.12. 2008모793).
>
> ④ 피의자의 진술은 영상녹화할 수 있다. 이 경우 **미리 영상녹화사실을 알려주어야** 하며, 조사의 개시부터 종료까지의 전 과정 및 객관적 정황을 영상녹화하여야 한다(제244조의2 제1항). **참고인진술의 영상녹화**와 달리 **동의는 필요 없다.**

➤➤ 정답 ②

45. 피의자신문에 대한 설명으로 적절하지 않은 것은? (다툼이 있는 경우 판례에 의함)

① 수사기관이 진술거부권을 고지하지 않은 경우 그 진술을 기재한 조서는 그 진술에 임의성이 인정되더라도 증거능력이 인정되지 않는다.

② 피의자가 피의자신문조서를 열람한 후 이의를 제기한 경우 이를 조서에 추가로 기재하여야 하며, 이의를 제기하였던 부분은 부당한 심증형성의 기초가 되지 않도록 삭제하여야 한다.

③ 사법경찰관은 신청이 없더라도 필요성이 있다고 인정되면 직권으로 신뢰관계자를

동석하게 할 수 있다.

④ 사법경찰관이 피의자를 신문하면서 신뢰관계에 있는 자를 동석하게 한 경우 동석한 사람이 피의자를 대신하여 진술하도록 하여서는 안 되며, 만약 동석한 사람이 피의자를 대신하여 진술한 부분이 조서에 기재되어 있다면 그 부분은 동석한 사람의 진술을 기재한 조서에 해당한다.

해설 [19년 경찰2] ① 수사기관이 피의자를 신문함에 있어서 피의자에게 미리 진술거부권을 고지하지 않은 때에는 그 피의자의 진술은 위법하게 수립된 증거로서 진술의 임의성이 인정되는 경우라도 증거능력이 부인되어야 한다(대법원 1992. 6. 23. 선고 92도682)

② 피의자의 진술은 조서에 기재하여야 한다. 조서는 피의자에게 열람하게 하거나 읽어 들려주어야 하며, 진술 한 대로 기재되지 아니하였거나 사실과 다른 부분의 유무를 물어 피의자가 **증감 또는 변경의 청구 등 이의를 제기하거나 의견을 진술한 때에는 이를 조서에 추가로 기재하여야 한다. 이 경우 피의자가 이의를 제기하였던 부분은 읽을 수 있도록 남겨두어야 한다**(제244조 제1, 제2항).

③ 검사 또는 사법경찰관은 피의자를 신문하는 경우 다음 각 호의 어느 하나에 해당하는 때에는 직권 또는 피의자·법정대리인의 신청에 따라 피의자와 신뢰관계에 있는 자를 **동석하게 할 수 있다**(제244조의5)

④ 신뢰관계에 있는 자를 허락하는 경우에도 동석한 사람으로 하여금 피의자를 대신하여 진술하도록 하여서는 아니되는 것이고 만약 동석한 사람이 피의자를 대신하여 진술한 부분이 조서에 기재되어 있다면 그 부분은 피의자의 진술을 기재한 것이 아니라 동석한 사람의 진술을 기재한 조서에 해당하므로 그 사람에 대한 진술조서로서의 증거능력을 취득하기 위한 요건을 충족하지 못하는 한 이를 유죄 인정의 증거로 사용할 수 없는 것이다(대법원 2009. 6. 23. 선고 2009도1322)

>>> 정답 ②

46. 피의자신문에 관한 설명 중 가장 옳지 않은 것은? (다툼이 있는 경우 판례에 의함)

① 수사기관이 피의자신문에 참여한 변호인에게 정당한 사유 없이 피의자 옆에 앉지 말고 뒤에 앉으라고 요구한 행위는 변호인의 변호권에 대한 침해행위에 해당한다.

② 구속영장발부에 의하여 적법하게 구금된 피의자가 피의자신문을 위한 출석요구에 응하지 아니하면서 수사기관 조사실에 출석하기를 거부한다면, 수사기관은 그 구속영장의 효력에 의하여 피의자를 조사실로 구인할 수 있다.

③ 피의자가 변호인의 참여를 원한다는 의사를 명백하게 표시하였음에도 수사기관이 정당한 사유 없이 변호인을 참여하게 하지 아니한 채 피의자를 신문하여 작성한 피의자신문조서는 증거능력이 없다.

④ 검사가 검찰사건사무규칙에 따른 범죄인지 절차를 거치지 않은 상태에서 행한 피의자신문은 장차 인지의 가능성이 있더라도 위법한 수사에 해당한다.

해설 [20년 경간] ① 검찰수사관이 피의자신문 단계에 참여한 변호인에게 피의자 후방에 앉으라고 요구한 행위는 변호인의 기본권인 변호권을 침해한다(헌재 2017.11.30. 2016헌마503)

② 구속영장 발부에 의하여 적법하게 구금된 피의자가 피의자신문을 위한 출석요구에 응하지 아니하면서 수사기관 조사실에 출석을 거부할 경우, 수사기관이 구속영장의 효력에 의하여 피의자를 조사실로 구인할 수 있다(대법원 2013. 7. 1. 자 2013모160)

③ 피의자가 변호인의 참여를 원한다는 의사를 명백하게 표시하였음에도 수사기관이 정당한 사유 없이 변호인을 참여하게 하지 아니한 채 피의자를 신문하여 작성한 피의자신문조서는 형사소송법 제312조에 정한 '적법한 절차와 방식'에 위반된 증거일 뿐만 아니라, 형사소송법 제308조의2에서 정한 '적법한 절차에 따르지 아니하고 수집한 증거'에 해당하므로 이를 증거로 할 수 없다(대법원 2013. 3. 28. 선고 2010도3359)

④ **인지절차를 밟기 전에 수사를** 하였다고 하더라도 그 수사가 장차 인지의 가능성이 전혀 없는 상태 하에서 행해졌다는 등의 특별한 사정이 없는 한 인지절차가 이루어지기 전에 수사를 하였다는 이유만으로 그 수사가 위법하다고 볼 수는 없고 따라서 그 수사과정에서 작성된 피의자신문조서나 진술조서 등의 **증거능력도 이를 부인할 수 없다**(대판 2001.10.26. 2000도2968).

≫≫ 정답 ④

47. 피의자신문에 관한 설명 중 가장 적절하지 않은 것은? (다툼이 있으면 판례에 의함)

① 피고인이 피의자신문조서에 기재된 피고인 진술의 임의성을 다투면서 그것이 허위자백이라고 다투는 경우, 법원은 구체적인 사건에 따라 피고인의 학력, 경력, 직업, 사회적 지위, 지능 정도, 진술의 내용, 조서의 형식 등 제반 사정을 참작하여 자유로운 심증으로 위 진술이 임의로 된 것인지 여부를 판단할 수 있다.

② 수사기관은 피의자가 신체적 또는 정신적 장애로 사물을 변별하거나 의사를 결정·전달 할 능력이 미약한때에는 신뢰관계에 있는 자를 동석하게 하여야 하며, 이 때 신뢰관계인이 동석하지 않은 상태로 행한 진술은 임의성이 인정되더라도 유죄인정의 증거로 사용할 수 없다.

③ 신문에 참여하고자 하는 변호인이 2인 이상인 때에는 피의자가 신문에 참여할 변호인 1인을 지정한다. 지정이 없는 경우에는 검사 또는 사법경찰관이 이를 지정할 수 있다.

④ 사법경찰관은 피의자가 조사장소에 도착한 시각, 조사를 시작하고 마친 시각, 그 밖에 조사과정의 진행경과를 확인하기 위하여 필요한 사항을 피의자신문조서에 기록하거나 별도의 서면에 기록한 후 수사기록에 편철하여야 한다.

해설 [20년 승진] ① 임의성 유무가 다투어지는 경우에 법원은 구체적인 사건에 따라 증거조사의 방법이나 증거능력의 제한을 받지 아니하고 당해 조서의 형식과 내용, 진술자의 학력, 경력, 지능정도 등 모든 사정을 참작하여 자유로운 심증으로 그 임의성 유무를 판정할 수 있다(대법원 1987. 9. 22. 선고 87도929).

② 제244조의5 제1호, 검사 또는 사법경찰관은 피의자가 신체적 또는 정신적 장애로 사물을 변별하거나 의사를 결정·전달할 능력이 미약한 때에는 직권 또는 피의자, 법정대리인의 신청에 따라 피의자와 신뢰관계에 있는 자를 동석하게 할 수 있다. 그러나 신뢰관계인을 동석하게 하는 것은 검사 또는 사법경찰관의 **필요적 규정이 아니므로** 신뢰관계인이 동석하지 않은 상태로 행한 진술은 위법수집증거라고 할 수 없다.

③ 신문에 참여하고자 하는 변호인이 2인 이상인 때에는 피의자가 신문에 참여할 변호인 1인을 지정한다. 지정이 없는 경우에는 검사 또는 사법경찰관이 이를 지정할 수 있다(제243조의2 제2항)

④ 검사 또는 사법경찰관은 피의자가 조사장소에 도착한 시각, 조사를 시작하고 마친 시각, 그 밖에

조사과정의 진행경과를 확인하기 위하여 필요한 사항을 피의자신문조서에 기록하거나 별도의 서면에 기록한 후 수사기록에 편철하여야 한다(제244조의4 제1항)

➤➤ 정답 ②

48. 변호인의 피의자신문 참여에 관한 설명 중 가장 옳은 것은? (판례에 의함)

① 형사소송법은 변호인의 피의자신문참여권을 명문으로 규정하고 있지는 않다.

② 검사 또는 사법경찰관은 변호인의 신문참여 및 그 제한에 관한 사항을 피의자신문조서에 기재하여야 한다.

③ 검사 또는 사법경찰관이 변호인의 참여를 제한하거나 퇴거시킨 처분에 대하여는 즉시항고를 할 수 있다.

④ 신문에 참여하고자 하는 변호인이 2인 이상인 때에는 피의자가 신문에 참여할 변호인 1인을 지정한다. 지정이 없는 경우에는 검사 또는 사법경찰관이 이를 지정하여야 한다.

> **해설** [20년 경간] ① 변호인의 피의자신문 **참여권을 규정**하고 있다(제243조의2 제1항).
>
> ② 검사 또는 사법경찰관은 변호인의 신문참여 및 그 제한에 관한 사항을 피의자신문조서에 기재하여야 한다(제243조의2 제5항)
>
> ③ 검사나 사법경찰관이 정당한 이유 없이 변호인의 참여를 제한하거나 퇴거시킨 처분에 대해서는 **준항고**로 다툴 수 있다(제417조).
>
> ④ 신문에 참여하고자 하는 변호인이 2인 이상인 때에는 피의자가 신문에 참여할 변호인 1인을 지정한다. 지정이 없는 경우에는 검사 또는 사법경찰관이 이를 **지정할 수 있다**(제243조의2 제2항).

➤➤ 정답 ②

49. 피의자신문에 대한 설명 중 가장 적절하지 않은 것은? (다툼이 있으면 판례에 의함)

① 검사 또는 사법경찰관은 피의자를 신문하는 경우 피의자가 신체적 또는 정신적 장애로 사물을 변별하거나 의사를 결정·전달할 능력이 미약한 때나 피의자의 연령·성별·국적 등의 사정을 고려하여 그 심리적 안정의 도모와 원활한 의사소통을 위하여 필요한 경우에는, 직권 또는 피의자·법정대리인의 신청에 따라 피의자와 신뢰관계에 있는 자를 동석하게 할 수 있고, 구체적인 사안에서 위와 같은 동석을 허락할 것인지는 원칙적으로 검사 또는 사법경찰관이 피의자의 건강상태 등 여러 사정을 고려하여 재량에 따라 판단하여야 한다.

② 피의자와 신뢰관계에 있는 자의 동석을 허락하는 경우에도 동석한 사람으로 하여금 피의자를 대신하여 진술하도록 하여서는 안 되며, 동석한 사람이 피의자를 대신하여 진술한 부분이 조서에 기재되어 있다면 그 부분은 피의자의 진술을 기재한 것이 아니라 동석한 사람의 진술을 기재한 조서에 해당하므로, 그 사람에 대한

진술조서로서의 증거능력을 취득하기 위한 요건을 충족하지 못하는 한 이를 유죄 인정의 증거로 사용할 수 없다.

③ 피의자가 변호인의 참여를 원한다는 의사를 명백하게 표시하였음에도 수사기관이 정당한 사유 없이 변호인을 참여하게 하지 아니한 채 피의자를 신문하여 작성한 피의사신문조서는 형사소송법 제312조에서 정한 '적법한 절차와 방식'에 위반된 증거일 뿐만 아니라, 형사소송법 제308조의2에서 정한 '적법한 절차에 따르지 아니하고 수집한 증거'에 해당하므로 이를 증거로 할 수 없다.

④ 피의자의 진술을 영상녹화 하는 경우 피의자 또는 변호인의 동의를 받아야 영상녹화 할 수 있고, 피의자가 아닌 자의 진술을 영상녹화 하고자 할 때에는 미리 피의자가 아닌 자에게 영상녹화사실을 알려주어야 영상녹화 할 수 있다.

해설 [17년 경찰] ① 검사 또는 사법경찰관은 피의자를 신문하는 경우 피의자가 신체적 또는 정신적 장애로 사물을 변별하거나 의사를 결정·전달할 능력이 미약한 때나 피의자의 연령·성별·국적 등의 사정을 고려하여 그 심리적 안정의 도모와 원활한 의사소통을 위하여 필요한 경우에는 직권 또는 피의자·법정대리인의 신청에 따라 피의자와 신뢰관계에 있는 자를 동석하게 **할 수 있도록** 하고 있다(대법원 2009. 6. 23. 선고 2009도1322)

② **동석을 허락할 것인지는** 원칙적으로 검사 또는 사법경찰관이 피의자의 건강 상태 등 여러 사정을 고려하여 **재량**에 따라 판단하여야 할 것이나, 이를 허락하는 경우에도 동석한 사람으로 하여금 피의자를 대신하여 진술하도록 하여서는 아니되는 것이고 만약 동석한 사람이 피의자를 대신하여 진술한 부분이 조서에 기재되어 있다면 그 부분은 피의자의 진술을 기재한 것이 아니라 동석한 사람의 진술을 기재한 조서에 해당하므로 그 사람에 대한 진술조서로서의 증거능력을 취득하기 위한 요건을 충족하지 못하는 한 이를 유죄 인정의 증거로 사용할 수 없는 것이다(대법원 2009. 6. 23. 선고 2009도1322)

③ 피의자가 변호인의 참여를 원한다는 의사를 명백하게 표시하였음에도 수사기관이 정당한 사유 없이 변호인을 참여하게 하지 아니한 채 피의자를 신문하여 작성한 피의자신문조서는 형사소송법 제312조에 정한 '적법한 절차와 방식'에 위반된 증거일 뿐만 아니라, 형사소송법 제308조의2에서 정한 '적법한 절차에 따르지 아니하고 수집한 증거'에 해당하므로 이를 증거로 할 수 없다(대법원 2013. 3. 28. 선고 2010도3359)

④ 피의자의 진술을 영상녹화 하는 경우에는 미리 영상녹화사실을 알려주어야 하고, 피의자 아닌 자의 진술을 영상녹화 하는 경우에는 그의 동의를 받아야 한다(제244조의2 제1항, 제221조 제1항).

>>> 정답 ④

50. 형사소송법 및 형사소송규칙상 신뢰관계에 있는 자의 동석에 대한 설명으로 가장 적절하지 않은 것은? (다툼이 있는 경우 판례에 의함)

① 법원은 범죄로 인한 피해자를 증인으로 신문하는 경우 증인의 연령, 심신의 상태, 그 밖의 사정을 고려하여 증인이 현저하게 불안 또는 긴장을 느낄 우려가 있다고 인정하는 때에는 직권 또는 피해자 법정대리인 검사의 신청에 따라 피해자와 신뢰관계에 있는 자를 동석하게 할 수 있다.

② 법원은 범죄로 인한 피해자가 13세 미만이거나 신체적 또는 정신적 장애로 사물

을 변별하거나 의사를 결정할 능력이 미약한 경우에 재판에 지장을 초래할 우려가 있는 등 부득이한 경우가 아닌 한 피해자와 신뢰관계에 있는 자를 동석하게 하여야 한다.

③ 피해자와 신뢰관계에 있는 사람은 피해자의 배우자, 직계친족, 형제자매, 가족, 동거인, 고용주, 변호사, 그 밖에 피해자의 심리적 안정과 원활한 의사소통에 도움을 줄 수 있는 사람을 말한다.

④ 동석한 자는 법원 소송관계인의 신문 또는 증인의 진술을 방해하거나 그 진술의 내용에 부당한 영향을 미칠 수 있는 행위를 하여서는 아니 되며, 재판장은 동석한 자가 부당하게 재판의 진행을 방해하는 때에는 그 행위의 중지를 명할 수 있으나, 동석 자체를 중지시킬 수는 없다.

> **해설** [21년 승진] ① 법원은 범죄로 인한 피해자를 증인으로 신문하는 경우 증인의 연령, 심신의 상태, 그 밖의 사정을 고려하여 증인이 현저하게 불안 또는 긴장을 느낄 우려가 있다고 인정하는 때에는 직권 또는 피해자 법정대리인 검사의 신청에 따라 피해자와 신뢰관계에 있는 자를 **동석하게 할 수 있다(임의적).**
>
> ② 법원은 범죄로 인한 **피해자가 13세 미만**이거나 신체적 또는 정신적 장애로 사물을 변별하거나 의사를 결정할 능력이 미약한 경우에 재판에 지장을 초래할 우려가 있는 등 부득이한 경우가 아닌 한 피해자와 신뢰관계에 있는 자를 **동석하게 하여야 한다(필요적).**
>
> ③ 피해자와 신뢰관계에 있는 사람은 피해자의 배우자, 직계친족, 형제자매, 가족, 동거인, 고용주, 변호사, 그 밖에 피해자의 심리적 안정과 원활한 의사소통에 도움을 줄 수 있는 사람을 말한다.(규칙제84조의3)
>
> ④ 동석한 자는 법원 소송관계인의 신문 또는 증인의 진술을 방해하거나 그 진술의 내용에 부당한 영향을 미칠 수 있는 행위를 하여서는 아니 되며, 재판장은 동석한 자가 **부당하게 재판의 진행을 방해하는 때에는 동석을 중지시킬 수 있다.**(규칙제84조의3)

>> **정답** ④

51. 임의수사에 대한 설명으로 가장 적절한 것은? (다툼이 있으면 판례에 의함)

① 피의자가 영상녹화물의 내용에 대해 이의를 진술하는 때에는 그 진술을 따로 영상녹화하여 첨부하여야 한다.

② 수사기관이 참고인을 조사하는 과정에서 「형사소송법」 제221조 제1항에 따라 작성한 영상녹화물은 원칙적으로 공소사실을 직접 증명할 수 있는 독립적인 증거로 사용될 수 있다.

③ 「형사소송법」 제244조의2 제1항에 따르면 수사기관은 피의자신문절차에서 피의자의 진술을 영상녹화 할경우 미리 영상녹화 사실을 알리고 동의를 받아야 한다.

④ 수사기관이 수사의 필요상 피의자를 임의동행한 경우에도 조사 후 귀가시키지 아니하고 그의 의사에 반하여 경찰서 보호실 등에 계속 유치함으로써 신체의 자유를 속박하였다면 이는 구금에 해당된다.

해설 [20년 경찰2] ① 이의를 진술하는 때에는 **그 취지를 기재한 서면을 첨부**하여야 한다(제244조의2 제3항).

② 수사기관이 참고인을 조사하는 과정에서 형사소송법 제221조 제1항에 따라 작성한 **영상녹화물**은, 다른 법률에서 달리 규정하고 있는 등의 특별한 사정이 없는 한 **공소사실을 직접 증명할 수 있는 독립적인 증거로 사용될 수는 없다**(대판 2012도 5041).

③ 피의자의 진술은 영상녹화할 수 있다. 이 경우 미리 영상녹화사실을 알려주어야 하며, 조사의 개시부터 종료까지의 전 과정 및 객관적 정황을 영상녹화하여야 한다(제244조의2 제1항).

④ 수사의 필요상 피의자를 임의동행한 경우에도 조사 후 귀가시키지 아니하고 그의 의사에 반하여 경찰서 조사실 또는 보호실 등에 계속 유치함으로써 신체의 자유를 속박하였다면 이는 구금에 해당한다(대법원 1985. 7. 29. 85모16)

≫≫ 정답 ④

52. 형사절차상 영상녹화에 대한 설명 중 가장 적절한 것은? (다툼이 있는 경우 판례에 의함)

① 법원은 검사, 피고인 또는 변호인의 신청이 있는 때에는 특별한 사정이 없는 한 공판정에서의 심리의 전부 또는 일부를 속기사로 하여금 속기하게 하거나 녹음장치 또는 영상녹화장치를 사용하여 녹음 또는 영상녹화하여야 하며, 필요하다고 인정하는 때에는 직권으로 이를 명할 수 있다.

② 검사 또는 사법경찰관은 수사에 필요한 때에는 피의자가 아닌 자의 출석을 요구하여 진술을 들을 수 있으며, 이 경우 그에게 영상녹화사실을 알리고 영상녹화할 수 있다.

③ 피의자의 진술을 영상녹화 할 때에는 그의 동의를 받아 조사의 개시부터 종료까지의 전 과정 및 객관적 정황을 영상녹화하여야 한다.

④ 피의자의 진술에 대한 영상녹화가 완료된 이후 피의자가 그 내용에 대하여 이의를 제기한 때에는 그 이의의 진술을 별도로 녹화하여 첨부하여야 한다.

해설 [20년 경찰1] ① 법원은 검사, 피고인 또는 변호인의 신청이 있는 때에는 특별한 사정이 없는 한 공판정에서의 심리의 전부 또는 일부를 속기사로 하여금 속기하게 하거나 녹음장치 또는 영상녹화장치를 사용하여 녹음 또는 영상녹화(녹음이 포함된 것을 말한다. 이하 같다)하여야 하며, 필요하다고 인정하는 때에는 직권으로 이를 명할 수 있다(제56조의2 제1항)

② 검사 또는 사법경찰관은 수사에 필요한 때에 는 피의자가 아닌 자의 출석을 요구하여 진술을 들을 수 있다 이 경우 **피의자가 아닌 자의 동의**를 받아야 한다(제221조 제1항).

③ 피의자의 진술을 영상녹화 할 때에는 **미리 영상녹화사실을 알려주어야** 하며, 조사의 개시부터 종료까지의 전 과정 및 객관적 정황을 영상녹화하여야 한다(제244조의2 제1항).

④ 피의자 또는 변호인의 요구가 있는 때에는 <u>영상녹화물을 재생하여 시청하게</u> 하여야 한다. 이 경우 그 내용에 대하여 **이의를 진술하는 때에는 그 취지를 기재한 서면을 첨부**하여야 한다(제244조의2 제3항).

≫≫ 정답 ①

53. 피의자진술의 영상녹화제도에 관한 설명 중 가장 옳지 않은 것은? (판례에 의함)

① 피의자의 진술을 영상녹화 할 때에는 피의자에게 미리 영상 녹화사실을 알려주어야 하며, 조사의 개시부터 종료까지의 전(全)과정 및 객관적 정황을 영상녹화하여야 한다.

② 영상녹화에 있어 조사의 개시부터 종료까지의 전(全)과정이란 조사가 개시된 시점부터 조사가 종료되어 피의자가 조서에 기명날인 또는 서명을 마치는 시점까지의 전 과정을 의미한다.

③ 피의자 진술의 영상녹화가 완료된 때에는 피의자 또는 변호인 앞에서 지체없이 그 원본을 봉인하고 피의자로 하여금 기명날인 또는 서명하게 하여야 한다.

④ 영상녹화가 완료된 이후 피의자 또는 변호인의 요구가 있는 때에는 영상녹화물을 재생하여 시청하게 하여야 하고, 이 경우 그 내용에 대하여 이의를 진술하는 때에는 그 진술을 별도로 영상녹화하여 첨부하여야 한다.

> **해설** [20년 경간] ① 피의자의 진술은 영상녹화할 수 있다. 이 경우 미리 영상녹화사실을 알려주어야 하며, 조사의 개시부터 종료까지의 전 과정 및 객관적 정황을 영상녹화하여야 한다(제244조의2 제1항).
>
> ② 영상녹화물은 조사가 개시된 시점부터 조사가 종료되어 피의자가 조서에 기명날인 또는 서명을 마치는 시점까지 전과정이 영상녹화된 것으로, 다음 각 호의 내용을 포함하는 것이어야 한다.(규칙 제134조의2 제3항)
>
> ③ 영상녹화가 완료된 때에는 피의자 또는 변호인 앞에서 지체 없이 그 원본을 봉인하고 피의자로 하여금 기명날인 또는 서명하게 하여야 한다(제244조의2 제2항)
>
> ④ 피의자 또는 변호인의 요구가 있는 때에는 영상녹화물을 재생하여 시청하게 하여야 한다. 이 경우 그 내용에 대하여 **이의를 진술하는 때에는 그 취지를 기재한 서면을 첨부**하여야 한다(제244조의2 제3항).

>>> 정답 ④

54. 영상녹화제도에 관한 설명 중 가장 적절한 것은? (다툼이 있으면 판례에 의함)

① 수사기관이 피의자의 진술을 영상녹화하려는 경우 피의자 또는 변호인에게 미리 영상녹화사실을 알려주어야 하며, 형사소송법 제 244조의 2 제1항에 따라 반드시 서면으로 사전동의를 받아야 한다.

② 피의자 진술에 대한 영상녹화가 완료된 이후 피의자 또는 변호인에게 영상녹화물을 재생하여 시청하게 하여야 하며, 그 내용에 대하여 이의를 진술하는 때에는 해당 내용을 삭제하고 그 진술을 영상녹화하여 첨부하여야 한다.

③ 피고인 또는 피고인이 아닌 자의 진술을 내용으로 하는 영상녹화물은 공판준비 또는 공판기일에 피고인 또는 피고인이 아닌 자가 진술함에 있어서 기억이 명백하지 아니한 사항에 관하여 기억을 환기시켜야 할 필요가 있다고 인정되는 때에 한하여 피고인 또는 피고인이 아닌 자에게 재생하여 시청하게 할 수 있다.

④ 수사기관이 참고인을 조사하는 과정에서 형사소송법 제 221조 제1항에 따라 작

성한 영상녹화물은, 다른 법률에서 달리 규정하고 있는 등의 특별한 사정이 없는 한, 원칙적으로 공소사실을 직접 증명할 수 있는 독립적인 증거로 사용될 수 있다.

> **해설** [20년 승진] ① 피의자의 진술은 영상녹화 할 수 있다. 이 경우 **미리 영상녹화사실을 알려주어야** 하며, 조사의 개시부터 종료까지의 전 과정 및 객관적 정황을 영상녹화하여야 한다.(제 244조의2 제1항) 그러나 반드시 서면으로 사전동의를 받을 필요는 없다.
>
> ② 피의자 또는 변호인의 요구가 있는 때에는 영상녹화물을 재생하여 시청하게 하여야 한다. 이 경우 그 내용 에 대하여 **이의를 진술**하는 때에는 그 **취지를 기재한 서면을 첨부**하여야 한다.(제 244조의2 제3항).
>
> ③ 피고인 또는 피고인이 아닌 자의 진술을 내용으로 하는 영상녹화물은 공판준비 또는 공판기일에 피고인 또는 피고인이 아닌 자가 진술함에 있어서 기억이 명백하지 아니한 사항에 관하여 기억을 환기시켜야 할 필요가 있다고 인정되는 때에 한하여 피고인 또는 피고인이 아닌 자에게 재생하여 시청하게 할 수 있다(제318조의2 제2항)
>
> ④ 수사기관이 참고인을 조사하는 과정에서 형사소송법 제221조 제1항에 따라 작성한 영상녹화물은 다른 법률에서 달리 규정하고 있는 등의 특별한 사정이 없는 한 **공소사실을 직접 증명할 수 있는 독립적인 증거로 사용될 수는 없다**(대판 2014.7.10. 2012도5041).
>
> ≫ 정답 ③

---

55. 진술의 영상녹화제도에 대한 설명으로 가장 적절하지 않은것은? (다툼이 있는 경우 판례에 의함)

① 피의자의 진술은 영상녹화할 수 있다. 이 경우 미리 영상녹화사실을 알려주어야 하며, 조사의 개시부터 종료까지의 전 과정 및 객관적 상황을 영상녹화하여야 한다.

② 영상녹화가 완료된 때에는 피의자 또는 변호인 앞에서 지체 없이 그 원본을 봉인하고 피의자로 하여금 기명날인 또는 서명하게 하여야 한다.

③ 피의자가 아닌 자의 진술을 영상녹화하고자 할 때에는 미리 피의자가 아닌 자에게 영상녹화사실을 알려주고 동의를 받아야 한다.

④ 아동 청소년대상 성범죄 피해자 진술을 영상녹화하는 경우 피해자 또는 법정대리인이 거부하더라도 영상녹화를 하여야 한다. 다만, 가해자가 친권자 중 일방인 경우는 그러하지 아니하다.

> **해설** [21년 승진] ①, ③피의자의 진술은 영상녹화 할 수 있다. 이 경우 미리 **영상녹화사실을 알려주어야** 하며, 조사의 개시부터 종료까지의 전 과정 및 객관적 정황을 영상녹화 하여야 한다(제244조의2).
>
> ② 영상녹화가 완료된 때에는 피의자 또는 변호인 앞에서 지체 없이 그 원본을 봉인하고 피의자로 하여금 기명날인 또는 서명하게 하여야 한다.(제244조의2 ②).
>
> ④ 아동·청소년대상 성범죄 피해자의 진술내용과 조사과정도 비디오녹화기 등 영상물 녹화장치로 촬영·보존하여야 한다. 이에 따른 영상물 녹화는 피해자 또는 법정대리인이 **이를 원하지 아니하는 의사를 표시한 경우에는 촬영을 하여서는 아니된다.**
>
> ≫ 정답 ④

56. 영장주의에 관한 설명 중 가장 적절하지 않은 것은? (다툼이 있으면 판례에 의함)

① 법원이 직권으로 발부하는 영장은 집행기관에 대한 허가장의 성격을 가지나, 수사기관의 청구에 의하여 발부하는 영장은 수사기관에 대한 명령장으로서의 성질을 갖는 것으로 이해되고 있다.

② 교도소의 안전과 질서유지를 위하여 마약류 수형자에게 소변을 받아 제출하게 한 것은 응하지 않을 경우 불리한 처우를 받을 수 있다는 심리적 압박이 존재하리라는 것을 충분히 예상할 수 있는 점에 비추어 공권력의 행사에 해당하나, 영장없이 실시되었다 하더라도 영장주의에 위배되지 않는다.

③ 법원이 피고인의 구속 또는 그 유지 여부의 필요성에 관하여 한 재판의 효력이 검사나 다른 기관의 이견이나 불복이 있다 하여 좌우되거나 제한받는다면 이는 헌법 제12조 제3항의 영장주의에 위배된다.

④ 수사기관이 영장에 의하지 아니하고 신용카드회사가 발행한 매출전표의 거래명의자에 관한 정보를 획득하였다면, 그와 같이 수집된 증거는 원칙적으로 '적법한 절차에 따르지 아니하고 수집한 증거에 해당하여 특별한 사정이 없는 한 유죄의 증거로 삼을 수 없다.

> 해설 [20년 승진] ① 법원이 직권으로 발부하는 영장은 명령장으로서의 성질을 갖고 수사기관의 청구에 의하여 발부하는 구속영장의 법적 성격은 허가장으로서의 성질을 갖는 것으로 이해되고 있다(헌재 1997.3.27. 96헌바28).
> ② 영장주의는 법관이 발부한 영장에 의하지 아니하고는 수사에 필요한 강제처분을 하지 못한다는 원칙으로 소변을 받아 제출하도록 한 것은 교도소의 안전과 질서유지를 위한 것으로 수사에 필요한 처분이 아닐 뿐만 아니라 검사대상자들의 협력이 필수적이어서 강제처분이라고 할 수도 없어 영장주의의 원칙이 적용되지 않는다(헌재 2006.7.27. 2005 헌마277)
> ③ 보석허가결정과 구속집행정지 결정에 대하여 검사에게 즉시항고권을 인정한 형사소송법 규정을 위헌으로 선언함(헌재 2012.6.27. 2011 헌가36).
> ④ 수사기관이 금융회사 등에 그와 같은 정보를 요구하는 경우에도 법관이 발부한 영장에 의하여야 한다. 그럼에도 수사기관이 영장에 의하지 아니하고 매출전표의 거래명의자에 관한 정보를 획득하였다면, 그와 같이 수집된 증거는 원칙적으로 형사소송법 제308조의2에서 정하는 '적법한 절차에 따르지 아니하고 수집한 증거'에 해당하여 유죄의 증거로 삼을 수 없다(대법원 2013. 3. 28. 선고 2012도13607)

>> 정답 ①

57. 다음 중 사후적 구제제도로 보기에 가장 적절하지 않은 것은?

① 구속 전 피의자심문제도
② 체포·구속적부심사제도
③ 강제처분에 대한 준항고
④ 형사보상제도

> 해설 [20년 승진] ① 구속 전 피의자심문제도는 구속영장 발부 전에 판사가 피의자를 심문하는 것이므로 사전적 구제제도에 해당한다(제201조의 2).

② **체포·구속적부심사제도**는 체포 또는 구속을 당한 피의자에 대하여 사후 그 적부심사를 통해 피의자를 석방시키는 것이므로 **사후적** 구제제도에 해당한다(제 214조의2 제1항).

③ **준항고**는 구금, 압수 등이 이루어진 경우 그에 대한 불복수단이므로 **사후적** 구제제도에 해당한다(제 416조 제1항, 제417조).

④ **형사보상제도**는 무죄판결 등이 확정된 경우 미결구금이나 **형 집행에 대한 보상**을 해주는 것이므로 **사후적** 구제제도에 해당한다.

>> 정답 ①

58. 체포절차에 대한 설명으로 적절하지 않은 것은?

① 사법경찰관이 피의자를 체포하였을 때에는 변호인이 있으면 변호인에게, 변호인이 없으면 변호인선임권자 중 피의자가 지정한 자에게 지체없이 서면으로 체포의 통지를 하여야 한다.

② 체포된 피의자는 관할법원에 체포의 적부심사를 청구할 수 있으며, 청구를 받은 법원은 심사청구 후 피의자에 대하여 공소제기가 있는 경우에도 청구가 이유 있다고 인정한 때에는 결정으로 피의자의 석방을 명하여야 한다.

③ 사법경찰관이 기소중지된 피의자를 해당 수사관서가 위치하는 특별시·광역시·도 또는 특별자치도 외의 지역에서 긴급체포하였을 때에는 12시간 내에 검사에게 긴급체포를 승인해 달라는 건의를 하여야 한다.

④ 사법경찰관은 긴급체포한 피의자에 대하여 구속영장을 신청하지 아니하고 석방한 경우에는 즉시 검사에게 보고하여야 한다.

해설 [19년 경찰2] ① 제200조의6, 피고인을 구속한 때에는 변호인이 있는 경우에는 변호인에게, 변호인이 없는 경우에는 제30조제2항에 규정한 자 중 피고인이 지정한 자에게 피고사건명, 구속일시·장소, 범죄사실의 요지, 구속의 이유와 변호인을 선임할 수 있는 취지를 알려야 한다. 통지는 지체없이 서면으로 하여야 한다.(제87조)

② 제1항의 청구를 받은 법원은 청구서가 접수된 때부터 48시간 이내에 체포되거나 구속된 피의자를 심문하고 수사 관계 서류와 증거물을 조사하여 그 청구가 이유 없다고 인정한 경우에는 결정으로 기각하고, 이유 있다고 인정한 경우에는 결정으로 체포되거나 구속된 피의자의 석방을 명하여야 한다. 심사 청구 후 피의자에 대하여 공소제기가 있는 경우에도 또한 같다(제214조의2 제4항)

③ 사법경찰관은 긴급체포 후 **12시간내**에 관할 지방검찰청 또는 지청의 검사에게 긴급체포를 승인해 달라는 건의를 하여야 한다. 다만, 기소중지된 피의자를 해당 수사관서가 위치하는 **특별시·광역시·도 또는 특별자치도 외의 지역에서 긴급체포하였을 때에는** 24시간 내에 긴급체포에 대한 승인 건의를 할 수 있다(수사준칙제35조 제3항).

④ 사법경찰관은 긴급체포한 피의자에 대하여 구속영장을 신청하지 아니하고 석방한 경우에는 즉시 검사에게 보고하여야 한다(제200조의4 제6항)

>> 정답 ③

59. 체포영장에 의한 체포에 관한 설명 중 가장 적절하지 않은 것은? (판례에 의함)

① 체포 및 압수·수색현장에서 변호인의 체포영장 등사·요구를 거절한 것만으로는 변호인의 조력을 받을 권리를 원천적으로 침해한 행위라고 보기 어렵다.

② 체포한 피의자를 구속하고자 할 때에는 체포한 때부터 24시간 이내에 구속영장을 청구하여야 하고, 그 기간 내에 구속영장을 청구하지 아니하는 때에는 피의자를 즉시 석방하여야 한다.

③ 경찰관들이 체포를 위한 실력행사에 나아가기 전에 체포영장을 제시하고 미란다 원칙을 고지할 여유가 있었음에도 애초부터 미란다 원칙을 체포 후에 고지 할 생각으로 먼저 체포행위에 나선행위는 적법한 공무집행이라고 보기 어렵다.

④ 체포의 사유가 없거나 소멸된 때에는 법원은 직권 또는 검사, 피의자, 변호인과 피의자의 변호인선임권자의 청구에 의하여 결정으로 체포를 취소하여야 한다.

> **해설** [20년 승진] ① 체포 및 압수·수색현장에서 변호인의 **체포영장 등사 요구를 거절**한 것만으로 변호인의 조력을 받을 권리를 원천적으로 침해한 행위라고 보기 어렵다(대판 2017. 11. 29. 선고 2017도9747).
>
> ② 체포한 피의자를 구속하고자 할 때에는 체포한 때부터 **48시간** 이내에 구속영장을 청구하여야 하고 그 기간 내에 **구속영장을 청구하지 아니하거나 발부받지 못한** 때에는 피의자를 즉시 석방하여야 한다(제 200조의2 제5항, 제200조의4 제2항, 규칙 제100조 제2항).
>
> ③ 체포영장의 제시나 고지 등은 체포를 위한 실력행사에 들어가기 이전에 **미리 하여야 하는 것이 원칙**이다. 그러나 달아나는 피의자를 쫓아가 붙들거나 폭력으로 대항하는 피의자를 실력으로 제압하는 경우에는 붙들거나 제압하는 과정에서 하거나, 그것이 여의치 않은 경우에는 **일단 붙들거나 제압한 후에 지체 없이 하여야 한다**(대판 2017.9.21. 2017도10866).
>
> ④ 형사소송법 제93조는 "구속의 사유가 없거나 소멸된 때에는 법원은 직권 또는 검사, 피고인, 변호인과 제30 조 제2항에 규정한 자의 청구에 의하여 결정으로 구속을 취소하여야 한다"라고 규정하고 있고, 형사소송법 제 200조의6에서 제93조를 검사 또는 사법경찰관에 의한 피의자 체포의 취소에 준용한다.

≫≫ 정답 ②

60. 체포에 관한 설명 중 가장 적절한 것은? (다툼이 있으면 판례에 의함).

① 사법경찰관이 피의자를 긴급체포하는 경우에는 즉시 긴급체포서를 작성하여야 할 뿐만 아니라 즉시검사의 승인을 얻어야 한다.

② 사법경찰관리가 현행범인으로 체포하는 경우에는 반드시 피의사실의 요지, 체포의 이유와 변호인을 선임할 수 있음을 말하고 변명의 기회를 주어야 하며, 이와 같은 고지는 반드시 체포를 위한 실력행사에 들어가기 전에 미리 행하여야 한다.

③ 체포영장에 의하여 체포된 피의자만이 체포적부심사를 청구할 수 있다.

④ 사법경찰관이 피고인을 수사관서까지 동행한 것이 사실상의 강제연행, 즉 불법체

포에 해당하더라도 불법체포로부터 6시간 상당이 경과한 후에 이루어진 긴급체포는 하자가 치유된 것으로 적법하다.

> **해설** [17년 경찰2] ① (제200조의3) 사법경찰관이 제1항의 규정에 의하여 피의자를 체포한 경우에는 즉시 검사의 승인을 얻어야 한다. 검사 또는 사법경찰관은 제1항의 규정에 의하여 피의자를 체포한 경우에는 즉시 긴급체포서를 작성하여야 한다.
>
> ② 검사 또는 사법경찰관리는 현행범인을 체포하거나 일반인이 체포한 현행범인을 인도받는 경우 피의자에 대하여 피의사실의 요지, 체포의 이유와 변호인을 선임할 수 있음을 말하고 변명할 기회를 주어야 하고, 이와 같은 고지는 체포를 위한 실력행사에 들어가기 전에 미리 하여야 하는 것이 원칙이지만, 달아나는 피의자를 쫓아가 붙들거나 폭력으로 대항하는 피의자를 실력으로 제압하는 경우에는 붙들거나 제압하는 과정에서 하거나 그것이 **여의치 않은 경우에는 일단 붙들거나 제압한 후에 지체없이** 하면 된다(대판 2012.2.9. 2011도7193).
>
> ③ 체포영장에 의하여 체포된 피의자만이 아니라, **체포·구속된 모든 피의자**는 체포·구속적부심사를 청구할 수 있다(제214조의2 제1항).
>
> ④ 사법경찰관이 피고인을 수사관서까지 동행한 것이 적법요건이 갖추어지지 아니한 채 사법경찰관의 동행 요구를 거절할 수 없는 심리적 압박 아래 행하여진 사실상의 강제연행, 즉 **불법 체포에 해당하는 경우**, 사법경찰관이 그로부터 **6시간 상당이 경과한 이후에 비로소 피고인에 대하여 긴급체포**의 절차를 밟았다고 하더라도 이는 동행의 형식 아래 행해진 불법체포에 기하여 사후적으로 취해진 것에 불과하므로, 그와 같은 긴급체포 또한 **위법하다고 아니할 수 없다**(대판 2006.7.6. 선고 2005도6810).

>> 정답 ①

61. 체포에 대한 설명 중 가장 적절하지 않은 것은? (다툼이 있으면 판례에 의함)

① 피의자가 2009.11.2. 22:00경 긴급체포되어 조사를 받고 구속영장이 청구되지 아니하여 2009.11.4. 20:10경 석방되었음에도 검사가 그로부터 30일 이내에 형사소송법 제200조의4에 따른 석방통지를 법원에 하지 않았다면, 피의자에 대한 긴급체포 당시의 상황과 경위, 긴급체포 후 조사 과정 등에 특별한 위법이 없다고 하더라도 사후에 석방통지가 법에 따라 이루어지지 않았다는 사정만으로 그 긴급체포에 의한 유치 중에 작성된 피의자에 대한 피의자신문조서들의 작성이 소급하여 위법하게 된다.

② 검사 또는 사법경찰관리(이하 '검사' 등) 아닌 이에 의하여 현행범인이 체포된 후 불필요한 지체 없이 검사 등에게 인도된 경우 구속영장 청구기간의 기산점은 체포시가 아니라 검사 등이 현행범인을 인도받은 때라고 할 것이다.

③ 다액 50만원 이하의 벌금, 구류 또는 과료에 해당하는 죄의 현행범인에 대하여는 범인의 주거가 분명하지 아니한 때에 한하여 현행범인으로 체포할 수 있다.

④ 경찰관의 현행범인 체포경위 및 그에 관한 현행범인체포서와 범죄사실의 기재에 다소 차이가 있더라도, 그것이 논리와 경험칙상 장소적·시간적 동일성이 인정되는 범위 내라면 그 체포행위가 공무집행방해죄의 요건인 적법한 공무집행에 해당한다.

해설 [17년 경찰] ① 피의자가 긴급체포되어 조사를 받고 구속영장이 청구되지 아니하여, 석방되었음에도 검사가 30일 이내에 법원에 석방통지를 하지 않았더라도, 긴급체포 당시의 상황과 경위, 긴급체포 후 조사 과정 등에 특별한 위법이 있다고 볼 수 없는 이상, 단지 사후에 석방통지가 이루어지지 않았다는 사정만으로 그 긴급체포에 의한 유치중에 작성된 피의자신문조서들의 작성이 소급하여 위법하게 된다고 볼 수는 없다(대판 2014.8.26. 2011도6035).

② 검사 등이 아닌 이에 의하여 현행범인이 체포된 후 지체 없이 검사 등에게 인도된 경우 위 48시간의 기산점은 체포시가 아니라 **검사 등이 현행범인을 인도받은 때**라고 할 것이다(대판 2011.12.22. 2011도12927).

③ 다액 50만원이하의 벌금, 구류 또는 과료에 해당하는 죄의 현행범인에 대하여는 범인의 주거가 분명하지 아니한 때에 한하여 제212조 내지 제213조의 규정을 적용한다(제214조)

④ 경찰관의 현행범인 체포경위 및 그에 관한 현행범인체포서와 범죄사실의 기재에 다소 차이가 있더라도, 그것이 논리와 경험칙상 장소적·시간적 동일성이 인정되는 범위 내라면 그 체포행위가 공무집행방해죄의 요건인 적법한 공무집행에 해당한다(대판 2008도3640).

>> 정답 ①

62. 체포영장에 의한 체포에 관한 설명 중 가장 옳지 않은 것은? (판례에 의함)

① 체포영장에 의해 피의자를 체포하기 위해서는 정당한 이유없이 출석요구에 응하지 아니하거나 응하지 아니할 우려가 있을 것이 요구된다.

② 검사는 관할지방법원 판사에게 청구하여 체포영장을 발부받아 피의자를 체포할 수 있고, 사법경찰관은 검사에게 신청하여 검사의 청구로 관할지방법원 판사의 체포영장을 발부받아 피의자를 체포할 수 있다.

③ 체포영장에 의하여 체포한 피의자를 구속하고자 할 때에는 검사는 체포한 때로부터 48시간 이내에 관할지방법원 판사로부터 구속영장을 발부받아야 한다.

④ 피의자를 체포한 때에는 즉시 영장에 기재된 인치·구금 장소로 호송하여 인치 또는 구금하여야 하며, 이 경우 수사기관이 임의로 구금 장소를 변경하는 것은 위법하다.

해설 [20년 경간] ①,② 피의자가 죄를 범하였다고 의심할 만한 상당한 이유가 있고, 정당한 이유없이 제200조의 규정에 의한 출석요구에 응하지 아니하거나 응하지 아니할 우려가 있는 때에는 검사는 관할 지방법원판사에게 청구하여 체포영장을 발부받아 피의자를 체포할 수 있고, 사법경찰관은 검사에게 신청하여 검사의 청구로 관할지방법원판사의 체포영장을 발부받아 피의자를 체포할 수 있다. 다만, 다액 50만원이하의 벌금, 구류 또는 과료에 해당하는 사건에 관하여는 피의자가 일정한 주거가 없는 경우 또는 정당한 이유없이 제200조의 규정에 의한 출석요구에 응하지 아니한 경우에 한한다(제200조의2 제1항)

③ 체포한 피의자를 구속하고자 할 때에는 체포한 때부터 **48시간 이내**에 구속영장을 청구하여야 하고 그 기간 내에 구속영장을 **청구하지 아니하거나 또는 발부받지 못한 때**에는 피의자를 즉시 **석방**하여야 한다(제200조의2 제5항, 제200조의4 제2항, 규칙 제100조 제2항).

④ 신병이 조사차 국가안전기획부 직원에게 인도된 후 위 서초경찰서 유치장에 인도된 바 없이 계속하여 국가안전기획부 청사에 사실상 구금되어 있다면, 피청구인의 청구인에 대한 이러한 사실상의 **구금장소의 임의적 변경**은 청구인의 방어권이나 **접견교통권의 행사에 중대한 장애를 초래**하는 것이

므로 위법하다(대결1996. 5. 15. 자 95모94) .

>>> 정답 ③

63. 형사소송법상 영장에 의한 체포제도에 대한 설명으로 가장 적절하지 않은 것은? (다툼이 있는 경우 판례에 의함)

① 다액 50만원이하의 벌금, 구류 또는 과료에 해당하는 사건에 관하여는 피의자가 일정한 주거가 없는 경우 또는 정당한 이유없이 수사기관의 출석요구에 응하지 아니한 경우에 한하여 체포할 수 있다.

② 형사소송법은 강제처분에 대한 사전적 구제제도로서 체포 전 피의자신문제도를 두고 있다.

③ 피의자를 체포한 후 그를 다시 구속하고자 할 때에는 체포한 때로부터 48시간 내에 구속영장을 청구해야 한다.

④ 사법경찰관리는 체포영장을 소지하지 아니한 경우에 급속을 요하는 때에는 피의자에 대하여 피의사실의 요지와 영장이 발부되었음을 알리고 집행할 수 있다. 이 경우 집행을 완료한 후에는 신속히 체포영장을 제시해야 한다.

　해설　[21년 승진] ① 다액 50만원이하의 벌금, 구류 또는 과료에 해당하는 경미사건은 **피의자의 주거부정** 또는 정당한 이유없이 수사기관의 **출석요구에 응하지 아니한 경우**에 한하여 체포할 수 있다.

② 형사소송법은 강제처분에 대한 사전적 구제제도로서 구속 전 피의자신문제도는 있으나, **체포 전 피의자신문제도는 없다.**

③ 피의자를 체포한 후 구속하고자 할 때에는 체포한 때로부터 48시간내에 구속영장을 청구해야 한다.

④ 사법경찰관리는 **체포영장을 소지하지 아니한 경우**에 급속을 요하는 때에는 피의자에 대하여 **피의사실의 요지와 영장이 발부되었음을 알리고 집행**할 수 있다. 이 경우 집행을 완료한 후에는 신속히 체포영장을 제시해야 한다.

>>> 정답 ②

64. 체포제도에 대한 설명 중 가장 적절하지 않은 것은? (다툼이 있는 경우 판례에 의함)

① 사법경찰관이 긴급체포된 피의자에 대해 검사에게 긴급체포의 승인건의와 구속영장 신청을 함께 한 경우 검사는 긴급체포의 합당성이나 구속영장 청구에 필요한 사유를 보강하기 위해 피의자 대면조사를 실시할 수 있다.

② 현행범체포의 요건으로서 행위의 가벌성, 범죄의 현행성 시간적 접착성, 범인 범죄의 명백성 이외에 체포의 필요성 즉, 도망 또는 증거인멸의 염려가 있어야 한다.

③ 체포영장이 발부된 피의자를 체포하기 위하여 타인의 주거 등을 수색하는 경우에는 피의자가 그 장소에 소재할 개연성 이외에도 별도로 사전에 수색영장을 발부

받기 어려운 긴급한 사정이 있는 경우에만 제한적으로 이루어져야 한다.

④ A가 경찰관 B의 불심검문을 받아 운전면허증을 교부한 후 B에게 큰소리로 욕설을 하는 것을 인근에 있던 C, D 등도 들은 상황에서 B가 A를 현행범으로 체포하는 것은 적법한 공무집행이라 볼 수 없다.

> **해설** [20년 경찰1] ① 검사의 구속영장 청구 전 피의자 대면조사는 긴급체포의 적법성을 의심할 만한 사유가 기록 기타 객관적 자료에 나타나고 피의자의 대면조사를 통해 그 여부의 판단이 가능할 것으로 보이는 예외적인 경우에 한하여 허용될 뿐, **긴급체포의 합당성이나 구속영장 청구에 필요한 사유를 보강하기 위한 목적으로 실시되어서는 아니 된다.** 나아가 검사의 구속영장 청구 전 피의자 **대면조사는 강제수사가 아니므로** 피의자는 **검사의 출석 요구에 응할 의무가 없고, 피의자가 검사의 출석요구에 동의한 때에 한하여** 사법경찰관리는 피의자를 검찰청으로 호송하여야 한다(대판 2008도11999).
>
> ② 현행범인은 누구든지 영장 없이 체포할 수 있는데(형사소송법 제212조), 현행범인으로 체포하기 위하여는 행위의 가벌성, 범죄의 현행성·시간적 접착성, 범인·범죄의 명백성 이외에 체포의 필요성 즉, 도망 또는 증거인멸의 염려가 있어야 한다(대판 2011도3682).
>
> ③ 타인의 주거나 타인이 간수하는 가옥, 건조물, 항공기, 선차 내에서의 피의자 수색. 다만, 제200조의2 또는 제201조에 따라 피의자를 체포 또는 구속하는 경우의 피의자 수색은 미리 수색영장을 발부받기 어려운 긴급한 사정이 있는 때에 한정한다.(제216조 제1항 제1호)
>
> ④ 피고인은 경찰관의 불심검문에 응하여 이미 운전면허증을 교부한 상태이고, 경찰관뿐 아니라 인근 주민도 욕설을 직접 들었으므로, 피고인이 도망하거나 증거를 인멸할 염려가 있다고 보기는 어렵고, 피고인의 모욕 범행은 불심검문에 항의하는 과정에서 저지른 일시적, 우발적인 행위로서 사안 자체가 경미할 뿐 아니라, 피해자인 경찰관이 범행현장에서 즉시 범인을 체포할 급박한 사정이 있다고 보기도 어려우므로, 경찰관이 피고인을 체포한 행위는 적법한 공무집행이라고 볼 수 없고, 피고인이 체포를 면하려고 반항하는 과정에서 상해를 가한 것은 불법체포로 인한 신체에 대한 현재의 부당한 침해에서 벗어나기 위한 행위로서 정당방위에 해당한다(대판 2011.5.26. 선고 2011도3682).
>
> ≫≫ 정답 ①

65. 긴급체포에 관한 다음 설명 중 가장 옳은 것은? (다툼이 있으면 판례에 의함).

① 도로교통법 위반 피의사건에서 기소유예 처분을 받은 재항고인이 혐의없음을 주장함과 동시에 수사경찰관의 처벌을 요구하는 진정서를 검찰청에 제출함으로써 이루어진 진정사건을 담당한 검사가 재항고인에 대한 위 피의사건을 재기한 후 담당검사인 자신의 교체를 요구하고자 부장검사 부속실에서 대기하고 있던 재항고인을 위 도로교통법 위반죄로 긴급체포한 것은 적법하다.

② 현직 군수인 피고인을 소환·조사하기 위하여 검사의 명을 받은 검찰주사보가 군수실에 도착하여 도시행정계장에게 행방을 확인하였더니, 군수가 검사가 자신을 소환하려 한다는 사실을 미리 알고 자택근처에서 기다리고 있을 것이니 수사관이 오거든 그 곳으로 오라고 하였다고 하자 검찰주사보가 도시행정계장과 같이 가서 그 곳에서 수사관을 기다리고 있던 피고인을 긴급체포한 것은 정당하다.

③ 긴급체포의 요건을 갖추었는지 여부는 사후에 밝혀진 사정을 기초로 판단하여야 한다.

④ 변호사 甲에 대하여 무죄가 선고되자 검사가 무죄가 선고된 공소사실에 대한 보완수사를 한다며 甲의 변호사 사무실 사무장이던 乙에게 참고인조사를 위한 출석을 요구하여, 자진출석한 乙을 참고인조사를 하지 아니한 채 곧바로 위증 및 위증교사 혐의의 피의자신문조서를 받기 시작하였고, 이에 甲이 검사실로 찾아와서 乙에게 나가라고 지시하여 乙이 나가려 하자, 검사가 乙을 긴급체포한 것은 위법하다.

> **해설** [17년 경찰2] ① 재항고인에 대한 긴급체포는 체포영장을 발부받을 수 없을 정도로 긴급을 요하는 경우에 해당한다고 도저히 볼 수 없어 긴급성의 요건을 갖추지 못하였을 뿐만 아니라, 재항고인이 도망할 염려나 증거를 인멸할 염려가 있다고 볼 수도 없는 만큼 형사소송법 제70조 제1항 제2호나 제3호의 요건 또한 갖추지 못한 것으로서, 이를 실행한 담당 검사의 판단은 당시의 상황과 경험칙에 비추어 현저히 합리성을 잃은 경우에 해당하므로 긴급체포는 위법한 체포에 해당한다(대판 2003.3.27. 2002모8).
>
> ② 피고인 甲은 현직 군수직에 종사하고 있어 검사로서도 피고인의 소재를 쉽게 알 수 있었고, 1999.11.29. 다른 피고인 乙의 진술 이후 시간적 여유도 있었으며, 피고인 甲도 도망이나 증거인멸의 의도가 없었음은 물론, 언제든지 검사의 소환조사에 응할 태세를 갖추고 있었고 그 사정을 검찰주사보도 충분히 알 수 있었다 할 것이어서, 위 긴급체포는 형사소송법 제200조의3 제1항의 요건을 갖추지 못한 것으로 쉽게 보여져 이를 실행한 검사 등의 판단이 현저히 합리성을 잃었다고 할 것이므로 이러한 위법한 긴급체포에 의한 유치 중에 작성된 각 피의자신문조서는 이를 유죄의 증거로 하지 못한다(대판 2002.6.11. 2000도5701).
>
> ③ **긴급체포의 요건을 갖추었는지 여부는 사후에 밝혀진 사정을 기초로 판단하는 것이 아니라 체포 당시의 상황을 기초로 판단하여야** 하고, 이에 관한 **검사나 사법경찰관 등 수사주체의 판단에는 상당한 재량의 여지가 있다**고 할 것이다(대판 2008.3.27. 2007도11400).
>
> ④ 검사가 참고인조사를 받는 줄 알고 검찰청에 자진출석한 변호사사무실 사무장을 합리적 근거 없이 긴급체포하자 그 변호사가 이를 제지하는 과정에서 위 검사에게 상해를 가한 것이 정당방위에 해당한다(대법원 2006. 9. 8. 선고 2006도148)

>>> 정답 ④

66. 긴급체포에 대한 다음 설명 중 옳고 그름의 표시(O, X)가 모두 바르게 된 것은? (다툼이 있는 경우 판례에 의함)

> ㉠ 긴급체포된 피의자에 대하여 구속영장이 발부된 경우 그 구속기간은 피의자를 체포한 날부터 기산한다.
>
> ㉡ 긴급체포 요건을 갖추었는지 여부는 체포 당시 상황과 사후에 밝혀진 사정을 종합적으로 판단함으로써 검사나 사법경찰관 등 수사주체의 판단에는 상당한 재량의 여지가 있다.
>
> ㉢ 「형사소송법」 제208조(재구속의 제한)에서 말하는 '구속되었다가 석방된 자'의 범위에는 긴급체포나 현행범으로 체포되었다가 사후영장발부전에 석방된 경우도 포함된다.
>
> ㉣ 긴급체포된 자로부터 압수한 물건에 대해서는 24시간 이내에 한하여 영장없이 압수·

수색할 수 있고, 압수된 물건을 계속 압수할 필요가 있는 경우에는 압수한 때로부터 48시간 이내에 압수·수색영장을 청구하여야 한다.

ⓜ 긴급체포 후 구속영장을 발부받지 못하여 석방한 경우 동일한 범죄사실로 다시 긴급체포 할 수 없다. 그러나 체포영장을 다시 발부받은 경우 체포가 가능하다.

① ㄱ(O)ㄴ(X)ㄷ(X)ㄹ(X)ㅁ(O)   ② ㄱ(O)ㄴ(O)ㄷ(O)ㄹ(X)ㅁ(O)

③ ㄱ(O)ㄴ(X)ㄷ(X)ㄹ(O)ㅁ(×)   ④ ㄱ(X)ㄴ(O)ㄷ(O)ㄹ(X)ㅁ(O)

해설 [20년 경찰2] ㄱ 제203조의2 실제 **체포 또는 구인한 날부터 기산**한다.

ㄴ (×)긴급체포의 요건을 갖추었는지 여부는 사후에 밝혀진 사정을 기초로 판단하는 것이 아니라 **체포 당시의 상황을 기초로 판단**하여야 하고, 이에 관한 검사나 사법경찰관 등 수사주체의 판단에는 상당한 재량의 여지가 있다고 할 것이나, 긴급체포 당시의 상황으로 보아서도 그 요건의 충족 여부에 관한 검사나 사법경찰관의 판단이 경험칙에 비추어 현저히 합리성을 잃은 경우에는 그 체포는 위법한 체포라 할 것이다(대판 2006도148)

ㄷ (×)형사소송법 제200조의4 제3항은 영장 없이는 긴급체포 후 석방된 피의자를 동일한 범죄사실에 관하여 체포하지 못한다는 규정으로, 위와 같이 석방된 피의자라도 법원으로부터 구속영장을 발부받아 구속할 수 있음은 물론이고, 같은 법 **제208조 소정의 '구속되었다가 석방된 자라 함은 구속영장에 의하여 구속되었다가 석방된 경우**를 말하는 것이지, **긴급체포나 현행범으로 체포되었다가 사후영장발부 전에 석방된 경우는 포함되지 않는다**(대판 2001도4291)

ㄹ (×)압수된 물건을 계속 압수할 필요가 있는 경우에는 **체포한 때로부터** 48시간 이내에 압수·수색영장을 청구하여야 한다.

ㅁ 긴급체포 후 석방된 자는 영장없이는 동일한 범죄사실에 관하여 체포하지 못한다(제200조의4 제3항).

≫≫ 정답 ①

67. 「형사소송법」상 긴급체포에 대한 설명으로 가장 적절하지 않은 것은? (판례에 의함)

① 긴급체포의 요건을 갖추었는지 여부는 사후에 밝혀진 사정을 기초로 판단하는 것이 아니라 체포 당시의 상황을 기초로 판단하여야 하고, 이에 관한 검사나 사법경찰관 등 수사주체의 판단에는 상당한 재량의 여지가 있다.

② 사법경찰관은 피의자를 긴급체포하는 경우에 미리 수색영장을 발부받기 어려운 긴급한 사정이 있는 때 영장 없이 타인의 주거나 타인이 간수하는 가옥, 건조물, 항공기, 선차 내에서 피의자 수사를 할 수 있다.

③ 사법경찰관은 긴급체포한 피의자에 대하여 구속영장을 신청하지 아니하고 석방한 경우에는 즉시 검사에게 보고하여야 한다.

④ 긴급체포된 자가 소유·소지 또는 보관하는 물건에 대하여 긴급히 압수할 필요가 있는 경우에는 체포한 때로부터 24시간 이내에 한 하여 영장없이 압수·수색 할 수 있으며 압수한 물건을 계속 압수 할 필요가 있는 경우에는 지체없이 압수수색

영장을 청구하여야 한다. 이 경우 압수수색영장의 청구는 압수 후 48시간 이내에 하여야 한다.

> **해설** [18년 승진] ① 긴급체포는 영장주의원칙에 대한 예외인 만큼 형사소송법 제200조의3 제1항의 요건을 모두 갖춘 경우에 한하여 예외적으로 허용되어야 하고, 요건을 갖추지 못한 긴급체포는 법적 근거에 의하지 아니한 영장 없는 체포로서 위법한 체포에 해당하는 것이고, 여기서 긴급체포의 요건을 갖추었는지 여부는 사후에 밝혀진 사정을 기초로 판단하는 것이 아니라 체포 당시의 상황을 기초로 판단하여야 하고, 이에 관한 검사나 사법경찰관 등 수사주체의 판단에는 상당한 재량의 여지가 있다(대법원 2008. 3. 27. 선고 2007도11400)
>
> ② 타인의 주거나 타인이 간수하는 가옥, 건조물, 항공기, 선차 내에서의 피의자 수색. 다만, 제200조의2 또는 제201조에 따라 피의자를 체포 또는 구속하는 경우의 피의자 수색은 미리 수색영장을 발부받기 어려운 긴급한 사정이 있는 때에 한정한다(제216조 제1항 1호)
>
> ③ 사법경찰관은 긴급체포한 피의자에 대하여 구속영장을 신청하지 아니하고 석방한 경우에는 즉시 검사에게 보고하여야 한다(제200조의 4 제6항)
>
> ④ 압수수색영장의 청구는 **압수 후가 아니라 체포 후 48시간 이내**에 하여야 한다(제217조 제2항).

>> 정답 ④

68. 긴급체포에 관한 설명 중 옳지 않은 것은 모두 몇 개인가? (판례에 의함)

> 가. 긴급체포는 피의자가 사형·무기 또는 장기 3년 이상의 징역이나 금고에 해당하는 죄를 범하였다고 의심할 만한 상당한 이유가 있어야 할 수 있다.
>
> 나. 긴급체포의 요건을 갖추었는지 여부는 체포 당시의 상황을 기초로 판단하여야 하고, 이에 관한 수사주체의 판단에는 상당한 재량의 여지가 있다.
>
> 다. 형사소송법 제208조(재구속의 제한) 소정의 '구속되었다가 석방된 자'의 범위에는 구속영장에 의하여 구속되었다가 석방된 경우뿐 아니라 긴급체포나 현행범으로 체포되었다가 사후 영장발부 전에 석방된 경우도 포함된다.
>
> 라. 긴급체포된 피의자에 대하여 구속영장이 발부된 경우 그 구속기간은 구속영장이 발부된 날부터 기산한다.
>
> 마. 검사는 긴급체포한 피의자에 대하여 구속영장을 청구하지 아니하고 석방한 경우에는 즉시 긴급체포서의 사본 등을 법원에 통지하여 사후승인을 얻어야 한다.

① 1개 　　　　② 2개
③ 3개 　　　　④ 4개

> **해설** [20년 경간] 가. 검사 또는 사법경찰관은 피의자가 사형·무기 또는 장기 3년이상의 징역이나 금고에 해당하는 죄를 범하였다고 의심할 만한 상당한 이유가 있고, 다음 각 호의 어느 하나에 해당하는 사유가 있는 경우에 긴급을 요하여 지방법원판사의 체포영장을 받을 수 없는 때에는 그 사유를 알리고 영장없이 피의자를 체포할 수 있다.(제200조의3 제1항)
>
> 나. 긴급체포의 요건을 갖추었는지 여부는 사후에 밝혀진 사정을 기초로 판단하는 것이 아니라 체포 당시의 상황을 기초로 판단하여야 하고, 이에 관한 검사나 사법경찰관 등 수사주체의 판단에는 상

당한 재량의 여지가 있다(대법원 2008. 3. 27. 선고 2007도11400)

다.(×)형사소송법 제208조 소정의 '구속되었다가 석방된 자'라 함은 **구속영장에 의하여 구속되었다가 석방된 경우**를 말하는 것으로 피고인이 긴급체포되었다가 석방된 후 법원이 발부한 구속영장에 의하여 구속이 이루어진 경우는 위법한 구속이라고 볼 수 없다(대판 2001.9.28. 2001도4291).

라.(×)피의자가 긴급체포 규정에 의하여 체포된 경우에는 구속기간은 **피의자를 체포한 날부터 기산한다**(제203조의2).

마.(×)검사는 구속영장을 청구하지 아니하고 피의자를 석방한 경우에는 석방한 날부터 30일 이내에 서면으로 석방된 자의 인적사항 등을 **법원에 통지하면 족하고, 사후승인을 얻을 필요는 없다**(제200조의4 제4항).

>>> 정답 ③

69. 긴급체포에 대한 설명으로 가장 적절하지 않은 것은? (다툼이 있는 경우 판례에 의함)

① 수사기관은 긴급체포 후 구속영장을 발부받지 못하여 피의자를 석방한 경우, 그 피의자를 동일한 범죄사실로 다시 긴급체포 할 수 없으나, 체포영장을 다시 발부받아 체포하는 것은 가능하다.

② 사법경찰관이 피의자를 긴급체포한 경우에는 즉시 긴급체포서를 작성하여야 할 뿐만 아니라 즉시 검사의 승인을 얻어야 한다.

③ 긴급체포의 요건을 갖추었는지여부는 체포 당시의 상황을 기초로 판단하는것이 아니라 사후에 밝혀진 사정을 기초로 판단하여야 한다.

④ 긴급체포된 피의자에 대하여 구속영장이 발부된 경우 그 구속기간은 피의자를 체포한 날부터 기산한다.

해설 [21년 승진] ① 수사기관은 긴급체포 후 구속영장을 발부받지 못하여 피의자를 석방한 경우, 그 피의자를 동일한 범죄사실로 다시 긴급체포 할 수 없으나, **체포영장을 다시 발부받아 체포하는 것은 가능하다**(제200조의4 제3항.)

② 사법경찰관이 피의자를 긴급체포한 경우에는 즉시 **긴급체포서를 작성**하여야 할 뿐만 아니라 즉시 **검사의 승인**을 얻어야 한다.

③ 긴급체포의 요건을 갖추었는지 여부는 **체포 당시의 상황을 기초**로 판단하여야 한다(대판 2002. 6. 11. 선고 2000도5701 판결).

④ 긴급체포된 피의자에 대하여 구속영장이 발부된 경우 그 구속기간은 피의자를 **체포한 날부터 기산**한다.

>>> 정답 ③

70. 긴급체포에 대한 설명으로 가장 적절하지 않은 것은?(다툼이 있는 경우 판례에 의함)

① 긴급체포의 요건을 갖추었는지 여부는 사후에 밝혀진 사정을 기초로 판단하는 것이 아니라 체포 당시의 상황을 기초로 판단하여야 하고, 이에 관한 검사나 사법경

찰관 등 수사주체의 판단에는 상당한 재량의 여지가 있다.

② 긴급체포 후 구속영장을 청구하지 아니하거나 발부받지 못하여 석방된자는 영장 없이는 동일한 범죄사실에 관하여 체포하지 못한다.

③ 피의자를 긴급체포하는 경우에 필요한 때에는 영장 없이 체포현장에서 압수·수색을 할 수 있고, 이에 따라 압수한 물건을 계속 압수할 필요가 있는 경우에는 지체 없이 압수·수색영장을 청구하여야 하며, 청구한 압수·수색영장을 발부받지 못한 때에는 압수한 물건을 즉시 반환하여야 하는 바, 이를 위반하여 압수·수색영장을 발부받지 아니하고도 즉시 반환하지 아니한 압수물은 피고인이나 변호인이 이를 증거로 함에 동의하지 않는 한 유죄인정의 증거로 사용할 수 없다.

④ 긴급체포되어 조사를 받고 구속영장이 청구되지 아니하여 석방된 후 검사가 그 석방일로부터 30일 이내에 석방통지를 법원에 하지 아니하더라도, 긴급체포 당시의 상황과 경위, 긴급체포 후 조사 과정등에 특별한 위법이 없는 이상, 그 긴급체포에 의한 유치 중에 작성된 피의자신문조서가 위법하게 작성되었다고 볼 수는 없다.

> **해설** [21년 경찰1차] ① 긴급체포의 요건을 갖추었는지 여부는 사후에 밝혀진 사정을 기초로 판단하는 것이 아니라 체포 당시의 상황을 기초로 판단하여야 하고, 이에 관한 검사나 사법경찰관 등 수사주체의 판단에는 상당한 재량의 여지가 있다(대법원 2008. 3. 27. 선고 2007도11400)
>
> ② 긴급체포 후 구속영장을 청구하지 아니하거나 발부받지 못하여 석방된자는 영장없이는 동일한 범죄사실에 관하여 체포하지 못한다.(제200조의4 제3항)
>
> ③ 형사소송법 제217조 제2항, 제3항에 위반하여 압수수색영장을 청구하여 이를 발부받지 아니하고도 **즉시 반환하지 아니한 압수물은 이를 유죄인정의 증거로 사용할 수 없고**, 피고인이나 변호인이 이를 증거로 함에 동의하였다고 하더라도 달리 볼 것은 아니다.(대판 2009. 12. 24. 선고 2009도11401 판결)
>
> ④ 긴급체포되어 조사를 받고 구속영장이 청구되지 아니하여 **석방된 후 검사가 그 석방일로부터 30일 이내에 석방통지를 법원에 하지 아니하더라도**, 긴급체포 당시의 상황과 경위, 긴급체포 후 조사 과정등에 특별한 위법이 없는 이상, **그 긴급체포에 의한 유치 중에 작성된 피의자신문조서가 위법하게 작성되었다고 볼 수는 없다.**(대판 2014. 8. 26. 선고 2011도6035 판결)

>> 정답 ③

71. 긴급체포에 관한 설명 중 가장 적절하지 않은 것은? (다툼이 있으면 판례에 의함)

① 긴급체포된 자가 소유·소지 또는 보관하는 물건에 대하여 긴급히 압수할 필요가 있어 체포한 때부터 24시간 이내에 영장 없이 압수·수색 또는 검증을 하는 경우 체포현장 이 아닌 장소에서도 긴급체포된 자가 소유·소지 또는 보관하는 물건을 대상으로 할 수 있다.

② 긴급체포의 경우에도 미란다 원칙의 고지는 체포를 위한 실력행사에 들어가기 이전에 미리 하여야 하는 것이 원칙이나, 달아나는 피의자를 쫓아가 붙들거나 폭력

으로 대항하는 피의자를 실력으로 제압하는 경우에는 붙들거나 제압하는 과정에서 하거나 그것이 여의치 않은 경우에는 일단 붙들거나 제압한 후에 지체없이 행하여야 한다.

③ 긴급체포 후 구속영장을 발부받지 못하여 석방한 경우 동일한 범죄사실로 다시 긴급체포할 수는 없으나 체포영장을 발부받아 다시 체포하는 것은 가능하다.

④ 긴급체포의 요건을 갖추었는지 여부는 체포 당시의 상황뿐만 아니라 사후에 밝혀진 사정을 종합적으로 고려하여 판단하여야 하며, 그 요건의 충족 여부에 관한 수사기관의 판단이 경험칙에 비추어 현저히 합리성을 잃은경우에는 그 체포는 위법한 체포라 할 것이다.

> **해설** [20년 승진] ① 압수 · 수색 또는 검증은 체포현장에서의 압수 · 수색 또는 검증을 규정하고 있는 형사소송법 제216조 제1항 제2호와 달리, 체포현장이 아닌 장소에서도 긴급체포된 자가 소유 · 소지 또는 보관하는 물건을 대상으로 할 수 있다(대판 2017.9.12. 2017도10309).
>
> ② 피의자를 긴급체포하는 경우에는 반드시 피의사실의 요지, 체포의 이유와 변호인을 선임할 수 있음을 말하고, 변명할 기회를 주어야 한다. 이와 같은 고지는 긴급체포를 위한 실력행사에 들어가기 이전에 미리 하여야 하는 것이 원칙이나, 달아나는 피의자를 쫓아가 붙들거나 폭력으로 대항하는 피의자를 실력으로 제압하는 경우에는 붙들거나 제압하는 과정에서 하거나, 그것이 여의치 않은 경우에는 일단 붙들거나 제압한 후에 지체없이 하여야 한다(대법원 2008. 7. 24. 선고 2008도2794)
>
> ③ 긴급체포 후 구속영장을 청구하지 아니하거나 발부받지 못하여 석방된자는 영장없이는 동일한 범죄사실에 관하여 체포하지 못한다.(제200조의4 제3항)
>
> ④ 긴급체포의 요건을 갖추었는지 여부는 사후에 밝혀진 사정을 기초로 판단하는 것이 아니라 **체포 당시의 상황을 기초로 판단**하여야 하고, 이에 관한 **검사나 사법경찰관 등 수사주체의 판단에는 상당한 재량의 여지가 있다고 할 것이다**(대판 2008.3.27. 2007도 11400).
>
> ≫ 정답 ④

72. 현행범인 체포에 대한 설명으로 가장 적절한 것은? (다툼이있는 경우 판례에 의함)

① 검사 또는 사법경찰관리 아닌 이가 현행범인을 체포한 때에는 즉시 검사 또는 사법경찰관리에게 인도하여야 하고, 여기서 '즉시'란 반드시 체포시점과 시간적으로 밀착된 시점이어야 한다.

② 현행범인으로 체포하기 위하여는 행위의 가벌성, 범죄의 현행성·시간적 접착성, 범인·범죄의 명백성이 있으면 족하고, 도망 또는 증거인멸의 염려가 있어야 하는 것은 아니다.

③ 현행범체포의 적법성은 체포 당시의 구체적 상황을 기초로 주관적으로 판단하여야 하고, 사후에 범인으로 인정되었는지에 의할 것은 아니다.

④ 현행범을 체포한 경찰관의 진술이라 하더라도 범행을 목격한 부분에 관하여는 여느 목격자의 진술과 다름없이 증거능력이 있다.

> **해설** [20년 경찰2] ① 현행범인을 체포한 때에는 즉시란 반드시 체포시점과 시간적으로 밀착된 시점이어

5년기출문제

야 하는 것은 아니고 정당한 이유없이 인도를 지연하거나 체포를 계속하는등 불필요한 지체함이 없으라는 뜻이다(대판 2011도12927).

② 현행범인으로 체포하기 위하여는 행위의 가벌성, 범죄의 현행성 시간적 접착성, 범인범죄의 명백성 이외에 체포의 필요성, 즉 **도망 또는 증거인멸의 염려가 있어야** 하고, 이러한 요건을 갖추지 못한 현행범인체포는 법적 근거에 의하지 아니한 영장 없는 체포로서 위법한 체포에 해당한다(대판 2011도3682).

③ 현행범 체포의 적법성은 체포 당시의 구체적 상황을 기초로 객관적으로 판단하여야 하고, 사후에 범인으로 인정되었는지에 의할 것은 아니다(대판2011도4763).

④ 현행범을 체포한 경찰관의 진술이라 하더라도 범행을 목격한 부분에 관하여는 여느 목격자의 진술과 다름없이 증거능력이 있다(대법원 1995. 5. 9. 선고 95도535)

>>> 정답 ④

---

73. 현행범인 및 준현행범인 체포에 대한 설명이다. ㉠부터 ㉣까지의 설명 중 옳고 그름의 표시(O, X)가 바르게 된 것은? (판례에 의함)

> ㉠ 음주운전을 종료한 후 40분 이상이 경과한 시점에서 길가에 앉아있던 운전자를 술 냄새가 난다는 점만을 근거로 음주운전의 현행범으로 체포한 경우 적법한 공무집행이다.
>
> ㉡ 피고인이 경찰관의 불심검문에 응하여 운전면허증을 교부한 후 경찰관에게 큰 소리로 욕설을 하였는데, 경찰관이 모욕죄의 현행범으로 체포하겠다고 고지 한 후 피고인의 오른쪽 어깨를 붙잡자 반항하면서 경찰관에게 상해를 가한 사안에서, 경찰관뿐 아니라 인근 주민도 욕설을 직접 들었다는 점을 근거로 피고인을 현행범으로 체포한 경우 적법한 공무집행이다.
>
> ㉢ 교사가 교장실에 들어가 불과 약 5분 동안 식칼을 두르며 교장을 협박하는 등의 소란을 피운 후 40여분 정도가 지나 경찰관들이 출동하여 교장실이 아닌 서무실에서 동행을 거부하는 그 교사를 현행범으로 체포한 경우 적법한 공무집행이다.
>
> ㉣ 순찰 중이던 경찰관이 교통사고를 낸 차량이 도주하였다는 무전연락을 받고 주변을 수색하다가 범퍼 등의 파손상태로 보아 사고차량으로 인정되는 차량에서 내리는 사람을 발견하여 준현행범으로 체포한 경우 적법한 공무집행이다.

①㉠(O)㉡(X)㉢(O)㉣(×)　　②㉠(X)㉡(O)㉢(X)㉣(×)

③㉠(X)㉡(X)㉢(O)㉣(O)　　④㉠(X)㉡(X)㉢(X)㉣(O)

해설 [19년 승진] ㉠(×)경찰관이 피고인이 음주운전을 종료한 후 **40분 이상이 경과 한 시점**에서 길가에 앉아 있던 피고인에게서 술 냄새가 난다는 점만을 근거로 피고인을 음주운전의 현행범으로 체포한 것은 피고인이 '**방금 음주운전을 실행한 범인이라는 점에 관한 죄증이 명백하다고 할 수 없는 상태**' 에서 이루어진 것으로서 적법한 공무집행이라고 볼 수 없다(대판 2007.4.13. 2007도1249).

㉡(×)피고인은 경찰관의 불심검문에 응하여 이미 운전면허증을 교부한 상태이고, 경찰관뿐 아니라 인근 주민도 욕설을 직접 들었으므로 **피고인이 도망하거나 증거를 인멸할 염려가 있다고 보기는 어렵고**, 피고인의 모욕 범행은 불심검문에 항의하는 과정에서 저지른 일시적, 우발적인 행위로서 사안 자체가 경미 할 뿐 아니라, 피해자인 경찰관이 범행현장 에서 즉시 범인을 체포할 급박한

사정이 있다고 보기도 어려우므로 경찰관이 피고인을 체포한 행위는 **적법한 공무집행이라고 볼 수 없다**(대판2011.5.26. 2011도 3682).

ⓒ(×)교사가 교장실에 들어가 불과 약5분 동안 식칼을 휘두르며 교장을 협박하는 등의 소란을 피운 후 **40여분 정도가 지나** 경찰관들이 출동하여 **교장실이 아닌 서무실에서 그를 연행하려 하자** 그가 구속영장의 제시를 요구하면서 동행을 거부하였다면, 체포 당시 서무실에 앉아 있던 위 교사가 방금 범죄를 실행한 범인이라는 죄증이 경찰관들에게 **명백히 인식될 만한 상황이었다고 단정할 수 없는데도** 이와 달리 그를 '범죄의 실행의 즉후인 자'로서 현행범인이라고 단정한 원심판결에는 현행범인에 관한 법리오해의 위법이 있다(대판1991.9.24. 91도1314).

ⓔ 순찰 중이던 경찰관이 교통사고를 낸 차량이 도주하였다는 무전연락을 받고 주변을 수색하다가 범퍼 등의 파손상태로 보아 사고차량으로 인정되는 차량에서 내리는 사람을 발견한 경우, 형사소송법 제211조 제2항 제2호 소정의 '장물이나 범죄에 사용되었다고 인정함에 충분한 흉기 기타의 물건을 소지하고 있는 때'에 해당하므로 준현행범으로서 영장 없이 체포할 수 있다(대법원 2000. 7. 4. 선고 99도4341)

>>> 정답 ④

74. 현행범인의 체포에 관한 설명 중 가장 적절한 것은? (다툼이 있으면 판례에 의함)

① 형사소송법 제211조가 현행범인으로 규정한 '범죄의 실행의 즉후인 자'라고 함은 범죄의 실행행위를 종료한 직후의 범인이라는 것이 객관적인 제3자의 입장에서 볼 때 명백한 경우를 일컫는 것이고 '범죄의 실행행위를 종료한 직후'라고 함은 범죄행위를 실행하여 끝마친 순간 또는 이에 아주 접착된 시간적 단계를 의미하는 것으로 해석된다.

② 다액 100만원 이하의 벌금, 구류 또는 과료에 해당하는 죄의 현행범인에 대하여는 범인의 주거가 분명하지 아니한 때에 한하여 현행범인으로 체포할 수 있다.

③ 검사 또는 사법경찰관리가 아닌 자에 의하여 현행범인이 체포된 후 불필요한 지체 없이 검사 또는 사법경찰관리에게 인도된 경우라면 구속영장 청구기간인 48시간의 기산점은 체포시가 아니라 검사 등이 현행범인을 인도받은 때라고 할 것이다.

④ 현행범인은 누구든지 영장없이 체포할 수 있으며, 현행범을 체포하는 자는 일반사인이라 하더라도 영장없이 타인의 주거에 들어갈 수 있다.

> **해설** [20년 승진] ① 현행범인인 '범죄의 실행의 즉후인 자'라고 함은 **범죄의 실행행위를 종료한 직후의 범인이**라는 것이 **체포하는 자의 입장**에서 볼 때 명백한 경우를 일컫는 것으로서 '범죄의 실행행위를 종료한 직후'라고 함은 범죄행위를 실행하여 끝마친 순간 또는 이에 아주 접착된 시간적 단계를 의미하는 것으로 해석되므로 시간적으로나 장소적으로 보아 체포를 당하는 자가 방금 범죄를 실행한 범인이라는 점에 관한 죄증이 명백히 존재하는 것으로 인정되는 경우에만 현행범인으로 볼 수 있다(대판 2007.4.13. 2007 도1249).
>
> ② 다액 50만원 이하의 벌금, 구류 또는 과료에 해당하는 죄의 현행범인에 대하여는 범인의 **주거가 분명하지 아니한 때**에 한하여 현행범인으로 체포할 수 있다(제214조).
>
> ③ 검사 등이 아닌 이에 의하여 현행범인이 체포된 후 지체 없이 검사 등에게 인도된 경우 위 48시간의 기산점은 체포시가 아니라 검사 등이 현행범인을 인도받은 때라고 할 것이다 (대판 2011.12.22. 2011도12927).

④ 현행범인의 체포는 누구든지 할 수 있으나, 그 체포를 위하여 일반 사인이 타인의 주거에 들어가 피의자를 수색할 수는 없다(대판 1965.12.21. 65도8999).

>>> 정답 ③

75. 현행범인 체포에 대한 설명 중 가장 적절하지 않은 것은? (판례에 의함)

① 현행범인은 누구든지 영장 없이 체포할 수 있는데 현행범인으로 체포하기 위하여 는 행위의 가벌성, 범죄의 현행성·시간적 접착성 범인·범죄의 명백성 이외에 체포의 필요성 즉 도망 또는 증거인멸의 염려가 있어야 한다.

② 경찰관이 현행범인 체포요건을 갖추지 못하였는데도 실력으로 현행범인을 체포하 려고 하였다면 적법한 공무집행이라고 할 수 없고 현행범인 체포행위가 적법한 공무집행을 벗어나 불법인 것으로 볼 수밖에 없다면 현행범이 체포를 면하려고 반항하는 과정에서 경찰관에게 상해를 가한 것은 불법체포로 인한 신체에 대한 현재의 부당한 침해에서 벗어나기 위한 행위로서 정당방위에 해당하여 위법성이 조각된다.

③ 검사 또는 사법경찰관리 아닌 이가 현행범인을 체포한 경우 즉시 검사 등에게 인 도해야 하는데 여기서 '즉시'라고 함은 반드시 체포시점과 시간적으로 밀착된 시점이어야 하는 것은 아니고 '정당한 이유 없이 인도를 지연하거나 체포를 계 속하는 등으로 불필요한 지체를 함이 없이'라는 뜻이다.

④ 검사 또는 사법경찰관리 아닌 이에 의하여 현행범인이 체포된 후 불필요한 지체없이 검 사 등에게 인도된 경우 구속영장 청구기간인 48시간의 기산점은 현행범인 체포시이다.

해설 [18년 승진] ① 현행범인은 누구든지 영장 없이 체포할 수 있으므로 사인의 현행범인 체포는 법령 에 의한 행위로서 위법성이 조각된다고 할 것인데, 현행범인 체포의 요건으로서는 행위의 가벌성, 범죄의 현행성·시간적 접착성, 범인·범죄의 명백성 외에 체포의 필요성 즉, 도망 또는 증거인멸 의 염려가 있을 것을 요한다.(대법원 1999. 1. 26. 선고 98도3029)

② 경찰관이 현행범인 체포요건을 갖추지 못하였는데도 실력으로 현행범인을 체포하려고 하였다면 적 법한 공무집행이라고 할 수 없고, 현행범인 체포행위가 적법한 공무집행을 벗어나 불법인 것으로 볼 수밖에 없다면, 현행범이 체포를 면하려고 반항하는 과정에서 경찰관에게 상해를 가한 것은 불 법체포로 인한 신체에 대한 현재의 부당한 침해에서 벗어나기 위한 행위로서 정당방위에 해당하여 위법성이 조각된다.(대법원 2011. 5. 26. 선고 2011도3682)

③ 검사 또는 사법경찰관리(이하 '검사 등'이라고 한다) 아닌 이가 현행범인을 체포한 때에는 즉시 검사 등에게 인도하여야 한다(형사소송법 제213조 제1항). 여기서 '즉시'라고 함은 반드시 체포 시점과 시간적으로 밀착된 시점이어야 하는 것은 아니고, 정당한 이유 없이 인도를 지연하거나 체 포를 계속하는 등으로 불필요한 지체를 함이 없이'라는 뜻으로 볼 것이다.(대법원 2011. 12. 22. 선고 2011도12927)

④ 수사기관이 아닌 자에 의하여 현행범인이 체포된 후 수사기관에 인계된 경우 구속영장 청구시한인 **48시간의 기산점은 인도시**이다(2011도12927).

>>> 정답 ④

76. 현행범 체포에 대한 설명으로 가장 적절한 것은? (다툼이 있는 경우 판례에 의함)

① 현행범으로 체포하기 위하여는 행위의 가벌성, 범죄의 현행성 시간적 접착성, 범인 범죄의 명백성이 있으면 족하고, 도망 또는 증거인멸의 염려가 있어야 하는 것은 아니다.

② 신고를 받고 출동한 경찰관이 음주운전을 종료한 후 40분 이상이 경과한 시점에서 길가에 앉아 있던 피의자에게서 술냄새가 난다는 점만을 근거로 하여 피의자를 음주운전의 현행범으로 체포한것은 적법한 공무집행이라고 볼 수 있다.

③ 현행범을 체포한 경찰관의 진술이라 하더라도 범행을 목격한 부분에 관하여는 여느 목격자의 진술과 다름없이 증거능력이 있다.

④ 수사기관이 일반인으로부터 체포된 현행범을 인도받고 현행범을 구속하고자 하는 경우 48시간 이내에 구속영장을 청구해야 하며, 그 48시간의 기산점은 일반인에 의한 체포시점으로 보아야 한다.

> **해설** [21년 승진] ① 현행범인은 누구든지 영장없이 체포할 수 있으므로 사인의 현행범인 체포는 법령에 의한 행위로서 위법성이 조각된다고 할 것인데, 현행범인 체포의 요건으로서는 행위의 가벌성, 범죄의 현행성·시간적 접착성, 범인·범죄의 명백성 외에 체포의 필요성 즉, 도망 또는 증거인멸의 염려가 있을 것을 요한다(대판 1999. 1. 26. 선고 98도3029).
>
> ② 피고인이 음주운전을 종료한 후 40분 이상이 경과한 시점에서 길가에 앉아 있던 피고인에게서 술냄새가 난다는 점만을 근거로 피고인을 음주운전의 현행범으로 체포한 것은 피고인이 방금 음주운전을 실행한 범인이라는 점에 관한 죄증이 명백하다고 할 수 없는 상태에서 이루어진 것으로서 적법한 공무집행이라고 볼 수 없다(대판 2007도1249).
>
> ③ 현행범을 체포한 경찰관의 진술이라 하더라도 **범행을 목격한 부분에 관하여는 여느 목격자의 진술과 다름없이 증거능력이 있다.**
>
> ④ 검사 등이 아닌 이에 의하여 현행범인이 체포된 후 지체 없이 검사 등에게 인도된 경우 위 48시간의 기산점은 체포시가 아니라 검사 등이 현행범인을 인도받은 때라고 할 것이다.

>>> 정답 ③

77. 다음 설명 중 가장 옳지 않은 것은? (다툼이 있으면 판례에 의함).

① 사법경찰관이 검사에게 긴급체포 된 피의자에 대한 긴급체포 승인건의와 함께 구속영장을 신청한 경우, 검사에 의한 구속영장 청구 전 피의자 대면조사는 긴급체포의 합당성이나 구속영장 청구에 필요한 사유를 보강하기 위한 목적으로 실시될 수 있다.

② 마약류 관련 수형자의 마약류 반응검사를 위한 소변강제채취는 교도소의 안전과 질서유지를 위한 것으로 수사에 필요한 처분이 아닐 뿐만 아니라 검사대상자들의 협력이 필수적이어서 강제처분이라고 할 수도 없으므로 영장주의의 원칙이 적용되지 않는다.

③ 성폭력범죄에 대하여 국민참여재판을 하는 과정에서 성폭력범죄 피해자에게 인격

이나 명예 손상, 사생활에 관한 비밀의 침해, 성적 수치심, 공포감 유발 등과 같은 추가적인 피해가 발생할 수 있음을 고려하여 성폭력범죄 피해자나 법정대리인이 국민참여재판을 원하지 아니하는 경우, 이를 반영하여 법원이 재량으로 국민참여재판을 하지 아니하기로 하는 결정을 할 수 있다.

④ 통역인 甲이 피고인들에 대한 특정경제범죄 가중처벌 등에 관한 법률 위반사건의 공판기일에 증인으로 출석하여 진술한 다음, 같은 기일에 동 사건의 피해자로서 자신의 사실혼 배우자인 증인 乙의 진술을 통역한 경우, 甲이 통역한 乙의 증인신문조서는 유죄인정의 증거로 사용할 수 없다.

해설 [17년 경찰2] ① 검사의 구속영장 청구 전 피의자 대면 조사는 긴급체포의 적법성을 의심할 만한 사유가 기록 기타 객관적 자료에 나타나고 피의자의 대면조사를 통해 그 여부의 판단이 가능할 것으로 보이는 예외적인 경우에 한하여 허용될 뿐, **긴급체포의 합당성이나 구속영장 청구에 필요한 사유를 보강하기 위한 목적으로 실시되어서는 아니된다.** 나아가 검사의 구속영장 청구 전 피의자 대면 조사는 강제수사가 아니므로 피의자는 검사의 출석 요구에 응할 의무가 없고, 피의자가 검사의 출석 요구에 동의한 때에 한하여 사법경찰관리는 피의자를 검찰청으로 호송하여야 한다(대판 2008도11999).

② 영장주의는 법관이 발부한 영장에 의하지 아니하고는 수사에 필요한 강제처분을 하지 못한다는 원칙으로 소변을 받아 제출하도록 한 것은 교도소의 안전과 질서유지를 위한 것으로 수사에 필요한 처분이 아닐 뿐만 아니라 검사대상자들의 협력이 필수적이어서 강제처분이라고 할 수도 없어 영장주의의 원칙이 적용되지 않는다(헌재 2006.7.27. 2005헌마277)

③ 성폭력범죄에 대하여 국민참여재판을 하는 과정에서 성폭력범죄 피해자에게 인격이나 명예 손상, 사생활에 관한 비밀의 침해, 성적 수치심, 공포감 유발 등과 같은 추가적인 피해가 발생할 수 있음을 고려하여 성폭력범죄 피해자나 법정대리인이 국민참여재판을 원하지 아니하는 경우 이를 반영하여 법원이 재량으로 국민참여재판을 하지 아니하기로 하는 결정을 할 수 있도록 한 것이다.(대법원 2016. 3. 16. 자 2015모2898)

④ 통역인 갑이 피고인들에 대한 특정경제범죄 가중처벌 등에 관한 법률 위반(사기) 사건의 제1심 공판기일에 증인으로 출석하여 진술한 다음, 같은 기일에 위 사건의 피해자로서 자신의 사실혼 배우자인 증인 을의 진술을 통역한 사안에서, 제척사유 있는 갑이 통역한 을의 증인신문조서는 유죄인정의 증거로 사용할 수 없는데도 원심이 이를 증거로 삼은 것은 잘못이다(대법원 2011. 4. 14. 선고 2010도13583)

▶▶ 정답 ①

78. 현행범인 체포에 관한 설명 중 가장 옳지 않은 것은? (다툼이 있는 경우 판례에 의함)

① 형사소송법 제211조가 현행범인으로 규정한 '범죄의 실행의 즉후인 자'라고 함은, 범죄의 실행행위를 종료한 직후의 범인이라는 것이 일반인의 입장에서 볼 때 명백한 경우를 말한다.

② 甲은 음주운전을 종료한 후 40분 이상이 경과한 시점에서 길가에 앉아있었는데, 사법경찰관이 甲에게서 술 냄새가 난다는 점만을 근거로 현행범으로 체포한 것은 '방금 음주운전을 실행한 범인이라는 점에 관한 죄증이 명백하다고 할 수 없는

상태'에서 이루어진 것이므로 적법한 공무집행이라 볼 수 없다.

③ 사후적으로 구성요건에 해당하지 않아 무죄로 판단된다고 하더라도 체포 당시에 객관적으로 보아 현행범인이라고 인정할 만한 충분한 이유가 있으면 적법한 체포라고 할 것이다.

④ 현행범인은 누구든지 영장 없이 체포할 수 있고, 검사 또는 사법경찰관리 아닌 자가 현행범인을 체포한 때에는 즉시 검사 또는 사법경찰관리에게 인도하여야 한다.

해설 [20년 경간] ① 형사소송법 제211조가 현행범인으로 규정한 '범죄의 실행의 즉후인 자'라고 함은 범죄의 실행행위를 종료한 직후의 범인이라는 것이 **체포하는 자의 입장에서 볼 때 명백한 경우**를 일컫는 것이다(대판 2007.4.13. 2007도1249).

② 음주운전을 종료한 후 40분 이상이 경과한 시점에서 길가에 앉아 있던 운전자를 술냄새가 난다는 점만을 근거로 음주운전의 현행범으로 체포한 것은 적법한 공무집행으로 볼 수 없다(대법원 2007. 4. 13. 선고 2007도1249)

③ 현행범 체포의 적법성은 체포 당시의 구체적 상황을 기초로 객관적으로 판단하여야 하고, 사후에 범인으로 인정되었는지에 의할 것은 아니다.(대법원 2013. 8. 23. 선고 2011도4763)

④ 검사 또는 사법경찰관리 아닌 자가 현행범인을 체포한 때에는 즉시 검사 또는 사법경찰관리에게 인도하여야 한다. (제212조, 제213조 제1항)

▶▶ 정답 ①

79. 현행범인 체포에 관한 다음 설명 중 가장 옳은 것은? (다툼이 있으면 판례에 의함).

① 사법경찰관리가 현행범인을 체포하는 경우에는 범죄사실의 요지, 체포의 이유와 변호인을 선임할 수 있음을 말하고 변명할 기회를 주어야 할 것임이 명백하고, 이와 같은 고지는 반드시 체포를 위한 실력행사에 들어가기 이전에 미리 하여야 한다.

② 수사기관이 아닌 자에 의하여 현행범인이 체포된 후 수사기관에 인계된 경우 구속영장 청구시한인 48시간의 기산점은 체포시이다.

③ 사인의 현행범인 체포에도 현행범인 체포의 요건으로서 행위의 가벌성, 범죄의 현행성·시간적 접착성, 범인·범죄의 명백성 외에 체포의 필요성 즉, 도망 또는 증거인멸의 염려가 있을 것을 요한다고 보아야 한다.

④ 경찰관이 112 신고를 받고 출동하여 피고인이 범행을 한 지 10분 후 범행 현장에 인접한 학교의 운동장에서 신고자가 지적한 피고인을 현행범인으로 체포한 것은 위법하다.

해설 [17년 경찰2] ① 사법경찰관리가 현행범인을 체포하는 경우에는 반드시 범죄사실의 요지, 체포의 이유와 변호인을 선임할 수 있음을 말하고 변명할 기회를 주어야 하고 이와 같은 고지는 체포를 위한 실력행사에 들어가기 이전에 미리 하여야 하는 것이 원칙이나 달아나는 피의자를 쫓아가 붙들거나 폭력으로 대항하는 피의자를 실력으로 제압하는 경우에는 붙들거나 제압하는 과정에서 하거나 그것이 여의치 않은 경우라도 일단 붙들거나 제압한 후에 지체없이 행하였다면 경찰관의 현행범인 체포는 적법한 공무집행이라고 할 수 있다(대판 2008.10.9. 2008도3640).

② 검사 등이 아닌 이에 의하여 현행범인이 체포된 후 불필요한 지체 없이 검사 등에게 인도된 경우 구속영장 청구기간인 48시간의 기산점은 체포시가 아니라 검사 등이 **현행범인을 인도받은 때**라고 할 것이다(대판 2011.12.22. 2011도12927).

③ 현행범인은 누구든지 영장 없이 체포할 수 있다(형사소송법 제212조). 현행범인으로 체포하기 위하여는 행위의 가벌성, 범죄의 현행성·시간적 접착성, 범인·범죄의 명백성 이외에 체포의 필요성 즉, 도망 또는 증거인멸의 염려가 있어야 하고, 이러한 요건을 갖추지 못한 현행범인 체포는 법적 근거에 의하지 아니한 영장 없는 체포로서 위법한 체포에 해당한다(대법원 1999. 1. 26. 선고 98도 3029)

④ 경찰관이 112 신고를 받고 출동하여 피고인을 체포하려고 할 때는, 피고인이 무학여고 앞길에서 피해자의 자동차를 발로 걷어차고 그와 싸우는 **범행을 한지 겨우 10분 후**에 지나지 않고, 그 장소도 범행 현장에 인접한 학교의 운동장이며, 피해자의 친구가 112 신고를 하고 나서 피고인이 도주하는 지 여부를 계속 감시하고 있던 상황이라면 경찰관의 현행범인 체포행위는 적법한 공무집행이다(대판 1993.8.13. 93도926).

≫≫ 정답 ③

80. 체포 및 영장제도에 대한 설명으로 옳지 않은 것은? (판례에 의함)

① 경찰의 긴급체포 승인 및 구속영장의 신청이 있으면, 검사는 체포된 피의자를 검찰청으로 출석시켜 직접 대면조사 할 수 있지만, 검사의 구속영장 청구 전 피의자 대면조사는 임의수사이므로 피의자는 검사의 출석요구에 응할 의무가 없다.

② 검사가 현행범인을 체포하는 경우 체포를 위한 실력행사에 들어가기 전에 미리 피의사실의 요지와 변호인선임권 등을 고지하여야 하지만, 폭력으로 대항하는 피의자를 실력으로 제압하는 경우에는 제압하는 과정에서 고지하거나, 그것이 여의치 않은경우에는 제압한 후에 지체없이 고지하여야 한다.

③ 사법경찰관은 범행 중 또는 범행 직후의 범죄 장소에서 긴급을 요하여 판사의 영장을 받을 수 없는 때에는 영장 없이 압수·수색 또는 검증을 할 수 있으나, 이 경우에는 사후에 지체없이 영장을 받아야 한다.

④ 경찰은 피의자를 긴급체포한 후 24시간 이내에 피의자가 보관하는 물건을 영장없이 압수 할 수 있으며, 압수한 물건을 계속 압수할 필요가 있는 경우에는 압수·수색이 종료한 때로부터 48시간 이내에 영장을 청구하여야 한다.

해설 [19년 검찰] ① 검사의 구속영장청구 전 피의자 대면조사는 긴급체포의 적법성을 의심할 만한 사유가 기록 기타 객관적 자료에 나타나고 피의자의 대면조사를 통해 그 여부의 판단이 가능할 것으로 보이는 예외적인 경우에 한하여 허용될 뿐, 긴급체포의 합당성이나 구속영장청구에 필요한 사유를 보강하기 위한 목적으로 실시되어서는 아니 된다. 나아가 검사의 구속영장청구 전 피의자 대면조사는 강제수사가 아니므로 피의자는 검사의 출석 요구에 응할 의무가 없고, 피의자가 검사의 출석 요구에 동의한 때에 한하여 사법경찰관리는 피의자를 검찰청으로 호송하여야 한다(대판 2010.10.28. 선고 2008도11999).

② 체포영장의 제시나 고지 등은 체포를 위한 실력행사에 들어가기 이전에 미리 하여야 하는 것이 원칙이다. 그러나 달아나는 피의자를 쫓아가 붙들거나 폭력으로 대항하는 피의자를 실력으로 제압하

는 경우에는 붙들거나 제압하는 과정에서 하거나, 그것이 여의치 않은 경우에는 일단 붙들거나 제압한 후에 지체 없이 하여야 한다(대법원 2008. 2. 14. 선고 2007도10006)

③ 범행 중 또는 범행직후의 범죄 장소에서 긴급을 요하여 법원판사의 영장을 받을 수 없는 때에는 영장없이 압수, 수색 또는 검증을 할 수 있다. 이 경우에는 사후에 지체없이 영장을 받아야 한다.(제216조 제3항)

④ 경찰은 피의자를 긴급체포한 후 24시간 이내에 피의자가 보관하는 물건을 영장없이 압수할 수 있으며, 압수한 물건을 계속 압수할 필요가 있는 경우에는 압수·수색이 종료한 때가 아니라 **체포한 때로부터 48시간 이내에 영장을 청구하여야** 한다(제217조 제1항 및 제2항).

≫≫ 정답 ④

81. 체포와 구속에 대한 설명으로 옳은 것만을 모두 고르면? (다툼이 있는 경우 판례에 의함)

> ㄱ. 구속영장에 구금장소로 기재된 특정 경찰서 유치장에 피의자가 구속집행 되었다가 같은 날 조사차 별도의 특별 수사기관에 인도된 후 위 영장기재 경찰서 유치장에 인도되지 않고 그 수사기관에 사실상 계속 구금되어 있었다면, 이러한 사실상 구금장소의 임의적 변경은 위법하다.
>
> ㄴ. 체포적부심사절차에서는 체포된 피의자를 보증금 납입을 조건으로 석방할 수 있다.
>
> ㄷ. 공범 또는 공동피의자의 구속적부심사 순차청구가 수사방해의 목적임이 명백하더라도 법원은 피의자에 대한 심문 없이 그 청구를 기각해서는 아니된다.
>
> ㄹ. 체포적부심사청구를 받은 법원이 그 청구가 이유 있다고 인정한 때에는 결정으로 체포된 피의자의 석방을 명하여야 하며, 검사는 이 결정에 대하여 항고하지 못한다.

① ㄱ, ㄷ   ② ㄱ, ㄹ
③ ㄴ, ㄷ   ④ ㄴ, ㄹ

해설 [20년 검찰9] ㉠ 피청구인의 청구인에 대한 이러한 사실상의 구금장소의 임의적 변경은 청구인의 방어권이나 접견교통권의 행사에 중대한 장애를 초래하는 것이므로 위법하다고 할 것이다(대법원 1996. 5. 15. 자 95모94)

㉡ (×)보증금 납입조건부 피의자 석방제도는 **구속된 피의자에 대해서만 인정되고 체포된 피의자에 대해서는 인정되지 않는다**(제214조의2 제5항).

㉢ (×)공범 또는 공동피의자의 구속적부심사 순차청구가 수사방해의 목적임이 명백한 경우 법원은 피의자에 대한 **심문 없이 그 청구를 결정으로 기각**할 수 있다(제214조의2 제3항 제2호).

㉣ 체포적부심사에 대한 법원의 결정에 대해서는 항고할 수 없다(제214조의2 제8항)

≫≫ 정답 ②

82. 「형사소송법」상 구속 등에 대한 설명 중 가장 적절하지 않은 것은? (판례에 의함)

① 구속은 구금과 구인을 포함하며 구인한 피고인을 법원에 인치한 경우에 구금할 필요가 없다고 인정한 때에는 그 인치한 때로부터 24시간 내에 석방하여야 한다.

② 피고인에 대한 구속기간은 2개월로 한다. 그럼에도 특히 구속을 계속 할 필요가 있는 경우에는 심급마다 2개월 단위로 2차에 한하여 결정으로 갱신 할 수 있다. 다만 상소심은 피고인 또는 변호인이 신청한 증거의 조사 상소이유를 보충하는 서면의 제출 등으로 추가 심리가 필요한 부득이한 경우에는 3차에 한하여 갱신할 수 있다.

③ 구속기간의 연장을 허가하지 아니하는 지방법원 판사의 결정에 대하여는 「형사소송법」 제402조 제403조 가정하는 항고의 방법으로 불복 할 수 없고 「형사소송법」 제416조가 정하는 준항고의 대상이 되지도 않는다.

④ 검사 또는 사법경찰관에 의하여 구속되었다가 석방된 자는 다른 중요한 증거를 발견한 경우를 제외하고는 동일한 범죄사실에 관하여 재차 구속하지 못하며 이 경우 1개의 목적을 위하여 동시 또는 수단결과의 관계에서 행하여진 행위는 별개의 범죄사실로 간주한다.

> **해설** [18년 승진] ① (구속의 정의) 본법에서 구속이라 함은 구인과 구금을 포함한다(.제69조) 구인한 피고인을 법원에 인치한 경우에 구금할 필요가 없다고 인정한 때에는 그 인치한 때로부터 24시간 내에 석방하여야 한다(제71조).
>
> ② 구속기간은 2개월로 한다. 제1항에도 불구하고 특히 구속을 계속할 필요가 있는 경우에는 심급마다 2개월 단위로 2차에 한하여 결정으로 갱신할 수 있다. 다만, 상소심은 피고인 또는 변호인이 신청한 증거의 조사, 상소이유를 보충하는 서면의 제출 등으로 추가 심리가 필요한 부득이한 경우에는 3차에 한하여 갱신할 수 있다(제92조 제1항, 제2항)
>
> ③ 형사소송법 제402조, 제403조에서 말하는 법원은 형사소송법상의 수소법원만을 가리키므로, 같은 법 제205조 제1항 소정의 **구속기간의 연장을 허가하지 아니하는 지방법원 판사의 결정**에 대하여는 같은 법 제402조, 제403조가 정하는 **항고의 방법으로는 불복할 수 없고,** 나아가 그 지방법원 판사는 수소법원으로서의 재판장 또는 수명법관도 아니므로 그가 한 재판은 같은 법 제416조가 정하는 **준항고의 대상이 되지도 않는다.**(대판 97모1)
>
> ④ 1개의 목적을 위하여 동시 또는 수단결과의 관계에서 행하여진 행위는 동일한 범죄사실로 간주한다(제208조 제2항).

▶▶ 정답 ④

83. 구속에 대한 설명으로 가장 적절하지 않은 것은? (다툼이 있는 경우 판례에 의함)

① 피의자는 검사의 구속영장 청구 전 대면조사를 위한 출석요구에 응할 의무가 없으므로, 사법경찰관리는 피의자가 검사의 출석요구에 동의한 때에 한하여 피의자를 검찰청으로 호송하여야 한다.

② 구속영장 발부에 의하여 적법하게 구금된 피의자가 피의자신문을 위한 출석요구에 응하지 아니하면서 수사기관 조사실에 출석을 거부할 경우, 수사기관은 구속영장의 효력에 의하여 피의자를 조사실로 구인할 수 있다.

③ 검사의 구속영장 청구에 대한 지방법원 판사의 재판은 형사소송법 제402조의 규

정에 의하여 항고의 대상이 되는 법원의 결정에는 해당하지 아니하나, '재판장 또는 수명법관의 구금 등에 관한 재판'에는 해당하므로 형사소송법 제416조 제1항의 규정에 의하여 준항고의 대상이 된다.

④ 구속기간이 만료된 무렵에 종전 구속영장에 기재된 범죄사실과 다른 범죄사실로 피고인을 구속하였다는 사정만으로 피고인에 대한 구속이 위법하다고 할 수 없다.

해설 [19년 경찰2] ① 검사의 구속영장 청구 전 피의자 대면조사는 긴급체포의 적법성을 의심할 만한 사유가 기록 기타 객관적 자료에 나타나고 피의자의 대면조사를 통해 그 여부의 판단이 가능할 것으로 보이는 예외적인 경우에 한하여 허용될 뿐, 긴급체포의 합당성이나 구속영장 청구에 필요한 사유를 보강하기 위한 목적으로 실시되어서는 아니 된다. 나아가 검사의 구속영장 청구 전 피의자 대면조사는 강제수사가 아니므로 피의자는 검사의 출석 요구에 응할 의무가 없고, 피의자가 검사의 출석 요구에 동의한 때에 한하여 사법경찰관리는 피의자를 검찰청으로 호송하여야 한다.(대법원 2010. 10. 28. 선고 2008도11999)

② 구속영장 발부에 의하여 적법하게 구금된 피의자가 피의자신문을 위한 출석요구에 응하지 아니하면서 수사기관 조사실에의 출석을 거부한다면 수사기관은 그 구속영장의 효력에 의하여 피의자를 조사실로 구인할 수 있다고 보아야 할 것이다(대법원 2013. 7. 1. 2013모160)

③ 검사의 **체포영장** 또는 **구속영장** 청구에 대한 **지방법원판사의 재판**은 형사소송법 제402조의 규정에 의하여 **항고의 대상이 되는** '**법원의 결정**'에 **해당하지 아니하고**, 제416조 제1항의 규정에 의하여 **준항고의 대상**이 되는 '재판장 또는 수명법관의 구금 등에 관한 재판'에도 **해당하지 아니한다** (대판 2006.12.18. 2006모646).

④ **구속기간이** 만료될 무렵에 종전 **구속영장에 기재된 범죄사실과 다른 범죄사실로 피고인을 구속**하였다는 사정만으로는 피고인에 대한 구속이 위법하다고 할 수 없다.(대법원 2000. 11. 10. 자 2000모134)

>> 정답 ③

84. 체포 및 구속에 대한 설명으로 옳지 않은 것은? (다툼이 있는 경우 판례에 의함)

① 변호인 없는 불구속 피고인에 대하여 국선변호인을 선정하지 않은 채 판결을 선고한 다음 법정 구속하더라도 「형사소송법」 제33조 제1항 제1호 위반에 해당하지 않는다.

② 사법경찰관이 검사에게 긴급체포된 피의자에 대한 긴급체포 승인건의와 함께 구속영장을 신청한 경우, 검사는 긴급체포의 합당성을 보강하기 위한 목적으로 피의자를 검찰청으로 출석시켜 직접 대면 조사할 수 있다.

③ 「형사소송법」에서 현행범인으로 규정한 '범죄의 실행의 즉후인자'라고 함은 범죄의 실행행위를 종료한 직후의 범인임이 체포하는 자의 시각에서 볼 때 명백한 경우를 의미한다.

④ 피의자가 긴급체포된 후 사후영장 발부 전에 수사기관의 조치에 의하여 석방되었다면, 그 후 동일한 범죄사실에 관하여 법원이 발부한 구속영장에 의하여 구속하더라도 위법은 아니다.

해설 [18년 7급] ① 피고인에 대하여 국선변호인을 선정하지 아니한 채 판결을 선고한 다음 피고인을 법정구속하였다고 하더라도 이러한 원심의 조치에 상고이유에서 주장하는 바와 같은 소송절차에 관한 법령을 위반한 위법이 있다고 볼 수 없다.(대법원 2011. 3. 10. 선고 2010도17353)

② 검사의 구속영장 청구 전 피의자 대면 · 조사는 긴급체포의 적법성을 의심할 만한 사유가 기록 기타 객관적 자료에 나타나고 피의자의 대면조사를 통해 그 여부의 판단이 가능할 것으로 보이는 예외적인 경우에 한하여 허용될 뿐, 긴급체포의 합당성이나 구속영장 청구에 필요한 사유를 보강하기 위한 목적으로 실시되어서는 아니된다(대판 2010.10.28. 200.8도 11999).

③ 형사소송법 제211조가 현행범인으로 규정한 "범죄의 실행(실행)의 즉후(즉후)인 자"라고 함은, 범죄의 실행행위를 종료한 직후의 범인이라는 것이 체포하는 자의 입장에서 볼 때 명백한 경우를 일컫는 것으로서, 위 법조가 제1항에서 본래의 의미의 현행범인에 관하여 규정하면서 "범죄의 실행의 즉후인자"를 "범죄의 실행 중인자"와 마찬가지로 현행범인으로 보고 있다(대판 2007.4.13. 2007도1049)

④ '구속되었다가 석방된 자'라 함은 구속영장에 의하여 구속되었다가 석방된 경우를 말하는 것이지, 긴급체포나 현행범으로 체포되었다가 사후영장발부 전에 석방된 경우는 포함되지 않는다 할 것이므로, 피고인이 수사 당시 긴급체포되었다가 수사기관의 조치로 석방된 후 법원이 발부한 구속영장에 의하여 구속이 이루어진 경우 앞서 본 법조에 위배되는 위법한 구속이라고 볼 수 없다.(대법원 2001. 9. 28. 선고 2001도4291)

▶▶ 정답 ②

85. 구속에 관한 설명 중 가장 적절하지 않은 것은? (다툼이 있으면 판례에 의함).

① 수사기관이 구속영장에 기재된 장소가 아닌 곳으로 구금 장소를 임의적으로 변경하는 것은 위법하다.

② 피고인의 구속기간이 만료될 무렵에 종전 구속영장에 기재된 범죄사실과는 다른 범죄사실로 피고인을 구속하였다는 사정만으로는 그 구속이 위법하다고 할 수 없다.

③ 불구속 상태의 피고인에 대하여 본안재판을 선고한 원심법원은 그 선고 이후에는 피고인을 구속할 권한이 없다.

④ 수사기관이 관할 지방법원 판사가 발부한 구속영장에 의하여 피의자를 구속하는 경우, 구속영장 발부에 의하여 적법하게 구금된 피의자가 피의자신문을 위한 출석요구에 응하지 아니하면서 수사기관 조사실에의 출석을 거부한다면 수사기관은 그 구속영장의 효력에 의하여 피의자를 조사실로 구인할 수 있다.

해설 [17년 경찰2] ① 청구인에 대한 이러한 사실상의 구금장소의 임의적 변경은 청구인의 방어권이나 접견교통권의 행사에 중대한 장애를 초래하는 것이므로 위법하다.(대법원 1996. 5. 15. 자 95모94)

② 구속기간이 만료될 무렵 종전 구속영장 기재와 다른 범죄사실로 다시 구속하였다는 사정만으로 그 구속이 위법하다고 단정할 수 없다(대법원 1996. 8. 12. 자 96모46)

③ 제105조(상소와 구속에 관한 결정)상소기간 중 또는 상소 중의 사건에 관하여 구속기간의 갱신, 구속의 취소, 보석, 구속의 집행정지와 그 정지의 취소에 대한 결정은 소송기록이 원심법원에 있는 때에는 원심법원이 하여야 한다.

④ 구속영장 발부에 의하여 적법하게 구금된 피의자가 피의자신문을 위한 출석요구에 응하지 아니하면서 수사기관 조사실에의 출석을 거부한다면 수사기관은 그 구속영장의 효력에 의하여 피의자를 조사실로 구인할 수 있다고 보아야 할 것이다(대판 2013.7.1. 2013모160)

≫≫ 정답 ③

86. 구속에 대한 설명으로 옳지 않은 것은? (다툼이 있는 경우 판례에 의함)

① '범죄의 중대성, 재범의 위험성, 피해자 및 중요 참고인 등에 대한 위해우려 등' 은 독립된 구속사유가 아니라 구속사유를 심사함에 있어서 필요적 고려사항이다.

② 지방법원판사가 구속영장청구를 기각한 경우에 검사는 지방 법원판사의 기각결정 에 대하여 항고 또는 준항고의 방법으로 불복할 수 없다.

③ 긴급체포된 피의자를 구속전 피의자심문을 하는 경우 구속기간은 구속영장 발부 시가 아닌 피의자를 체포한 날부터 기산하며, 법원이 구속영장청구서, 수사관계 서류 및 증거물을 접수한 날부터 구속영장을 발부하여 검찰청에 반환한 날까지의 기간은 구속기간에 산입하지 않는다.

④ 구속영장 발부에 의하여 적법하게 구금된 피의자가 피의자신문을 위한 출석요구 에 응하지 아니하면서 수사기관 조사실에 출석을 거부하는 경우에도 수사기관은 구속영장의 효력에 의하여 피의자를 조사실로 구인할 수 없다.

> **해설** [21년 9급]① 법원은 제1항의 구속사유를 심사함에 있어서 범죄의 중대성, 재범의 위험성, 피해자 및 중요 참고인 등에 대한 위해우려 등을 고려하여야 한다.(제70조 제2항)
>
> ② 검사의 체포영장 또는 구속영장 청구에 대한 지방법원판사의 재판은 형사소송법 제402조의 규정에 의하여 항고의 대상이 되는 '법원의 결정'에 해당하지 아니하고, 제416조 제1항의 규정에 의하여 준항고의 대상이 되는 '재판장 또는 수명법관의 구금 등에 관한 재판'에도 해당하지 아니한다.(대법원 2006. 12. 18. 자 2006모646)
>
> ③ 피의자심문을 하는 경우 법원이 구속영장청구서·수사 관계 서류 및 증거물을 접수한 날부터 구속영장을 발부하여 검찰청에 반환한 날까지의 기간은 제202조 및 제203조의 적용에 있어서 그 구속기간에 이를 산입하지 아니한다(제201조의2 제7항)
>
> ④ 구속영장 발부에 의하여 적법하게 구금된 피의자가 피의자신문을 위한 출석요구에 응하지 아니하면서 수사기관 조사실에 출석을 거부한다면 수사기관은 그 구속영장의 효력에 의하여 **피의자를 조사실로 구인할 수 있다.**(대법원 2013.7.1. 자 2013모160)

≫≫ 정답 ④

87. 구속에 관한 다음 설명 중 가장 옳지 않은 것은? (다툼이 있으면 판례에 의함).

① 구속영장 발부에 의하여 적법하게 구금된 피의자가 피의자신문을 위한 출석요구 에 응하지 아니하면서 수사기관 조사실에 출석을 거부한다면 수사기관은 그 구속 영장의 효력에 의하여 피의자를 조사실로 구인할 수 있다.

② 검사의 구속영장 청구 전 피의자 대면조사는 강제수사가 아니므로 피의자는 검사의 출석요구에 응할 의무가 없고, 피의자가 검사의 출석요구에 동의한 때에 한하여 사법경찰관리는 피의자를 검찰청으로 호송하여야 한다.

③ 구속적부심에서 법원이 구속된 피의자를 심문하고 그에 대한 피의자의 진술 등을 기재한 구속적부심문조서는 특별한사정이 없는 한 피고인이 증거로 함에 부동의하더라도 당연히 그 증거능력이 인정된다.

④ 검사의 체포영장 또는 구속영장 청구에 대한 지방법원판사의 재판은 형사소송법 제402조의 규정에 의하여 항고의 대상이 되는 '법원의 결정'은 아니지만, 제416조 제1항의 규정에 의하여 준항고의 대상이 되는 '재판장 또는 수명법관의 구금 등에 관한 재판'에 해당한다.

해설 [17년 경찰2] ① 구속영장 발부에 의하여 적법하게 구금된 피의자가 피의자신문을 위한 출석요구에 응하지 아니하면서 수사기관 조사실에의 출석을 거부한다면 수사기관은 그 구속영장의 효력에 의하여 피의자를 조사실로 구인할 수 있다고 보아야 할 것이다(대판 2013.7.1. 2013모160)

② 검사의 구속영장 청구 전 피의자 대면조사는 강제수사가 아니므로 피의자는 검사의 출석 요구에 응할 의무가 없고, 피의자가 검사의 출석 요구에 동의한 때에 한하여 사법경찰관리는 피의자를 검찰청으로 호송하여야 한다.(대법원 2010. 10. 28. 선고 2008도11999)

③ 법원 또는 합의부원, 검사, 변호인, 청구인이 구속된 피의자를 심문하고 그에 대한 피의자의 진술 등을 기재한 구속적부심문조서는 형사소송법 **제311조가 규정한 문서에는 해당하지 않는다** 할 것이나, **특히 신용할 만한 정황에 의하여 작성된 문서**라고 할 것이므로 특별한 사정이 없는 한, 피고인이 증거로 함에 부동의하더라도 **형사소송법 제315조 제3호에 의하여 당연히 그 증거능력이 인정된다** 고 할 것이다(대법원 2004. 1. 16. 선고 2003도5693)

④ 검사의 체포 또는 구속영장청구에 대한 지방법원판사의 재판은 항고의 대상이 되는 '법원의 결정'에 해당되지 아니하고 준항고의 대상이 되는 '재판장 또는 수명법관의 구금 등에 관한 재판'에도 해당되지 아니한다(대판 2006.12.18. 2006모646).

>>> 정답 ④

88. 체포 또는 구속에 대한 설명으로 가장 적절하지 않은 것은? (판례에 의함)

① 법원이 구속 피고인에 대하여 집행유예의 판결을 선고하는 경우, 구속영장의 효력이 소멸하므로 판결의 확정 전이라도 피고인을 즉시 석방하여야 한다.

② 피의자가 죄를 범하였다고 의심할 만한 상당한 이유가 있고 정당한 이유없이 출석요구에 응하지 아니하거나 아니할 우려가 있는 때라고 하더라도 명백히 체포의 필요가 인정되지 아니하는 경우에는 체포영장의 청구를 받은 판사는 체포영장의 청구를 기각하여야 한다.

③ 피고인에 대하여 범죄사실의 요지, 구속의 이유와 변호인을 선임할 수 있음을 말하고 변명할 기회를 준 후가 아니면 구속 할 수 없다. 다만, 피고인이 도망한 경우

에는 그러하지 아니하다.

④ 법원의 피고인에 대한 구속기간에는 공소제기 전의 체포구인·구금 기간도 산입 한다.

> **해설** [19년 승진] ① 형사소송법 제331조 에 의하면 무죄 등 판결 선고와 동시에 바로 구속영장의 효력이 상실되는 것이므로, 무죄 등 판결을 받은 피고인은 법정에서 즉시 석방되어야 하는 것이다 바꾸어 말하면 교도관이 석방절차를 밟는다는 이유로 법정에 있는 석방대상 피고인을 그의 의사에 반하여 교도소로 다시 연행하는 것은 어떠한 이유를 내세운다고 할지라도 헌법상의 정당성을 갖는다고 볼 수 없는 것이다.(헌재 1997.12.24. 95헌마247)
>
> ② (체포의 필요) 체포영장의 청구를 받은 판사는 체포의 사유가 있다고 인정되는 경우에도 피의자의 연령과 경력, 가족관계나 교우관계, 범죄의 경중 및 태양 기타 제반 사정에 비추어 피의자가 도망할 염려가 없고 증거를 인멸할 염려가 없는 등 명백히 체포의 필요가 없다고 인정되는 때에는 체포영장의 청구를 기각하여야 한다.(규칙 제96조의2)
>
> ③ (구속과 이유의 고지) 피고인에 대하여 범죄사실의 요지, 구속의 이유와 변호인을 선임할 수 있음을 말하고 변명할 기회를 준 후가 아니면 구속할 수 없다 다만, 피고인이 도망한 경우에는 그러하지 아니하다(제72조)
>
> ④ 공소제기 전의 체포·구인·구금 기간은 법원의 구속기간에 산입하지 아니한다(제92조 제3항).

> ≫≫ 정답 ④

89. 구속에 대한 설명으로 가장 적절하지 않은 것은?(판례에 의함)

① 구속적부심에서 법원이 구속된 피의자를 심문하고 그에 대한 피의자의 진술 등을 기재한 구속적부심문조서는 특별한사정이 없는 한, 피고인이 증거로 함에 부동의 한다면 증거능력이 인정되지 않는다.

② 지방법원판사의 영장기각 결정에 대해서는 검사의 준항고가 허용되지 않는다.

③ 검사 또는 사법경찰관에 의하여 구속되었다가 석방된 자는 다른 중요한 증거를 발견한 경우를 제외하고는 동일한 범죄사실에 관하여 재차 구속하지 못하며, 이 경우 1개의 목적을 위하여 동시 또는 수단결과의 관계에서 행하여진 행위는 동일한 범죄사실로 간주한다.

④ 현행범 체포된 피의자에 대하여 구속영장을 청구 받은 판사는 지체 없이 피의자를 심문하여야 하며, 이 경우 특별한 사정이 없는 한 구속영장이 청구된 날의 다음날까지 심문하여야 한다.

> **해설** [19년 승진] ① 구속적부심문조서는 형사소송법 제 311조가 규정한 문서에는 해당하지 않는다 할 것이나, 특히 신용할 만한 정황에 의하여 작성된 문서라고 할 것이므로 특별한 사정이 없는 한, 피고인이 증거로 함에 부동의 하더라도 형사소송법 제315조 제3호에 의하여 당연히 그 증거능력이 인정된다(대판 2004.1.16. 2003 도5693).
>
> ② 검사의 체포영장 또는 구속영장 청구에 대한 지방법원판사의 재판은 형사소송법 제402조의 규정에 의하여 항고의 대상이 되는 '법원의 결정'에 해당하지 아니하고, 제416조 제1항의 규정에 의하여 준항고의 대상이 되는 '재판장 또는 수명법관의 구금 등에 관한 재판'에도 해당하지 아니한다(대법원 2006. 12. 18. 자 2006모646)
>
> ③ (재구속의 제한) 검사 또는 사법경찰관에 의하여 구속되었다가 석방된 자는 다른 중요한 증거를

발견한 경우를 제외하고는 동일한 범죄사실에 관하여 재차 구속하지 못한다. 전항의 경우에는 1개의 목적을 위하여 동시 또는 수단결과의 관계에서 행하여진 행위는 동일한 범죄사실로 간주한다. (제208조)

④ (구속영장 청구와 피의자 심문) 제200조의2·제200조의3 또는 제212조에 따라 체포된 피의자에 대하여 구속영장을 청구받은 판사는 지체 없이 피의자를 심문하여야 한다. 이 경우 특별한 사정이 없는 한 구속영장이 청구된 날의 다음날까지 심문하여야 한다(제201조의2 제1항)

>>> 정답 ①

---

90. 다음 구속영장에 관한 설명 중 가장 옳지 않은 것은? (다툼이 있으면 판례에 의함).

① 법원이 피고인에 대한 구속기간이 만료될 무렵 종전 구속영장에 기재된 범죄사실과 다른 범죄사실로 피고인을 구속하는 것은 위법하다.

② 피고인이 수사 당시 긴급체포 되었다가 수사기관의 조치로 석방된 후 법원이 발부한 구속영장에 의하여 구속이 이루어진 경우 위법한 구속이라고 볼 수 없다.

③ 구속영장을 소지하지 아니한 경우에 급속을 요하는 때에는 구속영장의 제시 없이 구속할 수도 있다. 다만, 집행을 완료한 후에는 신속히 구속영장을 제시하여야 한다.

④ 공판단계에서 법원은 검사의 청구 없이 구속영장을 발부할 수 있다.

해설 [17년 경찰2] ① 구속의 효력은 원칙적으로 구속영장에 기재된 범죄사실에만 미치는 것이므로 **구속기간이 만료될 무렵에 종전 구속영장에 기재된 범죄사실과 다른 범죄사실로 피고인을 구속하였다**는 사정만으로는 피고인에 대한 **구속이 위법하다고 할 수 없다**(대판 1996. 8.12. 96모46).

② 피고인이 수사 당시 긴급체포되었다가 수사기관의 조치로 석방된 후 법원이 발부한 구속영장에 의하여 구속이 이루어진 경우 앞서 본 법조에 위배되는 위법한 구속이라고 볼 수 없다.(대법원 2001. 9. 28. 선고 2001도4291)

③ 제85조(구속영장집행의 절차) 구속영장을 소지하지 아니한 경우에 급속을 요하는 때에는 피고인에 대하여 공소사실의 요지와 영장이 발부되었음을 고하고 집행할 수 있다. 전항의 집행을 완료한 후에는 신속히 구속영장을 제시하여야 한다.(제85조, 제209조)

④ 형사재판을 주재하는 법원이 피고인에 대하여 구속영장을 발부하는 경우에도 검사의 신청이 있어야 한다는 것이 위 규정의 취지라고 볼 수는 없다(대법원 1996. 8. 12. 자 96모46)

>>> 정답 ①

---

91. 구속 전 피의자심문제도에 대한 설명 중 가장 적절하지 않은 것은? (다툼이 있는 경우 판례에 의함)

① 검사와 변호인은 판사의 심문이 끝난 후에 의견을 진술할 수 있다. 다만, 필요한 경우 에는 심문 도중에도 판사의 허가를 얻어 의견을 진술할 수 있다.

② 구속 전 피의자심문시 피의자에게 변호인이 없는 때에는 지방 법원판사는 직권으로 변호인을 선정해야 한다. 이 경우 변호인의 선정은 피의자에 대한 구속영장

청구가 기각되어 효력이 소멸한 경우를 제외하고는 제1심까지 효력이 있다.

③ 법원은 변호인의 사정이나 그 밖의 사유로 변호인 선정결정이 취소되어 변호인이 없게 된 때에는 직권으로 변호인을 다시 선정할 수 있다.

④ 피의자심문을 하는 경우 법원이 구속영장청구서, 수사 관계 서류 및 증거물을 접수한 날부터 구속영장을 발부하여 검찰청에 반환한 날까지의 기간은 검사와 사법경찰관의 구속기간에 산입한다.

> **해설** [20년 경찰1] ① 검사와 변호인은 판사의 심문이 끝난 후에 의견을 진술할 수 있다. 다만, 필요한 경우에는 심문 도중에도 판사의 허가를 얻어 의견을 진술할 수 있다.(규칙 제96조의16 제3항)
>
> ②(제201조의2 제8항)심문할 피의자에게 변호인이 없는 때에는 지방법원판사는 직권으로 변호인을 선정하여야 한다. 이 경우 변호인의 선정은 피의자에 대한 구속영장 청구가 기각되어 효력이 소멸한 경우를 제외하고는 제1심까지 효력이 있다.
>
> ③ (제201조의2) 제9항법원은 변호인의 사정이나 그 밖의 사유로 변호인 선정결정이 취소되어 변호인이 없게 된 때에는 직권으로 변호인을 다시 선정할 수 있다.
>
> ④ 피의자심문을 하는 경우 법원이 구속영장청구서수사관계 서류 및 증거물을 접수한 날부터 구속영장을 발부하여 **검찰청에 반환한 날까지의 기간은** 수사기관의 **구속기간에 이를 산입하지 아니한다**(제201조의2 제7항).

>> 정답 ④

92. 구속 전 피의자심문제도에 대한 다음의 설명 중 가장 적절하지 않은 것은?

① 체포된 피의자외의 피의자에 대한 심문기일은 관계인에 대한 심문기일의 통지 및 그 출석에 소요되는 시간 등을 고려하여 피의자가 법원에 인치된 때로부터 가능한 한 빠른 일시로 지정하여야 한다.

② 심문기일의 통지는 서면 이외에 구술·전화·모사전송·전자우편·휴대전화 문자전송 그 밖에 적당한 방법으로 신속하게 하여야 한다.

③ 변호인은 구속영장이 청구된 피의자에 대한 심문 시작 전에 피의자와 접견할 수 있고 피의자는 판사의 심문 도중에도 변호인에게 조력을 구할 수 있다.

④ 판사는 구속 여부의 판단을 위하여 심문장소에 출석한 피해자 그 밖의 제3자를 심문하여야 한다.

> **해설** [18년 승진] ① 체포된 피의자외의 피의자에 대한 심문기일은 관계인에 대한 심문기일의 통지 및 그 출석에 소요되는 시간 등을 고려하여 피의자가 법원에 인치된 때로부터 가능한 한 빠른 일시로 지정하여야 한다.(규칙 제96조의12 제2항)
>
> ② 심문기일의 통지는 서면 이외에 구술·전화·모사전송·전자우편·휴대전화 문자전송 그 밖에 적당한 방법으로 신속하게 하여야 한다. 이 경우 통지의 증명은 그 취지를 심문조서에 기재함으로써 할 수 있다.(규칙 제96조의12 제3항)
>
> ③ 변호인은 구속영장이 청구된 피의자에 대한 심문 시작 전에 피의자와 접견할 수 있다(규칙 제96조의20). 피의자는 판사의 심문 도중에도 변호인에게 조력을 구할 수 있다(규칙 제96조의16 제4항).

④ 판사는 구속 여부의 판단을 위하여 심문장소에 출석한 피해자 그 밖의 제3자를 **심문할 수 있다**(규칙 제96조의16 제5항).(임의적 규정임)

>> 정답 ④

93. 구속 전 피의자심문에 대한 설명으로 가장 적절하지 않은 것은?

① 변호인은 구속영장이 청구된 피의자에 대한 심문 시작 전에 피의자와 접견할 수 있고, 피의자는 판사의 심문 도중에도 변호인에게 조력을 구할 수 있다.

② 피의자에 대한 심문절차는 원칙적으로 공개하나 국가의 안전 보장 또는 안녕질서를 방해하거나 선량한 풍속을 해할 염려가 있을 때에는 법원의 결정으로 공개하지 아니할 수 있다.

③ 검사와 변호인은 판사의 심문이 끝난 후에 의견을 진술할 수 있다. 다만, 필요한 경우에는 심문 도중에도 판사의 허가를 얻어 의견을 진술할 수 있다.

④ 판사는 구속영장이 청구된 피의자를 심문하는 때에는 공범의 분리심문이나 그 밖에 수사상의 비밀보호를 위하여 필요한 조치를 하여야 하고, 법원사무관 등은 심문의 요지 등을 조서로 작성하여야 한다.

> **해설** [19년 승진] ① 변호인은 구속영장이 청구된 피의자에 대한 심문 시작 전에 피의자와 접견할 수 있다.피의자는 판사의 심문 도중에도 변호인에게 조력을 구할 수 있다(규칙 제 96조의20 제1항, 제96조의16 제4항)
>
> ② 피의자에 대한 **심문절차는 공개하지 아니한다.** 다만, 판사는 상당하다고 인정하는 경우에는 피의자의 친족, 피해자등 이해관계인의 방청을 허가할 수 있다(규칙 제96조).
>
> ③ 검사와 변호인은 판사의 심문이 끝난 후에 의견을 진술할 수 있다. 다만, 필요한 경우에는 심문 도중에도 판사의 허가를 얻어 의견을 진술할 수 있다.(규칙 제96조의16 제3항)
>
> ④ (제201조의2 제5항·제6항) 판사는 제1항 또는 제2항에 따라 심문하는 때에는 공범의 분리심문이나 그 밖에 수사상의 비밀보호를 위하여 필요한 조치를 하여야 한다.   피의자를 심문하는 경우 법원사무관등은 심문의 요지 등을 조서로 작성하여야 한다.

>> 정답 ②

94. 구속 전 피의자심문제도에 관한 설명 중 적절한 것을 모두 고른 것은?

> ㉠ 체포영장에 의한 체포·긴급체포 또는 현행범인의 체포에 의하여 체포된 피의자에 대하여 구속영장을 청구받은 판사는 구속의 사유를 판단하기 위하여 필요하다고 인정하는 때에는 피의자를 심문할 수 있다.
>
> ㉡ 구속 전 피의자심문 시 피의자에게 변호인이 없는 때에는 지방법원판사는 직권으로 변호인을 선정하여야 한다.
>
> ㉢ 피의자에 대한 심문절차는 원칙적으로 공개한다.

    ⓔ 판사는 피의자가 심문기일에의 출석을 거부하거나 질병 그 밖의 사유로 출석이 현저하게 곤란하고, 피의자를 심문 법정에 인치할 수 없다고 인정되는 때에는 피의자의 출석 없이 심문절차를 진행할 수 있다.

    ⓜ 피의자심문을 하는 경우 법원이 구속영장 청구서 · 수사관계 서류 및 증거물을 접수한 날부터 구속영장을 발부하여 검찰청에 반환한 날까지의 기간은 사법경찰관이나 검사의 피의자 구속기간에 산입하지 아니한다.

① ⓛⓒ   ② ⓛⓔ
③ ⓙⓔⓜ   ④ ⓛⓔⓜ

해설 [17년 경찰2] ⓙ (×) 체포된 피의자에 대하여 구속영장을 청구받은 판사는 지체 없이 피의자를 심문하여야 한다. 이 경우 특별한 사정이 없는 한 구속영장이 청구된 날의 다음날까지 심문하여야 한다(제201조의2 제1항).

ⓛ (제201조의2 제8항)심문할 피의자에게 변호인이 없는 때에는 지방법원판사는 직권으로 변호인을 선정하여야 한다. 이 경우 변호인의 선정은 피의자에 대한 구속영장 청구가 기각되어 효력이 소멸한 경우를 제외하고는 제1심까지 효력이 있다.

ⓒ(×)피의자에 대한 심문절차는 공개하지 아니한다. 다만, 판사는 상당하다고 인정하는 경우에는 피의자의 친족, 피해자 등 이해관계인의 방청을 허가할 수 있다(규칙 제96조의14).

ⓔ 판사는 피의자가 심문기일에의 출석을 거부하거나 질병 그 밖의 사유로 출석이 현저하게 곤란하고, 피의자를 심문 법정에 인치할 수 없다고 인정되는 때에는 피의자의 출석 없이 심문절차를 진행할 수 있다.(규칙 제96조의13 제1항)

ⓜ (제201조의2 제7항) 피의자심문을 하는 경우 법원이 구속영장청구서 · 수사 관계 서류 및 증거물을 접수한 날부터 구속영장을 발부하여 검찰청에 반환한 날까지의 기간은 제202조 및 제203조의 적용에 있어서 그 구속기간에 이를 산입하지 아니한다.

≫≫ 정답 ④

95. 구속기간에 관한 설명 중 가장 적절한 것은? (다툼이 있으면 판례에 의함).

① 현행범인으로 체포된 피의자의 구속기간은 구속영장이 발부된 때로부터 기산한다.

② 구속기간의 초일은 시간을 계산함이 없이 1일로 산정하고, 구속기간의 말일이 공휴일인 경우 구속기간에 산입하지 아니한다.

③ 구속기간연장허가결정이 있은 경우에 그 연장기간은 구속기간만료일부터 기산한다.

④ 피의자에 대한 구속기간 연장을 허가하지 않은 지방법원판사의 결정에 대하여 검사는 항고의 방법으로 불복할 수 없다.

해설 [17년 경찰2] ① 현행범인으로 체포된 피의자에 대한 구속기간은 피의자가 **체포된 날부터 기산**한다(제203조의2).

② 구속기간의 **말일이 공휴일**인 경우에도 구속기간에 **산입한다**(제66조 제3항).

③ 구속기간연장 허가결정이 있은 경우에 그 연장기간은 종전 **구속기간만료 다음날로부터 기산**한다(규칙 제98조).

④ 구속기간의 연장을 허가하지 아니하는 지방법원 판사의 결정에 대하여는 같은 법 제402조, 제403조가 정하는 항고의 방법으로는 불복할 수 없고, 나아가 그 지방법원 판사는 수소법원으로서의 재판장 또는 수명법관도 아니므로 그가 한 재판은 같은 법 제416조가 정하는 준항고의 대상이 되지도 않는다.(대법원 1997. 6. 16. 자 97모1)

>> 정답 ④

96. 구속 및 구속기간에 대한 설명으로 가장 적절한 것은? (판례에 의함)

① 「형사소송법」 제88조는 피고인을 구속한 때에는 즉시 공소사실의 요지와 변호인을 선임할 수 있음을 알려야 한다고 규정하고 있는 바 이를 위반하였다면 구속영장의 효력은 당연히 상실된다.

② 구속기간연장 허가결정이 있는 경우에 그 연장기간은 「형사소송법」 제203조(검사의 구속기간)의 규정에 의한 구속기간 만료일부터 기산한다.

③ 피고인에게 구속의 사유가 없거나 소멸 된 때에는 법원은 직권 또는 검사, 피고인, 변호인 등의 청구에 의하여 결정으로 구속을 취소하여야 한다.

④ 구속 중인 피고인에 대하여 감정유치장이 집행된 경우 피고인이 유치되어있는 기간 구속은 그 집행이 정지되지 아니한다.

해설 [18년 승진] ① 사후 청문절차로서 이를 위반하였다고 하더라도 **구속영장의 효력에 어떠한 영향을 미치는 것은 아니다**(2000모134).

② 구속기간 연장기간은 구속기간 **만료일 다음날부터** 기산한다(규칙 제99조).

③ 피고인에게 구속의 사유가 없거나 소멸 된 때에는 법원은 직권 또는 검사, 피고인, 변호인 등의 청구에 의하여 결정으로 구속을 취소하여야 한다(제93조).

④ 구속 중인 피의자에 대하여 **감정유치장이 집행**되었을 대에는 피의자가 **유치되어 있는 기간** 동안은 구속은 그 **집행이 정지된 것으로** 간주된다(제172조의2 제1항).

>> 정답 ③

97. 구속기간에 관한 설명 중 가장 적절하지 않은 것은?

① 기피신청으로 소송 진행이 정지된 기간은 구속기간에 산입하지 아니한다.

② 공소장변경으로 피고인의 불이익이 증가할 염려가 있다고 인정되어 공판절차가 정지된 기간은 구속기간에 산입하지 아니한다.

③ 구속기간의 말일이 공휴일 또는 토요일이면 구속기간에 산입하지 아니한다.

④ 구속 전 피의자심문을 위하여 법원이 구속영장청구서·수사 관계 서류 및 증거물을 접수 한 날부터 구속영장을 발부하여 검찰청에 반환한 날까지의 기간은 구속기간에 산입하지 아니한다.

해설 [20년 승진] ①② (제92조 제3항) 공판절차가 정지된 기간 및 공소제기전의 체포·구인·구금 기간은 제1항 및 제2항의 기간에 산입하지 아니한다.

③ 기간의 말일이 공휴일 또는 토요일에 해당하는 날은 기간에 산입하지 아니한다. 단, **시효와 구속의 기간**에 관하여서는 **예외로 한다**(제66조 제3항).

④ (제201조의2 제7항) 피의자심문을 하는 경우 법원이 구속영장청구서 · 수사 관계 서류 및 증거물을 접수한 날부터 구속영장을 발부하여 검찰청에 반환한 날까지의 기간은 제202조 및 제203조의 적용에 있어서 그 구속기간에 이를 산입하지 아니한다.

>> 정답 ③

---

98. 「형법」의 강도죄를 범한 자와 관련하여 「형사소송법」의 기간의 적용에 대한 설명으로 옳지 않은 것은? (기간 연장은 고려하지 않음)

① 2020년 6월 1일(월) 23시에 피의자를 구속한 경찰관은 2020년 6월 10일(수) 24시까지 피의자를 검사에게 인치하여야 한다.

② 2020년 6월 2일(화) 17시에 공소가 제기된 피고인에 대한 제1심의 구속기간은 2020년 8월 1일(토) 24시까지이다.

③ 2020년 6월 2일(화) 14시에 제1심 공판정에 출석하여 유죄판결을 선고받은 피고인은 2020년 6월 8일(월) 24시까지 항소를 제기할 수 있다.

④ 2020년 6월 1일(월) 14시에 항소장을 받은 원심법원은 항소를 기각하는 경우가 아닌 한 2020년 6월 15일(월) 24시까지 소송기록과 증거물을 항소법원에 송부하여야 한다.

해설 [20년 검찰9] ①②④ 옳다.

③ 제66조(기간의 계산) 기간의 계산에 관하여는 시로써 계산하는 것은 즉시부터 기산하고 일, 월 또는 연으로써 계산하는 것은 초일을 산입하지 아니한다. 단, 시효와 구속기간의 초일은 시간을 계산함이 없이 1일로 산정한다. 항소제기기간은 7일이므로 **2020년 6월 9일 24시까지 항소**를 제기할 수 있다.

>> 정답 ③

---

99. 접견교통권에 대한 설명으로 가장 적절하지 않은 것은? (판례에 의함)

① 임의동행의 형식으로 수사기관에 연행된 피의자 또는 피내사자 에게는 변호인 또는 변호인이 되려는 자와의 접견교통권이 인정된다.

② 수사기관이 구금장소를 임의적으로 변경하여 접견교통을 어렵게 한 것은 접견교통권의 행사에 중대한 장애를 초래하는 것이므로 위법하다.

③ 신체구속을 당한 사람이 그 변호인을 자신의 범죄행위에 공범으로 가담시키려고 하였다는 사정만으로도 신체구속을 당한 사람과 그 변호인과의 접견교통권을 금지하는 것은 정당하다.

④ 수사기관의 접견불허처분이 없더라도, 변호인의 접견신청일로 부터 상당한 기간

이 경과 하였거나 접견신청일이 경과하도록 접견이 이루어지지 않는경우에는 실질적으로 접견불허가처분이 있는 것과 동일시된다.

해설 [19년 승진] ① 구속영장에 의하여 구속된 자, 체포영장 · 긴급체포 · 현행범체포에 의하여 체포된 자, 감정유치에 의하여 구속된 자, 임의동행의 형식으로 연행된 피내사자도 포함된다.

② 구속영장에는 청구인을 구금할 수 있는 장소로 특정 경찰서 유치장으로 기재되어 있었는데, 그 신병이 조사차 국가안전기획부 직원에게 인도된 후 위 경찰서 유치장에 인도된 바 없이 계속하여 국가안전기획부 청사에 사실상 구금되어 있다면, 청구인에 대한 이러한 사실상의 구금 장소의 임의적 변경은 청구인의 방어권이나 접견교통권의 행사에 중대한 장애를 초래하는 것이므로 위법하다(대결 1996.5.15. 자 95모94).

③ 신체구속을 당한 피의자 또는 피고인이 범한 것으로 의심받고 있는 범죄행위에 해당 변호인이 관련되어 있다는 등의 사유에 기하여 그 변호인의 변호활동을 광범위하게 규제하는 변호인의 제척과 같은 제도를 두고 있지 아니한 우리 법제 하에서는, 변호인의 접견교통의 상대방인 **신체구속을 당한 사람이 그 변호인을 자신의 범죄행위에 공범으로 가담시키려고 하였다는 등의 사정만으로 그 변호인의 신체구속을 당한 사람과의 접견교통을 금지하는 것이 정당화될 수는 없다**(대판2007.1.31. 2006 모656).

④ 접견신청일이 경과하도록 접견이 이루어지지 아니한 것은 실질적으로 접견불허가처분이 있는 것과 동일시된다고 할 것이다(대법원 1991. 3. 28. 자 91모24)

▶▶ 정답 ③

100. 접견교통권에 대한 설명으로 가장 적절하지 않은 것은? (판례에 의함)

① 국가정보원 사법경찰관이 경찰서 유치장에 구금되어 있던 피의자에 대하여 의사의 진료를 받게 할 것을 신청한 변호인에게 국가정보원이 추천하는 의사의 참여를 요구한 것은 변호인의 수진권을 침해하는 위법한 처분이라고 할 수 있다.

② 변호인이 되려는 의사를 표시한 자가 객관적으로 변호인이 될 가능성이 있다고 인정되는데도, 「형사소송법」 제34조에서 정한 '변호인 또는 변호인이 되려는 자'가 아니라고 보아 신체구속을 당한 피고인 또는 피의자와 접견하지 못하도록 제한하여서는 아니된다.

③ 변호인의 접견교통의 상대방인 신체구속을 당한 사람이 그 변호인을 자신의 범죄행위에 공범으로 가담시키려고 하였다는 등의 사정만으로, 그 변호인의 신체구속을 당한 사람과의 접견교통을 금지하는 것이 정당화될 수는 없다.

④ 피의자가 구속되어 국가안전기획부에서 조사를 받다가 변호인의 접견신청이 불허되어 이에 대한 준 항고를 제기 중에 검찰로 송치되어 검사가 피의자를 신문하여 제1회 피의자신문조서를 작성한 후 준 항고절차에서 위 접견불허처분이 취소되어 접견이 허용된 경우에는 검사의 피의자에 대한 위 제1회 피의자신문은 변호인의 접견교통을 침해한 상황에서 시행된 것이다.

해설 [19년 경찰1] ① 국가정보원 사법경찰관이 경찰서 유치장에 구금되어 있던 피의자에 대하여 의사의 진료를 받게 할 것을 신청한 변호인에게 국가정보원이 추천하는 의사의 참여를 요구한 것은 행형법

시행령 제176조의 규정에 근거한 것으로서 적법하고, 이를 가리켜 **변호인의 수진권을 침해하는 위법한 처분이라고 할 수는 없다**(대판 2002.5.6. 2000모112).

② 변호인 또는 변호인이 되려는 자는 신체구속을 당한 피고인 또는 피의자와 접견하고 서류 또는 물건을 수수할 수 있으며 의사로 하여금 진료하게 할 수 있다.”라고 규정하고 있으므로, 변호인이 되려는 의사를 표시한 자가 객관적으로 변호인이 될 가능성이 있다고 인정되는데도, 형사소송법 제34조에서 정한 ‘변호인 또는 변호인이 되려는 자’가 아니라고 보아 신체구속을 당한 피고인 또는 는 피의자와 접견하지 못하도록 제한하여서는 아니된다(대판 2017.3.9. 2013도16162).

③ 변호인의 접견교통의 상대방인 **신체구속을 당한 사람이 그 변호인을 자신의 범죄행위에 공범으로 가담시키려고 하였다는 등의 사정만으로 그 변호인의 신체구속을 당한 사람과의 접견교통을 금지하는 것이 정당화될 수는 없다**(대판2007.1.31. 2006모656)

④ 피고인이 구속되어 국가안전기획부에서 조사를 받다가 변호인의 접견신청이 불허되어 이에 대한 준항고를 제기중에 검찰로 송치되어 검사가 피고인을 신문하여 제1회 피의자신문조서를 작성한 후 준항고절차에서 위 접견불허처분이 취소되어 접견이 허용된 경우에는 검사의 피고인에 대한 위 제1회 피의자신문은 변호인의 접견교통을 금지한 위법상태가 계속된 상황에서 시행된 것으로 보아야 할 것이므로 그 피의자신문조서는 증거능력이 없다.(대법원 1990. 9. 25. 선고 90도1586)

>> 정답 ①

101. 접견교통권에 관한 설명 중 가장 적절한 것은? (다툼이 있으면 판례에 의함).

① 접견교통권의 주체는 체포·구속을 당한 피의자이고, 신체구속 상태에 있지 않은 피의자는 포함되지 않는다.

② 미결수용자와 변호인과의 접견에는 교도관이 참여할 수 있다.

③ 국가정보원 사법경찰관이 경찰서 유치장에 구금되어 있던 피의자에 대하여 의사의 진료를 받게 할 것을 신청한 변호인에게 국가정보원이 추천하는 의사의 참여를 요구한 것은 변호인의 수진권을 침해하는 위법한 처분에 해당한다.

④ 신체구속을 당한 피고인 또는 피의자에 대한 변호인의 접견교통권은 수사기관의 처분 등에 의해 이를 제한할 수 없고, 다만 법령에 의하여서만 제한이 가능하다.

해설 [17년 경찰2] ① 비록 법에는 접견교통권 등 변호인의 조력을 받을 권리의 주체를 체포 또한 구속을 당한 피의자. 피고인이라고 규정하고 있으나, **신체구속 상태에 있지 않은 피의자도 당연히 접견교통권의 주체**가 될 수 있다(헌재 2004.9.23. 2000헌마138).

② 미결수용자와 변호인과의 접견에는 **교도관이 참여하지 못하며** 그 내용을 청취 또는 녹취하지 못한다. 다만, 보이는 거리에서 미결수용자를 관찰할 수 있다(형행법 제84조 제1항).

③ 국가정보원 사법경찰관이 경찰서 유치장에 구금되어 있던 피의자에 대하여 의사의 진료를 받게 할 것을 신청한 변호인에게 국가정보원이 추천하는 의사의 참여를 요구한 것은 행형법시행령 제176조의 규정에 근거한 것으로서 적법하고 이를 가리켜 변호인의 수진권을 침해하는 위법한 처분이라고 할 수는 없다(대판 2002.5.6. 2000모112).

④ 변호인의 조력을 받을 권리 역시 다른 모든 헌법상 기본권과 마찬가지로 **국가안전보장 질서유지 또는 공공복리를 위하여 필요한 경우에는 법률로써 제한**할 수 있는 것이다(헌재 2011.5.26. 2009헌마341).

>> 정답 ④

102. 변호인과의 접견교통권에 관한 설명 중 가장 옳지 않은 것은? (판례에 의함)

① 변호인과의 접견교통권은 체포 또는 구속된 피의자나 피고인뿐만 아니라 임의동행된 피의자나 피내사자에게도 인정된다.

② 신체구속을 당한 사람이 그 변호인을 자신의 범죄행위에 공범으로 가담시키려고 하였다는 사정만으로 신체구속을 당한 사람과 그 변호인의 접견교통권을 금지하는 것은 정당화될 수 없다.

③ 체포 후 구속영장이 청구되어 구치소에 수감 중인 피의자를 검사가 검사실로 불러 피의자신문을 하는 과정에서, 피의자 가족의 의뢰를 받아 '변호인이 되려는' 변호사가 검사에게 접견신청을 하였음에도 검사가 별다른 조치를 취하지 아니한 것은 실질적으로 접견신청을 불허한 것과 동일하여 '변호인이 되려는' 변호사의 헌법상 보장된 접견교통권을 침해한다.

④ 변호인과의 자유로운 접견은 어떠한 명분으로도 제한될 수 있는 성질의 것이 아니므로, 미결수용자의 변호인 접견권은 국가안전보장, 질서유지 또는 공공복리를 위해 필요한 경우라도 법률로써 제한될 수 없다.

해설 [20년 경간] ① 변호인의 조력을 받을 권리를 실질적으로 보장하기 위하여는 변호인과의 접견교통권의 인정이 당연한 전제가 된다고 할 것이므로, 임의동행의 형식으로 수사기관에 연행된 피의자에게도 변호인 또는 변호인이 되려는 자와의 접견교통권은 당연히 인정된다고 보아야 할 것이고, 임의동행의 형식으로 연행된 피내사자의 경우에도 마찬가지라 할 것이다(대법원 1996. 6. 3. 자 96모18)

② 신체구속을 당한 피의자 또는 피고인이 범한 것으로 의심받고 있는 범죄행위에 해당 변호인이 관련되어 있다는 등의 사유에 기하여 그 변호인의 변호활동을 광범위하게 규제하는 변호인의 제척(除斥)과 같은 제도를 두고 있지 아니한 우리 법제 아래에서는, 변호인의 접견교통의 상대방인 신체구속을 당한 사람이 그 변호인을 자신의 범죄행위에 공범으로 가담시키려고 하였다는 등의 사정만으로 그 변호인의 신체구속을 당한 사람과의 접견교통을 금지하는 것이 정당화될 수는 없다(대법원 2007. 1. 31. 자 2006모656)

③ '변호인이 되려는 자'의 접견교통권은 피의자 등을 조력하기 위한 핵심적인 부분으로서, 피의자 등이 가지는 헌법상의 기본권인 '변호인이 되려는 자'와의 접견교통권과 표리의 관계에 있다. 따라서 피의자 등이 가지는 '변호인이 되려는 자'의 조력을 받을 권리가 실질적으로 확보되기 위해서는 '변호인이 되려는 자'의 접견교통권 역시 헌법상 기본권으로서 보장되어야 한다(헌재 2015헌마1204)

④ 변호인의 조력을 받을 권리 역시 다른 모든 헌법상 기본권과 마찬가지로 국가안전보장, 질서유지 또는 공공복리를 위하여 필요한 경우에는 법률로써 제한할 수 있다(헌재 2011.5.26. 2009헌마341).

변호인의 접견교통권은 피의자 등의 인권보장과 방어준비를 위하여 필수불가결한 권리이므로 수사기관의 처분 등으로 이를 제한할 수 없고, 다만 법령에 의해서만 제한할 수 있다(대판 2018.12.27. 2016다266736).

▶▶▶ 정답 ④

103. 변호인의 조력을 받을 권리에 관한 설명 중 가장 적절하지 않은 것은? (다툼이 있으면 판례에 의함)

① 변호인의 조력을 받을 권리는 불구속 피의자·피고인 모두에게 포괄적으로 인정되는 권리이므로 신체구속 상태에 있지 아니한 자도 변호인의 조력을 받을 권리의 주체가 될 수 있다.

② 변호인이 되려는 의사를 표시한 자가 객관적으로 변호인이 될 가능성이 있다고 인정되는데도, 형사소송법 제34조에서 정한 '변호인 또는 변호인이 되려는 자'가 아니라고 보아 신체구속을 당한 피고인 또는 피의자와 접견하지 못하도록 제한하여서는 아니 된다.

③ 구치소장이 형의 집행 및 수용자의 처우에 관한 법률 및 그 시행규칙의 규정에 따라 변호인 접견실에 영상녹화, 음성수신, 확대기능 등이 없는 CCTV를 설치하여 미결수용자와 변호인간의 접견을 관찰하였다 하더라도 이를 통해 대화내용을 알게 되는 것이 불가능하였다면 변호인의 조력을 받을 권리를 침해한 것이라고 할 수 없다.

④ 교도관이 변호인 접견이 종료된 뒤 변호인과 미결수용자가 지켜보는 가운데 미결수용자와 변호인간에 주고받는 서류를 확인하여 그 제목을 소송관계처리부에 기재하여 등재 한 행위는 이를 통해 내용에 대한 검열이 이루어질 수 없었다 하더라도 침해의 최소성 요건을 갖추지 못하였으므로 변호인의 조력을 받을 권리를 침해한다.

해설 [20년 승진] ① 비록 법에는 접견교통권 등 변호인의 조력을 받을 권리의 주체를 체포 또한 구속을 당한 피의자. 피고인이라고 규정하고 있으나, **신체구속 상태에 있지 않은 피의자도 당연히 접견교통권의 주체**가 될 수 있다(헌재 2004.9.23. 2000헌마138).

② 변호인 또는 변호인이 되려는 자는 신체구속을 당한 피고인 또는 피의자와 접견하고 서류 또는 물건을 수수할 수 있으며 의사로 하여금 진료하게 할 수 있다."라고 규정하고 있으므로, 변호인이 되려는 의사를 표시한 자가 객관적으로 변호인이 될 가능성이 있다고 인정되는데도, 형사소송법 제34조에서 정한 '변호인 또는 변호인이 되려는 자'가 아니라고 보아 신체구속을 당한 피고인 또는는 피의자와 접견하지 못하도록 제한하여서는 아니된다(대판 2017.3.9. 2013도16162).

③ CCTV 관찰행위로 침해되는 법익은 변호인접견 내용의 비밀이 폭로될 수 있다는 막연한 추측과 감시받고 있다는 심리적인 불안 내지 위축으로 법익의 침해가 현실적이고 구체화되어 있다고 보기 어려운 반면, 이를 통하여 구치소 내의 수용질서 및 규율을 유지하고 교정사고를 방지하고자 하는 것은 교정시설의 운영에 꼭 필요하고 중요한 공익이므로, 법익의 균형성도 갖추었다. 따라서 이 사건 CCTV 관찰행위가 청구인의 변호인의 조력을 받을 권리를 침해한다고 할 수 없다.(헌재 2016.4.28. 2015헌마243)

④ 교도관이 미결수용자와 변호인 간에 주고받는 서류를 확인하고 소송관계서류 처리부에 그 제목을 기재하여 등재한 행위는 형집행법 제43조 제3항과 제8항에 근거를 두고 이루어진 것으로, 변호인 접견이 종료 된 뒤 이루어지고 교도관은 변호인과 미결수용자가 지켜보는 가운데 서류를 확인하여 그 제목 등을 소송관계처리부에 기재하여 등재할 뿐 내용에 대한 검열이 이루어지는 것이 아니므로 변호인의 조력을 받을 권리나 개인정보자기결정권을 침해하지 않는다(헌재 2016.4.28. 2015 헌마243).

≫≫ 정답 ④

104. 체포·구속적부심사에 대한 설명으로 옳지 않은 것은? (판례에 의함)

① 체포·구속적부심사의 청구권자(형사소송법. 제214조의2 제1항)는 변호인선임권자(형사소송법 제30조 제2항)보다 범위가 넓다.

② 구속적부심사절차와 달리 체포적부심사절차에서는 보증금납입조건부 피의자석방결정을 할 수 없다.

③ 구속적부심사청구에 대한 법원의 결정에는 기각결정과 석방결정, 보증금납입조건부 석방결정이 있으며, 검사와 피의자는 이와 같은 법원의 결정에 대해 항고할 수 없다.

④ 구속적부심문조서는 특히 신용할 만한 정황에 의하여 작성된 문서이므로 특별한 사정이 없는한 증거동의 여부와 상관없이 당연히 증거능력이 인정된다.

> **해설** [19년 검찰] ① 체포·구속적부심사의 청구권자는 피의자의 변호인, 법정대리인, 배우자, 직계친족, 형제자매, **가족이나 동거인 또는 고용주**(제214조의2 제1항)이지만, 변호인선임권자는 법정대리인, 배우자, 직계친족, 형제자매이다(제30조 제2항).
>
> ② 기소 전 보증금납입을 조건으로 한 석방의 대상자가 구속된 피의자라고 명시되어 있고, 같은 법 제214조의3 제2항의 취지를 체포된 피의자에 대하여도 보증금납입을 조건으로 한 석방이 허용되어야 한다는 근거로 보기는 어렵다 할 것이어서 현행법상 체포된 피의자에 대하여는 보증금납입을 전제로 한 석방이 허용되지 않는다(대결 1997. 8. 27, 97모21).
>
> ③ 검사와 피의자는 기각결정과 석방결정에 대해서는 항고할 수 없으나(제214조의2 제 8항), 보증금납입조건부 석방결정에 대하여는 피의자나 검사가 그 취소의 실익이 있는 한 제 402조에 의하여 항고할 수 있다(대판 1997.8.27, 97모21).
>
> ④ 구속된 피의자를 심문하고 그에 대한 피의자의 진술 등을 기재한 구속적부심문조서는 형사소송법 제311조가 규정한 문서에는 해당하지 않는다 할 것이나, 특히 신용할 만한 정황에 의하여 작성된 문서라고 할 것이므로 특별한 사정이 없는 한, 피고인이 증거로 함에 부동의하더라도 형사소송법 제315조 제3호에 의하여 당연히 그 증거능력이 인정된다(대판 2004.1.16. 선고 2003도5693).

>> **정답** ③

105. 체포·구속적부심사에 관한 설명 중 가장 적절한 것은? (다툼이 있으면 판례에 의함)

① 법원 또는 합의부원, 검사, 변호인, 청구인이 구속된 피의자를 심문하고 그에 대한 피의자의 진술 등을 기재한 구속적부심문조서는 특히 신용할 만한 정황에 의하여 작성된 문서라고 할 것이므로 특별한 사정이 없는 한, 피고인이 증거로 함에 부동의 하더라도 형사소송법 제315조 제3호에 의하여 당연히 그 증거능력이 인정된다.

② 체포의 적부심사는 구속의 적부심사와 달리 국선변호인에 관한 규정이 준용되지 않으므로 체포된 피의자가 심신장애의 의심이 있는 경우에도 법원은 원칙적으로 국선변호인을 선정하지 않고 심사를 진행할 수 있다.

③ 형사소송법 제 214조의 2 제4항의 규정에 의한 체포·구속적부심사결정에 의하

여 석방된 피의자는 법원의 출석요구를 받고 정당한 이유 없이 출석하지 아니하거나 주거의 제한 기타 법원이 정한 조건을 위반한 경우를 제외하고는 동일한 범죄사실에 관하여 재차 체포 또는 구속하지 못한다.

④ 법원은 체포된 피의자에 대하여 피의자의 출석을 보증할 만한 보증금의 납입을 조건으로 하여 결정으로 석방을 명할 수 있다.

> **해설** [20년 승진] ① 구속된 피의자를 심문하고 그에 대한 피의자의 진술 등을 기재한 구속적부심문조서는 형사소송법 제311조가 규정한 문서에는 해당하지 않는다 할 것이나, 특히 신용할 만한 정황에 의하여 작성된 문서라고 할 것이므로 특별한 사정이 없는 한, 피고인이 증거로 함에 부동의하더라도 형사소송법 제315조 제3호에 의하여 당연히 그 증거능력이 인정된다(대판 2004.1.16. 선고 2003도5693).
>
> ② 체포적부심사에서 있어서도 국선변호인에 관한 규정이 준용되므로 체포된 피의자가 심신장애의 의심이 있는 경우에도 **법원은 직권으로 국선변호인을 선정하여야 한다.**
>
> ③ 체포, 구속적부심사결정에 의하여 석방된 피의자가 **도망하거나 죄증을 인멸**하는 경우를 제외하고는 동일한 범죄사실에 관하여 재차 체포 또는 구속하지 못한다(제214조의3 제1항).
>
> ④ 현행법상 **체포된 피의자에 대하여는** 보증금 납입을 조건으로 한 **석방이 허용되지 않는다.**(대판 1997.8.27. 97모 21).

>> 정답 ①

106. 보석에 관한 설명 중 가장 적절하지 않은 것은? (다툼이 있으면 판례에 의함).

① 피고인, 피고인의 변호인·법정대리인·배우자·직계존속·형제자매·가족·동거인 또는 고용주는 법원에 구속된 피고인의 보석을 청구할 수 있다.

② 보증금 몰수사건은 지방법원 단독판사의 관할이지만 소송절차 계속 중에 보석허가결정이나 그 취소결정을 본안 관할법원인 제1심 합의부가 한 경우 당해 합의부가 사물관할을 갖는다.

③ 법원은 피고인이 정당한 사유 없이 보석조건을 위반한 경우에는 과태료 또는 감치의 제재결정을 내릴 수 있으며, 이 제재결정에 대해서는 즉시항고를 할 수 있다.

④ 구속영장의 효력이 소멸한 때에는 보석조건은 즉시 그 효력을 상실한다.

> **해설** [17년 경찰2] ① (보석의 청구) 피고인, 피고인의 변호인·법정대리인·배우자·직계친족·형제자매·가족·동거인 또는 고용주는 법원에 구속된 피고인의 보석을 청구할 수 있다(제94조).
>
> ② 보증금몰수사건은 당해 형사본안 사건의 **기록이 존재하는 법원 또는 그 기록을 보관하는 검찰청에 대응하는 법원의 토지관할에 속하고,** 그 법원이 지방법원인 경우에 있어서 사물관할은 지방법원 단독판사에게 속하는 것이지 소송절차 계속 중에 보석허가결정 또는 그 취소결정 등을 본안 관할법원인 제1심 합의부 또는 항소심인 합의부에서 한 바 있었다고 하여 그러한 법원이 사물관할을 갖게 되는 것은 아니다(대판 2002.5.17. 2001모53).
>
> ③ 법원은 피고인이 정당한 사유 없이 보석조건을 위반한 경우에는 결정으로 피고인에 대하여 1천만원 이하의 과태료를 부과하거나 20일 이내의 감치에 처할 수 있다. 제3항의 결정에 대하여는 즉시항고를 할 수 있다(제102조 제3항, 제4항)

④ (보석조건의 효력상실 등) ①구속영장의 효력이 소멸한 때에는 보석조건은 즉시 그 효력을 상실한다(.제104조의2 제1항)

>>> 정답 ②

107. 보석제도에 대한 설명으로 가장 적절하지 않은 것은? (판례에 의함)

① 법원이 집행유예기간 중에 있는 피고인의 보석을 허가한 경우, 이러한 법원의 결정은 누범과 상습범을 필요적 보석의 제외사유로 규정한 「형사소송법」 제95조 제2호의 취지에 반하여 위법이라고 할 수 없다.

② 보석허가결정의 취소는 그 취소결정을 고지하거나 결정법원에 대응하는 검찰청 검사에게 결정서를 교부 또는 송달함으로써 즉시 집행할 수 있는 것이고, 그 결정 등본이 피고인에게 송달되어야 집행할 수 있는 것은 아니다.

③ 「형사소송법」 제97조 제1항은 "재판장은 보석에 관한 결정을 하기 전에 검사의 의견을 물어야 한다" 라고 규정하고 있으므로, 법원이 검사의 의견을 듣지 아니한 채 보석에 관한 결정을 하였다면 결정의 적정성 여부를 불문하고 절차상의 하자만으로도 그 결정을 취소할 수 있다.

④ 법원은 보석취소 후에 별도로 보증금몰수결정을 할 수도 있다.

> **해설** [19년 경찰1] ① 피고인이 집행유예의 기간 중에 있어 집행유예의 결격자라고 하여 보석을 허가할 수 없는 것이 아니고 형사소송법 제95조는 그 제1호 내지 5호 이외의 경우에는 필요적으로 보석을 허가하여야 한다는 것이지 여기에 해당하는 경우에는 보석을 허가하지 아니할 것을 규정한 것이 아니므로 집행유예기간 중에 있는 피고인의 보석을 허가한 것이 누범과 상습범에 대하여는 보석을 허가하지 아니할 수 있다는 형사소송법 제95조 제2호의 취지에 위배되어 위법이라고 할 수 없다(대결 1990.4.18, 90모22).
>
> ② 보석허가결정의 취소는 그 취소결정을 고지하거나 결정법원에 대응하는 검찰청 검사에게 결정서를 교부 또는 송달함으로써 즉시 집행할 수 있는 것이고 그 결정등본이 피고인에게 송달(또는 고지)되어야 집행할 수 있는 것은 아니다(대판 1983.4.21. 자 83모19).
>
> ③ 검사의 의견청취의 절차는 보석에 관한 결정의 본질적 부분이 되는 것은 아니므로 설사 법원이 검사의 의견을 듣지 아니한 채 보석에 관한 결정을 하였다고 하더라도 그 결정이 적정한 이상 절차상의 하자만을 들어 그 결정을 취소할 수는 없다(대판 1997.11.27, 97모88).
>
> ④ 보석보증금을 몰수하려면 반드시 보석취소와 동시에 하여야만 가능한 것이 아니라 보석취소 후에 별도로 보증금몰수결정을 할 수도 있다. 그리고 형사소송법 제104조가 구속 또는 보석을 취소하거나 구속영장의 효력이 소멸된 때에는 몰수하지 아니한 보증금을 청구한 날로부터 7일 이내에 환부하도록 규정되어 있다고 하여도, 이 규정의 해석상 보석취소 후에 보증금몰수를 하는 것이 불가능하게 되는 것도 아니다(대판 2001.5.29. 자 2000모22).

>>> 정답 ③

108. 보석에 대한 설명으로 옳지 않은 것은? (다툼이 있는 경우 판례에 의함)

① 법원이 검사의 의견을 듣지 아니한 채 보석에 관한 결정을 하였다고 하더라도 그 결정이 적정한 이상 절차상의 하자만을 들어 그 결정을 취소할 수는 없다.

② 보석의 청구를 받은 법원은 24시간 이내에 심문기일을 정하여 구속된 피고인을 심문하여야 하고, 특별한 사정이 없는 한 보석의 청구를 받은 날부터 7일 이내에 그에 관한 결정을 하여야 한다.

③ 보석이 취소된 경우 보석조건은 즉시 그 효력을 상실하지만, 보증금납입 또는 담보제공의 보석조건은 예외로 한다.

④ 법원은 피고인이 정당한 사유 없이 보석조건을 위반한 경우에는 결정으로 피고인에 대하여 1천만 원 이하의 과태료를 부과하거나 20일 이내의 감치처분을 내릴 수 있고, 이 결정에 대하여는 즉시항고가 가능하다.

> **해설** [18년 7급] ① 검사의 의견청취의 절차는 보석에 관한 결정의 본질적 부분이 되는 것은 아니므로, 설사 법원이 검사의 의견을 듣지 아니한 채 보석에 관한 결정을 하였다고 하더라도 그 결정이 적정한 이상, 절차상의 하자만을 들어 그 결정을 취소할 수는 없다.(대법원 1997. 11. 27. 자 97모88)
>
> ② 보석의 청구를 받은 법원은 **지체없이 심문기일을 정하여** 구속된 피고인을 심문하여야 한다(규칙 제54조의2 제1항). 법원은 특별한 사정이 없는 한 보석청구를 받은 날부터 **7일 이내에 그에 관한 결정**을 하여야 한다(규칙 제55조).
>
> ③ 구속영장의 효력이 소멸한 때에는 보석조건은 즉시 그 효력을 상실한다.다만, 제98조제8호의 조건은 예외로 한다.(제104조의2 제2항)
>
> ④ 법원은 피고인이 정당한 사유 없이 보석조건을 위반한 경우에는 결정으로 피고인에 대하여 1천만원 이하의 과태료를 부과하거나 20일 이내의 감치에 처할 수 있다.(제102조③)

>> 정답 ②

109. 구속의 집행정지 또는 구속의 실효에 관한 설명 중 가장 적절하지 않은 것은? (다툼이 있으면 판례에 의함)

① 헌법 제44조에 의하여 구속된 국회의원에 대한 석방요구가 있으면 당연히 구속영장의 집행이 정지된다.

② 피고인 또는 그 변호인은 구속집행정지를 청구할 권리가 있다. 청구를 받은 법원은 48시간 이내에 구속된 피고인을 심문하여야 하고, 그 청구가 이유 있다고 인정한 때에는 결정으로 구속의 집행정지를 명하여야 한다.

③ 무죄, 면소, 형의 면제, 형의 선고유예, 형의 집행유예, 공소기각 또는 벌금이나 과료를 과하는 판결이 선고된 때에는 구속영장은 판결선고와 동시에 바로 효력을 잃는다.

④ 구속의 사유가 없거나 소멸된 때에는 법원은 직권 또는 검사, 피고인, 변호인과 변호인선임권자의 청구에 의하여 결정으로 구속을 취소하여야 한다.

해설 [20년 승진] ① 헌법 제44조에 의하여 구속된 국회의원에 대한 석방요구가 있으면 당연히 구속영장의 집행이 정지된다. (제101조 제4항)

② 법원은 상당한 이유가 있는 때에는 결정으로 구속된 피고인을 친족 · 보호단체 기타 적당한 자에게 부탁하거나 피고인의 주거를 제한하여 구속의 집행을 정지할 수 있다(제101조 제 항). 그러나 **피고인에 대한 구속 집행정지**는 법원이 직권으로 행하므로 **피고인 또는 변호인은 구속집행정지를 청구할 권리는 없다.**

③ (무죄등 선고와 구속영장의 효력) 무죄, 면소, 형의 면제, 형의 선고유예, 형의 집행유예, 공소기각 또는 벌금이나 과료를 과하는 판결이 선고된 때에는 구속영장은 효력을 잃는다(제331조)

④ (구속의 취소) 구속의 사유가 없거나 소멸된 때에는 법원은 직권 또는 검사, 피고인, 변호인과 제30조 제2항에 규정한 자의 청구에 의하여 결정으로 구속을 취소하여야 한다(제93조)

>>> 정답 ②

110. 구속의 집행정지와 취소에 대한 설명으로 가장 적절하지 않은 것은?

① 구속의 사유가 없거나 소멸된 때에는 법원은 직권 또는 검사, 피고인, 변호인과 「형사소송법」 제30조 제2항에 규정된자의 청구에 의하여 결정으로 구속을 취소하여야 한다.

② 피고인 甲은 「형사소송법」 제72조에 정한 사전 청문절차 없이 발부된 구속영장에 기하여 구속되었다. 제1심 법원이 그 위법을 시정하기 위하여 구속취소결정 후 적법한 청문절차를 밟아 甲에 대한 구속영장을 발부하였고, 甲이 이 청문절차부터 제1·2심의 소송절차에 이르기까지 변호인의 조력을 받았다면, 법원은 甲에 대한 구속영장 발부와 집행에 관한 소송절차의 법령위반 등을 다투는 상고이유 주장은 받아들이지 않는다.

③ 법원은 「형사소송법」 제101조 제4항에 따라 구속영장의 집행이 정지된 국회의원이 소환을 받고도 정당한 사유 없이 출석하지 아니한 때에는 그 회기 중이라도 구속영장의 집행정지를 취소할 수 있다.

④ 법원은 상당한 이유가 있는 때에는 결정으로 구속된 피고인을 친족·보호단체 기타 적당한 자에게 부탁하거나 피고인의 주거를 제한하여 구속의 집행을 정지할 수 있고, 이때 급속을 요하는 경우를 제외하고는 검사의 의견을 물어야 한다.

해설 [20년 경찰2] ①(구속의 취소) 구속의 사유가 없거나 소멸된 때에는 법원은 직권 또는 검사, 피고인, 변호인과 제30조제2항에 규정한 자의 청구에 의하여 결정으로 구속을 취소하여야 한다(제93조)

② 피고인은 이 사건 범죄사실에 관하여 형사소송법 제72조에서 정한 사전 청문절차 없이 발부된 구속영장에 기하여 2018. 1. 19. 구속되었다. 그러나 제1심법원이 위 구속의 위법을 시정하기 위하여 2018. 4. 13. 구속취소결정을 하고 적법한 청문절차를 밟아 구속사유가 있음을 인정하고 같은 날 피고인에 대한 구속영장을 새로 발부하였다. 이와 같이 **적법하게 발부된 새로운 구속영장에 따라 피고인에 대한 구속이 계속되었다.** 피고인이 위 **청문절차에서부터 제1심과 원심의 소송절차에 이르기까지 변호인의 조력을 받았다**(대판 2018도19034).

③ 법원은 피고인이 다음 각 호의 어느 하나에 해당하는 경우에는 직권 또는 검사의 청구에따라 결정

으로 보석 또는 구속의 집행정지를 취소할 수 있다. 다만, 제101조 제4항에 따른 구속영장의 집행 정지는 그 회기 중 취소하지 못한다(제102조 제2항).

④ (구속의 집행정지) ①법원은 상당한 이유가 있는 때에는 결정으로 구속된 피고인을 친족·보호단체 기타 적당한 자에게 부탁하거나 피고인의 주거를 제한하여 구속의 집행을 정지할 수 있다. ②전항의 결정을 함에는 검사의 의견을 물어야 한다. 단, 급속을 요하는 경우에는 그러하지 아니하다.(제101조 제1항, 제2항)

≫≫ 정답 ③

111. 구속의 집행정지와 취소에 대한 설명으로 가장 적절하지 않은 것은? (다툼이 있는 경우 판례에 의함)

① 법원은 형사소송법 제101조 제4항에 따라 구속영장의 집행이 정지된 국회의원이 소환을 받고도 정당한 사유 없이 출석하지 아니한 때에는 그 회기 중이라도 구속 영장의 집행정지를 취소할 수 있다.

② 검사가 구속된 피의자를 석방한 때에는 지체없이 구속영장을 발부한 법원에 그 사유를 서면으로 통지하여야 한다.

③ 구속의 사유가 없거나 소멸 된 때에는 법원은 직권 또는 검사,피고인, 변호인과 형사소송법 제30조 제2항에 규정된 자의 청구에 의하여 결정으로 구속을 취소하여야 한다.

④ 법원은 상당한 이유가 있는 때에는 결정으로 구속된 피고인을 친족 보호단체 기타 적당한 자에게 부탁하거나 피고인의 주거를 제한하여 구속의 집행을 정지할 수 있고, 이때 급속을 요하는 경우를 제외하고는 검사의 의견을 물어야 한다.

해설 [21년 승진] ① 구속된 국회의원에 대한 석방요구가 있으면 **당연히 구속영장의 집행이 정지**된다. 석방요구의 통고를 받은 **검찰총장은 즉시 석방을 지휘**하고 그 사유를 **수소법원에 통지**하여야 한다.

② 검사가 구속된 피의자를 석방한 때에는 지체없이 구속영장을 발부한 **법원에 그 사유를 서면으로 통지**하여야 한다.

③ 법원은 구속의 사유가 없거나 소멸된 때에는 직권 또는 검사, 피고인, 변호인과 제30조 제2항에 규정한 자의 청구에 의하여 결정으로 구속을 취소하여야 한다(제93조).

④ 법원은 상당한 이유가 있는 때에는 결정으로 구속된 피고인을 **친족 보호단체 기타 적당한 자**에게 **부탁**하거나 피고인의 **주거를 제한**하여 구속의 집행을 정지할 수 있고, 이때 **급속을 요하는 경우**를 **제외**하고는 **검사의 의견**을 물어야 한다.

≫≫ 정답 ①

112. 압수·수색에 대한 설명으로 옳지 않은 것은? (다툼이 있으면 판례에 의함)

① 검사는 범죄수사에 필요한 때에는 피의자가 죄를 범하였다고 의심할 만한 정황이 있고 해당 사건과 관계가 있다고 인정할 수 있는 것에 한정하여 지방법원판사에게

5년기출문제

청구하여 발부받은 영장에 의하여 압수·수색을 할 수 있다.

② 공무원 또는 공무원이었던 자가 소지 또는 보관하는 물건은 본인 또는 그 해당 공무소가 직무상의 비밀에 관한 것임을 신고한 때에는 그 소속공무소 또는 당해 감독관공서의 승낙 없이는 압수하지 못하나, 소속공무소 또는 당해 감독관공서는 국가의 중대한 이익을 해하는 경우를 제외하고는 승낙을 거부하지 못한다.

③ 수사기관이 압수·수색에 착수하면서 그 장소의 관리책임자에게 영장을 제시하였다면 물건을 소지하고 있는 다른 사람으로부터 이를 압수하고자 하는 때에도 그 사람에게 따로 영장을 제시하여야 하는 것은 아니다.

④ 검사가 피의자를 적법하게 체포하는 경우 그 체포현장에서 영장없이 압수·수색을 할 수 있고, 이때 압수한 물건을 계속 압수할 필요가 있는 경우에는 늦어도 피의자를 체포한 때로부터 48시간 이내에 압수·수색영장을 청구하여야 한다.

해설 [17년 검찰] ① 검사는 범죄수사에 필요한 때에는 피의자가 죄를 범하였다고 의심할 만한 정황이 있고 해당 사건과 관계가 있다고 인정할 수 있는 것에 한정하여 지방법원판사에게 청구하여 발부받은 영장에 의하여 압수, 수색 또는 검증을 할 수 있다.(제215조 제1항)

② 1. 공무원 또는 공무원이었던 자가 소지 또는 보관하는 물건에 관하여는 본인 또는 그 해당 공무소가 직무상의 비밀에 관한 것임을 신고한 때에는 그 소속공무소 또는 당해 감독관공서의 승낙 없이는 압수하지 못한다.

2. 소속공무소 또는 당해 감독관공서는 **국가의 중대한 이익을 해하는 경우**를 제외하고는 **승낙을 거부하지 못한다.**(제111조.)

③ 압수·수색영장은 처분을 받는 자에게 반드시 제시하여야 하는바, 현장에서 압수·수색을 당하는 사람이 여러 명일 경우에는 그 사람들 모두에게 개별적으로 영장을 제시해야 하는 것이 원칙이다. 수사기관이 압수·수색에 착수하면서 그 장소의 관리책임자에게 영장을 제시하였다고 하더라도, 물건을 소지하고 있는 다른 사람으로부터 이를 압수하고자 하는 때에는 그 사람에게 따로 영장을 제시하여야 한다(대판 2009.3.12. 2008도 763).

④ (영장에 의하지 아니하는 강제처분) ①검사 또는 사법경찰관은 제200조의3에 따라 체포된 자가 소유·소지 또는 보관하는 물건에 대하여 긴급히 압수할 필요가 있는 경우에는 체포한 때부터 24시간 이내에 한하여 영장 없이 압수·수색 또는 검증을 할 수 있다.(제217조 제2항)

>> 정답 ③

113. 압수·수색에 대한 설명으로 가장 적절하지 않은 것은? (판례에 의함)

① 압수·수색영장의 집행 중에는 타인의 출입을 금지할 수 있고, 이를 위배한 자에게는 퇴거하게 하거나 집행종료 시까지 간수자를 붙일 수 있다.

② 압수·수색영장에 압수할 물건을 '압수장소에 보관중인 물건'이라고 기재한 경우, 이를 '압수장소에 현존하는 물건'이라고 해석할 수 없다.

③ 우편물 통관검사절차에서 이루어지는 우편물의 개봉, 시료채취, 성분분석 등의 검사가 압수·수색영장 없이 진행되었다 하더라도 특별한 사정이 없는 한 위법하다고 볼 수 없다.

④ 기존에 발부받은 압수·수색영장으로 이미 집행을 마쳤더라도 영장의 유효기간이 도과하지 않았다면, 남은 유효기간 내에서는 동일한 영장으로 동일한 장소 또는 목적물에 대하여 다시 압수·수색을 할 수 있다.

해설 [19년 승진] ① (집행 중의 출입금지) 압수·수색영장의 집행 중에는 타인의 출입을 금지할 수 있다. 전항의 규정에 위배한 자에게는 퇴거하게 하거나 집행종료시까지 간수자를 붙일 수 있다.(제119조)

② 헌법과 형사소송법이 구현하고자 하는 적법절차와 영장주의의 정신에 비추어 볼 때, 법관이 압수·수색영장을 발부하면서 압수할 물건을 특정하기 위하여 기재한 문언은 엄격하게 해석하여야 하고, 함부로 피압수자 등에게 불리한 내용으로 확장 또는 유추 해석하여서는 안 된다. 따라서 압수·수색영장에서 압수할 물건을 압수장소에 보관 중인 물건이라고 기재하고 있는 것을 압수장소에 현존하는 물건으로 해석할 수는 없다(대판 2008도763).

③ 수출입물품 통관검사절차에서 이루어지는 **물품의 개봉, 시료채취, 성분분석 등의 검사는 수출입물품에 대한 적정한 통관 등을 목적으로 조사**를 하는 것으로서 이를 수사기관의 강제처분이라고 할 수 없으므로, 세관공무원은 압수·수색영장 없이 이러한 검사를 진행할 수 있다. 세관공무원이 통관검사를 위하여 직무상 소지하거나 보관하는 물품을 수사기관에 임의로 제출한 경우에는 비록 소유자의 동의를 받지 않았더라도 수사기관이 강제로 점유를 취득하지 않은 이상 해당 물품을 압수하였다고 할 수 없다(대판 2017. 7. 18. 선고 2014도8719).

④ 수사기관이 압수·수색영장을 제시하고 집행에 착수하여 압수·수색을 실시하고 그 집행을 종료하였다면 이미 그 영장은 목적을 달성하여 **효력이 상실되는 것**이고, 동일한 장소 또는 목적물에 대하여 다시 압수·수색할 필요가 있는 경우라면 그 필요성을 소명하여 법원으로부터 새로운 압수·수색영장을 발부받아야 하는 것이지, 앞서 발부받은 압수·수색영장의 유효기간이 남아있다고 하여 이를 제시하고 다시 압수·수색을 할 수는 없다(대판 1999.12.1. 99 모161).

>>> 정답 ④

114. 압수·수색에 대한 설명 중 가장 적절한 것은? (다툼이 있는 경우 판례에 의함)

① 법관이 압수수색영장을 발부하면서 '압수할 물건'을 특정하기 위하여 기재한 문언의 해석에 있어서 압수·수색영장에서 압수할 물건을 '압수장소에 보관중인 물건'이라고 기재하고 있는 것을 '압수장소에 현존하는 물건'으로도 해석할 수 있다.

② 범죄의 피해자인 검사가 그 사건의 수사에 관여하거나, 압수수색영장의 집행에 참여한 검사가 다시 수사에 관여하였다는 이유만으로 바로 그 수사가 위법하다거나 그에 따른 참고인이나 피의자의 진술에 임의성이 없다고 볼 수는 없다.

③ 경찰관이 이른바 전화사기죄 범행의 혐의자를 긴급체포하면서 그가 보관하고 있던 다른 사람의 주민등록증, 운전면허증 등을 압수한 경우 이를 위 혐의자의 점유이탈물횡령죄 범행에 대한 증거로 사용할 수 없다.

④ 압수·수색영장을 제시하고 집행에 착수하여 압수·수색을 실시하고 그 집행을 종료한 후, 그 압수수색영장의 유효기간 내에 동일한 장소 또는 목적물에 대하여 다시 압수·수색할 필요가 있는 경우, 종전의 압수·수색영장을 제시하고 다시

압수·수색할 수 있다.

> **해설** [18년 승진] ① 압수·수색영장에서 압수할 물건을 "압수장소에 보관 중인 물건"이라고 기재하고 있는 것을 압수장소에 **"현존하는 물건으로 해석할 수 없다**(2008도763).
>
> ② 범죄의 피해자인 검사가 그 사건의 수사에 관여하거나, 압수·수색영장의 집행에 참여한 검사가 다시 수사에 관여하였다는 이유만으로 비로 그 수시기 위법하다거나 그에 따른 참고인이나 피의자의 진술에 임의성이 없다고 볼 수는 없다(대법원 2013. 9. 12. 선고 2011도12918)
>
> ③ 전화사기죄 범행의 혐의자를 **긴급체포하면서 그가 보관하고 있던 다른 사람의 주민등록증, 운전면허증 등을 압수**한 사안에서, 이는 적법한 압수로서 위 혐의자의 **점유이탈물횡령죄 범행에 대한 증거로 사용할 수 있다**(2008도2245).
>
> ④ 이미 집행한 압수수색영장은 유효기간이 남아 있다 하더라도 동일한 영장으로 같은 장소에서 재차 압수·수색·검증을 할 수 없다(99모161).

>> 정답 ②

115. 수사상 압수·수색·검증에 대한 설명으로 가장 적절하지 않은 것은?(판례에 의함)

① 수사기관이 피의자 등을 참여시킨 상태에서 정보저장매체에 기억된 정보 중에서 키워드 또는 확장자 검색 등을 통해 범죄 혐의사실과 관련 있는 정보를 선별한 다음 정보저장매체와 동일하게 비트열 방식으로 복제하여 생성한 이미지 파일을 제출받아 적법하게 압수하였다면, 이로써 압수의 목적물에 대한 압수·수색 절차는 종료된 것이므로, 수사기관이 수사기관 사무실에서 이와 같이 압수된 이미지 파일을 탐색·복제·출력하는 과정에서는 피의자 등에게 참여의 기회를 보장하여야 하는 것은 아니다.

② 압수·수색영장에서 압수할 물건을 '압수장소에 보관 중인 물건'이라고 기재하고 있는 것을 '압수장소에 현존하는 물건'으로 해석할 수는 없다.

③ 수사기관이 인터넷서비스 이용자인 피의자를 상대로 피의자의 컴퓨터 등 정보처리장치 내에 저장되어있는 이메일 등 전자정보를 압수·수색하는 것은 전자정보의 소유자내지 소지자를 상대로 해당 전자정보를 압수·수색하는 대물적 강제처분으로「형사소송법」의 해석상 허용된다.

④ 지방법원 판사가 한 압수·수색·검증영장 발부 여부에 관한 재판에 대하여는「형사소송법」제416조에서 규정한 준항고의 방법으로 불복할 수 있다.

> **해설** [18년 경찰3] ① 수사기관이 피의자 등을 참여시킨 상태에서 정보저장매체에 기억된 정보 중에서 키워드 또는 확장자 검색 등을 통해 범죄 혐의사실과 관련 있는 정보를 선별한 다음 정보저장매체와 동일하게 비트열 방식으로 복제하여 생성한 이미지 파일을 제출받아 적법하게 압수하였다면, 이로써 압수의 목적물에 대한 압수·수색 절차는 종료된 것이므로, 수사기관이 수사기관 사무실에서 이와 같이 압수된 이미지 파일을 탐색·복제·출력하는 과정에서는 피의자등에게 참여의 기회를 보장하여야 하는 것은 아니다(대판 2018.2.8., 2017도13263).
>
> ② 압수·수색영장에서 압수할 물건을 '압수장소에 보관중인 물건'이라고 기재하고 있는 것을 '압수장소에 현존하는 물건으로 해석할 수는 없다(대법원 2009. 3. 12. 선고 2008도763)

③ 피의자의 이메일 계정에 대한 접근권한에 갈음하여 발부받은 압수수색영장에 따라 원격지 저장매체에 적법하게 접속하여 내려 받거나 현출한 전자정보를 대상으로 하여 영장사실과 관련된 부분에 대하여 압수수색하는 것은 대물적 강제처분 행위로서 허용되며, 영장의 집행에 필요한 처분에 해당한다. 이러한 법리는 원격지 저장매체가 국외에 있는 경우에도 같다(대판 2017.11.29. 2017도9747).

④ 피의자에 대하여 지방법원 판사가 한 압수영장의 발부 여부의 재판에 대하여는 준항고 및 항고의 방법으로 불복할 수 없다(대결1997.9.29. 97모66).

>> 정답 ④

116. 압수, 수색에 대한 설명으로 가장 적절하지 않은 것은? (판례에 의함)

① 수사기관의 압수수색은 법관이 발부한 압수수색영장에 의하여야 하는 것이 원칙이고, 그 영장에는 피의자의 성명, 압수할 물건, 수색할 장소·신체·물건과 압수수색의 사유 등이 특정되어야 하며, 피의자 아닌 자의 신체 또는 물건은 압수할 물건이 있음을 인정할 수 있는 경우에 한하여 수색할 수 있다.

② 법관이 압수수색영장을 발부하면서 '압수할 물건'을 특정하기 위하여 기재한 문언은 엄격하게 해석해야 하고, 함부로 피압수자 등에게 불리한 내용으로 확장 또는 유추해석해서는 안되므로, 압수수색영장에서 압수할 물건을 '압수장소에 보관중인 물건'으로 해석할 수는 없다.

③ 피의자의 컴퓨터 내에 저장되어있는 이메일 등 전자정보를 압수수색하는 것은 전자정보의 소유자내지 소지자를 상대로 해당 전자정보를 압수수색하는 대물적 강제처분으로 형사소송법의 해석상 허용된다.

④ 영장에 수색할 장소를 특정하도록 한 취지에 비추어 보면, 수색장소에 있는 정보처리장치를 이용하여 정보통신망으로 연결된 원격지의 저장매체에서 수색장소에 있는 정보처리장치로 전자정보를 내려 받아 이를 압수하는 것은 압수수색영장에서 허용한 집행의 장소적 범위를 위법하게 확대하는 것이다.

해설 [19년 경찰2] ① (압수, 수색, 검증) 사법경찰관이 범죄수사에 필요한 때에는 피의자가 죄를 범하였다고 의심할 만한 정황이 있고 해당 사건과 관계가 있다고 인정할 수 있는 것에 한정하여 검사에게 신청하여 검사의 청구로 지방법원판사가 발부한 영장에 의하여 압수, 수색 또는 검증을 할 수 있다(제215조제2항)

② 압수·수색영장에서 압수할 물건을 '압수장소에 보관중인 물건'이라고 기재하고 있는 것을 '압수장소에 현존하는 물건으로 해석할 수는 없다(대법원 2009. 3. 12. 선고 2008도763)

③ 수사기관이 인터넷서비스이용자인 피의자를 상대로 피의자의 컴퓨터 등 정보처리장치 내에 저장되어 있는 이메일 등 전자정보를 압수·수색하는 것은 전자정보의 소유자 내지 소지자를 상대로 해당 전자정보를 압수·수색하는 대물적 강제처분으로 형사소송법의 해석상 허용된다(대법원 2017. 11. 29. 선고 2017도9747)

④ 피의자의 이메일 계정에 대한 접근권한에 갈음하여 발부받은 압수수색영장에 따라 원격지 저장매체에 적법하게 접속하여 내려 받거나 현출한 전자정보를 대상으로 하여 영장사실과 관련된 부분에

대하여 압수수색하는 것은 대물적 강제처분 행위로서 허용되며, 영장의 집행에 필요한 처분에 해당한다. 이러한 법리는 원격지 저장매체가 국외에 있는 경우에도 같다(대판 2017.11.29. 2017도9747).

>>> 정답 ④

117. 압수 · 수색에 대한 설명으로 가장 적절한 것은? (다툼이 있는 경우 판례에 의함)

① 검사나 사법경찰관은 현행범체포 현장이나 범죄장소에서 소지자 등이 임의로 제출하는 물건을 영장없이 압수할 수 있으나, 이 경우 사후에 영장을 받아야 한다.

② 범행 중 또는 범행 직후의 범죄장소에서 영장 없이 압수수색 또는 검증을 할 수 있도록 규정한 형사소송법 제216조 제3항의 요건 중 어느 하나라도 갖추지 못한 경우, 그 압수수색 또는 검증은 위법하나 사후에 법원으로부터 영장을 발부받았다면 그 위법성이 치유된다.

③ 검사가 압수수색영장의 효력이 상실되었음에도 다시 그 영장에 기하여 피의자의 주거에 대한 압수수색을 실시하여 증거물 또는 몰수할 것으로 사료되는 물건을 압수한 경우 압수 자체가 위법하게 됨은 별론으로 하더라도 몰수의 효력에는 영향을 미치지 않는다.

④ 압수수색영장은 현장에서 피압수자가 여러 명일 경우에는 그들 모두에게 개별적으로 영장을 제시해야 하나, 그 장소의 관리책임자에게 영장을 제시하였다면 압수하고자 하는 물건을 소지하고 있는 사람에게는 따로 영장을 제시할 것까지 요하지 아니한다.

> **해설** [19년 경찰2] ① 검사 또는 사법경찰관은 피의자 등이 유류한 물건이나 소유자 · 소지자 또는 보관자가 임의로 제출한 물건은 영장 없이 압수할 수 있으므로, 현행범체포 현장이나 범죄장소에서도 소지자 등이 임의로 제출하는 물건은 위 조항에 의하여 영장 없이 압수할 수 있고, 이 경우에는 검사나 사법경찰관이 **사후에 영장을 받을 필요가 없다**(대판 2016.2.18. 2015도13726).
>
> ② 형사소송법 **제216조 제3항의 요건 중 어느 하나라도 갖추지 못한 경우**에 그러한 압수 · 수색 또는 검증은 위법 하며, 이에 대하여 **사후에 법원으로부터 영장을 발부받았다고 하여 그 위법성이 치유되지 아니한다**(대판 2017.11.29. 2014도16080).
>
> ③ 이미 그 집행을 종료함으로써 효력을 상실한 압수 · 수색영장에 기하여 다시 압수 · 수색을 실시하면서 몰수대상물건을 압수한 경우, 압수 자체가 위법하게 됨은 별론으로 하더라도 그것이 위 물건의 몰수의 효력에는 영향을 미칠 수 없다(대법원 2003. 5. 30. 선고 2003도705)
>
> ④ 압수 · 수색영장은 처분을 받는 자에게 반드시 제시하여야 하는바, 현장에서 압수 · 수색을 당하는 사람이 여러 명일 경우에는 그 사람들 모두에게 개별적으로 영장을 제시해야 하는 것이 원칙이다. 수사기관이 압수 · 수색에 착수하면서 그 장소의 관리책임자에게 영장을 제시하였다고 하더라도, **물건을 소지하고 있는 다른 사람으로부터 이를 압수하고자 하는 때에는 그 사람에게 따로 영장을 제시하여야** 한다(대판 2009.3.12. 2008도763).

>>> 정답 ②

118. 아래 사례에 대한 설명 중 가장 적절하지 않은 것은? (다툼이 있으면 판례에 의함)

> 검사가 압수·수색영장을 발부받아 甲 주식회사 빌딩 내 乙의 사무실을 압수·수색하
> 였는데, 저장매체에 범죄혐의와 관련된 정보(이하 유관정보)와 범죄혐의와 무관한 정
> 보(이하 무관정보)가 혼재된 것으로 판단하여 甲회사의 동의를 받아 저장매체를 수사
> 기관 사무실로 반출한 다음 乙측의 참여하에 저장매체에 저장된 전자정보파일 전부를
> '이미징'의 방법으로 다른 저장매체로 복제(이하 제1처분)하고, 乙측의 참여 없이
> 이미징한 복제본을 외장 하드디스크에 재 복제(이하 제2처분)하였으며, 乙측의 참여
> 없이 하드디스크에서 유관정보를 탐색하는 과정에서 甲회사의 별건 범죄혐의와 관련
> 된 전자정보 등 무관정보도 함께 출력(이하 제3처분)하였다.

① 수사기관의 전자정보에 대한 압수·수색은 원칙적으로 영장 발부의 사유로 된 범
죄혐의사실과 관련된 부분만을 문서 출력물로 수집하거나 수사기관이 휴대한 저
장매체에 해당 파일을 복제하는 방식으로 이루어져야 하고, 저장매체 자체를 직
접 반출하거나 저장매체에 들어있는 전자파일 전부를 하드카피나 이미징 등 형태
(이하 복제본)로 수사기관 사무실 등 외부로 반출하는 방식으로 압수·수색하는
것은 현장의 사정이나 전자정보의 대량성으로 관련 정보 획득에 긴 시간이 소요되
거나 전문인력에 의한 기술적 조치가 필요한 경우 등 범위를 정하여 출력 또는
복제하는 방법이 불가능하거나 압수의 목적을 달성하기에 현저히 곤란하다고 인
정되는 때에 한하여 예외적으로 허용될 수 있을 뿐이다.

② 저장매체 자체 또는 적법하게 획득한 복제본을 탐색하여 혐의사실과 관련된 전자
정보를 문서로 출력 하거나 파일로 복제하는 일련의 과정 역시 전체적으로 하나의
영장에 기한 압수·수색에 해당하므로, 그러한 경우의 문서출력 또는 파일복제의
대상 역시 저장매체 소재지에서의 압수·수색과 마찬가지로 혐의사실과 관련된
부분으로 한정되어야 한다.

③ 위 사례에서 준 항고인이 전체 압수·수색 과정을 단계적·개별적으로 구분하여
각 단계의 개별 처분의 취소를 구할 경우 준 항고법원은 특별한 사정이 없는 한
구분된 개별 처분의 위법이나 취소 여부를 판단하여야 한다.

④ 위 사례에서 제1처분은 위법하다고 볼 수 없으나, 제2처분·제3처분은 제1처분
후 피 압수·수색 당사자에게 계속적인 참여권을 보장하는 등의 조치가 이루어지
지 아니한 채 유관정보는 물론 무관정보까지 재복제·출력한 것으로서 영장이 허
용한 범위를 벗어나고 적법절차를 위반한 위법한 처분이다.

해설 [17년 경찰] ① 수사기관의 전자정보에 대한 압수·수색은 원칙적으로 영장 발부의 사유로 된 범죄
혐의사실과 관련된 부분만을 문서 출력물로 수집하거나 수사기관이 휴대한 저장매체에 해당 파일
을 복제하는 방식으로 이루어져야 하고, 저장매체 자체를 직접 반출하거나 저장매체에 들어 있는
전자파일 전부를 하드카피나 이미징 등 형태(이하 '복제본'이라 한다)로 수사기관 사무실 등 외
부로 반출하는 방식으로 압수·수색하는 것은 현장의 사정이나 전자정보의 대량성으로 관련 정보
획득에 긴 시간이 소요되거나 전문 인력에 의한 기술적 조치가 필요한 경우 등 범위를 정하여 출력
또는 복제하는 방법이 불가능하거나 압수의 목적을 달성하기에 현저히 곤란하다고 인정되는 때에

한하여 예외적으로 허용될 수 있을 뿐이다(대법원 2015. 7. 16. 자 2011모1839).

② 저장매체 자체 또는 적법하게 획득한 복제본을 탐색하여 혐의사실과 관련된 전자정보를 문서로 출력하거나 파일로 복제하는 일련의 과정 역시 전체적으로 하나의 영장에 기한 압수 · 수색의 일환에 해당하므로, 그러한 경우의 문서출력 또는 파일복제의 대상 역시 저장매체 소재지에서의 압수 · 수색과 마찬가지로 혐의사실과 관련된 부분으로 한정되어야 함(대법원 2015. 7. 16. 자 2011모1839)

③ 1. 전자정보에 대한 압수 · 수색 과정에서 이루어진 현장에서의 저장매체 압수 · 이미징 · 탐색 · 복제 및 출력행위 등 수사기관의 처분은 하나의 영장에 의한 압수 · 수색 과정에서 이루어지는 것이고, 그러한 일련의 행위가 모두 진행되어 압수 · 수색이 종료된 이후에는 특정단계의 처분만을 취소하더라도 그 이후의 압수 · 수색을 저지한다는 것을 상정할 수 없고 수사기관으로 하여금 압수 · 수색의 결과물을 보유하도록 할 것인지가 문제될 뿐이다.

2. 이 경우에는 준 항고인이 **전체 압수 · 수색 과정을 단계적 · 개별적으로 구분하여 각 단계의 개별 처분의 취소를 구하더라도** 준 항고법원으로서는 특별한 사정이 없는 한 **그 구분된 개별 처분의 위법이나 취소 여부를 판단할 것이 아니라** 당해 **압수 · 수색 과정 전체를 하나의 절차로 파악하여** 그 과정에서 나타난 위법이 압수 · 수색 절차 전체를 위법하게 할 정도로 중대한지 여부에 따라 **전체적으로 그 압수 · 수색 처분을 취소할 것인지를 가려야 한다**(대판 2015.7.16. 2011모1839).

④ 제1 처분은 위법하다고 볼 수 없으나, 제2 · 3 처분은 제1 처분 후 피압수 · 수색 당사자에게 계속적인 참여권을 보장하는 등의 조치가 이루어지지 아니한 채 유관정보는 물론 무관정보까지 재복제 · 출력한 것으로서 영장이 허용한 범위를 벗어나고 적법절차를 위반한 위법한 처분이며, 제2 · 3 처분에 해당하는 전자정보의 복제 · 출력 과정은 증거물을 획득하는 행위로서 압수 · 수색의 목적에 해당하는 중요한 과정인 점 등 위법의 중대성에 비추어 위 영장에 기한 압수 · 수색이 전체적으로 취소되어야 한다(대법원 2015. 7. 16. 자 2011모1839)

>>> 정답 ③

119. 압수 · 수색에 관한 다음 설명 중 가장 옳은 것은? (다툼이 있으면 판례에 의함).

① 범죄수사에 필요한 때에는 영장에 의하여 압수를 할 수 있으므로 압수물이 증거물 내지몰수하여야 할 물건으로 보이는 것이라면 언제나 압수할 수 있다.

② 피고인들의 폐수무단 방류 혐의가 인정된다면 그들의 공장부지, 건물, 기계류 일체 및 폐수운반차량 7대에 대하여 한 검사의 압수처분은 수사상의 필요에서 행하는 압수로서 정당하다.

③ 수사기관이 피의자 甲의 공직선거법위반 범행을 영장 범죄사실로 하여 발부받은 압수 · 수색영장의 집행 과정에서 乙, 丙사이의 대화가 녹음된 녹음파일을 압수하여 乙, 丙의 공직선거법위반 혐의사실을 발견한 경우, 압수 · 수색영장에 기재된 피의자인 甲이 녹음파일에 의하여 의심되는 혐의사실과 무관하다면 압수한 녹음파일은 乙, 丙의 사건에서 증거능력을 인정할 수 없다.

④ 경찰관이 이른바 전화사기죄 범행의 혐의자를 긴급체포하면서 그가 보관하고 있던 다른 사람의 주민등록증, 운전면허증 등을 압수한 경우 이를 위 혐의자의 점유이탈물횡령죄 범행에 대한 증거로 사용 할 수는 없다.

해설 [17년 경찰2] ① '범죄수사에 필요한 때' 라함은 단지 수사를 위해 필요할 뿐만 아니라 강제처분으로서 압수를 행하지 않으면 수사의 목적을 달성할 수 없는 경우를 말하고, 그 필요성이 인정되는 경우에도 무제한적으로 허용되는 것은 아니며, **압수물이 증거물내지 몰수하여야 할 물건으로 보이는 것이라 하더라도 범죄의 형태나 경중, 압수물의 증거가치 및 중요성, 증거인멸의 우려 유무, 압수로 인하여 피압수자가 받을 불이익의 정도 등 제반 사정을 종합적으로 고려하여 판단해야 한다**(대판 2004.3.23. 2003모126).

② 검사가 피의자들의 폐수무단방류 혐의가 인정된다는 이유로 피의자들의 공장부지, 건물, 기계류 일체 및 폐수운반차량 7대에 대하여 한 압수처분은 수사상의 필요에서 행하는 압수의 본래의 취지를 넘는 것으로 상당성이 없을 뿐만 아니라 **비례성의 원칙에 위배되어 위법하다**(대판 2004.3.23. 2003모126).

③ 甲은 공천과 관련하여 공천심사위원에게 돈 봉투를 제공하였다 등'이라고 기재된 압수·수색영장에 의하여 검찰청 수사관이 乙의 주거지에서 그의 휴대전화를 압수하고 그 휴대전화에서 추출한 전자정보를 분석하던 중 피고인 乙, 丙 사이의 대화가 녹음된 녹음파일을 통하여 피고인들에 대한 공직선거법위반의 혐의점을 발견하고 수사를 개시하였으나, **피고인들로부터 녹음파일을 임의로 제출받거나 새로운 압수·수색영장을 발부받지 아니한 경우, 그 녹음파일**은 압수·수색영장에 의하여 **압수할 수 있는 물건 내지 전자정보로 볼 수 없으므로** 피고인들의 공소사실에 대해서는 **증거능력이 부정된다**(대판 2014.1.16. 2013도7101).

④ 경찰관이 이른바 전화사기죄 범행의 혐의자를 긴급체포하면서 그가 보관하고 있던 다른 사람의 주민등록증, 운전면허증 등을 압수한 경우, 이는 구 형사소송법 제217조 제1항에서 규정한 해당 범죄사실의 수사에 필요한 범위 내의 압수로서 적법하므로 이를 위 혐의자의 점유이탈물횡령죄 범행에 대한 증거로 사용할 수 있다(대판 2008.7.10. 2008도2245).

▶▶ 정답 ③

120. 압수·수색에 관한 설명 중 가장 적절한 것은? (다툼이 있으면 판례에 의함).

① 압수·수색영장에 압수할 물건을 압수장소에 보관중인 물건이라고 기재되어 있는 경우에는 압수장소에 현존하는 물건도 포함되는 것으로 해석된다.

② 압수·수색장소의 관리책임자에게 영장을 제시한 경우에 그 장소에 있는 다른 사람으로부터 물건을 압수하더라도 별도로 영장을 제시할 필요는 없다.

③ 압수·수색영장 집행 당시 피처분자가 현장에 없거나 그를 발견할 수 없는 경우 등 영장제시가 현실적으로 불가능하여 영장을 제시하지 아니한 채 압수·수색을 한 경우 위법하다고 볼 수 있다.

④ 압수·수색을 실시하고 그 집행을 종료한 후, 그 압수·수색영장이 아직 유효기간 내에 있고 동일 한 장소 또는 목적물에 대하여 다시 압수·수색할 필요가 있는 경우라도 그 영장으로 다시 압수·수색할 수 없다.

해설 [17년 경찰2] ① 압수·수색영장에서 압수할 물건을 '압수장소에 보관 중인 물건' 이라고 기재하고 있는 것을 '압수장소에 현존하는 물건' 으로 해석할 수 없다(대판 2009.3.12. 2008도763).

② 압수·수색영장은 처분을 받는 자에게 반드시 제시하여야 하는바, 현장에서 압수·수색을 당하는 사람이 여러 명일 경우 에는 그 사람들 모두에게 개별적으로 영장을 제시해야 하는 것이 원칙이고, 수사기관이 압수·수색에 착수하면서 그 장소의 관리책임자에게 영장을 제시하였다고 하더라도 물

건을 소지하고 있는 다른 사람으로부터 이를 압수하고자 하는 때에는 그 사람에게 따로 영장을 제 시하여야 한다(대판 2009.3.12. 2008도763).

③ 형사소송법 제219조가 준용하는 제118조는 '압수. 수색영장은 처분을 받는 자에게 반드시 제시하 여야 한다고 규정하고 있으나, 이는 영장제시가 현실적으로 가능한 상황을 전제로 한 규정으로 보아 야 하고, 피처분자가 현장에 없거나 현장에서 그를 발견할 수 없는 경우 등 **영장제시가 현실적으로 불가능한 경우에는 영장을 제시하지 아니한 채 압수 · 수색을 하더라도 위법하다고 볼 수 없다**(대판 2015.1.22. 2014도10978).

④ 수사기관이 압수 · 수색영장을 제시하고 집행에 착수하여 압수 · 수색을 실시하고 그 집행을 종료하 였다면 이미 그 영장은 목적을 달성하여 효력이 상실되는 것이고, 동일한 장소 또는 목적물에 대하 여 다시 압수 · 수색할 필요가 있는 경우라면 그 필요성을 소명하여 법원으로부터 새로운 압수 · 수 색영장을 발부 받아야 하는 것이지, 앞서 발부 받은 압수 · 수색영장의 유효기간이 남아있다고 하여 이를 제시하고 다시 압수 · 수색을 할 수는 없다.(대판 1999.12.1. 99모161)

≫≫ 정답 ④

121. 압수 · 수색에 관한 설명 중 가장 적절하지 않은 것은? (판례에 의함)

① 검사가 공소제기 후 형사소송법 제215조에 따라 수소법원 이외의 지방법원판사 에게 청구하여 발부받은 영장에 의하여 압수 · 수색을 하였다면, 그와 같이 수집 된 증거는 기본적 인권보장을 위해 마련된 적법한 절차에 따르지 않은 것으로서 원칙적으로 유죄의 증거로 삼을 수 없다.

② 수사기관이 압수 · 수색에 착수하면서 그 장소의 관리책임자에게 영장을 제시하 였더라도, 물건을 소지하고 있는 다른 사람으로부터 이를 압수하고자 하는 때에 는 그 사람에게 따로 영장을 제시하여야 한다.

③ 법관의 서명날인란에 서명만 있고 날인이 없는 압수 · 수색영장이라 하더라도 야 간집행을 허가하는 판사의 수기와 날인, 영장 앞면과 별지사이에 판사의 간인이 있어 법관의 진정한 의사에 따라 발부되었다는 점이 외관상 분명한 경우라면 그 영장은 적법하게 발부된 것으로 볼 수 있다.

④ 검사, 사법경찰관은 피의자 기타인의 유류한 물건이나 소유자, 소지자 또는 보관 자가 임의로 제출한 물건을 영장없이 압수할 수 있다.

해설 [20년 승진] ① 검사가 공소제기 후 형사소송법 제215조에 따라 수소법원 이외의 지방법원 판사에 게 청구하여 발부받은 영장에 의하여 압수 · 수색을 하였다면, 그와 같이 수집된 증거는 기본적 인 권 보장을 위해 마련된 적법한 절차에 따르지 않은 것으로서 원칙적으로 유죄의 증거로 삼을 수 없다(대법원 2011. 4. 28. 선고 2009도10412)

② 압수 · 수색영장을 집행하는 수사기관은 피압수자로 하여금 법관이 발부한 영장에 의한 압수 · 수색 이라는 사실을 확인함과 동시에 형사소송법이 압수 · 수색영장에 필요적으로 기재하도록 정한 사항 이나 그와 일체를 이루는 사항을 충분히 알 수 있도록 압수 · 수색영장을 제시하여야 한다(대법원 2017. 9. 21. 선고 2015도12400)

③ 법관의 서명날인란에 서명만 있고 날인이 없으므로 형사소송법이 정한 요건을 갖추지 못하여 적법하 게 발부되었다고 볼 수 없어 영장이 법관의 진정한 의사에 따라 발부되었다는 등의 이유만으로 영

장이 유효라고 판단 한 것은 잘못이다. 그러나 위와 같은 결함은 피고인의 기본적 인권보장 등 법익 침해 방지와 관련성이 적으므로 절차 조항 위반의 내용과 정도가 중대하지 않고 절차 조항이 보호하고자 하는 권리나 법익을 본질적으로 침해하였다고 볼 수 없다(대판 2019.7.11. 2018도20504).

④ (영장에 의하지 아니한 압수) 검사, 사법경찰관은 피의자 기타인의 유류한 물건이나 소유자, 소지자 또는 보관자가 임의로 제출한 물건을 영장없이 압수할 수 있다.(제218조)

>> 정답 ③

122. 압수 · 수색에 대한 설명으로 가장 적절하지 않은 것은? (판례에 의함)

① 압수 · 수색영장에 기재한 혐의사실과 범죄와의 객관적 관련성은 압수 · 수색영장에 기재된 혐의사실의 내용과 수사의 대상, 수사 경위 등을 종합하여 구체적 · 개별적 연관관계가 있는 경우에는 인정되지만, 혐의사실과 단순히 동종 또는 유사 범행이라는 사유만으로 관련성이 있다고 할 것은 아니다.

② 압수 · 수색영장 대상자와 피의자 사이에 요구되는 인적 관련성은 압수 · 수색영장에 기재된 대상자의 공동정범이나 교사범 등 공범이나 간접정범은 물론 필요적 공범 등에 대한 피고사건에 대해서도 인정될 수 있다.

③ 피압수자에게 영장의 표지인 첫 페이지와 피압수자의 혐의사실 부분만을 보여주고 나머지 부분을 확인하지 못하게 한 것은 압수 · 수색영장의 필요적 기재사항이나 그와 일체를 이루는 사항을 충분히 알 수 있도록 제시한 것이라 할 수 없다.

④ 수사기관이 압수 · 수색에 착수하면서 그 장소의 관리책임자에게 영장을 제시하였다면, 물건을 소지하고 있는 다른 사람으로부터 이를 압수하고자 하는 때에는 그 사람에게 따로 영장을 제시할 필요는 없다.

해설 [19년 경찰1] ①② 압수 · 수색영장의 범죄 혐의사실과 관계있는 범죄라는 것은 압수 · 수색영장에 기재한 혐의사실과 객관적 관련성이 있고 압수 · 수색영장 대상자와 피의자 사이에 인적 관련성이 있는 범죄를 의미한다. 그중 혐의사실과의 객관적 관련성은 압수 · 수색영장에 기재된 혐의사실 자체 또는 그와 기본적 사실관계가 동일한 범행과 직접 관련되어 있는 경우는 물론 범행 동기와 경위, 범행 수단과 방법, 범행 시간과 장소 등을 증명하기 위한 간접증거나 정황증거 등으로 사용될 수 있는 경우에도 인정될 수 있다. 그 **관련성**은 압수 · 수색영장에 기재된 혐의사실의 내용과 수사의 대상, 수사 경위 등을 **종합하여 구체적 · 개별적 연관관계가 있는 경우에만 인정되고**, 혐의사실과 **단순히 동종 또는 유사 범행이라는 사유만으로 관련성이 있다고 할 것은 아니다**. 그리고 피의자와 사이의 인적 관련성은 압수 · 수색영장에 기재된 **대상자의 공동정범이나 교사범 등 공범이나 간접정범은 물론 필요적 공범** 등에 대한 피고사건에 대해서도 **인정될 수 있다**(대법원 2017. 12. 5. 선고 2017도13458).

③ 사법경찰관이 이 사건 영장의 피압수자인 공소외 1에게 이 사건 영장을 제시하면서 표지에 해당하는 첫 페이지와 공소외 1의 혐의사실이 기재된 부분만을 보여 주고, 이 사건 영장의 내용 중 압수 · 수색 · 검증할 물건, 압수 · 수색 · 검증할 장소, 압수 · 수색 · 검증을 필요로 하는 사유, 압수 대상 및 방법의 제한 등 필요적 기재 사항 및 그와 일체를 이루는 부분을 확인하지 못하게 한 것은 이 사건 영장을 집행할 때 피압수자인 공소외 1이 그 내용을 충분히 알 수 있도록 제시한 것으로 보기 어렵다(대법원 2017. 9. 21. 선고 2015도12400)

④ 압수 · 수색영장은 처분을 받는 자에게 반드시 제시하여야 하는바, 현장에서 압수 · 수색을 당하는

사람이 여러 명일 경우에는 그 사람들 모두에게 개별적으로 영장을 제시해야 하는 것이 원칙이다. 수사기관이 압수·수색에 착수하면서 그 장소의 관리책임자에게 영장을 제시하였다고 하더라도, 물건을 소지하고 있는 다른 사람으로 부터 이를 압수하고자 하는 때에는 그 사람에게 따로 영장을 제시하여야 한다(대판 2009.3.12. 2008도763).

>> 정답 ④

123. 압수와 수색에 대한 설명으로 옳지 않은 것은? (다툼이 있는 경우 판례에 의함)

① 압수의 대상은 압수·수색영장의 범죄사실 자체와 직접적으로 연관된 물건에 한정되지 않으므로, 압수수색영장의 범죄사실과 기본적 사실관계가 동일한 범행 또는 동종·유사의 범행과 관련된다고 의심할 만한 상당한 이유가 있는 범위 내에서는 압수를 실시 할 수 있다.

② 압수수색영장의 집행에 있어서 여관, 음식점 기타 야간에 공중이 출입할 수 있는 장소는 공개한 시간 내에 한하여 야간집행의 제한을 받지 않는다.

③ 전자정보에 대한 압수수색이 종료되기 전에 혐의사실과 관련된 전자정보를 적법하게 탐색하는 과정에서 별도의 범죄혐의와 관련된 전자정보를 우연히 발견한 경우라면, 수사기관은 더 이상의 추가 탐색을 중단하고 법원에서 별도의 범죄혐의에 대한 압수수색영장을 발부받은 경우에 한하여 그 정보에 대하여 적법하게 압수수색을 할 수 있다.

④ 검사 또는 사법경찰관은 현행범 체포현장이나 범죄장소에서 소지자 등이 임의로 제출하는 물건을 영장 없이 압수할 수 있다. 다만, 이 경우에 검사나 사법경찰관은 사후에 영장을 받아야 한다.

해설 [20년 검찰9] ① 압수의 대상을 압수수색영장의 범죄사실 자체와 직접적으로 연관된 물건에 한정할 것은 아니고, 압수수색영장의 **범죄사실과 기본적 사실관계가 동일한 범행 또는 동종·유사의 범행과 관련된다고 의심할 만한 상당한 이유가** 있는 범위 내에서는 **압수를 실시할 수 있다**(대법원 2009. 7. 23. 선고 2009도2649)

② (야간집행제한의 예외) 다음 장소에서 압수·수색영장을 집행함에는 전조의 제한을 받지 아니한다.

1. 도박 기타 풍속을 해하는 행위에 상용된다고 인정하는 장소

2. 여관, 음식점 기타 야간에 공중이 출입할 수 있는 장소. 단, 공개한 시간 내에 한한다.(제126조 제2호)

③ 전자정보에 대한 압수·수색이 종료되기 전에 혐의사실과 관련된 전자정보를 적법하게 탐색하는 과정에서 별도의 범죄혐의와 관련된 전자정보를 우연히 발견한 경우, 피압수·수색 당사자에게 참여권을 보장하고 압수한 전자정보 목록을 교부하는 등 피압수자의 이익을 보호하기 위한 적절한 조치가 이루어져야 한다(대판 2015. 7. 16. 2011모1839)

④ 형사소송법 제218조에 의하면 검사 또는 사법경찰관은 피의자 등이 **유류한 물건**이나 소유자·소지자 또는 보관자가 **임의로 제출한 물건**은 영장 없이 압수할 수 있으므로, 현행범 체포현장이나 범죄장소에서도 소지자 등이 임의로 제출하는 물건은 영장 없이 압수할 수 있고, **사후에 영장을 받을 필요가 없다**(대판 2016. 2. 18. 2015도13726).

>> 정답 ④

124. 압수 · 수색에 관한 설명 중 옳지 않은 것은 모두 몇 개인가? (판례에 의함)

> 가. 압수 · 수색영장은 피압수자로 하여금 법관이 발부한 영장에 의한 압수 · 수색이라는 사실을 확인함과 동시에 압수 · 수색 영장에 필요적으로 기재하도록 정한 사항이나 그와 일체를 이루는 사항을 충분히 알 수 있도록 제시하여야 한다.
>
> 나. 수사기관이 압수 · 수색에 착수하면서 그 장소의 관리책임자에게 영장을 제시하였더라도, 물건을 소지하고 있는 다른 사람으로부터 이를 압수하고자 하는 때에는 그 사람에게 따로 영장을 제시하여야 한다.
>
> 다. 검사가 영장을 집행하면서 영장 기재 압수 · 수색의 장소에서 압수할 전자정보를 용이하게 하드카피 · 이미지 또는 문서로 출력할 수 있음에도 저장매체 자체를 반출하여 가지고 간 경우, 직무집행지의 관할 법원에 수사기관의 압수처분에 대하여 취소 또는 변경을 청구할 수 있다.
>
> 라. 사건 관련 차량으로부터 채취된 강판과 페인트를 피의자가 아닌 차량의 보관자가 임의제출 하였는데 이를 감정하기 위해서 압수한 것은 영장주의 위배가 아니다.
>
> 마. 수사기관이 금융회사가 발행하는 매출전표의 거래명의자에 관한 정보를 수사 목적으로 금융회사에 요구하는 경우 법관이 발부한 영장에 의하지 않아도 된다.

① 1개   ② 2개
③ 3개   ④ 4개

해설 [20년 경간] 가. 압수 · 수색영장을 집행하는 수사기관은 피압수자로 하여금 법관이 발부한 영장에 의한 압수 · 수색이라는 사실을 확인함과 동시에 형사소송법이 압수 · 수색영장에 필요적으로 기재하도록 정한 사항이나 그와 일체를 이루는 사항을 충분히 알 수 있도록 압수 · 수색영장을 제시하여야 한다.(대법원 2017. 9. 21. 선고 2015도12400)

나. 수사기관이 압수 · 수색에 착수하면서 그 장소의 관리책임자에게 영장을 제시하였더라도, 물건을 소지하고 있는 다른 사람으로부터 이를 압수하고자 하는 때에는 그 사람에게 따로 영장을 제시하여야 한다(대법원 2017. 9. 21. 선고 2015도12400).

다. 전자정보를 용이하게 하드카피 · 이미지 또는 문서로 출력할 수 있음에도 저장매체 자체를 반출하여 가지고 간 경우 이는 위법하므로 제417조에 의하여 법원에 수사기관의 압수처분에 대하여 취소 또는 변경을 청구할 수 있다.

라. 형사소송법 제218조에 의하면 검사 또는 사법경찰관은 피의자 등이 **유류한 물건**이나 소유자 · 소지자 또는 **보관자가 임의로 제출한 물건**은 영장 없이 압수할 수 있으므로, 현행범 체포현장이나 범죄 장소에서도 소지자 등이 임의로 제출하는 물건은 영장 없이 압수할 수 있고, **사후에 영장을 받을 필요가 없다**(대판 2016. 2. 18. 2015도13726).

마.(×)수사기관이 범죄의 수사를 목적으로 '거래정보 등'을 획득하기 위해서는 법관의 영장이 필요하다고 할 것이고, 신용카드에 의하여 물품을 거래할 때 '금융회사 등'이 발행하는 매출전표의 거래명의자에 관한 정보 또한 금융실명법에서 정하는 '거래정보 등'에 해당한다고 할 것이므로, **수사기관이 금융회사 등에 그와 같은 정보를 요구하는 경우에도 법관이 발부한 영장에 의하여야 한다**(대판 2013.3.28. 2012도13607).

≫≫ 정답 ①

125. 압수 · 수색에 대한 설명으로 가장 적절하지 않은 것은? (판례에 의함)

① 압수 · 수색영장의 유효기간 내에서 동일한 영장으로 동일한 장소에서 수회 압수수색하는 것은 허용된다.

② 압수 · 수색영장의 집행 중에는 타인의 출입을 금지할 수 있고, 이를 위배한 자에게는 퇴거하게 하거나 집행종료시까지 간수자를 붙일 수 있다.

③ 압수 · 수색영장의 제시가 현실적으로 불가능한 경우, 영장을 제시하지 아니한 채 압수 수색을 하더라도 위법하다고 볼 수 없다.

④ 압수 · 수색영장의 집행은 주간에 하는 것이 원칙이고, 야간에 집행하기 위해서는 압수 · 수색영장에 야간집행을 할 수 있다는 기재가 있어야 하나, 도박 기타 풍속을 해하는 행위에 상용된다고 인정하는 장소에서 압수 · 수색영장을 집행함에는 그러한 제한을 받지 아니한다.

> **해설** [21년 승진] ① 압수 · 수색과 영장주의 : 별건압수나 별건수색은 허용되지 않으며, 동일한 영장으로 수회 같은 장소에서 압수 · 수색 · 검증을 할 수는 없다. 또한 영장에 기재된 사실과 별개의 사실에 대하여 영장을 유용하거나 압수 · 수색의 대상을 예비적으로 기재하는 것은 허용되지 않는다.
>
> ② 압수 · 수색영장의 집행 중에는 타인의 출입을 금지할 수 있고, 이에 위배한 자에게는 퇴거하게 하거나 집행 종료시까지 간수자를 붙일 수 있다(제119조, 제219조).
>
> ③ 압수 · 수색영장의 제시가 현실적으로 불가능한 경우, 영장을 제시하지 아니한 채 압수 · 수색을 하더라도 위법하다고 볼 수 없다.
>
> ④ 압수 · 수색영장의 집행은 주간에 하는 것이 원칙이고, 야간에 집행하기 위해서는 압수 · 수색영장에 야간집행을 할 수 있다는 기재가 있어야 하나, 도박 기타 풍속을 해하는 행위에 상용된다고 인정하는 장소나 여관, 음식점 기타 야간에 공중이 출입할 수 있는 장소에 대하여는 이러한 제한을 받지 않으나 단, 공개된 시간 내에 한 한다.

>> **정답** ①

126. 형사절차에 대한 설명으로 옳지 않은 것은? (다툼이 있는 경우 판례에 의함)

① 체포 · 구속적부심사에 대한 법원의 기각결정에 대하여는 항고하지 못하지만, 보증금 납입조건부석방결정에 대하여는 항고할 수 있다.

② 법원은 피고인이 도망하거나 죄증을 인멸할 염려가 있다고 믿을 만한 충분한 이유가 있는 때에는 직권으로 보석을 취소할 수 있으며, 이러한 보석취소결정에 대하여는 항고할 수 있다.

③ 수사기관이 법원으로부터 영장 또는 감정처분허가장을 발부받지 아니한 채 피의자의 동의 없이 피의자의 신체로부터 혈액을 채취하고 사후에도 지체없이 영장을 발부받지 아니한 채 혈액 중 알코올농도에 관한 감정을 의뢰하였더라도, 이러한 과정을 거쳐 얻은 감정의뢰회보 등은 피고인이나 변호인의 동의가 있다면 유죄의 증거로 사용할 수 있다.

④ 압수·수색의 방법으로 소변을 채취하는 경우 압수대상물인 피의자의 소변을 확보하기 위한 수사기관의 노력에도 불구하고, 피의자가 소변 채취에 적합한 인근 병원 등으로 이동하는 것에 저항하는 등 임의동행을 기대할 수 없는 사정이 있는 때에는, 수사기관으로서는 소변 채취에 적합한 장소로 피의자를 데려가기 위해서 필요 최소한의 유형력을 행사하는 것이 허용된다.

해설 [21년 9급]① 보석결정과 성질 및 내용이 유사한 기소 전 보증금 납입 조건부 석방결정에 대하여도 항고할 수 있도록 하는 것이 균형에 맞는 측면도 있다 할 것이므로, 같은 법 제214조의2 제4항의 석방결정에 대하여는 피의자나 검사가 그 취소의 실익이 있는 한 같은 법 제402조에 의하여 **항고할 수 있다.**(대법원 1997. 8. 27. 자 97모21)

② 고등법원이 한 보석취소결정에 대하여는 집행정지의 효력을 인정할 수 없다. 그 이유는 제1심 법원이 한 **보석취소결정에 대하여 불복이 있으면 보통항고**를 할 수 있고 (형사소송법 제102조 제2항, 제402조, 제403조 제2항), 보통항고에는 재판의 **집행을 정지하는 효력이 없다**(형사소송법 제409조). 이는 결정과 동시에 집행력을 인정함으로써 석방되었던 피고인의 신병을 신속히 확보하려는 것으로, 당해 보석취소결정이 제1심 절차에서 이루어졌는지 항소심 절차에서 이루어졌는지 여부에 따라 그 취지가 달라진다고 볼 수 없다.(대법원 2020. 10. 29. 자 2020모633)

③ 수사기관이 법원으로부터 영장 또는 감정처분허가장을 발부받지 아니한 채 피의자의 동의 없이 피의자의 신체로부터 혈액을 채취하고 사후에도 지체 없이 영장을 발부받지 아니한 채 그 혈액 중 알코올농도에 관한 감정을 의뢰하였다면, 이러한 과정을 거쳐 얻은 감정의뢰회보 등은 형사소송법상 영장주의 원칙을 위반하여 수집하거나 그에 기초하여 획득한 증거로서, 원칙적으로 그 절차위반 행위가 적법절차의 실질적인 내용을 침해하여 피고인이나 변호인의 동의가 있더라도 유죄의 증거로 사용할 수 없다고 할 것이다(대법원 2012. 11. 15. 선고 2011도15258)

④ 압수·수색의 방법으로 소변을 채취하는 경우 압수대상물인 피의자의 소변을 확보하기 위한 수사기관의 노력에도 불구하고, 피의자가 인근 병원 응급실 등 소변 채취에 적합한 장소로 이동하는 것에 동의하지 않거나 저항하는 등 임의동행을 기대할 수 없는 사정이 있는 때에는 수사기관으로서는 소변 채취에 적합한 장소로 피의자를 데려가기 위해서 **필요최소한의 유형력을 행사하는 것이 허용**된다(대법원 2018. 7. 12. 선고 2018도6219)

>>> 정답 ③

127. 압수·수색에 대한 설명으로 가장 적절하지 않은 것은?(판례에 의함)

① 설령 피압수자가 수사기관에 압수·수색영장의 집행에 참여하지 않는다는 의사를 명시하였다고 하더라도, 특별한사정이 없는 한 그 변호인에게는 미리 집행의 일시와 장소를 통지하는 등으로 압수·수색영장의 집행에 참여할 기회를 별도로 보장하여야 한다.

② 압수·수색영장을 집행하는 수사기관은 원칙적으로 피압수자로 하여금 법관이 발부한 영장에 의한 압수·수색이라는 사실을 확인함과 동시에 「형사소송법」이 압수·수색영장에 필요적으로 기재하도록 정한 사항이나 그와 일체를 이루는 사항을 충분히 알 수 있도록 압수·수색영장을 제시하여야 한다.

③ 저장매체에 대한 압수·수색 과정에서 압수의 목적을 달성하기에 현저히 곤란한

예외적인 사정이 인정되어 전자정보가 담긴 저장매체 등을 수사기관 사무실 등으로 옮겨 복제·탐색·출력하는 경우에도 피압수자나 변호인에게 참여 기회를 보장하여야 하는데, 이는 수사기관이 저장매체 등에서 혐의사실과 관련된 전자정보만을 복제·출력하는 경우에도 마찬가지이다.

④ 검사나 사법경찰관에게는 현행범 체포현장에서 소지자 등이 임의로 제출하는 물건을 「형사소송법」 제218조에 의하여 영장없이 압수하는 것이 허용되는데, 이후 검사나 사법경찰관이 압수한 물건을 계속 압수할 필요가 있는 경우에는 지체없이 영장을 청구하여야 한다.

> **해설** [21년 경찰1차] ① 변호인의 참여권은 피압수자의 보호를 위하여 변호인에게 주어진 고유권이다. 따라서 설령 **피압수자가 수사기관에 압수·수색영장의 집행에 참여하지 않는다는 의사를 명시하였다고 하더라도, 특별한 사정이 없는 한 그 변호인에게는** 형사소송법 제219조, 제122조에 따라 미리 **집행의 일시와 장소를 통지**하는 등으로 압수·수색영장의 집행에 **참여할 기회를 별도로 보장하여야 한다**(대법원 2020. 11. 26. 선고 2020도10729).
>
> ② 압수·수색영장을 집행하는 수사기관은 피압수자로 하여금 법관이 **발부한 영장에 의한 압수·수색이라는 사실을 확인함과 동시에** 형사소송법이 **압수·수색영장에 필요적으로 기재하도록 정한 사항이나 그와 일체를 이루는 사항을 충분히 알 수 있도록** 압수·수색영장을 제시하여야 한다(대법원 2017. 9. 21. 선고 2015도12400)
>
> ③ 저장매체에 대한 압수·수색 과정에서 범위를 정하여 출력 또는 복제하는 방법이 불가능하거나 압수의 목적을 달성하기에 현저히 곤란한 예외적인 사정이 인정되어 전자정보가 담긴 저장매체 또는 하드카피나 이미징 등 형태(이하 '복제본'이라 한다)를 수사기관 사무실 등으로 옮겨 복제·탐색·출력하는 경우에도, 그와 같은 일련의 과정에서 형사소송법 제219조, 제121조에서 규정하는 피압수·수색 당사자(이하 '피압수자'라 한다)나 변호인에게 참여의 기회를 보장하고 혐의사실과 무관한 전자정보의 임의적인 복제 등을 막기 위한 적절한 조치를 취하는 등 영장주의 원칙과 적법절차를 준수하여야 한다(대법원 2015. 7. 16. 자 2011모1839)
>
> ④ 검사나 사법경찰관에게는 현행범 체포현장에서 소지자 등이 **임의로 제출하는 물건을** 「형사소송법」 제218조에 의하여 영장없이 압수하는 것이 허용되고, 이 경우 검사나 사법경찰관은 별도로 **사후에 영장을 받을 필요가 없다**(대판 2019. 11. 14. 선고 2019도13290)

⟫⟫ 정답 ④

128. 전자정보의 압수 수색에 대한 설명으로 가장 적절한 것은?(다툼이 있는 경우 판례에 의함)

① 전자정보에 대한 압수 수색이 종료되기 전에 혐의사실과 관련된 전자정보를 적법하게 탐색하는 과정에서 별도의 범죄혐의와 관련된 전자정보를 우연히 발견한 경우라면 따로 압수·수색영장을 발부받지 않고 그 전자정보를 적법하게 압수 수색할 수 있다.

② 전자정보가 담긴 저장매체를 수사기관 사무실 등으로 옮겨 복제 탐색 출력하는 경우에는 변호인의 참여기회를 보장할 필요는 없다.

③ 전자정보에 대한 압수·수색영장을 집행할 때에는 원칙적으로 영장발부의 사유

인 혐의사실과 관련된 부분만을 문서 출력물로 수집하거나 수사기관이 휴대한 저장매체에 해당 파일을 복사하는 방법으로 이루어져야 한다.

④ 압수·수색영장에 저장매체 자체를 직접 또는 하드카피나 이미징 등 형태로 수사기관 사무실 등 외부로 반출하여 해당파일을 압수·수색 할 수 있도록 기재되어 있지 않더라도, 수사기관이 전자정보의 복사 또는 출력이 불가능하거나 현저히 곤란한 부득이한 사정이 있을 때에는 압수목적물인 저장매체 자체를 수사관서로 반출할 수 있다.

해설 [21년 승진] ① 전자정보에 대한 압수·수색이 종료되기 전에 혐의사실과 관련된 전자정보를 적법하게 탐색하는 과정에서 별도의 범죄혐의와 관련된 전자정보를 우연히 발견한 경우라면, 수사기관은 더 이상의 추가 탐색을 중단하고 법원에서 별도의 범죄혐의에 대한 압수·수색영장을 발부받은 경우에 한하여 그러한 정보에 대하여도 적법하게 압수·수색을 할 수 있다(2015.7.16. 2011모1839).

② 저장매체 자체를 수사기관 사무실 등으로 옮긴 후 영장에 기재된 범죄혐의 관련 전자정보를 탐색하여 해당 전자정보를 문서로 출력하거나 파일을 복사하는 과정 역시 전체적으로 압수·수색영장 집행에 포함된다고 보아야 하므로 참여기회를 보장하여야 한다. ○ 그러나 정보저장매체와 동일하게 비트열 방식으로 복제하여 생성한 파일을 제출받아 압수하였다면 이로써 압수의 목적물에 대한 압수·수색 절차는 종료된 것이므로, 수사기관이 수사기관 사무실에서 위와 같이 압수된 이미지 파일을 탐색·복제·출력하는 과정에서도 피의자 등에게 참여의 기회를 보장하여야 하는 것은 아니다.(대판 2018.2.8., 2017도13263).

③ 전자정보에 대한 압수·수색영장의 집행에 있어서는 원칙적으로 영장 발부의 사유로 된 혐의사실과 관련된 부분만을 문서 출력물로 수집하거나 수사기관이 휴대한 저장매체에 해당 파일을 복사하는 방식으로 이루어져야 한다(대판 2011.5.26. 자 2009모1190).

④ 집행현장의 사정상 위와 같은 방식에 의한 집행이 불가능하거나 현저히 곤란한 부득이한 사정이 있더라도 그와 같은 경우에 그 저장매체 자체를 직접 또는 하드카피나 이미징 등 형태로 수사기관 사무실 등 외부로 반출하여 해당 파일을 압수·수색할 수 있도록 영장에 기재되어 있고 실제 그와 같은 사정이 발생한 때에 한하여 예외적으로 허용될 수 있을 뿐이다(대판 2011.5.26. 자 2009모1190).

≫ 정답 ③

129. 전자정보의 압수수색에 관한 설명 중 가장 적절한 것은? (판례에 의함)

① 수사기관이 키워드 또는 확장자검색 등을 통해 범죄 혐의사실과 관련 있는 정보를 선별한 다음 정보저장매체와 동일하게 비트열 방식으로 복제하여 생성한 파일을 제출받아 압수하였다면 아직 압수의 목적물에 대한 압수·수색 절차는 종료된 것이 아니므로, 수사관서에서 압수된 이미지 파일을 탐색·복제·출력하는 과정에 피의자 등에게 참여 기회를 보장하여야 한다.

② 저장매체 자체를 직접 또는 하드카피나 이미징 등 형태로 수사기관 사무실 등 외부로 반출하여 해당 파일을 압수·수색할 수 있도록 영장에 기재되어 있지 않더라도 집행현장의 사정상 선별적 방식에 의한 집행이 불가능하거나 현저히 곤란한 부득이한 사정이 있는 때에는 저장매체 자체를 수사관서로 반출 할 수 있다.

③ 압수물 목록은 피압수자 등이 압수처분에 대한 준항고를 하는 등 권리행사절차를 밟는 가장 기초적인 자료가 되므로 압수된 정보의 상세목록에는 정보의 파일 명세가 특정되어 있어야 하고 수사기관은 이를 서면으로 교부하여야 하며, 전자파일 형태로 복사해 주거나 이메일을 전송하는 등의 방식으로는 교부 할 수 없다.

④ 증거로 제출된 전자문서 파일의 원본 동일성은 증거능력의 요건에 해당하므로 검사가 그 존재에 대하여 구체적으로 주장·증명해야 한다.

> **해설** [20년 승진] ① 수사기관 이 정보저장 매체에 기억된 정보 중에서 키워드 또는 확장자 검색 등을 통해 범죄 혐의 사실과 관련 있는 정보를 선별한 다음 정보저장매체와 동일하게 비트열 방식으로 복제하여 생성한 파일을 **제출받아 압수**하였다면 이로써 압수의 **목적물에 대한 압수·수색 절차는 종료**된 것이므로 수사기관 이 수사기 관 사무실에서 위와 같이 압수된 이미지 파일을 탐색·복제·출력하는 과정에서도 **피의자 등에게 참여의 기회를 보장하여야 하는 것은 아니다**(대판 2018.2.8. 2017도13263).
>
> ② 전자정보에 대한 압수·수색영장의 집행에 있어서는 원칙적으로 영장 발부의 사유로 된 혐의사실과 관련된 부분만을 문서 출력물로 수집하거나 수사기관이 휴대한 저장매체에 해당 파일을 복사하는 방식으로 이루어 져야 하고, 집행현장의 사정상 위와 같은 방식에 의한 집행이 불가능하거나 현저히 곤란한 부득이한 사정 이 존재하더라도 그와 같은 경우에 그 저장매체 자체를 직접 혹은 하드카피나 이미징 등 형태로 수사기관 사무실 등 외부로 반출하여 해당 파일을 **압수·수색할 수 있도록 영장에 기재**되어 있고 **실제 그와 같은 사정이 발생**한 때에 한하여 예외적으로 허용될 수 있을 뿐이다(대판 2014.2.27. 2013도12155).
>
> ③ 압수된 정보의 상세목록에는 정보의 파일 명세가 특정되어 있어야 하고 수사기관은 이를 출력한 서면을 교부하거나 **전자파일 형태로 복사**해 주거나 **이메일을 전송**하는 등의 방식으로도 **할 수 있다**(대판 2018.2.8. 2017도13263).
>
> ④ 전자문서 파일의 사본이나 출력물의 생성과 전달 및 보관 등의 절차에 관여한 사람의 증언이나 진술, 원본이나 사본 파일 생성 직후의 해시(Hash)값 비교, 전자문서 파일에 대한 검증·감정 결과 등 제반 사정을 종합하여 판단할 수 있다. 이러한 원본 동일성은 증거능력의 요건에 해당하므로 검사가 그 존재에 대하여 구체적으로 주장·증명해야 한다.(대법원 2018. 2. 8. 선고 2017도13263)

>> 정답 ④

130. 전자정보의 압수·수색 및 증거능력에 대한 설명 중 가장 적절하지 않은 것은? (판례에 의함)

① 전자정보에 대한 압수수색영장을 집행할 때에는 원칙적으로 영장발부의 사유인 혐의사실과 관련된 부분만을 문서 출력물로 수집하거나 수사기관이 휴대한 저장매체에 해당 파일을 복사하는 방법으로 이루어져야 한다.

② 압수수색영장에 저장매체 자체를 직접 또는 하드카피나 이미징 등 형태로 수사기관 사무실 등 외부로 반출하여 해당 파일을 압수·수색할 수 있도록 기재되어 있지 않더라도, 수사기관이 전자정보의 복사 또는 출력이 불가능하거나 현저히 곤란한 부득이한 사정이 있을 때에는 압수목적물인 저장매체자체를 수사관서로 반출할 수 있다.

③ 검사가 영장을 집행하면서 영장기재 압수·수색의 장소에서 압수할 전자정보를 용이하게 하드카피·이미징 또는 문서로 출력할 수 있음에도 저장매체 자체를 반출하여 가지고 간 경우, 이에 대하여 불복이 있으면 그 직무집행지의 관할법원 또는 검사의 소속검찰청에 대응한 법원에 그 처분의 취소 또는 변경을 청구할 수 있다.

④ 피고인 또는 피고인 아닌 사람이 컴퓨터용 디스크 그 밖에 이와 비슷한 정보저장매체에 입력하여 기억된 문자정보 또는 그 출력물을 증거로 사용하는 경우, 그 내용의 진실성에 관하여는 전문법칙이 적용되고, 원칙적으로 「형사소송법」 제313조 제1항에 의하여 작성자 또는 진술자의 진술에 의하여 성립의 진정함이 증명된 때에 한하여 이를 증거로 사용할 수 있다.

해설 [18년 승진] ① 전자정보에 대한 압수·수색영장의 집행에 있어서는 원칙적으로 영장 발부의 사유로 된 혐의사실과 관련된 부분만을 문서 출력물로 수집하거나 수사기관이 휴대한 저장매체에 해당 파일을 복사하는 방식으로 이루어져야 한다(대판 2011.5.26. 자 2009모1190).

② 집행현장 사정상 위와 같은 방식에 의한 집행이 불가능하거나 현저히 곤란한 부득이한 사정이 존재하더라도 저장매체 자체를 직접 혹은 하드카피나 이미징 등 형태로 수사기관 사무실 등 외부로 반출하여 해당 파일을 압수·수색할 수 있도록 영장에 기재되어 있고 실제 그와 같은 사정이 발생한 때에 한하여 위 방법이 예외적으로 허용될 수 있을 뿐이다(대판 2013도 12155).

③ 검사 또는 사법경찰관의 구금, 압수 또는 압수물의 환부에 관한 처분과 제243조의2에 따른 변호인의 참여 등에 관한 처분에 대하여 불복이 있으면 그 직무집행지의 관할법원 또는 검사의 소속검찰청에 대응한 법원에 그 처분의 취소 또는 변경을 청구할 수 있다(제417조).

④ 피고인 또는 피고인 아닌 사람이 컴퓨터용디스크 그 밖에 이와 비슷한 정보저장매체에 입력하여 기억된 문자정보 또는 그 출력물을 증거로 사용하는 경우, 이는 실질에 있어서 피고인 또는 피고인 아닌 사람이 작성한 진술서나 그 진술을 기재한 서류와 크게 다를 바 없고, 압수 후의 보관 및 출력 과정에 조작의 가능성이 있으며, 기본적으로 반대신문의 기회가 보장되지 않는 점 등에 비추어 그 내용의 진실성에 관하여는 전문법칙이 적용되고, 따라서 원칙적으로 형사소송법 제313조 제1항에 의하여 작성자 또는 진술자의 진술에 의하여 성립의 진정함이 증명된 때에 한하여 이를 증거로 사용할 수 있다. 다만 정보저장매체에 기억된 문자정보의 내용의 진실성이 아닌 그와 같은 내용의 문자정보의 존재 자체가 직접 증거로 되는 경우에는 전문법칙이 적용되지 아니한다.(대법원 2013. 2. 15. 선고 2010도3504)

>> 정답 ②

131. 전자정보의 압수·수색에 대한 설명으로 가장 적절하지 않은 것은? (다툼이 있는 경우 판례에 의함)

① 피의자의 이메일 계정에 대한 접근권한에 갈음하여 발부받은 압수·수색영장의 효력은 대한민국의 사법관할권이 미치지 아니하는 해외 이메일 서비스제공자의 해외 서버 및 그 해외 서버에 소재하는 저장매체 속 피의자의 전자정보에 대하여까지 미치지는 않는다.

② 피의자의 이메일 계정에 대한 접근권한에 갈음하여 발부받은 압수·수색영장에 따라 국내 원격지의 저장매체에 적법하게 접속하여 내려받거나 현출된 전자정보를 대

상으로 하여 범죄 혐의사실과 관련된 부분에 대하여 압수·수색하는 것은 「형사소송법」 제120조 제1항에서 정한 압수·수색영장의 집행에 필요한 처분에 해당한다.

③ 수사기관이 정보저장매체에 기억된 정보 중에서 키워드 또는 확장자 검색 등을 통해 범죄혐의사실과 관련 있는 정보를 선별한 다음 정보저장매체와 동일하게 비트열 방식으로 복제하여 생성한 이미지 파일을 제출받아 압수하였다면, 이후 압수된 이미지 파일을 탐색·복제·출력하는 과정에서 피의자 등에게 참여의 기회를 보장하여야 하는 것은 아니다.

④ 전자정보에 대한 압수·수색이 종료되기 전에 혐의사실과 관련된 전자정보를 적법하게 탐색하는 과정에서 별도의 범죄혐의와 관련된 전자정보를 우연히 발견한 경우라면, 수사기관은 더 이상의 추가 탐색을 중단하고 법원에서 별도의 범죄혐의에 대한 압수·수색영장을 발부받은 경우에 한하여 그러한 정보에 대하여도 적법하게 압수·수색을 할 수 있다.

해설 [19년 경찰1] ① 피의자의 이메일 계정에 대한 접근권한에 갈음하여 발부받은 압수수색영장에 따라 원격지 저장매체에 적법하게 접속하여 내려 받거나 현출한 전자정보를 대상으로 하여 영장사실과 관련된 부분에 대하여 압수수색하는 것은 대물적 강제처분 행위로서 허용되며, 영장의 집행에 필요한 처분에 해당한다. 이러한 법리는 원격지 저장매체가 국외에 있는 경우에도 같다(대판 2017.11.29. 2017도9747).

② 압수·수색영장의 집행을 원활하고 적정하게 행하기 위하여 필요한 최소한도의 범위 내에서 이루어지며 그 수단과 목적에 비추어 사회통념상 타당하다고 인정되는 대물적 강제처분 행위로서 허용되며, 형사소송법 제120조 제1항에서 정한 압수·수색영장의 집행에 필요한 처분에 해당한다. 그리고 이러한 법리는 원격지의 저장매체가 국외에 있는 경우라 하더라도 그 사정만으로 달리 볼 것은 아니다.(대법원 2017. 11. 29. 선고 2017도9747)

③ 수사기관 이 정보저장 매체에 기억된 정보 중에서 키워드 또는 확장자 검색 등을 통해 범죄 혐의 사실과 관련 있는 정보를 선별한 다음 정보저장매체와 동일하게 비트열 방식으로 복제하여 생성한 파일을 제출받아 압수하였다면 이로써 압수의 목적물에 대한 압수·수색 절차는 종료된 것이므로 수사기관 이 수사기관 사무실에서 위와 같이 압수된 이미지 파일을 탐색 ·복제 · 출력하는 과정에서도 피의자 등에게 참여의 기회를 보장하여야 하는 것은 아니다(대판 2018.2.8. 2017도13263).

④ 전자정보에 대한 압수·수색이 종료되기 전에 혐의사실과 관련된 전자정보를 적법하게 탐색하는 과정에서 별도의 범죄혐의와 관련된 전자정보를 우연히 발견한 경우라면, 수사기관은 더 이상의 추가 탐색을 중단하고 법원에서 별도의 범죄혐의에 대한 압수·수색영장을 발부받은 경우에 한하여 그러한 정보에 대하여도 적법하게 압수·수색을 할 수 있다(2015.7.16. 2011모1839).

≫ 정답 ①

132. 정보저장매체기록의 증거능력에 대한 설명으로 옳은 것은? (판례에 의함)

① 수사기관이 압수물목록을 작성하는 경우 압수된 정보의 상세목록에는 정보의 파일 명세를 특정하여야 하고, 이를 출력한 서면을 피의자 등에게 교부하여야 하되 전자파일 형태로 복사해 주는 방식으로 교부하는 것은 허용되지 않는다.

② 수사기관이 압수현장에서 정보저장매체에 기억된 정보 중에서 범죄 혐의사실과

관련 있는 정보를 선별한 다음 이를 복제하여 생성한 이미지 파일을 제출받아 압수한 경우, 수사기관이 수사기관 사무실에서 압수된 파일을 탐색·복제·출력하는 과정에서 피의자 등에게 참여의 기회를 보장하여야 한다.

③ 압수된 디지털 저장매체로부터 출력된 문건이 진술증거로 사용되는 경우에는「형사소송법」제313조 제1항에 의하여 공판준비나 공판기일에서의 그 작성자 또는 진술자의 진술에 의하여 그 성립의 진정함이 증명된 때에 한하여 이를 증거로 사용할 수 있다.

④ 컴퓨터디스켓에 들어있는 기재내용을 증거로 사용하는 경우 컴퓨터디스켓 자체를 물증으로 취급하여야 하므로 그 기재내용의 진실성에 관하여는 전문법칙이 적용되지 않는다.

> **해설** [18년 7급] ① 압수된 정보의 상세목록에는 정보의 파일 명세가 특정되어 있어야 하고, 수사기관은 이를 출력한 **서면을 교부하거나 전자파일 형태로 복사해 주거나 이메일을 전송**하는 등의 방식으로도 할 수 있다(대판 2018.2.8. 2017도13263).
>
> ② 수사기관이 정보저장매체에 기억된 정보 중에서 키워드 또는 확장자 검색 등을 통해 범죄 혐의사실과 관련 있는 정보를 선별한 다음 정보저장매체와 동일하게 비트열 방식으로 복제하여 생성한 파일(이하 '이미지 파일'이라 한다)을 **제출받아 압수**하였다면 이로써 압수의 목적물에 대한 압수·수색 절차는 종료된 것이므로 수사기관이 수사기관 사무실에서 위와 같이 압수된 이미지 파일을 탐색·복제·출력하는 과정에서도 피의자 등에게 참여의 기회를 보장하여야 하는 것은 아니다(대판 2018.2.8. 2017도13263).
>
> ③, ④ 컴퓨터디스켓에 담긴 문건이 증거로 사용되는 경우 그 기재 내용의 진실성에 관하여는 **전문법칙이 적용된다** 할 것이고 따라서 피고인 또는 피고인 아닌 자가 작성하거나 또는 그 진술을 기재한 문건의 경우, 원칙적으로 형사소송법 제313조 제1항 본문에 의하여 **그 작성자 또는 진술자의 진술에 의하여 그 성립의 진정함이 인정된 때**에 이를 증거로 사용할 수 있다(대판 20013. 23. 2000도486).

>>> 정답 ③

133. 압수·수색에 대한 설명으로 옳지 않은 것만을 모두고르면? (다툼이 있는 경우 판례에 의함)

> ㄱ. 수사기관이 정보저장매체에 기억된 정보 중에서 범죄 혐의사실과 관련 있는 정보를 선별한 다음, 선별한 파일을 복제하여 생성한 파일을 제출받아 적법하게 압수하였다면 수사기관 사무실에서 위와 같이 압수된 이미지 파일을 탐색·복제·출력하는 과정에서 피의자등에게 참여의 기회를 보장하여야 하는 것은 아니다.
>
> ㄴ. 영장담당판사가 발부한 압수·수색영장에 법관의 서명이 있다면 비록 날인이 없다고 하더라도 그 압수·수색영장은 형사소송법 이 정한 요건을 갖추지 못하였다고 볼 수는 없다.
>
> ㄷ. 압수·수색영장의 피처분자가 현장에 없거나 현장에서 그를 발견할 수 없는 등 영장 제시가 현실적으로 불가능한 경우에도 영장을 제시하지 아니한 채 압수·수색을 하

면 위법하다.

ㄹ. 수사기관이 압수·수색영장을 집행하면서 압수·수색 대상 기관에 팩스로 영장사본을 송신하기만 하였을 뿐 영장 원본을 제시하거나 압수조서와 압수물 목록을 작성하여 피압수·수색 당사자에게 교부하지도 않았다면 그 압수·수색은 위법하다.

① ㄱ, ㄴ   ② ㄱ, ㄹ   ③ ㄴ, ㄷ   ④ ㄷ, ㄹ

해설 [21년 9급] ㄱ. 수사기관이 정보저장매체에 기억된 정보 중에서 키워드 또는 확장자 검색 등을 통해 범죄 혐의사실과 관련 있는 **정보를 선별한 다음** 정보저장매체와 동일하게 비트열 방식으로 복제하여 생성한 파일(이하 '이미지 파일'이라 한다)을 **제출받아** 압수하였다면 이로써 압수의 목적물에 대한 압수·수색 절차는 종료된 것이므로, 수사기관이 **수사기관 사무실에서 위와 같이 압수된 이미지 파일을 탐색·복제·출력하는 과정**에서도 피의자 등에게 **참여의 기회를 보장하여야 하는 것은 아니다**(대법원 2018. 2. 8. 선고 2017도13263)

ㄴ.(×)압수·수색영장에는 피의자의 성명, 죄명, 압수할 물건, 수색할 장소, 신체, 물건, 발부 연월일, 유효기간과 그 기간을 경과하면 집행에 착수하지 못하며 영장을 반환하여야 한다는 취지, 그 밖에 대법원규칙으로 정한 사항을 기재하고 영장을 발부하는 법관이 서명날인하여야 한다(형사소송법 제219조, 제114조 제1항 본문). 이 사건 영장은 법관의 서명날인란에 서명만 있고 날인이 없으므로, 형사소송법이 정한 요건을 갖추지 못하여 적법하게 발부되었다고 볼 수 없다(대법원 2019. 7. 11. 선고 2018도20504)

ㄷ.(×) 형사소송법 제219조가 준용하는 제118조는 "압수·수색영장은 처분을 받는 자에게 반드시 제시하여야 한다."고 규정하고 있으나, 이는 영장제시가 현실적으로 가능한 상황을 전제로 한 규정으로 보아야 하고, 피처분자가 현장에 없거나 현장에서 그를 발견할 수 없는 경우 등 영장제시가 **현실적으로 불가능한 경우**에는 영장을 **제시하지 아니한 채 압수·수색을 하더라도 위법하다고 볼 수 없다**(대법원 2015. 1. 22. 선고 2014도10978)

ㄹ. 수사기관이 갑 주식회사에서 압수수색영장을 집행하면서 갑 회사에 **팩스로 영장 사본을 송신하기만 하고** 영장 원본을 제시하거나 압수조서와 압수물 목록을 작성하여 피압수·수색 당사자에게 교부하지도 않은 채 피고인의 이메일을 압수한 후 이를 증거로 제출한 사안에서, 위와 같은 방법으로 압수된 **이메일은 증거능력이 없다**(대법원 2017. 9. 7. 선고 2015도10648)

≫≫ 정답 ③

134. 전자정보 압수 수색에 대한 설명으로 옳은 것은 몇 개인가? (다툼이 있는 경우 판례에 의함)

㉠ 전자정보에 대한 압수수색영장을 집행 할 때에는 원칙적으로 영장 발부의 사유인 혐의사실과 관련된 부분만을 문서 출력물로 수집하거나 수사기관이 휴대한 저장매체에 해당 파일을 복사하는 방식으로 이루어져야 하고, 집행현장 사정상 위와 같은 방식에 의한 집행이 불가능하거나 현저히 곤란한 부득이한 사정이 존재하더라도 저장매체 자체를 직접 혹은 하드카피나 이미징 등 형태로 수사기관 사무실 등 외부로 반출하여 해당 파일을 압수수색 할 수 있도록 영장에 기재되어 있고 실제 그와 같은 사정이 발생한 때에 한하여 위 방법이 예외적으로 허용될 수 있을 뿐이다.

㉡ 수사기관 사무실 등으로 반출된 저장매체 또는 복제본에서 혐의사실 관련성에 대한 구분 없이 임의로 저장된 전자정보를 문서로 출력하거나 파일로 복제하는 행위는 원칙적으로 영장주의 원칙에 반하는 위법한 압수가 된다.

© 수사기관이 피의자 甲의 공직선거법 위반 범행을 영장 범죄사실로 하여 발부받은 압수수색영장의 집행 과정에서 乙, 丙 사이의 대화가 녹음된 녹음파일을 압수하여 乙, 丙의 공직선거법위반 혐의사실을 발견한 사안에서, 별도의 압수수색 영장을 발부받지 않고 압수한 위 녹음파일은 위법수집증거로서 증거능력이 없다.

② 수사기관이 정보저장매체에 기억된 정보 중에서 키워드 또는 확장자 검색 등을 통해 범죄혐의사실과 관련 있는 정보를 선별한 다음 정보저장매체와 동일하게 비트열 방식으로 복제하여 생성한 파일(이미지 파일)을 제출받아 압수하였다면 이로써 압수의 목적물에 대한 압수수색 절차는 종료된 것이므로, 수사기관이 수사기관 사무실에서 위와 같이 압수된 이미지 파일을 탐색 복제 출력하는 과정에서도 피의자 등에게 참여의 기회를 보장하여야 하는 것은 아니다.

① 1개   ② 2개   ③ 3개   ④ 4개

해설 [20년 경찰1] ㉠ 수사기관이 휴대한 저장매체에 해당 파일을 복사하는 방식으로 이루어져야 하고, 집행현장의 사정상 위와 같은 방식에 의한 집행이 불가능하거나 현저히 곤란한 부득이한 사정이 있더라도 그와 같은 경우에 그 저장매체 자체를 직접 또는 하드카피나 이미징 등 형태로 수사기관 사무실 등 외부로 반출하여 해당 파일을 압수·수색할 수 있도록 영장에 기재되어 있고 실제 그와 같은 사정이 발생한 때에 한하여 예외적으로 허용될 수 있을 뿐이다(대판 2013도12155).

㉡ 전자정보에 대한 압수·수색영장의 집행에 있어서는 원칙적으로 영장 발부의 사유로 된 혐의사실과 관련된 부분만을 문서 출력물로 수집하거나 수사기관이 휴대한 저장매체에 해당 파일을 복사하는 방식으로 이루어져야 한다(대판 2011.5.26. 자 2009모1190).

㉢ 전자정보에 대한 압수·수색이 종료되기 전에 혐의사실과 관련된 전자정보를 적법하게 탐색하는 과정에서 별도의 범죄혐의와 관련된 전자정보를 우연히 발견한 경우라면, 수사기관은 더 이상의 추가 탐색을 중단하고 법원에서 별도의 범죄혐의에 대한 압수·수색영장을 발부받은 경우에 한하여 그러한 정보에 대하여도 적법하게 압수·수색을 할 수 있다(2015.7.16. 2011모1839).

㉣ 수사기관이 피의자 등을 참여시킨 상태에서 정보저장매체에 기억된 정보 중에서 키워드 또는 확장자 검색 등을 통해 범죄 혐의사실과 관련 있는 정보를 선별한 다음 정보저장매체와 동일하게 비트열 방식으로 복제하여 생성한 이미지 파일을 제출받아 적법하게 압수하였다면, 이로써 압수의 목적물에 대한 압수·수색 절차는 종료된 것이므로, 수사기관이 수사기관 사무실에서 이와 같이 압수된 이미지 파일을 탐색·복제·출력하는 과정에서는 피의자등에게 참여의 기회를 보장하여야 하는 것은 아니다(대판 2018.2.8., 2017도13263). 모두 옳다.

▶▶ 정답 ④

135. 다음 설명 중 옳은 것만을 모두 고르면? (다툼이 있는 경우 판례에 의함)

ㄱ. 수사기관이, 정보저장매체에 기억된 정보 중에서 키워드 또는 확장자 검색 등을 통해 범죄 혐의사실과 관련 있는 정보를 선별한 다음, 정보저장매체와 동일하게 비트열 방식으로 복제하여 생성한 파일을 제출받아 압수한 경우, 수사기관이 수사기관 사무실에서 위와 같이 압수된 이미지 파일을 탐색·복제·출력하는 과정에서도 피의자 등에게 참여의 기회를 보장하여야 하는 것은 아니다.

ㄴ. 수사기관이 범죄 증거를 수집할 목적으로 피의자의 동의 없이 피의자의 소변을 채취

하는 경우, 법원으로부터 감정허가장 또는 감정유치장을 받아야 하고, 압수·수색의 방법으로는 할 수 없다.

ㄷ. 「통신비밀보호법」상 '전기통신의 감청'은 전기통신이 이루어지고 있는 상황에서 실시간으로 전기통신의 내용을 지득·채록하는 경우, 통신의 송수신을 직접적으로 방해하는 경우, 이미 수신이 완료된 전기통신에 관하여 남아있는 기록이나 내용을 열어보는 경우 등을 의미한다.

ㄹ. 피고인이 아닌 자가 수사과정에서 진술서를 작성하였지만 수사기관이 그에 대한 조사과정을 기록하지 아니하여 「형사소송법」 제244조의4 제3항 및 제1항에서 정한 절차를 위반한 경우, 특별한 사정이 없는 한 '적법한 절차와 방식'에 따라 수사과정에서 진술서가 작성되었다 할 수 없으므로 증거능력을 인정할 수 없다.

① ㄱ, ㄴ ② ㄱ, ㄹ
③ ㄴ, ㄷ ④ ㄷ, ㄹ

해설 [19년 검찰7] ㄱ. 수사기관이 컴퓨터나 USB 등 **저장매체 자체를 압수하여 수사기관 사무실로 가지고 온 것이 아니라,** 압수 대상자의 USB에서 범죄혐의와 관련된 파일들만 수사기관의 USB에 복제하여 이를 수사기관 사무실로 가져온 경우이므로 압수·수색이 종료된 것으로 수사기관에서 그 USB안에 들어있는 파일을 탐색, 복제 등을 하는 때 피의자 등에게 **참여권을 보장해 줄 필요가 없다** (.대판 2018. 2. 8. 201 7도 13263)

ㄴ. (×)수사기관이 범죄 증거를 수집할 목적으로 피의자의 동의 없이 피의자의 소변을 채취하는 것은 법원으로부터 감정허가장을 받아 형사소송법 제221조의4 제1항, 제173조 제1항에서 정한 '감정에 필요한 처분으로 할 수 있지만(피의자를 병원 등에 유치할 필요가 있는 경우에는 형사소송법 제221조의3에 따라 법원으로부터 감정유치장을 받아야 한다), 형사소송법 제 219조, 제106조 제1항, 제109조에 따른 **압수·수색의 방법으로도 할 수 있고,** 이러한 압수·수색의 경우에도 수사기관은 원칙적으로 형사소송법 제215조에 따라 판사로부터 압수·수색영장을 적법하게 발부받아 집행해야 한다(대판 2018.7.12. 2018도6219).

ㄷ. (×)전기통신의 '감청'은 전기통신이 이루어지고 있는 상황에서 실시간으로 그 전기통신의 내용을 지득, 채록하는 경우와 통신의 송·수신을 직접적으로 방해하는 경우를 의미하는 것이지 이미 **수신이 완료된 전기통신에 관하여** 남아 있는 기록이나 내용을 열어보는 등의 행위는 **포함하지 않는다(**대판 2016.10.13. 2016도8137).

ㄹ. 피고인이 아닌 자가 수사과정에서 진술서를 작성하였지만 수사기관이 그에 대한 **조사과정을 기록하지 아니하여** 형사소송법 제244조의4 제3항, 제1항에서 정한 절차를 위반한 경우에는, 특별한 사정이 없는 한 '적법한 절차와 방식'에 따라 수사과정에서 진술서가 작성되었다 할 수 없으므로 **증거능력을 인정할 수 없다(**대법원 2015. 4. 23. 선고 2013도3790).

≫≫ 정답 ②

136. 압수물의 처리에 대한 설명으로 가장 적절하지 않은 것은? (판례에 의함)

① 세관이 시계행상이 소지하고 있던 외국산시계를 관세장물의 혐의가 있다고 하여 압수하였던 것을 검사가 그것이 관세포탈품인지를 확인할 수 없어 그 사건을 기소중지처분 하였다면 위 압수물은 국고에 귀속시킬 수 없다.

② '증거에 공할 압수물'에는 증거물로서의 성격을 가진 압수물은 포함되나 몰수할 것으로 사료되는 물건으로서의 성격을 가진 압수물은 포함되지 않는다.

③ 위험발생의 염려가 있는 압수물은 폐기할 수 있다.

④ 피해품인 압수물은 피고인에 대한 범죄의 증명이 없게 된 경우에는 압수물의 존재만으로 그 유죄의 증거가 될 수 없다.

> **해설** [18년 승진] ① 언제, 누구에 의하여 관세포탈된 물건인지 알 수 없어 **검사가 사건을 기소중지처분**하였다면, 압수를 **더 이상 계속할 필요가 없어 환부**해야 한다(88모55, 91모10 등).
>
> ② 형사소송법 제133조 제1항 후단이, 제2항의 증거에만 공할 목적으로 압수할 물건과는 따로, 증거에 공할 압수물에 대하여 법원의 재량에 의하여 가환부할 수 있도록 규정한 것을 보면, 증거에 공할 압수물에는 증거물로서의 성격과 몰수할 것으로 사료되는 물건으로서의 성격을 가진 압수물이 포함되어 있다고 해석함이 상당하다(대판 1998. 4.16.자 97모25 결정).
>
> ③ (압수물의 보관과 폐기)위험발생의 염려가 있는 압수물은 폐기할 수 있다.(제130조 제2항)
>
> ④ 압수물(피해품)은 피고인에 대한 범죄의 증명이 없게 된 경우에는 압수물의 존재만으로 그 유죄의 증거가 될 수 없다(83도3067).

>> 정답 ②

137. 압수물의 처리에 대한 설명으로 가장 적절하지 않은 것은?(다툼이 있는 경우 판례에 의함)

① 검사는 증거에 사용할 압수물에 대하여 가환부의 청구가 있는 경우 거부할 수 있는 특별한 사정이 없는 한 이에 응하여야 한다.

② 외국산 물품을 관세장물의 혐의가 있다고 보아 압수하였다 하더라도 그것이 언제, 누구에 의하여 관세포탈 된 물건인지 알 수 없어 기소중지 처분을 한 경우에는 그 압수물은 관세장물이라고 단정할 수 없으므로 이를 국고에 귀속시킬 수 없으나, 압수는 계속할 필요가 있다.

③ 압수를 계속할 필요가 없다고 인정되는 압수물은 피고사건 종결 전이라도 결정으로 환부하여야 하고, 증거에 공할 압수물은 소유자, 소지자, 보관자 또는 제출인의 청구에 의하여 가환부할 수 있다.

④ 법령상 생산·제조가 금지된 압수물로서 부패의 염려가 있거나 보관하기 어려운 압수물도 소유자등 권한 있는 자의 동의를 받아 폐기할 수 있다.

> **해설** [20년 경찰2] ① 검사는 사본을 확보한 경우 등 압수를 계속할 필요가 없다고 인정되는 압수물 및 증거에 사용할 압수물에 대하여 공소제기 전이라도 소유자, 소지자, 보관자 또는 제출인의 청구가 있는 때에는 환부 또는 가환부하여야 한다'고 규정하고 있다. 따라서 검사는 증거에 사용할 압수물에 대하여 가환부의 청구가 있는 경우 가환부를 거부할 수 있는 특별한 사정이 없는 한 가환부에 응하여야 한다(대결 2017. 9. 29. 자 2017모236).
>
> ② 압수물의 환부는 환부를 받는 자에게 환부된 물건에 대한 소유권 기타 실체법상의 권리를 부여하거나 그러한 권리를 확정하는 것이 아니라 단지 압수를 해제하여 압수 이전의 상태로 환원시키는 것

뿐으로서, 이는 실체법상의 권리와 관계없이 압수 당시의 소지인에 대하여 행하는 것이므로, 실체법인 민법(사법)상 권리의 유무나 변동이 압수물의 환부를 받을 자의 절차법인 형사소송법(공법)상 지위에 어떠한 영향을 미친다고는 할 수 없다(대판 1996.8.16. 자 94모51).

③ 압수를 계속할 필요가 없다고 인정되는 압수물은 피고사건 종결 전이라도 결정으로 환부하여야 하고 증거에 공할 압수물은 소유자, 소지자, 보관자 또는 제출인의 청구에 의하여 가환부할 수 있다. (제133조 제1항)

④ (압수물의 보관과 폐기)법령상 생산 · 제조 · 소지 · 소유 또는 유통이 금지된 압수물로서 부패의 염려가 있거나 보관하기 어려운 압수물은 소유자 등 권한 있는 자의 동의를 받아 폐기할 수 있다.(제130조 제3항)

▶▶ 정답 ②

138. 압수물의 처리에 관한 설명 중 가장 적절하지 않은 것은?

① 몰수하여야 할 압수물로서 멸실 · 파손 · 부패 또는 보관하기 어려운 압수물은 소유자 등 권한 있는 자의 동의를 받아 폐기하여야 한다.

② 운반 또는 보관에 불편한 압수물에 관하여는 간수자를 두거나 소유자 또는 적당한 자의 승낙을 얻어 보관하게 할 수 있다.

③ 압수한 장물은 피해자에게 환부할 이유가 명백한 때에는 피고사건의 종결 전이라도 결정으로 피해자에게 환부할 수 있다.

④ 압수를 계속할 필요가 없다고 인정되는 압수물은 피고사건 종결 전이라도 결정으로 환부하여야 하고 증거에 공할 압수물은 소유자, 소지자, 보관자 또는 제출인의 청구에 의하여 가환부할 수 있다.

해설 [17년 경찰2] ① 몰수하여야 할 압수물로서 **멸실 · 파손 · 부패 또는 현저한 가치 감소의 염려가 있거나 보관하기 어려운 압수물은 매각하여 대가를 보관할 수 있다**(제131조 제1항, 제219조).

② (압수물의 보관과 폐기) ①운반 또는 보관에 불편한 압수물에 관하여는 간수자를 두거나 소유자 또는 적당한 자의 승낙을 얻어 보관하게 할 수 있다.(제130조 제1항)

③ (압수장물의 피해자환부) 압수한 장물은 피해자에게 환부할 이유가 명백한 때에는 피고사건의 종결 전이라도 결정으로 피해자에게 환부할 수 있다.(제134조)

④ (압수물의 환부, 가환부) 압수를 계속할 필요가 없다고 인정되는 압수물은 피고사건 종결 전이라도 결정으로 환부하여야 하고 증거에 공할 압수물은 소유자, 소지자, 보관자 또는 제출인의 청구에 의하여 가환부할 수 있다.(제133조 제1항)

▶▶ 정답 ①

139. 압수물의 처리에 관한 설명 중 가장 옳지 않은 것은? (판례에 의함)

① 압수한 장물은 피해자에게 환부 할 이유가 명백한 때에는 피고사건의 종결 전이

라도 결정으로 피해자에게 환부 할 수 있다.

② 형사소송법의 압수장물의 환부에 관한 규정은 이해관계인이 민사소송절차에 의하여 그 권리를 주장함에 영향을 미치지 아니한다.

③ 사법경찰관은 압수물을 환부 또는 가환부하려면 검사의 지휘를 받아야 한다.

④ 법령상 생산 · 제조 · 소지 · 소유 또는 유통이 금지된 압수물로서 부패의 염려가 있거나 보관하기 어려운 압수물은 소유자 등 권한 있는 자의 동의를 받아 폐기하여야 한다.

> **해설** [20년 경간] ① (압수장물의 피해자환부) 압수한 장물은 피해자에게 환부할 이유가 명백한 때에는 피고사건의 종결 전이라도 결정으로 피해자에게 환부할 수 있다.(제134조)
>
> ② (압수장물의 환부) ①압수한 장물로서 피해자에게 환부할 이유가 명백한 것은 판결로써 피해자에게 환부하는 선고를 하여야 한다. ④전3항의 규정은 이해관계인이 민사소송절차에 의하여 그 권리를 주장함에 영향을 미치지 아니한다. (제333조 제4항)
>
> ③ 검사 또는 사법경찰관의 본장의 규정에 의한 압수, 수색 또는 검증에 준용한다. 단, 사법경찰관이 제130조, 제132조 및 제134조에 따른 처분을 함에는 검사의 지휘를 받아야 한다(제219조)
>
> ④ 법령상 생산 · 제조 · 소지 · 소유 또는 유통이 금지된 압수물로서 부패의 염려가 있거나 보관하기 어려운 압수물은 소유자 등 권한 있는 자의 동의를 받아 **폐기 할 수 있다**(제130조 제3항, 제219조).

>> **정답 ④**

140. 압수물의 환부 및 가환부에 대한 설명으로 가장 적절하지 않은 것은?(판례에 의함)

① 가환부한 장물에 대하여 별단의 선고가 없는 때에는 환부의 선고가 있는 것으로 간주한다.

② 증거에만 공할 목적으로 압수할 물건으로서 그 소유자 또는 소지자가 계속 사용하여야 할 물건은 사진촬영 기타 원형보존의 조치를 취하고 신속히 가환부하여야 한다.

③ 수사기관의 압수물의 환부에 관한 처분의 취소를 구하는 준항고는 소송 계속 중 준항고로써 달성하고자 하는 목적이 이미 이루어졌거나 시일의 경과 또는 그 밖의 사정으로 인하여 그 이익이 상실된 경우에는 부적법하게 된다.

④ 검사는 사본을 확보한 경우 등 압수를 계속할 필요가 없다고 인정되는 압수물 및 증거에 사용할 압수물에 대하여 공소제기 전이라도 소유자, 소지자, 보관자 또는 제출인의 청구가 있는 때에는 환부 또는 가환부할 수 있다.

> **해설** [19년 승진]① 가환부한 장물에 대하여 별단의 선고가 없는 때에는 환부의 선고가 있는 것으로 간주한다. (제333조 제3항)
>
> ② 증거에만 공할 목적으로 압수한 물건으로서 그 소유자 또는 소지자가 계속 사용하여야 할 물건은 사진촬영 기타 원형보존의 조치를 취하고 신속히 가환부하여야 한다.(제133조 제2항)
>
> ③ 수사기관의 압수물의 환부에 관한 처분의 취소를 구하는 준항고는 일종의 항고소송이므로, 통상의 항고소송에서와 마찬가지로 그 이익이 있어야 하고, 소송 계속 중 준항고로써 달성하고자 하는 목

적이 이미 이루어졌거나 시일의 경과 또는 그 밖의 사정으로 인하여 그 이익이 상실된 경우에는 준항고는 그 이익이 없어 부적법하게 된다(대법원 2015. 10. 15. 자 2013모1970)

④ 검사는 사본을 확보한 경우 등 압수를 계속할 필요가 없다고 인정되는 압수물 및 증거에 사용할 압수물에 대하여 공소제기 전이라도 소유자, 소지자, 보관자 또는 제출인의 청구가 있는 때에는 **환부 또는 가환부하여야 한다**(제218조의2 제1항).

>>> 정답 ④

---

141. 다음 중 ㉠~㉣의 설명에 대하여 옳고 그름의 표시(O,X)가 모두 바르게 된 것은?
(다툼이 있는 경우 판례에 의함)

㉠ 조사대상자의 진술내용이 제3자의 피의사실뿐만 아니라 자신의 피의사실에 관한 것이기도 하여 그 실질이 피의자 전문조서의 성격을 가지는 경우에 수사기관은 진술을 듣기 전에 미리 진술거부권을 고지하여야 한다.

㉡ 수사기관이 피의자를 조사하는 경우에는 그 조사과정을 기록하여야 하나 피의자가 아닌 자를 조사하는 과정에서 그 진술을 청취하여 증거로 남기는 방법으로 진술조서가 아닌 자를 조사하는 과정에서 그 진술을 청취하여 증거로 남기는 방법으로 진술조서가 아닌 진술서를 작성·제출받는 경우에는 그 절차를 준수할 것을 요하지 아니한다.

㉢ 선거관리위원회 위원·직원이 관계인에게 진술이 녹음된다는 사실을 미리 알려 주지 아니한 채 진술을 녹음하였다면, 그와 같은 조사절차에 의하여 수집된 녹음파일 내지 그에터 잡아 작성된 녹취록은 적법한 절차에 따르지 아니하고 수집한 증거에 해당한다.

㉣ 수사기관이 정보저장매체에 기억된 정보 중에서 검색을 통해 범죄 혐의사실과 관련있는 정보를 선별한 다음 정보저장매체와 동일한 방식으로 복제하여 생성한 파일을 제출받아 압수한 후 수사기관의 사무실에서 압수된 파일을 탐색·복제·출력하는 경우에도 수사기관은 피의자 등에게 참여의 기회를 보장하여야 한다.

① ㉠(O)   ㉡(O)   ㉢(×)   ㉣(×)
② ㉠(O)   ㉡(×)   ㉢(O)   ㉣(O)
③ ㉠(O)   ㉡(×)   ㉢(O)   ㉣(×)
④ ㉠(×)   ㉡(O)   ㉢(×)   ㉣(O)

해설 [19년 경찰2] ㉠ 조사대상자의 진술내용이 단순히 제3자의 범죄에 관한 경우가 아니라 자신과 제3자에게 공동으로 관련된 범죄에 관한 것이거나 제3자의 피의사실뿐만 아니라 자신의 피의사실에 관한 것이기도 하여 그 실질이 피의자신문조서의 성격을 가지는 경우에 수사기관은 그 진술을 듣기 전에 미리 진술거부권을 고지하여야 한다(대판 2015.10.29. 2014도5939)

㉡(×)수사기관으로 하여금 피의자가 아닌 자를 조사할 수 있도록 하면서도 그 조사과정을 기록하도록 한 취지는 수사기관이 조사과정에서 피조사자로부터 진술증거를 취득하는 과정을 투명하게 함으로써 그 과정에서의 절차적 적법성을 제도적으로 보장하려는 데 있다. 따라서 수사기관이 수사에 필요하여 피의자가 아닌 자를 조사하는 과정에서 그 진술을 청취하여 증거로 남기는 방법으로 진술조서가 아닌 진술서를 작성·제출받는 경우에도 그 절차는 준수되어야 할 것이다(대판 2015.4.23. 2013도3790).

ⓒ 선거관리위원회 위원·직원이 관계인에게 진술이 녹음된다는 사실을 미리 알려 주지 아니한 채 진술을 녹음하였다면, 그와 같은 조사절차에 의하여 수집한 녹음파일 내지 그에 터잡아 작성된 녹취록은 형사소송법 제308조의2에서 정하는 '적법한 절차에 따르지 아니하고 수집한 증거'에 해당하여 원칙적으로 유죄의 증거로 쓸 수 없다.(대법원 2014. 10. 15. 선고 2011도3509)

ⓔ(×)수사기관이 정보저장매체에 기억된 정보 중에서 키워드 또는 확장자 검색 등을 통해 범죄 혐의사실과 관련 있는 정보를 선별한 다음 정보저장매체와 동일하게 비트열 방식으로 복제하여 생성한 파일(이하 '이미지 파일'이라 한다)을 **제출받아 압수**하였다면 이로써 압수의 목적물에 대한 압수·수색 절차는 종료된 것이므로, 수사기관이 수사기관 사무실에서 위와 같이 압수된 이미지 파일을 탐색·복제·출력하는 과정에서도 피의자 등에게 **참여의 기회를 보장하여야 하는 것은 아니다**(대판 2018.2.8. 2017도13263).

>> 정답 ③

142. 음주측정에 관한 설명 중 가장 적절한 것은? (다툼이 있으면 판례에 의함).

① 음주운전과 관련한 도로교통법 위반죄의 범죄수사를 위하여 미성년자인 피의자의 혈액채취가 필요한 경우, 피의자에게 의사능력이 없다면 피의자의 법정대리인이 피의자를 대리하여 피의자의 혈액채취에 관한 유효한 동의를 할 수 있다.

② 위법한 강제연행 상태에서 호흡측정방법에 의한 음주측정을 한 다음, 강제연행 상태로부터 시간적·장소적으로 단절되었다고 볼 수 없는 상황에서 피의자가 호흡측정결과를 탄핵하기 위하여 스스로 혈액채취에 의한 측정을 할 것을 요구하여 혈액채취가 이루어진경우 그러한 혈액채취에 의한 측정결과는 유죄인정의 증거로 쓸 수 있다.

③ 주취운전의 혐의자에게 영장 없는 음주측정에 응할 의무를 지우고 이에 불응한 사람을 처벌하는 것은 헌법 제12조 제3항에 규정된 영장주의에 위배된다.

④ 음주운전을 목격한 피해자가 있는 상황에서 경찰관이 음주운전 종료 시부터 약 2시간 후 집에 있던 피고인을 임의 동행하여 음주측정을 요구하였고, 음주측정 요구 당시에도 피고인이 상당히 취한 것으로 보이는 상황이었다면 그 음주측정 요구는 적법하다.

<u>해설</u> [17년 경찰2] ① 음주운전과 관련한 도로교통법 위반죄의 범죄수사를 위하여 미성년자인 피의자의 혈액채취가 필요한 경우에도 피의자에게 의사능력이 있다면 피의자 본인만이 혈액채취에 관한 유효한 동의를 할 수 있고, **피의자에게 의사능력이 없는 경우에도** 명문의 규정이 없는 이상 **법정대리인이 피의자를 대리하여 동의할 수는 없다**(대판 2014.11.13. 2013도1228).

② 체포의 이유와 변호인 선임권의 고지 등 적법한 절차를 무시한 채 이루어진 강제연행은 전형적인 위법한 체포에 해당하고, 위법한 체포 상태에서 이루어진 호흡조사에 의한 음주측정 요구는 주취운전의 범죄행위에 대한 증거 수집을 목적으로 한 일련의 과정에서 이루어진 것이므로 그 측정결과는 물론 혈액채취에 의한 혈중알콜농도 감정서 등도 증거능력을 인정할 수 없다(대판 2013.3.14. 2010도2094).

5년기출문제

③ 도로교통법 제41조 제2항[개정법 제44조 제2항]에 규정된 음주측정은 성질상 강제될 수 있는 것이 아니며 궁극적으로 당사자의 자발적 협조가 필수적 인것이므로 이를 두고 법관의 영장을 필요로 하는 강제처분이라 할 수 없다. 따라서 이 법률조항이 주취운전의 혐의자에게 영장 없는 음주측정에 응할 의무를 지우고 이에 불응한 사람을 처벌한다고 하더라도 영장주의에 위배되지 아니한다(헌재 1997.3.27.96헌가11).

④ 교통사고를 내고 도주하여 귀가함으로써 운전을 종료한 후 경찰공무원이 음주특정을 요구할 때까지 2시간 가량 경과하였다고 하더라도, 위 음주측정의 요구 당시에 피고인이 술에 취한 상태에서 운전하였다고 인정할 만한 상당한 이유가 있었다 할 것이고, 한편 사후의 음주측정에 의하여 음주운전 여부를 확인할 수 없는 경우라고 보기는 어렵다 할 것이다.(대법원 1997. 6. 13. 선고 96도3069)

>>> 정답 ④

143. 압수에 대한 설명으로 가장 적절하지 않은 것은? (다툼이 있는 경우 판례에 의함)

① 경찰관이 진료 목적으로 이미 채혈되어 있던 피고인의 혈액 중 일부를 주취운전 여부에 대한 감정을 목적으로 간호사로부터 임의로 제출받아 이를 압수한 경우 간호사가 혈액의 소지자 겸 보관자인 병원 또는 담당의사를 대리하여 혈액을 경찰관에게 임의로 제출할 수 있는 권한이 없었다고 볼 특별한 사정이 없는 이상, 이를 위법하다고 볼 수 없다.

② 피해자의 신고를 받고 현장에 출동한 경찰서 과학수사팀 소속경찰관이 피해자가 범인과 함께 술을 마신 테이블 위에 놓여있던 맥주컵에서 지문 6점, 물컵에서 지문 8점, 맥주병에서 지문 2점을 각각 현장에서 직접 채취한 후, 지문채취 대상물을 적법한 절차에 의하지 않고 압수하였더라도 채취된 지문은 위법수집증거라고 할 수 없다.

③ 현행범 체포현장이나 범죄장소에서도 소지자 등이 임의로 제출하는 물건은 영장 없이 압수할 수 있다. 이 경우 검사나 사법경찰관은 사후에 영장을 받아야 한다.

④ 소유자, 소지자 또는 보관자가 아닌 자로부터 제출받은 물건을 영장없이 압수한 경우 그 압수물 및 압수물을 찍은 사진은 유죄인정의 증거로 사용할 수 없다.

해설 [21년 승진] ① 경찰관이 간호사로부터 진료목적으로 이미 채혈되어 있던 피고인의 혈액 중 일부를 주취운전 여부에 대한 감정을 목적으로 임의로 제출받아 이를 압수한 경우, 당시 **간호사가** 위 혈액의 소지자 겸 보관자인 병원 또는 담당 의사를 대리하여 **혈액을 경찰관에게 임의로 제출**할 수 있는 권한이 없었다고 볼 특별한 사정이 없는 이상, 그 압수절차가 피고인 또는 피고인의 가족의 동의 및 영장 없이 행하여졌다고 하더라도 이에 적법절차를 위반한 **위법이 있다고 할 수 없다**(대판 1999.9.3., 98도968).

② 피해자의 신고를 받고 현장에 출동한 경찰서 과학수사팀 소속경찰관이 피해자가 범인과 함께 술을 마신 테이블 위에 놓여있던 맥주컵에서 지문 6점, 물컵에서 지문 8점, 맥주병에서 지문 2점을 각각 현장에서 직접 채취한 후, 지문채취 대상물을 적법한 절차에 의하지 않고 압수하였더라도 채취된 지문은 위법수집증거라고 할 수 없다.

③ 현행범 체포현장이나 범죄장소에서도 소지자 등이 **임의로 제출하는 물건**은 영장 없이 압수할 수

있다. 이 경우 검사나 사법경찰관은 **사후에 영장을 발부받을 필요가 없다.**

④ 형사소송법 제218조는 "사법경찰관은 소유자, 소지자 또는 보관자가 임의로 제출한 물건을 영장없이 압수할 수 있다"고 규정하고 있는바, 위 규정을 위반하여 **소유자, 소지자 또는 보관자가 아닌 자로부터 제출받은 물건을 영장없이 압수한 경우 그 압수물 및 압수물을 찍은 사진은 이를 유죄인정의 증거로 사용할 수 없는 것이고, 피고인이나 변호인이 이를 증거로 함에 동의하였다고 하더라도 달리 볼 것은 아니다**(대판 2010.1.28. 선고 2009도10092).

≫≫ 정답 ③

144. 영장 없는 압수 · 수색에 관한 설명 중 가장 옳지 않은 것은? (판례에 의함)

① 甲에 대한 음란물 유포의 범죄혐의를 이유로 압수 · 수색영장을 발부받은 사법경찰관이 甲의 주거지를 수색하는 과정에서 대마를 발견하자, 甲을 마약류관리에 관한 법률 위반죄의 현행범으로 체포하면서 대마를 압수하였으나, 그 다음날 甲을 석방하고도 사후 압수 · 수색영장을 발부받지 않은경우 압수물의 증거능력이 부정된다.

② 현행범인을 체포하는 경우에도 일반사인에게는 체포현장에서의 압수 · 수색이 허용되지 않는다.

③ 검사 또는 사법경찰관은 긴급체포된 자가 소유 · 소지 또는 보관하는 물건에 대하여 긴급히 압수할 필요가 있는 경우에는 피의자를 체포한 때부터 24시간 이내에 한하여 영장 없이 압수 · 수색할 수 있다.

④ 사법경찰관이 피고인 甲소유의 쇠파이프를 甲의 주거지 앞마당에서 발견하였음에도 그 소유자, 소지자 또는 보관자가 아닌 피해자로부터 임의로 제출받는 형식으로 그 쇠파이프를 압수하였고 그 후 압수물의 사진을 찍은 경우, 그 '압수물' 및 '압수물을 찍은 사진'은 甲이 증거로 사용함에 동의한 경우에만 유죄인정의 증거로 사용할 수 있다.

해설 [20년 경간] ① 음란물 유포의 범죄혐의를 이유로 압수 · 수색영장을 발부받은 사법경찰리가 피고인의 주거지를 수색하는 과정에서 대마를 발견하자, 피고인을 마약법위반죄의 현행범으로 체포하면서 대마를 압수하였으나, **그 다음날 피고인을 석방하였음에도 사후 압수 · 수색영장을 발부받지 않은 경우,** 압수물과 압수조서는 형사소송법상 영장주의를 위반하여 수집한 증거로서 증거능력이 부정된다(대판 2009.5.14. 2008도 10914).

② 체포현장에서의 압수 · 수색은 검사 또는 사법경찰관의 권한이고, 일반사인은 이러한 압수 · 수색을 할 수 없다(제216조 제1항 제2호).

③ (영장에 의하지 아니하는 강제처분) ①검사 또는 사법경찰관은 제200조의3에 따라 체포된 자가 소유 · 소지 또는 보관하는 물건에 대하여 긴급히 압수할 필요가 있는 경우에는 체포한 때부터 24시간 이내에 한하여 영장 없이 압수 · 수색 또는 검증을 할 수 있다.(제217조 제1항)

④ 형사소송법 제218조에 위반하여 **소유자, 소지자 또는 보관자가 아닌 자로부터 제출받은 물건을 영장없이 압수한 경우 그 압수물 및 압수물을 찍은 사진은 이를 유죄인정의 증거로 사용할 수 없는 것이고, 피고인이나 변호인이 이를 증거로 함에 동의하였다고 하더라도 달리 볼 것은 아니다**(대판 2010.1.28. 도10092).

≫≫ 정답 ④

5년기출문제

145. 영장에 의하지 아니한 압수·수색·검증에 대한 설명으로 가장 적절하지 않은 것은?

① 주취운전이라는 범죄행위로 당해 음주운전자를 구속·체포하지 아니한 경우에도 필요하다면 주취운전 중 또는 주취운전 직후의 현장에 있던 차량열쇠는 형사소송법 제216조 제3항에 의하여 영장없이 이를 압수할 수 있다.

② 사법경찰관이 형사소송법 제215조 제2항의 규정에 위반하여 영장 없이 물건을 압수한 경우에 추후 피의자로부터 그 압수물에 대한 임의제출동의서를 받았더라도 그 압수는 위법하다.

③ 음란물 유포의 범죄혐의를 이유로 압수·수색영장을 발부받은 사법경찰관이 피의자의 주거지를 수색하다가 대마를 발견하자 피의자를 마약류 관리에 관한 법률 위반죄의 현행범으로 체포하면서 대마를 압수하였다면, 다음날 피의자 석방 후에 사후 압수·수색영장을 발부받지 않았더라도 압수는 위법하지 않다.

④ 긴급체포된 자가 소유하고 있는 물건에 대하여 긴급히 압수할 필요가 있는 경우에는 체포한 때부터 24시간 이내에 한하여 영장 없이 압수·수색 또는 검증을 할 수 있다.

해설 [19년 승진] ① 주취운전이라는 범죄행위로 당해 음주 운전자를 구속·체포하지 아니한 경우에도 필요하다면 그 차량열쇠는 범행 중 또는 범행 직후의 범죄 장소에서의 압수로서 형사소송법 제216조 제3항에 의하여 영장 없이 이를 압수할 수 있다(대판 1998.5.8. 97다54482).

② 사법경찰관이 위 규정을 위반하여 영장없이 물건을 압수한 경우 그 압수물은 물론 이를 기초로 하여 획득한 2차적 증거 역시 유죄 인정의 증거로 사용할 수 없는 것이고, 이와 같은 법리는 헌법과 형사소송법이 선언한 영장주의의 중요성에 비추어 볼 때 위법한 압수가 있은 직후에 피고인으로부터 작성받은 그 압수물에 대한 임의제출동의서도 특별한 사정이 없는 한 마찬가지라고 할 것이다. (대법원 2010. 7. 22. 선고 2009도14376)

③ 음란물 유포의 범죄혐의를 이유로 압수·수색영장을 발부받은 사법경찰리가 피고인의 주거지를 수색하는 과정에서 대마를 발견하자, 피고인을 마약법위반죄의 현행범으로 체포하면서 대마를 압수하였으나, 그 다음날 피고인을 석방하였음에도 사후 압수·수색영장을 발부받지 않은 경우, 압수물과 압수조서는 형사소송법상 영장주의를 위반하여 수집한 증거로서 증거능력이 부정된다(대판 2009.5.14. 2008도 10914).

④ (영장에 의하지 아니하는 강제처분) ①검사 또는 사법경찰관은 제200조의3에 따라 체포된 자가 소유·소지 또는 보관하는 물건에 대하여 긴급히 압수할 필요가 있는 경우에는 체포한 때부터 24시간 이내에 한하여 영장 없이 압수·수색 또는 검증을 할 수 있다.(제217조 제1항)

≫≫ 정답 ③

146. 영장에 의하지 않는 압수·수색에 관한 설명 중 가장 적절하지 않은 것은?

① 검사 또는 사법경찰관은 피의자 기타인의 유류한 물건이나 소유자, 소지자 또는 보관자가 임의로 제출한 물건을 영장 없이 압수할 수 있다.

② 검사 또는 사법경찰관은 긴급체포된 자가 소유·소지 또는 보관하는 물건에 대하

여 긴급히 압수할 필요가 있는 경우에는 체포한 때부터 24시간 이내에 한하여 영장 없이 압수·수색 또는 검증을 할 수 있다.

③ 검사 또는 사법경찰관은 범행 중 또는 범행직후의 범죄장소에서 긴급을 요하여 법원판사의 영장을 받을 수 없는 때에는 영장 없이 압수·수색 또는 검증을 할 수 있고, 이 경우에는 사후에 지체없이 영장을 받아야 한다.

④ 검사 또는 사법경찰관은 긴급체포된 자가 소유하고 있는 물건에 대하여 긴급히 압수할 필요가 있어 영장 없이 압수한 때에 압수한 물건을 계속 압수할 필요가 있는 경우에는 지체없이 압수수색영장을 청구하여야 하고, 이 경우 압수수색영장의 청구는 체포한 때로부터 24시간 이내에 하여야 한다.

해설 [17년 경찰2] ① (영장에 의하지 아니한 압수) 검사, 사법경찰관은 피의자 기타인의 유류한 물건이나 소유자, 소지자 또는 보관자가 임의로 제출한 물건을 영장없이 압수할 수 있다.(제218조)

② 검사 또는 사법경찰관은 제200조의3에 따라 체포된 자가 소유·소지 또는 보관하는 물건에 대하여 긴급히 압수할 필요가 있는 경우에는 체포한 때부터 24시간 이내에 한하여 영장 없이 압수·수색 또는 검증을 할 수 있다(제217조 제1항)

③ 범행 중 또는 범행직후의 범죄 장소에서 긴급을 요하여 법원판사의 영장을 받을 수 없는 때에는 영장없이 압수, 수색 또는 검증을 할 수 있다. 이 경우에는 사후에 지체없이 영장을 받아야 한다(제216조 제3항)

④ 검사 또는 사법경찰관은 지체없이 압수·수색영장을 청구하여야 하고, 이 경우 압수·수색영장의 청구는 체포한 때로부터 48시간 이내에 하여야 한다(제217조 제2항).

>> 정답 ④

147. 영장에 의하지 아니한 강제처분에 대한 설명으로 가장 적절하지 않은 것은?

① 체포영장의 집행을 위하여 타인의 주거를 수색하는 경우 별도로 영장을 발부받기 어려운 긴급한 사정이 있는지 여부를 구별하지 않고 피의자가 그 장소에 소재할 개연성만 소명되면 수색영장 없이 피의자 수색을 할 수 있도록 허용하는 형사소송법 제216조 제1항 제1호 중 제200조의2에 관한 부분은 영장주의에 위반된다.

② 사법경찰관은 긴급체포된 자가 소유·소지 또는 보관하는 물건에 대하여 긴급히 압수할 필요가 있는 경우에는 체포한 때부터 24시간 이내에 한하여 영장 없이 압수수색 또는 검증을 할 수 있다.

③ 긴급체포된 자가 소유·소지 또는 보관하는 물건을 영장 없이 압수한 이후 이 물건을 계속 압수할 필요가 있는 경우 사법경찰관은 압수한 때부터 48시간 이내에 압수수색영장을 청구하여야 한다.

④ 교통사고를 가장한 살인사건의 범행일로부터 약 3개월 가까이 경과 한 후 범죄에 이용된 승용차의 일부분인 강판조각이 범행현장에서 발견된 경우 이 강판조각은

형사소송법 제218조에 규정된 유류물에 해당하므로 영장 없이 압수할 수 있다.

해설 [19년 경찰2] ① 체포영장을 발부받아 피의자를 체포하는 경우 필요한 때에는 영장 없이 타인의 주거 등 내에서 피의자 수사를 할 수 있다고 한 형소법 216조 제1항 제1호 중 제200조의2 부분은 영장을 발부받기 어려운 긴급한 사정이 있는지 여부를 구별하지 아니하여 영장주의에 위반된다 (2018.4.26. 2015헌바370).

② 검사 또는 사법경찰관은 제200조의3에 따라 체포된 자가 소유·소지 또는 보관하는 물건에 대하여 긴급히 압수할 필요가 있는 경우에는 체포한 때부터 24시간 이내에 한하여 영장 없이 압수·수색 또는 검증을 할 수 있다(제217조 제1항).

③ 검사 또는 사법경찰관은 압수한 물건을 계속 압수할 필요가 있는 경우에는 지체 없이 압수수색영장을 청구하여야 한다. 이 경우 압수수색영장의 청구는 **체포한 때부터 48시간 이내**에 하여야 한다(제 217조 제2항).

④ 강판조각은 형사소송법 제218조에 규정된 유류물에, 이 사건 차량에서 탈거 또는 채취된 이 사건 보강용 강판과 페인트는 위 차량의 보관자가 감정을 위하여 임의로 제출한 물건에 각 해당함을 알 수 있다. 따라서 이 사건 강판조각과 보강용 강판 및 차량에서 채취된 페인트는 형사소송법 제218 조에 의하여 영장 없이 압수할 수 있으므로 위 각 증거의 수집 과정에 영장주의를 위반한 잘못이 있다 할 수 없다(대법원 2011. 5. 26. 선고 2011도1902)

>>> 정답 ③

148. 통신비밀보호법상 통신제한조치에 대한 설명으로 옳지 않은 것은? (다툼이 있으면 판례에 의함)

① 전기통신의 감청은 현재 이루어지고 있는 전기통신의 내용을 지득·채록하는 경우와 통신의 송·수신을 직접적으로 방해하는 경우를 의미하고, 전자우편이 송신되어 이미 수신이 완료된 전기통신에 관하여 남아 있는 기록이나 내용을 열어보는 등의 행위는 포함하지 않는다.

② 인터넷 통신망을 통하여 흐르는 전기신호 형태의 패킷(packet)을 중간에 확보하여 그 내용을 지득하는 '패킷 감청'은 그 특성상 수사목적과 무관한 통신내용이나 제3자의 통신내용까지 감청될 우려가 있으므로 통신비밀보호법 상 범죄수사를 위한 통신제한조치의 허가요건을 충족하더라도 허용되지 않는다.

③ 통신기관 등은 통신제한조치허가서 또는 긴급감청서등에 기재된 통신제한조치 대상자의 전화번호 등이 사실과 일치하지 않을 경우에는 그 집행을 거부할 수 있으며, 어떠한 경우에도 전기통신에 사용되는 비밀번호를 누설할 수 없다.

④ 통신제한조치는 범죄수사 또는 국가안전보장을 위하여 보충적인 수단으로 이용되어야 한다.

해설 [17년 검찰] ① 통신비밀보호법상 '감청'이란 대상이 되는 전기통신의 송·수신과 동시에 이루어지는 경우만을 의미하고, 이미 수신이 완료된 전기통신의 내용을 지득하는 등의 행위는 포함되지 않는다(대판 2012.10.25. 2012도 4644).

② 인터넷 통신망을 통한 송·수신은 통신비밀보호법 제2조 제3호에서 정한 '전기통신'에 해당하므

로 인터넷 통신망을 통하여 흐르는 전기신호 형태의 패킷(packet)을 중간에 확보하여 그 내용을 지득하는 이른바 패킷 감청도 같은 법 제5조 제1항에서 **정한 요건을 갖추는 경우 다른 특별한 사정이 없는 한 허용된다**고 할 것이고, 이는 패킷 감청의 특성상 수사 목적과 무관한 통신내용이나 제3자의 통신내용도 감청될 우려가 있다는 것만으로 달리 볼 것이 아니다(대판 2012.10.11. 2012도7455).

③ (통비법 제9조 제4항)통신기관 등은 통신제한조치허가서 또는 긴급감청서등에 기재된 통신제한조치 대상자의 전화번호 등이 사실과 일치하지 않을 경우에는 그 집행을 거부할 수 있으며, 어떠한 경우에도 전기통신에 사용되는 비밀번호를 누설할 수 없다.

④ (통비법 제3조 제2항) 통신제한조치는 범죄수사 또는 국가안전보장을 위하여 보충적인 수단으로 이용되어야 한다.

>>> 정답 ②

---

149. 「통신비밀보호법」상 통신제한조치에 대한 설명으로 가장 적절하지 않은 것은?
(다툼이 있는 경우 판례에 의함)

① 통신제한조치는 「통신비밀보호법」 제5조의 범죄를 계획 또는 실행하고 있거나 실행하였다고 의심할 만한 충분한 이유가 있고, 다른 방법으로는 그 범죄의 실행을 저지하거나 범인의 체포 또는 증거수집이 어려운 경우에 한하여 허가할 수 있다.

② 인터넷 회선감청(패킷감청)을 가능하게 하는 「통신비밀보호법」 제5조 제2항 중 '인터넷회선을 통하여 송·수신하는 전기통신'에 관한 부분은 이에 대한 법적 통제수단이 미비하여 개인의 통신 및 사생활 비밀의 자유를 침해하므로 헌법에 합치되지 아니한다.

③ 전기통신의 감청은 전기통신이 이루어지고 있는 상황에서 실시간으로 전기통신의 내용을 지득·채록하는 경우, 통신의 송·수신을 직접적으로 방해하는 경우, 이미 수신이 완료된 전기통신에 관하여 남아있는 기록이나 내용을 열어보는 경우를 의미한다.

④ 3인간의 대화에서 그 중 한 사람이 그 대화를 녹음 또는 청취하는 경우에 다른 두 사람의 발언은 그 녹음자 또는 청취자에 대한 관계에서 「통신비밀보호법」 제3조 제1항에서 정한 '타인 간의 대화'라고 할 수 없으므로, 이러한 녹음 또는 청취하는 행위 및 그 내용을 공개하거나 누설하는 행위가 「통신비밀보호법」 제16조 제1항에 해당한다고 볼 수 없다.

해설 [19년 경찰1] ① (통신비밀보호법 제5조 제1항) 범죄를 계획 또는 실행하고 있거나 실행하였다고 의심할 만한 충분한 이유가 있고, 다른 방법으로는 그 범죄의 실행을 저지하거나 범인의 체포 또는 증거수집이 어려운 경우에 한하여 허가할 수 있다.

② 헌법재판소의 헌법불합치(2016헌마263) 결정으로, '인터넷회선을 통하여 송·수신하는 전기통신'을 통해 발송, 수취되는 경우(이른바 '패킷감청')에는 적용하지 않게 되었습니다[

③ 통신비밀보호법상 '감청'이란 대상이 되는 전기통신의 송·수신과 동시에 이루어지는 경우만을 의미하고, 이미 수신이 완료된 전기통신의 내용을 지득하는 등의 행위는 포함되지 않는다(대판 2012.10.25. 2012도 4644).

④ 3인 간의 대화에서 그중 한 사람이 그 대화를 녹음 또는 청취하는 경우에 다른 두 사람의 발언은 그 녹음자 또는 청취자에 대한 관계에서 통신비밀보호법 제3조 제1항에서 정한 '타인 간의 대화'라고 할 수 없으므로, 이러한 녹음 또는 청취하는 행위 및 그 내용을 공개하거나 누설하는 행위가 통신비밀보호법 제16조 제1항에 해당한다고 볼 수 없다(대법원 2014. 5. 16. 선고 2013도16404)

>> 정답 ③

150. 통신제한조치에 관한 설명 중 가장 적절하지 않은 것은? (판례에 의함)

① 무전기와 같은 무선전화기를 이용한 통화는 통신비밀보호법상 '타인간의 대화'에 포함되므로 '전기통신'에는 해당하지 않는다.

② 이미 수신이 완료된 전기통신에 관하여 남아있는 기록이나 내용을 열어보는 등의 행위는 전기통신의 감청에 해당하지 않는다.

③ 피고인이 범행 후 피해자에게 전화를 걸어오자 피해자가 증거를 수집하려고 그 전화내용을 녹음한 경우 그것이 피고인 모르게 녹음된 것이라 하여 이를 위법하게 수집된 증거라고 할 수 없다.

④ 제3자가 당사자 일방의 동의를 받고 통화내용을 녹음한 경우 통화 상대방의 동의가 없었다면 통신비밀보호법 위반에 해당한다.

해설 [20년 승진] ① "전기통신"이라 함은 유선·무선·광선 및 기타의 전자적 방식에 의하여 모든 종류의 음향·문언·부호 또는 영상을 송신하거나 수신하는 것을 말한다고 규정하고 있는바, 무전기와 같은 무선전화기를 이용한 통화가 위 법에서 규정하고 있는 전기통신에 해당함은 전화통화의 성질 및 위 규정 내용에 비추어 명백하므로 이를 같은 법 제3조 제1항 소정의 '타인간의 대화'에 포함된다고 할 수 없다(대판 2003.11.13. 선고 2001도6213).

② '전기통신의 감청'은 '감청'의 개념 규정에 비추어 전기통신이 이루어지고 있는 상황에서 실시간으로 전기통신의 내용을 지득·채록하는 경우와 통신의 송·수신을 직접적으로 방해하는 경우를 의미하는 것이지, 이미 **수신이 완료된 전기통신에 관하여 남아 있는 기록이나 내용을 열어보는 등의 행위는 포함하지 않는다**(대법원 2016. 10. 13. 선고 2016도8137).

③ 피고인이 범행 후 피해자에게 전화를 걸어오자 **피해자가 증거를 수집하려고 그 전화내용을 녹음한** 경우, 그 녹음테이프가 피고인 모르게 녹음된 것이라 하여 이를 위법하게 수집된 증거라고 할 수 없다 (대법원 1997. 3. 28. 선고 97도240).

④ 제3자의 경우는 설령 전화통화 당사자 **일방의 동의를 받고 그 통화 내용을 녹음**하였다 하더라도 **그 상대방의 동의가 없었던** 이상, 이는 여기의 감청에 해당하여 법 제3조 제1항 위반이 된다 (대법원 2002. 10. 8. 선고 2002도123).

>> 정답 ①

151. 인터넷통신망을 통하여 흐르는 전기신호 형태의 패킷(packet)을 중간에 확보하여 그 내용을 지득하는 소위 패킷감청에 대한 설명으로 가장 적절한 것은? (판례에 의함)

① 패킷감청은 사건과 무관한 불특정 다수의 방대한 정보까지 수집되어 개인의 통신 및 사생활의 비밀과 자유를 침해하기 때문에 헌법 불합치결정이 선고되었고, 현재 패킷감청에 의한 통신제한조치는 허용되지 않는다.

② 사법경찰관은 통신비밀보호법에 따른 패킷감청을 집행하여 그 전기통신을 보관하고자 하는 때에는 집행종료일로부터 14일 이내에 보관등이 필요한 전기통신을 선별하여 통신제한조치를 허가한 법원에 그 승인을 청구할 수 있다.

③ 법원이 패킷감청으로 취득한 자료의 보관을 위한 승인청구를 기각한 경우, 사법경찰관은 청구기각의 통지를 받은 날부터 7일 이내에 해당 전기통신을 폐기하고, 폐기결과보고서를 작성하여 7일 이내에 검사에게 송부하여야 한다.

④ 통신비밀보호법은 패킷감청으로 취득한 자료의 관리에 관한절차(통신비밀보호법 제12조의2)의 위반에 대해서는 벌칙조항을 두고 있지 않다.

> **해설** [21년 승진] ① 패킷감청은 사건과 무관한 불특정 다수의 방대한 정보까지 수집되어 개인의 통신 및 사생활의 비밀과 자유를 침해하기 때문에 헌법 불합치결정이 선고되었고, 현재 패킷감청에 의한 통신제한조치는 허용되지 않는다.
>
> ☞ 검사 또는 사법경찰관이 수사를 위하여 필요한 경우 전기통신사업자에게 통신사실 확인 자료의 열람이나 제출을 요청할 수 있도록 한 통신비밀보호법 13조 1항(일부) 및 기소 등 처분을 한 날부터 30일 이내에 통신자료제공을 받은 사실 등을 통지하도록 한 같은 법 13조의3 제1항(일부)은 헌법에 합치되지 아니한다(2018.6.28. 2012헌마191).
>
> ② 사법경찰관은 인터넷 회선을 통하여 송신·수신하는 전기통신을 대상에 따른 통신제한조치를 집행한 경우 그 전기통신의 보관등을 하고자 하는 때에는 집행종료일부터 **14일 이내**에 보관등이 필요한 전기통신을 선별하여 **검사에게 보관등의 승인**을 신청하고, **검사는 신청일부터 7일 이내**에 통신제한조치를 허가한 **법원에 그 승인**을 청구할 수 있다.
>
> ③ 법원이 패킷감청으로 취득한 자료의 보관을 위한 승인청구를 기각한 경우, 사법경찰관은 청구기각의 통지를 받은 날부터 **7일 이내에 해당 전기통신을 폐기**하고, 폐기결과보고서를 작성하여 피의자의 수사기록 또는 피내사자의 내사사건기록에 첨부하고, 폐기일부터 **7일 이내에 통신제한조치를 허가한 법원에 송부**하여야 한다.
>
> ④ 통신비밀보호법은 패킷감청으로 취득한 자료의 관리에 관한절차(통신비밀보호법 제12조의2)의 위반에 대해서는 벌칙조항을 두고 있다.

>>> 정답 ①

152. 통신비밀보호법상 통신제한조치에 대한 설명으로 가장 적절한 것은? (다툼이 있는 경우 판례에 의함)

① 전기통신의 감청은 전기통신이 이루어지고 있는 상황에서 실시간으로 전기통신의 내용을 지득 채록하는 경우와 통신의 송 수신을 직접적으로 방해하는 경우뿐만 아니라 이미 수신이 완료된 전기통신에 관하여 남아 있는 기록이나 내용을 열어보는 등의 행위도 포함한다.

② 사법경찰관이 통신비밀보호법 제8조에 따른 긴급통신제한조치를 할 경우에는 미

리 검사의 지휘를 받아야 한다. 다만, 특히 급속을 요하여 미리 지휘를 받을 수 없는 사유가 있는 경우에는 긴급통신제한조치의 집행착수 후 지체없이 검사의 승인을 얻어야 한다.

③ 형법상 절도죄, 강도죄, 사기죄, 공갈죄는 통신비밀보호법상 범죄수사를 위한 통신제한조치가 가능한 범죄이다.

④ 불법감청에 의하여 녹음된 전화통화의 내용은 통신비밀보호법에 의하여 증거능력이 없으나 피고인이나 변호인이 이를 증거로 함에 동의한 때에는 예외적으로 증거능력이 인정된다.

> **해설** [21년 승진] ① 통신비밀보호법상 '감청'이란 대상이 되는 전기통신의 송·수신과 동시에 이루어지는 경우만을 의미하고, **이미 수신이 완료된 전기통신의 내용을 지득하는 등의 행위는 포함되지 않는다**(대판 2012.10.25. 2012도4644).
>
> ② 사법경찰관이 통신비밀보호법 제8조에 따른 긴급통신제한조치를 할 경우에는 미리 검사의 지휘를 받아야 한다. 다만, 특히 급속을 요하여 미리 지휘를 받을 수 없는 사유가 있는 경우에는 긴급통신제한조치의 집행착수 후 **지체없이 검사의 승인**을 얻어야 한다.
>
> ③ 형법상 사기, 존속협박, 공무집행방해, 장물의 취득, 폭행, 상해, 선거방해의 죄는 통신비밀보호법에 대상이 되지 않는다
>
> ④ 불법감청에 의하여 녹음된 전화통화의 내용은 통신비밀보호법에 의하여 피고인이나 변호인이 증거 **동의에 상관없이 그 증거능력이 없다.**

>> 정답 ②

153. 강제처분에 대한 설명 중 가장 적절하지 않은 것은? (다툼이 있는 경우 판례에 의함)

① 압수수색영장 대상자와 피의자 사이에 요구되는 인적 관련성은 압수수색영장에 기재된 대상자의 공동정범, 간접정범, 교사범 등은 물론이며 필요적 공범 등에 대한 피고사건에 대해서도 인정될 수 있다.

② 사법경찰관은 피내사자를 대상으로 하는 통신제한조치에 대한 허가를 검사에게 신청하고, 검사는 법원에 대하여 그 허가를 청구할 수 있다.

③ 통신비밀보호법 제12조의2에 의하면 사법경찰관은 인터넷 회선을 통하여 송신 수신하는 전기통신을 대상으로 제6조 또는 제8조(제5조 제1항의 요건에 해당하는 사람에 대한 긴급통신 제한조치에 한정한다)에 따른 통신제한조치를 집행한 경 그 전기통신의 보관 등을 하고자 하는 때에는 집행종료일부터 14일 이내에 보관 등이 필요한 전기통신을 선별하여 검사에게 보관 등의 승인을 신청하고 검사는 신청일부터 14일 이내에 통신제한 조치를 허가한 법원에 그 승인을 청구할 수 있다.

④ 마약류 불법거래 방지에 관한 특례법 제4조 제1항에 따른 조치의 일환으로 특정한 수출입물품을 개봉하여 검사하고 그 내용물의 점유를 취득한 행위는 수출입물

품에 대한 적정한 통관 등을 목적으로 하는 조사와 달리 범죄수사인 압수 또는 수색에 해당하여 사전 또는 사후에 영장을 받아야 한다.

[20년 경찰1] ① 피의자와 사이의 인적 관련성은 압수·수색영장에 기재된 대상자의 공동정범이나 교사범 등 공범이나 간접정범은 물론 필요적 공범 등에 대한 피고사건에 대해서도 인정될 수 있다 (대법원 2017. 12. 5. 선고 2017도13458)

② (통비법 제6조 제2항)사법경찰관(軍司法警察官을 포함한다. 이하 같다)은 제5조제1항의 요건이 구비된 경우에는 검사에 대하여 각 피의자별 또는 각 피내사자별로 통신제한조치에 대한 허가를 신청하고, 검사는 법원에 대하여 그 허가를 청구할 수 있다.

③ 사법경찰관은 인터넷 회선을 통하여 송신·수신하는 전기통신을 대상으로 범죄수사를 위하여 인터넷 회선에 대한 통신제한조치를 집행한 경우 그 전기통신의 보관 등을 하고자하는 때에는 **집행종료 일부터 14일** 이내에 보관 등이 필요한 전기통신을 선별하여 **검사에게 보관 등의 승인을 신청하고, 검사는 신청일부터 7일 이내에 통신제한조치를 허가한 법원에 그 승인을 청구할 수 있다**(통신비밀보호법 제12조의2 제2항).

④ 그러나 위 마약류 불법거래 방지에 관한 특례법 제4조 제1항에 따른 조치의 일환으로 특정한 수출입물품을 개봉하여 검사하고 그 내용물의 점유를 취득한 행위는 위에서 본 수출입물품에 대한 적정한 통관 등을 목적으로 조사를 하는 경우와는 달리, 범죄수사인 압수 또는 수색에 해당하여 사전 또는 사후에 영장을 받아야 한다고 봄이 타당하다.(대법원 2017. 7. 18. 선고 2014도8719)

▶▶ 정답 ③

154. 「형사소송법」 제184조에 의한 증거보전에 대한 설명 중 가장 적절하지 않은 것은? (판례에 의함)

① 증거보전절차에서 작성된 증인신문조서 중 증인에 대한 반대신문과정에서 피의자였던 피고인이 당사자로 참여하여 자신의 범행사실을 시인하는 전제하에 증인에게 반대신문한 내용이 기재되어 있는 경우 그 조서 중 피의자 진술부분에 대하여는 「형사소송법」 제311조에 의한 증거능력을 인정할 수 있다.

② 증거보전절차에서는 증인신문뿐만 아니라 압수, 수색, 검증 및 감정도 할 수 있으나 증거보전의 방법으로 피의자신문, 피고인신문을 청구할 수는 없다.

③ 검사는 일정한 경우 제1회 공판기일 전이라도 판사에게 증거보전을 청구할 수 있으며, 증거보전의 청구를 기각하는 결정에 대하여는 3일 이내에 항고할 수 있다.

④ 증거보전의 청구를 받은 판사는 그 처분에 관하여 법원 또는 재판장과 동일한 권한이 있다.

[18년 승진] ① 증거보전절차에서 피의자였던 **피고인이 당사자로 참여하여 증인에게 반대신문 한 내용이 기재되어 있는 증인신문조서의 피의자 진술부분은 제311조에 의한 증거능력을 인정할 수 없다.**

② 검사, 피고인, 피의자 또는 변호인은 미리 증거를 보전하지 아니하면 그 증거를 사용하기 곤란한 사정이 있는 때에는 제1회 공판기일 전이라도 판사에게 압수, 수색, 검증, 증인신문 또는 감정을 청구할 수 있다(제184조 제1항). 다만 **피의자신문 또는 피고인신문을 청구할 수는 없다**(79도792)

③ 기각결정에 대해서는 3일 이내에 항고할 수 있다(제184조 제3항).

④ 증거보전청구를 받은 판사는 그 처분에 관하여 법원 또는 재판장과 동일한 권한이 있다(제184조 제2항).

>> 정답 ①

155. 증거보전에 대한 설명으로 가장 적절하지 않은 것은? (판례에 의함)

① 피고인뿐만 아니라 피의자도 미리 증거를 보전하지 아니하면 그 증거를 사용하기 곤란한 사정이 있는 때에는 제1회 공판기일 전이라도 판사에게 압수, 수색, 검증, 증인신문 또는 감정을 청구할 수 있다.

② 증거보전의 청구를 함에는 구술 또는 서면으로 그 사유를 소명하여야 한다.

③ 검사는 수사단계에서 피고인에 대한 증거를 미리 보전하기 위하여 필요한 경우에는 판사에게 공동피고인을 증인으로 신문할 것을 청구할 수 있다.

④ 형사입건되기 전의 자는 피의자가 아니므로 증거보전을 청구 할 수 없다.

해설 [19년 승진] ①(증거보전의 청구와 그 절차) ①검사, 피고인, 피의자 또는 변호인은 미리 증거를 보전하지 아니하면 그 증거를 사용하기 곤란한 사정이 있는 때에는 제1회 공판기일 전이라도 판사에게 압수, 수색, 검증, 증인신문 또는 감정을 청구할 수 있다(제184조 제1항)

② 증거보전의 청구를 함에는 서면으로 그 사유를 소명하여야 한다(제184조 제3항).

③ 공동피고인과 피고인이 뇌물을 주고받은 사이로 필요적 공범관계에 있다고 하더라도 검사는 수사단계에서 피고인에 대한 증거를 미리 보전하기 위하여 필요한 경우에는 판사에게 공동피고인을 증인으로 신문할 것을 청구할 수 있다(대판 1988. 11. 8, 86도1646).

④ 형사소송법 제184조에 의한 증거보전은 피고인 또는 피의자가 형사입건도 되기 전에는 청구할 수 없고, 또 피의자신문에 해당하는 사항을 증거보전의 방법으로 청구할 수 없다(대판 1979.6.12. 선고 79도792).

>> 정답 ②

156. 증거보전절차에 관한 설명 중 가장 옳지 않은 것은? (판례에 의함)

① 증거보전의 청구권자는 검사, 피고인, 피의자 또는 변호인이다.

② 증거보전청구 기각결정에 대하여는 3일 이내에 항고할 수 있다.

③ 증거보전절차에서 피의자의 신문을 청구할 수는 없으나, 공범자인 공동피고인에 대한 증인신문은 가능하다.

④ 증거보전은 제1심 제1회 공판기일 이전에 한하여 허용되는 것이 원칙이지만, 재심청구사건에서는 예외적으로 증거보전절차가 허용된다.

해설 [20년 경간] ① (증거보전의 청구와 그 절차) ①검사, 피고인, 피의자 또는 변호인은 미리 증거를 보전하지 아니하면 그 증거를 사용하기 곤란한 사정이 있는 때에는 제1회 공판기일 전이라도 판사에게 압수, 수색, 검증, 증인신문 또는 감정을 청구할 수 있다(제184조 제1항)

② 청구를 기각하는 결정에 대하여는 3일 이내에 항고할 수 있다(제184조제4항).

③ 공동피고인과 피고인이 뇌물을 주고받은 사이로 필요적 공범관계에 있다고 하더라도 검사는 수사단계에서 피고인에 대한 증거를 미리 보전하기 위하여 필요한 경우에는 판사에게 공동피고인을 증인으로 신문할 것을 청구할 수 있다(대판 1988. 11. 8, 86도1646).

④ 증거보전이란 장차 공판에 있어서 사용하여야 할 증거가 멸실되거나 또는 그 사용하기 곤란한 사정이 있을 경우에 당사자의 청구에 의하여 공판 전에 미리 그 증거를 수집 보전하여 두는 제도로서 제1심 제1회 공판기일 전에 한하여 허용되는 것이므로, 재심청구사건에서는 증거보전청구는 허용되지 아니한다(대판 1984. 3.29.자 84모15 결정).

>> 정답 ④

157. 수사상의 증거 보전절차에 관한 설명 중 가장 적절하지 않은 것은?

① 피고인, 피의자 또는 변호인뿐만 아니라 검사도 미리 증거를 보전하지 아니하면 그 증거를 사용하기 곤란한 사정이 있는 때에는 형사소송법 제184조에 따라 제1회 공판기일 전이라도 판사에게 압수, 수색, 검증, 증인신문 또는 감정을 청구할 수 있다. 이때 청구를 받은 판사는 그 처분에 관하여 법원 또는 재판장과 동일한 권한이 있다.

② 범죄의 수사에 없어서는 아니 될 사실을 안다고 명백히 인정되는 자가 형사소송법 제221조에 의한 출석 또는 진술을 거부한 경우에는 검사는 제1회 공판기일 전에 한하여 판사에게 그에 대한 증인신문을 청구할 수 있다.

③ 판사는 형사소송법 제221조의 2에 의한 검사의 증인신문청구에 따라 증인신문기일을 정한 때에는 피고인·피의자 또는 변호인에게 이를 통지하여 증인신문에 참여할 수 있도록 하여야 하며, 증인신문을 한 후에는 이에 관한 서류를 판사 소속법원에 보관하여야 한다.

④ 증거보전 또는 증인신문을 청구하는 자는 그 사유를 서면으로 소명하여야 한다.

해설 [20년 승진] ① (증거보전의 청구와 그 절차) ①검사, 피고인, 피의자 또는 변호인은 미리 증거를 보전하지 아니하면 그 증거를 사용하기 곤란한 사정이 있는 때에는 제1회 공판기일 전이라도 판사에게 압수, 수색, 검증, 증인신문 또는 감정을 청구할 수 있다. ②전항의 청구를 받은 판사는 그 처분에 관하여 법원 또는 재판장과 동일한 권한이 있다(.제184조 제1항·제2항)

② 제221조의 규정에 의하여 감정의 위촉을 받은 자는 판사의 허가를 얻어 제173조제1항에 규정된 처분을 할 수 있다(.제221조의2 제1항)

③ 판사는 검사의 증인신문청구에 의한 증인신문을 한 때에는 지체없이 이에 관한 서류를 검사에게 송부하여야 한다(제221조의2 제6항).

④ 청구를 함에는 서면으로 그 사유를 소명하여야 한다.(제184조 제3항)

>> 정답 ③

158. 수사의 종결처분에 대한 설명 중 가장 적절하지 않은 것은? (판례에 의함)

① 검사는 고소 또는 고발 있는 사건에 관하여 공소제기, 불기소, 공소취소 또는 타관송치의 처분을 한때에는 그 처분한 날로부터 7일 이내에 서면으로 고소인 또는 고발인에게 그 취지를 통지하여야 한다.

② 검사는 고소 또는 고발 있는 사건에 관하여 공소를 제기하지 아니하는 처분을 한 경우에 고소인 또는 고발인의 청구가 있는 때에는 7일 이내 고소인 또는 고발인에게 그 이유를 서면으로 설명하여야 한다.

③ 검사는 범죄로 인한 피해자 또는 그 법정대리인의 신청이 있는 때에는 당해 사건의 공소제기 여부, 공판의 일시·장소·재판결과, 피의자·피고인의 구속·석방 등 구금에 관한 사실 등을 신속하게 통지하여야 한다.

④ 검사의 불기소처분이 있는 경우 일사부재리의 원칙이 적용되므로 다시 공소를 제기할 수 없다.

> **해설** [18년 승진] ① (고소인등에의 처분고지) ①검사는 고소 또는 고발있는 사건에 관하여 공소를 제기하거나 제기하지 아니하는 처분, 공소의 취소 또는 제256조의 송치를 한 때에는 그 처분한 날로부터 7일 이내에 서면으로 고소인 또는 고발인에게 그 취지를 통지하여야 한다(제258조 제1항)
>
> ②(고소인등에의 공소불제기이유고지) 검사는 고소 또는 고발있는 사건에 관하여 공소를 제기하지 아니하는 처분을 한 경우에 고소인 또는 고발인의 청구가 있는 때에는 7일 이내에 고소인 또는 고발인에게 그 이유를 서면으로 설명하여야 한다(제259조)
>
> ③ (피해자 등에 대한 통지) 검사는 범죄로 인한 피해자 또는 그 법정대리인(피해자가 사망한 경우에는 그 배우자·직계친족·형제자매를 포함한다)의 신청이 있는 때에는 당해 사건의 공소제기여부, 공판의 일시·장소, 재판결과, 피의자·피고인의 구속·석방 등 구금에 관한 사실 등을 신속하게 통지하여야 한다(제259조의 2)
>
> ④ 검사의 불기소처분(기소유예 포함)에는 확정재판에 있어서의 확정력과 같은 효력이 없어 일단 불기소처분을 한 후에도 언제라도 공소를 제기할 수 있다(97도50855).

≫≫ 정답 ④

159. 수사의 종결에 관한 설명 중 가장 적절하지 않은 것은? (다툼이 있으면 판례에 의함)

① 검사가 고소 또는 고발에 의하여 범죄를 수사할 때에는 고소 또는 고발을 수리한 날로부터 3월에 수사를 완료하여 공소제기 여부를 결정하여야 한다.

② 검사가 불기소처분을 한 후에도 공소시효가 완성되기 전이면 언제라도 공소를 제기할 수 있으나, 세무공무원 등의 고발이 있어야 공소를 제기할 수 있는 조세범처벌법위반죄에 관하여 종전 세무공무원 등의 고발에 대한 불기소처분이 있었던 경우는 세무공무원 등의 새로운 고발이 있어야 공소를 제기할 수 있다.

③ 고소장의 기재만으로는 고소사실이 불분명함에도 고소장 제출 후 고소인이 출석요구에 불응하거나 소재불명이 되어 고소사실에 대한 진술을 청취할 수 없는 경우는 불기소처분 중 각하사유에 해당한다.

④ 반의사불벌죄의 경우 처벌을 희망하지 아니하는 의사표시가 있거나 처벌을 희망 하는 의사표시가 철회된 경우는 불기소처분 중 공소권 없음 사유에 해당한다.

> **해설** [20년 승진] ① (고소등에 의한 사건의 처리) 검사가 고소 또는 고발에 의하여 범죄를 수사할 때에는 고소 또는 고발을 수리한 날로부터 3월 이내에 수사를 완료하여 공소제기여부를 결정하여야 한다(제257조)

> ② 세무공무원 등의 고발이 있어야 공소를 제기할 수 있는 조세범처벌법위반죄에 관하여 일단 불기소처분이 있었더라도 세무공무원 등이 종전에 한 고발은 여전히 유효하므로, 나중에 공소를 제기함에 있어 세무공무원 등의 새로운 고발이 있어야 하는 것은 아니다(대판 2009.10. 29. 2009도6614).

> ③ 고소인 또는 고발인이 고소·고발장을 제출한 후 출석요구나 자료제출 등 혐의 확인을 위한 수사기관의 요청에 불응하거나 소재불명이 되는 등 고소·고발사실에 대한 수사를 개시·진행할 자료가 없는 경우(검찰사건사무규칙 제115조)

> ④ 반의사불벌죄의 경우 처벌을 희망하지 않는 의사표시가 있거나 처벌을 희망하는 의사표시가 철회된 경우(검찰사건사무규칙 제115조)

>> **정답 ②**

160. 불기소처분에 대한 불복에 관한 설명 중 가장 적절하지 않은 것은? (판례에 의함)

① 검사의 불기소처분에 불복하는 고소인이나 고발인은 그 검사가 속한 지방검찰청 또는 지청을 거쳐 서면으로 관할고등검찰청 검사장에게 항고할 수 있다.

② 고소권자로서 고소를 한 자는 검사로부터 공소를 제기하지 아니한다는 통지를 받은 때에는 그 검사 소속의 지방검찰청소재지를 관할하는 고등법원에 그 당부에 관한 재정을 신청할 수 있으나 검찰항고 전치주의가 적용되어 반드시 검찰항고를 먼저 거쳐야 한다.

③ 재정신청은 법원의 결정이 있을 때까지 취소할 수 있으나 취소한 자는 다시 재정신청을 할 수 없다.

④ 대통령에게 제출한 청원서를 대통령비서실로부터 이관받은 검사가 진정사건으로 내사 후 내사종결 처리한 경우 위 내사종결 처리는 고소 또는 고발사건에 대한 불기소처분이라고 볼 수 없어 재정신청의 대상이 되지 아니한다.

> **해설** [20년 승진] ① 검사의 불기소처분에 불복하는 고소인이나 고발인은 그 검사가 속한 지방검찰청 또는 지청을 거쳐 서면으로 관할 고등검찰청 검사장에게 항고할 수 있다.(검찰청법 제10조)

> ② 고소인이 원칙적으로 검찰청법 제10조에 따른 항고를 거친 후에 재정신청을 하여야 하지만, 예외적으로 항고 이후 **재기수사가 이루어진 다음에 다시 공소를 제기하지 아니한다**는 통지를 받은 경우, 항고 신청 후 항고에 대한 처분이 행하여지지 아니하고 **3개월이 경과**한 경우 또는 검사가 **공소시효 만료일 30일 전**까지 공소를 제기하지 아니하는 경우에는 항고를 거치지 않고도 재정신청을 할 수 있다(제260조 제2항).

> ③ 재정신청은 제262조제2항의 결정이 있을 때까지 취소할 수 있다. 취소한 자는 다시 재정신청을 할 수 없다. (제264조 제2항)

> ④ 대통령에게 제출한 청원서를 대통령비서실로부터 이관받은 검사가 진정사건으로 내사 후 내사종결

처리한 경우, 위 내사종결처리는 고소 또는 고발사건에 대한 불기소처분이라고 볼 수 없어 재정신청의 대상이 되지 아니한다(대법원 1991. 11. 5. 자 91모68)

>> 정답 ②

161. 다음 설명 중 옳지 않은 것은? (다툼이 있으면 판례에 의함)

① 검사는 고소 또는 고발 있는 사건에 관하여 공소제기, 불기소, 공소취소 또는 타관송치의 처분을 한때에는 그 처분한 날로부터 7일 이내에 서면으로 고소인 또는 고발인에게 그 취지를 통지하여야 한다.

② 검사가 불기소 또는 타관송치의 처분을 한 때에는 피의자에게 즉시 그 취지를 통지하여야 한다.

③ 검사는 범죄로 인한 피해자 또는 그 법정대리인의 신청이 있는 때에는 당해 사건의 공소제기여부, 공판의 일시·장소, 재판 결과, 피의자, 피고인의 구속, 석방 등 구금에 관한 사실 등을 신속하게 통지하여야 한다.

④ 고소한 피해자는 불기소처분의 취소를 구하는 헌법소원심판을 청구할 수 있으나, 고소하지 아니한 피해자 또는 고발인은 헌법소원심판을 청구할 수 없다.

해설 [17년 검찰] ① (고소인등에의 처분고지) ①검사는 고소 또는 고발있는 사건에 관하여 공소를 제기하거나 제기하지 아니하는 처분, 공소의 취소 또는 제256조의 송치를 한 때에는 그 처분한 날로부터 7일 이내에 서면으로 고소인 또는 고발인에게 그 취지를 통지하여야 한다(.제258조 제1항)

② 검사는 불기소 또는 제256조의 처분을 한 때에는 피의자에게 즉시 그 취지를 통지하여야 한다.(제258조 제2항)

③ (피해자 등에 대한 통지) 검사는 범죄로 인한 피해자 또는 그 법정대리인(피해자가 사망한 경우에는 그 배우자·직계친족·형제자매를 포함한다)의 신청이 있는 때에는 당해 사건의 공소제기여부, 공판의 일시·장소, 재판결과, 피의자·피고인의 구속·석방 등 구금에 관한 사실 등을 신속하게 통지하여야 한다.(제259조의2)

④ **고소한 피해자**는 검사의 불기소처분에 대하여는 헌법소원을 청구할 수 없으나, **고소하지 아니한 피해자**는 헌법소원을 청구할 수 있다(헌재2008.11.27. 2008헌마 399).

>> 정답 ④

162. 재정신청에 관한 설명 중 적절한 것을 모두 고른 것은? (다툼이 있으면 판례에 의함).

㉠ 재정신청사건에 대한 법원의 공소제기결정에 따라 검사가 공소를 제기한 때에는 공소취소를 할 수 없다.

㉡ 법원은 재정신청 기각결정 또는 재정신청 취소가 있는 경우에는 결정으로 재정신청인에게 신청절차에 의하여 생긴 비용의 전부 또는 일부를 부담하게 하여야 한다.

㉢ 재정신청이 있는 경우에 법원은 검사의 무혐의 불기소처분이 위법하다 하더라도 기록

에 나타난 여러 가지 사정을 고려하여 기소유예의 불기소처분을 할 만한 사건이라고 인정되는 경우에는 재정신청을 기각할 수 있다.

㉹ 재정신청의 관할법원은 불기소처분을 한 검사 소속의 지방검찰청 소재지를 관할하는 지방법원 합의부이다.

㉺ 법원이 재정신청서에 재정신청을 이유 있게 하는 사유가 기재되어 있지 않음에도 이를 간과 한 채 형사소송법 제262조 제2항 제2호 소정의 공소제기결정을 한 관계로 그에 따른 공소가 제기되어 본안사건의 절차가 개시된 후에는 다른 특별한 사정이 없는 한 이제 그 본안사건에서 위와 같은 잘못을 다툴 수 없다.

① ㉠㉡㉢　　　　　② ㉠㉢㉹

③ ㉠㉢㉺　　　　　④ ㉡㉹㉺

해설 [17년 경찰2] ㉠ (공소취소의 제한) 검사는 제262조제2항제2호의 결정에 따라 공소를 제기한 때에는 이를 취소할 수 없다(제264조의2)

㉡(×)법원은 재정신청 기각결정 또는 재정신청 취소가 있는 경우에는 결정으로 재정신청인에게 신청절차에 의하여 생긴 비용의 전부 또는 일부를 **부담하게 할 수 있다**(제262조의3 제1항).

㉢ 공소를 제기하지 아니하는 검사의 처분의 당부에 관한 재정신청이 있는 경우에 법원은 검사의 무혐의 불기소처분이 위법하다 하더라도 기록에 나타난 여러 가지 사정을 고려하여 기소유예의 불기소처분을 할 만한 사건이라고 인정되는 경우에는 재정신청을 기각할 수 있다.(대법원 1997. 4. 22. 자 97모30)

㉹(×)재정신청의 관할법원은 불기소처분을 한 검사 소속의 지방검찰청 소재지를 관할하는 **고등법원**이다(제260조 제1항).

㉺ 법원이 재정신청서에 재정신청을 이유 있게 하는 사유가 기재되어 있지 않음에도 이를 간과한 채 형사소송법 제262조 제2항 제2호 소정의 공소제기결정을 한 관계로 그에 따른 공소가 제기되어 본안사건의 절차가 개시된 후에는, 다른 특별한 사정이 없는 한 이제 그 본안사건에서 위와 같은 잘못을 다툴 수 없다(대판 2010.11.11. 선고 2009도224).

≫≫ 정답 ③

163. 재정신청에 대한 설명으로 옳지 않은 것은? (다툼이 있으면 판례에 의함)

① 고등법원은 재정신청서를 송부받은 날부터 3개월 이내에 항고의 절차에 준하여 기각 또는 공소제기의 결정을 하여야 하고, 필요한 때에는 증거를 조사할 수 있다.

② 고등법원이 공소제기를 결정한 경우 검사는 그 결정에 대해서는 불복할 수 없으며, 기각결정이 확정된 사건에 대하여는 다른 중요한 증거를 발견한 경우를 제외하고는 소추할 수 없다.

③ 재정신청인이 그 신청을 취소한 경우 고등법원은 결정으로 재정신청인에게 신청절차에 의하여 생긴 비용의 전부 또는 일부를 부담하게 할 수 있다.

④ 재정신청인이 교도소에 수감되어 있는 경우 재정신청 기각결정에 대한 재항고의 법정기간 준수 여부는 재항고장을 교도소장에게 제출한 시점을 기준으로 판단하여야 한다.

해설 [17년 검찰] ① 법원은 재정신청서를 송부받은 날부터 3개월 이내에 항고의 절차에 준하여 다음 각 호의 구분에 따라 결정한다. 이 경우 필요한 때에는 증거를 조사할 수 있다.(제262조 제2항)

② 제2항제1호의 결정에 대하여는 제415조에 따른 즉시항고를 할 수 있고, 제2항제2호의 결정에 대하여는 불복할 수 없다. 제2항제1호의 결정이 확정된 사건에 대하여는 다른 중요한 증거를 발견한 경우를 제외하고는 소추할 수 없다(제262조 제4항)

③ 법원은 제262조제2항제1호의 결정 또는 제264조제2항의 취소가 있는 경우에는 결정으로 재정신청 인에게 신청절차에 의하여 생긴 비용의 전부 또는 일부를 부담하게 할 수 있다(제262조의3 제1항)

④ 재정신청 기각결정에 대한 재항고나 그 재항고 기각결정에 대한 즉시항고로서의 재항고에 대한 법 정기간의 준수 여부는 도달주의 원칙에 따라 재항고장이나 즉시항고장이 법원에 도달한 시점을 기 준으로 판단하여야 하고, 거기에 재소자 피고인 특칙은 준용되지 아니한다고 해석함이 타당하다(대 판 2015. 7.16. 2013모2347).

>> 정답 ④

164. 재정신청에 대한 설명으로 가장 적절한 것은?(다툼이 있는 경우 판례에 의함)

① 법원은 재정신청 기각결정 또는 재정신청 취소가 있는 경우에는 결정으로 재정신청 인에게 신청절차에 의하여 생긴 비용의 전부 또는 일부를 부담하게 하여야 한다.

② 검사가 공소시효 만료일 30일 전까지 공소를 제기하지 아니하는 경우에는 검찰항 고를 거치지 않고 공소시효 만료일까지 재정 신청서를 제출할 수 있다.

③ 법원이 재정신청서에 재정신청을 이유 있게 하는 사유가 기재 되어 있지 않음에 도 이를 간과한 채 형사소송법 제262조 제2항 제2호 소정의 공소제기결정을 한 관계로 그에 따른 공소가 제기되어 본안사건의 절차가 개시된 후에는 다른 특별한 사정이 없는 한 이제 그 본안사건에서 그와 같은 잘못을 다툴 수 없다.

④ 재정신청사건의 관할법원은 불기소처분을 한 검사 소속의 지방 검찰청소재지를 관할하는 지방법원 합의부이다.

해설 [19년 승진] ① 법원은 재정신청 기각결정 또는 재정신청 취소가 있는 경우에는 결정으로 재정 신청인에게 신청절차에 의하여 생긴 비용의 전부 또는 일부를 **부담하게 할 수 있다**(제262조의 3 제1항).

② 검사가 공소시효 만료일 30일전까지 공소를 제기하지 아니하는 경우에는 검찰항고를 거치지 않고 공소시효 만료일 전날까지 재정신청서를 제출할 수 있다(제260조 제3항).

③ 법원이 재정신청서에 재정신청을 이유 있게 하는 사유가 기재되어 있지 않음에도 이를 간과한 채 형사소송법 제262조 제2항 제2호 소정의 공소제기결정을 한 관계로 그에 따른 공소가 제기되어 본안사건의 절차가 개시된 후에는, 다른 특별한 사정이 없는 한 이제 그 본안사건에서 위와 같은 잘못을 다툴 수 없다(대판 2010.11.11. 선고 2009도224).

④ 재정신청사건의 관할법원은 불기소처분을 한 검사 소속의 지방검찰청 소재지를 관할하는 고등 법원이다(제260조 제1항).

>> 정답 ③

165. 재정신청에 대한 설명 중 가장 적절한 것은? (판례에 의함)

① 검사의 불기소처분에 대하여 고소인은 재정신청을 할 수 있으나 고발인은 할 수 없다.

② 재정신청사건의 심리는 항고절차에 준하여 진행되며 심리 중에는 증거조사가 허용되지 아니한다.

③ 재정신청은 대리인에 의하여 할 수 있으며 공동신청권자 중 1인의 신청은 그 전원을 위하여 효력을 발생하고, 재정신청의 취소도 다른 공동신청권자에게 효력을 발생한다.

④ 「형사소송법」 제262조 제4항 후문에서 말하는 '재정신청 기각결정이 확정된 사건'이라 함은 재정신청 사건을 담당하는 법원에서 공소제기의 가능성과 필요성 등에 관한 심리와 판단이 현실적으로 이루어져 재정신청 기각결정의 대상이 된 사건만을 의미한다.

> **해설** [18년 승진] ① 재정신청권자는 검사로부터 불기소처분을 받은 고소인과 일부 고발인(형법 제123조~제126조)이다. 형법 제123조(직권남용), 제124조(불법체포·감금), 제125조(폭행·가혹행위), 제126조(피의사실공표)에 대해서는 고발인도 포함된다(제260조 제1항).
>
> ② 재정결정을 위하여 필요한 때에는 증거조사를 할 수 있다(제262조 제2항).
>
> ③ 재정신청의 취소는 다른 공동신청권자에게 효력을 미치지 않는다(제264조 제3항).
>
> ④ 형사소송법 제262조 제4항 후문의 입법 취지 등에 비추어 보면, 형사소송법 제262조 제4항 후문에서 말하는 '제2항 제1호의 결정이 확정된 사건'은 재정신청사건을 담당하는 법원에서 공소제기의 가능성과 필요성 등에 관한 심리와 판단이 현실적으로 이루어져 재정신청 기각결정의 대상이 된 사건만을 의미한다.(대법원 2015. 9. 10. 선고 2012도14755)

≫≫ 정답 ④

166. 재정신청에 대한 설명으로 가장 적절하지 않은 것은? (판례에 의함)

① 재정신청의 신청권자는 불기소처분의 통지를 받은 고소인 또는 고발인인데 고소인은 모든 범죄에 대해, 고발인은 「형법」 제123조부터 제126조까지의 죄에 대해서만 재정신청이 가능하다.

② 재정신청에 대한 기각결정에 대해서는 법령위반을 이유로 대판에 즉시 항고할 수 있다. 단 법정기간의 준수 여부는 도달주의 원칙에 따라 재항고장이 법원에 도달한 시점을 기준으로 하고, 재소자특칙은 준용되지 않는다.

③ 재정신청에 대한 공소제기결정에 대하여는 검사는 물론 공소제기결정의 대상이 된 피의자도 불복할 수 없다. 그러나 공소제기한 검사는 통상의 공판절차에서와 마찬가지로 권한을 행사하고 피고인의 이익을 위해서 공소취소도 할 수 있다.

④ 법원이 재정신청 대상사건이 아님에도 이를 간과한 채 「형사소송법」 제262조 제2항 제2호에 따라 공소제기결정을 하였더라도, 그에 따른 공소가 제기되어 본안

사건의 절차가 개시된 후에는 다른 특별한 사정이 없는 한 본안사건에서 위와 같은 잘못을 다툴 수 없다.

해설 [19년 경찰1] ① (재정신청)고소권자로서 고소를 한 자(「형법」 제123조부터 제126조까지의 죄에 대하여는 고발을 한 자를 포함한다. 이하 이 조에서 같다)는 검사로부터 공소를 제기하지 아니한다는 통지를 받은 때에는 그 검사 소속의 지방검찰청 소재지를 관할하는 고등법원(이하 "관할 고등법원"이라 한다)에 그 당부에 관한 재정을 신청할 수 있다. 다만, 「형법」 제126조의 죄에 대하여는 피공표자의 명시한 의사에 반하여 재정을 신청할 수 없다.(제260조 제1항)

② 제2항제1호의 결정에 대하여는 제415조에 따른 즉시항고를 할 수 있고, 제2항제2호의 결정에 대하여는 불복할 수 없다. 제2항제1호의 결정이 확정된 사건에 대하여는 다른 중요한 증거를 발견한 경우를 제외하고는 소추할 수 없다(제262조 제4항).

③ 검사는 공소제기결정에 따라 공소를 제기한 때에는 이를 취소할 수 없다(제264조의2).

④ 법원이 재정신청서에 재정신청을 이유 있게 하는 사유가 기재되어 있지 않음에도 이를 간과한 채 법 제262조 제2항 제2호 소정의 공소제기결정을 한 관계로 그에 따른 공소가 제기되어 본안사건의 절차가 개시된 후에는, 다른 특별한 사정이 없는 한 이제 그 본안사건에서 위와 같은 잘못을 다툴 수 없다(대법원 2010. 11. 11. 선고 2009도224)

》》 정답 ③

167. 재정신청에 대한 설명으로 옳은 것은? (다툼이 있는 경우 판례에 의함)

① 재정신청 기각결정에 대한 재항고나 그 재항고 기각결정에 대한 즉시항고로서의 재항고에 대한 법정기간의 준수 여부는 재항고장이나 즉시항고장이 법원에 도달한 시점을 기준으로 판단하여야 하고, 거기에 재소자 피고인 특칙은 준용되지 아니한다.

② 재정신청사건의 심리 중에는 관련 서류 및 증거물을 열람 또는 등사할 수 있다.

③ 공동신청권자 중 1인의 재정신청 및 취소는 전원을 위하여 효력을 발생한다.

④ 법원이 재정신청 대상 사건이 아닌 공직선거법. 제251조의 후보자비방죄에 관한 재정신청임을 간과한 채 공소제기결정을 한 관계로 그에 따른 공소가 제기되어 본안사건의 절차가 개시되었다면, 다른 특별한 사정이 없는 한 그 본안사건에서 그 잘못을 다툴 수 있다.

해설 [19년 검찰] ① 재정신청 기각결정에 대한 재항고나 그 재항고 기각결정에 대한 즉시항고로서의 재항고에 대한 법정기간의 준수 여부는 도달주의 원칙에 따라 재항고장이나 즉시항고장이 법원에 도달한 시점을 기준으로 판단하여야 하고, 거기에 재소자 피고인 특칙은 준용되지 아니한다.(대법원 2015. 7. 16. 자 2013모2347)

② 재정신청사건의 심리 중에는 원칙적으로 관련 서류 및 증거물을 열람 또는 등사할 수 없다 (제262조의2).

③ 공동신청권자 중 1인의 재정신청은 전원을 위하여 효력을 발생하지만(제264조 제1항), 그 취소는 다른 공동신청권자에게 효력을 미치지 아니한다(제264조 제3항).

④ 법원이 재정신청 대상 사건이 아닌 공직선거법. 제251조의 후보자비방죄에 관한 **재정신청임을 간과한 채 공소제기결정을 하였더라도 본안사건의 절차가 개시된 후에는 본안사건에서 위와 같은 잘못을 다툴 수 없다**(대판 2017.11.14., 2017도13465).

》》 정답 ③

168. 재정신청에 관한 설명 중 옳지 않은 것은 모두 몇 개인가? (판례에 의함)

> 가. 검사의 불기소처분에 대하여 고소권자의 경우 재정신청을 할 수 있는 대상 범죄에 제한이 없으며, 기소유예 처분에 대해서도 재정신청을 할 수 있다.
>
> 나. 고소인과 달리 고발인의 재정신청은 사전에 검찰항고를 경유하여야 한다.
>
> 다. 재정신청은 고등법원의 재정결정이 있을 때까지 취소할 수 있고, 재정신청을 취소한 자는 다시 재정신청을 할 수 없다.
>
> 라. 공동신청권자 중 1인의 재정신청은 그 전원을 위하여 효력을 발생하고, 그 취소의 경우에도 마찬가지이다.
>
> 마. 재정법원의 결정에 대해서는 일체의 불복이 허용되지 않는다.

① 1개   ② 2개
③ 3개   ④ 4개

해설 [20년 경간] 가.불기소처분의 이유는 불문하므로, 기소유예처분에 대하여도 재정신청을 할 수 있으
나. 진정사건에 대한 검사의 내사종결처분과 공소취소는 불기소처분이 아니므로 재정신청을 할 수
없다.

나. (x)고소인과 고발인 모두 재정신청을 하려면 원칙적으로 검찰항고를 거쳐야 한다(제260조 제2항).

다. 재정신청은 제262조제2항의 결정이 있을 때까지 취소할 수 있다. 취소한 자는 다시 재정신청을
할 수 없다(제264조 제2항)

라. (x)재정신청은 대리인에 의하여 할 수 있으며 공동신청권자 중 1인의 신청은 그 전원을 위하여 효력
을 발생하지만, 재정신청의 취소는 다른 공동신청권자에게 효력을 미치지 아니한다(제264조 제3
항).

마. (x)재정신청 기각결정에 대하여는 형사소송법 제415조에 따른 즉시항고를 할 수 있고, 공소제기결
정에 대하여는 불복할 수 없다(제262조 제4항).

>> 정답 ③

169. 공소제기 후 수사에 관한 설명 중 가장 적절하지 않은 것은? (판례에 의함).

① 검사 또는 사법경찰관이 피고인에 대한 구속영장을 집행하는 경우에 필요한 때에
는 영장 없이 구속현장에서 압수ㆍ수색ㆍ검증을 할 수 있다.

② 공판준비 또는 공판기일에서 이미 증언을 마친 증인을 검사가 소환한 후 피고인에
게 유리한 증언내용을 추궁하여 이를 일방적으로 번복시키는 방식으로 작성한 진
술조서는 피고인이 증거로 할 수 있음에 동의하지 아니하는 한 증거능력이 없다.

③ 검사가 공소제기 후에 피고인을 피의자로 신문하여 작성한 진술조서는 증거능력이 없다.

④ 공소제기 된 피고인의 구속상태를 계속 유지할 것인지 여부에 관한 판단은 전적
으로 당해 수소법원의 전권에 속한다.

해설 [17년 경찰2] ① 검사 또는 사법경찰관은 제200조의2·제200조의3·제201조 또는 제212조의 규정에 의하여 피의자를 체포 또는 구속하는 경우에 필요한 때에는 영장없이 다음 처분을 할 수 있다. 검사 또는 사법경찰관이 피고인에 대한 구속영장의 집행의 경우에 준용한다(제216조 제2항).

② 공판준비 또는 공판기일에서 이미 증언을 마친 **증인을 검사가 소환한 후** 피고인에게 유리한 그 증언 내용을 추궁하여 이를 **일방적으로 번복시키는 방식으로 작성한 진술조서**를 유죄의 증거로 삼는 것은 당사자주의·공판중심주의·직접주의를 지향하는 현행 형사소송법의 소송구조에 어긋나는 것일 뿐만 아니라, 헌법 제27조가 보장하는 기본권, 즉 법관의 면전에서 모든 증거자료가 조사·진술되고 이에 대하여 피고인이 공격·방어할 수 있는 기회가 실질적으로 부여되는 재판을 받을 권리를 침해하는 것이므로, 이러한 진술조서는 **피고인이 증거로 할 수 있음에 동의하지 아니하는 한 그 증거능력이 없다**(대법원 2000. 6. 15).

③ 검사작성의 피고인에 대한 진술조서가 공소제기 후에 작성된 것이라는 이유만으로는 곧 그 증거능력이 없다고 할 수 없다(대판 1984.9.25. 84도1646).

④ 공소제기된 피고인의 구속상태를 계속 유지할 것인지 여부에 관한 판단은 전적으로 당해 수소법원의 전권에 속하는 것이다(대법원 1997. 11. 27. 자 97모88)

▶▶ 정답 ③

---

170. 공소제기 및 공소제기 후 수사에 관한 다음 설명 중 가장 옳은 것은? (다툼이 있으면 판례에 의함).

① 검사는 공소를 제기한 피고사건에 대하여 판결이 확정될 때까지 그 공소를 취소할 수 있다.

② 공소는 검사가 피고인으로 지정한 사람 외의 다른 사람에게는 그 효력이 미치지 아니한다.

③ 공판기일에서 이미 증언을 마친 증인을 검사가 소환한 후 피고인에게 유리한 증언내용을 추궁하여 이를 일방적으로 번복시키는 방식으로 진술조서를 작성하였더라도 검사의 수사가 적법하게 이루어졌으며 원진술자인 종전 증인이 다시 법정에 출석하여 증언을 하면서 그 진술조서의 성립의 진정함을 인정하고 피고인 측에 반대신문의 기회가 부여되었다면 그 진술조서는 피고인의 증거동의와는 관계없이 증거능력이 있다.

④ 검사가 공소제기 후 수소법원 이외의 지방법원 판사에게 청구하여 발부받은 영장에 의하여 압수·수색을 한 경우, 그와 같이 수집된 증거도 원칙적으로 유죄의 증거로 삼을 수 있다.

해설 [17년 경찰2] ① 공소는 제1심판결의 선고 전까지 취소할 수 있다(제255조 제1항).

② (공소의 효력 범위) 공소의 효력은 검사가 피고인으로 지정한 자에게만 미친다(제248조 제1항)

③ 공판준비 또는 공판기일에서 이미 증언을 마친 **증인을 검사가 소환한 후** 피고인에게 유리한 그 증언 내용을 추궁하여 이를 **일방적으로 번복시키는 방식으로 작성한 진술조서**를 유죄의 증거로 삼는 것은 당사자주의·공판중심주의·직접주의를 지향하는 현행 형사소송법의 소송구조에 어긋나는 것일 뿐만 아니라, 헌법 제27조가 보장하는 기본권, 즉 법관의 면전에서 모든 증거자료가 조사·진

술되고 이에 대하여 피고인이 공격·방어할 수 있는 기회가 실질적으로 부여되는 재판을 받을 권리를 침해하는 것이므로, 이러한 진술조서는 **피고인이 증거로 할 수 있음에 동의하지 아니하는 한 그 증거능력이 없다**(대법원 2000. 6. 15).

④ 검사가 **공소제기 후** 형사소송법 제215조에 따라 **수소법원 이외의 지방법원판사에게 청구하여 발부받은 영장에 의하여 압수·수색을** 하였다면, 그와 같이 수집된 증거는 기본적 인권 보장을 위해 마련된 **적법한 절차에 따르지 않은 것으로서** 원칙적으로 유죄의 증거로 삼을 수 없다(대판 2011. 4.28. 2009도10412).

>> 정답 ②

171. 공소가 제기된 이후 당해 피고인에 대한 수사와 관련된 설명으로 옳은 것은? (다툼이 있는 경우 판례에 의함)

① 불구속으로 기소된 피고인이 도망하거나 증거인멸의 염려가 있는 경우 검사는 지방법원판사에게 구속영장을 청구하여 발부받아 피고인을 구속할 수 있다.

② 검사 작성의 피고인에 대한 진술조서가 공소제기 후에 작성된 것이라는 이유만으로 곧 그 증거능력이 없다고 할 수는 없다.

③ 수사기관은 수소법원 이외의 지방법원판사로부터 압수·수색 영장을 청구하여 발부받아 피고사건에 관하여 압수·수색을 할 수 있다.

④ 피고인에 대한 수소법원의 구속영장을 집행하는 경우 필요한 때에도 수사기관은 그 집행현장에서 영장없이는 압수·수색·검증을 할 수 없다.

해설 [21년 9급]① 공소가 제기된 후에는 그 사건에 관한 형사절차의 모든 권한이 사건을 주재하는 수소법원에 속하게 되며, 수사의 대상이던 피의자는 검사와 대등한 당사자인 피고인의 지위에서 방어권을 행사하므로 피고인이 도망하거나 증거인멸의 염려가 있다 할지라도 **검사는 수소법원이 아닌 지방법원판사에게 구속영장을 청구하여 발부받아 피고인을 구속할 수 없다**

② 검사작성의 피고인에 대한 진술조서가 공소제기 후에 작성된 것이라는 이유만으로는 곧 그 증거능력이 없다고 할 수 없다(대법원 1984. 9. 25. 선고 84도1646)

③ 검사가 수소법원 이외의 지방법원 판사에게 청구하여 발부받은 영장에 의하여 압수·수색을 하였다면, 그와 같이 수집된 증거는 기본적 인권 보장을 위해 마련된 적법한 절차에 따르지 않은 것으로서 **원칙적으로 유죄의 증거로 삼을 수 없다.**(대법원 2011. 4. 28. 선고 2009도10412)

④ 검사 또는 사법경찰관이 피고인에 대한 구속영장의 집행의 경우에 필요한 때에는 영장없이 압수,수색, 검증을 할 수 있다.(제216조 제2항)

>> 정답 ②

172. 공소제기 후의 수사에 대한 설명으로 가장 적절하지 않은것은? (다툼이 있는 경우 판례에 의함)

① 공소제기 후 수사기관에 의한 피고인의 구속은 허용되지 않는다.

② 검사가 공소제기 후에 피고인에 대해 작성한 진술조서는 항상 증거능력이 없다.

③ 검사 또는 사법경찰관이 피고인에 대한 구속영장을 집행하는 경우에 필요한 때에는 영장 없이 구속현장에서 압수 수색 검증을 할 수 있다.

④ 공소가 제기된 후에는 그 피고사건에 관하여 수사기관은 형사소송법 제215조에 의하여 압수 수색을 할 수 없다고 보아야 하며, 그럼에도 검사가 공소제기 후 형사소송법 제215조에 따라 수소법원 이외의 지방법원 판사에게 청구하여 발부받은 영장에 의하여 압수 수색을 하였다면, 그와 같이 수집된 증거는 기본적 인권 보장을 위해 마련된 적법한 절차에 따르지 않은것으로서 원칙적으로 유죄의 증거로 삼을 수 없다.

해설 [21년 승진] ① 공소제기 후의 피고인 구속은 수소법원의 권한에 속하며, 공소제기 후에 수사기관이 피고인을 구속할 수 없다.

② 검사작성의 피고인에 대한 진술조서가 공소제기 후에 작성된 것이라는 이유만으로는 곧 그 증거능력이 없다고 할 수 없다.(대판 1984.9.25. 84도1646)

③ 검사 또는 사법경찰관이 피고인에 대한 구속영장을 집행하는 때에 그 집행의 현장에서는 영장없이 압수 · 수색 · 검증을 할 수 있으며, 임의제출물의 압수는 공소제기 후에도 허용된다.

④ 검사가 공소제기 후 형사소송법 제215조에 따라 수소법원 이외의 지방법원판사에게 청구하여 발부받은 영장에 의하여 압수 · 수색을 하였다면, 그와 같이 수집된 증거는 기본적 인권 보장을 위해 마련된 적법한 절차에 따르지 않은 것으로서 원칙적으로 유죄의 증거로 삼을 수 없다(대판 2011. 4.28. 2009도10412).

≫ 정답 ②

173. 공소제기 후 수사에 대한 설명으로 가장 적절하지 않은 것은?(판례에 의함)

① 검사작성의 피고인에 대한 진술조서가 공소제기 후에 작성된 것이라는 이유만으로는 곧 그 증거능력이 없다고 할 수 없다.

② 공소제기된 피고인의 구속상태를 계속 유지할 것인지 여부에 관한 판단은 전적으로 당해 수소법원의 전권에 속한다.

③ 검사 또는 사법경찰관이 피고인에 대한 구속영장을 집행하는 경우에 필요한 때에는 영장 없이 구속현장에서 압수 · 수색 · 검증을 할 수 있다.

④ 공소제기 후 증거물의 소유자인 제3자가 임의로 제출하는 피고사건에 대한 그 증거물을 수사기관이 압수하는 것은 위법하다.

해설 [19년 승진] ① 검사작성의 피고인에 대한 진술조서가 공소제기 후에 작성된 것이라는 이유만으로는 곧 그 증거능력이 없다고 할 수 없다(대판 1984.9.25. 84도1646).

② 공소제기된 피고인의 구속상태를 계속 유지할 것인지 여부에 관한 판단은 전적으로 당해 수소법원의 전권에 속하는 것이다(대법원 1997. 11. 27. 자 97모88)

③ 검사 또는 사법경찰관은 제200조의2 · 제200조의3 · 제201조 또는 제212조의 규정에 의하여 피의자를 체포 또는 구속하는 경우에 필요한 때에는 영장없이 다음 처분을 할 수 있다. 검사 또는 사법경찰관이 피고인에 대한 구속영장의 집행의 경우에 준용한다(제216조 제2항)

④ 검사, 사법경찰관은 피의자 기타인의 유류한 물건이나 소유자, 소지자 또는 보관자가 **임의로 제출한 물건**을 영장없이 압수할 수 있다(제218조). 공소제기 후 제3자가 임의로 제출하는 증거물을 수사기관이 압수하는 것은 위법하지 않다.

>> 정답 ④

174. 증거에 대한 설명으로 가장 적절한 것은? (다툼이 있는경우 판례에 의함)

① 간접증거가 개별적으로 완전한 증명력을 가지지 못한다면, 전체증거를 상호 관련하여 종합적으로 고찰하여 증명력이 있는 것으로 판단되더라도 그에 의하여 범죄사실을 인정할 수 없다.

② 살인죄와 같이 법정형이 무거운 범죄의 경우에도 직접증거 없이 간접증거만으로도 유죄를 인정할 수 있다.

③ 상해사건에서 피해자 진단서는 상해 사실자체에 대한 직접증거에 해당한다.

④ 증거능력이란 요증사실을 증명하는 증거의 힘, 증거의 실질적가치를 말하며, 이는 법관의 자유심증에 의해 결정된다.

> **해설** [21년 승진] ① 형사재판에 있어 심증이 반드시 직접증거에 의하여 형성되어야만 하는 것은 아니고 경험칙과 논리법칙에 위반되지 아니하는 한 간접증거에 의하여 형성되어도 되는 것이며, 간접증거가 개별적으로는 범죄사실에 대한 완전한 증명력을 가지지 못하더라도 전체 증거를 상호 관련하여 종합적으로 고찰할 경우 그 단독으로는 가지지 못하는 종합적 증명력이 있는 것으로 판단되면 그에 의하여도 범죄사실을 인정할 수 있다(대판 2001.11.27. 선고 2001도4392).
>
> ② 살인죄 등과 같이 법정형이 무거운 범죄의 경우에도 직접증거 없이 간접증거만으로 유죄를 인정할 수 있으나, 그러한 유죄 인정에는 공소사실에 대한 관련성이 깊은 간접증거들에 의하여 신중한 판단이 요구되므로, 간접증거에 의하여 주요사실의 전제가 되는 간접사실을 인정할 때에는 증명이 합리적인 의심을 허용하지 않을 정도에 이르러야 하고, 하나하나의 간접사실 사이에 모순, 저촉이 없어야 하는 것은 물론 간접사실이 논리와 경험칙, 과학법칙에 의하여 뒷받침되어야 한다(대판 2011.5.26. 선고 2011도1902).
>
> ③ 상해사건 발생 직후 피해자를 진찰한 바 있는 의사의 진술 및 상해진단서를 발행한 의사의 진술이나 진단서는 가해자의 상해 사실 자체에 대한 직접적인 증거가 되는 것은 아니고, 다른 증거에 의하여 상해의 가해행위가 인정되는 경우에 그에 대한 상해의 부위나 정도의 점에 대한 증거가 된다(대판 95도852).
>
> ④ 증거능력은 형사소송법상 증거가 엄격한 증명의 자료로 이용될 수 있는 법률상의 자격을 의미하며, 이는 법률의 규정에 의하여 형식적으로 결정되어 있다.

▷▷▷ 정답 ②

175. 증명에 관한 설명 중 가장 적절하지 않은 것은? (다툼이 있으면 판례에 의함).

① 공모나 모의는 공모공동정범에 있어서의 '범죄 될 사실'이라 할 것이므로 이를 인정하기 위하여서는 엄격한 증명에 의하지 않으면 아니 된다.

② 친고죄에서의 적법한 고소가 있었는지는 자유로운 증명의 대상이 된다.

③ 뇌물죄의 수뢰액은 그 다과에 따라 범죄구성요건이 되므로 엄격한 증명의 대상이 된다.

④ 주취정도의 계산을 위한 위드마크 공식의 경우 그 적용을 위한 자료로는 음주량, 음주시각, 체중, 평소의 음주정도 등이 필요하며 그런 전제사실에 대하여는 자유로운 증명으로 족하다.

해설 [17년 경찰2] ① 공모공동정범에 있어서 공모나 모의는 범죄사실을 구성하는 것으로서 이를 인정하기 위하여는 엄격한 증명이 요구된다(대판 2003.1.24. 2002도6103).

② 친고죄에서 적법한 고소가 있었는지는 자유로운 증명의 대상이 되고, 일죄의 관계에 있는 범죄사실 일부에 대한 고소의 효력은 일죄 전부에 대하여 미친다(대법원 2011. 6. 24. 선고 2011도4451)

③ 뇌물죄에서 수뢰액은 다과에 따라 범죄구성요건이 되므로 엄격한 증명의 대상이 되고, 특정범죄 가중처벌 등에 관한 법률에서 정한 범죄구성요건이 되지 않는 단순 뇌물죄의 경우에도 몰수 · 추징의 대상이 되는 까닭에 역시 증거에 의하여 인정되어야 하며, 수뢰액을 특정할 수 없는 경우에는 가액을 추징할 수 없다.(대법원 2011. 5. 26. 선고 2009도2453)

④ 범죄구성요건사실의 존부를 알아내기 위해 과학 공식 등의 경험칙을 이용하는 경우에는 그 법칙 적용의 전제가 되는 개별적이고 구체적인 사실에 대하여는 엄격한 증명을 요하는바, 위드마크 공식의 경우 그 적용을 위한 자료로 섭취한 알코올의 양, 음주 시각, 체중 등이 필요하므로 **그런 전제사실에 대한 엄격한 증명이 요구**된다(대판 2008.8.21. 2008도5531).

>> 정답 ④

176. 증명에 관한 설명 중 가장 적절하지 않은 것은? (다툼이 있으면 판례에 의함)

① 사실의 인정은 증거에 의하여야 하고 범죄사실의 인정은 합리적인 의심이 없는 정도의 증명에 이르러야 한다.

② 횡령한 재물의 가액이 특정경제범죄 가중처벌 등에 관한 법률의 적용 기준이 되는 하한 금액을 초과한다는 점은 엄격한 증거에 의하여 증명되어야 한다.

③ 공모공동정범에 있어서 공모나 모의는 범죄될 사실이라 할 것이므로 이를 인정하기 위하여는 엄격한 증명에 의하여야 한다.

④ 범죄사실의 증명은 논리와 경험칙에 합치되는 한 간접증거로도 할 수 있으나, 살인죄와 같이 법정형이 무거운 범죄의 경우에는 직접증거가 있어야만 범죄사실을 증명할 수 있다.

해설 [20년 승진] ①(증거재판주의) 사실의 인정은 증거에 의하여야 한다. 범죄사실의 인정은 합리적인 의심이 없는 정도의 증명에 이르러야 한다(제307조 제1항 · 제2항)

② 범죄와 형벌 사이에 적정한 균형이 이루어져야 한다는 죄형균형의 원칙, 그리고 형벌은 책임에 기초하고 그 책임에 비례하여야 한다는 책임주의 원칙이 훼손되지 않도록 하려면, 횡령한 재물의 가액이 특정경제범죄법의 적용 기준이 되는 하한 금액을 초과한다는 점도 다른 구성요건 요소와 마찬가지로 **엄격한 증거에 의하여 증명**되어야 한다(대법원 2017. 5. 30. 선고 2016도9027)

③ 공모공동정범에 있어서 공모나 모의는 범죄사실을 구성하는 것으로서 이를 인정하기 위하여는 엄격한 증명이 요구된다(대판 2003.1.24. 2002도6103).

④ 살인죄 등과 같이 법정형이 무거운 범죄의 경우에도 직접증거 없이 간접증거만에 의하여 유죄를 인정할 수 있고, 살해의 방법이나 피해자의 사망경위에 관한 중요한 단서인 피해자의 사체가 멸실된 경우라 하더라도 간접증거를 상호 관련 하에서 종합적으로 고찰하여 살인죄의 공소사실을 인정할 수 있다(대판 2012.9.27. 2012도2658).

>> 정답 ④

177. 증거와 증명에 대한 설명으로 가장 적절한 것은? (다툼이있는 경우 판례에 의함)

① 「형사소송법」 제312조 제4항에서 '특히 신빙할 수 있는 상태'는 증거능력의 요건에 해당하므로 검사가 그 존재에 대하여 구체적으로 주장·증명하여야 하고, 엄격한 증명을 요한다.

② 강간죄에서 공소사실을 인정할 증거로 사실상 피해자의 진술이 유일하고 피고인의 진술은 경험칙상 합리성이 없고 그 자체로 모순되어 믿을 수 없는 경우, 이러한 사정은 법관의 자유판단의 대상이 되지 않는다.

③ 충분한 증명력이 있는 증거를 합리적인 근거 없이 배척하거나 반대로 객관적인 사실에 명백히 반하는 증거를 아무런 합리적인 근거 없이 채택·사용하는 등으로 논리와 경험의 법칙에 어긋나는 것이 아닌 이상, 법관은 자유심증으로 증거를 채택하여 사실을 인정할 수 있다.

④ 몰수는 부가형이자 형벌이므로 몰수의 대상 여부는 엄격한 증명의 대상이나, 추징은 형벌이 아니므로 추징의 대상, 추징액의 인정은 자유로운 증명의 대상이다.

> **해설** [20년 경찰2] ① 피고인의 자필로 작성된 진술서의 경우에는 서류의 작성자가 동시에 진술자이므로 진정하게 성립된 것으로 인정되고 그 진술이 특히 신빙할 수 있는 상태 하에서 행하여진 때에는 증거능력이 있고, 이러한 특신상태는 증거능력의 요건에 해당하므로 검사가 그 존재에 대하여 구체적으로 주장 · 입증하여야 하는 것이지만, 이는 소송상의 사실에 관한 것으로 자유로운 증명으로 족하다(대판 2001.9.4. 선고 2000도1743).
>
> ② 강간죄에서 공소사실을 인정할 증거로 사실상 피해자의 진술이 유일한 경우에 피고인의 진술이 경험칙상 합리성이 없고 그 자체로 모순되어 믿을 수 없다고 하여 그것이 공소사실을 인정하는 직접증거가 되는 것은 아니지만, 이러한 사정은 법관의 자유판단에 따라 피해자 진술의 신빙성을 뒷받침하거나 직접증거인 피해자 진술과 결합하여 공소사실을 뒷받침하는 간접정황이 될 수 있다(대판 2018도7709).
>
> ③ 증명력이 있는 증거를 합리적인 근거 없이 배척하거나 반대로 객관적인 사실에 명백히 반하는 증거를 아무런 합리적인 근거 없이 채택·사용하는 등으로 **논리와 경험의 법칙에 어긋나는 것이 아닌 이상**, 법관은 자유심증으로 증거를 채택하여 사실을 인정할 수 있다(대판 2013도11650).
>
> ④ 몰수, 추징의 대상이 되는지 여부나 추징액의 인정은 엄격한 증명을 필요로 하지 아니한다(대판 91도3346).

>> **정답 ③**

178. 증거능력에 대한 설명으로 가장 적절하지 않은 것은? (판례에 의함)

① 수사기관이 영장없이 범죄 수사를 목적으로 금융회사로부터 획득한 「금융실명거래 및 비밀보장에 관한 법률」 제4조 제1항의 '거래정보등'은 원칙적으로 「형사소송법」 제308조의2에서 정하는 '적법한 절차에 따르지 아니하고 수집한 증거'에 해당하여 유죄의 증거로 삼을 수 없다.

② 영장 발부의 사유로 된 범죄사실과 별개의 증거를 압수하였을 경우 이는 원칙적으로 유죄 인정의 증거로 사용할 수 없으나, 예외적으로 그 범죄사실과 객관적·인

적 관련성이 있는 때에는 사용 할 수 있다. 이 때 객관적 관련성은 압수·수색영장에 기재된 혐의사실의 내용과 수사의 대상, 수사 경위 등을 종합하여 혐의사실과 구체적·개별적 연관관계가 있는 경우뿐만 아니라 단순히 동종 또는 유사 범행인 경우도 인정된다.

③「형사소송법」은 전문진술에 대하여 제316조에서 실질상 단순한 전문의 형태를 취하는 경우에 한하여 예외적으로 그 증거능력을 인정하는 규정을 두고 있을 뿐, 재전문진술이나 재전문진술을 기재한 조서에 대하여는 달리 그 증거능력을 인정하는 규정을 두고 있지 아니하고 있으므로, 피고인이 증거로 하는 데 동의하지 아니하는 한「형사소송법」제310조의2의 규정에 의하여 이를 증거로 할 수 없다.

④「형사소송법」제218조를 위반하여 소유자, 소지자 또는 보관자가 아닌 자로부터 제출받은 물건을 영장없이 압수한 경우 그 '압수물' 및 '압수물을 찍은 사진'은 피고인이나 변호인이 이를 증거로 함에 동의하였다고 하더라도 유죄 인정의 증거로 사용할 수 없다.

해설 [20년 경찰2] ① 수사기관이 범죄 수사를 목적으로 금융실명거래 및 비밀보장에 관한 법률(이하 '금융실명법'이라 한다) 제4조 제1항에 정한 '거래정보 등'을 획득하기 위해서는 법관의 영장이 필요하고, 신용카드에 의하여 물품을 거래할 때 '금융회사 등'이 발행하는 매출전표의 거래명의자에 관한 정보 또한 금융실명법에서 정하는 '거래정보 등'에 해당하므로, 수사기관이 금융회사 등에 그와 같은 정보를 요구하는 경우에도 법관이 발부한 영장에 의하여야 한다. 그럼에도 수사기관이 영장에 의하지 아니하고 매출전표의 거래명의자에 관한 정보를 획득하였다면, 그와 같이 수집된 증거는 원칙적으로 형사소송법 제308조의2에서 정하는 '적법한 절차에 따르지 아니하고 수집한 증거'에 해당하여 유죄의 증거로 삼을 수 없다(대법원 2013. 3. 28. 선고 2012도13607)

② 압수·수색영장의 범죄 혐의사실과 관계있는 범죄라는 것은 압수·수색영장에 기재한 혐의사실과 객관적 관련성이 있고 압수·수색영장 대상자와 피의자 사이에 인적 관련성이 있는 범죄를 의미한다. 그중 혐의사실과의 객관적 관련성은 압수·수색영장에 기재된 혐의사실 자체 또는 그와 기본적 사실관계가 동일한 범행과 직접 관련되어 있는 경우는 물론 범행 동기와 경위, 범행수단과 방법, 범행 시간과 장소 등을 증명하기 위한 간접증거나 정황증거 등으로 사용될 수 있는 경우에도 인정될 수 있다. 그 관련성은 압수·수색영장에 기재된 혐의사실의 내용과 수사의 대상, 수사 경위 등을 종합하여 구체적·개별적 연관관계가 있는 경우에만 인정된다고 보아야 하고, 혐의사실과 단순히 동종 또는 유사 범행이라는 사유만으로 관련성이 있다고 할 것은 아니다. 그리고 피의자와 사이의 인적 관련성은 압수·수색영장에 기재된 대상자의 공동정범이나 교사범등 공범이나 간접정범은 물론 필요적 공범 등에 대한 피고사건에 대해서도 인정될 수 있다(대판 2019도6775).

③ 형사소송법은 전문진술에 대하여 제316조에서 실질상 단순한 전문의 형태를 취하는 경우에 한하여 예외적으로 그 증거능력을 인정하는 규정을 두고 있을 뿐, 재전문진술이나 재전문진술을 기재한 조서에 대하여는 달리 그 증거능력을 인정하는 규정을 두고 있지 아니하고 있으므로, 피고인이 증거로 하는 데 동의하지 아니하는 한 형사소송법 제310조의2의 규정에 의하여 이를 증거로 할 수 없다(대법원 2004. 3. 11. 선고 2003도171)

④ 소유자, 소지자 또는 **보관자가 아닌 자로부터 제출받은 물건을 영장없이 압수한 경우 그 '압수물 및 압수물을 찍은 사진'**은 이를 유죄 인정의 증거로 사용할 수 없는 것이고, 헌법과 형사소송법이 선언한 영장주의의 중요성에 비추어 볼 때 피고인이나 변호인이 이를 **증거로 함에 동의하였다고 하더라도 달리 볼 것은 아니다**(대법원 2010. 1. 28. 선고 2009도10092)

≫≫ 정답 ②

179. 증거능력에 대한 설명이다. 아래 ㉠부터 ㉣까지의 설명 중 옳고 그름의 표시(O,X)가 바르게 된 것은?(판례에 의함)

> ㉠ 디지털녹음기에 녹음된 내용을 전자적 방법으로 테이프에 전사한 사본인 녹음테이프를 대상으로 법원이 검증절차를 진행하여, 녹음된 내용이 녹취록의 기재와 일치하고 그 음성이 진술자의 음성임을 확인하였다면 그것만으로 녹음테이프의 증거능력을 인정할 수 있다.
>
> ㉡ 법정에 출석한 증인이 형사소송법 제148조, 제149조 등에서 정한 바에 따라 정당하게 증언거부권을 행사하여 증언을 거부한 경우는 형사소송법 제314조의 '그 밖에 이에 준하는 사유로 인하여 진술할 수 없는 때'에 해당하지 아니한다.
>
> ㉢ 수사기관이 피의자를 신문함에 있어서 피의자에게 미리 진술거부권을 고지하지 않은 때에는 그 피의자의 진술은 위법하게 수집된 증거이나, 진술의 임의성이 인정되는 경우에는 증거능력이 인정된다.
>
> ㉣ 검사작성의 피의자신문조서에 대한 실질적 진정성립을 증명할 수 있는 수단으로서 형사소송법 제312조 제2항에 규정된 '영상녹화물이나 그 밖의 객관적인 방법'이란 조사관 또는 조사 과정에 참여한 통역인 등의 증언도 이에 해당한다.

① ㉠(O)㉡(O)㉢(X)㉣(×)　　② ㉠(X)㉡(X)㉢(O)㉣(O)

③ ㉠(X)㉡(O)㉢(X)㉣(×)　　④ ㉠(O)㉡(X)㉢(O)㉣(O)

해설 [19년 승진] ㄱ.(×)제1심이 검증을 실시한 녹음테이프는 원본이 아니라 당초 디지털 녹음기에 녹음된 내용을 전자적 방법으로 테이프에 전사한 사본임이 명백한 바, 검증기일에는 **녹음테이프에 수록된 대화내용이 녹취록의 기재와 일치하고 그 음성이 피고인의 음성임을 확인**하는데 그치고, 녹음테이프가 인위적 개작 없이 원본의 내용 그대로 복사된 것인지 여부에 대하여 별도로 확인하거나 달리 증거조사를 실시하지 아니한 사실을 알 수 있다.

녹음테이프에 **녹음된 피고인의 진술 내용과 이를 풀어쓴 녹취록**은 증거능력을 인정할 수 없다고 할 것임에도 불구하고 녹음테이프에 수록되어있는 피고인의 대화 내용과 그 녹음 내용을 풀어쓴 녹취서를 증거로 하여 공소사실을 유죄로 인정한 원심 판단에는 녹음테이프 등의 증거능력에 대한 법리를 오해한 위법이 있다(대판 2008.12.24. 2008도9 414).

ㄴ. 증언거부권 관련 규정의 내용 등에 비추어 보면, 법정에 출석한 증인이 형사소송법 제148조, 제149조 등에서 정한 바에 따라 정당하게 증언거부권을 행사하여 증언을 거부한 경우는 형사소송법 제314조의 '그 밖에 이에 준하는 사유로 인하여 진술할 수 없는 때'에 해당하지 아니한다.(대법원 2012. 5. 17. 선고 2009도6788)

ㄷ.(×)수사기관이 피의자를 신문함에 있어서 피의자에게 미리 진술거부권을 고지하지 않은 때에는 그 피의자의 진술은 위법하게 수집된 증거로서 진술의 **임의성이 인정되는 경우라도 증거능력이 부인**되어야 한다(대판 2014.4.10. 2014도 1779).

ㄹ.(×)검사작성의 피의자신문조서에 대한 실질적 진정성립을 증명할 수 있는 수단으로서 형사소송법 제312조 제2항에 규정된 '영상녹화물이나 그 밖의 객관적인 방법'이라 함은 형사소송법 및 형사소송규칙에 규정된 방식과 절차에 따라 제작된 영상녹화물 또는 그러한 **영상녹화물에 준할 정도로 피고인의 진술을 과학적·기계적·객관적으로 재현해 낼 수 있는 방법**만을 의미한다고 봄이 타당하고, 그 외에 **조사관 또는 조사과정에 참여한 통역인등의 증언은 이에 해당한다고 볼 수 없다**(대판 2016.2.18. 2015도16586).

>>> 정답 ③

180. 증거능력에 관한 설명 중 가장 적절한 것은? (다툼이 있으면 판례에 의함)

① 강도 현행범으로 체포된 피고인에게 진술거부권을 고지하지 아니한 채 강도범행에 대한 자백을 받았다면 그 이후 진술거부권을 고지받고 40여 일이 지난 후 공개된 법정에서 변호인의 조력을 받으며 임의로 이루어진 피고인의 자백이라도 위법한 자백에 기초하여 획득한 2차적 증거이므로 증거로 사용할 수 없다.

② 검사가 조사과정에서 피의자의 진술을 진술조서의 형식으로 작성한 경우 이는 피의자신문조서와 다르므로 피의자에게 진술거부권을 고지 할 필요는 없고, 고지하지 않고 작성 된 위 진술조서라도 증거능력이 있다.

③ 사법경찰관이 피의자신문조서를 작성하면서 피의자에게 진술거부권 등을 고지하고 행사여부를 질문하였다 하더라도 형사소송법 제244조의3 제2항에 규정된 방식인 자필 또 는 사법경찰관이 피의자 답변을 작성한 부분에 피의자의 기명날인 또는 서명의 형식으로 답변이 기재되어있지 아니하다면 그 피의자신문조서는 증거능력이 인정되지 않는다.

④ 수사기관이 구속수감 되어 있던 자에게 그의 압수된 휴대전화를 제공하여 피고인과 통화 하게 하고 범행에 관한 통화내용을 녹음하게 하였더라도 그 녹음 자체는 수사기관이 아닌 사인이 수집한 증거에 해당하므로 피고인이 증거로 함에 동의한 이상 증거능력이 인정된다.

해설 [20년 승진] ① 제1심 법정에서의 **피고인의 자백**은 진술거부권을 고지받지 않은 상태에서 이루어진 최초 자백 이후 40여 일이 지난 후에 **변호인의 충분한 조력**을 받으면서 공개된 법정에서 임의로 이루어진 것이고, **피해자의 진술**은 법원의 적법한 소환에 따라 자발적으로 출석하여 위증의 벌을 경고받고 선서한 후 공개된 법정에서 임의로 이루어진 것이어서 **예외적으로 유죄 인정의 증거로 사용할 수 있는 2차적 증거**에 해당한다(대판 2009.3.12. 2008도11437).

② 검사가 **구속기소한 후** 다시 피의자를 소환하여 공범들과의 조직구성 및 활동 등에 관한 신문을 하면서 피의자신문 조서가 아닌 **일반적인 진술조서의 형식으로 조서를 작성**한 경우, 미리 **피의자에게 진술거부권을 고지하지 않았다면** 위법수집증거에 해당하므로 유죄인정의 증거로 사용할 수 없다(대판 2009.8.20.2008 도 8213)

③ 형사소송법 제244조의3 제2항에 규정한 방식에 위반하여 진술거부권 행사 여부에 대한 피의자의 답변이 자필로 기재되어 있지 아니하거나 그 답변 부분에 피의자의 기명날인 또는 서명이 되어 있지 아니한 사법경찰관 작성의 피의자신문조서는 특별한 사정이 없는 한 형사소송법 제312조 제3항에서 정한 '적법한 절차와 방식'에 따라 작성된 조서라 할 수 없으므로 그 증거능력을 인정할 수 없다(대법원 2014. 4. 10. 선고 2014도1779)

④ 수사기관이 구속수감된 자로 하여금 피고인의 범행에 관한 통화내용을 녹음하게 한 행위는 수사기관 스스로가 주체가 되어 구속수감된 자의 동의만을 받고 상대방인 피고인의 동의가 없는 상태에서 그들의 통화내용을 녹음한 것으로서 불법감청에 해당한다고 보아야 할 것이므로 그 녹음 자체는 물론이고 이를 근거로 작성된 수사보고의 기재 내용과 첨부 녹취록 및 첨부 MP3 파일도 모두 **피고인과 변호인의 증거동의에 상관없이 증거능력이 없다**(대판 2010.10.14. 2010도9016).

≫≫ 정답 ③

181. 증거에 대한 설명으로 가장 적절하지 않은 것은?(판례에 의함)

① 피해자가 피고인으로 부터 당한 공갈 등 피해 내용을 담아 자신의 남동생에게 보 낸 문자 메시지의 내용을 촬영한 사진은 증거서류 중 피해자의 진술서에 준하는 것으로 보아야 한다.

②「형사소송법」제318조의2 제1항에 규정된 이른바 탄핵증거는 범죄사실을 인정하 는 증거가 아니어서 엄격한 증거능력을 요하지 않으므로, 이를 유죄 증거의 증명 력을 다투기 위한 반대 증거로 사용할 수 있다.

③ 공모공동정범에서 공모나 모의는 '범죄 될 사실'이므로, 이를 인정하기 위하여 는 엄격한 증명에 의해야 하고 그 증거는 판결에 표시되어야 한다.

④ 피고인의 검찰 진술의 임의성의 유무가 다투어지는 경우에는 법원은 법률이 자격 을 인정한 증거에 의하여 법률이 규정한 증거조사방식에 따라 증명하여야 한다는 엄격한 증명의 방법으로 그 임의성 유무를 판단하여야 한다.

> **해설** [18년 경찰3] ① 피해자가 피고인으로부터 풀려난 당일에 남동생에게 도움을 요청하면서 피고 인이 협박한 말을 포함하여 공갈 등 피고인으로부터 피해를 입은 내용을 문자메시지로 보낸 것이므로, 이 사건 문자메시지의 내용을 촬영한 사진은 증거서류 중 피해자의 진술서에 준하는 것으로 취급함이 상당하다(2010. 11. 25. 선고 2010도8735).
>
> ② 탄핵증거는 범죄사실을 인정하는 증거가 아니어서 **엄격한 증거능력을 요하지 않으므로**, 이를 유죄 증거의 증명력을 다투기 위한 반대증거로 사용할 수 있다.
>
> ③ 공모공동정범에 있어서 공모나 모의는 범죄사실을 구성하는 것으로서 이를 인정하기 위하여는 엄격 한 증명이 요구된다(대판 2003.1.24. 2002도6103).
>
> ④ 자백의 임의성은 조서의 형식, 내용, 진술자의 신분, 사회적 지위, 학력, 지능 정도 기타 여러 사정을 종합하여 판단할 수 있다고 하여 **자유로운 증명으로 족**하다고 한다(대판2011.2.24., 2010도14720).

>> **정답** ④

182. 증명의 기본원칙에 대한 설명으로 옳지 않은 것은? (판례에 의함)

① 공모공동정범에 있어서 공모는 엄격한 증명을 요한다.

②「형법」제87조 내란죄에서 국헌문란의 목적은 범죄성립을 위하여 고의 외에 요구 되는 초과 주관적 위법요소이므로 엄격한 증명을 요 한다.

③ 도로교통법위반(음주운전)죄에서 혈중알코올농도의 추정방식으로 위드마크 공식 을 이용한 경우에 그 적용을 위한 자료인 섭취한 알코올의 양, 음주시각, 체중 등 의 사실은 자유로운 증명으로 족하다.

④「형법」제307조제1항의 명예훼손죄 성립 여부에 있어서 동법 제310조의 위법성 조각사유의 존재는 자유로운증명으로 족하다.

> **해설** [20년 검찰9] ① 공모공동정범에 있어서 공모나 모의는 범죄사실을 구성하는 것으로서 이를 인정하 기 위하여는 엄격한 증명이 요구된다(대판 2003.1.24. 2002도6103).

② 국헌문란의 목적은 범죄 성립을 위하여 고의 외에 요구되는 초과 주관적 위법요소로서 엄격한 증명 사항에 속하나, 그 인식은 확정적 인식임을 요하지 아니하며, 다만 미필적 인식이 있으면 족하다 (2014도10978).

③ 범죄구성요건 사실의 존부를 알아내기 위해 과학공식 등의 경험칙을 이용하는 경우에 그 법칙 적용의 전제가 되는 개별적이고 구체적인 사실에 대하여는 엄격한 증명을 요하는바, 위드마크 공식의 경우 그 적용을 위한 자료로 섭취한 알코올의 양, 음주 시각, 체중 등이 필요하므로 그런 **전제사실에 대한 엄격한 증명이 요구**된다(대법원 2008. 8. 21. 2008도5531).

④ 명예를 훼손한 행위가 형법 제310조의 규정에 따라서 위법성이 조각되어 처벌대상이 되지 않기 위하여는 그것이 진실한 사실로서 오로지 공공의 이익에 관한 때에 해당된다는 점을 행위자가 증명하여야 하는 것이나, 그 증명은 유죄의 인정에 있어 요구되는 것과 같이 법관으로 하여금 의심할 여지가 없을 정도의 확신을 가지게 하는 증명력을 가진 **엄격한 증거에 의하여야 하는 것은 아니므로**, 이 때에는 전문증거에 대한 증거능력의 제한을 규정한 형사소송법 제310조의2는 적용될 여지가 없다 (대법원 1996. 10. 25. 95도1473).

>> 정답 ③

183. 엄격한 증명에 대한 설명으로 가장 적절한 것은? (다툼이 있는 경우 판례에 의함)

① 대한민국 영역 외에서 대한민국 국민에 대하여 범죄를 저지른 외국인에 대하여 우리나라 형법을 적용하여 처벌함에 있어 행위지의 법률에 의하여 범죄를 구성하는지는 엄격한 증명을 요하나, 몰수 또는 추징이 되는 대상이 되는지 여부나 추징액의 인정은 엄격한 증명을 요하지 아니한다.

② 뇌물수수죄에서 공무원의 직무에 관하여 수수하였다는 범의를 인정하기 위해서는 엄격한 증명이 요구되나, 내란선동죄에서 국헌문란의 목적은 범죄 성립을 위하여 고의 외에 요구되는 초과 주관적 위법요소로서 엄격한 증명을 요하지 않는다.

③ 횡령죄에서 목적과 용도를 정하여 금전을 위탁한 사실 및 그 목적과 용도가 무엇인지는 엄격한 증명의 대상이 되나, 횡령한 재물의 가액이 특정경제범죄 가중처벌 등에 관한 법률의 적용기준이 되는 하한 금액을 초과한다는 점은 엄격한 증명을 요하지 않는다.

④ 공모공동정범에서 공모관계를 인정하기 위해서는 엄격한 증명이 요구되나, 특정범죄 가중처벌 등에 관한 법률 제5조의9 제1항 위반죄의 '보복의 목적'이 행위자에게 있었다는 점은 엄격한 증명을 요하지 아니한다.

해설[19년 경찰2] ① 외국인이 대한민국 영역 외에서 대한민국 국민에 대하여 범죄를 저지른 경우 우리 형법이 적용되지만, 같은 조 단서에 의하여 행위지 법률에 의하여 범죄를 구성하지 아니하거나 소추 또는 형의 집행을 면제할 경우에는 우리 형법을 적용하여 처벌할 수 없고, 이 경우 행위지 법률에 의하여 범죄를 구성하는지는 엄격한 증명에 의하여 검사가 이를 증명하여야 한다(대판 2011.8.25. 2011도6507),몰수·추징의 대상이 되는지 여부나 추징액의 인정은 엄격한 증명을 필요로 하지 아니한다(대판 1993.6.22. 91도3346).

② 내란선동죄에서 국헌문란의 목적은 **엄격한 증명**을 요 한다(대판 2015.1.22. 2014도10978).

③ 피해자 등이 목적과 용도를 정하여 금전을 위탁한 사실 및 그 목적과 용도가 무엇인지는 엄격한

증명의 대상이라고 보아야 한다(대판 2013.11.14. 2013도8121).

④ 특정범죄 가중처벌 등에 관한 법률 제5조의9 제1항 위반의 죄의 **행위자에게 보복의 목적이 있었다**는 점 또한 검사가 증명하여야 하고 그러한 증명은 법관으로 하여금 합리적인 의심을 할 여지가 없을 정도의 확신을 생기게 하는 **엄격한 증명**에 의하여야 한다(대판 2014.9.26. 2014도9030).

>> 정답 ①

184. 엄격한 증명과 자유로운 증명에 대한 다음 설명(㉠~㉣)중 옳고 그름의 표시(O, X)가 바르게 된 것은? (다툼이 있는 경우 판례에 의함)

> ㉠ 내란선동죄에서 국헌문란의 목적은 초과 주관적 위법요소로서 엄격한 증명사항에 속하므로 확정적 인식임을 요한다.
>
> ㉡ 법원은 재심청구 이유의 유무를 판단함에 필요한 경우에는 사실을 조사할 수 있으며, 공판절차에 적용되는 엄격한 증거조사 방식에 따라야 한다.
>
> ㉢ 공모관계를 인정하기 위해서는 엄격한 증명이 요구되지만 피고인이 공모관계를 부인하는 경우에는 상당한 관련성이 있는 간접사실 또는 정황사실을 증명하는 방법으로 이를 증명할 수밖에 없다.
>
> ㉣ 목적범의 목적은 내심의 의사로서 이를 직접증명 하는 것이 불가능하므로 고의 등과 같이 내심의 의사를 인정하는 통상적인 방법에 따라 정황사실 또는 간접사실 등에 의하여 이를 증명하여야 한다.

① ㉠(O) ㉡(O) ㉢(O) ㉣(X)　　② ㉠(O) ㉡(X)㉢(O) ㉣(O)
③ ㉠(X)㉡(O) ㉢(X)㉣(X)　　④ ㉠(X) ㉡(X)㉢(O) ㉣(O)

해설 [20년 경찰1] ㉠(X)국헌문란의 목적은 범죄 성립을 위하여 고의 외에 요구되는 초과 주관적 위법요소로서 엄격한 증명 사항에 속하나, 그 인식은 확정적 인식임을 요하지 아니하며, 다만 **미필적 인식이 있으면 족하다**(2014도10978).

㉡ (X)재심의 청구를 받은 법원은 재심청구 이유의 유무를 판단함에 필요한 경우에는 사실을 조사할 수 있으며 공판절차에 적용되는 **엄격한 증거조사 방식에 따라야만 하는 것은 아니다**(2015모2229).

㉢ 공모관계를 인정하기 위해서는 엄격한 증명이 요구되지만, **피고인이 범죄의 주관적 요소인 공모관계를 부인**하는 경우에는 사물의 성질상 이와 상당한 관련성이 있는 **간접사실 또는 정황사실을 증명하는 방법으로 이를 증명할 수밖에 없다**(대법원 2018. 4. 19. 선고 2017도14322)

㉣ 국헌문란의 목적이 있었는지 여부는 피고인들이 이를 자백하지 않는 이상 외부적으로 드러난 피고인들의 행위와 그 행위에 이르게 된 경위 등 **사물의 성질상 그와 관련성 있는 간접사실 또는 정황사실을 종합하여 판단**하면 되고, 선동자의 표현 자체에 공격대상인 국가기관과 그를 통해 달성하고자 하는 목표, 실현방법과 계획이 구체적으로 나타나 있어야만 인정되는 것은 아니다(대법원 2015. 1. 22. 선고 2014도10978)

>> 정답 ④

185. 증거능력에 대한 설명으로 옳지 않은 것은? (다툼이 있으면 판례에 의함)

① 피의자에게 진술거부권을 행사할 수 있음을 알려 주고 그 행사 여부를 질문했더라도 그것에 대한 피의자의 답변이 자필로 기재되어 있지 않은 사법경찰관 작성의 피의자신문조서는 특별한 사정이 없는 한 증거능력이 없다.

② 세관공무원이 우편물 통관검사절차에서 압수·수색영장 없이 진행한 우편물의 개봉, 시료채취, 성분분석과 같은 검사의 결과는 원칙적으로 증거능력이 없다.

③ 약식명령에 불복하여 정식재판을 청구한 피고인이 정식재판 절차의 제1심에서 2회 불출정하여 증거동의가 간주된 후 증거조사를 완료한 이상, 비록 피고인이 항소심에 출석하여 간주된 증거동의를 철회 또는 취소한다는 의사표시를 하더라도 증거능력이 상실되는 것은 아니다.

④ 구성요건 사실은 엄격한 증명에 의하여 인정하여야 하고, 증거능력이 없는 증거는 구성요건 사실을 추인하게 하는 간접사실이나 구성요건 사실을 입증하는 직접증거의 증명력을 보강하는 보조사실의 인정자료로서도 허용되지 아니한다.

해설 [17년 검찰] ① 진술거부권 행사 여부에 대한 **피의자의 답변이 자필로 기재되어 있지 아니하거나 그 답변 부분에 피의자의 기명날인 또는 서명이 되어 있지 아니한 사법경찰관 작성의 피의자신문조서**는 특별한 사정이 없는 한 형사소송법 제312조 제3항에서 정한 '적법한 절차와 방식'에 따라 작성된 조서라 할 수 없으므로 그 **증거능력을 인정할 수 없다**(대법원 2013. 3. 28. 선고 2010도3359).

② 우편물 통관검사절차에서 이루어지는 우편물의 개봉, 시료채취, 성분분석 등의 검사는 수출입물품에 대한 적정한 통관 등을 목적으로 한 행정조사의 성격을 가지는 것으로서 수사기관의 강제처분이라고 할 수 없으므로 압수·수색영장 없이 우편물의 개봉, 시료채취, 성분분석 등 검사가 진행되었다 하더라도 **특별한 사정이 없는 한 위법하다고 볼 수 없다**(대판 2013.9.26. 2013도7718).

③ 약식명령에 불복하여 정식재판을 청구한 피고인이 정식재판절차의 **제1심에서 2회 불출정하여 증거동의가 간주된 후 증거조사를 완료한 이상**, 비록 피고인이 항소심에 출석하여 공소사실을 부인하면서 **간주된 증거동의를 철회 또는 취소한다는 의사표시를 하더라도** 그로 인하여 적법하게 부여된 증거능력이 상실되는 것이 아니다(대법원 2010. 7. 15. 선고 2007도5776).

④ **구성요건에 해당하는 사실은 엄격한 증명에 의하여 이를 인정하여야 하고, 증거능력이 없는 증거는** 구성요건 사실을 추인하게 하는 간접사실이나 구성요건 사실을 입증하는 **직접증거의 증명력을 보강하는 보조사실의 인정자료로서도 허용되지 아니한다**(대법원 2005. 1. 27. 선고 2004도5493)

▶▶ 정답 ②

186. 엄격한 증명의 대상에 해당하는 것을 모두 고른 것은? (판례에 의함)

> ㉠ '공무원의 직무에 속한 사항을 알선한다는 명목'으로 수수하였다는 범의 ㉡ 교사범에 있어서의 교사사실 ㉢ 형법 제334조 제2항 소정의 합동범에 있어서의 공모나 모의 ㉣ 친고죄에서 적법한 고소가 있었는지 여부 ㉤ 몰수대상이 되는지 여부나 추징액의 인정 등 몰수·추징의 사유 ㉥ 피고인의 검찰 진술의 임의성의 유무

① ㉠㉡㉢   ② ㉠㉣㉤

③ ㉡㉢㉤   ④ ㉡㉣㉥

해설 [17년 경찰] ㉠ 알선수재죄에 있어서 공무원의 직무에 속한 사항의 알선에 관하여 금품이나 이익을 수수·요구 또는 약속하였다는 **범의**는 범죄사실을 구성하는 것으로서 이를 인정하기 위해서는 **엄격한 증명이 요구된다**(대판 2013.9.12. 2013도6570).

㉡ 교사범에 있어서의 교사사실은 범죄사실을 구성하는 것으로서 이를 인정하기 위하여는 **엄격한 증명**이 요구된다(대판2000.2.25. 99도1252).

㉢ 형법 제334조 제2항 소정의 합동범에 있어서의 '공모나 모의'는 그 범죄 될 사실이라 할 것이므로 이를 인정하기 위하여는 **엄격한 증명**에 의하지 않으면 안 된다(대판 2001.12.11. 2001도4013).

㉣ 친고죄에서 적법한 고소가 있었는지는 **자유로운 증명**의 대상이 된다(대판 2011.6.24. 2011도4451).

㉤ 몰수, 추징의 대상이 되는지 여부나 추징액의 인정은 **엄격한 증명을 필요로 하지 아니한다**(대판 2015.4.23. 2015도1233).

㉥ 피고인의 검찰 진술의 임의성의 유무가 다투어지는 경우에는 법원은 제반 사정을 종합 참작하여 적당하다고 인정되는 방법에 의하여 **자유로운 증명**으로 그 임의성 유무를 판단하면 된다(대판 2004.3.26. 2003도8077).

≫≫ **정답 ①**

187. 간접증거에 대한 설명으로 옳지 않은 것은? (다툼이 있는 경우 판례에 의함)

① 유죄의 심증은 반드시 직접증거에 의하여 형성되어야만 하는 것은 아니며 경험칙과 논리법칙에 위반되지 아니하는 한 간접증거에 의하여 형성되어도 된다.

② 간접증거가 개별적으로는 범죄사실에 대한 완전한 증명력을 가지지 못하더라도 전체 증거를 상호관련 하에 종합적으로 고찰할 경우 종합적 증명력이 있는 것으로 판단되면 그에 의하여도 범죄사실을 인정할 수가 있다.

③ 형사재판에서 유죄로 인정하기 위한 심증형성의 정도는 합리적인 의심을 할 여지가 없을 정도여야 하나, 이는 모든 가능한 의심을 배제할 정도에 이를 것까지 요구하는 것은 아니다.

④ 간접증거에 의하여 주요사실의 전제가 되는 수개의 간접사실을 인정할 때에는 하나하나의 간접사실사이에 모순, 저촉이 없어야 할 정도까지는 요구되지 않으며 전체적으로 고찰하여 유죄의 심증을 형성할 수 있으면 충분하다.

해설 [18년 검찰] ①②③ 형사재판에 있어서도 증거의 증명력은 법관의 자유판단에 맡겨져 있으나 그 판단은 논리와 경험칙에 합치하여야 하고, 형사재판에 있어서 유죄로 인정하기 위한 심증형성의 정도는 합리적인 의심을 할 여지가 없을 정도이어야 **하나 합리성이 없는 모든 가능한 의심을 배제할 정도에 이를 것까지 요구하는 것은 아니며,**

또한 범죄사실의 증명은 반드시 직접증거만으로 이루어져야 하는 것은 아니고 **논리와 경험칙에 합치되는 한 간접증거로도 할 수 있으며,**

간접증거가 개별적으로는 범죄사실에 대한 완전한 증명력을 가지지 못하더라도 전체 증거를 상호 관련하에 **종합적으로 고찰할 경우 그 단독으로는 가지지 못하는 종합적 증명력이 있는 것으로 판단되면** 그에 의하여도 범죄사실을 인정할 수가 있다(대법원 1998. 11. 13. 선고 96도1783)

④ 살인죄 등과 같이 법정형이 무거운 범죄의 경우에도 직접증거 없이 간접증거만으로 유죄를 인정할 수 있으나, 그러한 유죄인정에는 공소사실에 대한 관련성이 깊은 간접증거들에 의하여 신중한 판단이 요구되므로, 간접증거에 의하여 주요사실의 전제가 되는 간접사실을 인정할 때에는 증명이 합리적인 의심을 허용하지 않을 정도에 이르러야 하고, **하나하나의 간접사실 사이에 모순, 저촉이 없어야 하는 것은 물론** 간접사실이 논리와 경험칙, 과학법칙에 의하여 뒷받침되어야 한다(대판 2011.5.26. 2011도1902).

>> 정답 ④

188. 엄격한 증명의 대상이 되는 것(○)과 그렇지 않은 것(×)을 바르게 연결한 것은?

> ㄱ. 범죄구성요건에 해당하는 사실을 증명하기 위한 근거가 되는 과학적인 연구결과
>
> ㄴ. 외국인의 국외범(「형법」 제6조)에 해당되는 사실이 행위지 법률에 의하여 범죄를 구성하는지 여부
>
> ㄷ. 참고인 진술조서의 증거능력에 관하여 참고인의 진술이 '특히 신빙할 수 있는 상태' 하에서 행하여졌다는 사실
>
> ㄹ. 몰수의 대상이 되는지 여부나 추징액의 인정 등 몰수추징의 사유

①	ㄱ(○)	ㄴ(○)	ㄷ(×)	ㄹ(○)
②	ㄱ(○)	ㄴ(○)	ㄷ(×)	ㄹ(×)
③	ㄱ(×)	ㄴ(○)	ㄷ(○)	ㄹ(×)
④	ㄱ(○)	ㄴ(×)	ㄷ(○)	ㄹ(○)

해설 [19년 검찰7] ㄱ. **범죄구성요건에 해당하는 사실을** 증명하기 위한 근거가 되는 과학적인 연구결과는 적법한 증거조사를 거친 증거능력 있는 증거에 의하여 **엄격한 증명**으로 증명되어야 한다.(대판 2010.2.11. 2009 도2338)

ㄴ. 형법 제6조 단서의 '**행위지의 법률에 의하여 범죄를 구성하는지 여부**'에 대해서는 **엄격한 증명**에 의하여 검사가 이를 입증하여야 할 것이다(대판 2017.3.22. 2016도17465).

ㄷ.(×)형사소송법 제312조 제4항에 규정된 '**특히 신빙할 수 있는 상태**'는 증거능력의 요건에 해당하므로 검사가 그 존재에 대하여 구체적으로 주장, 증명하여야 하지만, 이는 소송상의 사실에 관한 것이므로 엄격한 증명을 요하지 아니하고 **자유로운 증명**으로 족하다(대판 2012.7.26. 2012도2937).

ㄹ.(×)몰수, 추징의 대상이 되는지 여부나 추징액의 인정은 엄격한 증명을 필요로 하지 아니하다(대판 2015.4.23. 2015도 1233).

>> 정답 ②

189. 과학적 증거에 대한 판례의 태도로서 옳지 않은 것은?

① 범죄구성요건에 해당하는 사실을 증명하기 위한 근거가 되는 과학적인 연구 결과는 적법한 증거조사를 거친 증거능력 있는 증거에 의하여 엄격한 증명으로 증명되어야 한다.

② 유전자검사나 혈액형검사 등 과학적 증거방법은 그 전제로 하는 사실이 모두 진실임이 입증되고 그 추론의 방법이 과학적으로 정당하여 오류의 가능성이 전무하거나 무시할 정도로 극소한 것으로 인정되는 경우에는 법관이 사실인정을 함에 있어 상당한 정도로 구속력을 가진다.

③ 전문 감정인이 공인된 표준 검사기법으로 분석한 후 법원에 제출한 과학적 증거는 모든 과정에서 시료의 동일성이 인정되고 인위적인 조작, 훼손, 첨가가 없었음이 담보되었다면, 각 단계에서 시료에 대한 정확한 인수·인계 절차를 확인할 수 있는 기록이 유지되지 않았다 하더라도 사실인정에 있어서 상당한 정도로 구속력을 가진다.

④ 컴퓨터 디스켓에 들어 있는 문건이 증거로 사용되는 경우 그 컴퓨터 디스켓은 그 기재의 매체가 다를 뿐 실질에 있어서는 피고인 또는 피고인 아닌 자의 진술을 기재한 서류와 크게 다를 바 없고, 압수 후의 보관 및 출력과정에 조작의 가능성이 있으며, 기본적으로 반대신문의 기회가 보장되지 않는 점 등에 비추어 그 기재내용의 진실성에 관하여는 전문법칙이 적용된다.

> **해설** [21년 9급]① 범죄구성요건에 해당하는 사실을 증명하기 위한 근거가 되는 과학적인 연구 결과는 적법한 증거조사를 거친 증거능력 있는 증거에 의하여 엄격한 증명으로 증명되어야 한다.(대법원 2010. 2. 11. 선고 2009도2338)
>
> ② DNA분석을 통한 유전자검사 결과는, 충분한 전문적인 지식과 경험을 지닌 감정인이 적절하게 관리·보존된 감정자료에 대하여 일반적으로 확립된 표준적인 검사기법을 활용하여 감정을 실행하고 그 결과의 분석이 적정한 절차를 통하여 수행되었음이 인정되는 이상 높은 신뢰성을 지닌다 할 것이고, 특히 유전자형이 다르면 동일인이 아니라고 확신할 수 있다는 유전자감정 분야에서 일반적으로 승인된 전문지식에 비추어 볼 때, 피고인의 유전자형이 범인의 그것과 상이하다는 감정결과는 피고인의 무죄를 입증할 수 있는 유력한 증거에 해당한다.(대법원 2007. 5. 10. 선고 2007도1950)
>
> ③ 과학적 증거방법이 사실인정에 있어서 상당한 정도로 구속력을 갖기 위해서는 감정인이 전문적인 지식·기술·경험을 가지고 공인된 표준 검사기법으로 분석한 후 법원에 제출하였다는 것만으로는 부족하고, 시료의 채취·보관·분석 등 **모든 과정에서 시료의 동일성이 인정되고 인위적인 조작·훼손·첨가가 없었음이 담보되어야** 하며 각 단계에서 **시료에 대한 정확한 인수·인계 절차를 확인할 수 있는 기록이 유지되어야** 한다.(대법원 2018. 2. 8. 선고 2017도14222)
>
> ④ 컴퓨터 디스켓에 들어 있는 문건이 증거로 사용되는 경우 그 컴퓨터 디스켓은 그 기재의 매체가 다를 뿐 실질에 있어서는 피고인 또는 피고인 아닌 자의 진술을 기재한 서류와 크게 다를 바 없고, 압수 후의 보관 및 출력과정에 조작의 가능성이 있으며, 기본적으로 반대신문의 기회가 보장되지 않는 점 등에 비추어 그 기재내용의 진실성에 관하여는 전문법칙이 적용된다고 할 것이고, 따라서 **형사소송법 제313조 제1항에 의하여 그 작성자 또는 진술자의 진술에 의하여 그 성립의 진정함이 증명된 때에 한하여 이를 증거로 사용할 수 있다.**(대법원 1999. 9. 3. 선고 99도2317)

>> 정답 ③

190. 증명력에 관한 설명 중 가장 옳은 것은? (다툼이 있는 경우 판례에 의함)

① 피고인이 공판정에서 진정성립을 인정한 검사작성의 피의자신문조서에 기재된 자신의 진술의 임의성을 다투는 경우 법원은 자유로운 심증으로 임의성 유무를 판정할 수 있다.

② 증거능력이 없는 증거라도 구성요건 사실을 추인하게 하는 간접사실이나 직접증거의 증명력을 보강하는 보조사실의 인정자료로는 사용할 수 있다.

③ 공연히 사실을 적시하여 사람의 명예를 훼손한 행위에 대하여 그것이 진실한 사실로서 오로지 공공의 이익에 관한 때에 해당된다는 점은 행위자가 엄격한 증거에 의하여 합리적 의심의 여지가 없을 정도로 증명하여야 한다.

④ 피고인의 자필로 작성된 진술서의 경우에 증거능력 인정요건인 특히 신빙할 수 있는 상태는 엄격한 증명의 대상이다.

> **해설** [20년 경간] ① 피고인이 피의자신문조서에 기재된 피고인의 진술 및 공판기일에서의 피고인의 진술의 임의성을 다투면서 그것이 허위자백이라고 다투는 경우, 법원은 구체적인 사건에 따라 피고인의 학력, 경력, 직업, 사회적 지위, 지능 정도, 진술의 내용, 피의자신문조서의 경우 그 조서의 형식 등 제반 사정을 참작하여 **자유로운 심증으로** 위 진술이 임의로 된 것인지의 여부를 판단하면 된다 (대법원 2003. 5. 30. 선고 2003도705).
>
> ② **구성요건에 해당하는 사실**은 엄격한 증명에 의하여 이를 인정하여야 하고, **증거능력이 없는 증거**는 구성요건 사실을 추인하게 하는 간접사실이나 구성요건 사실을 입증하는 직접증거의 증명력을 보강하는 **보조사실의 인정자료로도 사용할 수 없다**(대판 2015.1.22. 2014도10978).
>
> ③ 형법 제310조의 규정에 따라서 **위법성이 조각되어 처벌대상이 되지 않기 위하여는**, 그것이 진실한 사실로서 오로지 공공의 이익에 관한 때에 해당된다는 점을 행위자가 증명하여야 하는 것이나, 그 증명은 유죄의 인정에 있어 요구되는 것과 같이 법관으로 하여금 의심할 여지가 없을 정도의 확신을 가지게 하는 증명력을 가진 **엄격한 증거에 의하여야 하는 것은 아니므로**, 이때에는 전문증거에 대한 증거능력의 제한을 규정한 형사소송법 제310조의2는 적용될 여지가 없다(대판 1996.10.25. 95도1473).
>
> ④ 형사소송법 제313조 단서에 의하여 그 진술이 **특히 신빙할 수 있는 상태** 하에서 행하여진 때에는 증거능력이 있고, 이러한 특신상태는 증거능력의 요건에 해당하므로 검사가 그 존재에 대하여 구체적으로 주장·입증하여야 하는 것이지만, 이는 소송상의 사실에 관한 것이므로 엄격한 증명을 요하지 아니하고 **자유로운 증명**으로 족하다(대판 2001.9.4. 2000도1743).

>>> 정답 ①

191. 형사소송법 제308조에 규정된 자유심증주의에 관한 설명 중 가장 옳지 않은 것은? (다툼이 있는 경우 판례에 의함)

① 상고심으로부터 사건을 환송받은 법원은 환송 후의 심리과정에서 새로운 증거가 제시되어 기속적 판단의 기초가 된 증거관계에 변동이 생기지 않는 한 그 사건을 재판함에 있어서 상고법원이 파기이유로 한 사실상 및 법률상의 판단에 기속된다.

② 형사재판에 있어서 관련된 다른 형사사건의 확정판결에서 인정된 사실은 특별한

사정이 없는 한 유력한 증거자료가 되기 때문에 당해 형사재판에서 제출된 다른 증거 내용에 비추어 관련 형사사건 확정판결의 사실판단을 그대로 채택하기 어렵다고 인정될 경우라도 이를 배척할 수 없다.

③ 심신장애의 유무는 법원이 형벌제도의 목적 등에 비추어 판단하여야 할 법률문제로서 그 판단에 전문감정인의 정신감정결과가 중요한 참고자료가 되기는 하나, 법원이 반드시 그 의견에 구속되는 것은 아니다.

④ 항소법원이 제1심에서 채용된 증거의 신빙성에 의문이 있는 경우 이미 증거조사를 거친 동일한 증거라도 그 증거의 신빙성에 대하여 더 심리하여 본 후 그 채부를 판단하여야 한다.

> **해설** [20년 경간] ① 상고심은 형사소송법 제383조 또는 제384조에 의하여 사실인정에 관한 원심판결의 당부에 관하여 제한적으로 개입할 수 있는 것이므로 조리상 상고심판결의 파기이유가 된 사실상의 판단도 기속력을 가지는 것이며, 따라서 상고심으로부터 사건을 환송받은 법원은 그 사건을 재판함에 있어서 상고법원이 파기이유로 한 **사실상 및 법률상의 판단에 대하여 환송 후의 심리과정에서 새로운 증거가 제시되어 기속적 판단의 기초가 된 증거관계에 변동이 생기지 않는 한 이에 기속된다**(대법원 2004. 4. 9. 선고 2004도340).
>
> ② 형사재판에 있어서 이와 관련된 다른 형사사건의 확정판결에서 인정된 사실은 특별한 사정이 없는 한 유력한 증거자료가 되는 것이나, 당해 형사재판에서 제출된 다른 증거 내용에 비추어 관련 형사사건의 확정판결에서의 사실판단을 그대로 채택하기 어렵다고 인정될 경우에는 이를 배척할 수 있다(대판 2014.3.27. 2014도1200).
>
> ③ 심신장애의 유무는 법원이 형벌제도의 목적 등에 비추어 판단하여야 할 **법률문제로서 그 판단에 전문감정인의 정신감정결과가 중요한 참고자료가 되기는 하나, 법원이 반드시 그 의견에 구속되는 것은 아니고**, 그러한 감정결과뿐만 아니라 범행의 경위, 수단, 범행 전후의 피고인의 행동 등 기록에 나타난 여러 자료 등을 종합하여 독자적으로 심신장애의 유무를 판단하여야 한다(대법원 2018. 9. 13. 선고 2018도7658)
>
> ④ 증거의 신빙성에 대하여 입증의 필요성을 느끼지 못하고 있는 검사에 대하여 항소심이 가지고 있는 의문점에 관하여 입증을 촉구하는 등의 방법으로 그 **증거의 신빙성에 대하여 더 심리하여 본 후 그 채부를 판단**하여야 하고, 그 증거의 신빙성에 의문이 간다는 사유만으로 더 이상 아무런 심리를 함이 없이 그 증거를 곧바로 배척하여서는 아니된다(대법원 1996. 12. 6. 선고 96도2461)

>>> 정답 ②

192. 위법수집증거에 관한 설명 중 가장 적절하지 않은 것은? (판례에 의함).

① 검사가 공소제기 후 형사소송법 제215조에 따라 수소법원 이외의 지방법원 판사에게 청구하여 발부받은 영장에 의하여 압수·수색을 하였다면, 그와 같이 수집된 증거는 기본적 인권 보장을 위해 마련된 적법한 절차에 따르지 않은 것으로서 원칙적으로 유죄의 증거로 삼을 수 없다.

② 선거관리위원회 위원·직원이 관계인에게 진술이 녹음된다는 사실을 미리 알려주지 아니한 채 진술을 녹음하였더라도, 그와 같은 조사절차에 의하여 수집한 녹음파일 내지 그에 터 잡아 작성된 녹취록이 증거능력이 부정된다고 할 수 없다.

③ 형사소송법 제218조는 "사법경찰관은 소유자, 소지자 또는 보관자가 임의로 제출한 물건을 영장없이 압수할 수 있다"고 규정하고 있는 바, 위 규정을 위반하여 소유자, 소지자 또는 보관자가 아닌 자로부터 제출받은 물건을 영장없이 압수한 경우 그 '압수물' 및 '압수물을 찍은 사진'은 이를 유죄 인정의 증거로 사용할 수 없는 것이고, 헌법과 형사소송법이 선언한 영장주의의 중요성에 비추어 볼 때 피고인이나 변호인이 이를 증거로 함에 동의하였다고 하더라도 달리 볼 것은 아니다.

④ 경찰관이 이른바 전화사기죄 범행의 혐의자를 긴급체포하면서 그가 보관하고 있던 다른 사람의 주민등록증, 운전면허증 등을 압수한 사안에서, 이는 적법한 압수로서 위 혐의자의 점유이탈물횡령죄 범행에 대한 증거로 사용할 수 있다.

해설 [17년 경찰2] ① 검사가 **공소제기 후** 형사소송법 제215조에 따라 **수소법원 이외의 지방법원 판사에게 청구하여 발부받은 영장**에 의하여 압수·수색을 하였다면, 그와 같이 수집된 증거는 기본적 인권 보장을 위해 마련된 적법한 절차에 따르지 않은 것으로서 원칙적으로 유죄의 증거로 삼을 수 없다(대법원 2011. 4. 28. 선고 2009도10412).

② 선거관리위원회 위원·직원이 관계인에게 **진술이 녹음된다는 사실을 미리 알려 주지 아니한 채 진술을 녹음**하였다면, 그와 같은 조사절차에 의하여 수집한 녹음파일 내지 그에 터잡아 작성된 녹취록은 형사소송법 제308조의2에서 정하는 '적법한 절차에 따르지 아니하고 수집한 증거'에 해당하여 **원칙적으로 유죄의 증거로 쓸 수 없다**(대판 2014.10.15. 2011도3509).

③ 사법경찰관은 소유자, 소지자 또는 보관자가 임의로 제출한 물건을 영장없이 압수할 수 있다'고 규정하고 있는바, 위 규정을 위반하여 소유자, **소지자 또는 보관자가 아닌 자로부터 제출받은 물건을 영장없이 압수한 경우 그 압수물 및 압수물을 찍은 사진**은 이를 유죄 인정의 증거로 사용할 수 없는 것이고, 헌법과 형사소송법이 선언한 영장주의의 중요성에 비추어 볼 때 피고인이나 변호인이 이를 증거로 함에 동의하였다고 하더라도 달리 볼 것은 아니다(대판 2010.1.28. 2009도10092)

④ 피고인이 보관하던 다른 사람의 주민등록증, 운전면허증 및 그것이 들어있던 지갑으로서, 피고인이 이른바 전화사기죄의 범행을 저질렀다는 범죄사실 등으로 긴급체포된 직후 압수되었는바, **그 압수 당시 위 범죄사실의 수사에 필요한 범위 내의 것으로서 전화사기범행과 관련된다고 의심할 만한** 상당한 이유가 있었다고 보이므로, **적법하게 압수되었다고 할 것이다**(대법원 2008. 7. 10. 선고 2008도2245).

≫≫ 정답 ②

---

193. 사인(私人)에 의한 위법수집증거에 대한 설명으로 가장 적절한 것은? (다툼이 있는 경우 판례에 의함)

① 위법수집증거배제법칙은 국가기관의 기본권 침해와 위법한 수사 활동을 규제하기 위한 원칙이므로, 사인이 타인의 기본권을 침해하는 방법으로 수집한 증거에 대해서는 항상 적용되지 않는다.

② 피고인이 범행 후 피해자에게 전화를 걸어오자 피해자가 증거를 수집하려고 그 전화내용을 녹음한 경우, 그 녹음테이프가 피고인 모르게 녹음된 것이라 하여 이를 위법하게 수집된 증거라고 할 수 없다.

③ 소송사기의 피해자가 제3자로부터 대가를 지급하고 취득한 업무일지는 그것이 제3자에 의해 절취된 것이라면 위법수집증거에 해당하며, 그로 인하여 피고인의 사생활 영역을 침해하는 결과가 초래된다면 공익의 실현을 위한 것이라도 사기죄에 대한 증거로 사용할 수 없다.

④ 제3자가 대화당사자 일방만의 동의를 받고 통화내용을 녹음한경우, 그 통화내용은 다른 상대방의 동의가 없었다고 하더라도 증거능력이 인정된다.

> **해설** [21년 승진] ① 국민의 사생활 영역에 관계된 모든 증거의 제출이 곧바로 금지되는 것으로 볼 수는 없고, 법원으로서는 효과적인 형사소추 및 형사소송에서의 진실발견이라는 **공익과 개인의 사생활의 보호이익을 비교형량하여 그 허용 여부를 결정**하여야 한다(대법원 1997. 9. 30. 선고 97도1230)
>
> ② 피고인이 범행 후 피해자에게 전화를 걸어오자 **피해자가 증거를 수집하려고 그 전화내용을 녹음한 경우**, 그 녹음테이프가 피고인 모르게 녹음된 것이라 하여 이를 **위법하게 수집된 증거라고 할 수 없다**(대법원 1997. 3. 28. 선고 97도240).
>
> ③ 피고인을 형사소추하기 위해서는 이 사건 **업무일지가 반드시 필요한 증거로 보이므로**, 설령 그것이 **제3자에 의하여 절취된 것으로서** 위 소송사기 등의 피해자측이 이를 수사기관에 **증거자료로 제출하기 위하여 대가를 지급하였다** 하더라도, 공익의 실현을 위하여는 이 사건 **업무일지를 범죄의 증거로 제출하는 것이 허용되어야** 하고, **이로 말미암아 피고인의 사생활 영역을 침해하는 결과가 초래된다 하더라도** 이는 피고인이 **수인하여야 할 기본권의 제한에 해당된다**(대법원 2008. 6. 26. 선고 2008도1584)
>
> ④ 제3자의 경우는 설령 전화통화 당사자 일방의 동의를 받고 그 통화 내용을 녹음하였다 하더라도 그 상대방의 동의가 없었던 이상, 이는 여기의 감청에 해당하여 법 제3조 제1항 위반이 된다 (대법원 2002. 10. 8. 선고 2002도123).

>>> 정답 ②

194. 위법수집증거배제법칙에 대한 설명으로 가장 적절하지 않은 것은? (다툼이 있는 경우 판례에 의함)

① 수사기관이 헌법과 「형사소송법」이 정한 절차에 따르지 아니하고 수집한 증거는 유죄 인정의 증거로 삼을 수 없는 것이 원칙이므로, 수사기관이 피고인 아닌 자를 상대로 적법한 절차에 따르지 아니하고 수집한 증거는 원칙적으로 피고인에 대한 유죄인정의 증거로 삼을 수 없다.

② 법원의 증인신문절차 공개금지결정이 피고인의 공개재판을 받을 권리를 침해하는 경우, 그 절차에 의하여 이루어진 증인의 증언은 변호인의 반대신문권이 보장되지 않는 한 증거능력이 없다.

③ 제3자가 전화통화 당사자 중 일방만의 동의를 받고 통화 내용을 녹음하였더라도 그 상대방의 동의가 없었다면, 「통신비밀보호법」을 위반한 불법감청으로 그 녹음된 통화 내용의 증거능력을 인정 할 수 없다.

④ "범행 중 또는 범행 직후의 범죄 장소에서 긴급을 요하여 법원판사의 영장을 받을 수 없는 때에는 영장없이 압수·수색 또는 검증을 할 수 있다. 이 경우에는

사후에 지체 없이 영장을 받아야 한다."고 규정하고 있는「형사소송법」제216조 제3항의 요건 중 어느 하나라도 갖추지 못한 경우에 그러한 압수·수색 또는 검증은 위법하며, 이에 대하여 사후에 법원으로부터 영장을 발부받았다고 하여 그 위법성이 치유되지 아니한다.

> **해설** [21년 경찰1차] ① 적법한 절차에 따르지 아니하고 수집한 증거는 증거로 할 수 없다."고 규정하고 있는데, 수사기관이 헌법과 형사소송법이 정한 절차에 따르지 아니하고 수집한 증거는 유죄 인정의 증거로 삼을 수 없는 것이 원칙이므로, **수사기관이 피고인 아닌 자를 상대로** 적법한 절차에 따르지 아니하고 수집한 증거는 원칙적으로 **피고인에 대한 유죄 인정의 증거로 삼을 수 없다**(대법원 2011. 6. 30. 선고 2009도6717)
>
> ② 헌법 제109조, 법원조직법 제57조 제1항이 정한 **공개금지사유가 없음에도 불구하고 공개를 금지하기로 결정**하였다면 그러한 공개금지결정은 피고인의 공개재판을 받을 권리를 침해한 것으로서 그 절차에 의하여 이루어진 증인의 **증언은 증거능력이 없다**고 할 것이고, 변호인의 반대신문권이 보장되었더라도 달리 볼 수 없으며, 이러한 법리는 공개금지결정의 선고가 없는 등으로 **공개금지결정의 사유를 알 수 없는 경우에도 마찬가지**라 할 것이다(대판 2013. 7. 26. 선고 2013도2511).
>
> ③ 제3자의 경우는 설령 전화통화 당사자 일방의 동의를 받고 그 통화 내용을 녹음하였다 하더라도 그 상대방의 동의가 없었던 이상, 이는 여기의 감청에 해당하여 법 제3조 제1항 위반이 된다 (대법원 2002. 10. 8. 선고 2002도123).
>
> ④ 범행 중 또는 범행 직후의 범죄 장소에서 긴급을 요하여 법원 판사의 영장을 받을 수 없는 때에는 영장 없이 압수·수색 또는 검증을 할 수 있으나, 사후에 지체없이 영장을 받아야 하며 형사소송법 제216조 제3항의 요건 중 어느 하나라도 갖추지 못한 경우에 그러한 압수·수색 또는 검증은 위법하며, 이에 대하여 **사후에 법원으로부터 영장을 발부받았다고 하여 그 위법성이 치유되지 아니한다** (대판 2017. 11. 29. 선고 2014도16080)
>
> ≫≫ 정답 ②

195. 다음 중 위법수집증거로서 증거능력이 배제되는 것이 아닌 것은? (판례에 의함)

① 군 검사가 피고인을 뇌물수수 혐의로 기소한 후 형사사법공조 절차를 거치지 아니한 채 외국에 현지 출장하여 그곳에서 우리나라 국민인 뇌물공여자를 상대로 작성한 참고인 진술조서

② 사법경찰관이 피의자 소유의 쇠파이프를 피의자의 주거지 앞마당에서 발견하였으면서도 그 소유자, 소지자 또는 보관자가 아닌 피해자로부터 임의로 제출받는 형식으로 압수한 쇠파이프

③ 사법경찰관이 압수·수색영장을 제시하여 압수·수색을 실시하고 그 집행을 종료한 후 영장의 유효기간 내에 종전의 영장을 제시하고 동일한 장소 또는 목적물에 대하여 다시 압수·수색한 경우 그 압수물

④ 사법경찰관이 음란물유포의 혐의로 압수·수색영장을 발부받아 피의자의 주거지를 수색하면서 대마를 발견하여 피의자를 현행범으로 체포하고 대마를 압수하였으나 그 다음날 피의자를 석방하고도 사후 압수·수색영장을 발부받지 않은 경우 그 대마

해설 [17년 검찰] ① 검찰관이 피고인을 뇌물수수 혐의로 기소한 후, 형사사법공조절차를 거치지 아니한 채 외국에 현지출장하여 그곳에서 뇌물공여자 갑을 상대로 참고인 진술조서를 작성한 사안에서, 진술조서가 **위법수집증거에 해당하지 않는다**(대판 2011.7.14. 2011도3809).

② 형사소송법 제218조 규정에 위반하여 소유자, 소지자 또는 **보관자가 아닌 자로부터 제출받은 물건**을 영장없이 압수한 경우 그 압수물 및 압수물을 찍은 사진은 이를 유죄 인정의 증거로 사용할 수 없다(대판 2010.1.28. 2009도10092).

③ 수사기관이 압수·수색영장을 제시하고 집행에 착수하여 압수·수색을 실시하고 그 집행을 종료하였다면 이미 그 영장은 목적을 달성하여 효력이 상실되는 것이고, 앞서 발부받은 압수·수색영장의 **유효기간이 남아있다고하여 이를 제시하고 다시 압수·수색을 할 수는 없다**(대판 1999.12.1. 99모161).

④ 피고인을 마약법위반죄의 현행범으로 체포하면서 대마를 압수하였으나, 그 다음날 피고인을 석방하였음에도 사후 압수·수색영장을 발부받지 않은 경우, 압수물과 압수조서는 증거능력이 부정된다(대판 2009.5.14. 2008도10914).

>> 정답 ①

196. 위법수집증거배제법칙에 대한 다음 설명 중 가장 적절하지 않은 것은? (판례에 의함)

① 수사기관이 법원으로부터 영장 또는 감정처분허가장을 발부받지 아니한 채 피의자의 동의 없이 피의자의 신체로부터 혈액을 채취하고 사후적으로도 지체없이 이에 대한 영장을 발부받지도 아니한 채 강제 채혈한 피의자의 혈액 중 알콜농도에 관한 감정이 이루어졌다면 이러한 감정결과 보고서 등은 위법수집증거로서 증거능력이 없다.

② 현장에서 압수·수색을 당하는 사람이 여러 명일 경우에는 그 사람들 모두에게 개별적으로 영장을 제시해야 하는 것이 원칙이고, 수사기관이 압수·수색에 착수하면서 물건을 소지하고 있는 다른 사람으로부터 이를 압수하고자 하는 때에는 그 사람에게 따로 영장을 제시하여야 한다.

③ 음란물 유포의 범죄혐의를 이유로 압수수색영장을 발부받은 사법경찰관이 피고인의 주거지를 수색하는 과정에서 대마를 발견하자 피고인을 마약류관리에 관한 법률 위반죄의 현행범으로 체포하면서 대마를 압수하였으나 그 다음 날 피고인을 석방하고도 사후 압수수색영장을 발부받지 않은 사안에서 위 압수물과 압수조서는 형사소송법상 영장주의를 위반하여 수집한 증거로서 증거능력이 부정된다.

④ 「형사소송법」 제219조가 준용하는 제118조는 '압수수색영장은 처분을 받는 자에게 반드시 제시하여야 한다고 규정하고 있으므로 피처분자가 현장에 없거나 현장에서 그를 발견할 수 없는 경우 등 영장제시가 현실적으로 불가능한 경우에도 영장을 제시하지 아니한 채 압수·수색을 하였다면 이는 위법하다고 보아야 한다.

해설 [18년 승진] ① 수사기관이 법원으로부터 영장 또는 감정처분허가장을 발부받지 아니한 채 피의자의 동의 없이 피의자의 신체로부터 **혈액을 채취하고 사후에도 지체 없이 영장을 발부받지 아니한**

채 혈액 중 알코올농도에 관한 감정을 의뢰하였다면, 이러한 과정을 거쳐 얻은 감정의뢰회보 등은 형사소송법상 영장주의 원칙을 위반하여 수집하거나 그에 기초하여 획득한 증거로서, 원칙적으로 절차위반행위가 적법절차의 실질적인 내용을 침해하여 피고인이나 변호인의 동의가 있더라도 **유죄의 증거로 사용할 수 없다**(대법원 2012. 11. 15. 선고 2011도15258)

② 압수 · 수색영장은 처분을 받는 자에게 반드시 제시하여야 하는바, 현장에서 압수 · 수색을 당하는 사람이 여러 명일 경우에는 그 사람들 모두에게 개별적으로 영장을 제시해야 하는 것이 원칙이다. 수사기관이 압수 · 수색에 착수하면서 그 장소의 관리책임자에게 영장을 제시하였다고 하더라도, **물건을 소지하고 있는 다른 사람으로부터 이를 압수하고자 하는 때에는 그 사람에게 따로 영장을 제시하여야** 한다(대법원 2009. 3. 12. 선고 2008도763)

③ 피고인을 마약법위반죄의 현행범으로 체포하면서 대마를 압수하였으나, 그 다음날 피고인을 석방하였음에도 사후 압수 · 수색영장을 발부받지 않은 경우, 압수물과 압수조서는 증거능력이 부정된다 (대판 2009.5.14. 2008도10914).

④ 피처분자가 현장에 없거나 현장에서 그를 발견할 수 없는 경우 등 **영장제시가 현실적으로 불가능한 경우**에는 영장을 제시하지 아니한 채 압수 · 수색을 하더라도 위법하다고 볼 수 없다(2014도10978).

>>> 정답 ④

197. 위법수집증거배제법칙에 대한 설명 중 가장 적절하지 않은 것은? (판례에 의함)

① 범행 현장에서 지문채취대상물에 대한 지문채취가 먼저 이루어지고 수사기관이 그 이후에 지문채취 대상물을 적법한 절차에 의하지 아니한 채 압수한 경우, 압수 이전에 채취된 지문은 위법하게 압수한 지문채취 대상물로부터 획득한 2차적 증거에 해당하지 아니함이 분명하여 이를 가리켜 위법수집증거라고 할 수 없다.

② 우편물 통관검사절차에서 이루어지는 우편물의 개봉시료채취 성분분석 등의 검사는 수출입물품에 대한 적정한 통관 등을 목적으로 한 행정조사의 성격을 가지는 것으로서 수사기관의 강제처분이라고 할 수 없으므로, 압수 · 수색영장 없이 우편물의 개봉 시료채취 성분분석 등의 검사가 진행되었다고 하더라도 특별한 사정이 없는 한 위법하다고 볼 수 없다.

③ 수사기관이 법관의 영장에 의하지 아니하고 신용카드 매출전표의 거래명의자에 관한 정보를 획득한 경우 이에 터 잡아 수집한 2차적 증거들의 증거능력을 판단할 때, 수사기관이 의도적으로 영장주의의 정신을 회피하는 방법으로 증거를 확보한 것이 아니라고 볼 만한 사정 체포되었던 피의자가 석방된 후 상당 한 시간이 경과하였음에도 다시 동일한 내용의 자백을 하였다거나 그 범행의 피해품을 수사기관에 임의로 제출하였다는 사정 등은 통상 2차적 증거의 증거능력을 인정할 만한 정황에 속한다.

④ 선거관리위원회 직원이 관계인에게 진술이 녹음된다는 사실을 미리 알려주지 아니한 채 진술을 녹음하였다 하더라도, 그와 같은 조사절차에 의하여 수집한 녹음파일내지 그에 터 잡아 작성된 녹취록은 위법수집증거에 해당하지 아니하여 유죄

의 증거로 쓸 수 있다.

해설 [18년 승진] ① 범행 현장에서 지문채취 **대상물에 대한 지문채취**가 먼저 이루어진 이상, 수사기관이 그 이후에 지문채취 대상물을 적법한 절차에 의하지 아니한 채 압수하였다고 하더라도 이를 가리켜 위법한 압수라고 보기도 어렵다. 위와 같이 채취된 지문은 위법하게 압수한 **지문채취 대상물로부터 획득한 2차적 증거에 해당하지 아니함이 분명**하여, 이를 가리켜 위법수집증거라고 할 수 없다(대법원 2008. 10. 23. 선고 2008도7471).

② 우편물 통관검사절차에서 이루어지는 우편물의 개봉, 시료채취, 성분분석 등의 검사는 수출입물품에 대한 적정한 **통관 등을 목적으로 한 행정조사의 성격을 가지는** 것으로서 수사기관의 강제처분이라고 할 수 없으므로, 압수·수색영장 없이 우편물의 개봉, 시료채취, 성분분석 등 검사가 진행되었다 하더라도 특별한 사정이 없는 한 위법하다고 볼 수 없다(대법원 2013. 9. 26. 선고 2013도7718).

③ 수사기관이 법관의 영장에 의하지 아니하고 매출전표의 거래명의자에 관한 정보를 획득한 경우, 이에 터 잡아 수집한 2차적 증거들, 예컨대 피의자의 자백이나 범죄 피해에 대한 제3자의 진술 등이 유죄 인정의 증거로 사용될 수 있는지를 판단할 때, 수사기관이 의도적으로 영장주의의 정신을 회피하는 방법으로 증거를 확보한 것이 아니라고 볼 만한 사정, 위와 같은 정보에 기초하여 범인으로 특정되어 체포되었던 피의자가 석방된 후 상당한 시간이 경과하였음에도 다시 동일한 내용의 자백을 하였다거나 그 범행의 **피해품을 수사기관에 임의로 제출**하였다는 사정, 2차적 증거 수집이 체포 상태에서 이루어진 **자백 등으로부터 독립된 제3자의 진술**에 의하여 이루어진 사정 등은 통상 2차적 증거의 증거능력을 인정할 만한 정황에 속한다고 볼 수 있다(대법원 2013. 3. 28. 선고 2012도13607).

④ 선거관리위원회 위원·직원이 관계인에게 **진술이 녹음된다는 사실을 미리 알려 주지 아니한 채 진술을 녹음**하였다면, 그와 같은 조사절차에 의하여 수집한 녹음파일 내지 그에 터 잡아 작성된 녹취록은 형사소송법 제308조의2 에서 정하는 '적법한 절차에 따르지 아니하고 수집한 증거'에 해당하여 원칙적으로 유죄의 증거로 쓸 수 없다(2011도3509).

>>> 정답 ④

198. 위법수집증거배제법칙에 대한 설명으로 가장 적절하지 않은 것은?(판례에 의함)

① 형사소송법 제219조가 준용하는 제118조는 '압수·수색영장은 처분을 받는 자에게 반드시 제시하여야 한다'고 규정하고 있으므로, 피처분자가 현장에 없거나 현장에서 그를 발견할 수 없는 경우 등 영장제시가 현실적으로 불가능한 경우에도 영장을 제시하지 아니한 채 압수·수색을 하였다면 위법하다고 보아야 한다.

② 압수·수색영장의 집행과정에서 폭행 등의 피해를 당한 검사 등이 수사에 관여하였다는 이유만으로 그 검사 등이 작성한 참고인 진술조서 등의 증거능력이 부정될 수 없다.

③ 수사기관으로부터 집행을 위탁받은 통신기관 등이 통신제한조치의 집행에 필요한 설비가 없을 때에는 수사기관에 설비의 제공을 요청하여야 하고, 그러한 요청 없이 통신제한조치허가서에 기재된 사항을 준수하지 아니하고 통신제한조치를 집행하여 취득한 전기통신의 내용 등은 유죄의 증거로 사용할 수 없다.

④ 검찰관이 피고인을 뇌물수수 혐의로 기소한 후, 형사사법공조 절차를 거치지 아

니한 채 외국에 현지 출장하여 그곳에서 뇌물 공여자를 상대로 참고인 진술조서를 작성한 경우 그 진술조서는 위법수집증거에 해당하지 않는다.

해설 [19년 승진] ① 형사소송법 제219 조가 준용하는 제118조는 '압수·수색영장은 처분을 받는 자에게 반드시 제시하여야 한다'고 규정 하고 있으나, 이는 영장제시가 현실적으로 가능한 상황을 전제로 한 규정으로 보아야 하고, 피처분자가 현장에 없거나 현장에서 그를 발견할 수 없는 경우 등 **영장제시가 현실적으로 불가능한 경우**에는 영장을 제시하지 아니한 채 압수·수색을 하더라도 위법하다고 볼 수 없다(대판2015.1.22. 20 14도10978).

② **범죄의 피해자인 검사가 그 사건의 수사에 관여**하거나, 압수·수색영장의 집행에 참여한 검사가 다시 수사에 관여하였다는 이유만으로 바로 그 **수사가 위법하다거나 그에 따른 참고인이나 피의자의 진술에 임의성이 없다고 볼 수는 없다**(대법원 2013. 9. 12. 선고 2011도12918)

③ 통신제한조치허가서에 **기재된 사항을 준수하지 아니한 채 통신제한조치를 집행**하였다면, 그러한 집행으로 취득한 전기통신의 내용 등은 헌법과 통신비밀보호법이 국민의 기본권인 통신의 비밀을 보장하기 위해 마련한 적법한 절차를 따르지 아니하고 수집한 증거에 해당하므로(형사소송법 제308조의2), 이는 유죄 인정의 증거로 할 수 없다(대법원 2016. 10. 13. 선고 2016도8137).

④ 검찰관이 피고인을 뇌물수수 혐의로 기소한 후, 형사사법공조절차를 거치지 아니한 채 외국에 현지 출장하여 그곳에서 뇌물공여자 갑을 상대로 참고인 진술조서를 작성한 사안에서, 진술조서가 위법수집증거에 해당하지 않는다(대법원 2011. 7. 14. 선고 2011도3809)

>> **정답** ①

199. 위법수집증거배제법칙에 대한 설명으로 가장 적절하지 않은 것은?(판례에 의함)

① 범행 현장에서 지문채취 대상물에 대한 지문채취가 먼저 이루어진 이상, 수사기관이 그 이후에 지문채취 대상물을 적법한 절차에 의하지 아니한 채 압수하였다고 하더라도, 이와 같이 채취된 지문은 위법하게 압수한 지문채취 대상물로부터 획득한 2차적 증거에 해당하지 아니한다.

② 수사기관이 피의자를 신문함에 있어서 피의자에게 미리 진술거부권을 고지하지 않은 때에는 그 피의자의 진술은 위법하게 수집된 증거로서 진술의 임의성이 인정되는 경우라도 증거능력이 부인되어야 한다.

③ 비진술증거인 압수물은 압수절차가 위법하다 하더라도 그 물건자체의 성질, 형태에 변경을 가져오는 것은 아니어서 그 형태 등에 관한 증거가치에는 변함이 없다 할 것이므로 증거능력이 있다.

④ 피의자가 변호인의 참여를 원한다는 의사를 명백하게 표시하였음에도 수사기관이 정당한 사유 없이 변호인을 참여하게 하지 아니한 채 피의자를 신문하여 작성한 피의자신문조서는 증거능력이 인정되지 않는다.

해설 [18년 경찰3] ① 범행 현장에서 지문채취 **대상물에 대한 지문채취**가 먼저 이루어진 이상, 수사기관이 그 이후에 지문채취 대상물을 적법한 절차에 의하지 아니한 채 압수하였다고 하더라도 이를 가리켜 위법한 압수라고 보기도 어렵다. 위와 같이 채취된 지문은 위법하게 압수한 **지문채취 대상물로부터 획득한 2차적 증거에 해당하지 아니함이 분명**하여, 이를 가리켜 위법수집증거라고 할 수 없다(대법원 2008. 10. 23. 선고 2008도7471).

② 수사기관이 피의자를 신문함에 있어서 피의자에게 **미리 진술거부권을 고지하지 않은 때에는** 그 피의자의 진술은 위법하게 수집된 증거로서 진술의 임의성이 인정되는 경우라도 **증거능력이 부인되어야 한다**(대법원 1992. 6. 23. 선고 92도682)

③ 적법한 절차에 따르지 아니하고 수집한 증거는 증거로 할 수 없다(제308조의2). 위와 같은 명문의 규정이 없었던 구법 하에서의 판례는 비진술증거의 경우에는 위법수집증거배제법칙의 적용을 부정하여 증거능력을 긍정하였었다. 개정법 하에서의 판례는 제주도지사 선거법위반사건에서 보듯이 **비진술(위법하게 수집 된 압수물)의 경우에도 위법수집증거배제법칙을 적용하여 그 증거능력을 부정**하고 있다(대판 2007.11.15., 2007도3061).

④ 피의자가 변호인의 참여를 원한다는 의사를 명백하게 표시하였음에도 수사기관이 정당한 사유 없이 변호인을 참여하게 하지 아니한 채 피의자를 신문하여 작성한 피의자신문조서는 형사소송법 제312조에 정한 '적법한 절차와 방식'에 위반된 증거일 뿐만 아니라, 형사소송법 제308조의2에서 정한 '적법한 절차에 따르지 아니하고 수집한 증거'에 해당하므로 이를 증거로 할 수 없다(대법원 2013. 3. 28. 선고 2010도3359)

≫≫ 정답 ③

200. 위법수집증거배제법칙에 대한 설명으로 옳지 않은 것은? (판례에 의함)

① 위법한 절차에 의하여 수집된 증거의 증거능력을 부정하는 증거법칙으로 「형사소송법」은 이를 명문으로 규정하고 있다.

② 위법수집증거배제법칙은 진술증거와 비진술증거 모두에 적용된다.

③ 수사기관의 절차위반행위가 적법절차의 실질적 내용을 침해하는 경우에 해당하지 않는다면, 법원은 예외적으로 위법하게 수집된 증거를 유죄인정의 증거로 사용할 수 있다.

④ 소송사기의 피해자가 제3자에 의하여 절취된 피고인 회사의 업무일지를 수사기관에 증거로 제출한 경우 피고인의 사생활영역에 대한 현저한 침해의 결과가 초래되므로 이를 증거로 사용하는 것은 위법하다.

해설 [18년 검찰] ① 위법수집증거의 배제) 적법한 절차에 따르지 아니하고 수집한 증거는 증거로 할 수 없다(제308조의2)

② 위법수집증거배제법칙은 진술증거와 비진술증거 모두에 적용된다.

③ 적법절차의 원칙과 **실체적 진실 규명의 조화를** 도모하고 이를 통하여 **형사사법 정의를 실현하려 한 취지에** 반하는 결과를 초래하는 것으로 평가되는 예외적인 경우라면, 법원은 그 증거를 유죄 인정의 증거로 사용할 수 있다(대법원 2009. 3. 12. 선고 2008도11437)

④ 사문서위조·위조사문서행사 및 소송사기로 이어지는 일련의 범행에 대하여 피고인을 형사소추하기 위해서는 이 사건 업무일지가 반드시 필요한 증거로 보이므로, 설령 그것이 제3자에 의하여 절취된 것으로서 위 소송사기 등의 피해자 측이 이를 수사기관에 증거자료로 제출하기 위하여 대가를 지급하였다 하더라도, 공익의 실현을 위하여는 이 사건 업무일지를 범죄의 증거로 제출하는 것이 허용되어야 하고, 이로 말미암아 피고인의 사생활 영역을 침해하는 결과가 초래된다 하더라도 이는 피고인이 수인하여야 할 기본권의 제한에 해당된다(대판 2008.6.26. 2008도1584).

≫≫ 정답 ④

201. 다음 사례에 대한 설명으로 옳은 것은? (다툼이 있는 경우 판례에 의함)

> 甲은 출근길 지하철에서 휴대전화로 여성의 은밀한 신체 부위를 몰래 촬영하는 乙을 발견하고 소리를 지른 후 주위 사람들과 합세하여 乙을 현행범인으로 체포하였고, 이후 출동한 사법경찰관 丙에게 인계하였다. 丙은 인계받은 乙로부터 휴대전화를 임의제출 받아 영치하였지만 사후에 압수영장을 발부받지는 않았다. 한편 甲은 丙의 요청으로 인근 지하철 수사대 사무실로 가서 자신이 목격한 사실을 자필 진술서로 작성하여 丙에게 제출하였다. 이후 乙에 대한 공소가 제기되어 형사재판이 진행되었으나 甲의 소재 불명으로 법정 출석이 불가능하게 되자 검사는 甲의 진술서와 乙의 휴대전화를 증거로 제출하였다.

① 검사가 증거로 제출한 휴대전화는 위법수집증거로서 증거능력이 인정되지 않는다.

② 甲이 소재불명이라 하더라도 공판기일에 丙이 출석하여 甲의 진술서 작성사실에 대한 진정성립을 인정하면 甲의 진술서의 증거능력이 인정된다.

③ 甲이 소재불명이므로 甲의 진술서는 특히 신빙할 수 있는 상태에서 작성되었음이 증명된 경우에 한해 증거능력이 인정된다.

④ 위 ③의 특신상태의 증명은 단지 그러할 개연성이 있다는 정도로 충분하다.

> **해설** [19년 검찰] ① 검사가 증거로 제출한 휴대전화는 乙로부터 임의제출 받은 것이므로 영장이 없었다고 하더라도 적법한 압수물에 해당하며, 그 증거능력을 인정할 수 있다.
>
> ② 甲은 이른바 참고인으로서 그의 지하철 수사대 사무실에서의 진술서에는 제312조 제5항과 제312조 제4항에 따른 요건이 충족되어야만 그 증거능력이 인정될 수 있다. 즉, 적법한 절차와 방식에 따라 작성될 것, 실질적 진정성립이 증명될 것, 피고인 또는 변호인에게 반대신문의 기회가 보장될 것, 특신상태가 증명될 것 등의 요건이 충족되어야만 그 증거능력이 인정될 수 있다. 한편 甲이 소재불명이라면 제314조에 의하여 특히 신빙할 수 있는 상태에서 작성되었음이 증명된 경우에 한하여 그 증거능력이 인정된다.
>
> ③ (증거능력에 대한 예외) 제312조 또는 제313조의 경우에 공판준비 또는 공판기일에 진술을 요하는 자가 사망·질병·외국거주·소재불명 그 밖에 이에 준하는 사유로 인하여 진술할 수 없는 때에는 그 조서 및 그 밖의 서류(피고인 또는 피고인 아닌 자가 작성하였거나 진술한 내용이 포함된 문자·사진·영상 등의 정보로서 컴퓨터용디스크, 그 밖에 이와 비슷한 정보저장매체에 저장된 것을 포함한다)를 증거로 할 수 있다. 다만, 그 진술 또는 작성이 특히 신빙할 수 있는 상태하에서 행하여졌음이 증명된 때에 한한다(제314조)
>
> ④ 특신상태의 증명은 단지 그러할 개연성이 있다는 정도로는 부족하고 합리적인 의심의 여지를 배제할 정도에 이르러야 한다고 할 것이다(대판 2014.2.21. 2013도12652).

> ≫≫ 정답 ③

202. 위법수집증거배제법칙에 대한 설명이다. 아래 ㉠부터 ㉣까지의 설명 중 옳고 그름의 표시(O, X)가 가장 바르게 된 것은? (다툼이 있으면 판례에 의함)

> ㉠ 수사기관으로부터 통신제한조치의 집행을 위탁받은 통신기관 등이 집행에 필요한 설비가 없을 때에는 수사기관에 설비의 제공을 요청하여야 하는데, 그러한 요청 없이 통신제

한조치허가서에 기재된 사항을 준수하지 아니한 채 통신제한조치를 집행하였더라도, 그러한 집행으로 취득한 전기통신의 내용 등은 유죄 인정의 증거로 할 수 있다.

ⓛ 선거관리위원회 위원·직원이 관계인에게 진술이 녹음된다는 사실을 미리 알려 주지 아니한 채 진술을 녹음하였다면, 그와 같은 조사절차에 의하여 수집한 녹음파일 내지 그에 터 잡아 작성된 녹취록은 형사소송법 제308조의2에서 정하는 '적법한 절차에 따르지 아니하고 수집한 증거'에 해당하여 원칙적으로 유죄의 증거로 쓸 수 없다.

ⓒ 범죄의 피해자인 검사가 그 사건의 수사에 관여하거나, 압수·수색영장의 집행에 참여한 검사가 다시 수사에 관여하였다는 이유만으로 바로 그 수사가 위법하다거나 그에 따른 참고인이나 피의자의 진술에 임의성이 없다고 볼 수는 없다.

ⓔ 수사기관이 피의자를 신문함에 있어서 피의자에게 미리 진술거부권을 고지하지 않은 때에는 그 피의자의 진술은 위법하게 수집된 증거로서 진술의 임의성이 인정되는 경우라도 증거능력이 부인 되어야 한다.

① ㉠ × ㉡ ○ ㉢ × ㉣ ○   ② ㉠ ○ ㉡ × ㉢ ○ ㉣ ○
③ ㉠ ○ ㉡ ○ ㉢ × ㉣ ×   ④ ㉠ × ㉡ ○ ㉢ ○ ㉣ ○

해설 [17년 경찰] ㉠ (x)수사기관으로부터 통신제한조치의 집행을 위탁받은 통신기관 등이 그 집행에 필요한 설비가 없을 때에는 수사기관에 그 설비의 제공을 요청하여야 하고, 그러한 요청 없이 통신제한조치허가서에 기재된 사항을 준수하지 아니한 채 통신제한조치를 집행하였다면, 그러한 집행으로 인하여 취득한 전기통신의 내용 등은 적법한 절차를 따르지 아니하고 수집한 증거에 해당하므로 이는 유죄 인정의 증거로 할 수 없다(대판 2016.10.13. 2016도 8137).

㉡ 선거관리위원회 위원·직원이 관계인에게 **진술이 녹음된다는 사실을 미리 알려 주지 아니한 채 진술을 녹음**하였다면, 그와 같은 조사절차에 의하여 수집한 녹음파일 내지 그에 터잡아 작성된 녹취록은 형사소송법 제308조의2에서 정하는 '적법한 절차에 따르지 아니하고 수집한 증거'에 해당하여 **원칙적으로 유죄의 증거로 쓸 수 없다**(대판 2014.10.15. 2011도3509).

㉢ **범죄의 피해자인 검사가 그 사건의 수사에 관여**하거나, 압수·수색영장의 집행에 참여한 검사가 다시 수사에 관여하였다는 이유만으로 바로 그 **수사가 위법하다거나 그에 따른 참고인이나 피의자의 진술에 임의성이 없다고 볼 수는 없다**(대법원 2013. 9. 12. 선고 2011도12918)

㉣ 수사기관이 피의자를 신문함에 있어서 피의자에게 **미리 진술거부권을 고지하지 않은 때에는 그** 피의자의 진술은 위법하게 수집된 증거로서 진술의 임의성이 인정되는 경우라도 **증거능력이 부인 되어야 한다**(대법원 1992. 6. 23. 선고 92도682)

▶▶ 정답 ④

203. 위법수집증거배제법칙에 대한 설명으로 가장 적절한 것은?(다툼이 있는 경우 판례에 의함)

① 위법수집증거배제법칙은 영미법상 판례에 의해 확립된 증거법칙으로, 우리나라 형사소송법에는 명문의 규정이 없지만 일반적인 형사법의 대원칙으로 자리잡고 있다.

② 수사기관이 영장 또는 감정처분허가장을 발부받지 아니한 채 피의자의 동의 없이

피의자의 신체로부터 혈액을 채취하고 사후에도 지체 없이 영장을 발부받지 않았다면, 그 혈액 중 알코올 농도에 관한 감정의뢰회보는 원칙적으로 유죄의 증거로 사용 할 수 없다.

③ 사법경찰관이 피의자를 긴급체포하는 현장에서 영장 없이 압수한 물건을 계속 압수할 필요가 있어 압수 수색영장을 청구하였으나 이를 발부받지 못하고도 즉시 반환하지 아니한 압수물은 이를 유죄 인정의 증거로 사용할 수 없지만, 피고인이나 변호인이 이를 증거로 함에 동의하였다면 유죄의 증거로 사용할 수 있다.

④ 비진술증거인 압수물은 압수절차가 위법하다 하더라도 그 물건자체의 성질, 형태에 변경을 가져오는 것은 아니어서 그 형태등에 관한 증거가치에는 변함이 없으므로 증거능력이 인정된다.

> **해설** [21년 승진] ① 위법수집증거배제법칙은 영미법상 판례에 의해 확립된 증거법칙으로, 우리나라 형사소송법 제308조의2에 규정되어 있고 일반적인 형사법의 대원칙으로 자리잡고 있다.
>
> ② 수사기관이 법원으로부터 영장 또는 감정처분허가장을 발부받지 아니한 채 피의자의 동의 없이 피의자의 신체로부터 **혈액을 채취하고 사후에도 지체 없이 영장을 발부받지 아니한 채 혈액 중 알코올농도에 관한 감정을 의뢰**하였다면, 이러한 과정을 거쳐 얻은 감정의뢰회보 등은 형사소송법상 영장주의 원칙을 위반하여 수집하거나 그에 기초하여 획득한 증거로서, 원칙적으로 절차위반행위가 적법절차의 실질적인 내용을 침해하여 피고인이나 변호인의 동의가 있더라도 **유죄의 증거로 사용할 수 없다**(대법원 2012. 11. 15. 선고 2011도15258)
>
> ③ 사법경찰관이 피의자를 긴급체포하는 현장에서 영장 없이 압수한 물건을 계속 압수할 필요가 있어 압수 수색영장을 청구하였으나 이를 발부받지 못하고도 즉시 반환하지 아니한 압수물은 이를 유죄 인정의 증거로 사용할 수 없고, 피고인이나 변호인이 이를 증거로 함에 동의하였다하더라도 증거로 사용할 수 없다
>
> ④ 피고인 측에서 검사의 압수수색이 적법절차를 위반하였다고 다투고 있음에도 불구하고 주장된 위법사유가 적법절차의 실질적인 내용을 침해하였는지 여부 등에 관하여 충분히 심리하지 아니한 채, 압수절차가 위법하더라도 압수물의 증거능력은 인정된다는 이유만으로 압수물의 증거능력을 인정한 것은 위법하다(대판 2007.11.15. 선고 2007도3061).

>>> 정답 ②

204. 위법수집증거배제법칙에 관한 설명 중 가장 옳은 것은? (다툼이 있는 경우 판례에 의함)

① 범행 현장에서 지문채취 대상물에 대한 지문채취가 먼저 이루어지고, 수사기관이 그 이후에 지문채취 대상물을 적법한 절차에 의하지 아니한 채 압수하였다면 위와 같이 채취된 지문은 위법하게 압수한 지문채취 대상물로부터 획득한 2차적 증거에 해당하여 위법수집증거이다.

② 위법한 강제연행 상태에서 호흡측정방법에 의한 음주측정을 한 다음, 강제연행 상태로부터 시간적 장소적으로 단절되었다고 볼 수 없는 상황에서 피의자가 호흡측정결과를 탄핵하기 위하여 스스로 혈액채취방법에 의한 측정을 할 것을 요구하여 혈액채취가 이루어진경우 그러한 혈액채취에 의한 측정 결과는 유죄인정의 증

거로 쓸 수 있다.

③ 수출입물품 통관검사절차에서는 압수·수색영장 없이 우편물의 개봉이나 시료채취 등을 할 수 있지만, 마약류 불법거래 방지를 위한 조치로서 수사기관의 요청으로 특정한 수출입물품을 개봉하여 그 내용물의 점유를 취득하면서 사전이나 사후에 영장을 발부받지 않았다면 이는 위법한 증거수집에 해당한다.

④ 甲이 적법하게 긴급체포되어 조사를 받고 구속영장이 청구되지 아니하여 석방된 후 검사가 석방통지를 법원에 하지 아니하였다면 긴급체포에 의한 유치 중에 작성된 甲에 대한 피의자신문조서는 증거능력이 부정된다.

해설 [20년 경간] ① 범행 현장에서 지문채취 대상물에 대한 지문채취가 먼저 이루어진 이상, 수사기관이 그 이후에 지문채취 대상물을 적법한 절차에 의하지 아니한 채 압수하였다고 하더라도 위와 같이 채취된 지문은 위법하게 압수한 지문채취 대상물로부터 획득한 2차적 증거에 해당하지 아니함이 분명하여 이를 가리켜 위법수집증거라고 할 수 없다.(대판 2008.10.23. 2008도7471)

② 체포의 이유와 변호인선임권의 고지 등 적법한 절차를 무시한 채 이루어진 강제연행은 전형적인 위법한 체포에 해당하고, 위법한 체포상태에서 이루어진 호흡조사에 의한 음주측정 요구는 주취운전의 범죄행위에 대한 증거수집을 목적으로 한 일련의 과정에서 이루어진 것이므로 그 측정결과는 물론 혈액채취에 의한 혈중알콜농도 감정서 등도 증거능력을 인정할 수 없다(대판 2013.3.14 2010도2094).

③ 세관공무원이 통관검사를 위하여 직무상 소지하거나 보관하는 물품을 수사기관에 임의로 제출한 경우에는 비록 소유자의 동의를 받지 않았더라도 수사기관이 강제로 점유를 취득하지 않은 이상 해당 물품을 압수하였다고 할 수 없다. 그러나 마약류 불법거래 방지에 관한 조치의 일환으로 특정한 수출입물품을 개봉하여 검사하고 그 내용물의 점유를 취득한 행위는 위에서 본 수출입물품에 대한 적정한 통관 등을 목적으로 조사를 하는 경우와는 달리, 범죄수사인 압수 또는 수색에 해당하여 사전 또는 사후에 영장을 받아야 한다(대법원 2017. 7. 18. 선고 2014도8719)

④ 피의자가 2009.11.2. 22:00경 긴급체포되어 조사를 받고 구속영장이 청구되지 아니하여 2009.11.4. 20:10경 석방되었음에도 검사가 30일 이내에 **법원에 석방통지를 하지 않았더라도, 긴급체포 당시의 상황과 경위, 긴급체포 후 조사 과정 등에 특별한 위법이 있다고 볼 수 없는 이상**, 단지 사후에 석방통지가 이루어지지 않았다는 사정만으로 그 **긴급체포에 의한 유치 중에 작성된 피의자신문조서들의 작성이 소급하여 위법하게 된다고 볼 수는 없다.**

>> 정답 ③

205. 위법수집증거배제법칙에 대한 설명으로 옳지 않은 것은? (다툼이 있는 경우 판례에 의함)

① 사인이 위법하게 수집한 증거에 대해서는 효과적인 형사소추 및 형사소송에서의 진실발견이라는 공익과 개인의 인격적이익 등의 보호이익을 비교형량하여 그 허용여부를 결정하여야 한다.

② '악' 과 같은 대화가 아닌 사람의 목소리를 녹음하거나 청취하는 행위가 개인의 사생활의 비밀과 자유 또는 인격권을 중대하게 침해하여 사회통념상 허용되는 한도를 벗어난 것이 아니라면 위와 같은 목소리를 들었다는 진술을 형사절차에서

증거로 사용할 수 있다.

③ 압수·수색영장의 집행과정에서 별건 범죄혐의와 관련된 증거를 우연히 발견하여 압수한 경우에는 별건 범죄혐의에 대해 별도의 압수·수색영장을 발부받지 않았다 하더라도 위법한 압수·수색에 해당하지 않는다.

④ 위법수집증거배제법칙에 대한 예외를 인정하기 위해서는 예외적인 경우에 해당한다고 볼 만한 구체적이고 특별한 사정이 존재한다는 점을 검사가 증명하여야 한다.

> **해설** [21년 9급]① 국민의 인간으로서의 존엄과 가치를 보장하는 것은 국가기관의 기본적인 의무에 속하는 것이고 이는 형사절차에서도 당연히 구현되어야 하는 것이지만, 국민의 사생활 영역에 관계된 모든 증거의 제출이 곧바로 금지되는 것으로 볼 수는 없으므로 법원으로서는 효과적인 형사소추 및 형사소송에서의 진실발견이라는 공익과 개인의 인격적 이익 등의 보호이익을 비교형량하여 그 허용 여부를 결정하여야 한다(대법원 2013. 11. 28. 선고 2010도12244)
>
> ② '악' 소리도 사람의 목소리이기는 하나 단순한 비명소리에 지나지 않아 그것만으로 상대방에게 의사를 전달하는 말이라고 보기는 어려워 특별한 사정이 없는 한 타인 간의 '대화'에 해당한다고 볼 수 없다. 나아가 위와 같은 소리는 막연히 몸싸움이 있었다는 것 외에 사생활에 관한 다른 정보는 제공하지 않는 점, 공소외인이 소리를 들은 시간이 길지 않은 점, 소리를 듣게 된 동기와 상황, 공소외인과 피해자의 관계 등 기록에 나타난 여러 사정에 비추어 볼 때, 통신비밀보호법에서 보호하는 타인 간의 '대화'에 준하는 것으로 보아 증거능력을 부정할 만한 특별한 사정이 있다고 보기도 어렵다.(대법원 2017. 3. 15. 선고 2016도19843)
>
> ③ 전자정보에 대한 압수·수색이 종료되기 전에 혐의사실과 관련된 전자정보를 적법하게 탐색하는 과정에서 별도의 범죄혐의와 관련된 전자정보를 우연히 발견한 경우라면, 수사기관으로서는 더 이상의 추가 탐색을 중단하고 법원으로부터 **별도의 범죄혐의에 대한 압수·수색영장을 발부받은 경우에 한하여** 그러한 정보에 대하여도 적법하게 압수·수색을 할 수 있다고 할 것이다.(대법원 2015. 7. 16. 자 2011모1839)
>
> ④ 법원이 수사기관의 절차 위반행위에도 불구하고, 그 수집된 증거를 유죄 인정의 증거로 사용할 수 있는 예외적인 경우에 해당한다고 볼 수 있으려면, 그러한 예외적인 경우에 해당한다고 볼 만한 구체적이고 특별한 사정이 존재한다는 것을 검사가 입증하여야 한다(대법원 2009. 3. 12. 선고 2008도763)

>> 정답 ③

5년기출문제

206. 자백에 대한 설명으로 옳지 않은 것은? (다툼이 있는 경우 판례에 의함)

① 피고인이 경찰에서 임의성 없는 자백을 한 후 검찰이나 심지어 법정에서도 임의성 없는 심리상태가 계속되어 동일한 내용의 자백을 한 경우 각 자백의 임의성은 인정되지 아니한다.

② 자백의 임의성에 다툼이 있는 때에는 검사가 그 임의성의 의문점을 없애는 증명을 하여야 하고, 검사가 그 임의성의 의문점을 없애는 증명을 하지 못한 경우, 그 진술증거는 증거능력이 부정된다.

③ 피고인이 우연히 작성한 항해일지의 내용 중 공소사실에 일부 부합되는 사실의 기재가 있는 경우, 이 항해일지는 피고인이 범죄사실을 자백하는 문서라고 볼 수 있다.

④ 직접증거가 아닌 간접증거나 정황증거도 자백의 보강증거가 될 수 있고, 자백과 보강증거가 서로 어울려서 전체로서 범죄사실을 인정할 수 있으면 유죄의 증거로 충분하다.

> **해설** [18년 7급] ① 피고인이 검사 이전의 수사기관에서 고문 등 가혹행위로 인하여 임의성 없는 자백을 하고 그 후 검사의 조사단계에서도 임의성 없는 심리상태가 계속되어 동일한 내용의 자백을 하였다면 검사의 조사단계에서 고문 등 자백의 강요행위가 없었다고 하여도 **검사 앞에서의 자백도 임의성 없는 자백**이라고 보아야 한다(대법원 2011. 10. 27. 선고 2009도1603).
>
> ② 검사가 그 임의성의 의문점을 없애는 증명을 하여야 하고, **검사가 그 임의성의 의문점을 없애는 증명**을 하지 못한 경우에는 그 진술증거는 증거능력이 부정된다. 나아가 피고인이 경찰에서 가혹행위 등으로 인하여 임의성 없는 자백을 하고 그 후 검찰이나 법정에서도 임의성 없는 심리상태가 계속되어 동일한 내용의 자백을 하였다면 각 자백도 임의성 없는 자백이라고 보아야 한다(대법원 2014. 12. 11. 선고 2012도15405 판결)
>
> ③ 상법장부나 항해일지, 진료일지 또는 이와 유사한 금전출납부 등과 같이 범죄사실의 인정 여부와는 관계없이 자기에게 맡겨진 사무를 처리한 사무 내역을 그때, 그때 계속적, 기계적으로 기재한 문서 등의 경우는 사무처리 내역을 증명하기 위하여 존재하는 문서로서 그 존재 자체 및 기재가 그러한 내용의 사무가 처리되었음의 여부를 판단할 수 있는 **별개의 독립된 증거자료**이고, 설사 그 문서가 우연히 피고인이 작성하였고 그 문서의 내용 중 피고인의 범죄사실의 존재를 추론해 낼 수 있는, 즉 **공소사실에 일부 부합되는 사실의 기재가 있다고 하더라도** 이를 일컬어 피고인이 **범죄사실을 자백하는 문서라고 볼 수 없다**(대판 1996.10 .17. 94도 2865).
>
> ④ 자백에 대한 보강증거는 범죄사실의 전부 또는 중요 부분을 인정할 수 있는 정도가 되지 않더라도, 피고인의 자백이 가공적인 것이 아닌 진실한 것임을 인정할 수 있는 정도만 되면 충분하다. 또한 **직접증거가 아닌 간접증거나 정황증거도 보강증거가 될 수 있고**, 자백과 보강증거가 **서로 어울려서 전체로서 범죄사실을 인정할 수 있으면 유죄의 증거로 충분**하다(대법원 2018. 3. 15. 선고 2017도20247).

>> 정답 ③

207. 자백배제법칙에 대한 설명 중 가장 적절하지 않은 것은?(판례에 의함)

① 피고인이 수사기관에서 가혹행위 등으로 인하여 임의성 없는 자백을 하고 그 후 법정에서도 임의성 없는 심리상태가 계속되어 동일 한 내용의 자백을 하였다면 법정에서의 자백도 임의성 없는 자백이라고 보아야 한다.

② 피고인의 자백이 신문에 참여한 검찰주사가 피의사실을 자백하면 피의사실부분은 가볍게 처리하고 보호감호의 청구를 하지 않겠다는 각서를 작성하여 주면서 자백을 유도한 것에 기인한 것이라 하여도 위 자백이 기망에 의하여 임의로 진술한 것이 아니라고 의심할 만한 이유가 있는 때에 해당한다고 볼 수 없다.

③ 일정한 증거가 발견되면 피의자가 자백하겠다고 한 약속이 검사의 강요나 위계에 의하여 이루어졌다든가 또는 불기소나 경한 죄의 소추 등 이익과 교환조건으로 된 것으로 인정되지 않는다면 이러한 약속 하에 한 자백이라 하여 곧 임의성 없는 자백이라 단정할 수 없다.

④ 피고인이 검사 이전의 수사기관에서 가혹행위로 인하여 임의성 없는 자백을 하고 그 후 검사 조사단계에서도 임의성 없는 심리상태가 계속되어 동일한 내용의 자백을 하였다면 검사 조사단계에서 고문 등 자백의 강요행위가 없었더라도 검사 앞에서의 자백은 임의성 없는 자백이라고 보아야 한다.

> **해설** [18년 승진] ① 검사가 그 임의성의 의문점을 없애는 증명을 하여야 하고, **검사가 그 임의성의 의문점을 없애는 증명**을 하지 못한 경우에는 그 진술증거는 증거능력이 부정된다. 나아가 피고인이 경찰에서 가혹행위 등으로 인하여 임의성 없는 자백을 하고 그 후 검찰이나 법정에서도 임의성 없는 심리상태가 계속되어 동일한 내용의 자백을 하였다면 각 자백도 임의성 없는 자백이라고 보아야 한다(대법원 2014. 12. 11. 선고 2012도15405 판결).
>
> ② 피고인의 자백이 심문에 참여한 검찰주사가 피의사실을 자백하면 피의사실 부분은 **가볍게 처리하고** 보호감호의 청구를 하지 않겠다는 각서를 작성하여 주면서 **자백을 유도한 것에 기인한 것**이라면 위 자백은 기망에 의하여 임의로 진술한 것이 아니라고 의심할 만한 이유가 있는 때에 해당하여 형사소송법 제309조 및 제312조 제1항의 규정에 따라 **증거로 할 수 없다.**
>
> ③ 일정한 증거가 발견되면 피의자가 자백하겠다고 한 약속이 검사의 강요나 위계에 의하여 이루어졌다던가 또는 불기소나 경한 죄의 소추등 이익과 교환조건으로 된 것으로 인정되지 않는다면 위와 같은 **자백의 약속하에 된 자백이라 하여 곧 임의성 없는 자백이라고 단정할 수는 없다**(대법원 1983. 9. 13. 선고 83도712).
>
> ④ 피고인이 검사 이전의 수사기관에서 고문 등 가혹행위로 인하여 임의성 없는 자백을 하고 그 후 검사의 조사단계에서도 임의성 없는 심리상태가 계속되어 동일한 내용의 자백을 하였다면 검사의 조사단계에서 고문 등 자백의 강요행위가 없었다고 하여도 **검사 앞에서의 자백도 임의성 없는 자백**이라고 보아야 한다(대법원 2011.10. 27. 선고 2009도1603)..

>> 정답 ②

208. 자백에 대한 설명으로 가장 적절하지 않은 것은? (다툼이 있는 경우 판례에 의함)

① 「형사소송법」 제310조 소정의 '피고인의 자백'에 공범인 공동피고인의 진술은 포함되지 아니하므로 공범인 공동피고인들의 각 진술은 상호간에 서로 보강증거가 될 수 있다.

② 검찰에서의 피고인의 자백이 법정진술과 다르다는 사유만으로는 그 자백의 신빙성이 의심스럽다고 볼 수 없다.

③ 일정한 증거가 발견되면 피의자가 자백하겠다고 한 약속이 검사의 강요나 위계에 의하여 이루어졌다든가 경한 죄의 소추 등 이익과 교환조건으로 된 것으로 인정되지 않는 한, 위와 같은 약속 하에 된 자백이라 하여 곧 임의성 없는 자백이라고 단정할 수는 없다.

④ 피고인의 자백에 임의성이 없다고 의심할 만한 사유가 있다면, 임의성이 없다고 의심하게 된 사유와 피고인의 자백과의 사이에 인과관계 여부를 불문하고 그 자백의 증거능력은 부정된다.

> **해설** [19년 경찰1] ① "피고인의 자백"에 공범인 공동피고인의 진술은 포함되지 아니하므로 공범인 공동

피고인의 진술은 다른 공동피고인에 대한 범죄사실을 인정하는 증거로 할 수 있는 것일 뿐만 아니라, 공범인 공동피고인들의 각 진술은 상호간에 서로 보강증거가 될 수 있다(대법원 1990. 10. 30. 선고 90도1939).

② 검찰에서의 피고인의 자백이 **법정진술과 다르다거나 피고인에게 지나치게 불리한 내용이라는 사유만으로는 그 자백의 신빙성이 의심스럽다고 할 수는 없는 것**이고, 자백의 신빙성 유무를 판단할 때에는 자백의 진술 내용 자체가 객관적으로 합리성을 띠고 있는지, 자백의 동기나 이유가 무엇이며, 자백에 이르게 된 경위는 어떠한지 그리고 자백 이외의 정황증거 중 자백과 저촉되거나 모순되는 것이 없는지 하는 점 등을 고려하여 피고인의 자백에 형사소송법 제309조에 정한 사유 또는 자백의 동기나 과정에 합리적인 의심을 갖게 할 상황이 있었는지를 판단하여야 한다(대법원 2010. 7. 22. 선고 2009도1151).

③ 일정한 증거가 발견되면 피의자가 자백하겠다고 한 약속이 검사의 강요나 위계에 의하여 이루어졌다던가 또는 불기소나 경한 죄의 소추등 이익과 교환조건으로 된 것으로 인정되지 않는다면 위와 같은 자백의 **약속하에 된 자백이라 하여 곧 임의성 없는 자백이라고 단정할 수는 없다**(대법원 1983. 9. 13. 선고 83도712).

④ 피고인의 자백이 임의성이 없다고 의심할 만한 사유가 있는 때에 해당한다 할지라도 그 임의성이 없다고 의심하게 된 사유들과 피고인의 자백과의 사이에 **인과관계가 존재하지 않은 것이 명백한 때에는 그 자백은 임의성이 있는 것으로 인정된다**(대판 1984.11.27. 84도2252).

>>> 정답 ④

209. 자백에 대한 설명 중 가장 적절하지 않은 것은? (다툼이 있는 경우 판례에 의함)

① 형사소송법 제309조의 자백배제법칙을 인정하는 것은 자백취득 과정에서의 위법성 때문에 그 증거능력을 부정하는 것이므로 만약 자백에서 임의성을 의심할만한 사유가 있으면 그 사유와 자백간의 인과관계가 명백히 없더라도 자백의 증거능력을 부정한다.

② 형사소송법 제309조에서 피고인의 진술이 임의로 한 것이 아니라고 특히 의심할 사유의 입증은 자유로운 증명으로 족하다.

③ 피고인이 위조신분증을 제시 행사한 사실을 자백하고 있고 위 제시 행사한 신분증이 현존한다면 그 자백이 임의성이 없는 것이 아닌 한 위 신분증은 피고인의 위 자백사실의 진실성을 인정할 간접증거가 된다.

④ 자백에 대한 보강증거는 범죄사실의 전부 또는 중요부분을 인정할 수 있는 정도가 되지 아니하더라도 피고인의 자백이 가공적인 것이 아닌 진실한 것임을 인정할 수 있는 정도만 되면 족할 뿐만 아니라 직접증거가 아닌 간접증거나 정황증거도 보강증거가 될 수 있으며 또한 자백과 보강증거가 서로 어울려서 전체로서 범죄사실을 인정할 수 있으면 유죄의 증거로 충분하다.

해설 [20년 경찰1] ① 피고인의 자백이 임의성이 없다고 **의심할 만한 사유가 있는** 때에 해당한다 할지라도 그 임의성이 없다고 의심하게 된 사유들과 피고인의 **자백과의 사이에 인과관계가 존재하지 않은 것이 명백한** 때에는 그 자백은 **임의성이 있는 것으로 인정된다**(대법원 1984. 11. 27. 선고 84도2252)

② 진술의 임의성에 관하여는 당해 조서의 형식, 내용(진술거부권을 고지하고 진술을 록취하고 작성완료 후 그 내용을 읽어 주어 진술자가 오기나 증감변경할 것이 없다는 확인을 한 다음 서명날인하는 등), 진술자의 신분, 사회적 지위, 학력, 지능정도, 진술자가 피고인이 아닌 경우에는 그 관계 기타 여러가지 사정을 참작하여 **법원이 자유롭게 판정하면 되고** 피고인 또는 검사에게 진술의 임의성에 관한 주장, 입증책임이 분배되는 것은 아니라고 할 것이고, 이는 진술이 특히 신빙할 수 있는 상태 하에서 행하여진 때 즉 특신상태에 관하여서도 동일하다(대법원 1983. 3. 8. 선고 82도3248).

③ 피고인이 위조신분증을 제시행사한 사실을 자백하고 있고, 위 제시행사한 신분증이 현존한다면 그 자백이 임의성이 없는 것이 아닌한 위 신분증은 피고인의 위 자백사실의 진실성을 인정할 간접증거가 된다고 보아야 한다(대법원 1983. 2. 22. 선고 82도3107)

④ 자백에 대한 보강증거는 범죄사실의 전부 또는 중요부분을 인정할 수 있는 정도가 되지 아니하더라도 피고인의 자백이 가공적인 것이 아닌 진실한 것임을 인정할 수 있는 정도만 되면 족할 뿐만 아니라 **직접증거가 아닌 간접증거나 정황증거도 보강증거가 될 수 있으며,** 또한 자백과 보강증거가 서로 어울러서 **전체로서 범죄사실을 인정할 수 있으면 유죄의 증거로 충분하다**(대판 2001도1897)

>>> 정답 ①

210. 자백배제법칙에 대한 설명으로 가장 적절한 것은? (다툼이 있는 경우 판례에 의함)

① 피고인이나 그 변호인이 검사 작성의 당해 피고인에 대한 피의자신문조서의 임의성을 인정하는 진술을 하였다가 이를 번복하는 경우에는 검사가 아니라 피고인이 그 임의성의 의문점을 없애는 증명을 하여야 한다.

② 임의성이 의심되는 자백은 피고인이 증거동의를 하더라도 유죄의 증거로는 사용할 수 없으나, 탄핵증거로는 사용할 수 있다.

③ 진술거부권을 고지하지 아니하고 받은 자백도 진술의 임의성이 인정되는 경우에는 증거능력이 인정된다.

④ 일정한 증거가 발견되면 피의자가 자백하겠다고 한 약속이 검사의 강요나 위계에 의하여 이루어 졌다던가 또는 불기소나 경한 죄의 소추 등 이익과 교환 조건으로 된 것으로 인정되지 않는다면 위와 같은 자백의 약속하에 된 자백이라 하여 곧 임의성이 없는 자백이라고 단정할 수 없다.

해설 [20년 경찰2] ① 검사 작성의 당해 피고인에 대한 피의자신문조서에 기재된 진술의 임의성에 다툼이 있을 때에는 그 임의성을 의심할 만한 합리적이고 구체적인 사실을 피고인이 증명할 것이 아니라 **검사가 그 임의성의 의문점을 없애는 증명**을 하여야 하고, 검사가 그 임의성의 의문점을 없애는 증명을 하지 못한 경우에는 그 조서는 유죄 인정의 증거로 사용할 수 없는데, 이러한 법리는 피고인이나 그 변호인이 검사작성의 당해 피고인에 대한 피의자신문조서의 임의성을 인정하는 진술을 하였다가 이를 번복하는 경우에도 마찬가지로 적용되어야 한다(대판 2007도7760).

② 임의성 없는 자백이나 진술은 탄핵증거로도 허용되지 않는다(대판 97도1770).

③ 형사소송법이 보장하는 피의자의 진술거부권은 헌법이 보장하는 형사상 자기에게 불리한 진술을 강요당하지 않는 자기부죄거부의 권리에 터 잡은 것이므로, 수사기관이 피의자를 신문함에 있어서 피의자에게 미리 진술거부권을 고지하지 않은 때에는 그 피의자의 진술은 위법하게 수집된 증거로서 진술의 임의성이 인정되는 경우라도 증거능력이 부인되어야 한다(대판 2008도8213).

④ **임의로 작성된 것이 아니라고 의심할 만한 사정이 없는 한** 피고인의 법정에서의 진술을 탄핵하기 위한 반대증거로 사용할 수 있으며, 또한 탄핵증거는 범죄사실을 인정하는 증거가 아니므로 엄격한

증거조사를 거쳐야 할 필요가 없음은 형사소송법 제318조의2의 규정에 따라 명백하나 법정에서 이에 대한 탄핵증거로서의 증거조사는 필요하다(대법원1998. 2. 27. 선고 97도1770).

>> 정답 ④

211. 자백배제법칙에 관한 설명 중 옳은 것은 모두 몇 개인가? (다툼이 있는 경우 판례에 의함)

가. 피고인이 수사기관에서 가혹행위 등으로 인하여 임의성 없는 자백을 하고, 그 후 법정에서도 임의성 없는 심리상태가 계속 되어 동일한 내용의 자백을 하였다면 법정 에서의 자백도 임의성 없는 자백이라고 보아야 한다.

나. 횡령죄의 피고인이 제출한 항소이유서에 "피고인은 돈이 급해 지어서는 안 될 죄를 지었습니다. 진심으로 뉘우치고 있습니다." 라고 기재되어 있더라도, 이어진 검사와 재판장 및 변호인의 각 신문에 대하여 범죄사실을 일관되게 부인한다면 범죄사실을 자백한 것이라고 볼 수 없다.

다. 임의성에 다툼이 있을 때에는 피고인이 그 임의성을 의심할 만한 합리적인 이유가 되는 구체적인 사실을 입증할 필요가 있다.

라. 자백과 임의성이 없다고 의심하게 된 사유 사이에 인과관계가 존재하지 않는 것이 명백 하여 그 자백이 임의성 있는 것임이 인정되는 때에는 그 자백은 증거능력을 가진다.

마. 검찰주사가 피의자에게 피의사실을 자백하면 그 피의사실 부분은 가볍게 처리하고 보호감호의 청구를 하지 않겠다는 각서를 작성하여 주면서 자백을 유도한 경우에는 자백의 증거능력이 인정되지 않는다.

① 2개   ② 3개
③ 4개   ④ 5개

해설 [20년 경간] 가. 검사가 그 임의성의 의문점을 없애는 증명을 하여야 하고, **검사가 그 임의성의 의문점을 없애는 증명**을 하지 못한 경우에는 그 진술증거는 증거능력이 부정된다. 나아가 피고인이 경찰에서 가혹행위 등으로 인하여 임의성 없는 자백을 하고 그 후 검찰이나 법정에서도 임의성 없는 심리상태가 계속되어 동일한 내용의 자백을 하였다면 각 자백도 임의성 없는 자백이라고 보아야 한다(대법원 2014. 12. 11. 선고 2012도15405 판결)

나. 피고인이 제출한 항소이유서에 '피고인은 돈이 급해 지어서는 안될 죄를 지었습니다.', '진심으로 뉘우치고 있습니다.'라고 기재되어 있고 피고인은 항소심 제2회 공판기일에 위 항소이유서를 진술 하였으나, 곧 이어서 있는 검사와 재판장 및 변호인의 각 심문에 대하여 **피고인은 범죄사실을 부인** 하였고, **수사단계에서도 일관되게 그와 같이 범죄사실을 부인**하여 온 점에 비추어 볼 때, 위와 같이 **추상적인 항소이유서의 기재만을 가지고 범죄사실을 자백한 것으로 볼 수 없다**(대법원 1999. 11. 12. 선고 99도3341)

다.(x)진술의 임의성에 다툼이 있을 때에는 그 임의성을 의심할 만한 합리적이고 구체적인 사실을 피고 인이 증명할 것이 아니고 **검사가** 그 임의성의 의문점을 없애는 증명을 하여야 할 것이고, 검사가 그 임의성의 의문점을 없애는 증명을 하지 못한 경우에는 그 진술증거는 증거능력이 부정된다(대판 2015.9.10. 2012도9879).

라. 피고인의 자백이 임의성이 없다고 **의심할 만한 사유가 있는 때**에 해당한다 할지라도 그 임의성이

없다고 의심하게 된 사유들과 **피고인의 자백과의 사이에 인과관계가 존재하지 않은 것이 명백한** 때에는 그 자백은 **임의성이 있는 것으로 인정된다**(대법원 1984. 11. 27. 선고 84도2252)

마. 피고인의 자백이 심문에 참여한 검찰주사가 피의사실을 자백하면 피의사실부분은 가볍게 처리하고 보호감호의 청구를 하지 않겠다는 각서를 작성하여 주면서 자백을 유도한 것에 기인한 것이라면 위 자백은 기망에 의하여 임의로 진술한 것이 아니라고 의심할 만한 이유가 있는 때에 해당하여 형사소송법 제309조 및 제312조 제1항의 규정에 따라 증거로 할 수 없다(대판 1985.12.10. 선고 85도2182,85감도313).

>> 정답 ③

212. 자백배제법칙에 대한 설명으로 가장 적절하지 않은 것은?(다툼이 있는 경우 판례에 의함)

① 일정한 증거가 발견되면 피의자가 자백하겠다고 한 약속이 검사의 강요나 위계에 의하여 이루어졌다던가 또는 불기소나 경한 죄의 소추 등 이익과 교환 조건으로 된 것으로 인정되지 않는다면 위와 같은 자백의 약속 하에 된 자백이라 하여 곧 임의성이 없는 자백이라고 단정할 수 없다.

② 피고인이 수사기관에서 가혹행위 등으로 인하여 임의성 없는 자백을 하고, 그 후 법정에서도 임의성 없는 심리상태가 계속되어 동일한 내용의 자백을 하였다면 법정에서의 자백도 임의성 없는 자백이라고 보아야 한다.

③ 진술의 임의성에 다툼이 있을 때에는 검사가 그 임의성의 의문점을 없애는 증명을 하여야 하며, 검사가 이를 증명하지 못하면 그 진술증거의 증거능력은 부정된다.

④ 검찰에서의 피고인의 자백이 임의성이 있어 그 증거능력이 부여된다면 자백의 진실성과 신빙성까지도 당연히 인정된다.

해설 [21년 승진] ① 일정한 증거가 발견되면 피의자가 자백하겠다고 한 약속이 검사의 강요나 위계에 의하여 이루어졌다던가 또는 불기소나 경한 죄의 소추 등 이익과 교환조건으로 된 것으로 인정되지 않는다면 위와 같은 자백의 약속 하에 된 자백이라 하여 곧 임의성 없는 자백이라고 단정할 수는 없다(대판 83도712)

②③ **검사가 그 임의성의 의문점을 없애는 증명을** 하여야 하고, **검사가 그 임의성의 의문점을 없애는 증명을** 하지 못한 경우에는 그 진술증거는 증거능력이 부정된다. 나아가 피고인이 경찰에서 가혹행위 등으로 인하여 임의성 없는 자백을 하고 그 후 검찰이나 법정에서도 임의성 없는 심리상태가 계속되어 동일한 내용의 자백을 하였다면 각 자백도 임의성 없는 자백이라고 보아야 한다(대법원 2014. 12. 11. 선고 2012도15405 판결)

④ 자백의 **임의성이 인정된다**고 하더라도 이것은 그 자백이 엄격한 증명의 자료로서 사용될 자격 즉 **증거능력이 있다는 것에 지나지 않고 그 자백의 진실성과 신빙성 즉 증명력까지도 당연히 인정되어야 하는 것은 아니다**(대법원 1983. 9. 13. 선고 83도712)

>> 정답 ④

5년기출문제

213. 전문법칙에 대한 설명으로 옳은 것은? (다툼이 있는 경우 판례에 의함)

① "甲이 도둑질하는 것을 보았다"라는 乙의 발언사실을 A가 법정에서 증언하는 경우, 乙의 명예훼손사건에 대한 전문증거로서 전문법칙이 적용된다.

② 조사과정에 참여한 통역인의 증언은 검사작성 피의자신문조서에 대한 실질적 진정성립을 증명할 수 있는 수단으로서 「형사소송법」 제312조 제2항에 규정된 '영상녹화물이나 그 밖의 객관적인 방법'에 해당한다고 볼 수 없다.

③ 사법경찰관작성의 공동피고인(乙)에 대한 피의자신문조서를 乙이 법정에서 진정성립 및 내용을 인정한 경우, 공동피고인(甲)이 그 피의자신문조서의 진정성립 및 내용을 인정하지 않더라도 甲에 대하여 증거능력이 있다.

④ 의사가 작성한 진단서는 업무상 필요에 의하여 순서적, 계속적으로 작성되는 것이고 그 작성이 특히 신빙할 만한 정황에 의하여 작성된 문서이므로 당연히 증거능력이 인정되는 서류라고 할 수 있다.

> **해설** [18년 검찰] ① 어떤 증거가 **전문증거인지 여부는 요증사실과 관계에서 정하여지는바**, 원진술의 내용인 사실이 요증사실인 경우에는 전문증거이나, 원진술의 존재자체가 요증사실인 경우, 예컨대 명예훼손사건에 있어서 **명예훼손적 발언을 들은 자의 증언과 같은 경우는 본래증거이지 전문증거가 아니다**(대판 2008.9.25. 2008도5347).
>
> ② 검사작성의 피의자신문조서에 대한 실질적 진정성립을 증명할 수 있는 수단으로서 형사소송법 제312조 제2항에 규정된 **'영상녹화물이나 그 밖의 객관적인 방법'**이라 함은 형사소송법 및 형사소송규칙에 규정된 방식과 절차에 따라 제작된 **영상녹화물 또는 그러한 영상녹화물에 준할 정도로 피고인의 진술을 과학적·기계적·객관적으로 재현해 낼 수 있는 방법만을 의미**한다고 봄이 타당하고, 그 외에 조사관 또는 조사 과정에 참여한 통역인 등의 증언은 이에 해당한다고 볼 수 없다(대법원 2016. 2. 18. 선고 2015도16586)
>
> ③ 피고인과 공범관계가 있는 다른 피의자에 대한 검사 이외의 수사기관 작성의 피의자신문조서는 그 피의자의 법정진술에 의하여 그 성립의 진정이 인정되더라도 당해 피고인이 공판기일에서 그 조서의 **내용을 부인**하면 증거능력이 부정되므로 그 당연한 결과로 그 피의자신문조서에 대하여는 사망 등 사유로 인하여 법정에서 진술할 수 없는 때에 **예외적으로 증거능력을 인정하는 규정인 형사소송법 제314조가 적용되지 아니한다**(대판 2004.7.15. 2003도7185).법의 개정으로 검사작성 피의자신문조서도 같다고 보아야 한다.
>
> ④ 의사작성의 피해자에 대한 진단서의 기재내용만으로는 피고인의 폭행사실에 대한 증거자료가 될 수 없다(대법원 1984. 6. 26. 선고 84도851)

>> 정답 ④

214. 사법경찰관 작성 피의자신문조서의 증거능력에 대한 설명 중 가장 적절하지 않은 것은? (다툼이 있는 경우 판례에 의함)

① 검사 이외의 수사기관이 작성한 피의자신문조서는 적법한 절차와 방식에 따라 작성된 것으로서 공판준비 또는 공판기일에 그 피의자였던 피고인 또는 변호인이 그 내용을 인정할 때에 한하여 증거로 할 수 있다.

② 피고인이 제1심 제4회 공판기일부터 공소사실을 일관되게 부인하여 경찰 작성 피의자신문조서의 진술내용을 인정하지 않는 경우, 제1심 제4회 공판기일에 피고인이 그 서증의 내용을 인정한 것으로 공판조서에 기재된 것은 착오기재 등으로 보아 피의자신문조서의 증거능력을 부정하여야 한다.

③ 사법경찰관이 피의자에게 진술거부권을 행사할 수 있음을 알려 주고 그 행사 여부를 질문하였다면, 비록 형사소송법 제244조의 3 제2항에 규정한 방식에 위반하여 진술거부권 행사 여부에 대한 피의자의 답변이 자필로 기재되어 있지 않더라도 사법경찰관 작성의 피의자신문조서는 특별한사정이 없는 한 그 증거능력을 인정할 수 있다.

④ 당해 피고인과 공범관계에 있는 공동피고인에 대하여 검사 이외의 수사기관이 작성한 피의자신문조서는 그 공동피고인의 법정진술에 의하여 성립의 진정이 인정되더라도 당해 피고인이 공판기일에서 그 조서의 내용을 부인하면 증거능력이 부정된다.

> **해설** [20년 경찰1] ① 검사 이외의 수사기관이 작성한 피의자신문조서는 적법한 절차와 방식에 따라 작성된 것으로서 공판준비 또는 공판기일에 그 피의자였던 피고인 또는 변호인이 그 내용을 인정할 때에 한하여 증거로 할 수 있다(제312조 제3항).
>
> ② 공소사실이 최초로 심리된 제1심 제4회 공판기일부터 피고인이 공소사실을 일관되게 부인하여 경찰 작성 피의자신문조서의 진술 내용을 인정하지 않는 경우, 제1심 제4회 공판기일에 피고인이 위 서증의 내용을 인정한 것으로 공판조서에 기재된 것은 착오 기재 등으로 보아 위 피의자신문조서의 증거능력을 부정하여야 한다(대법원 2010. 6. 24. 선고 2010도5040).
>
> ③ 피의자가 변호인의 참여를 원한다는 의사를 명백하게 표시하였음에도 수사기관이 정당한 사유 없이 **변호인을 참여하게 하지 아니한 채 피의자를 신문하여 작성한 피의자신문조서**는 형사소송법 제312조에 정한 '적법한 절차와 방식'에 위반된 증거일 뿐만 아니라, 형사소송법 제308조의2에서 정한 **'적법한 절차에 따르지 아니하고 수집한 증거'**에 해당하므로 이를 증거로 할 수 없다(대법원 2013. 3. 28. 선고 2010도3359).
>
> ④ 공동피고인에 대해 검사 이외의 수사기관이 작성한 피의자신문조서는 그 공동피고인의 법정진술에 의하여 성립의 진정이 인정되더라도 당해 피고인이 공판기일에서 그 조서의 **내용을 부인하면 증거능력이 부정된다**(대법원 2009. 10. 15. 선고 2009도1889)
>
> ▶▶ 정답 ③

215. 사법경찰관 작성 피의자신문조서의 증거능력에 대한 설명으로 가장 적절하지 않은 것은?(판례에 의함)

① 검사 이외의 수사기관이 작성한 피의자신문조서는 적법한 절차와 방식에 따라 작성된 것으로서 공판준비 또는 공판기일에 그 피의자였던 피고인 또는 변호인이 그 내용을 인정할 때에 한하여 증거로 할 수 있다.

② 피고인이 제1심 제4회 공판기일부터 공소사실을 일관되게 부인하여 경찰작성 피의자신문조서의 진술 내용을 인정하지 않는 경우, 제1심 제4회 공판기일에 피고

인이 그 서증의 내용을 인정한 것으로 공판조서에 기재된 것은 착오 기재 등으로 보아 피의자신문조서의 증거능력을 부정하여야 한다.

③ 미국 연방수사국(FBI) 수사관들에 의한 조사를 받는 과정에서 피고인이 작성하여 수사관들에게 제출한 진술서는 그 성립의 진정이 인정되는 이상 피고인이 그 내용을 부인하더라노 증거능력이 있다.

④ 피의자가 변호인 참여를 원하는 의사를 표시하였는데도 수사기관이 정당한 사유 없이 변호인을 참여하게 하지 아니한 채 피의자를 신문하여 작성한 피의자신문조서는 증거능력이 없다.

> **해설** [19년 승진] ① 검사 이외의 수사기관이 작성한 피의자신문조서는 적법한 절차와 방식에 따라 작성된 것으로서 공판준비 또는 공판기일에 그 피의자였던 피고인 또는 변호인이 그 내용을 인정할 때에 한하여 증거로 할 수 있다(제312조 제3항)
>
> ② 공소사실이 최초로 심리된 제1심 제4회 공판기일부터 피고인이 공소사실을 일관되게 부인하여 경찰 작성 피의자신문조서의 진술 내용을 인정하지 않는 경우, 제1심 제4회 공판기일에 피고인이 위 서증의 내용을 인정한 것으로 공판조서에 기재된 것은 착오 기재 등으로 보아 위 피의자신문조서의 증거능력을 부정하여야 한다(대법원 2010. 6. 24. 선고 2010도5040).
>
> ③ 미국 범죄수사대(CID), 연방수사국(FBI)의 수사관들이 작성한 수사보고서 및 피고인이 위 수사관들에 의한 조사를 받는 과정에서 작성하여 제출한 진술서는 피고인이 그 내용을 부인하는 이상 증거로 쓸 수 없다고 한 원심의 조치는 정당하다(대판 2006.1.13. 선고 2003도6548).
>
> ④ 피의자가 변호인의 참여를 원한다는 의사를 명백하게 표시하였음에도 수사기관이 정당한 사유 없이 변호인을 참여하게 하지 아니한 채 피의자를 신문하여 작성한 피의자신문조서는 형사소송법 제312조에 정한 '적법한 절차와 방식'에 위반된 증거일 뿐만 아니라, 형사소송법 제308조의2에서 정한 '적법한 절차에 따르지 아니하고 수집한 증거'에 해당하므로 이를 증거로 할 수 없다(대법원 2013. 3. 28. 선고 2010도3359).

▶▶ 정답 ③

216. 조서에 관한 아래 ㉠부터 ㉢까지의 설명 중 옳고 그름의 표시 (O, X)가 바르게 된 것은? (다툼이 있으면 판례에 의함)

> ㉠ 당해 피고인과 공범 관계에 있는 다른 피의자에 대한 사법경찰관 작성 피의자신문조서는 그 공범인 공동피고인의 법정 진술에 의하여 성립의 진정이 인정되는 등 형사소송법 제312조 제4항의 요건을 갖추었다면 당해 피고인이 공판기일에서 그 조서의 내용을 부인하더라도 증거능력이 인정된다.
>
> ㉡ 검사가 피의자나 피의자 아닌 자의 진술을 기재한 조서는 전체로서 완결성을 갖는 것이므로 원진술자는 조서 전체의 실질적 진정성립을 인정하거나 부인할 수는 있어도 조서 중 일부에 관하여만 실질적 진정성립을 인정할 수는 없다.
>
> ㉢ 당해 피고인과 공범관계가 있는 다른 피의자에 대한 검사 이외의 수사기관 작성 피의자신문 조서는 당해 피고인이 조서의 내용을 부인하면 형사소송법 제314조의 요건을 모두 갖춘 경우라도 증거능력이 인정되지 아니한다.

 ㉣ 형사소송법 제312조 제3항에서 '그 내용을 인정할 때' 라 함은 피의자신문조서의 기재 내용이 진술내용대로 기재되어 있다는 의미이다.

① ㉠× ㉡× ㉢○ ㉣×   ② ㉠× ㉡ ○㉢× ㉣×
③ ㉠× ㉡ ×㉢ ○㉣ ○   ④ ㉠○㉡× ㉢ ×㉣○

해설 [20년 승진] ㉠ (×) 당해 피고인과 공범관계가 있는 다른 피의자에 대하여 검사 이외의 수사기관이 작성한 피의자신문조서는 그 피의자의 법정진술에 의하여 그 성립의 진정이 인정되는 등 형사소송법 제312조 제4항의 요건을 갖춘 경우라고 하더라도 당해 피고인이 공판기일에서 그 조서의 **내용을 부인한 이상 이를 유죄 인정의 증거로 사용할 수 없다**(대판 2014.4.10. 2014 도1779).

㉡ (×) 피고인이 그 진술을 기재한 검사작성의 피의자신문조서 중 일부에 관하여만 실질적 진정성립을 인정하는 경우에는 법원은 당해 조서 중 어느 부분이 그 진술대로 기재되어 있고 어느 부분이 달리 기재되어 있는지 여부를 구체적으로 심리한 다음 진술한 대로 기재되어 있다고 하는 부분에 한하여 증거능력을 인정하여야 하고, 그밖에 실질적 진정성립이 인정되지 않는 부분에 대해서는 증거능력을 부정하여야 한다(대판 2013.3.14. 2011도8325). 법의 개정으로 내용을 인정한때 증거로 할 수 있다.

㉢ 당해 피고인과 공범관계가 있는 다른 피의자에 대한 검사 이외의 수사기관 작성의 피의자신문조서는 그 피의자의 법정진술에 의하여 그 성립의 진정이 인정되더라도 당해 피고인이 공판기일에서 그 조서의 내용을 부인하면 증거능력이 부정되므로, 그 당연한 결과로 그 피의자신문조서에 대하여는 사망 등 사유로 인하여 법정에서 진술할 수 없는 때에 **예외적으로 증거능력을 인정하는 규정인 형사소송법 제314조가 적용되지 않는다**(대법원 2009. 11. 26. 선고 2009도6602).

㉣ (×) 피의자신문조서는 공판준비 또는 공판기일에 그 피의자였던 피고인이나 변호인이 그 내용을 인정할 때에 한하여 증거로 할 수 있다고 규정하고 있는바, 위 규정에서 그 내용을 인정할 때라 함은 피의자신문조서의 기재 내용이 진술 내용대로 기재되어 있다는 의미가 아니고 그와 같이 진술한 내용이 실제 사실과 부합한다는 것을 의미한다(대판 2010.6.24. 선고 2010도5040).

≫≫ 정답 ①

217. 전문법칙에 대한 설명 중 가장 적절하지 않은 것은? (판례에 의함)

① 검사 또는 사법경찰관이 검증의 결과를 기재한 조서는 적법한 절차와 방식에 따라 작성된 것으로서 공판준비 또는 공판기일에서의 피고인의 진술에 따라 그 성립의 진정함이 증명된 때에는 증거로 할 수 있다.

② 공판준비 또는 공판기일에 피고인이나 피고인 아닌 자의 진술을 기재한 조서와 법원 또는 법관의 검증의 결과를 기재한 조서는 증거로 할 수 있다.

③ 검사 이외의 수사기관이 작성한 피의자신문조서는 적법한 절차와 방식에 따라 작성된 것으로서 공판준비 또는 공판기일에 그 피의자였던 피고인 또는 변호인이 그 내용을 인정할 때에 한하여 증거로 할 수 있다.

④ 피고인 아닌 자의 공판준비 또는 공판기일에서의 진술이 피고인 아닌 타인의 진술을 그 내용으로 하는 것 인 때에는 원진술자가 사망, 질병, 외국거주, 소재불명 그 밖에 이에 준하는 사유로 인하여 진술할 수 없고, 그 진술이 특히 신빙할 수 있는 상태 하에서 행하여졌음이 증명된 때에 한하여 이를 증거로 할 수 있다.

해설 [18년 승진] ① 검사 또는 사법경찰관이 검증의 결과를 기재한 조서는 적법한 절차와 방식에 따라 작성된 것으로서 공판준비 또는 공판기일에서의 작성자의 진술에 따라 그 성립의 진정함이 증명된 때에는 증거로 할 수 있다.(제312조 제6항).

② 공판준비 또는 공판기일에 피고인이나 피고인 아닌 자의 진술을 기재한 조서와 법원 또는 법관의 검증의 결과를 기재한 조서는 증거로 할 수 있다(제311조)

③ 검사 이외의 수사기관이 작성한 피의자신문조서는 적법한 절차와 방식에 따라 작성된 것으로서 공판준비 또는 공판기일에 그 피의자였던 피고인 또는 변호인이 그 내용을 인정할 때에 한하여 증거로 할 수 있다(제312조 제3항)

④ 피고인 아닌 자의 공판준비 또는 공판기일에서의 진술이 피고인 아닌 타인의 진술을 그 내용으로 하는 것인 때에는 원진술자가 사망, 질병, 외국거주, 소재불명 그 밖에 이에 준하는 사유로 인하여 진술할 수 없고, 그 진술이 특히 신빙할 수 있는 상태하에서 행하여졌음이 증명된 때에 한하여 이를 증거로 할 수 있다(제316조 제2항)

▶▶ 정답 ①

218. 다음 사례에 대한 설명으로 옳은 것은? (다툼이 있는 경우 판례에 의함)

① 甲과 乙이 서로 뇌물을 주고받은 사실이 없다고 주장하며 다투는 경우, 이들은 소송절차가 분리되어 피고인의 지위에서 벗어나더라도 다른 공동피고인에 대한 공소사실에 관하여 증인이 될 수 없다.

② 甲이 공판정에서 "乙로부터 '해외여행을 가려고 하는데 여행사에 대금을 대신 내주면 잘 봐 주겠다' 라는 말을 들었다." 는 취지의 진술을 한 경우, 甲의 진술로 증명하고자 하는 사실이 乙이 위와 같은 내용의 말을 하였다는 것이라면 甲이 乙로부터 위와 같은 말을 들었다고 하는 진술은 전문증거가 아니라 본래증거에 해당한다.

③ 만약 甲만이 검거되어 검사가 甲을 증뢰죄로 기소하였다면, 그로 인한 공소시효 정지의 효력은 乙의 수뢰죄에 대하여도 미친다.

④ 공판정에서 甲은 범행을 자백하였으나 乙이 범행을 부인하고 있는 경우, 甲의 자백이 乙에게 불이익한 유일한 증거라면 법원은 甲의 자백을 乙의 범죄사실을 인정하는데 있어서 증거로 쓸 수 없다.

해설 [18년 7급] ① 피고인의 지위에 있는 공동피고인은 다른 공동피고인에 대한 공소사실에 관하여 증인이 될 수 없으나, **소송절차가 분리되어 피고인의 지위를 벗어나게 되면** 다른 공동피고인에 대한 공소사실에 관하여 증인이 될 수 있고 이는 대향범인 공동피고인의 경우에도 다르지 않다(대판 2012.3 .29. 2009도 11249).

② "해외여행을 가려고 하는데 여행사에 대금을 대신 내주면 잘 봐 주겠다"는 진술의 존재 자체가 뇌물죄에 있어서 요증사실이므로, 이를 직접 경험한 甲이 조로부터 위와 같은 말들을 들었다고 하는 진술은 **전문증거가 아니라 본래증거에 해당된다**(대판 2008.11.13. 2008도 8007).

③ 대향범 관계에 있는자 사이에서는 **각자 상대방의 범행에 대하여 형법 총칙의 공범규정이 적용되지 아니하므로** 형사소송법 제253조 제2항에서 말하는 **공범에는 뇌물공여죄와 뇌물수수죄 사이와 같은 대향범 관계에 있는 자는 포함되지 않는다**(대판 2015.2.12. 2012 도4842).

④ 형사소송법 제 310조의 **피고인의 자백에는 공범인 공동피고인의 진술이 포함되지 아니하므로** 공범인 공동피고인의 진술은 다른 공동피고인에 대한 범죄사실을 인정하는 데 있어서 증거로 쓸 수 있고 그에 대한 보강증거의 여부는 법관의 자유심증에 맡긴다(대판 1985.3.9. 85도951).

>> 정답 ②

219. 고등학교 친구인 甲과 乙(수차례의 절도전과가 있음)은 절도를 공모한 후, 甲은 밖에서 망을 보고 乙은 피해자 A의 집에 들어가 현금 및 신용카드를 가지고 나왔다. 다음 설명 중 가장 옳지 않은 것은? (다툼이 있으면 판례에 의함).

① 甲과 乙이 공동피고인으로서 재판을 받는 경우 甲의 법정진술은 乙의 범죄사실을 인정하는 증거로 사용될 수 있다.

② 甲과 乙이 공동피고인으로서 재판을 받는 경우 甲에 대한 사법경찰관 작성 피의자신문조서는 乙이 그 내용을 부인하면 乙의 범죄사실을 인정하는 증거로 사용될 수 없다.

③ 甲과 乙이 공동피고인으로서 재판을 받는 경우 甲에 대한 검사 작성 피의자신문조서는 甲이 그 성립 및 임의성을 인정하여 증거능력이 인정되는 이상, 乙이 이를 증거로 함에 부동의 하였다고 하더라도 乙의 범죄사실을 인정하는 증거로 사용될 수 있다.

④ 甲과 乙이 공동피고인으로서 함께 재판을 받으면서 甲은 범행사실을 자백하고 있지만 乙은 부인하고 있는 경우, 甲의 자백 외에는 다른 증거가 없다면 乙에게는 유죄의 선고를 할 수 없다.

해설 [17년 경찰2] ① 공동피고인의 자백은 이에 대한 피고인의 반대신문권이 보장되어 있어 증인으로 신문한 경우와 다를 바 없으므로 독립한 증거능력이 있다(대판 2007.10.11. 2007도5577).

② 피고인과 공범관계가 있는 다른 피의자에 대한 검사 이외의 수사기관 작성의 피의자신문조서는 그 피의자의 법정진술에 의하여 성립의 진정이 인정되더라도 **당해 피고인이 공판기일에서 그 조서의 내용을 부인**하면 증거능력이 부정된다(대판 2015.10.29. 2014도5939).

③ 검사작성의 공동피고인 甲에 대한 피의자신문조서는 그 공동피고인이 법정에서 진정성립을 인정하고 그 임의성이 인정되는 경우에는 다른 공동피고인 乙이 이를 증거로 함에 부동의하였다고 하더라도 그 다른 공동피고인의 범죄사실에 대한 유죄의 증거로 삼을 수 있다(대판 1998.12.22. 98도2890). ※법개정 이제는 증거로 함에 부동의하면 다른 공동피고인의 범죄사실에 대한 유죄의 증거로 삼을 수 없다.

④ 형사소송법 제310조의 **'피고인의 자백'** 에는 **공범인 공동피고인의 진술이 포함되지 아니하므로** 공범인 공동피고인의 진술은 다른 공동피고인에 대한 범죄사실을 인정하는 데 있어서 증거로 쓸 수 있다(대판 1985.3.9. 85도951).

>> 정답 ④

220. 증거능력에 대한 설명이다. 아래 ㉠부터 ㉣까지의 설명 중 옳고 그름의 표시(O, X)가 가장 바르게 된 것은?(다툼이 있으면 판례에 의함)

㉠ 검사작성의 피의자신문조서에 대한 실질적 진정성립을 증명할 수 있는 수단으로서 형사소송법 제312조 제2항에 규정된 '영상녹화물이나 그 밖의 객관적인 방법'이란 조사관 또는 조사과정에 참여한 통역인 등의 증언도 이에 해당한다.

㉡ 피의자 아닌 자의 진술을 기재한 조서는 공판정에서 원진술자의 진술에 의하여 그 성립의 진정함이 인정된 것이 아니면 설사 공판정에서 피고인이 그 성립을 인정하여도 이를 증거로 할 수 있음에 동의한 것이 아닌 이상 증거로 할 수 없다.

㉢ 사법경찰관이 작성한 검증조서에 피의자이던 피고인이 검사 이외의 수사기관 앞에서 자백한 범행 내용을 현장에 따라 진술·재연한 내용이 기재되고 그 재연 과정을 촬영한 사진이 첨부되어 있다면, 그러한 기재나 사진은 피고인이 공판정에서 그 진술내용 및 범행재연의 상황을 모두 부인하더라도 증거능력이 있다.

㉣ 디지털 저장매체 원본을 대신하여 저장매체에 저장된 자료를 '하드카피' 또는 '이미징'한 매체로부터 출력한 문건의 경우에는 디지털 저장매체 원본과 '하드카피' 또는 '이미징'한 매체 사이에 자료의 동일성이 인정되어야 하는 것은 아니다.

① ㉠ O ㉡ O ㉢ X ㉣ X
② ㉠ X ㉡ X ㉢ O ㉣ O
③ ㉠ X ㉡ O ㉢ X ㉣ X
④ ㉠ O ㉡ X ㉢ O ㉣ O

해설 [17년 경찰] ㉠(X)검사 작성의 피의자신문조서에 대한 실질적 진정성립을 증명할 수 있는 수단으로서 형사소송법 제312조 제2항에 규정된 '영상녹화물이나 그 밖의 객관적인 방법'이라 함은 형사소송법 및 형사소송규칙에 규정된 방식과 절차에 따라 제작된 영상녹화물 또는 그러한 **영상녹화물에 준할 정도로 피고인의 진술을 과학적·기계적·객관적으로 재현해 낼 수 있는 방법만을 의미한다고 봄이 타당하고, 그 외에 조사관 또는 조사 과정에 참여한 통역인 등의 증언은 이에 해당한다고 볼 수 없다**(대판 2016.2.18. 2015도16586).

㉡ 피의자 아닌 자의 진술을 기재한 조서는 공판정에서 **원 진술자의 진술에 의하여 그 성립의 진정함이 인정**된 것이 아니면 설사 공판정에서 피고인이 그 성립을 인정하여도 이를 증거로 할 수 있음에 동의한 것이 아닌 이상 증거로 할 수 없다(대법원 1983. 8. 23. 선고 83도196).

㉢ (X)사법경찰관이 작성한 검증조서에 피고인이 검사 이외의 수사기관 앞에서 '자백한 범행내용을 현장에 따라 진술·재연한 내용이 기재되고 그 재연 과정을 촬영한 사진'이 첨부되어 있다면, 그러한 기재나 사진은 피고인이 공판정에서 **실황조사서에 기재된 진술내용 및 범행재연의 상황을 모두 부인하는 이상 증거능력이 없다**(대판 2006.1.13. 2003도6548).

㉣ (X)정보저장매체 원본을 대신하여 저장매체에 저장된 자료를 '하드카피' 또는 '이미징'한 매체로부터 출력한 문건의 경우에는 정보저장매체 원본과 '하드카피' 또는 '이미징'한 매체 사이에 **자료의 동일성도 인정되어야 할 뿐만 아니라, 이를 확인하는 과정에서 이용한 컴퓨터의 기계적 정확성, 프로그램의 신뢰성, 입력·처리·출력의 각 단계에서 조작자의 전문적인 기술능력과 정확성이 담보되어야 한다**(대판 2013.7.26. 2013도2511).

≫ 정답 ③

221. 공동피고인의 소송관계에 대한 설명으로 가장 적절하지 않은 것은?(판례에 의함)

① 피고인 甲과 공범관계에 있는 공동피고인 乙에 대해 검사 이외의 수사기관이 작성한 피의자신문조서는, 乙의 법정진술에 의하여 그 성립의 진정이 인정되는 등 「형사소송법」 제312조 제4항의 요건을 갖춘 경우라고 하더라도 甲이 공판기일에서 그 조서의 내용을 부인한 이상 이를 甲의 공소사실에 대한 유죄인정의 증거로 사용할 수 없다.

② 「형사소송법」 제310조의 피고인의 자백에는 공범인 공동피고인의 진술은 포함되지 않으며, 이러한 공동피고인의 진술에 대하여는 피고인의 반대신문권이 보장되어 있어 독립한 증거능력이 있다.

③ 공범인 공동피고인은 당해 소송절차에서는 피고인의 지위에 있으므로 다른 공동피고인에 대한 공소사실에 관하여 증인이 될 수 없으나, 소송절차가 분리되어 피고인의 지위에서 벗어나게 되면 다른 공동피고인에 대한 공소사실에 관하여 증인이 될 수 있다.

④ 절도범과 장물범이 공동피고인으로 재판을 받는 경우 절도범과 장물범은 공범인 공동피고인의 관계에 있으므로 법정에서 장물범이 행한 자백은 절도범이 증거로 함에 부동의해도 절도범의 범죄사실을 인정하는 증거로 사용할 수 있다.

해설 [18년 경찰3] ① 검사 이외의 수사기관 작성의 피의자신문조서는 공판준비 또는 공판기일에서 원진술자의 진술에 의하여 그 성립의 진정함이 인정됨과 아울러 피고인이나 변호인이 그 내용을 인정한 때에 한하여 증거로 할 수 있다고 규정하여 검사 이외의 수사기관이 작성한 피의자신문조서의 증거능력을 엄격히 제한하고 있다(대법원 1996. 7. 12. 선고 96도66).

② 피고인의 자백에는 공범인 공동피고인의 진술은포함되지 않으며, 이러한 공동피고인의 진술에 대하여는 피고인의 반대신문권이 보장되어 있어 독립한 증거능력이 있다(대법원 1992. 7. 28. 선고 92도917).

③ 공범인 공동피고인은 당해 소송절차에서는 피고인의 지위에 있어 다른 공동피고인에 대한 공소사실에 관하여 증인이 될 수 없으나, 소송절차가 분리되어 피고인의 지위에서 벗어나게 되면 다른 공동피고인에 대한 공소사실에 관하여 증인이 될 수 있다(대법원 2008. 6. 26. 선고 2008도3300)

④ 공동피고인인 절도범과 그 장물범은 서로 **다른 공동피고인의 범죄사실에 관하여는 증인의 지위에** 있다 할 것이므로, 피고인이(乙) **증거로 함에 동의한 바 없는 공동피고인(甲)에 대한 피의자신문조서는** 공동피고(甲)인의 증언에 의하여 그 성립의 진정이 인정되지 아니하는 한 피고인(乙)의 공소범죄사실을 인정하는 증거로 할 수 없다(대판 2006.1.12. 2005도7601).

▶▶ 정답 ④

222. 전문증거에 관한 설명 중 옳지 않은 것은 모두 몇 개인가? (판례에 의함)

가. 형사소송법 제314조에 따라 참고인의 소재불명 등의 경우에 그 참고인이 진술하거나 작성한 진술조서나 진술서에 대하여 증거능력을 인정하는 경우 참고인의 진술 또는 작성이 특히 신빙할 수 있는 상태 하에서 행하여졌음에 대한 증명은 그러할 개연성

이 있다는 정도에 이르러야 한다.

나. 공판준비 또는 공판기일에 피고인이나 피고인 아닌 자의 진술을 기재한 조서와 법원 또는 법관의 검증의 결과를 기재한 조서는 증거로 할 수 있다.

다. 피고인이 검사가 작성한 피의자신문조서의 성립의 진정을 부인하는 경우에는 그 조서에 기재된 진술이 피고인이 진술한 내용과 동일하게 기재되어 있음이 영상녹화물이나 그 밖의 객관적인 방법에 의하여 증명되지 않더라도, 그 조서에 기재된 진술이 특히 신빙할 수 있는 상태 하에서 행하여 졌음이 증명된다면 증거로 할 수 있다.

라. 검사 또는 사법경찰관이 작성한 참고인진술조서의 실질적 진정성립을 영상녹화물에 의하여 증명할 수 있다.

마. 조서 말미에 피고인의 서명만이 있고 그 날인이나 간인이 없는 검사 작성의 피고인에 대한 피의자신문조서는 증거능력이 없다고 할 것이나, 그 날인이나 간인이 없는 것이 피고인이 그 날인이나 간인을 거부하였기 때문이어서 그러한 취지가 조서 말미에 기재되어 있는 경우에는 증거능력이 인정된다.

① 1개   ② 2개

③ 3개   ④ 4개

해설 [20년 경간] 가.(×)참고인의 소재불명 등의 경우 형사소송법 제314조의 의하여 그 참고인이 진술하거나 작성한 진술조서나 진술서에 대하여 증거능력을 인정하는 것은. 원진술자 등에 대한 반대신문의 기회조차 없이 증거능력을 부여할 수 있도록 한 것이므로, 그 경우 참고인의 진술 또는 작성이 '특히 신빙할 수 있는 상태 하에서 행하여졌음에 대한 증명은 단지 그러할 **개연성이 있다는 정도로는 부족하고 합리적인 의심의 여지를 배제할 정도에 이르러야 한다**(대판 2014.2.21. 2013도12652).

나. 공판준비 또는 공판기일에 피고인이나 피고인 아닌 자의 진술을 기재한 조서와 법원 또는 법관의 검증의 결과를 기재한 조서는 증거로 할 수 있다(제311조)

다. (×)검사 또는 사법경찰관이 피고인이 아닌 자의 진술을 기재한 조서는 적법한 절차와 방식에 따라 작성된 것으로서 그 조서가 검사 또는 사법경찰관 앞에서 진술한 내용과 동일하게 기재되어 있음이 **원진술자의 공판준비 또는 공판기일에서의 진술이나 영상녹화물 또는 그 밖의 객관적인 방법에 의하여 증명되고**, 피고인 또는 변호인이 공판준비 또는 공판기일에 그 **기재 내용에 관하여 원진술자를 신문할 수 있었던 때에는** 증거로 할 수 있다. 다만, 그 조서에 기재된 진술이 **특히 신빙할 수 있는 상태**하에서 행하여졌음이 증명된 때에 한한다.(제312조 제4항).

라. 검사 또는 사법경찰관이 피고인이 아닌 자의 진술을 기재한 조서는 적법한 절차와 방식에 따라 작성된 것으로서 그 조서가 검사 또는 사법경찰관 앞에서 진술한 내용과 동일하게 기재되어 있음이 원진술자의 공판준비 또는 공판기일에서의 진술이나 영상녹화물 또는 그 밖의 객관적인 방법에 의하여 증명되고, 피고인 또는 변호인이 공판준비 또는 공판기일에 그 기재 내용에 관하여 원진술자를 신문할 수 있었던 때에는 증거로 할 수 있다. 다만, 그 조서에 기재된 진술이 특히 신빙할 수 있는 상태하에서 행하여졌음이 증명된 때에 한한다.(제312조 제4항)

마.(×)조서 말미에 피고인의 서명만이 있고, 그 날인이나 간인이 없는 검사작성의 피고인에 대한 피의자신문조서는 증거능력이 없다고 할 것이고, 그 날인이나 간인이 없는 것이 **피고인이 날인이나 간인을 거부하였기 때문이어서 그러한 취지가 조서말미에 기재되었다거나 피고인이 피의자신문조서의 임의성을 인정하였다고 하여 달리 볼 것은 아니다**(대판 1999.4.13. 99도237).

≫≫ 정답 ③

223. 전문증거에 관한 설명 중 가장 적절하지 않은 것은? (다툼이 있으면 판례에 의함)

① 조서말미에 피고인의 서명만이 있고, 그 날인(무인포함)이나 간인이 없는 검사 작성의 피고인에 대한 피의자신문조서는 피고인이 법정에서 그 피의자신문조서의 임의성을 인정하였다고 하여도 증거능력이 없다.

② 사법경찰리 작성의 피해자에 대한 진술조서가 피해자의 화상으로 인한 서명불능이라는 이유로 입회하고 있던 동생에게 대신 읽어 주고 그 동생으로 하여금 서명·날인하게 한 서류인 경우, 그 진술조서는 형식적 요건을 결여한 서류로서 증거로 사용할 수 없다.

③ 정보통신망을 통하여 공포심이나 불안감을 유발하는 글을 반복적으로 상대방에게 도달하게 하는 행위를 하였다는 공소사실에 대하여 휴대전화기에 저장된 피고인이 보낸 문자정보는 피고인의 진술을 갈음하는 대체물로 형사소송법 제310조의2가 적용되는 전문증거에 해당한다.

④ 재전문진술이나 재전문진술을 기재한 조서는 형사소송법상 그 증거능력을 인정하는 규정을 두고 있지 아니하므로, 피고인이 증거로 하는데 동의하지 아니하는 한 형사소송법 제310조의2의 규정에 의하여 이를 증거로 할 수 없다.

> **해설** [20년 승진] ① 조서 말미에 피고인의 서명만이 있고, 그 날인이나 간인이 없는 검사작성의 피고인에 대한 피의자신문조서는 증거능력이 없다고 할 것이고, 그 날인이나 간인이 없는 것이 **피고인이 날인이나 간인을 거부하였기 때문이어서 그러한 취지가 조서말미에 기재**되었다거나 **피고인이 피의자신문조서의 임의성을 인정하였다고 하여 달리 볼 것은 아니다**(대판 1999.4.13. 99도237).
>
> ② 사법경찰리 작성의 피해자에 대한 진술조서가 피해자의 화상으로 인한 서명불능을 이유로 입회하고 있던 피해자의 동생에게 대신 읽어 주고 그 **동생으로 하여금 서명날인하게 하는 방법**으로 작성된 경우, 이는 형사소송법 제313조 제1항 소정의 형식적 요건을 결여한 서류로서 증거로 사용할 수 없다(대법원 1997. 4. 11. 선고 96도2865)
>
> ③ 정보통신망을 통하여 공포심이나 불안감을 유발하는 글을 반복적으로 상대방에게 도달하게 하는 행위를 하였다는 공소사실에 대하여 휴대전화기에 저장된 문자정보가 그 증거가 되는 경우, 그 문자정보는 범행의 **직접적인 수단**이고 경험자의 진술에 갈음하는 대체물에 해당하지 않으므로, 형사소송법 제310조의2에서 정한 **전문법칙이 적용되지 않는다**. 검사는 휴대전화기 이용자가 그 문자정보를 읽을 수 있도록 한 휴대전화기의 화면을 촬영한 사진을 증거로 제출할 수도 있는데, 이를 **증거로 사용하려면 문자정보가 저장된 휴대전화기를 법정에 제출할 수 없거나 그 제출이 곤란한 사정이 있고, 그 사진의 영상이 휴대전화기의 화면에 표시된 문자정보와 정확하게 같다는 사실이 증명되어야 한다**(대법원 2008. 11. 13. 선고 2006도2556).
>
> ④ 형사소송법은 전문진술에 대하여 제316조에서 실질상 단순한 전문의 형태를 취하는 경우에 한하여 예외적으로 그 증거능력을 인정하는 규정을 두고 있을 뿐, 재전문진술이나 재전문진술을 기재한 조서에 대하여는 달리 그 증거능력을 인정하는 규정을 두고 있지 아니하고 있으므로, **피고인이 증거로 하는 데 동의하지 아니하는 한 형사소송법 제310조의2의 규정에 의하여 이를 증거로 할 수 없다**(대법원 2012. 5. 24. 선고 2010도5948)

>>> 정답 ③

224. 전문법칙에 대한 설명으로 가장 적절하지 않은 것은? (판례에 의함)

① 압수된 디지털 저장매체로부터 출력한 문건을 진술증거로 사용하는 경우, 그 기재 내용의 진실성에 관하여는 전문법칙이 적용되므로 형사소송법 제313조 제1항에 따라 그 작성자 또는 진술자의 진술에 의하여 그 성립의 진정함이 증명된 때에는 이를 증거로 사용할 수 있다.

② 검사 또는 사법경찰관이 검증의 결과를 기재한 조서는 적법한 절차와 방식에 따라 작성된 것으로서 공판준비 또는 공판기일에서의 작성자의 진술에 따라 그 성립의 진정함이 증명된 때에는 증거로 할 수 있다.

③ 대화 내용을 녹음한 파일 등 전자매체는 성질상 작성자나 진술자의 서명 또는 날인이 없을 뿐만 아니라, 녹음자의 의도나 특정한 기술에 의하여 내용이 편집 조작될 위험성이 있음을 고려하여, 대화내용을 녹음한 원본이거나 원본으로부터 복사한 사본일 경우에는 복사과정에서 편집되는 등의 인위적 개작 없이 원본의 내용 그대로 복사된 사본임이 입증되어야 한다.

④ 피고인 또는 피고인 아닌 사람이 컴퓨터용디스크에 입력하여 기억된 문자정보 또는 그 출력물을 증거로 사용하는 경우 컴퓨터용디스크 자체를 물증으로 취급하여야 하므로 그 기재내용의 진실성에 관하여는 전문법칙이 적용되지 않는다.

해설 [21년 승진] ① 압수된 디지털 저장매체로부터 출력한 문건을 진술증거로 사용하는 경우, 그 기재 내용의 진실성에 관하여는 전문법칙이 적용되므로 형사소송법 제313조 제1항에 따라 공판준비나 공판기일에서의 **그 작성자 또는 진술자의 진술에 의하여 그 성립의 진정함이 증명된 때에** 한하여 이를 증거로 사용할 수 있다(대법원 2013. 6. 13.선고 2012도16001)

② 검사 또는 사법경찰관이 검증의 결과를 기재한 조서는 적법한 절차와 방식에 따라 작성된 것으로서 공판준비 또는 공판기일에서의 작성자의 진술에 따라 그 성립의 진정함이 증명된 때에는 증거로 할 수 있다.(제312조 제6항).

③ 대화 내용을 녹음한 파일 등의 전자매체는 성질상 작성자나 진술자의 서명 혹은 날인이 없을 뿐만 아니라, 녹음자의 의도나 특정한 기술에 의하여 내용이 편집·조작될 위험성이 있음을 고려하여 대화 내용을 녹음한 원본이거나 혹은 원본으로부터 복사한 사본일 경우에는 복사 과정에서 편집되는 등 **인위적 개작 없이 원본의 내용 그대로 복사된 사본임이 입증되어야만** 하고, 그러한 입증이 없는 경우에는 쉽게 그 증거능력을 인정할 수 없다(대법원 2015. 1. 22. 선고 2014도10978)

④ 피고인 또는 피고인 아닌 사람이 컴퓨터용디스크 그 밖에 이와 비슷한 **정보저장매체에 입력하여 기억된 문자정보 또는 그 출력물을 증거로 사용하는 경우,** 이는 실질에 있어서 피고인 또는 피고인 아닌 사람이 작성한 진술서나 그 진술을 기재한 서류와 크게 다를 바 없고, 압수 후의 보관 및 출력 과정에 조작의 가능성이 있으며, 기본적으로 반대신문의 기회가 보장되지 않는 점 등에 비추어 그 내용의 진실성에 관하여는 전문법칙이 적용되고, 따라서 원칙적으로 형사소송법 제313조 제1항에 의하여 **작성자 또는 진술자의 진술에 의하여 성립의 진정함이 증명된 때에** 한하여 이를 증거로 사용할 수 있다(대법원 2013. 2. 15. 선고 2010도3504)

>>> 정답 ④

225. 증거능력에 관한 다음 설명 중 가장 옳지 않은 것은? (다툼이 있으면 판례에 의함).

① 법원이 형사소송법 제297조에 따라 변호인이 없는 피고인을 일시 퇴정하게 하고 증인신문을 한 경우, 추후 피고인에게 실질적인 반대신문의 기회를 부여하지 않았다면 특별한 사정이 없는 한 그 증인의 법정진술은 증거능력이 인정되지 않는다.

② 소유자, 소지자 또는 보관자가 아닌 자로부터 제출받은 물건을 영장 없이 압수한 경우 그 압수물 및 압수물을 찍은 사진은 이를 유죄 인정의 증거로 사용할 수 없으나, 피고인이나 변호인이 이를 증거로 함에 동의한 경우에는 증거로 사용할 수 있다.

③ 검사작성의 피의자신문조서에 대한 실질적 진정성립을 증명할 수 있는 수단으로서 형사소송법 제312조 제2항에 규정된 '영상녹화물이나 그 밖의 객관적인 방법'이란 형사소송법 및 형사소송규칙에 규정 된 방식과 절차에 따라 제작된 영상녹화물 또는 그러한 영상녹화물에 준할 정도로 피고인의 진술을 과학적, 기계적, 객관적으로 재현해 낼 수 있는 방법만을 의미하고, 그 외에 조사관 또는 조사 과정에 참여한 통역인 등의 증언은 이에 해당한다고 볼 수 없다.

④ 피고인이 수표를 발행하였으나 예금부족 또는 거래정지처분으로 지급되지 아니하게 하였다는 부정수표단속법위반의 공소사실을 증명하기 위하여 제출되는 수표는 그 서류의 존재 또는 상태 자체가 증거가 되는 것이어서 증거물인 서면에 해당하고 어떠한 사실을 직접 경험한 사람의 진술에 갈음하는 대체물이 아니므로, 증거능력은 증거물의 예에 의하여 판단하여야 하고, 이에 대하여는 형사소송법 제310조의2에서 정한 전문법칙이 적용될 여지가 없다.

해설 [17년 경찰2] ① 재판장은 증인이 피고인의 면전에서 충분한 진술을 할 수 없다고 인정한 때에는 피고인을 퇴정하게 하고 증인신문을 진행함으로써 피고인의 직접적인 증인 대면을 제한할 수 있지만, 이러한 경우에도 피고인의 반대신문권을 배제하는 것은 허용될 수 없다(대법원 2010. 1. 14. 선고 2009도9344)

② 형사소송법 제217조에 위반하여 소유자, **소지자 또는 보관자가 아닌 자로부터 제출받은 물건을 영장없이 압수한 경우 그 압수물 및 압수물을 찍은 사진은 이를 유죄 인정의 증거로 사용할 수 없는 것**이고, 헌법과 형사소송법이 선언한 영장주의의 중요성에 비추어 볼 때 **피고인이나 변호인이 이를 증거로 함에 동의하였다고 하더라도 달리 볼 것은 아니다**(대판 2010.1.28. 2009도 10092).

③ 영상녹화물이나 그 밖의 객관적인 방법'이란 형사소송법 및 형사소송규칙에 규정된 방식과 절차에 따라 제작된 영상녹화물 또는 그러한 영상녹화물에 준할 정도로 피고인의 진술을 과학적·기계적·객관적으로 재현해 낼 수 있는 방법만을 의미하고, 그 외에 조사관 또는 조사 과정에 참여한 통역인 등의 증언은 이에 해당한다고 볼 수 없다(대법원 2016. 2. 18. 선고 2015도16586)

④ 피고인이 수표를 발행하였으나 예금부족 또는 거래정지처분으로 지급되지 아니하게 하였다는 부정수표단속법위반의 공소사실을 증명하기 위하여 제출되는 **수표는 그 서류의 존재 또는 상태 자체가 증거가 되는 것**이어서 증거물인 서면에 해당하고 어떠한 사실을 직접 경험한 사람의 진술에 갈음하는 대체물이 아니므로, 증거능력은 **증거물의 예에 의하여 판단**하여야 하고, 이에 대하여는 형사소송법 제310조의2에서 정한 **전문법칙이 적용될 여지가 없다**(대법원 2015. 4. 23. 선고 2015도2275)

≫≫ 정답 ②

226. 전문법칙에 대한 설명으로 적절한 것만을 고른 것은 모두몇 개인가? (다툼이 있는 경우 판례에 의함)

> ㉠ 다른 사람의 진술을 내용으로 하는 진술이 전문증거인지는 요증사실이 무엇인지에 따라 정해지는 바, 다른 사람의 진술, 즉 원진술의 내용인 사실이 요증사실인 경우에는 전문증거이지만 원진술의 존재자체가 요증사실인 경우에는 본래증거이지 전문증거가 아니다.
>
> ㉡ 어떤 진술이 기재된 서류가 어떠한 내용의 진술을 하였다는 사실 자체에 대한 정황증거로 사용될 것이라는 이유로 서류의 증거능력을 인정한 다음 그 사실을 다시 진술내용이나 그 진실성을 증명하는 간접사실로 사용하는 경우에 그 서류는 전문증거에 해당한다.
>
> ㉢ 甲이 乙로부터 들은 피고인 A의 진술내용을 수사기관이 진술조서에 기재하여 증거로 제출하였다면, 그 진술조서 중 피고인 A의 진술을 기재한 부분은 乙이 증거로 하는데 동의하지 않는 한 「형사소송법」 제310조의2의 규정에 의하여 이를 증거로 할 수 없다.
>
> ㉣ 「형사소송법」 제312조부터 제316조까지의 규정에 따라 증거로 할 수 없는 서류나 진술이라도 공판준비 또는 공판기일에서의 피고인 또는 피고인 아닌 자의 진술의 증명력을 다투기 위하여 증거로 할 수 있다.

① 1개 ② 2개 ③ 3개 ④ 4개

해설 [21년 경찰1차] ㉠ 타인의 진술을 내용으로 하는 진술이 전문증거인지는 요증사실과 관계에서 정하여지는데, 원진술의 내용인 사실이 요증사실인 경우에는 전문증거이나, 원진술의 존재 자체가 요증사실인 경우에는 본래증거이지 전문증거가 아니다(대법원 2012. 7. 26. 선고 2012도2937).

㉡ 어떤 진술이 기재된 서류가 그 **내용의 진실성이 범죄사실에 대한 직접증거로 사용될 때는 전문증거가 되지만, 그와 같은 진술을 하였다는 것 자체 또는 진술의 진실성과 관계없는 간접사실에 대한 정황증거로 사용될 때는 반드시 전문증거가 되는 것이 아니다**(대법원 2019. 8. 29. 선고 2018도14303)

㉢ 형사소송법은 전문진술에 대하여 제316조는 전문의 형태를 취하는 경우에 한하여 예외적으로 그 증거능력을 인정하는 규정을 두고 있을 뿐, 재전문진술이나 재전문진술을 기재한 조서에 대하여는 달리 그 증거능력을 인정하는 규정이 없어, **피고인이 증거로 하는데 동의하지 아니하는 한** 형사소송법 제310조의2의 규정에 의하여 이를 증거로 할 수 없다. (대판 2004. 3. 11. 선고 2003도171)

㉣ 312조부터 제316조까지의 규정에 따라 증거로 할 수 없는 서류나 진술이라도 공판준비 또는 공판기일에서의 피고인 또는 피고인이 아닌 자(공소제기 전에 피고인을 피의자로 조사하였거나 그 조사에 참여하였던 자를 포함한다. 이하 이 조에서 같다)의 **진술의 증명력을 다투기 위하여 증거로 할 수 있다**(제318조의2)

>>> 정답 ③

227. 전문법칙에 대한 설명 중 가장 적절하지 않은 것은? (판례에 의함)

① 어떤 진술이 기재된 서류가 그 내용의 진실성이 범죄사실에 대한 직접증거로 사용될 때는 전문증거가 된다고 하더라도 그와 같은 진술을 하였다는 것 자체 또는 그 진술의 진실성과 관계없는 간접사실에 대한 정황증거로 사용될 때는 반드시 전문증거가 되는 것은 아니다.

② 정보통신망을 통하여 공포심이나 불안감을 유발하는 글을 반복적으로 상대방에게 도달하게 하는 행위를 하였다는 공소사실에 대하여 휴대전화기에 저장된 문자정보가 그 증거가 되는 경우 그 문자정보는 범행의 직접적인 수단이고 경험자의 진술에 갈음하는 대체물에 해당하지 않으므로 전문법칙이 적용되지 않는다.

③ 디지털녹음기에 녹음된 내용을 전자적 방법으로 테이프에 전사한 사본인 녹음테이프를 대상으로 법원이 검증절차를 진행하여 녹음된 내용이 녹취록의 기재와 일치하고 그 음성이 진술자의 음성임을 확인하였다면 그것만으로 녹음테이프의 증거능력을 인정할 수 있다.

④ 상업장부나 항해일지, 진료일지 또는 이와 유사한 금전출납부 등과 같이 범죄사실의 인정여부와는 관계없이 자기에게 맡겨진 사무를 처리한 내역을 그때그때 계속적 기계적으로 기재한 문서는 사무처리 내역 을 증명하기 위하여 존재하는 문서로서 당연히 증거능력이 인정된다.

해설 [18년 승진] ① 어떤 진술이 기재된 서류가 그 **내용의 진실성이 범죄사실에 대한 직접증거로 사용될 때는 전문증거가 되지만, 그와 같은 진술을 하였다는 것 자체 또는 진술의 진실성과 관계없는 간접사실에 대한 정황증거로** 사용될 때는 **반드시 전문증거가 되는 것이 아니다**(대법원 2019. 8. 29. 선고 2018도14303

② 정보통신망을 통하여 공포심이나 불안감을 유발하는 글을 반복적으로 상대방에게 도달하게 하는 행위를 하였다는 공소사실에 대하여 휴대전화기에 저장된 문자정보가 그 증거가 되는 경우, 그 문자정보는 **범행의 직접적인 수단**이고 경험자의 **진술에 갈음하는 대체물에 해당하지 않으므로**, 형사소송법 제310조의2에서 정한 **전문법칙이 적용되지 않는다**(대법원 2008. 11. 13. 선고 2006도2556)

③ 디지털 녹음기에 녹음된 내용을 전자적 방법으로 테이프에 **전사한 사본인 녹음테이프**를 대상으로 법원이 검증절차를 진행하여, 녹음된 내용이 녹취록의 기재와 일치하고 그 음성이 진술자의 음성임을 확인하였더라도, 그것만으로 녹음테이프의 증거능력을 인정할 수 **없다**(대법원 2008. 12. 24. 선고 2008도9414)

④ 상업장부나 항해일지, 진료일지 또는 이와 유사한 금전출납부 등과 같이 범죄사실의 인정 여부와는 관계없이 자기에게 맡겨진 사무를 처리한 내역을 그때그때 계속적, 기계적으로 기재한 문서는 사무처리 내역을 증명하기 위하여 존재하는 문서로서 형사소송법 제315조 제2호에 의하여 당연히 증거능력이 인정된다(대법원 2017. 12. 5. 선고 2017도12671).

▶▶ 정답 ③

5년기출문제

228. 전문증거에 대한 설명으로 가장 적절하지 않은 것은?(판례에 의함)

① 구속적부심문절차에서 구속된 피의자의 진술 등을 기재한 구속적부심문조서는 「형사소송법」 제311조의 법관면전조서로서 당연히 증거능력이 인정된다.

② 검사 또는 사법경찰관이 검증의 결과를 기재한 조서는 적법한 절차와 방식에 따라 작성된 것으로서 공판준비 또는 공판기일에서의 작성자의 진술에 따라 그 성립의 진정함이 증명된 때에는 증거로 할 수 있다.

③ 공소제기 전에 피고인을 피의자로 조사한 자의 법정진술이 피고인의 진술을 그 내용으로 하는 때에는 그 진술이 특히 신빙할 수 있는 상태하에서 행하여졌음이 증명되면 증거로 할 수 있다.

④ 피의자의 진술을 영상녹화하기 위해서는 미리 피의자에게 영상녹화사실을 알려주어야 하는 반면, 피의자 아닌 자의 진술을 영상녹화하기 위해서는 그의 동의가 필요하다.

> **해설** [18년 경찰3] ① 법원 또는 합의부원, 검사, 변호인, 청구인이 구속된 피의자를 심문하고 그에 대한 피의자의 진술 등을 기재한 구속적부심문조서는 형사소송법 제311조가 규정한 문서에는 해당하지 않는다 할 것이나, 특히 신용할 만한 정황에 의하여 작성된 문서라고 할 것이므로 **특별한 사정이 없는 한, 피고인이 증거로 함에 부동의 하더라도 형사소송법 제315조 제3호에 의하여 당연히 그 증거능력이 인정**된다(대판 2004.1.16., 2003도5693).
>
> ② 검사 또는 사법경찰관이 검증의 결과를 기재한 조서는 적법한 절차와 방식에 따라 작성된 것으로서 공판준비 또는 공판기일에서의 **작성자의 진술에 따라** 그 성립의 진정함이 증명된 때에는 증거로 할 수 있다(제312조 제6항).
>
> ③ 피고인이 아닌 자(공소제기 전에 피고인을 피의자로 조사하였거나 그 조사에 참여하였던 자를 포함한다. 이하 이 조에서 같다)의 공판준비 또는 공판기일에서의 진술이 피고인의 진술을 그 내용으로 하는 것인 때에는 그 진술이 특히 신빙할 수 있는 상태하에서 행하여졌음이 증명된 때에 한하여 이를 증거로 할 수 있다(제316조 제1항).
>
> ④ (피의자진술의 영상녹화) 피의자의 진술은 영상녹화할 수 있다. 이 경우 미리 영상녹화사실을 알려주어야 하며, 조사의 개시부터 종료까지의 전 과정 및 객관적 정황을 영상녹화하여야 한다(.제244의2 제1항),(제3자의 출석요구 등) 검사 또는 사법경찰관은 수사에 필요한 때에는 피의자가 아닌 자의 출석을 요구하여 진술을 들을 수 있다. 이 경우 그의 동의를 받아 영상녹화할 수 있다(제221조 제1항)

>> 정답 ①

229. 전문증거에 대한 설명으로 옳지 않은 것은? (다툼이 있는 경우 판례에 의함)

① 「형사소송법」 제314조에서의 '진술 또는 작성이 특히 신빙할 수 있는 상태 하에서 행하여졌음에 대한 증명'은 단지 그러한 개연성이 있다는 정도로는 부족하고, 합리적인 의심의 여지를 배제할 정도에 이르러야 한다.

② 타인의 진술을 내용으로 하는 진술이 전문증거인지 여부는 요증사실과의 관계에서 정해지므로, 요증사실이 원진술의 내용인 사실이 아니라 원진술의 존재자체인

경우에도 전문증거에 해당한다.

③ 피고인이 수표를 발행하였으나 예금부족 또는 거래정지처분으로 지급되지 아니하게 하였다는 「부정수표단속법」 위반의 공소사실을 증명하기 위하여 제출되는 수표에 대하여는 「형사소송법」 제310조의2에 따른 전문법칙이 적용되지 않는다.

④ 체포·구속인접견부는 유치된 피의자가 죄증을 인멸하거나 도주를 기도하는 등 유치장의 안전과 질서를 위태롭게 하는 것을 방지하기 위한 목적으로 작성되는 서류일 뿐이므로, 「형사소송법」 제315조에 따른 당연히 증거능력이 있는 서류로 볼 수 없다.

> **해설** [19년 검찰7] ① 특히 신빙할 수 있는 상태'는 진술내용이나 조서 또는 서류의 작성에 허위가 개입할 여지가 거의 없고, 진술내용의 신빙성이나 임의성을 담보할 구체적이고 외부적인 정황이 있는 경우를 가리킨다이 경우 특히 신빙할 수 있는 상태에 대한 증명은 단지 그러할 개연성이 있다는 정도로는 부족하고 합리적인 의심의 여지를 배제할 정도에 이르러야 한다(대법원 2017. 12. 22. 선고 2016도15868).
>
> ② 타인의 진술을 내용으로 하는 진술이 전문증거인지 여부는 요증사실과의 관계에서 정해지는데, 원진술의 내용인 사실이 요증사실인 경우에는 전문증거이나, 원진술의 존재 자체가 요증사실인 경우에는 **본래증거이지 전문증거가 아니다**(대판 2018.5.15. 2017도19499).
>
> ③ 피고인이 수표를 발행하였으나 예금부족 또는 거래정지처분으로 지급되지 아니하게 하였다는 부정수표단속법위반의 공소사실을 증명하기 위하여 제출되는 수표는 그 서류의 존재 또는 상태 자체가 증거가 되는 것이어서 증거물인 서면에 해당하고 어떠한 사실을 직접 경험한 **사람의 진술에 갈음하는 대체물이 아니므로,** 증거능력은 증거물의 예에 의하여 판단하여야 하고, 이에 대하여는 형사소송법 제310조의2에서 정한 **전문법칙이 적용될 여지가 없다**(대법원 2015. 4. 23. 선고 2015도2275)
>
> ④ 체포 · 구속인접견부는 유치된 피의자가 죄증을 인멸하거나 도주를 기도하는 등 **유치장의 안전과 질서를 위태롭게 하는 것을 방지하기 위한 목적으로 작성되는 서류**로 보일 뿐이어서 형사소송법 제315조 제2, 3호에 규정된 당연히 증거능력이 있는 서류로 볼 수는 없다(대법원 2012. 10. 25. 선고 2011도5459).
>
> ➤➤ 정답 ②

230. 전문증거의 증거능력에 대한 설명으로 옳지 않은 것은? (다툼이있는 경우 판례에 의함)

① 형사소송법 제312조 제4항에서 '적법한 절차와 방식에 따라 작성'한다는 것은 형사소송법이 피고인 아닌 사람의 진술에 대한 조서작성과정에서 지켜야 한다고 정한 여러 절차를 준수하고 조서의 작성방식에도 어긋나지 않아야 한다는 것을 의미한다.

② 형사소송법 제313조에 따르면 피고인이 작성한 진술서는 공판준비나 공판기일에서의 피고인의 진술에 의하여 그 성립의 진정함이 증명된 때에만 증거로 할 수 있고, 피고인이 그 성립의 진정을 부인한 경우에는 증거로 할 수 있는 방법은 없다.

③ 형사소송법 제314조의 '외국거주'는 진술을 하여야 할 사람이 외국에 있다는 사정만으로는 부족하고, 가능하고 상당한 수단을 다하더라도 그 사람을 법정에 출석하게 할 수 없는 사정이 있어야 예외적으로 그 요건이 충족될 수 있다.

④ 형사소송법 제316조 제2항에서 '그 진술이 특히 신빙할 수 있는 상태 하에서 행하여졌음'이란 진술 내용에 허위가 개입할 여지가 거의 없고, 진술 내용의 신빙성이나 임의성을 담보할 구체적이고 외부적인 정황이 있는 경우를 의미한다.

> **해설** [21년 9급]① 형사소송법 제312조 제4항은 검사 또는 사법경찰관이 피고인이 아닌 자의 진술을 기재한 조서의 증거능력이 인정되려면 '적법한 절차와 방식에 따라 작성된 것'이어야 한다고 정하고 있다. 여기에서 적법한 절차와 방식에 따라 작성한다는 것은 형사소송법이 피고인 아닌 사람의 진술에 대한 조서 작성 과정에서 지켜야 한다고 정한 여러 절차를 준수하고 조서의 작성 방식에도 어긋나지 않아야 한다는 것을 의미한다(대법원 2012.5.24. 선고 2011도7757)
>
> ② 제313조의 피고인이 작성한 진술서는 공판준비 또는 공판기일에서 그 작성자(피고인)의 진술에 의하여 성립의 진정함이 증명되어야 한다. 제313조 제1항 본문에도 불구하고 진술서의 작성자가 공판준비나 공판기일에서 그 성립의 진정을 부인하는 경우에는 **과학적 분석결과에 기초한 디지털포렌식 자료, 감정 등 객관적 방법으로 성립의 진정함이 증명**되는 때에는 증거로 할 수 있다.(제313조 제2항)
>
> ③ 형사소송법 제314조에 의하여 같은 법 제312조의 조서나 같은 법 제313조의 진술서, 서류 등을 증거로 하기 위하여는 진술을 요할 자가 사망, 질병, 외국거주 기타 사유로 인하여 공판정에 출석하여 진술을 할 수 없는 경우이어야 하고, 그 진술 또는 서류의 작성이 특히 신빙할 수 있는 상태하에서 행하여진 것이라야 한다는 두 가지 요건이 갖추어져야 할 것인바, 첫째 요건과 관련하여 '외국거주'라고 함은 진술을 요할 자가 외국에 있다는 것만으로는 부족하고, 가능하고 상당한 수단을 다하더라도 그 진술을 요할 자를 법정에 출석하게 할 수 없는 사정이 있어야 예외적으로 그 적용이 있다(대법원 2002. 3. 26. 선고 2001도5666)
>
> ④ 형사소송법 제316조 제2항에서 말하는 '그 진술 또는 작성이 특히 신빙할 수 있는 상태 하에서 행하여졌음'이란 진술 내용이나 조서 또는 서류의 작성에 허위가 개입할 여지가 거의 없고, 진술 내용의 신빙성이나 임의성을 담보할 구체적이고 외부적인 정황이 있는 경우를 가리킨다.(대법원 2017. 7. 18. 선고 2015도12981)

>> 정답 ②

231. 형사소송법 제314조에 규정된 '진술을 요하는 자가 사망, 질병, 외국거주, 소재불명 그 밖에 이에 준하는 사유로 인하여 진술할 수 없는 때'에 해당하지 않은 것은?

① 증인으로 채택되어 국내의 주소지 등으로 소환하였으나 소환장이 송달불능 되었고 미국으로 출국하여 그곳에 거주하고 있음이 밝혀져 다시 미국 내 주소지로 증인소환증을 발송하자, 제1심법원에 경위서를 제출하면서 장기간 귀국할 수 없음을 통보한 경우

② 피해자가 공판정에서 진술을 한 경우라도 증인신문 당시 일정한 사항에 관하여 기억이 나지 않는다는 취지로 진술하여 그 진술의 일부가 재현 불가능하게 된 경우

③ 증인이 형사소송법에 정한 바에 따라 정당하게 증언거부권을 행사하여 증언을 거

부하는 경우

④ 중풍, 언어장애 등 장애등급 3급 5호의 장애로 인하여 법정에 출석할 수 없었던 것이고, 그 후 신병을 치료하기 위하여 속초로 간 후에는 그에 대한 소재탐지가 불가능하게 된 경우

해설 [17년 경찰2] ① 수사 과정에서 수사기관이 그 진술을 청취하면서 그 진술자의 외국거주 여부와 장래 출국 가능성을 확인하고 만일 그 진술자의 거주지가 외국이거나 그가 가까운 장래에 출국하여 장기간 외국에 체류하는 등의 사정으로 향후 공판정에 출석하여 진술을 할 수 없는 경우가 발생할 개연성이 있어 그를 공판정에 출석시켜 진술하게 할 모든 수단을 강구하는 등 가능하고 상당한 수단을 다하더라도 그 진술을 요할 자를 법정에 출석하게 할 수 없는 사정이 있어야 예외적으로 그 요건이 충족된다(대판 2008.2.28. 선고 2007도10004).

② 수사기관에서 진술한 피해자인 유아가 공판정에서 진술을 하였더라도 증인신문 당시 일정한 사항에 관하여 기억이 나지 않는다는 취지로 진술하여 그 진술의 일부가 재현 불가능하게 된 경우, 형사소송법 제314조, 제316조 제2항에서 말하는 원진술자가 진술을 할 수 없는 때에 해당한다(대판 2006.4.14. 선고 2005도9561).

③ 법정에 출석한 증인이 형사소송법 제148조, 제149조 등에서 정한 바에 따라 정당하게 증언거부권을 행사하여 증언을 거부한 경우는 형사소송법 제314조의 '그 밖에 이에 준하는 사유로 인하여 진술할 수 없는 때'에 해당하지 아니한다(대판 2012.5.17. 2009도6788).

④ 진술을 요할 자에 대한 소재탐지촉탁결과 그 소재를 알지 못하게 된 경우 및 진술을 요할 자가 법원의 소환에 불응하고 그에 대한 구인장이 집행되지 않은 경우가 형사소송법 제314조 소정의 공판정에 출정하여 진술할 수 없는 때에 해당한다(대판 2000.6.9. 선고 2000도1765).

>> 정답 ③

232. 형사소송법 제315조에 의하여 당연히 증거능력이 인정 되는 것으로 가장 적절하지 않은 것은? (판례에 의함)

① 보험사기 사건에서 건강보험심사평가원이 수사기관의 의뢰에 따라 수사기관이 보내온 자료를 토대로 입원진료의 적정성에 대한 의견을 제시하는 내용의 건강보험심사평가원의 입원진료적정성 여부 등 검토의뢰에 대한 회신

② 일본세관공무원 작성의 필로폰에 대한 범칙물건감정서등본과 분석의뢰서 및 분석회답서등본

③ 다른 피고인에 대한 형사사건의 공판조서 중 일부인 증인신문조서

④ 성매매업소에 고용된 여성들이 성매매를 업으로 하면서 영업에 참고하기 위하여 성매매 상대방의 아이디와 전화번호 및 성매매 방법 등을 메모지에 적어두었다가 메모리카드에 입력하거나 업주가 고용한 다른 여직원이 그 내용을 입력한 경우의 메모리카드 내용

해설 [19년 승진] ① 사무처리 내역을 계속적, 기계적으로 기재한 문서가 아니라 **범죄사실의 인정 여부와 관련 있는 어떠한 의견을 제시하는 내용을 담고 있는 문서는 형사소송법 제 315조 제3호에서 규정하는 당연히 증거능력이 있는 서류에 해당한다고 볼 수 없으므로,** 이른바 보험사기 사건에서 건강보

험심사평가원이 수사기관의 의뢰에 따라 그 보내온 자료를 토대로 입원진료의 적정성에 대한 의견을 제시하는 내용의 '건강보험심사평가원의 입원진료 적정성 여부 등 검토의뢰에 대한 회신은 형사소송법 제 315조 제3호의 '기타 특히 신용할 만한 정황에 의하여 작성된 문서에 해당하지 않는다(대판 2017.12.5. 2017도12671).

② 외국공무원이 **직무상 증명할 수 있는 사항**에 관하여 작성한 문서는 이를 증거로 할 수 있으므로(형사소송법 제315조 제 1 호), 원심이 이 사건 일본하관 세관서 통괄심리관 작성의 범칙물건감정서 등본과 분석의뢰서 및 분석 회답서등본 등을 증거로 하였음은 적법하다(대법원 1984. 2. 28. 선고 83도3145).

③ 다른 피고인에 대한 형사사건의 공판조서는 형사소송법 제315조 제3호에 정한 서류로서 당연히 증거능력이 있는바, 공판조서 중 일부인 증인신문조서 역시 형사소송법 제315조 제3호에 정한 서류로서 당연히 증거능력이 있다고 보아야 할 것이다(대법원 2005. 4. 28. 선고 2004도4428).

④ 성매매업소에서 영업에 참고하기 위하여 성매매 상대방에 관한 정보를 입력하여 작성한 메모리카드의 내용이 **영업상 필요로 작성한 통상문서**로서 당연히 증거능력이 있는 문서에 해당한다(대판 2007.7.26. 선고 2007도3219 판결).

>> 정답 ①

233. 「형사소송법」 제315조에 규정된 당연히 증거능력 있는 서류에 해당하는 것(○)과 해당 하지 않는 것(×)을 바르게 연결한 것은? (다툼이 있는 경우 판례에 의함)

ㄱ. 보험사기사건에서 건강보험심사평가원이 수사기관의 의뢰에 따라 그 수사기관이 보내온 자료를 토대로 작성한 입원진료의 적정성에 대한 의견을 제시하는 내용의 '입원진료 적정성 여부 등 검토의뢰에 대한 회신'

ㄴ. 대한민국 주중국 대사관 영사가 공무수행과정에서 작성하였지만 공적인 증명보다는 상급자에 대한 보고를 목적으로 작성한 사실확인서(공인(公印)부분은 제외)

ㄷ. 검찰에서 피고인이 소지·탐독을 인정한 유인물에 대하여, 사법경찰관이 그 내용을 분석하고 이를 기계적으로 복사하여 그 말미에 그대로 첨부하여 작성한 수사보고서

ㄹ. 성매매업소에서 성매매여성들이 영업에 참고하기 위하여 성매매 상대방의 아이디, 전화번호 등에 관한 정보를 입력하여 작성한 메모리카드의 내용

	ㄱ	ㄴ	ㄷ	ㄹ
①	○	×	○	×
②	×	×	○	×
③	○	○	×	○
④	×	×	○	○

해설 [20년 검찰9] ㄱ(×)사무처리 내역을 계속적, 기계적으로 기재한 문서가 아니라 **범죄사실의 인정 여부와 관련 있는 어떠한 의견을 제시하는 내용을 담고 있는 문서**는 형사소송법 제 315조 제3호에서 규정하는 당연히 증거능력이 있는 서류에 해당한다고 볼 수 없으므로, 이른바 보험사기 사건에서 건강보험심사평가원이 수사기관의 의뢰에 따라 그 보내온 자료를 토대로 입원진료의 적정성에 대한 의견을 제시하는 내용의 '건강보험심사평가원의 입원진료 적정성 여부 등 검토의뢰에 대한 회신은

형사소송법 제315조 제3호의 '기타 특히 신용할 만한 정황에 의하여 작성된 문서에 해당하지 않는다(대판 2017.12.5. 2017도12671).

ⓛ (×)대한민국 주중국 대사관 영사가 작성한 사실확인서 중 공인 부분을 제외한 나머지 부분이 비록 영사의 공무수행 과정 중 작성되었지만 공적인 증명보다는 **상급자 등에 대한 보고를 목적으로 하는 것인 경우**, 형사소송법 제315조 제1호의 '공무원의 직무상 증명할 수 있는 사항에 관하여 작성한 문서' 또는 제3호의 '기타 특히 신뢰할 만한 정황에 의하여 작성된 문서'라고 볼 수 없으므로 증거능력이 없다(대법원 2007. 12. 13. 선고 2007도7257)

ⓒ 사법경찰관 작성의 새세대 16호에 대한 수사보고서는 피고인이 검찰에서 소지 탐독사실을 인정하고 있는 새세대 16호라는 **유인물의 내용을 분석하고, 이를 기계적으로 복사하여 그 말미에 그대로 첨부한 문서**로서 그 신용성이 담보되어 있어 형사소송법 제315조 제3호 소정의 "기타 특히 신용할 만한정황에 의하여 작성된 문서"에 해당되는 문서로서 당연히 증거능력이 인정된다.(대법원 1992. 8. 14. 선고 92도1211)

ⓡ 성매매업소에서 영업에 참고하기 위하여 성매매 상대방에 관한 정보를 입력하여 작성한 메모리카드의 내용이 영업상 필요로 작성한 통상문서로서 당연히 증거능력이 있는 문서에 해당한다(대판 2007.7.26. 선고 2007도3219 판결).

▶▶ 정답 ④

234. 전문증거에 대한 설명으로 가장 적절하지 않은 것은? (다툼이 있는 경우 판례에 의함)

① 전문진술이 기재된 조서로서 재전문서류는 「형사소송법」 제312조 또는 제314조의 전문서류의 증거능력 인정요건을 갖추어야 함은 물론 나아가 「형사소송법」 제316조 제2항의 전문진술의 증거능력 인정요건을 모두 갖추어야 증거능력이 인정된다.

② 디지털 저장매체에 저장된 로그파일의 원본이 아니라 그 복사본의 일부내용을 요약·정리하는 방식으로 새로운 문서파일이 작성된 경우에 피고인이 증거사용에 동의하지 않은 상황에서 새로운 문서파일에 대해 진술증거로서 증거능력을 인정하기 위해서는 로그파일 원본과의 동일성이 인정되는 외에 전문법칙에 따라 작성자 또는 진술자의 진술에 의해 성립의 진정이 증명되어야 한다.

③ 구속적부심문조서는 법원 또는 법관의 면전에서 작성된 조서로서 법원 또는 법관의 검증의 결과를 기재한 조서이므로 「형사소송법」 제311조에 따라 당연히 증거능력이 인정된다.

④ 대한민국 법원의 형사사법 공조요청에 따라 미합중국 법원의 지명을 받은 수명자(미합중국검사)가 작성한 피해자 및 공범에 대한 증언녹취서(deposition)는 이를 「형사수송법」 제315조 소정의 당연히 증기능력이 인징되는 서류로 볼 수 없다.

해설 [19년 경찰1] ① **전문진술이 기재된 조서·서류는** 형사소송법 **제313조 내지 제314조**의 규정에 의하여 각 그 증거능력이 인정될 수 있는 경우에 해당하여야 함은 물론, 나아가 형사소송법 **제316조 제2항**의 규정에 따른 위와 같은 요건을 갖추어야 예외적으로 증거능력이 있다(대법원 2006. 4. 14. 선고 2005도9561)

② 디지털 저장매체에 저장된 로그파일의 원본이 아니라 그 복사본의 일부 내용을 요약·정리하는 방

식으로 새로운 문서파일이 작성된 경우 그 문서파일 또는 거기에서 출력한 문서를 로그파일 원본의 내용을 증명하는 증거로 사용하기 위하여는 <u>피고인이 이를 증거로 하는 데 동의하지 아니하는 이상</u> 그 문서파일의 기초가 된 로그파일 복사본과 로그파일 원본의 동일성도 인정되어야 한다. 나아가 이때 <u>새로운 문서파일 또는 거기에서 출력한 문서를 진술증거로 사용하는 경우</u> 그 기재 내용의 진실성에 관하여는 전문법칙이 적용되므로 형사소송법 제313조 제1항에 따라 공판준비기일이나 공판기일에서 <u>그 작성자 또는 진술자의 진술에 의하여 성립의 진정함이 증명</u>된 때에 한하여 이를 증거로 사용할 수 있다(대법원 2015. 8. 27. 선고 2015도3467)

③ 피의자의 진술 등을 기재한 **구속적부심문조서는 형사소송법 제311조가 규정한 문서에는 해당하지 않는다** 할 것이나, 특히 신용할 만한 정황에 의하여 작성된 문서라고 할 것이므로 특별한 사정이 없는 한, 피고인이 증거로 함에 부동의하더라도 형사소송법 **제315조 제3호에 의하여 당연히 그 증거능력이 인정된다**(대법원 2004. 1. 16. 선고 2003도5693).

④ 범행 직후 미합중국 주검찰수사관이 작성한 피해자 및 공범에 대한 질문서(interrogatory)와 우리나라 법원의 형사사법공조요청에 따라 미합중국 법원의 지명을 받은 수명자(미합중국 검사)가 작성한 피해자 및 공범에 대한 증언녹취서(deposition)는 이를 형사소송법 제315조 소정의 당연히 증거능력이 인정되는 서류로는 볼 수 없다(대법원 1997. 7. 25. 선고 97도1351)

>> 정답 ③

235. 전문진술에 관한 설명 중 가장 적절하지 않은 것은? (다툼이 있으면 판례에 의함)

① 피고인을 피의자로 조사하였던 자는 공판기일에서 피고인의 진술을 그 내용으로 하는 진술을 할 수 있고 피고인의 원진술이 특히 신빙할 수 있는 상태 하에서 행하여졌음이 증명된 경우에는 증거능력이 있다.

② 피고인 아닌 자의 공판기일에서의 진술이 피고인의 진술을 그 내용으로 하는 것인 때에는 형사소송법 제316조 제1항이 적용되므로, 피고인 아닌 자의 공판기일에서의 진술이 공동피고인의 진술을 그 내용으로 하는 것인 때에도 공동피고인 역시 피고인의 지위인 이상 형사소송법 제316조 제1항이 적용된다.

③ 형사소송법 제316조 제2항의 피고인 아닌 자에는 공소제기 전에 피고인 아닌 타인을 조사하였던 자도 포함되지만, 원진술자가 법정에 출석하여 수사기관에서의 진술을 부인하는 이상 원진술자의 진술을 내용으로 하는 조사자의 증언은 증거능력이 없다.

④ 전문의 진술을 증거로 함에 있어서는 전문진술자가 원진술자로부터 진술을 들을 당시 원진술자가 증언능력에 준하는 능력을 갖춘 상태에 있어야 한다.

해설 [20년 승진] ①피고인이 아닌 자(공소제기 전에 피고인을 피의자로 조사하였거나 그 조사에 참여하였던 자를 포함한다. 이하 이 조에서 같다)의 공판준비 또는 공판기일에서의 진술이 피고인의 진술을 그 내용으로 하는 것인 때에는 **그 진술이 특히 신빙할 수 있는 상태**하에서 행하여졌음이 증명된 때에 한하여 이를 증거로 할 수 있다(제316조 제1항)

② 피고인 아닌 자의 공판기일에서의 진술이 **피고인의 진술을 그 내용으로** 하는 것인 때에는 형사소송법 제316조 제1항이 적용되므로, 특히 신빙할 수 있는 상태에서 행하여 졌음이 증명되어야 증거로 할 수 있다. 피고인 아닌 자의 공판기일에서의 진술이 **공동피고인의 진술을 그 내용으로** 하는 것인 때에는 **공동피고인은 형사소송법 제316조 제2항이 적용**된다.

③ '피고인 아닌 자'에는 공소제기 전에 피고인 아닌 타인을 조사하였거나 그 조사에 참여하였던 자(이하 '조사자'라고 한다)도 포함된다. 따라서 조사자의 증언에 증거능력이 인정되기 위해서는 원진술자가 사망, 질병, 외국거주, 소재불명, 그 밖에 이에 준하는 사유로 인하여 진술할 수 없어야 하는 것이라서, **원진술자가 법정에 출석하여 수사기관에서 한 진술을 부인하는 취지로 증언한 이상 원진술자의 진술을 내용으로 하는 조사자의 증언은 증거능력이 없다**(대법원 2008. 9. 25. 선고 2008도6985)

④ 전문의 진술을 증거로 함에 있어서는 전문진술자가 원진술자로부터 진술을 들을 당시 원진술자가 증언능력에 준하는 능력을 갖춘 상태에 있어야 한다(대법원 2006. 4. 14. 선고 2005도9561)

>> 정답 ②

236. 증거능력에 관한 다음 설명 중 가장 옳지 않은 것은? (다툼이 있으면 판례에 의함).

① 전문진술의 증거능력 인정기준 중의 하나인 '그 진술이 특히 신빙할 수 있는 상태 하에서 행하여진 때'라 함은 그 진술을 하였다는 것에 허위개입의 여지가 거의 없고, 그 진술내용의 신빙성이나 임의성을 담보할 구체적이고 외부적인 정황이 있는 경우를 말한다.

② 피고인 아닌 자를 조사한 자의 증언에 증거능력이 인정되기 위해서는 원진술자가 사망, 질병, 외국거주, 소재불명, 그 밖에 이에 준하는 사유로 인하여 진술할 수 없어야 하는 것이라서, 원진술자가 법정에 출석하여 수사기관에서 한 진술을 부인하는 취지로 증언한 이상 원진술자의 진술을 내용으로 하는 조사자의 증언은 증거능력이 없다.

③ 형사소송법은 전문진술에 대하여 제316조에서 실질상 단순한 전문의 형태를 취하는 경우에 한하여 예외적으로 그 증거능력을 인정하는 규정을 두고 있을 뿐, 재전문진술이나 재전문진술을 기재한 조서에 대하여는 달리 그 증거능력을 인정하는 규정을 두고 있지 아니하고 있으므로, 피고인이 증거로 하는데 동의하더라도 이를 증거로 할 수 없다.

④ 전문의 진술을 증거로 함에 있어서는 전문진술자가 원진술자로부터 진술을 들을 당시 원진술자가 증언능력에 준하는 능력을 갖춘 상태에 있어야 한다.

> [해설] [17년 경찰2] ① 형사소송법 제316조 제2항에서 말하는 '그 진술 또는 작성이 특히 신빙할 수 있는 상태 하에서 행하여졌음'이란 진술 내용이나 조서 또는 서류의 작성에 허위가 개입할 여지가 거의 없고, 진술 내용의 신빙성이나 임의성을 담보할 구체적이고 외부적인 정황이 있는 경우를 가리킨다(대법원 2017. 7. 18. 선고 2015도12981, 2015전도218).
>
> ② 조사자의 증언에 증거능력이 인정되기 위해서는 원진술자가 사망, 질병, 외국거주, 소재불명, 그 밖에 이에 준하는 사유로 인하여 진술할 수 없어야 하는 것이라서, **원진술자가 법정에 출석하여 수사기관에서 한 진술을 부인하는 취지로 증언한 이상 원진술자의 진술을 내용으로 하는 조사자의 증언은 증거능력이 없다**(2008. 9. 25. 2008도6985)
>
> ③ 재전문진술이나 재전문진술을 기재한 조서에 대하여는 달리 그 증거능력을 인정하는 규정을 두고 있지 아니하고 있으므로, 피고인이 증거로 하는데 **동의하지 아니하는 한 이를 증거로 할 수 없다**(대

판 2012.5.24. 2010도5948).

④ 전문의 진술을 증거로 함에 있어서는 전문진술자가 원진술자로부터 진술을 들을 당시 원진술자가 증언능력에 준하는 능력을 갖춘 상태에 있어야 할 것이다(대법원 2006. 4. 14. 선고 2005도9561)

>>> 정답 ③

237. 전문진술의 증거능력에 관한 설명 중 가장 적절하지 않은 것은? (다툼이 있으면 판례에 의함).

① 전문의 진술을 증거로 함에 있어서는 전문진술자가 원진술자로부터 진술을 들을 당시 원진술자가 증언능력에 준하는 능력을 갖춘 상태에 있어야 할 것이다.

② 형사소송법은 재전문진술이나 재전문진술을 기재한 조서에 대하여는 달리 그 증거능력을 인정하는 규정을 두고 있지 아니하고 있으므로 피고인이 증거로 하는데 동의하지 아니하는 이상 이를 증거로 할 수 없다.

③ 형사소송법 제316조의 증거능력과 관련하여 원진술자가 법정에 출석하여 수사기관에서 한 진술을 부인하는 취지로 증언하더라도 원진술자의 진술을 내용으로 하는 조사자의 증언은 증거능력이 있다.

④ '그 진술이 특히 신빙할 수 있는 상태 하에서 행하여 진 때'라 함은 그 진술내용이나 조서 또는 서류의 작성에 허위개입의 여지가 없고 그 진술내용의 신빙성이나 임의성을 담보할 구체적이고 외부적인 정황이 있는 경우를 말한다.

해설 [17년 경찰2] ① 전문의 진술을 증거로 함에 있어서는 전문진술자가 원진술자로부터 진술을 들을 당시 원진술자가 증언능력에 준하는 능력을 갖춘 상태에 있어야 할 것이다(대법원 2006. 4. 14. 선고 2005도9561)

② 재전문진술이나 재전문진술을 기재한 조서에 대하여는 달리 그 증거능력을 인정하는 규정을 두고 있지 아니하고 있으므로, 피고인이 증거로 하는데 **동의하지 아니하는 한 이를 증거로 할 수 없다**(대판 2012.5.24. 2010도5948).

③ 조사자의 증언에 증거능력이 인정되기 위해서는 원진술자가 사망, 질병, 외국거주, 소재불명, 그 밖에 이에 준하는 사유로 인하여 진술할 수 없어야 하는 것이라서, **원진술자가 법정에 출석하여 수사기관에서 한 진술을 부인**하는 취지로 증언한 이상 원진술자의 진술을 내용으로 하는 **조사자의 증언은 증거능력이 없다**(2008. 9. 25. 선고 2008도6985)

④ 형사소송법 제316조 제2항에서 말하는 '그 진술 또는 작성이 특히 신빙할 수 있는 상태 하에서 행하여졌음'이란 진술 내용이나 조서 또는 서류의 작성에 허위가 개입할 여지가 거의 없고, 진술 내용의 신빙성이나 임의성을 담보할 구체적이고 외부적인 정황이 있는 경우를 가리킨다(대법원 2017. 7. 18. 선고 2015도12981, 2015전도218).

>>> 정답 ③

238. 디지털 저장매체에 저장되어 있는 피고인 아닌 자가 작성한 문서를 출력하여 제출한 경우, 그 증거능력 인정요건에 대한 설명으로 옳지 않은 것은? (증거동의가 없음을 전제하고, 다툼이 있는 경우 판례에 의함)

① 디지털 저장매체의 사용자 및 소유자, 로그기록 등 저장매체에 남은 흔적, 초안 문서의 존재, 작성자만의 암호사용 여부, 전자서명의 유무 등 객관적 사정에 의하여 동일인이 작성하였다고 볼 수 있다면 그 작성자의 부인에도 불구하고 진정성립을 인정할 수 있다.

② 디지털 저장매체 원본에 저장된 내용과 출력 문건의 동일성이 인정되어야 하고, 이를 위해서는 정보저장매체 원본이 압수 시부터 문건 출력 시까지 변경되지 않았다는 무결성이 담보되어야 한다.

③ 작성자가 자기에게 맡겨진 사무를 처리한 내역을 그때그때 계속적, 기계적으로 기재하여 저장해 놓은 문서로서 업무상 필요로 작성한 통상문서에 해당하면 증거능력이 인정된다.

④ 디지털 저장매체에 저장된 로그파일의 원본이 아니라 그 복사본의 일부 내용을 요약·정리하는 방식으로 새로운 문서파일이 작성된 경우, 새로 작성한 파일을 출력한 문서는 로그파일의 복사본과 원본의 동일성이 인정되더라도 로그파일 원본의 내용을 증명하는 증거로 사용할 수 없다.

해설 [19년 검찰] ① 디지털 저장매체로부터 출력된 문서에 관하여는 저장매체의 사용자 및 소유자, 로그기록 등 저장매체에 남은 흔적, 초안 문서의 존재, 작성자만의 암호 사용 여부, 전자서명의 유무 등 여러 사정에 의하여 동일인이 작성하였다고 볼 수 있고 그 진정성을 탄핵할 다른 증거가 없는 한 그 작성자의 공판준비나 공판기일에서의 진술과 상관없이 성립의 진정을 인정하여야 한다(대법원 2015. 7. 16. 선고 2015도2625).

② 컴퓨터용 디스크 그 밖에 이와 비슷한 정보저장매체(이하 '정보저장매체'라고만 한다)에 입력하여 기억된 문자정보 또는 그 출력물(이하 '출력 문건'이라 한다)을 증거로 사용하기 위해서는 정보저장매체 원본에 저장된 내용과 출력 문건의 동일성이 인정되어야 하고, 이를 위해서는 정보저장매체 원본이 압수 시부터 문건 출력 시까지 변경되지 않았다는 사정, 즉 무결성이 담보되어야 한다(대판 2013.7.26. 2013도2511).

③ 상업장부나 항해일지, 진료일지 또는 이와 유사한 금전출납부 등과 같이 범죄사실의 인정 여부와는 관계없이 자기에게 맡겨진 사무를 처리한 내역을 그때그때 계속적, 기계적으로 기재한 문서는 사무처리 내역을 증명하기 위하여 존재하는 문서로서 형사소송법 제315조 제2호에 의하여 당연히 증거능력이 인정된다(대법원 2015. 7. 16. 선고 2015도2625).

④ 디지털 저장매체에 저장된 로그파일의 원본이 아니라 그 복사본의 일부 내용을 요약·정리하는 방식으로 새로운 문서파일이 작성된 경우 그 문서파일 또는 거기에서 출력한 문서를 로그파일 원본의 내용을 증명하는 증거로 사용하기 위하여는 피고인이 이를 증거로 하는데 동의하지 아니하는 이상 그 문서파일의 기초가 된 로그파일 복사본과 로그파일 원본의 동일성도 인정되어야 한다. 새로운 문서파일 또는 거기에서 출력한 문서를 진술증거로 사용하는 경우 그 기재 내용의 진실성에 관하여는 전문법칙이 적용되므로 형사소송법 제313조 제1항에 따라 공판준비기일이나 공판기일에서 그 작성자 또는 진술자의 진술에 의하여 성립의 진정함이 증명된 때에 한하여 이를 증거로 사용할 수 있다(대판 2015.8.27. 2015도 3467).

≫ 정답 ④

5년기출문제

239. 압수된 디지털 저장매체로부터 출력한 문건에 관한 다음 설명 중 가장 옳지 않은 것은? (다툼이 있으면 판례의 의함).

① 그 문건을 증거로 사용하기 위해서는 디지털 저장매체 원본에 저장된 내용과 출력한 문건의 동일성이 인정되어야 한다.

② 그 문건을 진술증거로 사용하는 경우 그것에 기재된 내용의 진실성에 관해서는 전문법칙이 적용된다.

③ 그 문건을 간접사실에 대한 정황증거로 사용하는 경우 언제나 전문증거에 해당하므로 공판준비기일 또는 공판기일에 그 작성자의 진술에 의해 성립의 진정이 증명되어야 한다.

④ 디지털 저장매체 원본을 대신하여 저장매체에 저장된 자료를 '하드카피' 또는 '이미징'한 매체로부터 출력한 문건의 경우에는 디지털 저장매체 원본과 '하드카피' 또는 '이미징'한 매체 사이에 자료의 동일성도 인정되어야 할 뿐만 아니라, 이를 확인하는 과정에서 이용한 컴퓨터의 기계적 정확성, 프로그램의 신뢰성, 입력 · 처리 · 출력의 각 단계에서 조작자의 전문적인 기술능력과 정확성이 담보되어야 한다.

해설 [17년 경찰2] ① 압수물인 디지털 저장매체로부터 출력한 문건을 증거로 사용하기 위해서는 디지털 저장매체 원본에 저장된 내용과 출력한 문건의 동일성이 인정되어야 하고, 이를 위해서는 디지털 저장매체 원본이 압수 시부터 문건 출력 시까지 변경되지 않았음이 담보되어야 한다(대법원 2013. 6. 13. 선고 2012도16001)

② 압수된 디지털 저장매체로부터 출력한 문건을 진술증거로 사용하는 경우, 그 기재 내용의 진실성에 관하여는 전문법칙이 적용되므로 형사소송법 제313조 제1항에 따라 공판준비나 공판기일에서의 그 작성자 또는 진술자의 진술에 의하여 그 성립의 진정함이 증명된 때에 한하여 이를 증거로 사용할 수 있다(대법원 2013. 6. 13. 선고 2012도16001)

③ 어떤 진술이 기재된 서류가 그 내용의 진실성이 범죄사실에 대한 직접증거로 사용될 때는 전문증거가 된다고 하더라도 그와 같은 진술을 하였다는 것 자체 또는 그 진술의 진실성과 관계없는 간접사실에 대한 정황증거로 사용될 때는 반드시 전문증거가 되는 것은 아니다(대판 2013.6.13. 2012도16001).

④ 정보저장매체 원본을 대신하여 저장매체에 저장된 자료를 '하드카피' 또는 '이미징'한 매체로부터 출력한 문건의 경우에는 정보저장매체 원본과 '하드카피' 또는 '이미징'한 매체 사이에 자료의 동일성도 인정되어야 할 뿐만 아니라, 이를 확인하는 과정에서 이용한 컴퓨터의 기계적 정확성, 프로그램의 신뢰성, 입력 · 처리 · 출력의 각 단계에서 조작자의 전문적인 기술능력과 정확성이 담보되어야 한다(대판 2013.7.26. 2013도2511).

≫≫ 정답 ③

240. 사진 및 영상녹화물의 증거능력에 대한 설명으로 가장 적절하지 않은 것은? (다툼이 있는 경우 판례에 의함)

① 「성폭력범죄의 처벌 등에 관한 특례법」 제30조에 의하면 성폭력범죄의 피해자가 19세 미만인 경우 피해자의 진술내용과 조사과정을 영상녹화하여야 하는데, 해당 영상물에 수록된 피해자의 진술은 공판준비기일 또는 공판기일에 피해자의 진술에 의하여 성립의 진정이 증명되면 증거능력이 인정된다.

② 사법경찰관이 작성한 검증조서에 피의자이던 피고인이 검사 이외의 수사기관 앞에서 자백한 범행내용을 현장에 따라 진술·재연한 내용이 기재되고 그 재연 과정을 촬영한 사진이 첨부되어 있다면, 그러한 사진은 피고인이 공판정에서 그 진술내용 및 범행재연의 상황을 모두 부인하는 이상 증거능력이 없다.

③ 「정보통신망 이용촉진 및 정보보호 등에 관한 법률」에 의하면 정보통신망을 통하여 공포심을 유발하는 글을 반복적으로 상대방에게 도달케 하는 행위를 처벌하고 있는데, 검사가 위 죄에 대한 증거로 휴대전화기에 저장된 문자정보를 촬영한 사진을 법원에 제출한 경우, 해당 증거에 대해서는 피고인이 성립 및 내용의 진정을 부인하면 증거능력이 부정된다.

④ 검사가 피의자와 그 사건에 관하여 대화하는 내용과 장면을 녹화한 비디오테이프에 대한 법원의 검증조서는 이러한 비디오테이프의 녹화내용이 피의자의 진술을 기재한 피의자신문조서와 실질적으로 같다고 볼 것이므로 피의자신문조서에 준하여 그 증거능력을 가려야 한다.

해설 [19년 경찰1] ① 성폭법 제30조 제6항

② 사법경찰관이 작성한 검증조서에는 이 사건 범행에 부합되는 피의자이었던 피고인의 진술기재 부분이 포함되어 있고 또한 범행을 재연하는 사진이 첨부되어 있으나, 기록에 의하면 피고인이 위 검증조서에 대하여 증거로 함에 동의만 하였을 뿐 공판정에서 검증조서에 기재된 진술내용 및 범행을 재연한 부분에 대하여 그 성립의 진정 및 내용을 인정한 흔적을 찾아 볼 수 없고 오히려 이를 부인하고 있으므로 그 증거능력을 인정할 수 없는바, 원심으로서는 위 검증조서 중 이 사건 범행에 부합되는 피고인의 진술을 기재한 부분과 범행을 재연한 부분을 제외한 나머지 부분만을 증거로 채용하여야 함에도 이를 구분하지 아니한 채 그 전부를 유죄의 증거로 인용한 조치는 위법하다(대판 1998.3.13. 98도159)

③ 정보통신망을 통하여 공포심이나 불안감을 유발하는 글을 반복적으로 상대방에게 도달하게 하는 행위를 하였다는 공소사실에 대하여 휴대전화기에 저장된 문자정보가 그 증거가 되는 경우와 같이, <u>그 문자정보가 범행의 직접적인 수단이 될 뿐 경험자의 진술에 갈음하는 대체물에 해당하지 않는 경우에는 형사소송법 제310조의2에서 정한 전문법칙이 적용될 여지가 없다</u>(대판 2008.11.13. 2006도2556).

④ 피고인와 위 사건에 관하여 대화하는 내용과 장면을 녹화한 것으로 보이는 비디오테프에 대한 검증조서인바, 이러한 비디오테프의 녹화내용은 피의자의 진술을 기재한 피의자신문조서와 실질적으로 같다고 볼 것이므로 피의자신문조서에 준하여 그 증거능력을 가려야 할 것이다(대법원 1992. 6. 23. 선고 92도682).

➤➤ 정답 ③

241. 증거에 관한 다음 설명 중 가장 옳은 것은? (다툼이 있으면 판례에 의함).

① 제1심 법정에서 피해자 甲이 '피고인 乙이 88체육관 부지를 공시지가로 매입하게 해 주고 KBS와의 시설 이주협의도 2개월 내로 완료하겠다고 말하였다' 고 진술한 경우 위와 같은 원 진술의 존재 자체가 피고인 乙의 각 사기죄 또는 변호사법 위반죄에 있어서의 요증사실이므로, 이를 직접 경험한 甲이 乙로부터 위와 같은 말을 들었다고 하는 진술은 전문증거가 아니라 본래증거에 해당한다.

② 수사기관이 아닌 사인이 피고인 아닌 사람과의 대화내용을 녹음한 녹음테이프는 형사소송법 제311조, 제312조 규정 이외의 피고인 아닌 자의 진술을 기재한 서류와 다를 바 없으므로, 피고인이 그 녹음테이프를 증거로 할 수 있음에 동의하지 아니하는 이상 어떠한 경우라도 증거능력이 없다.

③ 검사 작성의 피의자신문조서는 그 피고인이 공판정에서의 진술 등에 의하여 성립의 진정함이 인정되면 그 조서에 기재된 피고인의 진술이 임의로 한 것이 아니라고 의심할 만한 사유가 있더라도 증거능력이 있다.

④ 간접증거가 개별적으로 완전한 증명력을 가지지 못한다면 종합적으로 고찰하여 증명력이 있는 것으로 판단되더라도 그에 의하여 범죄사실을 인정할 수 없다.

해설 [17년 경찰2] ① 타인의 진술을 내용으로 하는 진술이 전문증거인지는 요증사실과 관계에서 정하여지는데, 원진술의 내용인 사실이 요증사실인 경우에는 전문증거이나, 원진술의 존재 자체가 요증사실인 경우에는 본래증거이지 전문증거가 아니다(대법원 2012. 7. 26. 선고 2012도2937).

② 수사기관이 아닌 사인이 피고인 아닌 사람과의 대화내용을 녹음한 녹음테이프는 형사소송법 제311조, 제312조 규정이외의 피고인 아닌 자의 진술을 기재한 서류와 다를 바 없으므로, 피고인이 그 녹음테이프를 증거로 할 수 있음에 동의하지 아니하는 이상 그 증거능력을 부여하기 위해서는 첫째, 녹음테이프가 원본이거나 원본으로부터 복사한 사본일 경우에는 복사과정에서 편집되는 등의 인위적 개작 없이 원본의 내용 그대로 복사된 사본일 것, 둘째 형사소송법 제313조 제1항에 따라 공판준비나 공판기일에서 원진술자의 진술에 의하여 그 녹음테이프에 녹음된 각자의 진술내용이 자신이 진술 한 대로 녹음된 것이라는 점이 인정되어야 한다(대판 2011.9.8. 2010도7497).

③ 검사 작성의 피의자신문조서에 기재된 피고인의 진술이 임의로 한 것이 아니라고 의심할 만한 사유가 있으면 자백배제법칙에 의하여 증거능력이 부정된다(제309조).

④ 형사재판에 유죄의 심증이 반드시 직접증거에 의하여 형성되어야만 하는 것은 아니고 경험칙과 논리법칙에 위반되지 아니하는 한 간접증거에 의하여 형성되어도 무방하며, 간접증거가 개별적으로는 범죄사실에 대한 완전한 증명력을 가지지 못하더라도 전체 증거를 상호 관련 하에 종합적으로 고찰할 경우 그 단독으로는 가지지 못하는 종합적 증명력이 있는 것으로 판단되면 그에 의하여도 범죄사실을 인정할 수 있다(대판 2013.6.27. 2013도4172).

>> 정답 ①

242. 증거능력에 대한 다음의 설명(㉠~㉣) 중 옳고 그름의 표시 (O, X)가 바르게 된 것은? (다툼이 있는 경우 판례에 의함)

㉠ 대화 내용을 녹음한 파일 등의 전자매체는 성질상 작성자나 진술자의 서명 혹은 날인이 없을 뿐만 아니라, 녹음자의 의도나 특정한 기술에 의하여 내용이 편집 조작될 위험성이 있음을 고려하여 대화 내용을 녹음한 원본이거나 혹은 원본으로부터 복사한 사본일 경우에는 복사과정에서 편집되는 등 인위적 개작 없이 원본의 내용 그대로 복사된 사본임이 입증되어야만 하고, 그러한 입증이 없는 경우에는 쉽게 그 증거능력을 인정 할 수 없다.

㉡ 수사기관이 참고인을 조사하는 과정에서 형사소송법 제221조 제1항에 따라 작성한 영상녹화물은 다른 법률에서 달리 규정하고 있는 등의 특별한 사정이 없는 한, 공소사실을 직접 증명할 수 있는 독립적인 증거로 사용될 수 있다고 해석함이 타당하다.

㉢ 정보통신망을 통하여 공포심이나 불안감을 유발하는 글을 반복적으로 상대방에게 도달하게 하는 행위를 하였다는 공소사실에 대하여 휴대전화기에 저장된 문자정보가 그 증거가 되는 경우 형사소송법 제310조의2에서 정한 전문법칙이 적용되지 않는다.

㉣ 수사기관이 甲으로부터 피고인의 마약류관리에 관한 법률 위반(향정) 범행에 대한 진술을 듣고 추가적인 증거를 확보할 목적으로, 구속수감 되어 있던 甲에게 그의 압수된 휴대전화를 제공하여 피고인과 통화하고 위 범행에 관한 통화 내용을 녹음하게 하여 작성된 녹취록 첨부수사 보고는 피고인이 동의하는 한 증거능력이 있다.

① ㉠(O)㉡(X)㉢(X)㉣(O) ② ㉠(O)㉡(X)㉢(O)㉣(×)
③ ㉠(X)㉡(O)㉢(O)㉣(O) ④ ㉠(O)㉡(X)㉢(X)㉣(×)

해설 [20년 경찰1] ㉠ 대화 내용을 녹음한 파일 등 전자매체는 성질상 작성자나 진술자의 서명 또는 날인이 없을 뿐만 아니라, 녹음자의 의도나 특정한 기술에 의하여 내용이 편집·조작될 위험성이 있음을 고려하여, 대화 내용을 녹음한 원본이거나 원본으로부터 복사한 사본일 경우에는 복사과정에서 편집되는 등의 인위적 개작 없이 **원본의 내용 그대로 복사된 사본임이 증명**되어야 한다(대법원 2012. 9. 13. 선고 2012도7461)

㉡(X)수사기관이 참고인을 조사하는 과정에서 형사소송법 제221조 제1항에 따라 작성한 영상녹화물은 다른 법률에서 달리 규정하고 있는등의 특별 한 사정이 없는 한 **공소사실을 직접 증명할 수 있는 독립적인 증거로 사용될 수는 없다**(대판 2014.7.10. 2012도5041).

㉢ 정보통신망을 통하여 공포심이나 불안감을 유발하는 글을 반복적으로 상대방에게 도달하게 하는 행위를 하였다는 공소사실에 대하여 **휴대전화기에 저장된 문자정보가 그 증거가 되는 경우**, 그 문자정보는 **범행의 직접적인 수단이고 경험자의 진술에 갈음하는 대체물**에 해당하지 않으므로, 형사소송법 제310조의2에서 정한 전문법칙이 적용되지 않는다(대법원 2008. 11. 13. 선고 2006도2556)

㉣(X)수사기관이 甲으로부터 피고인의 마약류관리에 관한 법률 위반(향정) 범행에 대한 진술을 듣고 추가적인 증거를 확보할 목적으로, 구속수감 되어 있던 甲에게 그의 압수된 휴대전화를 제공하여 피고인과 통화하고 위 범행에 관한 통화 내용을 녹음하게 한 행위는 불법감청에 해당하므로, 그 녹음 자체는 물론 이를 근거로 작성된 녹취록 첨부 수사보고는 **피고인의 증거동의에 상관없이 그 증거능력이 없다**(2010도9016).

▷▷ 정답 ②

243. 甲은 휴대전화기를 이용하여 A에게 공포심을 유발하는 글을 반복적으로 도달하게 한 혐의로 정보통신망이용 촉진 및 정보보호 등에 관한법률 위반죄로 기소되었다. 검사는 乙이 甲의 부탁을 받고 甲의 휴대전화기를 보관하고 있다는 사실을 알고 乙에게 부탁하여 甲의 휴대전화기를 임의제출 받았다. 한편 A는 B의 휴대전화기에 "甲으로부터 수차례 협박 문자메시지를 받았다"는 내용의 문자 메시지를 발송하였다. 이에 대한 설명으로 옳은 것은? (다툼이 있으면 판례에 의함)

① 甲의 휴대전화기는 甲의 승낙이나 영장 없이 위법하게 수집된 증거로서 증거능력이 부정된다.

② 甲의 휴대전화기 자체가 아니라 甲의 휴대전화기 화면에 표시된 문자메시지를 촬영한 사진이 증거로 제출된 경우 甲이 그 성립 및 내용의 진정을 부인하는 때에는 이를 증거로 사용할 수 없다.

③ 甲의 휴대전화기 화면을 촬영한 사진을 증거로 사용하려면 甲의 휴대전화기를 법정에 제출할 수 없거나 그 제출이 곤란한 사정이 있고, 그 사진의 영상이 甲의 휴대전화기 화면에 표시된 문자정보와 정확하게 같다는 사실이 증명되어야 한다.

④ B의 휴대전화기에 저장된 문자메시지는 본래증거로서 형사소송법 제310조의2가 정한 전문법칙이 적용될 여지가 없다.

> **해설** [17년 검찰] ① 검사, 사법경찰관은 피의자 기타인의 유류한 물건이나 소유자, 소지자 또는 보관자가 임의로 제출한 물건을 영장없이 압수할 수 있다(제218조).
>
> ② 정보통신망을 통하여 공포심이나 불안감을 유발하는 글을 반복적으로 상대방에게 도달하게 하는 행위를 하였다"는 공소사실에 대하여 휴대전화기에 저장된 문자정보가 그 증거가 되는 경우와 같이 그 문자정보가 범행의 직접적인 수단이 될 뿐 경험자의 진술에 갈음하는 대체물에 해당하지 않는 경우에는 형사소송법 제310조의2에서 정한 전문법칙이 적용될 여지가 없다(대판 2008.11.13. 2006도2556).
>
> ③ 검사가 문자정보가 저장되어 있는 휴대전화기를 법정에 제출하는 경우 **휴대전화기에 저장된 문자정보**는 그 자체가 **범행의 직접적인 수단으로서 이를 증거로** 사용할 수 있다. 또한 검사는 휴대전화기 이용자가 그 문자정보를 읽을 수 있도록 한 휴대전화기의 화면을 촬영한 사진을 증거로 제출할 수도 있을 것인바, 이를 증거로 사용하기 위해서는 문자정보가 저장된 휴대전화기를 법정에 제출할 수 없거나 그 제출이 곤란한 사정이 있고, 그 사진의 영상이 휴대전화기의 화면에 표시된 문자정보와 정확하게 같다는 사실이 증명되어야 한다(대판 2008.11.13. 2006도2556).
>
> ④ **문자메시지의 내용을 촬영한 사진**은 **피해자의 진술서에 준하는** 것으로 취급함이 상당하다(대판 2010.11.25. 2010도 8735).

>> 정답 ③

244. 전문법칙에 대한 설명으로 옳은 것을 모두 고른 것은? (판례에 의함)

> ㄱ. 검사가 작성한 피의자신문조서의 진정성립과 관련하여 조사과정에 참여한 통역인의 증언은 '영상녹화물이나 그 밖의 객관적인 방법'에 해당한다고 볼 수 없다.

ㄴ. 전문의 진술을 증거로 함에 있어서는 전문진술자가 원진술자로 부터 진술을 들을 당시 원진술자가 증언능력에 준하는 능력을 갖춘 상태에 있어야 하는 것은 아니다.

ㄷ. 수사기관에서 진술 한 피해자인 유아가 공판정에서 진술을 하였더라도 증인신문 당시 일정한 사항에 관하여 기억이 나지 않는다는 취지로 진술하여 그 진술의 일부가 재현 불가능하게 된 경우, 「형사소송법」 제314조, 제316조 제2항에서 말하는 '원진술자가 진술을 할 수 없는 때'에 해당한다.

ㄹ. 증인의 주소지가 아닌 곳으로 소환장을 보내 송달불능이 되자 그곳을 중심 한 소재탐지 끝에 소재불능회보를 받은 경우에는 「형사소송법」 제314조에서 말하는 원진술자가 공판정에서 진술할 수 없는 때에 해당한다.

① ㄱ, ㄴ ② ㄱ, ㄷ ③ ㄱ, ㄹ ④ ㄷ, ㄹ

해설 [18년 승진] ㄱ. '영상녹화물이나 그 밖의 객관적인 방법'이라 함은 형사소송법 및 형사소송규칙에 규정된 방식과 절차에 따라 제작된 영상녹화물 또는 그러한 영상녹화물에 준할 정도로 피고인의 진술을 과학적·기계적·객관적으로 재현해 낼 수 있는 방법만을 의미한다고 봄이 타당하고, 그 외에 조사관 또는 조사 과정에 참여한 통역인 등의 증언은 이에 해당한다고 볼 수 없다(대법원 2016. 2. 18. 선고 2015도16586)

ㄴ.(×) 전문진술자가 원진술자로부터 진술을 들을 당시 원진술자가 증언능력에 준하는 **능력을 갖춘 상태에 있어야 한다**(2005도9561).

ㄷ. 원진술자가 진술을 할 수 없는 때'에는 사망, 질병 등 명시적으로 열거된 사유 외에도 원진술자가 공판정에서 진술을 한 경우라도 증인신문 당시 일정한 사항에 관하여 기억이 나지 않는다는 취지로 진술하여 그 진술의 일부가 재현 불가능하게 된 경우도 포함하는 것이고, 위 규정들에서 '그 진술 또는 작성이 특히 신빙할 수 있는 상태하에서 행하여진 때'라 함은 그 진술내용이나 조서 또는 서류의 작성에 허위개입의 여지가 거의 없고, 그 진술내용의 신빙성이나 임의성을 담보할 구체적이고 외부적인 정황이 있는 경우를 가리킨다(대법원 2006. 4. 14. 선고 2005도9561).

ㄹ.(×) 증인의 주소지가 아닌 곳으로 소환장을 보내 송달불능이 되자 그 곳을 중심한 소재탐지 끝에 **소재불능 회보를 받은 경우**에는 형사소송법 제314조에서 말하는 원진술자가 공판정에서 **진술할 수 없는 때라고 할 수 없다**(2006도 7479).

>> 정답 ②

245. 증거동의에 관한 설명 중 가장 적절하지 않은 것은? (다툼이 있으면 판례에 의함).

① 약식명령에 불복하여 정식재판을 청구한 피고인이 정식재판 절차의 제1심에서 2회 불출정하여 형사소송법 제318조 제2항에 따른 증거동의가 간주된 후 증거조사를 완료한 이상, 피고인이 항소심에 출석하여 간주된 증거동의를 철회 또는 취소한다는 의사표시를 하더라도 그 증거능력이 상실되는 것이 아니다.

② 유죄증거에 대하여 피고인 측이 반대증거로 제출한 서류는 그 진정성립이 증명되거나 상대방의 동의가 있어야 증거판단의 자료로 삼을 수 있다.

③ 긴급체포 시 압수한 물건에 관하여 형사소송법 제217조 제2항, 제3항의 규정에 의한 압수수색영장을 발부받지 않고도 즉시 반환하지 않는 경우 이를 유죄인정의

증거로 사용할 수 없는 것이고, 피고인이나 변호인이 이를 증거로 함에 동의하였다고 하더라도 달리 볼 것은 아니다.

④ 피고인의 출정 없이 증거조사를 할 수 있는 경우에 피고인이 출정하지 아니한 때에는 피고인의 대리인 또는 변호인이 출정한 때를 제외하고 피고인이 증거로 함에 동의한 것으로 간주한다.

해설 [17년 경찰2] ① 약식명령에 불복하여 정식재판을 청구한 피고인이 정식재판절차의 제1심에서 2회 불출정하여 형사소송법 제318조 제2항에 따른 증거동의가 간주된 후 증거조사를 완료한 이상, 간주의 대상인 증거동의는 증거조사가 완료되기 전까지 철회 또는 취소할 수 있으나 일단 증거조사를 완료한 뒤에는 취소 또는 철회가 인정되지 아니하는 점, 증거동의 간주가 피고인의 진의와는 관계없이 이루어지는 점 등에 비추어, 비록 피고인이 항소심에 출석하여 공소사실을 부인하면서 **간주된 증거동의를 철회 또는 취소한다는 의사표시를 하더라도 그로 인하여 적법하게 부여된 증거능력이 상실되는 것이 아니다**(대법원 2010. 7. 15. 선고 2007도5776)

② 유죄의 자료가 되는 것으로 제출된 증거 **반대증거 서류에 대하여는 그것이 유죄사실을 인정하는 증거가 되는 것이 아닌 이상 반드시 그 진정성립이 증명되지 아니하거나 이를 증거로 함에 있어서의 상대방의 동의가 없다고 하더라도 증거판단의 자료로 할 수 있다**(대법원 1981. 12. 22. 선고 80도1547)

③ 사법경찰관은 형사소송법 제200조의3(긴급체포)의 규정에 의하여 피의자를 체포하는 경우에 필요한 때에는 영장 없이 체포현장에서 압수·수색을 할 수 있고, 압수한 물건을 계속 압수할 필요가 있는 경우에는 지체 없이 압수수색영장을 청구하여야 하며, 청구한 압수수색영장을 발부받지 못한 때에는 압수한 물건을 즉시 반환하여야 한다고 규정하고 있는바, 형사소송법 제217조 제2항, 제3항에 위반하여 압수수색영장을 청구하여 이를 발부받지 아니하고도 즉시 반환하지 아니한 압수물은 이를 유죄 인정의 증거로 사용할 수 없는 것이고, 헌법과 형사소송법이 선언한 영장주의의 중요성에 비추어 볼 때 **피고인이나 변호인이 이를 증거로 함에 동의하였다고 하더라도 달리 볼 것은 아니다**(대법원 2009. 12. 24. 선고 2009도11401)

④ 피고인의 출정없이 증거조사를 할 수 있는 경우에 피고인이 출정하지 아니한 때에는 전항의 동의가 있는 것으로 간주한다. 단, 대리인 또는 변호인이 출정한 때에는 예외로 한다(제318조 제2항)

>>> 정답 ②

246. 다음 증거 중 피고인이 증거로 함에 동의한 경우 증거능력이 인정될 수 있는 것은?

① 수사기관이 법원으로부터 영장 또는 감정처분허가장을 발부받지 아니한 채 피의자의 동의 없이 피의자의 신체로부터 혈액을 채취하고 사후적으로도 지체없이 이에 대한 영장을 발부받지 아니하고서 강제 채혈한 피의자의 혈액 중 알코올농도에 관한 감정이 이루어진경우 '감정결과보고서'

② 사법경찰관이 피의자 소유의 쇠파이프를 피의자 주거지 앞마당에서 발견하였으면서도 그 소유자, 소지자, 또는 보관자가 아닌 피해자로부터 임의로 제출받는 형식으로 압수한 '쇠파이프'

③ 강압수사로 인한 정신적 강압상태가 계속된 상태에서 작성된 것으로 의심되어 그 임의성을 의심할 만한 사정이 있는데도 검사가 그 임의성의 의문점을 없애는 증명

을 하지 못하고, 법원의 직권조사 결과 임의성이 인정되지 아니하여 증거능력이 없는 참고인에 대한 '검찰진술조서'

④ 공판기일에서 피고인에게 유리한 증언을 한 증인을 검사가 소환한 후 피고인에게 유리한 그 증언내용을 추궁하여 이를 일방적으로 번복시키는 방식으로 작성한 '참고인 진술조서'

해설 [19년 승진] ① 수사기관이 법원으로부터 영장 또는 감정처분허가장을 발부받지 아니한 채 피의자의 동의없이 피의자의 신체로부터 혈액을 채취하고 더구나 사후적으로도 지체없이 이에 대한 영장을 발부받지 아니하고서 위와 같이 강제 채혈한 피의자의 혈액 중 알코올농도에 관한 감정이 이루어졌다면 이러한 감정결과보고서 등은 피고인이나 변호인의 **증거동의 여부를 불문**하고 유죄인정의 증거로 사용할 수 없다(대판 2012.11.15. 2011도15258).

② 형사소송법 제218조에 위반하여 소유자, 소지자 또는 보관자가 **아닌 자로부터 제출받은 물건**을 영장없이 압수한 경우 그 압수물 및 압수물을 찍은 사진은 이를 유죄인정의 증거로 사용할 수 없는 것이고, 피고인이나 변호인이 이를 증거로 함에 동의하였다고 하더라도 달리 볼 것은 아니다(대판 2010.1.28. 2009도10092).

③ 임의성이 인정되지 아니하여 증거능력이 없는 진술증거는 피고인이 증거로 함에 동의하더라도 증거로 삼을 수 없다(대판 2006.11.23. 2004도7900).

④ 공판준비 또는 공판기일에서 이미 증언을 마친 증인을 검사가 소환한 후 피고인에게 유리한 그 증언 내용을 추궁하여 이를 일방적으로 번복시키는 방식으로 작성한 진술조서는 피고인이 **증거로 할 수 있음에 동의하지 아니하는 한 그 증거능력이 없다**(대판 2008.9.25. 2008도6985).

≫≫ 정답 ④

247. 증거동의에 대한 설명으로 가장 적절하지 않은 것은?(판례에 의함)

① 검사와 피고인이 증거로 할 수 있음을 동의한 서류 또는 물건은 진정한 것으로 인정한 때에는 증거로 할 수 있다.

② 일단 증거조사가 종료된 후에 증거동의의 의사표시를 취소 또는 철회하더라도 취소 또는 철회 이전에 이미 취득한 증거능력은 상실되지 않는다.

③ 피고인이 증거로 함에 동의하지 아니한다고 명시적인 의사표시를 한 경우가 아니라면 변호인도 증거동의 할 수 있다.

④ 개개의 증거에 대하여 개별적인 증거조사방식을 거치지 아니하고 검사가 제시한 모든 증거에 대하여 피고인이 증거로 함에 동의한다는 방식은 증거동의로서의 효력이 없다.

해설 [18년 경찰3] ① (당사자의 동의와 증거능력) 검사와 피고인이 증거로 할 수 있음을 동의한 서류 또는 물건은 진정한 것으로 인정한 때에는 증거로 할 수 있다.(제318조 제1항)

② 증거동의의 의사표시는 증거조사가 완료되기 전까지 취소 또는 철회할 수 있으나, 일단 증거조사가 완료된 뒤에는 취소 또는 철회가 인정되지 아니하므로 제1심에서 한 증거동의를 제2심에서 취소할 수 없고, 일단 증거조사가 종료된 후에 증거동의의 의사표시를 취소 또는 철회하더라도 취소 또는 철회 이전에 이미 취득한 증거능력이 상실되지 않는다(대법원 1996. 12. 10. 선고 96도2507)

③ 변호인은 피고인의 명시한 의사에 반하지 아니하는 한 피고인을 대리하여 증거로 함에 동의할 수 있으므로 **피고인이 증거로 함에 동의하지 아니한다고 명시적인 의사표시를 한 경우 이외에는 변호인은** 서류나 물건에 대하여 **증거로 함에 동의할 수 있고**, 이 경우 변호인의 동의에 대하여 피고인이 즉시 이의하지 아니하는 경우에는 변호인의 동의로 증거능력이 인정되어 증거조사 완료 전까지 그 동의가 취소 또는 철회하지 아니한 이상 일단 부여된 증거능력은 그대로 존속한다(대법원 2005. 4. 28. 선고 2004도4428)

④ 개개의 증거에 대하여 개별적인 증거조사방식을 거치지 아니하고 **검사가 제시한 모든 증거에 대하여 피고인이 증거로 함에 동의한**다는 방식으로 이루어진 것이라 하여도 증거동의로서의 효력을 부정할 이유가 되지 못한다(대판 1983.3.8. 82도2873).

>> 정답 ④

248. 증거동의에 대한 설명으로 옳지 않은 것은? (다툼이 있는 경우 판례에 의함)

① 피고인이 제1심에서 사법경찰관 작성 조서에 대해 증거로 함에 동의하고 증거조사를 마쳤다면, 그 후 항소심에서 범행인정 여부를 다투고 있다 하여도 이미 한 증거동의의 효과에 아무런 영향이 없다.

② 피고인의 증거동의가 있으면 별도로 변호인의 동의는 필요 없지만, 변호인은 피고인의 명시한 의사에 반하지 않는 한 피고인을 대리하여 증거동의를 할 수 있다.

③ 피고인의 유죄증거에 대한 반대증거로 제출된 서류는 그것이 유죄사실을 인정하는 증거가 되지 않는 이상 증거동의가 없더라도 증거판단의 자료로 삼을 수 있다.

④ 피고인이 참고인의 진술조서에 대하여 이견이 없다고 진술하고 공판정에서도 그 진술조서의 기재내용과 부합되는 진술을 하였다 하더라도 증거동의에 대한 명시적 의사표시가 없는 한, 그 진술조서를 증거로 채용하는 데 동의한 것으로 볼 수 없다.

해설 [19년 검찰] ① 증거동의가 간주된 후 증거조사를 완료한 이상, 간주의 대상인 증거동의는 증거조사가 완료되기 전까지 철회 또는 취소할 수 있으나 일단 증거조사를 완료한 뒤에는 취소 또는 철회가 인정되지 아니하는 점, 증거동의 간주가 피고인의 진의와는 관계없이 이루어지는 점 등에 비추어, 비록 피고인이 항소심에 출석하여 공소사실을 부인하면서 간주된 증거동의를 철회 또는 취소한다는 의사표시를 하더라도 그로 인하여 적법하게 부여된 증거능력이 상실되는 것이 아니다(대법원 2010. 7. 15. 선고 2007도5776)

② 변호인은 피고인의 명시한 의사에 반하지 아니하는 한 피고인을 대리하여 증거로 함에 동의할 수 있으므로 피고인이 증거로 함에 동의하지 아니한다고 명시적인 의사표시를 한 경우 이외에는 변호인은 서류나 물건에 대하여 증거로 함에 동의할 수 있고, 이 경우 변호인의 동의에 대하여 피고인이 즉시 이의하지 아니하는 경우에는 변호인의 동의로 증거능력이 인정되어 증거조사 완료 전까지 그 동의가 취소 또는 철회하지 아니한 이상 일단 부여된 증거능력은 그대로 존속한다(대법원 2005. 4. 28. 선고 2004도4428)

③ 유죄의 자료가 되는 것으로 제출된 증거의 **반대증거 서류에 대하여는** 그것이 유죄사실을 인정하는 증거가 되는 것이 아닌 이상 반드시 그 진정성립이 증명되지 아니하거나 이를 증거로 함에 있어서의 상대방의 동의가 없다고 하더라도 증거판단의 자료로 할 수 있다(대법원 1981. 12. 22. 선고 80도1547)

④ 피고인이 참고인의 진술조서에 대하여 이견이 없다고 진술하고 공판정에서도 그 진술조서의 기재내용과 부합되는 진술을 하였다면 증거동의에 대한 명시적 의사표시가 없더라도 그 진술조서를 증거로 채용하는 데 동의한 것으로 볼 수 있다(대판 1983.9.27. 83도516).

≫≫ 정답 ④

249. 증거동의에 대한 설명으로 옳은 것만을 모두 고르면? (판례에 의함)

> ㄱ. 「형사소송법」 제318조 제1항은 "검사와 피고인이 증거로 할 수 있음을 동의한 서류 또는 물건은 진정한 것으로 인정한 때에는 증거로 할 수 있다."라고 규정하고 있을 뿐 진정한 것으로 인정하는 방법을 제한하고 있지 아니하므로, 증거동의가 있는 서류 또는 물건은 법원이 제반사정을 참작하여 진정한 것으로 인정하면 증거로 할 수 있다.
>
> ㄴ. 변호인의 증거동의에 대하여 피고인이 즉시 이의하지 아니하는 경우에는 변호인의 동의로 증거능력이 인정되어 증거조사 완료 전까지 그 동의가 취소 또는 철회되지 아니한 이상 일단 부여된 증거능력은 그대로 존속한다.
>
> ㄷ. 제1회 공판기일에서 피고인과 변호인이 함께 출석하여 검사가 제출한 일부 증거에 대하여 증거로 함에 부동의 한다는 의견이 진술된 경우, 그 후 피고인이 출석하지 아니한 제2회 공판기일에 변호인만이 출석하여 종전 의견을 번복하여 이들 증거에 대하여 증거로 함에 동의하였다 하더라도 이는 특별한 사정이 없는 한 효력이 없다.
>
> ㄹ. 변호인이 검사가 공판기일에 제출한 증거 중 뇌물공여자가 작성한 고발장에 대하여는 증거 부동의 의견을 밝히고, 같은 고발장을 첨부문서로 포함하고 있는 검찰주사보 작성의 수사보고에 대하여는 증거에 동의하여 증거조사가 행하여진 경우, 수사보고에 대한 증거동의의 효력은 첨부된 고발장에도 당연히 미친다. 민원인 甲이 건축허가 담당공무원 乙에게 건축허가를 신청하자 乙이 건축허가와 관련하여 뇌물을 요구하였고, 이에 甲은 뇌물을 제공하였다. 이후 검사는 뇌물죄에 대한 혐의로 甲과 乙을 공동피고인으로 기소하였다.

① ㄱ, ㄹ   ② ㄴ, ㄷ

③ ㄱ, ㄴ, ㄷ   ④ ㄱ, ㄴ, ㄷ, ㄹ

해설 [18년 7급] ㄱ. "검사와 피고인이 증거로 할 수 있음을 동의한 서류 또는 물건은 진정한 것으로 인정한 때에는 증거로 할 수 있다."고 규정하고 있을 뿐 진정한 것으로 인정하는 방법을 제한하고 있지 아니하므로, 증거동의가 있는 서류 또는 물건은 법원이 제반 사정을 참작하여 진정한 것으로 인정하면 증거로 할 수 있다(대법원 2015. 8. 27. 선고 2015도3467)

ㄴ. 동의의 주체는 소송주체인 당사자라 할 것이지만 변호인은 피고인의 명시한 의사에 반하지 아니하는 한 피고인을 대리하여 증거로 함에 동의할 수 있으므로 피고인이 증거로 함에 동의하지 아니한다고 명시적인 의사표시를 한 경우 이외에는 변호인은 서류나 물건에 대하여 증거로 함에 동의할 수 있고, 이 경우 변호인의 동의에 대하여 피고인이 즉시 이의하지 아니하는 경우에는 변호인의 동의로 증거능력이 인정되어 증거조사 완료 전까지 그 동의가 취소 또는 철회하지 아니한 이상 일단 부여된 증거능력은 그대로 존속한다(대법원 2005. 4. 28. 선고 2004도4428)

ㄷ. 변호인은 피고인을 대리하여 증거동의에 관한 의견을 낼 수 있을 뿐이므로 **피고인의 명시한 의사에**

반하여 증거로 함에 동의할 수는 없다. 따라서 피고인이 출석한 공판기일에서 증거로 함에 부동의한다는 의견이 진술된 경우에는 그 후 피고인이 출석하지 아니한 공판기일에 변호인만이 출석하여 종전 의견을 번복하여 증거로 함에 동의하였다 하더라도 이는 특별한 사정이 없는 한 효력이 없다고 보아야 한다(대법원 2013. 3. 28. 선고 2013도3).

ㄹ.(×)뇌물공여자 갑이 작성한 고발장에 대하여 피고인의 변호인이 증거 부동의 의견을 밝히고, 같은 고발장을 첨부문서로 포함하고 있는 검찰주사보 작성의 수사보고에 대하여는 증거에 동의하여 증거조사가 행하여졌는데, 원심법원이 수사보고에 대한 증거동의의 효력이 첨부된 고발장에도 당연히 미친다고 보아 이를 유죄의 증거로 삼은 사안에서, 수사기관이 수사과정에서 수집한 자료를 기록에 현출시키는 방법으로 자료의 의미, 성격, 혐의사실과의 관련성 등을 수사보고의 형태로 요약·설명하고 해당 자료를 수사보고에 첨부하는 경우, 수사보고에 기재된 내용은 수사기관이 첨부한 자료를 통하여 얻은 인식·판단·추론이거나 자료의 단순한 요약에 불과하여 원 자료로부터 독립하여 공소사실에 대한 증명력을 가질 수 없고, 피고인이나 변호인도 수사보고의 증명력을 위와 같은 취지로 이해하여 공소사실을 부인하면서도 수사보고의 증거능력을 다투지 않은 것으로 보이는 등의 제반 사정에 비추어, 위 고발장은 군사법원법에 따른 적법한 증거신청·증거결정·증거조사 절차를 거쳤다고 볼 수 없거나 공소사실을 뒷받침하는 증명력을 가진 증거가 아니므로 이를 유죄의 증거로 삼을 수 없다(대법원 2011. 7.14. 2011도3809).

>> 정답 ③

250. 증거동의에 관한 설명 중 옳지 않은 것은 모두 몇 개인가? (판례에 의함)

가. 피고인이 변호인과 함께 출석한 공판기일의 공판조서에 검사가 제출한 증거에 대하여 동의한다는 기재가 되어 있더라도 이를 피고인이 증거동의한 것으로 보아서는 안 된다.

나. 피고인과의 대화내용을 피해자가 녹음한 보이스펜 자체에 대해서는 피고인이 증거동의 하였으나, 그 녹음내용을 재녹음한 녹음테이프의 녹취록의 기재가 위 각 녹음된 내용과 모두 일치하는 것으로 확인하였을 뿐 녹음테이프를 증거로 함에 동의하지 않았더라도, 그 진술이 특히 신빙할 수 있는 상태 하에서 행하여진 것으로 인정된다면 녹취록은 증거능력이 있다.

다. 증거동의는 구두변론 종결시까지 철회할 수 있다.

라. 변호인이 검사가 공판기일에 제출한 증거 중 뇌물공여자가 작성한 고발장에 대하여는 증거 부동의 의견을 밝히고, 같은 고발장을 첨부문서로 포함하고 있는 검찰주사보 작성의 수사보고에 대하여는 증거에 동의하여 증거조사가 행하여진 경우, 수사보고에 대한 증거동의의 효력은 첨부된 고발장에도 당연히 미친다.

마. 증거동의는 명시적으로 하여야 하므로 피고인이 신청한 증인의 전문진술에 대하여 피고인이 별 의견이 없다고 진술한 것만으로는 그 증언을 증거로 함에 동의한 것으로 볼 수 없다.

바. '재전문진술'이나 '전문진술이 기재된 조서', 그리고 '재전문진술을 기재한 조서'는 피고인이 증거로 하는 데 동의하더라도 증거능력이 없다.

① 2개   ② 3개

③ 4개　　　　　　　　　　④ 5개

해설 [20년 경간] 가.(×)증거동의는 소송주체인 검사와 피고인이 하는 것이고, 변호인은 피고인을 대리하여 증거동의에 관한 의견을 낼 수 있을 뿐이므로 피고인이 변호인과 함께 출석한 공판기일의 공판조서에 검사가 제출한 증거에 대하여 동의한다는 기재가 되어 있다면 이는 피고인이 증거동의를 한 것으로 보아야 하고, 그 기재는 **절대적인 증명력**을 가진다(대판 2016.3.10. 2015도19139).

나. 피고인과의 대화내용을 녹음한 보이스펜 자체의 청취 결과 피고인의 변호인이 **피고인의 음성임을 인정하고 이를 증거로 함에 동의**하였고, 보이스펜의 녹음내용을 재녹음한 녹음테이프, 녹음테이프의 음질을 개선한 후 재녹음한 시디 및 녹음테이프의 녹음내용을 풀어쓴 녹취록 등에 대하여는 증거로 함에 부동의하였으나, 극히 일부의 청취가 불가능한 부분을 제외하고는 보이스펜, 녹음테이프 등에 녹음된 대화내용과 녹취록의 기재가 일치하는 것으로 확인된 사안에서, 보이스펜, 녹음테이프 등에 **녹음된 대화내용과 녹취록의 기재가 일치함을 확인**하였으므로, 결국 그 **진정성립이 인정된다**고 할 것이고, 나아가 녹음의 경위 및 대화내용에 비추어 그 진술이 **특히 신빙할 수 있는 상태하에서 행하여진 것으로 인정되므로 이를 증거로 사용할 수 있다**(대법원 2008. 3. 13. 선고 2007도10804)

다.(×)증거동의의 의사표시는 증거조사가 완료되기 전까지 취소 또는 철회할 수 있으나, 일단 증거조사가 완료된 뒤에는 취소 또는 철회가 인정되지 아니하므로 취소 또는 철회 이전에 이미 취득한 증거능력은 상실되지 않는다(대판 2015.8.27. 2015도3467).

라.(×)뇌물공여자가 작성한 고발장에 대하여 피고인의 변호인이 증거 부동의 의견을 밝히고, 고발장을 첨부문서로 포함하고 있는 검찰주사보 작성의 수사보고에 대하여는 증거에 동의하여 증거조사가 행하여졌는데, 수사보고에 대한 증거동의가 있다는 이유로 아무런 지적 없이 그에 첨부된 고발장까지 증거로 채택해 두었다가 판결을 선고하는 단계에 이르러 이를 유죄인정의 증거로 삼은 것은 실질적 적법절차의 원칙에 비추어 수긍할 수 없다. **결국 수사보고에 첨부된 고발장은 적법한 증거조사의 절차를 거쳤다고 볼 수 없거나** 공소사실을 뒷받침하는 증명력을 가진 증거가 아니므로 이를 유죄의 증거로 삼을 수 없다(대판 2011.7.14. 2011도3809).

마.(×)피고인이 신청한 증인의 증언이 피고인 아닌 타인의 진술을 그 내용으로 하는 전문진술이라고 하더라도 피고인이 그 증언에 대하여 "**별 의견이 없다**"고 진술하였다면 그 증언을 증거로 함에 **동의**한 것으로 볼 수 있으므로 이는 증거능력 있다(대판 1983.9.27. 83도516).

바.(×). 재전문진술이나 재전문진술을 기재한 조서에 대하여는 달리 그 증거능력을 인정하는 규정을 두고 있지 아니하고 있으므로, 피고인이 증거로 하는 데 **동의하지 아니하는 한 이를 증거로 할 수 없다**(대판 2012.5.24. 2010도5948).

▶▶ 정답 ④

251. 증거동의에 대한 설명 중 가장 적절하지 않은 것은? (판례에 의함)

① 개개의 증거에 대하여 개별적인 증거조사방식을 거치지 아니하고 검사가 제시한 모든 증거에 대하여 피고인이 증거로 함에 동의한다는 방식은 증거동의로서의 효력을 가질 수 없다.

② 피고인과 변호인이 재판장의 허가 없이 퇴정한 상태에서 증거조사를 할 수밖에 없는 경우에는 피고인의 진의와는 관계없이 피고인의 증거동의가 있는 것으로 간주 된다.

③ 사법경찰관 A는 살인죄 혐의로 B를 긴급체포하면서 흉기를 긴급히 압수할 필요

가 있다고 판단하여 압수·수색영장 없이 압수하였음에도 영장을 발부받지 못하였다면, 이후 공판절차에서 B가 그 흉기를 증거로 사용함에 동의하였더라도 그 압수물의 증거능력은 인정할 수 없다.

④ 증거동의의 주체는 검사와 피고인이지만 피고인이 증거로 함에 동의하지 아니한다고 명시적인 의사표시를 한 경우 외에는 변호인은 서류나 물건에 대하여 증거로 함에 동의할 수 있고 이에 대해 피고인이 즉시 이의하지 아니하는 경우에는 증거능력이 인정된다.

해설 [20년 경찰1] ① 피고인들의 의사표시가 하나 하나의 증거에 대하여 형사소송법상의 증거조사방식을 거쳐 이루어진 것이 아니라 검사가 제시한 모든 증거에 대하여 증거로 함에 동의한다는 방식으로 이루어진 것이라 하여 **그 효력을 부정할 이유가 되지 못한다**(대법원 1983. 3. 8. 선고 82도2873)

② 피고인과 변호인들이 출석하지 않은 상태에서 증거조사를 할 수밖에 없는 경우에는 형사소송법 제318조 제2항의 규정상 피고인의 진의와는 관계없이 형사소송법 제318조 제1항의 동의가 있는 것으로 간주하게 되어 있다(대법원 1991. 6. 28. 선고 91도865)

③ 사법경찰관은 형사소송법 제200조의3(긴급체포)의 규정에 의하여 피의자를 체포하는 경우에 필요한 때에는 영장 없이 체포현장에서 압수·수색을 할 수 있고, 압수한 물건을 계속 압수할 필요가 있는 경우에는 지체 없이 압수수색영장을 청구하여야 하며, 청구한 압수수색영장을 발부받지 못한 때에는 압수한 물건을 즉시 반환하여야 한다고 규정하고 있는바, 형사소송법 제217조 제2항, 제3항에 위반하여 압수수색영장을 청구하여 이를 발부받지 아니하고도 즉시 반환하지 아니한 압수물은 이를 유죄 인정의 증거로 사용할 수 없는 것이고, 헌법과 형사소송법이 선언한 영장주의의 중요성에 비추어 볼 때 피고인이나 변호인이 이를 증거로 함에 동의하였다고 하더라도 달리 볼 것은 아니다(대법원 2009. 12. 24. 선고 2009도11401)

④ 변호인은 피고인의 명시한 의사에 반하지 아니하는 한 피고인을 대리하여 증거로 함에 동의할 수 있으므로 피고인이 증거로 함에 동의하지 아니한다고 명시적인 의사표시를 한 경우 이외에는 변호인은 서류나 물건에 대하여 증거로 함에 동의할 수 있고, 이 경우 변호인의 동의에 대하여 피고인이 즉시 이의하지 아니하는 경우에는 변호인의 동의로 증거능력이 인정되어 증거조사 완료 전까지 그 동의가 취소 또는 철회하지 아니한 이상 일단 부여된 증거능력은 그대로 존속한다(대법원 2005. 4. 28. 선고 2004도4428)

≫ 정답 ①

252. 증거동의에 관한 설명 중 가장 적절한 것은? (다툼이 있으면 판례에 의함)

① 수사기관이 긴급체포 시 압수한 물건에 관하여 형사소송법 제217조 제2항, 제3항의 규정에 의한 압수·수색영장을 발부받지 않고 즉시 반환도 하지 않은 경우라도 피고인이나 변호인이 이를 증거로 함에 동의하였다면 위법성이 치유되므로 유죄의 증거로 사용할 수 있다.

② 공판기일에서 피고인에게 유리한 증언을 한 증인을 검사가 소환한 후 그 증언 내용을 추궁하여 이를 일방적으로 번복시키는 방식으로 작성한 조서는 공판중심주의를 형해화하는 것이므로 증거동의의 대상이 될 수 없다.

③ 피고인이나 그 변호인이 검사작성의 당해 피고인에 대한 피의자신문조서의 성립의 진정함을 인정하는 진술을 하였다 하더라도, 그 피의자신문조서에 대하여 증거조사가 완료되기 전에는 최초의 진술을 번복함으로써 그 피의자신문조서를 유죄인정의 자료로 사용할 수 없도록 할 수 있다.

④ 약식명령에 불복하여 정식재판을 청구한 피고인이 정식재판절차에서 2회 불출석하여 법원이 피고인의 출정없이 증거조사를 하는 경우라도 피고인의 명시적인 동의 의사가 없는 이상 증거동의가 간주 될 수 없다.

> **해설** [20년 승진] ① 제217조 제2항, 제3항에 위반하여 압수·수색영장을 청구하여 이를 발부받지 아니하고 도 즉시 반환하지 아니한 압수물은 이를 유죄인정의 증거로 사용할 수 없는 것이고, 피고인이나 변호인이 이를 증거로 함에 동의하였다고 하더라도 달리 볼 것은 아니다(대판 2009.12.24. 2009도11401).
>
> ② 공판준비 또는 공판기일에서 이미 증언을 마친 증인을 검사가 소환한 후 피고인에게 유리한 그 증언 내용을 추궁하여 이를 일방적으로 번복시키는 방식으로 작성한 진술조서는 피고인이 증거로 할 수 있음에 동의하 지 아니하는 한 그 증거능력이 없다(대판 2008.9.25. 2008 도6985).
>
> ③ 피고인이나 그 변호인이 검사 작성의 당해 피고인에 대한 피의자신문조서의 성립의 진정함을 인정하는 진술을 하였다 하더라도, 그 피의자신문조서에 대하여 구 형사소송법(2007. 6. 1. 법률 제8496호로 개정되기 전의 것, 아래에서도 같다) 제292조에서 정한 **증거조사가 완료되기 전에는 최초의 진술을 번복함으로써 그 피의자신문조서를 유죄 인정의 자료로 사용할 수 없도록 할 수 있으나**, 그 피의자신문조서에 대하여 위의 증거조사가 완료된 뒤에는 그와 같은 번복의 의사표시에 의하여 이미 인정된 조서의 증거능력이 당연히 상실되는 것은 아니다(대법원 2008. 7. 10. 선고 2007도7760)
>
> ④ 약식명령에 불복하여 정식재판을 청구한 피고인이 정식재판절차에서 2회 불출정하여 법원이 피고인의 출 정 없이 증거조사를 하는 경우에 형사소송법 제318조 제2항에 따른 피고인의 증거동의가 간주된다(대판 2010.7.15. 2007도5776).

>>> 정답 ③

253. 증거동의에 대한 설명으로 가장 적절하지 않은 것은? (다툼이 있는 경우 판례에 의함)

① 검사와 피고인이 증거로 할 수 있음을 동의한 서류 또는 물건은 법원이 진정한 것으로 인정한 때에는 증거로 할 수 있다.

② 공판준비 또는 공판기일에서 피고인에게 유리한 증언을 한 증인을 수사기관이 법정 외에서 다시 참고인으로 조사하면서 그 증언을 번복하게 하여 작성한 참고인진술조서는 피고인이 동의하더라도 증거로 사용할 수 없다.

③ 피고인의 출정 없이 증거조사를 할 수 있는 경우에 피고인이 출정하지 아니한 때에는 피고인의 대리인 또는 변호인이 출정한때를 제외하고 피고인이 증거로 함에 동의한 것으로 간주한다.

④ 경찰의 검증조서 중 일부에 대한 증거동의는 가능하다.

> **해설** [21년 승진] ① 검사와 피고인이 증거로 할 수 있음을 동의한 서류 또는 물건은 진정한 것으로

인정한 때에는 증거로 할 수 있다.”고 규정하고 있을 뿐 진정한 것으로 인정하는 방법을 제한하고 있지 아니하므로, 증거동의가 있는 서류 또는 물건은 법원이 제반 사정을 참작하여 진정한 것으로 인정하면 증거로 할 수 있다(대법원 2015. 8. 27. 선고 2015도3467)

② 공판준비 또는 공판기일에서 피고인에게 유리한 증언을 한 증인을 수사기관이 법정 외에서 다시 참고인으로 조사하면서 그 증언을 번복하게 하여 작성한 참고인진술조서는 **피고인이 동의하면 증거로 사용할 수 있다.**

③ 피고인의 출정 없이 증거조사를 할 수 있는 경우에 피고인이 출정하지 아니한 때에는 피고인의 대리인 또는 변호인이 출정한때를 제외하고 피고인이 증거로 함에 동의한 것으로 간주한다(제318조②)

④ 경찰의 검증조서 중 일부에 대한 증거동의는 가능하다.

>> 정답 ②

254. 자백에 대한 보강증거에 대한 설명으로 가장 적절한 것은? (판례에 의함)

① 자백에 대한 보강증거는 범죄사실의 전부 또는 중요부분을 인정할 수 있는 정도가 되지 아니하더라도 피고인의 자백이 가공적인 것이 아닌 진실한 것임을 인정할 수 있는 정도만 되면 족하다.

② 피고인의 범행을 자인하는 것을 들었다는 피고인 아닌 자의 진술내용은 「형사소송법」 제310조의 피고인의 자백에 포함되지 아니하므로 피고인의 자백의 보강증거가 될 수 있다.

③ 자백보강법칙은 일반형사사건은 물론이고 간이공판절차와 약식명령절차 및 즉결심판절차에서도 적용된다.

④ 공범인 공동피고인의 진술은 다른 공동피고인에 대한 범죄사실을 인정하는 증거로 할 수 없다.

해설 [18년 승진] ① 자백에 대한 보강증거는 범죄사실의 전부 또는 중요 부분을 인정할 수 있는 정도가 되지 아니하더라도 피고인의 자백이 가공적인 것이 아닌 진실한 것임을 인정할 수 있는 정도만 되면 족한 것으로서, 자백과 서로 어울려서 전체로서 범죄사실을 인정할 수 있으면 유죄의 증거로 충분하다(대법원 2008. 5. 29. 선고 2008도2343).

② **피고인이 범행을 자인하는 것을 들었다**는 피고인 아닌 자의 진술내용은 제310조의 피고인의 자백에는 포함되지 아니하나 이는 피고인의 **자백의 보강증거로 될 수 없다**(2007도10937).

③ 즉결심판절차에 있어서는 자백보강법칙이 적용되지 않는다.

④ 공범인 공동피고인들의 각 진술은 다른 공동피고인에 대한 범죄사실을 인정하는 증거로 할 수 있을 뿐만 아니라 상호간에 서로 보강증거가 될 수 있다(90도1939).

>> 정답 ①

255. 자백의 보강증거에 관한 설명 중 가장 적절하지 않은 것은? (판례에 의함)

① 공동피고인의 자백은 원칙적으로 피고인의 자백에 대한 보강증거가 될 수 있으나 피고인들 간에 이해관계가 상반되는 경우에는 그 진실성을 담보할 수 없으므로

공동피고인의 자백이 피고인의 자백에 대한 보강증거가 될 수 없다.

② 뇌물공여의 상대방이 뇌물을 수수한 사실을 부인하면서도 그 일시경에 뇌물공여자를 만났던 사실 및 공무에 관한 청탁을 받기도 한 사실 자체는 시인하였다면, 이는 뇌물을 공여하였다는 뇌물공여자의 자백에 대한 보강증거가 될 수 있다.

③ 피고인의 자백을 내용으로 하는 피고인 아닌 자의 진술은 피고인의 자백에 대한 보강증거가 될 수 없다.

④ 전과에 관한 사실은 엄격한 의미에서의 범죄사실과는 구별되는 것으로서 피고인의 자백 만으로서도 이를 인정할 수 있다.

> **해설** [20년 승진] ① 공동피고인의 자백은 이에 대한 피고인의 반대신문권이 보장되어 있어 증인으로 신문한 경우와 다를 바 없으므로 독립한 증거능력이 있고, 이는 피고인들간에 이해관계가 상반된다고 하여도 마찬가지라 할 것이다(대판 2006.5.11. 2006 도1944).
>
> ② 뇌물공여의 상대방인 공무원이 뇌물을 수수한 사실을 부인하면서도 그 일시경에 뇌물공여자를 만났던 사실 및 공무에 관한 청탁을 받기도 한 사실자체는 시인하였다면, 이는 뇌물을 공여하였다는 뇌물공여자의 자백에 대한 보강증거가 될 수 있다(대판 1995.6.30. 선고 94도993).
>
> ③ **피고인이 범행을 자인하는 것을 들었다**는 피고인 아닌 자의 진술내용은 제310조의 피고인의 자백에는 포함되지 아니하나 이는 피고인의 **자백의 보강증거로 될 수 없다**(대판 2008.2.14. 2007도10937).
>
> ④ 전과에 관한 사실은 엄격한 의미에서의 범죄사실과는 구별되는 것으로서 피고인의 자백만으로서도 이를 인정할 수 있다(대법원 1979. 8. 21. 선고 79도1528)

>> 정답 ①

256. 자백의 보강증거에 대한 설명으로 가장 적절하지 않은 것은? (판례에 의함)

① 자백에 대한 보강증거는 범죄사실의 전부 또는 중요 부분을 인정할 수 있는 정도가 되지 아니하더라도 피고인의 자백이 가공적인 것이 아닌 진실한 것임을 인정할 수 있는 정도만 되면 족할 뿐만 아니라 직 증거가 아닌 간접 증거나 정황증거도 보강증거가 될 수 있다.

② 피고인이 범행을 자인하는 것을 들었다는 피고인 아닌 자의 진술내용은 피고인의 자백에 대한 보강증거가 될 수 없다.

③ '피고인이 필로폰을 매수하면서 그 대금을 은행계좌로 송금한 사실'에 대한 압수·수색·검증영장 집행보고는 필로폰 매수행위와 실체적 경합범 관계에 있는 필로폰 투약행위에 대해서도 보강증거가 될 수 있다.

④ 피고인이 피해자의 재물을 절취하려다가 미수에 그쳤다는 내용의 공소사실을 자백한 경우 피고인을 현행범으로 체포한 피해자의 수사기관에서 한 진술과 현장사진이 첨부된 수사보고서는 피고인 자백의 진실성을 담보하기에 충분한 보강증거가 될 수 있다.

> **해설** [19년 승진] ① 자백에 대한 보강증거는 범죄사실의 전부 또는 중요부분을 인정할 수 있는 정도가

되지 아니하더라도 피고인의 자백이 가공적인 것이 아닌 진실한 것임을 인정할 수 있는 정도만 되면 족할 뿐만 아니라, 직접증거가 아닌 간접증거나 정황증거도 보강증거가 될 수 있다(대판 1993.2.23, 92도2972)

② **피고인이 범행을 자인하는 것을 들었다**는 피고인 아닌 자의 진술내용은 제310조의 피고인의 자백 에는 포함되지 아니하나 이는 피고인의 **자백의 보강증거로 될 수 없다**(대판 2008.2.14. 2007도 10937).

③ 실체적 경합범은 실질적으로 수죄이므로 각 범죄사실에 관하여 자백에 대한 보강증거가 있어야 하는바 '피고인 甲 이 조로부터 필로폰을 매수하면서 그 대금을 乙이 지정하는 은행계좌로 송금한 사실에 대한 압수수색검증영장 집행보고는 **필로폰 매수행위에 대한 보강증거는 될 수 있어도 그와 실체적 경합범 관계에 있는 필로폰 투약행위에 대한 보강증거는 될 수 없다**(대판 2008.2.14. 2007 도10937).

④ 피고인을 현행범으로 체포한 피해자의 수사기관에서의 진술과 **현장사진이 첨부된 수사보고서**는 피고인의 **자백의 진실성을 담보하기에 충분한 보강증거가 된다**(대법원 2011. 9. 29. 선고 2011도 8015)

≫≫ 정답 ③

257. 자백보강법칙에 대한 설명으로 옳은 것은? (다툼이 있는 경우 판례에 의함)

① 자백보강법칙은 「즉결심판에 관한 절차법」에 따른 즉결심판절차에 적용된다.

② 피고인의 습벽을 범죄구성요건으로 하는 포괄일죄로서의 상습범에 있어서는 이를 구성하는 각 행위에 관하여 개별적으로 보강증거를 필요로 하지 않는다.

③ 피고인이 범행을 인정하는 것을 들었다는 참고인의 검찰 진술조서의 진술기재는 피고인의 자백에 대한 보강증거가 될 수 있다.

④ 자동차등록증에 차량의 소유자가 피고인으로 등록·기재된 사실은 피고인이 그 차량을 운전하였다는 사실의 자백 부분에 대한 보강증거가 될 수 있고, 결과적으로 피고인의 무면허운전이라는 전체 범죄사실의 보강증거가 될 수 있다.

해설 [19년 검찰7] ① 즉결심판절차에서는 자백의 보강법칙이 적용되지 아니한다(즉심법 제10조).

② 소변검사결과와 압수된 약물은 결국 피고인이 투약습성이 있다는 점에 관한 정황증거에 불과하다 할 것인바, 피고인의 습벽을 범죄구성요건으로 하며 포괄1죄인 **상습범에 있어서도 이를 구성하는 각 행위에 관하여 개별적으로 보강증거를 요구**하고 있는 점에 비추어 보면 경합범인 이 사건 각 범죄행위를 인정함에 있어서 투약습성에 관한 정황증거만으로 범죄의 객관적 구성요건인 각 투약 행위가 있었다는 점에 관한 보강증거로 삼을 수는 없다고 할 것이다.(대법원 1996. 2. 13. 선고 95도1794)

③ "피고인이 범행을 자인하는 것을 들었다"는 피고인 아닌 자의 진술 내용은 형사소송법 제310 조의 피고인의 자백에는 포함되지 아니하나 이는 피고인의 자백의 보강증거로 될 수 없다(대판 2008.2.14. 2007도 10937).

④ 자동차등록증에 차량의 소유자가 피고인으로 등록·기재된 것이 피고인이 그 차량을 운전하였다는 사실의 자백 부분에 대한 보강증거가 될 수 있고 결과적으로 피고인의 무면허운전이라는 전체 범죄 사실의 보강증거로 충분하다(대판 2000.9.26. 선고 2000도2365).

≫≫ 정답 ④

258. 자백보강법칙에 관한 설명으로 옳은 것은 모두 몇 개인가? (다툼이 있는 경우 판례에 의함)

> 가. 자백에 대한 보강증거는 범죄사실의 전부 또는 중요 부분을 인정할 수 있는 정도가 되어야 한다.
>
> 나. 피고인의 습벽을 범죄구성요건으로 하며 포괄일죄인 상습범에 있어서는 이를 구성하는 각 행위에 관하여 개별적으로 보강증거를 요하는 것이 아니라 포괄적으로 보강증거를 요한다고 보아야 한다.
>
> 다. 피고인 甲이 乙로부터 필로폰을 매수하면서 그 대금을 乙이 지정하는 은행계좌로 송금한 사실에 대한 압수 수색 검증영장 집행보고는 甲의 필로폰 매수 행위와 실체적 경합범관계에 있는 필로폰 투약행위에 대한 보강증거가 될 수 있다.
>
> 라. 즉결심판이나 소년보호사건에서는 피고인의 자백만을 증거로 범죄사실을 인정할 수 있다.
>
> 마. 범행에 사용된 노루발못뽑이와 손괴된 쇠창살의 모습이 촬영 되어 수사보고서에 첨부된 현장사진은 형법 제331조 제1항 (야간손괴침입절도)의 죄에 관한 피고인의 자백에 대한 보강증거로 인정될 수 있다.

① 1개   ② 2개

③ 3개   ④ 4개

해설 [20년 경간] 가.(×)자백에 대한 보강증거는 범죄사실의 전부 또는 중요 부분을 인정할 수 있는 정도가 되지 아니하더라도 피고인의 자백이 가공적인 것이 아닌 진실한 것임을 인정할 수 있는 정도만 되면 족할 뿐만 아니라, 직접증거가 아닌 간접증거나 정황증거도 보강증거가 될 수 있고, 또한 자백과 보강증거가 서로 어울려서 전체로서 범죄사실을 인정할 수 있으면 유죄의 증거로 충분하다 (대판 2011.9.29. 2011도8015).

나.(×)피고인의 습벽을 범죄구성요건으로 하는 포괄일죄인 상습범에 있어서도 이를 구성하는 각 행위에 관하여 개별적으로 보강증거가 필요하다(대판 1996.2.13. 95도1794).

다.(×)실체적 경합범은 실질적으로 수죄이므로 각 범죄사실에 관하여 자백에 대한 보강증거가 있어야 하는 바, 피고인 甲이 조로부터 필로폰을 매수하면서 그 대금을 乙이 지정하는 은행계좌로 송금한 사실에 대한 압수·수색검증영장 집행보고는 필로폰 매수행위에 대한 보강증거는 될 수 있어도 그와 실체적 경합범 관계에 있는 필로폰 투약행위에 대한 보강증거는 될 수 없다(대판 2008.2.14. 2007도10937).

라. 즉심법 제10조, 형사소송절차가 아닌 소년보호사건에 있어서는 비행사실의 일부에 관하여 자백이외의 다른 증거가 없다 하더라도 법령적용의 착오나 소송절차의 법령위반이 있다고 할 수 없다(대법원 1982. 10. 15. 자 82모36)

마. 피고인을 현행범으로 체포한 피해자의 수사기관에서의 진술과 **현장사진이 첨부된 수사보고서**는 피고인의 **자백의 진실성을 담보하기에 충분한 보강증거가 된다**(대법원 2011. 9. 29. 선고 2011도8015)

>> 정답 ②

259. 증거에 대한 설명으로 가장 적절하지 않은 것은? (다툼이 있는 경우 판례에 의함)

① 자백에 대한 보강증거는 피고인의 자백이 가공적인 것이 아닌 진실한 것임을 인정할 수 있는 정도만 되면 충분하고, 직접증거가 아닌 간접증거나 정황증거도 보강증거가 될 수 있다.

② 피고인이 수표를 발행하였으나 예금부족 또는 거래정지처분으로 지급되지 아니하게 하였다는 부정수표 단속법위반의 공소사실을 증명하기 위하여 제출되는 수표는 증거물인 서면에 해당하므로 그 증거능력은 증거물의 예에 의하여 판단하여야 한다.

③ 피고인이 변호인과 함께 출석한 공판기일의 공판조서에 검사가 제출한 증거에 대하여 동의한다는 기재가 되어 있다면 피고인이 증거동의를 한 것으로 보아야 하고, 그 기재는 절대적인 증명력을 가진다.

④ 보험사기 사건에서 건강보험심사평가원이 수사기관의 의뢰에 따라 보내온 자료를 토대로 입원진료의 적정성에 대한 의견을 제시하는 내용의 건강보험심사평가원의 입원진료 적정성 여부 등 검토의뢰에 대한 회신은 형사소송법 제315조 제3호의 '기타 특히 신용할 만한 정황에 의하여 작성된 문서'에 해당한다.

> **해설** [19년 경찰2] ① 자백에 대한 보강증거는 범죄사실의 전부 또는 중요부분을 인정할 수 있는 정도가 되지 아니하더라도 피고인의 자백이 가공적인 것이 아닌 진실한 것임을 인정할 수 있는 정도만 되면 족할 뿐만 아니라, 직접증거가 아닌 간접증거나 정황증거도 보강증거가 될 수 있다(대판 1993.2.23. 92도2972).
>
> ② 피고인이 수표를 발행하였으나 예금부족 또는 거래정지처분으로 지급되지 아니하게 하였다는 부정수표단속법위반의 공소사실을 증명하기 위하여 **제출되는 수표는 그 서류의 존재 또는 상태 자체가 증거가 되는 것이어서** 증거물인 서면에 해당하고 어떠한 사실을 직접 경험한 사람의 진술에 갈음하는 대체물이 아니므로, 그 증거능력은 증거물의 예에 의하여 판단하여야 하고, 이에 대하여는 형사소송법 제310조의2에서 정한 **전문법칙이 적용될 여지가 없다**(대법원 2015. 4. 23. 선고 2015도2275)
>
> ③ 변호인은 피고인을 대리하여 증거 동의에 관한 의견을 낼 수 있을 뿐이므로, 피고인이 변호인과 함께 출석한 공판기일의 공판조서에 검사가 제출한 증거에 대하여 동의한다는 기재가 되어 있다면 이는 피고인이 증거 동의를 한 것으로 보아야 하고, 그 기재는 절대적인 증명력을 가진다(대법원 2016. 3. 10. 선고 2015도19139)
>
> ④ 보험사기 사건에서 건강보험심사평가원이 수사기관의 의뢰에 따라 그 보내온 자료를 토대로 입원진료의 적정성에 대한 의견을 제시하는 내용의 '**건강보험심사평가원의 입원진료 적정성 여부 등 검토의뢰에 대한 회신**은 형사소송법 제315조 제3호의 '**기타 특히 신용할 만한 정황에 의하여 작성된 문서**'에 해당하지 않는다(대판 2017.12.5. 2017도12671).

>> 정답 ④

260. 탄핵증거에 대한 설명 중 가장 적절한 것은? (다툼이 있는 경우 판례에 의함)

① 사법경찰리 작성의 피고인에 대한 피의자신문조서와 피고인이 작성한 자술서들은 모두 검사가 유죄의 자료로 제출한 증거들로서 피고인이 각 그 내용을 부인하는

이상 증거능력이 없으므로 그것이 임의로 작성된 것이 아니라고 의심할 만한 사정이 없더라도 피고인의 법정에서의 진술을 탄핵하기 위한 반대증거로도 사용할 수 없다.

② 탄핵증거의 제출에 있어서도 상대방에게 이에 대한 공격방어의 수단을 강구 할 기회를 사전에 부여하여야 할 것이지만, 증명력을 다투고자 하는 증거의 어느 부분에 의하여 진술의 어느 부분을 다투려고 한다는 것을 사전에 상대방에게 알려야 할 필요는 없다.

③ 탄핵증거는 진술의 증명력을 감쇄하기 위하여 인정되는 것이지만, 범죄사실 또는 간접사실인정의 증거로도 허용된다.

④ 검사가 탄핵증거로 신청한 체포·구속인 접견부 사본은 피고인의 부인진술을 탄핵한다는 것이므로 결국 검사에게 입증책임이 있는 공소사실 자체를 입증하기 위한 것에 불과하므로 형사소송법 제318조의2 제1항 소정의 피고인진술의 증명력을 다투기 위한 탄핵증거로 볼 수 없다.

해설 [20년 경찰1] ① 사법경찰리 작성의 피고인에 대한 피의자신문조서와 피고인이 작성한 자술서들은 모두 검사가 유죄의 자료로 제출한 증거들로서 피고인이 각 그 내용을 부인하는 이상 증거능력이 없으나 그러한 증거라 하더라도 그것이 임의로 작성된 것이 아니라고 의심할 만한 사정이 없는 한 피고인의 법정에서의 진술을 **탄핵하기 위한 반대증거로 사용할 수 있다**(97도1770).

② 탄핵증거의 제출에 있어서도 상대방에게 이에 대한 공격방어의 수단을 강구할 기회를 사전에 부여하여야 한다는 점에서 그 증거와 증명하고자 하는 사실과의 관계 및 입증취지 등을 미리 구체적으로 명시하여야 할 것이므로, 증명력을 다투고자 하는 증거의 어느 부분에 의하여 **진술의 어느 부분을 다투려고 한다는 것을 사전에 상대방에게 알려야 한다**(대법원 2005. 8. 19.).

③ 탄핵증거는 진술의 증명력을 다투기 위한 것으로서 그 증거를 범죄사실 또는 간접사실을 인정하기 위해서는 사용할 수 없다(2011도5459).

④ 검사가 탄핵증거로 신청한 **체포·구속인접견부 사본**은 피고인의 부인진술을 탄핵한다는 것이므로 결국 검사에게 입증책임이 있는 **공소사실 자체를 입증하기 위한 것**에 불과하므로 형사소송법 제318조의2 제1항 소정의 피고인의 진술의 **증명력을 다투기 위한 탄핵증거로 볼 수 없다**(대법원 2012. 10. 25. 선고 2011도5459)

≫≫ 정답 ④

261. 탄핵증거에 대한 설명으로 옳지 않은 것은? (다툼이 있는 경우 판례에 의함)

① 탄핵증거는 엄격한 증거조사 없이 증거로 사용할 수 있으므로, 탄핵증거를 제출하는 자는 어느 부분에 의하여 진술의 어느 부분을 다투려고 한다는 점을 사전에 상대방에게 알릴 필요가 없다.

② 탄핵증거는 진술의 증명력을 감쇄하기 위하여 인정되는 것이고, 범죄사실 또는 그 간접사실을 인정하는 증거로는 허용되지 않는다.

③ 피고인의 공판정 외의 자백에 관하여 피고인이 그 내용을 부인하더라도 그것이

임의로 작성된 것이 아니라고 의심할 만한 사정이 없는 한, 그 자백은 피고인의 공판정에서의 진술의 증명력을 다투기 위한 탄핵증거로 사용할 수 있다.

④ 진술자의 서명·날인이 없어 성립의 진정이 인정되지 아니한 증거도 탄핵증거가 될 수 있다.

> **해설** [20년 검찰9] ① 탄핵증거는 범죄사실을 인정하는 증거가 아니므로 엄격한 증거조사를 거쳐야 할 필요가 없으나 탄핵증거로서의 증거조사는 필요한 것이고, 탄핵증거의 제출에 있어서도 상대방에게 이에 대한 공격방어의 수단을 강구할 기회를 사전에 부여하여야 한다는 점에서 그 증거와 증명하고자 하는 사실과의 관계 및 입증취지 등을 미리 구체적으로 명시하여야 할 것이므로, 증명력을 다투고자 하는 증거의 어느 부분에 의하여 진술의 어느 부분을 다투려고 한다는 것을 **사전에 상대방에게 알려야 한다**(대판2005. 8. 19. 2005도2617).
>
> ② 탄핵증거는 진술의 증명력을 감쇄하기 위하여 인정되는 것이고 **범죄사실 또는 그 간접사실의 인정의 증거로서는 허용되지 않는다**(대법원 2012. 10. 25. 선고 2011도5459)
>
> ③ 피고인에 대한 피의자신문조서는 피고인이 그 **내용을 부인**하는 이상 증거능력이 없으나, 그것이 임의로 작성된 것이 아니라고 의심할 만한 사정이 없는 한 피고인의 법정에서의 진술을 탄핵하기 위한 반대증거로 사용할 수 있다(대법원 2014. 3. 13. 선고 2013도12507)
>
> ④ 탄핵증거는 범죄사실을 인정하는 증거가 아니므로 그것이 증거서류이던 진술이던간에 유죄증거에 관한 소송법상의 **엄격한 증거능력을 요하지 아니한다**(대법원 1985. 5. 14. 선고 85도441)

>>> 정답 ①

262. 탄핵증거에 대한 설명으로 가장 적절하지 않은 것은? (다툼이있는 경우 판례에 의함)

① 탄핵증거의 제출에 있어서도 상대방에게 이에 대한 공격방어의 수단을 강구할 기회를 사전에 부여하여야 한다.

② 탄핵증거에 대해서는 유죄증거에 관한 소송법상의 엄격한 증거능력을 요하지 아니한다.

③ 검사가 유죄의 자료로 제출한 사법경찰관 작성의 피고인에 대한 피의자신문조서는 피고인이 그 내용을 부인하는 이상 증거능력이 없고, 그것이 임의로 작성된 것이라도 피고인의 법정에서의 진술을 탄핵하기 위한 반대증거로도 사용할 수 없다.

④ 탄핵증거는 진술의 증명력을 감쇄하기 위하여 인정되는 것이고 범죄사실 또는 그 간접사실의 인정의 증거로서는 허용되지 않는다.

> **해설** [21년 승진] ①,② 탄핵증거는 범죄사실을 인정하는 증거가 아니므로 엄격한 증거조사를 거쳐야 할 필요가 없으나 탄핵증거로서의 증거조사는 필요한 것이고, 탄핵증거의 제출에 있어서도 상대방에게 이에 대한 공격방어의 수단을 강구할 기회를 사전에 부여하여야 한다는 점에서 그 증거와 증명하고자 하는 사실과의 관계 및 입증취지 등을 미리 구체적으로 명시하여야 할 것이므로, 증명력을 다투고자 하는 증거의 어느 부분에 의하여 진술의 어느 부분을 다투려고 한다는 것을 **사전에 상대방에게 알려야 한다**(대판2005. 8. 19. 2005도2617).
>
> ③ 피고인에 대한 피의자신문조서는 피고인이 그 **내용을 부인**하는 이상 증거능력이 없으나, 그것이 임의로 작성된 것이 아니라고 의심할 만한 사정이 없는 한 피고인의 법정에서의 진술을 탄핵하기 위한 반대증거로 사용할 수 있다(대법원 2014. 3. 13. 선고 2013도12507)

263. 공판조서에 대한 설명 중 가장 적절하지 않은 것은? (판례에 의함)

① 피고인의 공판조서에 대한 열람 또는 등사청구에 법원이 불응하여 피고인의 열람 또는 등사청구권이 침해된 경우에는 그 공판조서를 유죄의 증거로 할 수 없으나, 공판조서에 기재된 증인의 진술은 증거로 할 수 있다.

② 공판조서의 기재가 명백한 오기인 경우를 제외하고는 공판기일의 소송절차로서 공판조서에 기재된 것은 조서만으로써 증명하여야 하고, 그 증명력은 공판조서 이외의 자료에 의한 반증이 허용되지 않는 절대적인 것이다.

③ 공판기일의 소송절차에 관하여는 참여한 법원사무관 등이 공판조서를 작성하여야 한다.

④ 검사 제출의 증거에 관하여 동의 또는 진정성립 여부 등에 관한 피고인의 의견이 증거목록에 기재된 경우에는 그 증거목록의 기재는 공판조서의 일부로서 명백한 오기가 아닌 이상 절대적인 증명력을 가지게 된다.

> **해설** [18년 승진] ① 피고인에게 공판조서의 열람 또는 등사청구권을 부여한 이유는 공판조서의 열람 또는 등사를 통하여 피고인으로 하여금 진술자의 진술내용과 그 기재된 조서의 기재내용의 일치 여부를 확인할 수 있도록 기회를 줌으로써 그 조서의 정확성을 담보함과 아울러 피고인의 방어권을 충실하게 보장하려는 데 있으므로 피고인의 **공판조서에 대한 열람 또는 등사청구에 법원이 불응하여 피고인의 열람 또는 등사청구권이 침해된 경우에는 그 공판조서를 유죄의 증거로 할 수 없을 뿐만 아니라, 공판조서에 기재된 당해 피고인이나 증인의 진술도 증거로 할 수 없다**(대법원 2003. 10. 10. 선고 2003도3282)
>
> ② 공판조서의 기재가 **명백한 오기인 경우를 제외하고는** 공판기일의 소송절차로서 공판조서에 기재된 것은 조서만으로써 증명하여야 하고 그 증명력은 공판조서 이외의 자료에 의한 반증이 허용되지 아니하는 절대적인 것이므로, 검사가 제출한 증거에 관하여 동의 또는 진정성립 여부 등에 관한 피고인의 의견이 증거목록에 기재된 경우에는 그 증거목록의 기재는 공판조서의 일부로서 명백한 오기가 아닌 이상 **절대적인 증명력을 가지게 된다**(대법원 2015. 8. 27. 선고 2015도3467)
>
> ③ 공판기일의 소송절차에 관하여는 참여한 법원사무관등이 공판조서를 작성하여야 한다(제51조 제1항)
>
> ④ 검사가 제출한 증거에 관하여 동의 또는 진정성립 여부 등에 관한 피고인의 의견이 증거목록에 기재된 경우에는 그 증거목록의 기재는 공판조서의 일부로서 명백한 오기가 아닌 이상 절대적인 증명력을 가지게 된다(대법원 2015. 8. 27. 선고 2015도3467).

>> 정답 ①

저자 **이양수**

약력
- 태학관법정연구회 형법, 형사소송법강의
- 남부행정고시학원 7급, 경찰, 경찰승진강의
- 한교고시학원 경찰. 검찰7급 강의
- 베리타스M 형사소송법강의
- 법률중앙회 형사법 전임
- 고시타임지편집인
- ㈜ 마이스터연구소 고문

주요저서
- 형사소송법(법고을, 1999)
- 객관식형사소송법(법고을, 1999)
- 경찰직대비 형사소송법(새롬, 2002)
- 완전정복 형사소송법(새롬, 2005)
- 개정 형사소송법 조문해설(고시가이드, 2007)
- 완전정복 형사소송법(법고을, 2010)
- 이양수 형사소송법(아름다운새벽, 2011)
- 이양수 형사소송법(법고을, 2014)
- 객관식 형사소송법(법고를, 2015)
- 이양수 형사소송법(아람, 2018)
- 이양수 형사소송법핵심정리(주)마이스터연구소, 2020)

경찰직 형사소송법
초판 인쇄 2021년 6월 5일
초판 발행 2021년 6월 10일

편저자 이양수
펴낸이 김연욱
펴낸곳 ㈜마이스터연구소
주 소 서울시 성북구 성북로4길 52,
        스카이프라자 718호
전 화 02-701-7002 팩 스 02-6969-9428
이메일 yeonuk2020@naver.com

ISBN 979-11-88586-07-3(13360)
정 가 26,000원